D1667083

Bibliothèque des Nouveaux Cahiers d'Allemand

René Métrich / Albert Hudlett
Heinz-Helmut Lüger (éd.)

DES RACINES ET DES AILES

Théories, modèles, expériences
en linguistique et didactique

SDM
Deu
P
60:
11

Ausgesondert
Bibliothek der
Pädagogischen Hochschule
Freiburg

Bibliothek der
Pädagogischen Hochschule Freiburg

Mélanges en l'honneur de Jean Petit
pour son soixante-dixième anniversaire

A.N.C.A.

TABLE DES MATIÈRES

Dédicace IX

Motifs XI

Préface / Vorwort XIII

Biographie du jubilaire 1

Publications du jubilaire 5

HOMMAGE AU CHERCHEUR
ET A L'HOMME D'ACTION

Marion PERREFORT
Der « *Magister ludi* » 17

Jacqueline HERRGOTT et Richard WEISS
ABCM-Zweisprachigkeit et Jean Petit 25

DE LA LANGUE
GRAMMAIRE

Walter BREU
Die Komparation im Moliseslavischen 37

Eugène FAUCHER
Le charme du prétérit et de l'imparfait 65

Janine MARX-MOYSE
La subordonnée à structure d'interrogative globale
en ouverture de phrase 73

LEXICOLOGIE

René MÉTRICH
Les adverbes en ‹ *-erweise* › revisités 95

Peter SCHERFER
A propos des règles de collocations lexicales 121

DU TEXTE, DE LA COMMUNICATION ET DE L'INTERCULTURALITÉ

Anne BESANÇON
Langue et culture 135

Nicole FILLEAU
Lehrveranstaltungskommentare – Eine Einladung zum Studieren?
Eine linguistische Untersuchung der standardisierten Textsorte
Lehrveranstaltungskommentar 155

Albert HUDLETT
Du nécessaire dialogue interculturel entre L1 et L2............... 169

Helga KOTTHOFF
Zur Kulturalität von Scherzkommunikation: Potentiale
und Probleme für den Unterricht Deutsch als Fremdsprache 185

Heinz-Helmut LÜGER
»Akustische Masken« und formelhaftes Sprechen.
Stilistische Anmerkungen zur ›Blendung‹ Elias Canettis............ 203

DE L'APPRENTISSAGE A LA DIDACTIQUE DE LA LANGUE SECONDE
APPROCHES ET STRATÉGIES

Jacques ATHIAS
Les traces de la pédagogie Freinet
dans la didactique actuelle de l'allemand 227

Wolfgang BUTZKAMM
Über die planvolle Mitbenutzung der Muttersprache
im bilingualen Sachunterricht 237

Gothild LIEBER
Die verflochtene Lehrer-Lerner-Interaktion
– eine lernzielorientierte Lehrstrategie 259

Heribert RÜCK
Sprachreflexion und Progression
im fremdsprachlichen Lernprozeß der Grundschule 275

Gerald SCHLEMMINGER
L'apprentissage guidé de la langue :
processus socialisé et situation de socialisation 285

EXPÉRIENCES ET REFLEXIONS

Yves BERTRAND
Aspects du tutorat en langues étrangères 297

Hiltraud DUPUY-ENGELHARDT
Substantiv sucht Verb – zur Lexikodidaktik
von Kollokations- und Kontextwissen 307

Thierry GALLÈPE
Quels dialogues pour les élèves d'allemand ? 323

Klaus SCHENK
Avantgardistische Poesie und Ausspracheschulung 345

LA SPÉCIFICITÉ ALSACIENNE

Patrick KLEINCLAUS
Enseignement de l'allemand et politique des langues vivantes
en Alsace. *L'enseignement de l'allemand en Alsace :
initiation précoce ou enseignement bilingue ?*................................ 373

Daniel MORGEN
Les formations aux enseignements bilingues à l'IUFM d'Alsace.
Recherches et prospectives dans un cadre national, transfrontalier et international ... 389

François ROSENBLATT
Zur Sprachsituation im Elsaß. *Dialektrückgang
und Dialektabbau bei den Jugendlichen* 425

Adresses des contributeurs 437

Tauglitzern

Für Professor Jean Petit

Morgenschönes Blumenkind
Sag mir, ob es Perlen sind,
Die im Kelche liegen?

Sind es kleine Trauertränen,
Die sich an die Blätter lehnen,
Die die Winde wiegen?

Ist's der Raubschatz böser Spinnen,
Die Funkenlast verborgen drinnen,
Dass die Blättlein biegen?

Sind's verflogne Silberkäfer,
Die wie Lämmlein um den Schäfer
Sich an's Blümlein schmiegen?

Nein, es müssen Lichtlein sein,
Entfacht vom Elfenbräutelein,
Das nachts hineingestiegen.

François Rosenblatt
aus *Mein Liedergarten*

Motifs

Il aurait certes été possible d'éditer ces *Mélanges* en Allemagne, puisque le jubilaire fut autant professeur de l'Université de Constance que de l'Université de Reims. Mais l'Association des *Nouveaux Cahiers d'allemand* attachait beaucoup de prix à être retenue comme société éditrice. L'originalité de la revue qu'elle publie fut en effet, dès l'origine, d'être le seul périodique d'audience nationale attaché à la propagation de l'enseignement immersif de l'allemand. Les revues ne manquent pas où les germanistes grammairiens peuvent soumettre leurs descriptions au jugement des usagers. Par contre, vu les implications politiques de l'enseignement immersif de l'allemand, l'idéologisation dévorante des débats qu'il induit dans le contexte culturel français, on conçoit que personne ne nous ait disputé ce créneau. Puisque la fiche signalétique de la revue se résume à sa fonction de vecteur national de la pensée de Jean Petit, ces *Mélanges* doivent être considérés quant au fond comme un numéro spécial de la revue et le choix de tout autre support aurait été le symptôme d'une crise de confiance entre notre inspirateur et nous-mêmes.

Le message du titre que nous avons retenu est dit sur trois tons. Notre jubilaire, qui a réenraciné sans haine et propagé la double appartenance sans déculturer, se réjouira de savoir que nous avons résumé ses mérites par un proverbe *chinois* dont se réclament les penseurs de l'*alsacianité*.

Eugène Faucher

Président de l'Association
des Nouveaux Cahiers d'Allemand
et directeur de la publication

Vorwort

Die Festschrift für Jean Petit ist eine französisch-deutsche Koproduktion. Das hat viele und gute Gründe: einige davon, die wichtigsten, hängen direkt mit der Person des Jubilars zusammen.

Wie kaum ein anderer Sprachforscher hat es Jean Petit vermocht, in beiden Sprachen zu Hause zu sein, sich Anerkennung in der Fachwelt diesseits und jenseits des Rheins zu verschaffen und ebenso sein berufliches Wirken sowohl auf französischer wie auch auf deutscher Seite zu entfalten. Von daher kann man es schließlich nur für logisch und konsequent zu halten, wenn ein spezielles Tätigkeitsfeld den sprachlichen und sprachpolitischen Problemen einer Grenzregion, des Elsaß, gewidmet ist.

Grenzüberschreitend ist auch die umfangreiche Publikationstätigkeit. Nicht nur, daß Jean Petit seinen Lesern immer wieder neues, ungewohntes Terrain erschließt. Herausragend erscheint ebenso die Fähigkeit, Verbindungen zwischen verschiedenen wissenschaftlichen Disziplinen wie etwa Phonetik, Psychologie und Sprachdidaktik herzustellen oder zwischen unterschiedlichen wissenschaftlichen Standpunkten zu vermitteln; die zahlreichen Diskussionen in Büchern und Aufsätzen legen hiervon ein beredtes Zeugnis ab. Interdisziplinarität ist für Jean Petit keineswegs ein fragwürdiger, schwammiger Begriff, sondern notwendiges und ständig praktiziertes Programm.

Wer sich ein wenig mit den Schriften Jean Petits befaßt hat, wird schnell erkennen, daß es sich durchweg um ungemein forschungsintensive Arbeiten handelt; für sie sind wissenschaftliche Fundiertheit und Genauigkeit im Detail meist wichtiger als eine auf Werbewirksamkeit bedachte Diktion.

Der hier geehrte Forscher ist sich für keine Herausforderung zu schade gewesen. Ob Grundlagenstudien über allgemeine Lernprobleme oder aktive, praktische Basisarbeit vor Ort, Jean Petit hat zahllose Vorhaben und Projekte bereitwillig mit seinen Ideen, mit Vorträgen und Texten gefördert. In der gleichen Weise können auch zwei linguistisch und fremdsprachendidaktisch orientierte Zeitschriften, die in Nancy herausgegebenen *Nouveaux Cahiers d'Allemand* und die in Konstanz erscheinenden *Beiträge zur Fremdsprachenvermittlung*, seit vielen Jahren von seiner aktiven Unterstützung profitieren.

Insofern spiegelt die Zusammensetzung der Festschrift nicht allein die weitgespannten Interessengebiete Jean Petits wider – sie ist gleichzeitig Ausdruck der von ihm angeregten Fragestellungen und mitbeeinflußten Forschungsbereiche. Und – auch das sollte deutlich geworden sein – Einflußnahme meint hier vor allem kooperierende, weiterführende Inspiration, stets verbunden mit einem kritischen Blick auf vertraute Grenzen und Positionen, ohne dabei ins Unverbindliche abzuheben, ohne die eigenen fachwissenschaftlichen Wurzeln aus den Augen zu verlieren.

Heinz-Helmut Lüger

Biographie de Jean Petit

Naissance à Bordeaux le 20 janvier 1929.

Baccalauréat B en 1947, mention Bien.

Baccalauréat Sciences Expérimentales en 1948, mention Assez Bien.

Reçu premier au concours d'entrée postbaccalauréat de l'École Normale d'Instituteurs de Bordeaux en septembre 1948 ; démissionne pour pouvoir poursuivre ses études.

Le décès du père, en février 1949, l'oblige à effectuer ses études tout en subvenant aux besoins de sa famille. Occupe ainsi un emploi de secrétaire au Lycée d'Arcachon en 1949, puis de surveillant d'externat à Pau (1949-1950) et à Bordeaux (1950-1951).

Certificat d'Études Littéraires Générales Classiques à Bordeaux en 1949.

Licence d'allemand à Bordeaux en 1951.

Lecteur à *la Pädagogische Akademie* de Worms am Rhein en 1951-1952. Y commence son diplôme d'Études Supérieures tout en préparant le CAPES.

Reçu quatrième à la partie théorique du CAPES à la session de 1952.

Stagiaire au CPR de Bordeaux en 1952-1953. Y termine son diplôme d'Études Supérieures (mention Très Bien). Reçu aux épreuves du CAPES pratique avec la mention Très Bien.

Nommé en octobre 1953 professeur certifié au Collège Moderne de garçons de Besançon.

Reçu sixième à l'Agrégation d'Allemand à la session de 1954.

Dirige, de 1954 à 1956, durant les vacances d'été, douze rencontres internationales réunissant une centaine de participants et anime le jumelage des villes de Besançon et de Fribourg-en-Brisgau.

Nommé en octobre 1955 à l'École Normale d'Instituteurs de Besançon et attaché comme conseiller pédagogique au CPR de cette ville.

Nommé en octobre 1961 directeur d'études au Centre de Formation des Professeurs de CEG. Y fait installer un laboratoire de Langues Vivantes et un laboratoire de phonétique et commence à se spécialiser dans les questions de phonétique allemande et de formation des germanistes.

Nommé en octobre 1968, assistant à la Faculté des Lettres de Besançon. Ses travaux sur la phonétique de l'allemand lui valent d'être promu maître-assistant dès octobre 1970.

Élabore, de 1967 à 1972, avec deux autres collègues, une méthode d'enseignement de l'allemand dans le cycle élémentaire *(Sing' und spiele mit!)*. Les techniques mises au point sont bientôt utilisées dans le département du Doubs, en Lorraine francophone, puis généralisées à grande échelle dans le Canton suisse du Valais. Assure pendant plus de dix ans le recyclage des maîtres dans la cellule expérimentale. Oeuvre pendant cinq ans, durant l'été, dans le Canton du Valais pour y assurer la formation des maîtres et l'implantation de sa méthode.

Travaille parallèlement à une thèse d'État intitulée « Étude critique des processus d'acquisition d'une langue 2 ; appréciation des résultats d'une expérience d'enseignement de l'allemand dans le cycle élémentaire ». Élabore dans le cadre de ce travail des tests de contrôle, en organise la passation aux différents niveaux ainsi que l'exploitation statistique. Le travail, dirigé par le Professeur Jean Fourquet (Sorbonne), est soutenu le 26 juin 1979 à Paris X-Nanterre et se voit décerné la mention Très Honorable à l'unanimité des membres du jury.

Directeur (élu) du Centre de Linguistique Appliquée de l'Université de Besançon de 1978 à 1980.

Nommé professeur des universités en 1980 et affecté à l'U.F.R. de Lettres et Sciences Humaines de l'Université de Reims.

Élu directeur du Département d'allemand de cette U.F.R. en février 1981. Occupe ces fonctions jusqu'en 1984.

Appelé comme *Gastprofessor à l'Université de Constance* pour le semestre d'hiver 1983-1984. Y effectue un service d'enseignement complet (phonétique contrastive de l'allemand et du français, acquisition de l'allemand langue maternelle, méthodes de testing) tout en dirigeant les recherches didactiques du *SLI (Sprachlehrinstitut)* où il mène à bien un projet de recherche personnelle sur l'acquisition des allomorphes de pluriel de l'allemand par des enfants francophones et germanophones.

Deux voyages aux USA en 1980 et 1984 lui donnent l'occasion de rencontrer les psycholinguistes américains Dan I. Slobin (Berkeley), Suzan Ervin-Tripp (Berkeley) et Evelyn Marcussen Hatch (Los-Angeles).

Réélu directeur du département d'allemand de l'U.F.R. de Lettres et Sciences humaines de Reims en janvier 1985.

Nommé à l'unanimité *ständiger Gastprofessor* (professeur invité permanent) au *Sprachlehrinstitut* par le Conseil Scientifique de l'Université de Constance en octobre 1986.

Élu, en mai 1988, Président du Conseil Scientifique de l'U.F.R. de Lettres et Sciences Humaines de l'Université de Reims.

Admis, en septembre 1989, à faire valoir ses droits à la retraite et nommé professeur émérite de l'Université de Reims. S'engage alors dans la promotion du bilinguisme précoce et des langues régionales (catalan, occitan, basque, breton, alémanique, francique, allemand) et donne de nombreuses conférences en France et à l'étranger (Strasbourg, Mulhouse, Colmar, Fribourg-en-Brisgau, Salzburg, Bolzano, Val d'Aoste, Berkeley, Los Angeles, San Diego, Santa Barbara, Benwihr, Barr, Saverne, Sarre-Union, Ingersheim, Morlaix, Quimper, Nantes, Vannes, Lannion, Rennes, Perpignan, Prades, Montpellier, Béziers, Constance, Sarreguemines, Sarrebruck, Orthez, Pau).

En 1990, le conseil de gestion de l'U.F.R. des Lettres et Sciences humaines de l'Université de Reims décide à l'unanimité d'attribuer le nom de Jean Petit à l'une des salles de la Faculté des Lettres et Sciences Humaines.

Sollicité, en juillet 1992, par l'association alsacienne *ABCM Zweisprachigkeit* pour évaluer les classes maternelles paritaires bilingues. Travaille dès lors intensément à la promotion du bilinguisme précoce dans cette région.

Appelé, en décembre 1992, comme expert-consultant au Conseil de l'Europe (questions de bilinguisme).

Pressenti, en juillet 1993, par l'association catalane *La Bressola* pour diriger l'évaluation des classes bilingues qu'elle a créées.

Enseigne, en 1996 et 1997, la psycholinguistique acquisitionnelle à l'Institut Supérieur des Langues de la République Française (Béziers).

Devient, en 1997, membre du Conseil scientifique de cet Institut.

Membre du Conseil d'Administration de la revue *Les Nouveaux Cahiers d'allemand* depuis sa fondation en 1983.

Chevalier dans l'ordre des Palmes Académiques en 1982, officier en 1988.

Travaux et publications du jubilaire
Arbeiten und Veröffentlichungen des Jubilars
(Jusqu'en / bis 1999)

1957-1960

Traductions pour la Bibliographie de la Philosophie, 200 pages.

1959

« Un livre récent sur Hermann Hesse. » In : *Études Germaniques*, avril-juin, 7 pages.

1965

Le laboratoire de langues vivantes et l'orthophonie, IPN, document ME 3, 15 pages.

1966

Exercices d'orthophonie germanique, ouvrage accompagné de 5 bandes magnétiques enregistrées et destiné à la formation des maîtres, CRDP de Besançon, 49 pages.

1969

Phonétique descriptive et comparative de l'allemand, dactylographié, 216 pages. Travail présenté pour l'inscription sur la liste d'aptitude aux fonctions de Maître-Assistant.

1971-1972

Sing' und spiele mit!, méthode audio-visuelle pour l'enseignement de l'allemand au cycle élémentaire :

Livret de présentation
Livre de textes
Livre d'images
Planches à montrer (2000)
Livre du maître (1300 pages)
avec la collaboration de J. BILLET et de G. BOUCHARD,
dessins de J. CASTELLANO, Hachette, Paris.

1974

«Problèmes de construction de la phrase allemande.» In : *Bulletin de liaison des professeurs d'allemand*, 1974, n° 7, CRDP de Besançon, 7-13.

«De la déclinaison de l'adjectif épithète à la grammaire des marques.» In : *Bulletin de liaison des professeurs d'allemand*, CRDP de Besançon, 1974, n° 7, 16-24.

1975

« Une expérience et une méthode d'enseignement de l'allemand dans le cycle élémentaire.» In : *Recherches en Linguistique Étrangère, Annales Littéraires de l'Université de Besançon*, Les Belles Lettres, Paris, 1975, 117-149.

Guide d'utilisation des planches de *Sing' und spiele mit!*, CRDP de Besançon, 42 pages.

1976

Compléments de chants et comptines pour Sing' und spiele mit !, CRDP de Besançon, 15 pages.

Défense et illustration de « Sing' und spiele mit! », polycopié, Faculté des Lettres de Besançon, 30 pages.

1978

«Les tests de l'expérience *Sing' und spiele mit!* » In: *Recherches en Linguistique Étrangère, Annales Littéraires de l'Université de Besançon, Les Belles Lettres*, Paris, 1978, 85-91.

« Réflexions sur les processus d'acquisition d'une langue 2.» In : *Recherches en Linguistique Étrangère, Annales Littéraires de l'Université de Besançon*, Les Belles Lettres, Paris, 99-152.

1979

Étude critique des processus d'acquisition d'une langue 2; appréciation des résultats d'une expérience d'enseignement de l'allemand dans le cycle élémentaire. Thèse d'État, Paris X-Nanterre, 822 pages de texte et 1853 pages d'annexes.

1980

« L'acquisition de l'orthophonie allemande au CE2.» In : *Recherches en Linguistique Étrangère, Annales Littéraires de l'Université de Besançon*, Les Belles Lettres, Paris, 1980, 115-378.

« Le statut sociométrique de l'allemand à l'école primaire. » In : *Recherches en Linguistique Étrangère, Annales Littéraires de l'Université de Besançon*, Les Belles Lettres, Paris, 1980, 127-137.

1981

« Une expérience d'enseignement de l'allemand dans le cycle élémentaire. » In : *Les Langues Modernes*, 1981, n°1, 59-79.

« L'acquisition du langage par l'enfant. » In : *Recherches en Linguistique Étrangère, Annales Littéraires de l'Université de Besançon*, Les Belles Lettres, Paris, 81-166.

1982

« Une introduction plus précoce de la lecture et de la graphie dans *Sing' und spiele mit!* », État du Valais, Éditions Valprint, Sion (43 pages).

1983

« Compte Rendu critique de la rencontre entre Noam CHOMKY et Jean PIAGET au Centre de Royaumont (1975) : Innéisme ou constructivisme en Linguistique ? » In : *Recherches en Linguistique Étrangère, Annales Littéraires de l'Université de Besançon*, 1983, Les Belles Lettres, Paris, 99-187.

« Processus d'acquisition des langues étrangères et des langues maternelles. » In : *Nouveaux Cahiers d'allemand*, 1983, vol. 1, n° 3, 129-136.

« L'acquisition des allomorphes du pluriel par les élèves francophones engagés dans l'expérience *Sing' und spiele mit!* » In : *Nouveaux Cahiers d'allemand*, 1983, vol. 1, n° 4, 248-255.

« Analyse critique de Hannelore GRIMM/Johannes ENGELKAMP : *Sprachpsychologie, Handbuch und Lexikon der Psycholinguistik*, Erich Schmid Verlag, Berlin, 1981. » In : *Études Germaniques*, 1983, n° 2, 239-240.

1984

« Der Erwerb der deutschen Mehrzahlallomorphe durch frankophone und germanophone Kinder. » In : *Beiträge zur Fremdsprachenvermittlung aus dem Konstanzer Sprachlehrinstitut*, 1983, n° 12, 3-50 ; 1984, n° 13, 3-120.

« Processus d'acquisition des langues étrangères et des langues maternelles. » In : *Verbum*, 1983, n° 3, 101-121 et 1984, n° 1, 17-28.

« L'acquisition des pluriels par les élèves allemands et français : acquisition naturelle et enseignement institutionnel. » In : *Nouveaux Cahiers d'allemand*, 1984, n° 1, 19-28.

1985

De l'enseignement des langues secondes à l'apprentissage des langues maternelles, Paris/Genève, Champion/Slatkine, (693 pages et 7 microfiches).

1986

« Acquisition naturelle et apprentissage institutionnel des langues vivantes. » In: *Nouveaux Cahiers d'allemand*, 1986, vol. 4, n° 4, 339-363.

1987

« Goethes Sprache in Frankreich: Götterdämmerung? Psycholinguistische Betrachtungen. » In : *Konstanzer Blätter für Hochschulfragen*, 1987, Jahrgang 24, Heft 3, 45-53.

« L'acquisition optimisante. » In: *Les Langues Modernes*, 1985, n° 5, 90-95.

« Errare humanum est, non errare insanum. » In : *Beiträge zur Fremdsprachenvermittlung aus dem Konstanzer Sprachlehrinstitut*, 1987, Heft 17, 18-44.

Acquisition Linguistique et Interférences, Publication de l'Association des Professeurs de Langues Vivantes de l'Enseignement Public, 19, rue de la Glacière, F-75013 Paris, 264 pages.

« Y-a-t-il faillite de l'enseignement de l'allemand en France? » In : *Nouveaux Cahiers d'allemand*, 1987, vol. 5, n° 4, 371-409.

« Compte rendu de D. GOANAC'H : *Théories d'apprentissage et acquisition d'une langue étrangère*, Paris, Hatier-CREDIF, 1987. » In : *Nouveaux Cahiers d'allemand*, 1987, vol. 5, n° 4, 411-412.

« Compte rendu de Ernst Apeltauer: *Gesteuerter Zweitspracherwerb, Voraussetzungen und Konsequenzen für den Unterricht*, München, Hueber, 1987 » In: *Nouveaux Cahiers d'allemand*, 1987, vol.5, n° 4, 412-414.

1988

« Problèmes de la compétence communicative et de sa mensuration. » In : *Nouveaux Cahiers d'allemand*, 1988, n°2, 155-165.

1989

« Spracherwerb durch Fehler und fehlerfreier Spracherwerb, eine psycholinguistische und sprachtypologische Überlegung. » In: *Beiträge zur Fremdsprachenvermittlung aus dem Konstanzer Sprachlehrinstitut*, 1989, Heft 19, 1-28.

« NOMGR3: ein EDV-Programm zur Generierung deutscher Nominalgruppen. » In : Eugène FAUCHER/Frédéric HARTWEG/Jean JANITZA :

Sens et Être. Mélanges en l'honneur de Jean-Marie ZEMB, Nancy, Presses Universitaires, 173-187.

1990

« L'acquisition lexicale en L1 et L2. » In : *Nouveaux Cahiers d'allemand*, 1990, vol. 8, n°2, 141-174 (avec une bibliographie de 27 pages non publiée mais fournie sur demande).

«Comment intégrer dans l'enseignement des langues vivantes les acquis des recherches sur l'apprentissage naturel, à propos d'un livre récent de Wolfgang BUTZKAMM: *Psycholinguistik des Fremdsprachenunterrichts*, Tübingen, Francke Verlag, UTB 1505. » In : *Nouveaux Cahiers d'allemand*, 1990, vol. 8, n° 3, 299-307.

« Compte rendu de Henning WODE: *Psycholinguistik. Eine Einführung in die Lehr- und Lernbarkeit von Sprachen*, München, Hueber, 1988 »In : *Nouveaux Cahiers d'allemand*, 1990, vol. 8, n° 3, pp. 309-315.

« KPK (= Konkordanz-Paket Konstanz): Ein Programm zur Konkordanzuntersuchung. »In : *Nouveaux Cahiers d'allemand*, 1990, vol. 8, n° 2, 175-180.

IEK (= Index-Erstellung Konstanz): Ein Programm zur Anfertigung von Indizes. »In : *Nouveaux Cahiers d'allemand*, 1990, vol. 8, n° 3, 317-328.

«WORDCRUNCHER : analyse critique d'un programme informatique pour recherche de concordances. » In : *Nouveaux Cahiers d'allemand* 1990, vol. 8, n° 3, 329-331.

1991

« Amertumes et enthousiasmes d'un germaniste français en terre catalane, article de phonétique comparée. » In : *Nouveaux Cahiers d'allemand*, 1991, n°4, 53-92.

«La version 4 de IEK. »In : *Nouveaux Cahiers d'allemand*, 1991, vol. 9, n°4, 105-106.

«Recension du *Guide Belin de l'enseignement de l'allemand* »In : *Nouveaux Cahiers d'allemand*, 1991, vol. 9, n°4, 93-95.

« Recension de Hiltraud DUPUY-ENGELHARDT: *La saisie de l'audible. Étude lexématique de l'allemand*, Tübingen, Gunter Narr, 1990. » In : *Nouveaux Cahiers d'Allemand*, 1991, vol. 9, n°4, 95-100.

«Défense et Illustration d'une métalinguistique acquisitionnelle. A propos d'un ouvrage récent de Danielle BAILLY. » In : *Les Langues Modernes*, 1991, 83-96.

1992

« Les évolutions du concept de période critique dans l'acquisition des langues vivantes. Le paradigme de la perception catégorielle et continue. » In : *Nouveaux Cahiers d'allemand*, 1992, vol. 10, n° 2, 121-178 (avec une bibliographie de 24 pages, non publiée fournie sur demande).

« Der L1- und L2-Erwerb der Lexik. » In : *Beiträge zur Fremdsprachenvermittlung aus dem Konstanzer Sprachlehrinstitut*, 1992, Heft 23, 63-140.

« Sauvetage ou sabotage ? La France et l'Enseignement Précoce des Langues Vivantes. » In : *Nouveaux Cahiers d'allemand*, 1992, vol. 10, n° 3, 241-308.

« Compte rendu de l'ouvrage de Fritz SEIDENFADEN/Annegret KÖRNER: *Auf der Suche nach der Perspektive des Kindes*, Beiträge aus dem norwegischen Zentrum zur Erforschung der Kindheit, Reihe Studien zum Bildungswesen Nord- und Westeuropas, Band 10, Verlag der Ferberschen Universitätsbuchhandlung, 1992. » In : *Nouveaux Cahiers d'allemand*, 1992, vol. 10, n° 3, 353-354.

« Compte rendu de l'ouvrage de Jacqueline FEUILLET : *Herzlich Willkommen in Frankreich!*, édité par la Municipalité de Saint-Herblain avec le soutien de l'Office Franco-allemand de la Jeunesse, 1990. » In : *Nouveaux Cahiers d'allemand*, 1992, vol. 10, n° 3, 354-356.

« Compte rendu de Heinz-Helmut LÜGER: *Sprachliche Routinen und Rituale*, Werkstattreihe Deutsch als Fremdsprache, Band 36, Frankfurt a.M./ Bern/New York, Peter Lang, 1992. » In : *Nouveaux Cahiers d'allemand*, 1992, vol. 10, n° 3, 356-358.

Au secours, je suis monolingue et francophone!, Reims, Presses Universitaires, 291 pages.

« La version 4 de KPK, logiciel d'établissement de concordances pour PC. » In : *Nouveaux Cahiers d'allemand*, 1992, vol. 10, n° 4, 459-460.

1993

« Enseignement précoce des langues vivantes: An III. » In : *Nouveaux Cahiers d'allemand*, 1993, vol. 11, n° 2, 119-167.

« L'Alsace à la reconquête de son bilinguisme. » In : *Nouveaux Cahiers d'allemand*, 1993, vol. 11, n° 4, 361-430.

L'Alsace à la reconquête de son bilinguisme. Eine schwere Wiedergeburt. Édité par L'Association des *Nouveaux Cahiers d'allemand*, diffusé par SALDE, 31, rue Oberlin, 67000 Strasbourg, 85 pages.

« Comment mettre en place un bilinguisme institutionnel. » 7° colloque de la Fédération pour les Langues Régionales dans l'Enseignement Public, Strasbourg, édité par Culture et Bilinguisme d'Alsace et de Moselle, Strasbourg, René-Schickele-Gesellschaft, 1995, 25-45.

1994

« Corrélation entre moyens investis et résultats obtenus dans l'acquisition et l'apprentissage linguistiques. » Rapport d'expertise rédigé à la demande du Conseil de l'Europe et publié dans *Cahiers de l'Érel*, Université de Nantes, 1994/5, 101-148.

« Le point sur le concept de période critique dans l'acquisition des langues vivantes. » In : *Enseignement précoce des langues régionales en Europe*, Actes du colloque du 27-28 octobre 1993, Mende, Association A.D.O.C., (Avenue du 11 novembre, méridien 1, 48000 Mende), 87-152.

« Le positionnement du verbum finitum dans l'acquisition de l'allemand par des germanophones monolingues et par des bilingues français-allemand. » In : *Nouveaux Cahiers d'allemand*, 1994, vol. 12, n° 4, 389-402.

Introduction, en qualité de directeur de la collection Bausteine zur Zweisprachigkeit, à Karin GONIN : *Tiere in Kindergarten und Vorschule*, Colmar, Jérôme Do. Bentzinger, 2-12.

« L'évaluation du bilinguisme institutionnel. » In : *Bilan d'étape*, Conseil Régional d'Alsace, Service Langue et Culture Régionales, Conseil Général du Haut-Rhin, 7-39.

Introduction au Turbo-Pascal, Nancy, Association des Nouveaux Cahiers d'Allemand (Bibliothèque des *Nouveaux Cahiers d'allemand*, Collection " Outils ", vol. III), 430 pages.

1995

« Struktur und Chaos in natürlichen Sprachen. Konsequenzen für den Erwerb. » In : René MÉTRICH/Marcel VUILLAUME (éd.) : *Rand und Band, Abgrenzung und Verknüpfung als Grundtendenzen des Deutschen. Festschrift für Eugène Faucher zum 60. Geburtstag* (Reihe Eurogermanistik 7), Tübingen, Gunter Narr, 101-113.

« Un exemple de code-switching entre dialecte berlinois, *Gaunerdeutsch* et allemand standard. » In : *Lectures. Hommage à Geneviève Hily-Maine*, Reims, Presses Universitaires de Reims, Centre Interdisciplinaire de Recherche en Linguistique et Psychologie Cognitive, 133-148.

« Désavantages et dangers du monolinguisme en général et du monolinguisme francophone en particulier. » In : Henri GOETSCHI/André-Louis

SANGUIN (éd.) : *Langues régionales et relations transfrontalières en Europe*, Paris, L'Harmattan, 1995, 35-42.

« Psycholinguistique génétique du bilinguisme français-allemand. » In : *Nouveaux Cahiers d'allemand*, 1995, vol. 13, n° 3, 347-359.

1996

Introduction, en qualité de directeur de la collection « Bausteine zur Zwei-sprachigkeit », à Anna Margarete TEUBER : *Sachkunde im ersten Grund-schuljahr*, Colmar, Jérôme Do. Bentzinger, 3-14.

« Une nouvelle Bible ? » In : *Nouveaux Cahiers d'allemand*, 1996, vol. 14, n° 1, 19-52.

« Discussion de Denis GIRARD : *Enseigner les langues: méthodes et pra-tiques*, Paris, Bordas, 1995. » In : *Nouveaux Cahiers d'allemand*, 1996, vol. 14, n° 2, 125-134.

« Un nouvel ouvrage de psycholinguistique acquisitionnelle, consacré au bi-linguisme français-allemand : Suzanne JEKAT-ROMMEL : *Zeitkonzept und Zeitreferenz*, Frankfurt a.M./Berlin/Bern/New York/Paris/Wien, Peter Lang, 1994. » In : *Nouveaux Cahiers d'allemand*, 1996, vol. 14, n° 3, 135-150.

« Analyse critique de Harald BURGER/Annelies HÄCKI BUHÖFER (éd.) : *Spracherwerb im Spannungsfeld von Dialekt und Hochsprache* (Zürcher Germanistische Studien), Frankfurt a.M./Berlin/Bern/New York/Paris/Wien, Peter Lang, 1994. » In : *Nouveaux Cahiers d'allemand*, 1996, vol. 14, n° 3, 151-155.

« Dernières Nouvelles d'Alsace. » In : *Nouveaux Cahiers d'allemand*, 1996, vol. 14, n° 3, 251-298.

1997

« Français-allemand. » In : *Linguistique de contact, Manuel International des recherches contemporaines*, Berlin/New York, Walter de Gruyter, 1997, 1222-1240.

« Immersion et maternation linguistique en milieu naturel et en milieu institutionnel. » In : *Nouveaux Cahiers d'allemand*, 1997, vol. 15, n° 3, 249-270.

1998

« Natürlicher Spracherwerb des Deutschen im französischen Schulwesen. » In : *Beiträge zur Fremdsprachenvermittlung aus dem Konstanzer Sprach-lehrinstitut*, 1998, vol. 16, n°3, 76-137.

1999

Francophonie et don des langues, Reims, Presses Universitaires, Publications du Centre Interdisciplinaire de Recherche en Linguistique et Psychologie Cognitive, 516 pages.

Eine Nation, eine Sprache? Ein Plädoyer für ein mehrsprachiges Frankreich (=Bibliothèque des Nouveaux Cahiers d'Allemand, vol. IV), Nancy, Association des Nouveaux Cahiers d'Allemand, 525 pages.

HOMMAGE AU CHERCHEUR

ET A L'HOMME D'ACTION

Der »*Magister Ludi*«

Marion PERREFORT
Université de Franche-Comté

Bei der Vorbereitung meines Beitrags[1] zu dieser Festschrift fielen mir zahlreiche, leicht vergilbte Seiten einer Vorlesung in die Hände, die Jean Petit 1978 über *Das Glasperlenspiel* von Hermann Hesse an der Universität Besançon im Rahmen der Agrégationsvorbereitung gehalten hatte.

Die Texte sind größtenteils handgeschrieben, in jener eigenartigen und für Jean Petit so charakteristischen Handschrift, deren Schriftbild ich fast als »biskriptural« (in Anlehnung an »bilingual«) bezeichnen möchte, insofern als man ihm den französischen *habitus* ebenso wie den deutschen ansieht, insbesondere in Form fragmentarischer gotischer Schriftzüge. Die Übergänge von Buchstaben zu Zahlen sind fließend, sie sind kaum voneinander zu unterscheiden. Wen nimmt es wunder, wenn man weiß, welchen Stellenwert die Mathematik in den Forschungsarbeiten Jean Petits einnimmt?

Warum diese Vorlesung mir in so bleibender Erinnerung geblieben ist, wurde mir erst jetzt, bei der Rückerinnerung bewußt: Jean Petit ist nämlich dem »*Magister Ludi*« des *Glasperlenspiels* in hohem Maße geistig verwandt. Er ähnelt jenem Knecht, der als hervorragender Lehrer sein Leben der Unterweisung seiner Schüler und der Forschung gewidmet hat.

Als *Magister Ludi* bezeichnet er sich übrigens selbst, denn er schreibt in einem 1975 erschienen Artikel über seine Methode »*Sing' und spiele mit!*«:

> »Nous avons également fait une bonne place au chant dont le caractère ludique n'échappera pas à nos collègues. Notre préoccupation de *magister ludi* (souligné par nous) n'apparaît pas que dans les thèmes choisis«[2].

Meine erste Begegnung mit Jean Petit fand im Jahre 1975 statt. Ich hatte mich auf eine Stelle als Lektorin an der Universität Besançon beworben.

---

[1] Mein herzlichster Dank geht an dieser Stelle an Professor R. Métrich, der mich zu einem subjektiv geprägten Beitrag in Form eines Erfahrungsberichtes ermutigt hat.

[2] Jean Petit: »Présentation de la méthode.« In: *Recherches en Linguistique Etrangère*, Annales Littéraires de l'Université de Besançon, Les Belles Lettres, Paris, 1975, 124.

Man teilte mir mit, ich solle bei Professor Petit vorstellig werden, von ihm hinge die Entscheidung hauptsächlich ab.

Er empfing mich in seinem Büro, in dem sich bis heute kaum etwas verändert hat.

Ein forschender, abschätzender Blick, ein jugendliches, leicht verschmitztes Lächeln und vor allem ein so einwandfreies, reines Deutsch, daß mir auf einmal meine eigene Ausdrucksweise in meiner Muttersprache fehlerhaft und unkorrekt vorkam und ich mich in ihr unheimisch, ja fremd fühlte.

»Wie steht es mit Ihren mathematischen und physikalischen Kenntnissen?«, fragte er mich zu meinem Entsetzen, denn in diesen Fächern hatte ich es stets nur auf »knapp ausreichend« gebracht. »Wir brauchen jemanden, der die Übersetzungskurse für Fachsprachen (allemand scientifique et technique) übernehmen kann. Fühlen Sie sich dazu imstande?«

Er hatte diese Kurse (»Valeurs« hießen sie zur damaligen Zeit noch) einige Jahre zuvor eingerichtet, erst für Studenten der Mathematik- und der Naturwissenschaften, dann für Germanistikstudenten.

Eine Revolution im klassischen Kanon der germanistischen curricula!

Indem er – ganz der *magister ludi* – diese neuen Räume beschritt, ebnete er schon früh den Weg für die kurz darauf einsetzende Diskussion über angewandte Fremdsprachen (Langues étrangères appliquées) und ermöglichte somit diesem neuen Bildungsgang sich in Besançon relativ schnell erfolgreich zu strukturieren und dauerhaft zu etablieren.

Zurück zum Vorstellungsgespräch. Ich bat ihn um mehr Information, woraufhin er mir die Texte zeigte, die er im Unterricht behandelte.

Mir wurde angst und bange, als ich von Einsteins Relativitätstheorie hörte, von Kernfusion und Kernspaltung, von Elektronen und Brennstäben und ich stand kurz davor, auf meine Bewerbung zu verzichten.

Da zeigte sich jedoch, welch großer und wahrer Pädagoge Jean Petit war, denn er schaffte es, mir die Angst zu nehmen und mir das Gefühl zu vermitteln, nichts sei unmöglich, wenn man es sich nur zutraut, wenn man nur die Bereitschaft zum Lernen mitbringt und »mitspielt«[3].

---

3 Der volle semantische Gehalt des Titels seiner Methode »*Sing' und spiele mit!*«, auf den ich hier anspiele, entfaltet sich auch in folgendem Erlebnisbericht: Vor einigen Jahren führte eine meiner Studentinnen im Rahmen eines Didaktikseminars ein Interview mit J. Grosfilley, einem Grundschullehrer, der an dem Pilotprojekt für frühsprachlichen Deutschuntericht teilgenommen hatte, durch. Er erzählt in diesem Interview von einer Schülerin, einer kleinen Algerierin, die im Unterricht besonders schüchtern gewesen war. Als er sie Jahre später wieder traf, war sie nicht nur dreisprachig und drückte sich sprachgewandt aus, sondern sie gestand ihm, daß die deutsche Sprache und das pädagogische Konzept des Deutschunterricht (»il fallait jouer, il fallait bien y aller«) bei der Überwindung dieser Schüchternheit eine große Rolle gespielt hatten.

Den Lernenden zu vertrauen und ihnen zuzutrauen, über sich selbst hinauszuwachsen, Hürden zu überwinden, die ihnen bis dahin unüberwindbar schienen, Lernbarrieren abzubauen – diese Einstellung zeichnet Jean Petit aus und macht ihn für alle, die seinen Unterricht und seine Unterweisung genossen haben, zu einem unvergeßlichen, vorbildhaften Lehrmeister.

Sei es bei dem studentischen Publikum oder in der Lehrerfortbildung, stets gelang es ihm, eine Lernatmosphäre zu verbreiten, die auf gegenseitigem Vertrauen und Respekt basierte.

Je höher die Ansprüche waren, die er an sich selbst stellte, desto mehr wurde seitens der Lernenden gewetteifert, es ihm auch nur in etwa gleichzutun[4].

Seine natürliche Autorität, untermauert von hochrangigen wissenschaftlichen Qualifikationen, zog alle in ihren Bann und bannte die Ängste vor den eigenen Unzulänglichkeiten, brachte schlummernde Talente zum Erwachen, offenbarte Berufungen oder festigte sie.

Im Hitzesommer 1976 schlug er mir, der kleinen Lektorin, vor, sowohl seine als auch meine Studenten gemeinsam mündlich zu prüfen und zu benoten. Tagelang prüften wir bei brütender Hitze unsere damals noch zahlreichen Germanistikstudenten, besprachen jeden Fall, wobei Professor Petit Einwände meinerseits nicht nur anhörte, sondern auch gelten ließ, wenn sie ihm gerechtfertigt schienen. Diese ungewöhnliche, allen meinen damaligen Hierarchievorstellungen widersprechende Erfahrung, beleuchtet eine andere Seite des so vielseitigen Jean Petit.

Stets im Dienste der Jüngeren, Unerfahreneren, ohne Standesdünkel, verkörperte und lebte er das Prinzip der »*égalité*«.

Geprägt von den langen Jahren auf der École Normale, hatte er sich der »*éducation*«, der aufklärerischen Erziehungsarbeit verschrieben, nicht als »*hussard noir de la République*«, sondern als »*hussard de l'allemand*«, ein ebenso vehementer wie auch scharf- und eigensinniger Verfechter seiner Ideen und erzieherischen Auffassungen.

Da der Begriff der Elite ihm unbekannt schien, verwandte er dieselbe Mühe auf die Aus- und Fortbildung eines Grundschullehrers wie auf die Vorbereitung eines Capes- oder Agrégationskandidaten.

Im hiesigen *Centre de Recherche en Linguistique Étrangère* (CRLE) stellte er uns seine Forschungsarbeiten vor[5], und so erfuhr ich von seinem

---

4   Eine ganz persönliche Anmerkung sei mir hier zur Illustration gestattet: Um das Vertrauen, das Jean Petit in mich gesetzt hatte, indem er mir die Seminare in »Allemand Scientifique et Technique« übertrug, nicht zu enttäuschen, nahm ich ein Jahr lang Nachhilfestunden bei einem Mathematik- und Physiklehrer…

5   In der Zeitschrift *Recherches en Linguistique Etrangère* veröffentlichte Jean Petit in den Jahren 1975-1980 folgende Artikel über seine Methode »*Sing'und spiele mit!*«

Engagement im Primarschulbereich, den laufenden Pilotprojekten zum früh-sprachlichen Unterricht in Besançon und Umgebung und den Fortbildungs-kursen für Grundschullehrer[6].

In diesen Abendveranstaltungen machte ich Bekanntschaft mit *Heidi*, *Monika* und *Hans* sowie mit ihren Patentanten und Patenonkeln – *les maîtres* –, die die Kinder aus der Taufe gehoben hatten und nun über deren weiteren Werdegang aufmerksam wachten.

Neue, fremde Welten eröffneten sich, in denen sich ein weiterer Charakterzug des *magister ludi* offenbarte. Diese allwöchentlichen Unterrichtsstunden auf freiwilliger Basis, denen sowohl Jean Petit als auch die Grundschullehrer kostbare Freizeit opferten, hatten etwas Militantes an sich: ein Hauch von Missionarsarbeit umgab sie.

Wenn ich heute an dieses großzügige Abenteuer zurückdenke, dann mit einem Anflug von Wehmut, denn aufopfernde Aktionen dieser Art sind im pädagogischen Universum kostbare Raritäten geworden, besonders solche die auf Gegenseitigkeit beruhen.

Akribisch wurde jedes der insgesamt 70 Spiele der Methode *Sing' und spiele mit!* durchgenommen. Jean Petit begnügte sich nicht mit nur rein methodisch-didaktischen Überlegungen.

Er erteilte Grammatikunterricht, stellte sprachphilologische Betrachtungen an, betrieb systemvergleichende Studien, untersuchte morphosyntaktische Gesetzmäßigkeiten der deutschen Sprache, erweiterte den Wortschatz durch eingehende Ausführungen zur Lexik und erläuterte die Besonderheiten der deutschen Rechtschreibung.

So z.B. wurde ein so bescheidenes Adjektiv wie ›schlecht‹ zum Gegenstand einer faszinierenden Sprachreflexion. Wir erfuhren nicht nur welcher Wortklasse es angehörte, sondern bereicherten unseren Wortschatz durch mit ihm gebildete idiomatische Wendungen, wurden die staunenden Zeugen eines etymologischen Exkurses, im Zuge dessen wir u.a. erfuhren, daß ›schlecht‹ ursprünglich auf ›schlicht‹ zurückzuführen ist, um uns dann phonologischen Überlegungen hinzugeben, die auch sofort ihre Anwendung in Form von breitgezogenen, lächelnden Lippenbewegungen fanden,

---

und die sich darauf beziehenden Forschungsarbeiten: *Présentation de la méthode*, t. III, 1975, 117-150; *Réflexions sur le processus d'acquistion d'une Langue II*, t. IV, 1978, 93-152; *Les tests de l'expérience Sing' und spiele mit!*, t. IV, 1978, 85:92; *Acquisition de l'orthophonie allemande au cours élémentaire, deuxième année*, t. V, 1980, 115-378.

6 »L'enseignement lui-même a été commencé en octobre 1967 en même temps que le recyclage indispensable des maîtres qui a connu lui aussi des tâtonnements et des mises au point avant de recevoir sa forme actuelle: les maîtres sont maintenant recyclés pendant trois ans et demi-quatre ans à raison d'une heure et demie hebdomadaires.« (Petit 1978, 83)

wobei wir unser Gesicht mal im Profil, mal von vorne zeigen mußten, um ein zu starkes Vorschürzen der Lippen sofort zu entlarven.

Gestandene Lehrerinnen und Lehrer mit angegrauten Schläfen ließen sich in die ebenso unerbittliche wie auch geduldige phonetische Mangel des Professors nehmen. Sie lernten eine Sprache sprechen statt sie, wie bislang, nur zu schreiben und zu lesen: »*Avec Monsieur Petit j'ai découvert ce qu'est une langue, j'ai tout découvert de la langue*« beschreibt Jean Grosfilley diese Erfahrung im schon erwähnten Interview.

Sie entdeckten die Aussprachegesetze, lernten die Funktionen von Phonemen kennen, kämpften in artikulatorischen Gymnastikübungen mit dem Wortakzent, dem Gruppenakzent, dem Satzakzent, der Intonation und litten am nächsten Tag an Mund-, Zungen- und Zwerchfellmuskelkater.

Für den Orthophonisten Jean Petit waren diese Schwierigkeiten keine Überraschung, sie waren voraussehbar, denn

»notre collègue instituteur aura besoin de longues semaines d'efforts suivis pour acquérir la mémorisation articulatoire des phonèmes allemands et il est essentiel qu'il soit, pendant cette période au moins, suivi pas à pas, puisqu'il est incapable de se contrôler auditivement et risque de se fixer sur de fausses positions articulatoires. La situation est encore plus délicate si ce collègue, à la suite de plusieurs années d'étude traditionnelle de l'allemand, présente déjà des habitudes de déformation phonétique« (1975, 147).

Ihm ist bewußt, daß man leiden muß, um korrekt zu sprechen, denn er schreibt an anderer Stelle:

»Les réflexes phonologiques et structuraux qui sont identiques en allemand et en français sont déjà frayés par la possession de la langue I. La transposition des ces réflexes dans la langue II sera totalement *indolore* (souligné par nous). A contrario, les réflexes phonologiques et structuraux existant en allemand et inconnus en français ou s'opposant même à ceux du français devront faire l'objet d'une attention sélective. C'est eux qui devront être montés pièce à pièce et gravés dans les circuits neuro-moteurs« (1975, 132).

Auch die noch so geringfügige Abweichung von der Bühnenaussprache entging dem wissenschaftlich geschulten Ohr des »*Magister phonetikos*« nicht, wie ich an eigenem Leibe erfahren sollte.

In seinem Literaturseminar für Agrégative hatte ich ein Referat gehalten und wartete gespannt auf die kritischen Kommentare des Professors.

Zu meinem Erstaunen bezogen sich jedoch seine ersten Anmerkungen weder auf den Inhalt noch auf die Form des Referats, sondern auf die

Aussprache des /i/, das ich fälschlicherweise in Wörtern wie ›in‹ und ›ist‹ zu lang und geschlossen ausgesprochen hatte.

Ganz im Sinne des bekannten Goethe Wortes »*Wer fremde Sprachen nicht kennt, weiß nichts von seiner eigenen*«, lernte ich, daß mein Aussprachefehler ein klassischer Fall von Interferenz sei und demzufolge auf die Einflüsse des französischen Artikulationssystems auf das deutsche zurückzuführen sei. Zur Veranschaulichung seiner Ausführungen und Verdeutlichung der Fehlerquelle zeichnete er ein vokalisches Pentagon an die Tafel, trug die jeweiligen Artikulationsörter der französischen und deutschen Phoneme ein und riet mir, meinen Aussprachefehler durch Zurückgreifen auf das benachbarte /e/ zu korrigieren.

Erst nachdem mir dies nach einigem Üben zu seiner Zufriedenheit gelungen war, ging er mit derselben Gewissenhaftigkeit zur formalen und inhaltlichen Kritik des Referats über.

Nie verbesserte Professor Petit, ohne dem Lernenden die Fehlerquelle bewußt zu machen, ohne den Fehler für Wissenserweiterung fruchtbar zu machen und auf diese Weise Hilfestellung für autonomes Lernen zu geben.

Seine Erklärungen prägten sich mir so tief ein, daß ich manche, auch heute noch, echohaft in meinen Phonetikkursen an meine Studenten wiedergebe.

Der Aufrichtigkeit halber muß ich allerdings an dieser Stelle gestehen, daß mir seine Unerbittlichkeit in Bezug auf die Aussprache damals übertrieben, ja fast pedantisch vorkam, und ich mich als Muttersprachlerin gegen diese Eingriffe in meine Sprechweise auflehnte, bis ich den theoretischen Rahmen und die methodisch-didaktischen Zielsetzungen begriffen und für die Unterrichtszwecke anerkannt hatte.

Ab 1977 nahm ich am Lehrerfortbildungsprogramm in Sion teil. Die Schweizer Kollegen im französischsprachigen Teil des Wallis hatten trotz kritischer Stimmen, besonders aus dem Kanton Fribourg, »*Sing' und spiele mit!*« als Lehrmethode für den frühsprachlichen Deutschunterricht gewählt und in den Grundschulen eingeführt.

Anfangs übernahm Jean Petit selbst die Fortbildungskurse, unterstützt von Lehrern aus Besançon und Umgebung.

Nach und nach aber übertrug er uns die Durchführung der Sommerkurse, wobei die über tausend Seiten der »*Documents pour les maîtres*[7]« eine unschätzbare Hilfe für die Vorbereitung des Fortbildungsunterrichts waren. Diese vielen losen Blätter waren eine Orientierungshilfe ohnegleichen, denn

---

7 »Les documents comprennent: un fascicule de présentation, un livre d'image (niveaux 1,2,3), un livre de textes (niveaux 1,2,3), des planches phonétiques (50), des planches de pluriel (50), des planches de dramatisation pour les trois niveaux (2000), des documents pour les maîtres (1300 pages), des bandes magnétiques pour les trois niveaux (14h).« (Petit 1978, 85)

sie enthalten alles, was uns Jean Petit in den Abendveranstaltungen gelehrt hatte. Dort findet der Lehrer nicht nur methodische Hinweise, sondern auch metalinguistische Erklärungen, die jedes Detail der Syntax, der Morphologie, der Lexik und der Phonetik der deutschen Sprache ergründen, erklären, verständlich machen, und die zum autodidaktischen Lernen benutzt werden können:

> »*Sing' und spiele mit!*« pour le maître présente jeu par jeu tous les commentaires et inventaires structuraux, lexicaux, phonétiques et pédagogiques nécessaires à l'information et à la formation de nos collègues.« (Petit 1975, 146)

Die Ausbildung, die Jean Petit bis ins kleinste Detail durchdacht und ausgefeilt hatte und die in langjähriger Arbeit in Besançon erfolgreich auf harte Probe gestellt worden war, trug nun auch im Wallis ihre Früchte, denn nach einigen Jahren waren die meisten der Walliser Lehrer, deren Schulen am Programm beteiligt waren, in der Lage, die Kinder nach den Prinzipien der Methode zu unterrichten.

Die »*Documents pour les maîtres*« von »*Sing' und spiele mit!*« sind das beeindruckendste didaktische und vor allem autodidaktische Lehr- und Lernmaterial, mit dem ich je gearbeitet habe.

Ihre sprach- und lerntheoretischen Verankerungen sind nicht nur geprägt vom hochwissenschaftlichen Anspruch des Linguisten und Germanisten Petit, sondern auch von seiner langjährigen Unterrichtserfahrung an der École Normale, seinen fundierten Kenntnissen der *École de la République* und ihrer Ausbildungs- und Erziehungsmethoden.

Etwas vom Geist Jules Ferrys schwingt stets mit bei der aufklärerischen Arbeit Jean Petits und der besteht, übertragen auf den Deutschunterricht, darin, den Lehrern über Wissensaneignung und solider pädagogischer Ausbildung die Furcht vor der fremden Sprache und ihrer Vermittlung zu nehmen.

Aber auch in anderen Bereichen wirkte sich die aufklärerische Arbeit Jean Petits aus. So begegnete ich vor einigen Jahren in einem deutsch-französischen Austauschprogramm einem älteren Bisontiner, der 1960 mit Jean Petit in Freiburg gewesen war. Letzterer hatte sich aktiv für die Städtepartnerschaft zwischen Freiburg und Besançon eingesetzt.

In jenem deutsch-französischen Begegnungsprogramm ging es unter anderem auch um Vergangenheitsbewältigung, um französische Résistance und deutschen Widerstand. Herr G. erklärte in einer Plenumsdiskussion mit jungen Deutschen, welche Bedeutung die Zusammenkunft mit Jean Petit für ihn hatte:

> »Il y a une chose que j'ai apprise avec lui c'est qu'il y avait énormément de Fribourgeois qui ont souffert par les Allemands eux-

mêmes, qui ont été emprisonnés, j'ai appris qu'il y avait une résistance à l'intérieur et ça, je l'ai découvert, je ne le savais pas. S'il n'y avait pas eu Monsieur Petit, j'ignorais ces choses là. C'est là que j'ai eu le désir de connaître nos voisins.«[8]

Wie Herrn G. hat auch mir Professor Petit neue Horizonte eröffnet.

Es gibt Begegnungen im Leben, die für spätere Entwicklungen weichenstellend sind, die einen wesentlichen Einschnitt bedeuten, insofern als sie Veränderungen hervorrufen, Ausbau und Vervollkommnung von vielleicht diffusen Anlagen und Neigungen bewirken. Mit Sicherheit gehören die Begegnung mit Jean Petit und der kleine Weg, den ich ein Stück mit ihm habe gehen können, zu solchen Sternstunden des Lebens und dafür möchte ich ihm mit meinem bescheidenen Beitrag zu dieser Festschrift von ganzem Herzen danken.

---

[8] Extrait d'une transcription réalisée dans le cadre d'un projet de recherche sous l'égide de l'OFAJ portant sur la communication interculturelle (1990-1994).

L'association ABCM-Zweisprachigkeit et Jean Petit

Jacqueline HERRGOTT et Richard WEISS
Strasbourg et Colmar

Le lancement et le développement de l'enseignement bilingue français/ langue régionale en Alsace à partir de 1991 correspondent pour une grande part à la rencontre d'une association de parents d'élèves – *ABCM-Zweispra-chigkeit* –, insatisfaite de la manière dont l'Éducation Nationale traitait cette question, et d'un spécialiste de la psycholinguistique acquisitionnelle – Jean Petit – qui a mis ses connaissances et son expérience au service de cette association.

Ensemble, ils ont suscité un mouvement remarquable qui a permis, en quelques années, de renouveler les modalités d'organisation de l'éducation bilingue en Alsace. Les lignes qui suivent retracent quelques aspects de cette action commune d'un groupe militant qui a voulu recourir à des méthodes éprouvées de l'acquisition linguistique, et d'un savant qui ne s'enferme pas dans sa tour d'ivoire.

1. Historique

1.1. A l'origine

L'association ABCM-Zweisprachigkeit fut créée par des parents alsaciens et mosellans qui avaient pris conscience de la politique monolingue et oppressive que l'Éducation Nationale a menée et mène encore contre les langues régionales de France : interdiction de les utiliser en classe, refus d'appliquer les circulaires ministérielles leur reconnaissant droit de cité, formation linguistique insuffisante des maîtres dispensant leur enseignement etc.

Ces parents pensaient que l'Éducation Nationale se devait, en tant que service public,

• de respecter, de valoriser l'enfant, de l'aider à développer sa personnalité et à tirer parti de ses préacquis cognitifs et linguistiques lors de l'entrée à l'école,

• de le préparer à s'insérer dans le monde du travail en accroissant ses chances d'y trouver une profession valorisante grâce à une maîtrise parfaite de deux langues au moins.

Ces parents alsaciens et mosellans voulaient donc une école publique moderne et ouverte qui tienne enfin compte, comme elle le fait au Pays Basque, en Bretagne, en Occitanie et en Catalogne Nord,

• de l'intérêt des enfants de régions naturellement et historiquement bilingues,

• des travaux des psycholinguistes du monde entier montrant que tout enfant peut devenir bilingue, quels que soient son Q.I. et son milieu social, dès lors que se trouvent réunies un certain nombre de conditions :

– démarrage précoce dès l'entrée à l'école maternelle et bien évidemment dans le milieu familial chaque fois que possible,

– égalité de traitement des deux langues avec compensation en faveur de la langue faible, surtout pour les enfants issus de familles monolingues,

– application du principe de Grammont-Ronjat (1913) : représentation de chaque langue par une personne distincte,

– recours aux deux langues pour l'organisation de jeux à l'école maternelle, puis pour l'acquisition de savoirs à l'école primaire,

– maintien de la formule bilingue sans discontinuité tout au long de la scolarité

1.2. La situation avant 1991

Une administration rétive :

Il y a neuf ans, les circulaires de M. Savary, Ministre de l'Éducation Nationale du premier Gouvernement Mauroy, étaient appliquées avec succès dans d'autres Académies (pour le basque et le breton notamment) et il était donc possible de profiter de l'expérience acquise dans ces autres régions françaises.

Mais en Alsace et en Moselle, l'administration de l'Éducation Nationale n'avait encore ouvert aucun site bilingue : elle invoquait des prétextes éculés, connus pour avoir été utilisés autrefois en d'autres endroits. Elle prétendait notamment n'avoir :

– ni demande des familles
– ni expérience d'enseignement bilingue
– ni enseignants formés
– ni pédagogie bilingue
– ni manuels adaptés
– ni garantie de suivi en primaire, puis au collège et au lycée
– ni autorisation ministérielle !!
etc. etc.

Comme aujourd'hui encore en Moselle, elle parlait :

– de voie spécifique régionale avec 2 à 3 heures hebdomadaires,
– de classes franco-allemandes, tributaires de négociations et d'accords internationaux préalables,
– de sections dites *trilingues*, formule réservée, comme d'ailleurs la précédente, aux *bons élèves* et accréditant l'idée que l'éducation bilingue n'était pas accessible à tous,
– d'expérimentation prudente à réaliser à raison de 3 à 6 heures hebdomadaires
– de *commissions* et de *groupes de réflexion* nécessaires,
– d'accueil en dialecte (se réduisant à quelques mots lorsque le maître était capable de les articuler et le voulait bien).

Il s'agissait en fait de laisser les choses en l'état, d'accompagner le déclin, comme si celui-ci était naturel et inéluctable.

Des élus favorables dans leur immense majorité :

Dans leurs motions et prises de position individuelles, ils réclamaient depuis plus de 40 ans le développement de l'enseignement de l'allemand, pensant qu'il pourrait, outre ses vertus propres, empêcher la disparition du dialecte. Mais, peu versés dans le fonctionnement interne de l'Éducation Nationale, ils s'en remettaient aveuglément à des fonctionnaires refusant toute innovation et reportant d'année en année l'ouverture de classes bilingues.

Des parents mal informés :

Ils n'étaient pas préparés à se regrouper autour d'un tel projet qu'aucune association de parents n'avait fait sien jusque-là. Ils avaient également peur que leurs enfants prennent du retard en français ou soient mal vus de leurs instituteurs. Ils savaient aussi que ceux-ci avaient été formés par une école normale monolingue, qu'ils n'étaient pas capables d'enseigner 13 heures en allemand ou en dialecte, et qu'ils allaient se sentir dépassés et menacés dans leur position.

1.3. La rencontre avec Jean Petit

«Nous avons suivi une conférence donnée par un homme fantastique : il parle avec des mots très simples de sujets que l'on nous a toujours présentés comme très complexes. Il s'appelle Jean Petit. Il est agrégé d'allemand et habite près de Perpignan. Il faut absolument que nous l'invitions à venir parler devant les parents, enseignants, étudiants et inspecteurs de nos deux Académies. D'ailleurs, il en est d'ores et déjà d'accord... ».

Voilà ce que trois membres de l'Association *ABCM-Zweisprachigkeit*[1] nous ont rapporté de Prades (66) où elles venaient de participer en octobre 1991 au congrès annuel de la FLAREP (Fédération pour les Langues Régionales dans l'Enseignement Public).

Nous n'avons pu que nous féliciter d'avoir suivi leur avis enthousiaste, car depuis cette rencontre décisive, Jean Petit a apporté, année après année, un soutien déterminant au développement de nos classes bilingues en Alsace et en Moselle.

À la tête du Centre de Linguistique Appliquée de l'Université de Besançon, il avait accompli un travail de pionnier pour l'enseignement précoce de l'allemand dans le département du Doubs et dans le Valais romand de 1969 à 1982 (méthode *Sing' und spiele mit !*). Les recherches qu'il avait entreprises sur les stratégies naturelles de l'acquisition linguistique (thèse d'État soutenue en 1979) lui avaient valu d'être nommé professeur à l'Université de Reims ainsi que Professeur invité permanent à l'Université de Constance. Ces antécédents le prédestinaient à oeuvrer en Alsace à nos côtés.

2. Ce qui a été réalisé depuis 1991

• **Les familles demandeuses ont été regroupées** : la plupart étaient monolingues, soit parce qu'elles avaient été dissuadées de transmettre le dialecte à leurs enfants, soit parce qu'elles étaient originaires d'autres régions de France où l'on ne parlait que le français.

• **Un soutien a été apporté aux élus** : il s'agissait d'aider les maires, les conseillers municipaux, généraux et régionaux, les députés et sénateurs à faire passer leurs voeux dans la pratique en revendiquant auprès de l'administration l'ouverture de classes bilingues véritables et un statut juridique pour les langues de France.

• **Les premières classes bilingues associatives ont été ouvertes dès septembre 1991** : elles appliquent rigoureusement les principes de l'enseignement bilingue et font l'objet d'un suivi scientifique. Elles allaient servir de modèles aux futures classes bilingues publiques que l'Inspection Acadé-

---

[1] Il s'agissait de Mesdames Rachel Bienvenot – dont la fille venait d'entrer dans la première classe ABCM ouverte dans le Bas-Rhin (Saverne) en septembre 1991 –, et Carmen Lebus, toutes deux membres du Conseil d'Administration de notre Association, ainsi que de Monsieur Jean-Marie Woehrling, Vice-Président de Culture et Bilinguisme-René-Schickele-Kreis.

mique et le Rectorat de Strasbourg ouvrirent dès 1992. Ces dernières sont aujourd'hui au nombre de 115 et l'Administration se déclare maintenant favorable au développement de l'éducation bilingue (cf. circulaire rectorale de décembre 1994).

• **Les investissements consentis par les collectivités territoriales ont été rentabilisés** : ces investissements sont importants : ils concernent des expérimentations et des actions de formation ponctuelle qui n'ont pas, hélas, de résultats tangibles et ne sont parvenus ni à maintenir le niveau en allemand, ni à sauver le dialecte.

• **L'application des circulaires ministérielles à l'Alsace a été exigée** : il fallait obtenir que de véritables classes bilingues soient ouvertes là où les familles en formulaient la demande. Aujourd'hui, l'Administration est tenue d'organiser des réunions d'information sur l'enseignement bilingue et d'expliquer son fonctionnement.

• **Des manuels ont été publiés** : le but visé était ici de mettre à la disposition des maîtres des outils adaptés à l'enseignement en langue allemande : Collection *Bausteine zur Zweisprachigkeit* par exemple, éditée par Jean Petit (cf. infra).

• **Il y a eu prise de conscience** de l'atout que constitue pour nos régions et pour la France le gisement linguistique alsacien-lorrain, sous sa double forme : le dialecte et son expression écrite le *Hochdeutsch*.

3. L'action des collectivités

• **Des conventions ont été conclues** liant l'État au développement rapide de cet enseignement bilingue, par exemple :

– la charte signée le 07.01.1993 par Jean-Jacques Weber, Président du Conseil Général du Haut-Rhin, et par le Ministre Jack Lang. Le Département s'y engage à prendre exceptionnellement en charge les salaires des enseignants allemands engagés en surnombre dans les communes où l'inspection ne dispose pas de maîtres en nombre suffisant pour mettre en place une filière bilingue dès la maternelle

– l'accord intervenu entre l'IUFM et les Collectivités Territoriales d'Alsace, aux termes duquel l'État s'engage à mettre en place à Guebwiller (Haut-Rhin) une formation professionnelle accessible à tous les futurs professeurs d'école se destinant à enseigner dans une filière bilingue. La formation *in situ* est complétée par un stage d'un mois au *Goethe Institut* et par des stages pratiques dans des classes allemandes.

• **Des bourses ont été accordées** aux étudiants s'engageant dans cette formation bilingue.

• **Un soutien financier a été apporté** aux classes bilingues de l'association ABCM et de l'enseignement privé. Ces classes ont été ouvertes avec l'aide de subventions des collectivités dans les localités où l'Éducation Nationale n'était pas en mesure de répondre à la demande des parents. Ces classes ont constitué et constituent encore un aiguillon pour le service public d'enseignement.

• **Un Office Régional du Bilinguisme (ORBI) a été créé** pour promouvoir le bilinguisme dans tous les domaines. En collaboration avec d'autres associations, il a réalisé une plaquette et un film vidéo expliquant à tous, parents, élus et enseignants, le fonctionnement et les avantages de l'enseignement bilingue.

4. La situation dans l'Académie de Strasbourg à la rentrée 1998

L'association *ABCM-Zweisprachigkeit* gère 15 classes maternelles et 6 classes primaires (du CP au CM2) soit en tout 21classes réparties sur 8 sites (Ingersheim, Lutterbach, Mulhouse, Willer, Haguenau, Saverne, Schweighouse, Strasbourg). Le nombre des classes bilingues publiques atteint 218 et celui des classes privées confessionnelles 14. L'ensemble de ces classes bilingues représentent à peu près 2% du total des classes maternelles et primaires de l'Académie...

Et la Moselle (dont une partie forme la zone dialectale francique de l'Académie de Nancy-Metz)?

Il existe une «voie spécifique Mosellane». Cet enseignement dit *renforcé* de l'allemand est en réalité un modèle réduit qui ne parvient ni à rendre bilingues les enfants monolingues, ni à empêcher de redevenir monolingues les enfants qui étaient bilingues lors de leur entrée à l'école maternelle. Malgré les demandes instantes et répétées des parents, l'Éducation Nationale s'est jusqu'à ce jour obstinément refusée à ouvrir des classes bilingues paritaires en Moselle, en invoquant tous les prétextes possibles et imaginables. C'est dans cette situation que la Municipalité de Sarreguemines s'est tournée vers *ABCM*. Deux classes maternelles associatives ont alors été ouvertes dans deux sites différents (école de la Blies et école Beausoleil) à la rentrée 1997. Deux classes supplémentaires ont été créées dans ces mêmes sites à la rentrée 1998 pour répondre aux demandes sans cesse croissantes des parents.

5. L'action irremplaçable de Jean Petit

A partir de 1992, Jean Petit s'est donc mis à notre service :

• pour intervenir dans des colloques spécialisés en Italie (Val d'Aoste), en Allemagne (Wuppertal), en France (Saverne, Perpignan, Mende)

• pour donner des conférences publiques (en langue française à Colmar, Mulhouse, Bennwihr, Strasbourg, Haguenau, Saverne, Wissembourg, Sarreguemines, en langue allemande à Constance, Bozen/Bolzano et Sarrebruck) dont l'impact a été considérable.

• pour diriger, en collaboration étroite avec François Rosenblatt (Principal Honoraire du Collège de Saint-Amarin (68), Professeur d'allemand et auteur dialectophone), l'évaluation des classes *ABCM*. Cette évaluation s'effectue chaque année depuis 1992, à la demande du Conseil Régional d'Alsace et du Conseil Général du Département du Haut-Rhin. Elle donne lieu à un rapport public montrant les progrès accomplis et encore à accomplir dans la didactique bilingue.

• pour participer de 1994 à 1996 à la Commission Internationale de suivi de ces mêmes classes dont il était le rapporteur.

• pour prendre une part active à la formation pédagogique et linguistique des enseignantes *ABCM*.

Grâce à ses nombreuses relations nationales et internationales, Jean Petit a également fait connaître nos classes et notre travail à un public universitaire et germaniste (France, Allemagne, Suisse, Italie, Espagne).

Deux ouvrages – *Au secours, je suis monolingue et... francophone !* (Presses Universitaires de Reims, 1992), *L'Alsace à la reconquête de son bilinguisme, eine schwere Wiedergeburt* (Association des Nouveaux Cahiers d'allemand et Société Alsacienne et Lorraine d'Édition, 1993) ainsi que des articles publiés dans des périodiques spécialisés comme *Les Nouveaux Cahiers d'allemand*, les *Beiträge zur Fremdsprachenvermittlung*[2], dans la revue *Land und Sproch*[3], dans le Bulletin de notre Association *Zweisprachigkeit*, dans la plaquette de l'Office Régional du Bilinguisme en Alsace et aussi dans l'Encyclopédie internationale *Langues en contact, Languages in contact, Sprachen in Kontakt*[4] ont également assuré la diffusion de notre action et de nos résultats.

Jean Petit a récemment édité deux ouvrages didactiques dont il a aussi rédigé l'introduction : Karin Gonin, *Tiere in Kindergarten und Vorschule*

---

[2]   Edité par le Sprachlehrinstitut der Universität Konstanz, Postfach 5560, D-78457 Konstanz.

[3]   René Schickele-Gesellschaft, 31, rue Oberlin, F-67000 Strasbourg.

[4]   Berlin, Walter de Gruyter, 1997.

(1994), Annegret Teuber, *Sachkunde im ersten Grundschuljahr* (1996) dans la collection *Bausteine zur Zweisprachigkeit* (Do. Bentziger, éditeur, Colmar). Ces deux remarquables outils de travail présentent à des praticiennes débutantes, mais aussi chevronnées les fondements de l'acquisition linguistique précoce par voie naturelle.

Jean Petit a également rédigé des documents de travail en langue française et en langue allemande pour aider nos enseignantes des classes élémentaires à réaliser une approche contrastive des deux langues : *Correspondance entre phonème et graphème, décompte et séparation syllabiques en français et en allemand / Entsprechung zwischen Phonem und Graphem, Silbenzählung und Silbentrennung im Französischen und Deutschen, Fondements de phonétique et de phonologie / Phonetisches und phonologisches Grundwissen* etc... etc... La version française de ces documents est polycopiée et diffusée conjointement par *ABCM* et l'*Institut Supérieur des Langues de la République Française (ISLRF)*[5].

Jean Petit a enfin initié la confection d'enregistrements vidéo dans nos classes *ABCM*. Ces documents poursuivent deux objectifs : d'une part permettre aux enseignantes *ABCM* débutantes mais aussi chevronnées de profiter de l'expérience et des réussites de leurs collègues, d'autre part suivre pas à pas la progression linguistique de nos élèves en observant les cheminements empruntés par l'acquisition naturelle. Ce travail de longue haleine constitue une première en Europe.

Au moment où nous rédigeons cet article, nous apprenons :

– que Jean Petit s'apprête à publier deux nouveaux ouvrages : l'un en langue allemande : *Eine Nation, eine Sprache. Ein Plädoyer für ein mehrsprachiges Frankreich* (Nouveaux Cahiers d'allemand, Nancy) et l'autre en langue française : *Francophonie et don des langues* (Presses Universitaires de Reims),

– que le film de Jacques Thomine : *A l'école je parle deux langues* (CAVUM : Centre audio-visuel de l'Université de Metz), vient d'être primé au Festival Européen du film scientifique de Palaiseau. Les classes *ABCM* d'Ingersheim occupent une place importante dans ce document

---

5   Ouvert à Béziers en 1997 par François Bayrou, Ministre de l'Éducation Nationale, cet Institut a pour mission d'assurer la formation des maîtres d'enseignement immersif en langue régionale pour les Institutions Seaska (Pays Basque français), La Bressola (Catalogne Nord), Diwan (Bretagne), Calandreta (Occitanie) et ABCM.- Zweisprachigkeit Cette formation comporte un tronc commun organisé à Béziers (il dispense des enseignements de psychologie, de linguistique, de psycho- et sociolinguistique en langue française), et des séminaires spécialisés mis en place ou à mettre en place dans chacune des régions concernées (la langue véhiculaire est alors la langue régionale). Jean Petit est l'un des quatre membres du conseil scientifique de cet Institut et y enseigne depuis sa création.

et Jean Petit y trouve l'occasion de développer et d'illustrer les principes de l'enseignement bilingue. Cette reconnaissance européenne honore le travail accompli, avec son concours, par les membres de notre association et par nos enseignantes.

Dans le domaine des langues régionales et de l'éducation bilingue, rien n'est possible sans l'engagement de parents regroupés dans une ou plusieurs structures associatives dynamiques. Mais l'action associative n'est efficace que si elle repose sur un fondement expérimental et scientifique. Le mérite de Jean Petit est de nous apporter ce fondement et nous lui en exprimons ici notre profonde gratitude.

DE LA LANGUE

Die Komparation im Moliseslavischen

Walter BREU
Universität Konstanz

1.   Die slavisch-romanische Kontaktzone im Molise

Der vorliegende Beitrag befaßt sich mit dem Komparativ und dem Superlativ von Adjektiv und Adverb im slavischen Dialekt von Acquaviva Collecroce in der italienischen Region Molise, Provinz Campobasso, im folgenden »Moliseslavisch« (Msl.) genannt. Es handelt sich dabei um den Hauptort der letzten drei Dörfer mit slavischer Minderheitensprache in Süditalien.[1] Das Msl. geht einerseits auf eine Mischung in der Hauptsache kroatischer Dialekte zurück, wie sie die Einwanderer sprachen, die von Dalmatien her im 15./16. Jahrhundert über die Adria nach Italien gelangten,[2] daneben ist es aber sehr stark durch den komplexen Sprachkontakt mit verschiedenen Formen des

---

[1]   Die beiden anderen Dörfer, in denen heute noch »slavisch« gesprochen wird, sind Montemitro und San Felice del Molise. Die Mundarten der drei Dörfer unterscheiden sich bei aller Vergleichbarkeit hinsichtlich der allgemeinen Auswirkung der Sprachmischung im Detail nicht unerheblich. Bei der Komparation scheinen die Unterschiede aber sehr gering zu sein. Die offizielle Statistik von 1991 weist folgende Einwohnerzahlen aus: Acquaviva 897, Montemitro 544, S. Felice 881. Die Zahl der Sprecher vor Ort ist jedoch erheblich geringer, da sie in den beiden ersten Dörfern maximal 80% ausmacht und in San Felice gegen Null tendiert. – Die dem vorliegenden Beitrag zugrundeliegende Untersuchung wurde im Rahmen des Projekts B2 »Moliseslavisches Interferenzlexikon« des von der deutschen Forschungsgemeinschaft geförderten Sonderforschungsbereichs 471 »Variation und Entwicklung im Lexikon« (Universität Konstanz) durchgeführt; die Daten hierfür wurden in Feldforschung vor Ort gewonnen.

[2]   Zur Bestimmung der Herkunft der slavischen Einwanderer im Molise, vgl. Ivić (1958, 262-268); zu einer allgemeinen Beschreibung der sprachlichen und außersprachlichen Situation vgl. Rešetar (1911/ 1997) sowie Breu (1997). Das Msl. ist historisch aufgrund seiner sprachlichen Charakteristika der štokavisch-ikavischen Dialektgruppe zuzuordnen (nach der Entwicklung des urslavischen Fragepronomens WAS zu *što* und der Lautentwicklung *ě* ⟩ *i*), wobei sich auch vereinzelte Čakavismen finden. Es unterscheidet sich damit hinsichtlich der dialektalen Basis von den schriftsprachlichen Varianten des Serbokroatischen, also dem štokavisch-ekavischen Serbischen bzw. dem štokavisch-jekavischen Kroatischen, die sich heute aus politischen Gründen als selbständige Standardsprachen konstituieren.

Italienischen geprägt,[3] wobei bis etwa zur Mitte des vorigen Jahrhunderts in der Hauptsache nur molisanisch-dialektaler Einfluß bestand und erst seit der Einigung Italiens zunehmende und in den letzten Jahrzehnten praktisch ausschließliche Beeinflussung durch das Standarditalienische angenommen werden kann. Aufgrund dieser doppelten Beeinflussung werden im folgenden beide romanischen Kontaktidiome berücksichtigt. Die slavische Vergleichsbasis bildet vor allem das »Standardkroatische«, das hinsichtlich der Komparation mit dem herkömmlichen »Serbokroatisch« gleichgesetzt werden kann, weswegen auch die Abkürzung Skr. im folgenden in doppelter Weise zu verstehen ist. Daneben werden aber auch andere slavische Sprachen zur Bestimmung eines »slavischen Komparationstyps« und seiner genetischen Entwicklungsmöglichkeiten herangezogen.

Das Msl. wird, von fragmentarischen Ansätzen seitens einzelner Intellektueller abgesehen, nicht geschrieben, auch ein regelmäßiger Schulunterricht in der Minderheitsprache findet nicht statt. Insofern ist die Einordnung des Msl. unter die »Mikroliteratursprachen« durch Duličenko (1981) sehr zu relativieren. Auch in der jüngsten vor Ort herausgegebenen Zeitschrift *Kamastra/Komostre*, die sich der Minderheitenproblematik von Slaven und Albanern im Molise widmet, ist so gut wie nichts in Msl. verfaßt. Es fehlt seit einigen Jahren zwar nicht an gutem Willen, sowohl in der Verwaltung (z.B. ein Gemeindestatut, das die Möglichkeit zweisprachiger Gemeinderatssitzungen erlaubt) wie auch in der Schule (sporadische Anwerbung im Skr. ausgebildeter Lehrpersonen) dem Msl. einen Platz einzuräumen, der Erfolg läßt aber immer noch auf sich warten. Der Grund liegt, abgesehen von einem weitverbreiteten Desinteresse in der Einwohnerschaft und einer zunehmend rückläufigen Zahl aktiver Sprecher, nicht zuletzt auch am Fehlen jeglicher Unterrichtsmaterialien. Skr. Lehrmaterial ist für die Förderung des Msl. aufgrund der sprachlichen Barriere vollkommen ungeeignet, und eine Erlernung des Skr. selbst wird nur von sehr wenigen angestrebt. Es steht zu hoffen, daß in der Folge der Ratifizierung der europäischen Konvention für die Minderheitensprachen durch Italien auch eine gewisse Förderung des Msl. eintritt. Ein leider in weiter Ferne liegendes Ideal wäre sicher die mit dem Kindergarten beginnende durchgehende bilinguale Erziehung im Sinne von Jean Petit.

Aus Platzgründen können in der vorliegenden Untersuchung nicht alle Aspekte der Komparation einbezogen werden. Der Schwerpunkt liegt auf der Beschreibung des Bestandes morphosyntaktischer Komparativ- und Superlativbildungen sowie auf Fragen ihrer eventuell kontaktbedingten Entwicklung und der Variation in verschiedenen Sprecherschichten. Berücksichtigt wird am

---

3 Zu einem Überblick über eine Vielzahl kontaktbedingter Entwicklungen in der msl. Grammatik vgl. Breu (1998). Einen ersten Hinweis auf die möglicherweise kontaktbeeinflußte Restrukturierung der Komparation gibt Rešetar (1911/1997, §89).

Rande auch die syntaktische Einbindung der betreffenden Formen, während vergleichende Metaphern, der Vergleich von Positiven usw. ausgeschlossen bleiben müssen.

2. Zur Komparation in gesamtslavischer Sicht

Im folgenden soll ein kurzer Überblick über die Grundtypen der morpho-syntaktischen Komparation im Slavischen gegeben werden, der einen all-gemeinen Einblick in die Bildungsverfahren ermöglicht. Eine detaillierte Dar-stellung der gesamtslavischen Verhältnisse im Bereich der Komparation ist hier natürlich weder möglich noch sinnvoll. Die für die Einordnung des Msl. rele-vanten Verhältnisse unter besonderer Berücksichtigung des genetisch am nächs-ten verwandten Skr. werden im Anschluß an die Darstellung der Kompara-tionssysteme im Sprachkontaktareal genauer dargelegt.

Die herkömmliche Bildung des Komparativs geschieht im Slavischen syn-thetisch, wobei in der Regel der Positivstamm mit typischen Suffixen erweitert wird.[4] Diese bereits im Urslavischen bei der Komparation verwendeten Suffixe können Stammveränderungen (*j*-bedingte Palatalisierungen, Velarpalatalisie-rungen) bewirken. Grundsätzlich lagen im Urslavischen zwei Haupttypen vor, und zwar mit und ohne Erweiterung des Stammes durch $*\bar{e}$, worauf dann in beiden Fällen Alternanten des Komparationssuffixes *jos* folgten. Im Flexions-paradigma bestanden darüber hinaus ein Nominativ- und ein Obliquusstamm, wobei letzterer ein -*š*- (< *sj*) zeigte.[5] Diese im Paradigma alternierenden Formen verselbständigten sich zu eigenen Bildungsverfahren, so daß durch Überkreuzung der durch [±*ē*-Erweiterung] charakterisierten Typen und der Untertypen mit [±*š*-Erweiterung] heute vier Verfahren zur Verfügung stehen. Manche slavische Sprachen zeigen mehrere dieser Typen, so insbesondere Russisch mit Beispielen wie *krasivee* ›schöner‹ [+*ē*, -*š*], *molože* ›jünger‹ [-*ē*, -*š*], *mladšij* ›jünger‹ [-*ē*, +*š*] und *krasivejšij* [+*ē*, +*š*].[6] Das Skr. kennt, von ganz

---

4 Allerdings kommt auch Kürzung spezifischer Erweiterungen des Positivstamms vor, vgl. etwa russisch *vys-* (Wurzel) ›hoch‹, erweiterter Positivstamm *vysok-*, Komparativstamm *vysš-*.

5 Insgesamt liegt der Fall komplizierter, insofern als den kürzeren Stamm nur Nom. (und Akk.) Sing. der Maskulina und Neutra besaßen. Alle anderen Formen wurden mit -*š*- gebildet. Die *ē*-Erweiterung kann von Adverbien her stammen. Zur Steige-rung im Urslavischen vgl. Arumaa (1985, 96ff.).

6 Die Verteilung der einzelnen Komparativtypen im Russischen ist sehr kompliziert. Vereinfacht gesagt kommen die Typen ohne *š*-Erweiterung nur prädikativ oder adverbiell vor und sind stets unflektiert, die Typen mit *š*-, aber ohne *ē*-Erweiterung werden z.T. flektiert und kommen in allen syntaktischen Positionen vor, sind aber auf relativ wenige Adjektive/Adverbien beschränkt, und der Typ mit beiden

wenigen Ausnahmen wie *mekši* ›weicher‹ abgesehen nur Bildungen ohne *š*-Erweiterung. Ansonsten tritt hier – vereinfacht dargestellt – bei kurzvokalischen einsilbigen Stämmen sowie allen mehrsilbigen Stämmen der Typ mit *ē*-Stammerweiterung auf (hier **ē > i*), wie in *stariji* ›älter‹, bei langvokalischen einsilbigen Positivstämmen der Typ ohne *ē*-Stammerweiterung, wie etwa in *mlađi* ›jünger‹.[7]

In allen slavischen Sprachen kommen auch suppletive Komparative vor, etwa russisch *lučšij* ›besser‹ (zu *chorošij, dobryj* ›gut‹) oder skr. *bolji* ›besser‹ (zu *dobar, dobri* ›gut‹). Außerdem besteht überall die Möglichkeit zu einer periphrastischen Bildung von Komparativen, die z.B. im Russischen sehr produktiv ist, etwa *bolee krasivyj* ›schöner‹, in anderen Sprachen aber, z.B. im Tschechischen nur sehr eingeschränkt besteht. Auch Skr. gehört zu den Sprachen, in denen periphrastische Bildungen des Typs *više umoran* ›müder‹ ziemlich selten gebraucht werden; vgl. Surdučki (1970). Für die periphrastischen Bildungen wird jeweils ein der betreffenden Positivform (Vergleichsparameter, -dimension) vorangesetztes Gradationsadverb als Komparator benutzt, das mit der Komparationsform von ›mehr‹ im Stamm übereinstimmen kann (so skr. *više*) oder nicht (so russ. *bolee* als Gradationsadverb im Gegensatz zu *bol'še* ›mehr‹). Abweichend verhalten sich in allen Fällen die beiden balkanslavischen Sprachen Bulgarisch und Makedonisch. Hier besteht nur eine (auch sonst auf dem Balkan verbreitete) analytische Bildungsweise des Komparativs und zwar durch Voransetzen von *po* (Partikel, Präfix) vor den Positiv, etwa bulgarisch *po-goljam* ›größer‹; vgl. Burov (1987). Der Komparativ der Inferiorität wird in allen slavischen Sprachen periphrastisch gebildet, z.B. skr. *manje uspješan* ›weniger erfolgreich‹.

Der Superlativ wird in den slavischen Sprachen durch Vorsetzen von *naj*- (oder Varianten hiervon) vor den Komparativ bzw. im Balkanslavischen vor den Positiv gebildet, z.B. skr. *najbolji* ›bester‹. Im Russischen sind solche Bildungen buchsprachlich und haben in der Regel elativischen Charakter *(naisložnejšij* ›überaus kompliziert‹). Stattdessen wird beim Adjektiv regulär eine periphrastische Bildung mit *samyj* ›selbst‹ (plus Positiv, seltener Komparativ) als Superlativ verwendet, z.B. *samyj chorošij = samyj lučšij* ›bester‹, im wissenschaftlich-publizistischen Stil auch mit dem superlativischen Gradationsadverb *naibolee*. Daneben können für Adjektiv und Adverb hier auch die komparativischen unflektierten Formen auf *-e* bzw. *-ee* benutzt werden. Der russische morphologische Elativ stellt insofern eine Besonderheit dar, als die slavischen Sprachen elativische Funktionen sonst nur periphrastisch mit Hilfe

---

Erweiterungen ist stilistisch markiert und hat dann meist superlativische oder elativische Funktion. Zur Herausbildung der heutigen Verhältnisse im Russischen vgl. Bosák (1971).

[7] Zu den Quantitäts- und Akzentverhältnissen beim slavischen und insbesondere skr. Komparativ vgl. Hamm (1963).

von Gradadverbien ausdrücken, z.B. skr. *vrlo* ›sehr‹. Dagegen besteht in mehreren Sprachen neben entsprechenden periphrastischen Bildungen (etwa mit skr. *suviše* ›zu sehr‹) ein morphologischer Exzessiv (Ausdruck des Übermaßes), so Skr. mit dem Präfix *pre-* wie in *prebrz* ›zu schnell‹.

In dem vorliegenden Beitrag werden die Termini »Komparativ«, »Superlativ«, »Elativ« und »Exzessiv« zur Erleichterung des Vergleichs auch für periphrastische Konstruktionen mit den betreffenden Funktionen verwendet.

3. Morphologie und Syntax der Komparation im Moliseslavischen

3.1. Morphosyntaktische Verfahren zur Bildung von Komparationsformen

3.1.1. Die Bildung des Komparativs

Im Msl. ist allein die periphrastische Komparativbildung mit dem Gradationsadverb *več^a* produktiv, z.B. bei den Adjektiven *več^a velki* ›größer‹, *več^a lipi* ›schöner‹, *več^a bovati* ›reicher‹.[8] Dasselbe gilt für die Adverbien, vgl. etwa *več^a vre* ›schneller‹, *več^a lip^a* ›schöner‹.

An synthetischen Komparativen bestehen die Adjektive *bolji* ›besser‹ zu *dobri* ›gut‹, *gori* ›schlechter‹ zu *grubi* ›schlecht‹, *manji* ›kleiner‹ zu *mali* ›klein‹, bzw. die Adverbien *bolje* ›besser‹ zu *dobr^a* ›gut‹, *gore* ›schlechter‹ zu

---

8 Hochgestellte Buchstaben symbolisieren mit Nullrealisierung variierende Flüstervokale des Msl. Sie gehen auf historische Kurzvokale im Wortauslaut zurück. Die tatsächliche Realisierung hängt außer von individuellen Aussprachegewohnheiten sprachgemeinschaftlich von einer Stärkeskala der betreffenden Vokale ab, beginnend bei flüstervokalischem *u*, das niemals abfällt. Da ehedem flüstervokalisches *i*, das bei Rešetar (1911/1997) noch gelegentlich verzeichnet ist, heute überhaupt nicht mehr gesprochen wird, notiere ich in den betreffenden Fällen Endungslosigkeit. Die anderen Flüstervokale liegen in ihrer Realisierungsfrequenz zwischen diesen beiden Extremen. Dabei gilt für die Flüstervokale ebenso wie für inlautende etymologische Kurzvokale eine zentralisierende Aussprache, die zu einem Zusammenfall von *o* und bei den meisten Sprechern auch *e* mit *a* führt; zu diesen lautlichen Phänomenen vgl. Breu (1995, 69f.). Im gegebenen Fall liegt also eine Entwicklung **veče* ‹ *več^e* (so noch bei einigen konservativen Sprechern) > *več^a* vor, während auslautende Vollvokale wie *i* in *lipi* ›schön‹ auf historischen Langvokal zurückgehen, vgl. kroat. *lijepī*. In dem vorliegenden Beitrag wird angesichts der morphologisch-syntaktischen Fragestellung auf die Angabe der Vokalquantität im Wortinnern ebenso verzichtet wie auf die Angabe des (musikalischen) Wortakzents. Bezeichnet werden dagegen die Verhältnisse im Wortauslaut in Form der Differenzierung zwischen Vollvokal und Flüstervokal, da sie für die Unterscheidung einzelner Komparationsformen relevant sind.

grub^a ›schlecht‹, *manje* ›weniger‹ zu *mal^a* ›wenig‹ und *več^a*, das außer als Gradationsadverb auch als selbständiges Adverb in der Bedeutung ›mehr‹ zu *čud^a* ›viel‹ auftritt. Wie aus dieser vollständigen Aufzählung zu ersehen, sind alle synthetischen Komparative suppletiv gebildet. Statt der synthetischen Komparative können auch entsprechende periphrastische Bildungen verwendet werden, also *več^a dobri, več^a grubi, več^a mali* bzw. *več^a dobr^a, več^a grub^a, več^a mal^a, več^a čud^a*. Auch kommen pleonastisch (periphrastisch-suppletiv) gebildete Komparative vor, z.B. *več^a bolji, več^a bolje* etc.; ausgeschlossen ist jedoch **več^a več^a*. Der Gebrauch des adjektischen *manji* ›kleiner‹ ist im übrigen stark beschränkt, insofern es praktisch nur substantiert in Konstruktionen des Typs *oni manji* ›der Kleinere‹ (= *oni več^a mali*) vorkommt.

Der Komparativ der Inferiorität wird mit dem Gradationsadverb *manje* bzw. seiner periphrastischen Entsprechung *več^a mal^a* gebildet, z.B. *manje dobri* = *več^a mal^a dobri* ›weniger gut‹, adverbiell *manje dobr^a* = *več^a mal^a dobr^a*.

In wenigen Fällen finden sich noch formale Komparative, die nicht (mehr) in einem Gradationsparadigma stehen, nämlich *dalje* ›außerdem‹ vgl. skr. *daljē* ›ferner‹ zu *daleko* ›fern‹ (msl. dafür *nadug^a, več^a nadug^a*) und *priji* ›vorheriger, erster‹ bzw. adverbiell *prije* ›früher, zuerst‹, wobei für die im Skr. nicht zu belegende adjektivische Bildung *priji* eine Eigenentwicklung des Msl. Angenommen werden muß, die sich aus der Gleichsetzung des Adverbs *prije* mit ital. *prima* ›zuerst‹ ergibt.[9]

3.1.2. Die Bildung des Superlativs

Auch der Superlativ wird in der Regel periphrastisch gebildet und zwar mit Hilfe des Gradationsadverbs *naveče*, das dem Positiv vorangestellt wird, z.B. *naveče velki* ›größter‹, *naveče lipi* ›schönster‹ bzw. adverbiell *naveče vre* ›am schnellsten‹, *naveče lip^a* ›am schönsten‹ usw.

Daneben bestehen auch beim Superlativ einige gegenüber dem Positiv suppletive Formen, die aus dem betreffenden Komparativ mit dem Superlativ-

---

[9] Dabei ist zu berücksichtigen, daß zu dem Adverb *prima* auch ein Adjektiv *primo, prima* besteht. Diesen Verhältnissen entsprechend wurde dann im Msl. proportionalanalogisch ein Adjektiv *priji* nachkonstruiert. Eine rein lautliche Rückbildung des Adverbs *prije*, das auf auslautenden Langvokal zurückgehen muß, aus einem in Dalmatien zu belegenden *prija*, wie Rešetar (1911/1997, § 51) meint, ist ausgeschlossen, da im Msl. zwar kurzvokalisches *e* als *a* erscheinen kann, nicht aber umgekehrt. Richtig ist, daß der auf Langvokal zurückgehende Vollvokal sekundär ist, lautgerecht müßte die Form aufgrund des ikavischen Charakters des Msl. *pri* (< **prě*) lauten, so tatsächlich belegt im Superlativ *napri* (s.u.). Der Langvokal ist m.E. direkt auf die Einordnung unter die adverbiellen Komparative des Typs *nabolje* zurückzuführen.

präfix *na-* gebildet werden,[10] und zwar die Adjektive *nabolji* ›bester‹ und *nagori* ›schlechtester‹, die entsprechenden Adverbien *nabolje* und *nagore* sowie das auch als Gradationsadverb dienende *naveče* ›am meisten‹. Von *manji* ›kleiner‹ bzw. *manje* ›weniger‹ abgeleitete Superlative fehlen jedoch, so daß hierfür stets *naveče mali* ›kleinster‹ bzw. *naveče mal^a* ›am wenigsten‹ eintreten. Auch sonst können wieder periphrastische Konstruktionen neben den Suppletivbildungen verwendet werden, also *naveče dobri* ›bester‹, *naveče grubi* ›schlechtester‹ bzw. adverbiell *naveče dobr^a*, *naveče grub^a* und auch *naveče čud^a* ›am meisten‹. Ebenso bestehen pleonastische Doppelbildungen des Typs *naveče bolji*, aber wiederum ohne *naveče več^a*.

Zumindest hinsichtlich des charakteristischen Präfixes finden sich auch formale Superlative, die nicht in einem Gradationsparadigma stehen, nämlich das Adjektiv *nazanji* ›letzter‹, das erst sekundär hier eingereiht wurde, vgl. die skr. Entsprechung *zadnji*,[11] und das Adverb *napri* ›zuerst, früher, vorher‹, das auch im Skr. (*najprije* ›zuerst‹) schon zu den formalen Superlativen gerechnet werden kann. Alle seine Bedeutungen können auch durch den formalen Komparativ *prije* ausgedrückt werden, was mit der Polysemie des Modellwortes *prima* ›früher, zuerst‹ zu tun haben kann, aber auch zu der noch zu besprechenden allgemeinen Ersetzbarkeit des Superlativs durch den Komparativ paßt.

3.1.3. Die Bildung von Elativ und Exzessiv

Die absolute Höchstform (Elativ) wird ausnahmslos periphrastisch gebildet und zwar stets mit Hilfe von *čud^a* ›viel, sehr‹, z.B. adjektivisch *čud^a lipi* ›sehr gut, äußerst gut‹, adverbiell *čud^a kalm* ›sehr ruhig, mäuschenstill‹, *čud^a vre* ›sehr schnell, blitzschnell‹ und sogar auch *čud^a čud^a* ›sehr viel, in übergroßer Menge‹. Die elativische Konstruktion ist außerdem stets mit dem Exzessiv homonym. Die angegebenen Komplexe können also auch übersetzt werden als ›zu gut‹, ›zu ruhig‹, ›zu schnell‹, ›zu viel‹.

---

[10] Das msl. Präfix *na-* könnte prinzipiell eine sprachgeschichtlich ältere Entsprechung des skr. *naj-* sein, wenn dieses aus »*na-* ›auf‹ + Partikel *i*« entstanden ist (vgl. Skok 1972, 495f.), erklärt sich aber höchstwahrscheinlich lautlich durch eine im Msl. übliche Vereinfachung von Konsonantenclustern; vgl. Rešetar (1911/1997, §69). Wie aus den oben gegebenen Daten zu ersehen, zeigen die wenigen mit *na-* zusammengesetzten Komparativstämme anlautenden Konsonant, so daß sich mit *naj-* unzulässige Konsonantengruppen der Art *jK* ergeben würden. Die kürzere Form *na-* besteht heute im übrigen noch im Sorbischen, und zwar als erstes Element in einer Art absolutem Superlativ, z.B. obersorbisch *nanajlěpši* ›allerschönster‹ zum relativen *najlěpši* ›schönster‹.

[11] Ob hier eine Verbindung mit der nach Art der Bildung ursprünglich superlativischen italienischen Entsprechung *ultimo* besteht, sei dahingestellt.

3.1.4. Weitere Ableitungen von dem Stamm *več-*

Wie gesehen dienen Ableitungen von dem komparativischen Stamm *več-* im Msl. sowohl zur Bildung der Gradationsadverbien *več^a* und *naveče* als auch des hierzu homonymen selbständigen Komparativs ›mehr‹ bzw. Superlativs ›meist‹ von *čud^a* ›viel‹. Letztere können – immer ersetzbar durch die Periphrasen *več^a čud^a*, *naveče čud^a* – für beliebige Quantitätsangaben benutzt werden, also etwa *več^a/naveče kruh^a* ›mehr/am meisten Brot‹, *bižim več^a do teb^a* ›ich laufe mehr als du‹, *jid^a več^a mes^a do kruh^a* ›er ißt mehr Fleisch als Brot‹, *potegn tu storc^u več^a do tam^a* ›zieh diesen Tisch näher zu dir hin‹, *več^a ja no ti* ›mehr ich als du‹. Daneben besteht eine Form *več*, die aus dem reinen Stamm ohne Endung gebildet ist. Sie dient als Satzadverb mit der Bedeutung ›(nicht) mehr‹ in negativen und seltener mit der Bedeutung ›außerdem, sonst noch‹ in positiven Sätzen, etwa:

(1a) *Marij^a ne gre več van, čini sinjuric^u.*
  ›Maria geht nicht mehr aufs Feld, sie spielt die Herrin.‹

(1b) *Što je več?*
  ›Was ist sonst noch?‹

Eine weitere Ableitung von dem vorliegenden Stamm ist das Adverb *veče*, das eine über das normale Maß hinausgehende Menge bezeichnet, vgl. (2a). Nach den msl. Lautregeln setzt diese Form ein ursprünglich langvokalisches *-e* im Auslaut voraus. Dieses ist prinzipiell mit den Endungen skr. adverbieller Komparative wie auch der erhaltenen msl. suppletiven Komparative kompatibel, ist jedoch wegen der sonst vorhandenen Kürzung bei *več^a* auffällig. Möglich scheint daher, daß *več^a* als feminines Substantiv uminterpretiert wurde, wozu dann *veče* der lautgerechte Genitiv wäre. Eine Bestätigung hierfür ergibt sich vielleicht aus der Existenz des hiermit synonymen Kompositums *doveče*, das eindeutig nach dem Modell von italienisch *di più* konstruiert ist, mit der den Genitiv regierenden Präposition *do*, vgl. (2b). Hierbei ist zu berücksichtigen, daß auch sonst im Msl. der rein synthetische Genitiv mit der periphrastischen *do*-Konstruktion variiert.

(2a) *Ono ka si mi da bašta – to ka mi daješ je veče.*
  ›Was du mir gegeben hast, reicht – was du mir (da) gibst, ist zusätzlich.‹

(2b) *Je mi platij^a doveče hiž^u.*
  ›Er hat mir das Haus überzahlt.‹

3.2. Flexion der Komparationsformen

Soweit Komparative und Superlative periphrastisch gebildet werden, bewahren sie sowieso die normalen Flexionseigenschaften der Adjektive.

Dieselben Flexionseigenschaften haben jedoch auch die nur in der Langform[12] auftretenden Suppletivbildungen. Damit verfügen alle adjektivischen Komparationsformen entsprechend dem msl. Deklinationssystem über fünf Kasus (Nominativ, Genitiv, Dativ, Akkusativ und Instrumental), zwei Numeri[13] und zwei (drei) Genera.[14] Es ist hier nicht der Ort, das adjektivische Flexionssystem in voller Breite darzustellen.[15] Je ein Beispielsatz mit flektiertem periphrastischem Komparativ und suppletivem Superlativ möge zur Demonstration genügen:

(3a) *Sma pol na drugu štacijun*[u] *več*[a] *malu* [Akk. Sg. fem.].
›Wir sind zu einem kleineren Bahnhof gefahren.‹

(3b) *Ovaj*[a] *hiž*[a] *do naboljoga* [Gen. Sg. mask.] *ljudat*[a] *do grad*[a].
›Da ist das Haus des besten Mannes des Dorfes.‹

Alle Formen der Gradationsreihe *čud*[a], *vec*[a]. *naveče* ›viel, mehr, meist‹ sind Quantitätsadverbien mit Genitivrektion, kongruieren nicht und werden nicht flektiert, vgl. etwa den Superlativ in:

(3c) *Naveče teg*[a] [Gen. zu *teg* ›Arbeit‹] *je lu-nord*.
›Die meiste Arbeit gibt es im Norden.‹

3.3. Syntax der Vergleichskonstruktionen

3.3.1. Vergleichsjunktoren

Der Vergleich zwischen Positiven, der in dem vorliegenden Beitrag nicht explizit behandelt werden kann, geschieht in der Regel mit der Konjunktion (Junktor) *kan*[a] ›wie‹. In Komparativsätzen bestehen drei durch ihre Junktoren

---

[12] Herkömmlich besaßen slavische Adjektive rein nominal flektierte »Kurzformen« und mit pronominalen Endungen kombinierte »Langformen«, die auch Determiniertheit ausdrückten. In den einzelnen slavischen Sprachen verläuft die Reduktion dieses Systems unterschiedlich, z.T. sind die Kurzformen vollständig geschwunden. Im Skr. besteht das alte System im Prinzip weiter, nur sind in den Flexionsreihen Vermischungen eingetreten und auch eine Determiniertheitskategorie kann hier nicht mehr angesetzt werden. Im Msl. kommen historische Kurzformen (wie sonst etwa im Russischen) nur noch prädikativ vor und zeigen infolgedessen keine Kasusflexion mehr (nur Nominativ).

[13] Das gilt auch, wenn man neben Singular und Plural den Paucal als eigenen Numerus wertet, vgl. Breu (1995, 86f.), da im Gegensatz zum Substantiv das Adjektiv nach den Zahlen 2, 3, 4 im Plural steht.

[14] Im Sinne von Genuskongruenz mit dem Substantiv kommen nur maskulines und feminines Genus vor. Ausschließlich im Prädikat (in Kongruenz mit Demonstrativpronomina) sowie substantiviert tritt auch neutrales Genus auf.

[15] Vgl. vorerst Rešetar (1911/1997, §88); eine ausführlichere Beschreibung ist in Bearbeitung.

charakterisierte Anschlußtypen für den Vergleichsterm. Das sind die den Genitiv regierende Präposition *do* für den Vergleich von Subjekten (4a, 4b), die kasusdurchlässige Konjunktion *ka* für den Vergleich von Objekten (5a) und Qualitäten (5b) sowie *dono ka* für den Vergleich von Sätzen (6a) und Verben (6b):

(4a) *Moj brat je već^a velki do men^a.*
›Mein Bruder ist größer als ich‹.

(4b) *Ona kjikjarija bolje do teb^a.*
›Sie spricht besser als du.‹

(5a) *Džuvan jima već^a mal^a vrim^a ka solda.*
›Giovanni hat weniger Zeit als Geld.‹

(5b) *Ova žen^a je već^a bovata ka lipa.*
›Diese Frau ist reicher als schön (mehr reich als schön).‹

(6a) *Ona spenjiva već^a čud^t dono ka ti gvadanjavaš.*
›Sie gibt mehr aus als du verdienst.‹

(6b) *Kjikjarija već^a dono ka misli.*
›Er redet mehr als er denkt.‹

Vergleichsterme im Superlativ werden mit dem Junktor *do* angeschlossen:

(7) *On je naveče velki do tunihi dom^a njeg.*
›Er ist der größte von allen bei sich zu Hause.‹

3.3.2. Attribution, Prädikation und Substantivierung

Komparationsformen können auch im Msl. sowohl attributiv wie auch prädikativ gebraucht werden, außerdem können sie substantiviert werden. Es wurde bereits festgestellt, daß die suppletiven Bildungen nur über die Langform verfügen. Das bedeutet für ihren Gebrauch aber keinerlei Einschränkungen, da auch sonst die Langformen im Gegensatz zu den Kurzformen in allen Positionen im Satz verwendet werden können. Prädikativ stehen ausschließlich die Nominative von Lang- und Kurzformen. Attributiv können die mit dem zugehörigen Substantiv kongruierenden analytischen und periphrastischen Komparationsformen diesem prinzipiell voran- oder nachgestellt werden (z.T. mit Bedeutungsunterschieden der Art »wertend« vs. »unterscheidend«), also z.B. *nabolji ljud = ljud nabolji* ›der beste Mann‹. Substantivierte Komparationsformen flektieren und kongruieren als Neutra, z.B. *ono prije* ›das Frühere‹, es sei denn es liegt eine Ellipse mit hinzugedachtem Substantiv vor. In diesem Fall bleiben die Genuszuordnungen wie bei attributiver Verwendung, z.B. *oni bolji* ›der Bessere‹ (=»der bessere Mann«), *oni manji* ›der Kleinere‹. In beiden Fällen hat das Demonstrativum eine artikelähnliche Funktion, was in der Regel (analog zum Italienischen) eine superlativische Lesart impliziert, also ›der Beste‹, ›der Kleinste‹ usw.

3.4. Individuelle und sprachgemeinschaftliche Variation

Die in den vorangegangenen Abschnitten angeführten suppletiven Formen unterliegen bezogen auf den Gebrauch in der Sprachgemeinschaft insgesamt einer starken Variation, wobei sich aber einzelne Sprecher oder Sprachgruppen in ihrem aktiven Gebrauch oft auf bestimmte Formen festgelegt haben. Das oben vorgestellte System bezieht sich auf die konservativste Sprecherschicht. Schon hier sind allerdings einige Entwicklungsrichtungen feststellbar, die zu Variation führen. An erster Stelle ist die bereits erwähnte allmähliche Ersetzung der suppletiven Adjektive durch ihre periphrastischen (eventuell pleonastischen) Äquivalente zu nennen, insbesondere im Komparativ, also *bolji* → *več^a dobri ~ več^a bolji*. Eine zweite klar feststellbare und hierzu in Konkurrenz stehende Tendenz findet sich in ihrer Ersetzung durch die entsprechenden adverbiellen suppletiven Komparative: *bolji* → *bolje*. Bei der progressiveren (meist jüngeren) Sprecherschicht hat das zur vollständigen Aufgabe der suppletiven adjektivischen Komparative *bolji, gori* etc. geführt. Auf Nachfrage behaupten solche Sprecher sogar, sie überhaupt nicht zu kennen. Die konservativeren Sprecher verwenden diese Komparative bevorzugt nur noch in prädikativer Stellung, wo allerdings variativ auch schon die periphrastische Bildung vorkommt. Andererseits ist die Verwendung des Adverbs statt des Adjektivs bei einzelnen Sprechern dieser Gruppe auf explizite Vergleiche des Typs *na ljud bolje do men^a* ›ein besserer Mann als ich‹ beschränkt, kommt also kaum als reines Attribut oder Prädikat sowie bei durch *ka* oder *dono ka* charakterisierten Vergleichen vor.

Auch im Gebrauch des Superlativs herrscht Variation durch allmählichen Abbau des beschriebenen konservativen Systems. Das Adverb wird von jüngeren Sprechern sehr häufig durch den entsprechenden Komparativ ersetzt, vgl. (8a). Der adverbielle Komparativ ist auch die Ersatzform für den adjektivischen Superlativ, doch ist eine solche Ersetzung noch eher die Ausnahme: auch jüngeren Sprechern sind adjektivische Superlative noch gut bekannt, vgl. (8b). Schließlich können statt der periphrastisch gebildeten Superlative ebenfalls (periphrastische) Komparative verwendet werden, jedoch hier ohne Ersetzung der im Positiv stehenden Adjektive durch Adverbien, vgl. *velki* in (8c):

(8a) *On^a kjikjarija gore (=nagore) do tunihi.*
      ›Sie spricht am schlechtesten von allen.‹

(8b) *On je gore (=nagori) do tunihi naš grad.*
      ›Er ist der Schlimmste in unserer Stadt.‹

(8c) *Pinuč je več^a velki (=naveče velki) do tunihi.*
      ›Giuseppe ist der Größte von allen.‹

Somit stellen sich die adverbiellen Formen des Komparativs als die produktivsten Formen des msl. Komparationssystems dar, zu denen hin alle anderen Formen konvergieren. Dabei sind auch die suppletiven Formen *bolje* und *gore* vergleichsweise stabil, wenn auch die periphrastischen Bildungen *več^a dobr^a*, *več^a grub^a* einschließlich der pleonastischen *več^a bolje, več^a gore* durchaus vorkommen. Ein Versuch zur Bestimmung einer relativen Chronologie der Vereinfachung der msl. Komparation unter Zugrundelegung der heutigen Variation findet sich weiter unten in diesem Beitrag. Zunächst sollen aber die zur Wertung eventueller kontaktsprachlicher Einflüsse relevanten Verhältnisse im Standarditalienischen und den molisanischen Kontaktdialekten dargestellt werden.

4. Die Verhältnisse in den romanischen Kontaktidiomen

4.1. Die Formenbildung in der italienischen Standardsprache

Der Komparativ der Adjektive wird im Italienischen in der Regel periphrastisch mit Hilfe des Gradationsadverbs *più* gebildet, z.B. *più grande* ›größer‹, bzw. im Fall des Komparativs der Inferiorität mit *meno*, z.B. *meno grande* ›weniger groß‹. Daneben bestehen auch einige synthetische Formen, die ausschließlich suppletiv sind und mit ihren periphrastischen Entsprechungen variieren: *migliore = più buono* ›besser‹, *peggiore = più cattivo* ›schlechter‹, *maggiore = più grande* ›größer‹, *minore = più piccolo* ›kleiner‹.[16] Dabei treten aber nur *migliore* und *peggiore* in vollem Gebrauchsumfang als Komparative auf.[17] Auch bei den Adverbien liegen regulär periphrastische Bildungen des Typs *più lentamente* ›langsamer‹, *più tardi* ›später‹ vor. Daneben bestehen wiederum einige suppletive Komparative, *meglio* ›besser‹, *peggio* ›schlechter‹, bei denen prinzipiell auch die periphrastischen Bildungen *più bene* bzw. *più male* möglich scheinen,[18] außerdem noch *più* ›mehr‹ zu

---

[16] Es handelt sich nicht um eine völlig freie Variation, insofern als v.a. an die synthetischen Formen gewisse Gebrauchsbedingungen geknüpft sind, die bei *migliore, peggiore* im Prinzip auf eine Einschränkung dergestalt hinauslaufen, daß gewisse periphere Teilbedeutungen nur durch die periphrastische Form ausgedrückt werden können; vgl. Reumuth/Winkelmann (1996, 140), Schwarze (1995, 227). Dagegen werden *maggiore* und *minore* nur in den übertragenen Bedeutungen ›älter‹, ›jünger‹ gebraucht, wofür auch die periphrastischen Formen gebraucht werden können. Battaglia/Pernicone (1977, 174) sprechen in diesem Zusammenhang von einer »opportunità stilistica«. Dardano/Trifone (1983, 142) sehen bei den suppletiven Formen generell ein Überwiegen der übertragenen Bedeutung!

[17] Vgl. Schwarze (1995, 227), der *minore, maggiore* völlig von den Vergleichskonstruktionen ausgeschlossen sieht. Dagegen führen Battaglia/Pernicone (1977, 174) die Konstruktion »*maggiore di me*« als gleichwertig mit der periphrastischen Form in »Tu sei *più grande di me*‹ ›Du bist älter als ich‹ an.

[18] Jedenfalls nennen Battaglia/Pernicone (1977, 392) *più bene, più male* ohne irgendwelche Einschränkungen neben *meglio, peggio*, während sich andere Gram

molto ›viel, sehr‹ und *meno* ›weniger‹ zu *poco* ›wenig‹, die außer als Gradationsadverbien auch selbständig zum Ausdruck von Mengen verwendet werden und keine periphrastische Entsprechungen aufweisen.

Als Vergleichsjunktoren treten beim Komparativ die Präposition *di* und die Konjunktion *che* in Erscheinung. Die Angaben der Grammatiken über die Verteilung der beiden Vergleichstypen sind etwas uneinheitlich. Übereinstimmung herrscht bezüglich der obligatorischen Setzung von *che*, wenn zwei Adjektive in bezug auf dasselbe Subjekt miteinander verglichen werden, etwa *più timido che prudente* ›mehr (eher) schüchtern als vorsichtig‹, ebenso wenn der Vergleichsterm ein Nebensatz ist. Im letzteren Fall wird gelegentlich darauf verwiesen, daß hier *che* meist zu *di quanto che, di quello che* erweitert ist, z.B. *La cosa finì meglio di quello che io credevo* ›Die Sache ging besser aus als ich glaubte‹ (vgl. Reumuth/Winkelmann 1996, 137). Umgekehrt steht *di* obligatorisch bei Kardinalzahlen, etwa *più di tre* ›mehr als drei‹. Ansonsten herrscht ein weiter Variationsbereich mit Bevorzugung des einen oder anderen Junktors.[19]

Der Superlativ des Adjektivs wird im Italienischen in der Regel durch Vorsetzen des Artikels vor den Komparativ gebildet, z.B. *il peggiore = il più cattivo* ›der schlechteste‹ bzw. *il meno cattivo* ›der am wenigsten schlechte‹. In attributiver Verwendung wird der bestimmte Artikel des Substantivs allerdings nicht wiederholt, z.B. *le persone più simpatiche* ›die sympathischsten Personen‹, weswegen ohne weiteren Kontext Ambiguität vorliegt, da auch der Komparativ ›sympathischeren‹ gemeint sein kann.[20] Bei Adverbien sind die Komparativformen stets auch Superlativformen. Die Disambiguierung kann

---

matiken zur Existenz solcher Formen einfach ausschweigen. Sprecherbefragungen ergaben im übrigen eine gewisse Skepsis gegenüber diesen Periphrasen.

[19] Reumuth/Winkelmann (1996, 136f.) geben die folgenden Regeln: *di* bei Nomen oder Pronomen als Vergleichsterm (außer im Vergleich zweier Nomina), *che* bei Adjektiv, Adverb, Verb im Infinitiv, präpositionaler Fügung, beim Vergleich zweier Nomina und (in der Regel erweitert) bei einem Nebensatz. Battaglia/Pernicone (1977, 501) bezeichnen beim Anschluß des Vergleichsterms (»vero e proprio elemento comparativo«) – abgesehen von dem genannten obligatorischen Fall mit *che* beim Vergleich zweier Adjektive – den Gebrauch von *che* lediglich als seltener verglichen mit demjenigen von *di*. Eine ausführliche Darstellung der geforderten Junktoren findet sich bei Schwarze (1995, 687ff.), der unter anderem auch eine Beziehung zwischen der Determiniertheit des Vergleichsterms und dem Junktor herstellt (determinierte Nominalphrase ⊃ *di*, indeterminierte Nominalphrase ⊃ *che*).

[20] Hier unterscheidet sich das heutige Italienische vom Französischen. Konstruktionen der Art *l'uomo il più felice*, also mit verdoppeltem Artikel, waren früher auch im Italienischen möglich, so noch bei Manzoni; vgl. Battaglia/Pernicone (1977, 170), die sich aus stilistischen Gründen sogar für eine Tollerierung der Verdoppelung des Artikels in der modernen Sprache aussprechen, wenn sie nicht übertrieben wird. Dardano/Trifone (1983, 174) billigen der Verdoppelung einen emphatischen Charakter zu.

hier allein durch den Kontext erfolgen, z.B. *Lui parla meglio di tutti* ›Er spricht am besten von allen‹. Wie auch an diesem Beispiel zu sehen, dient als Vergleichsjunktor im Superlativ *di*. Die adverbiellen Formen werden auch bei der unpersönlichen (abstrakten) Nominalisierung des Superlativs verwendet, z.B. *il meglio* ›das Beste‹.

In den normativen Grammatiken wird oft auch eine Reihe ursprünglicher Komparativ- und Superlativbildungen angeführt, zu denen kein Positiv besteht, etwa *superiore* ›oberer‹, *supremo* ›oberster‹ etc.[21] Von Relevanz für den vorliegenden Beitrag sind hiervon nur die ursprünglichen Superlative *primo* ›erster‹, adverbiell *prima* ›zuerst, früher, vorherig‹ und *ultimo* ›letzter‹, s.o.

Die italienische Standardsprache verfügt über einen morphologischen Elativ, der auf den lateinischen synthetischen Komparativ zurückgeht. Er ist meist an dem Suffix *-issim-* zu erkennen, daneben existieren aber auch noch einige weitere (unproduktive) Bildungsmöglichkeiten, darunter auch Suppletivbildungen. Es bestehen stets auch periphrastische Äquivalente: *bellissimo = molto bello* ›sehr schön, wunderschön‹, *celeberrimo = molto celebre* ›sehr berühmt, weltberühmt‹, *ottimo = buonissimo = molto buono* ›sehr gut, ausgezeichnet‹. Ähnliches gilt für die Adverbien, z.B. *lentissimamente = molto lentamente* ›sehr langsam, im Schneckentempo‹. Der Exzessiv zum Ausdruck eines Übermaßes des betreffenden Merkmals wird hingegen nur periphrastisch gebildet, z.B. *troppo grande* ›zu groß‹, *troppo velocemente* ›zu schnell‹.

4.2. Normabweichungen, Umgangssprache, molisanischer Dialekt

Verschiedentlich verweisen Grammatiken auch auf die Existenz pleonastischer Komparativformen des Typs »*più* + suppletiver Komparativ«, etwa *più migliore,* stets begleitet von einem Hinweis auf ihre Abweichung von der Norm.[22] Dagegen fehlen in den stark normativ ausgerichteten Darstellungen meist Hinweise auf die in der Umgangssprache übliche Ersetzung der suppletiven Adjektive *migliore* und *peggiore* durch die entsprechenden Adverbien *meglio* und *peggio*, keineswegs nur prädikativ und mit Infinitiv und Komplementsatz als Argument, wie von Schwarze (1995, 227) mit Beispielen wie *È meglio farlo subito* ›es ist besser, es gleich zu machen‹ oder *È meglio che lo faccia tu* ›Es ist besser, daß du es machst‹ für das Standarditalienische angegeben, wo die Etymologie dieser Formen als neutrale adjektivische Komparative

---

[21] Gelegentlich werden solche Formen als suppletive Komparative zu Adjektiven mit ähnlicher Bedeutung gestellt, im gegebenen Fall *alto* ›hoch‹, vgl. Dardano/Trifone (1983, 142), was aber lediglich mit ihrer lexikalischen Semantik, jedoch wohl kaum mit ihren Funktionen gerechtfertigt werden kann.

[22] Vgl. etwa Battaglia/Pernicone (1977, 174): »e perciò non è infrequente sentir dire (e, s'intende, erroneamente) *più migliore, più peggiore,* ecc. « oder Dardano/Trifone (1983, 142): »Sono da evitare le «forme miste» *più migliore...* «.

noch durchscheint, sondern praktisch in allen Funktionen. Hierauf weist etwa Rohlfs (1968: 81ff.) hin, der *meglio* und *peggio* als die einzigen noch gebrauchten suppletiven Komparationsformen in der italienischen Umgangssprache und den Dialekten sieht,[23] wobei er auch pleonastische Konstruktionen des Typs *più meglio* erwähnt. Die morphologischen Elative werden in der Umgangssprache vergleichsweise wenig gebraucht, vgl. Reumuth/Winkelmann (1996, 138ff.).

Über den molisanischen Dialekt in der näheren Umgebung der slavischen Dörfer ist bisher nur sehr wenig bekannt.[24] Aus den im Rahmen der Untersuchungen zum Msl. durchgeführten Befragungen, geht hervor, daß auch hier regulär den italienischen periphrastischen Komparativformen entsprechende Bildungen verwendet werden, vgl. (9a).[25] Darüber hinaus bestehen als suppletive Formen abgesehen von den auch als Gradationsadverbien verwendeten [cu] ›mehr‹ und [menə] ›weniger‹ bei Adjektiv (Attribut, Prädikat) und Adverb nur die beiden unflektierten Komparationsformen ['mɛʎə] ›besser‹ und ['pɛddʒə] ›schlechter‹, vgl. (9b), (9c). Doch finden sich auch hier periphrastische (z.T. pleonastische) Bildungen wie [cu 'pɔkə] = [menə], [cu 'mɛʎə] in (9d), (9e):

(9a)   ['lwidʒə ɛ cu 'grwɔssə də sa'vɛriə]
       ›Luigi ist größer als Saverio.‹

(9b)   [la 'karnə 'dajnə ɛ 'mɛʎə də 'kellə də lu pur'tʃjɛllə]
       ›Das Fleisch des Lamms ist besser als das des Schweins.‹

(9c)   [se 'fumə as'sajə tandə 'pɛddʒə pə te]
       ›Wenn du zuviel rauchst, umso schlimmer für dich!‹

(9d)   [se kuʃ'tassə cu pɔkə lakkat'tassə]=[se kuʃ'tassə də 'menə...]
       ›Wenn er weniger kostete, würde ich ihn kaufen.‹

---

23 Vgl. Rohlfs (1968, 81): »La maggior parte delle forme dell'odierna lingua letteraria son però poco o punto usate nella parlata popolare e nei dialetti... Davvero popolari in ogni dove sono soltanto *meglio* e *peggio*«. Battaglia/Pernicone (1977, 174) sprechen in Sätzen wie »Ho comprato *la meglio* stoffa del negozio« ›Ich habe den besten Stoff des Geschäfts gekauft‹ von einem besonders in der Toskana üblichen Gebrauch.

24 Der aus Arbeiten zu einem größeren Gebiet, in der Regel unter Einschluß der Abruzzen sich ergebende Befund, scheint die Angaben von Rohlfs (1968) zu stützen. So führt auch Giammarco (1960, 82f.) und (1979, 142f.) für die in Frage kommenden Gebiete einzig die italienisch *meglio*, *peggio*, *più*, *meno* entsprechenden indeklinablen Komparative auf und verweist ebenfalls auf die Möglichkeit ihrer »Verstärkung« durch Doppelbildungen der Art *più meglio*.

25 Die folgenden Daten, für deren Ermittlung ich Domenica Catino, Mitarbeiterin an dem obengenannten SFB-Projekt, danke, beziehen sich auf den Acquaviva am nächsten gelegenen italienischsprachigen Ort Palata. Die Beispiele des bereits erkennbar von der italienischen Umgangssprache beeinflußten Dialekts werden in IPA-Umschrift gegeben.

(9e)   ['menə tsə 'fumə 'mɛʎə 'ɛ]=[cu tsə 'fumə 'pɔkə e cu 'mɛʎə 'ɛ][26]
        ›Je weniger man raucht, um so besser ist es.‹

Die Frage des Gebrauchs der Vergleichsjunktoren beim Komparativ ist noch nicht abschließend zu lösen. Aufgrund der gegebenen Daten scheint sich verglichen mit der Standardsprache eine Bevorzugung von [də] gegenüber [ka] anzudeuten, da Fragebogenvorlagen mit italienisch *che* dialektal bisweilen mit [də] wiedergegeben wurden, etwa in einem Satz wie [alli'taliə fæ 'cukallə də la dʒɛr'maniə] für *In Italia fa più caldo che in Germania* ›In Italien ist es wärmer als in Deutschland‹, nie aber umgekehrt.

Der Superlativ wird wie im Standarditalienischen mit hinzugesetztem aber nicht verdoppeltem Artikel gebildet:

(10a)   ['ɛ la cu 'ʃkifiə 'grappə kɛ 'bivvətə]
        ›Das ist der abscheulichste Schnaps, den ich getrunken habe.‹

(10b)   [ʃtə 'ʃkarpə so li 'mɛʎə]=[kissə skarpə sɔnnə li cu bɔnə]
        ›Diese Schuhe sind die besten.‹

(10c)   [lu 'mɛʎə a'mikə 'mijə me ʃta 'sɛmbə vi'tʃinə]
        ›Mein bester Freund ist immer in meiner Nähe.‹

(10d)   [la 'pɛkorə cu 'grɔssə ɛ 'kellə ka 'maɲə də 'cu]
        ›Das größte Schaf ist dasjenige, das am meisten frißt.‹

Synthetische Elative werden (wie oben schon für die italienische Umgangssprache festgestellt) in der Regel vermieden. So wurden italienische Vorlagen mit *ottimo, bellissimo, altissimo* einfach durch den entsprechenden Positiv oder Umschreibungen mit den Gradadverbien [as'sajə] oder ['trɔppə] wiedergegeben, *moltissimo* auch direkt durch [as'sajə]. Beide Adverbien scheinen im übrigen nach Ausweis des gesammelten Materials auch sonst synonym zu sein, so daß anders als bei italienisch *assai* ›sehr, viel, genug‹ und *troppo* ›zu viel, zu sehr‹ nicht zwischen elativischer und exzessivischer Konstruktion geschieden werden kann. Außerdem sprechen Belege mit [cu as'sajə] für periphrastische Steigerungsfähigkeit, die im Italienischen hier ausgeschlossen ist. Lediglich der Elativ ['minəmə] ›minimal‹ ist in dem vorhandenen Datenmaterial zu belegen, wird aber ebenfalls meist durch den Positiv ['pɔkə] ›wenig‹ ersetzt.

---

26 Auch wenn es sich hier möglicherweise nur um scheinbare Periphrasen handelt, die sich aus einer komplexen syntaktischen Konstruktion des Typs »*più* + Vergleichsparameter₁ *e più* + Vergleichsparameter₂« ergeben, vgl. Rohlfs (1969, 198), so ist doch aus der Variante [cu... 'pɔkə] zu erkennen, daß im Dialekt von Palata Gradationsadverb und Adjektiv prinzipiell voneinander getrennt vorkommen können. Dies entspricht einer sonst beim vorliegenden Material für Palata nicht zu belegenden allgemeinen Tendenz in süditalienischen Dialekten, wie sie etwa in Beispielen des Typs *lu 'č 'ču kkavallə finə* ›das eleganteste Pferd‹ bei Giammarco (1979, 143) zu erkennen ist.

5. Sprachkontakt vs. eigenständige Entwicklung

Aus den in den Abschnitten 3 und 4 gegebenen Daten folgt eine große Ähnlichkeit in der Bildung und Variation moliseslavischer und italienischer Komparationsformen, insbesondere was die Umgangssprache und die Dialekte im Kontaktareal angeht. Vor einer abschließenden kontaktlinguistischen Wertung sind aber erst die Möglichkeiten einer eigenständigen Entwicklung in dem durch die anderen slavischen Sprachen vorgegebenen Rahmen zu prüfen. Hierzu müssen die im obigen 2. Abschnitt allgemein beschriebenen Verhältnisse in Hinblick auf die besonderen msl. Entwicklungen und deren Stellung innerhalb eines »slavischen Komparationstyps« näher beleuchtet werden.

5.1. Situierung des msl. Komparationstyps in slavischer Sicht

In gesamtslavischer Sicht steht die Bildung moliseslavischer Komparative zwischen eindeutig flexivisch-synthetischen Formen, wie wir sie v.a. im Westslavischen aber auch im Slovenischen und im Skr. antreffen, und der präfigierend-analytischen Bildungsweise des Bulgarischen und Makedonischen, und zwar erheblich näher bei der letzteren, da keine einzige synthetische Form vorliegt, die nicht auch suppletiv wäre und außerdem auch die suppletiven Formen selbst im gesamtslavischen Rahmen stark reduziert sind. Andererseits unterscheidet sich die typische periphrastische Bildungsweise des Msl. auch wieder von der präfigierenden Bildungsweise mit der Partikel *po-* im Bulgarischen und Makedonischen und entspricht eher der russischen produktiven Bildungsweise mit dem Gradationsadverb *bolee*. Auch hinsichtlich der Verwendung adverbieller Komparative für typischerweise adjektivische Funktionen findet sich bei den synthetischen Komparativen des Russischen, etwa *molože* ›jünger‹, eine überraschende Parallele. Doch ist hier die extreme Beschränkung auf nur wenige Suppletiva im Msl. zu berücksichtigen.

Was die suppletiven Formen angeht, so zeigt der msl. Stamm *manj-* die allgemein übliche Bedeutung ›weniger‹. Die Bedeutung ›schlechter‹ für den msl. Stamm *gor-* findet ebenfalls in vielen slavischen Sprachen eine Entsprechung, darunter im Skr. oder im Obersorbischen. Dasselbe gilt auch für msl. *bolj-* ›besser‹ in Bezug auf das Skr., nicht aber im Vergleich mit den anderen slavischen Sprachen, wo dieser Stamm, soweit noch vorhanden, in der Bedeutung ›mehr‹ auftritt, vgl. etwa russisch *bol'še* und das Gradationsadverb *bolee*. Schließlich weicht der msl. Stamm *več-* (Komparativ ›mehr‹ und Gradationsadverb) vom Skr. ab, das für den Komparativ von ›viel‹ und als Gradationsadverb in den wenigen periphrastischen Bildungen den Stamm *viš-* verwendet, der adjektivisch noch mit der ursprünglichen Bedeutung ›höher‹ gebraucht wird. Doch finden sich auch andere slavische Sprachen, in denen der betreffende Stamm mit derselben Bedeutung wie im Msl. auftritt, namentlich im Obersorbischen (*wjace* ›mehr‹, neben Adjektiv *wjetši* ›größer‹, aber

Gradationsadverb *bóle*), Polnischen (*więcej* ›mehr‹, auch Gradationsadverb neben *bardziej*, aber als Adjektiv *większy* ›größer‹ noch in der ursprünglichen Bedeutung) und in der einzigen suppletiven Form im Balkanslavischen, vgl. bulgarisch *poveče* ›mehr‹. Die Bedeutung ›mehr‹ besteht aber auch in kroatischen Dialekten, vgl. čakavisch *věče*.[27] Das dem msl. temporalen *več* ›(nicht) mehr‹ lautlich entsprechende *već* des Skr. hat dort die Bedeutung ›schon‹, während die msl. Bedeutung dort durch *više*, also dieselbe Form wie beim Gradationsadverb ausgedrückt wird. Beide Bedeutungen vereint čakavisch *věč*, vgl. Hraste/Simunović (1979, 1315), das mit dem komparativischen Adverb *věče* in derselben formalen Opposition steht wie die msl. lautlichen Entsprechungen *več* und *věč^a*. Auch im Bulgarischen besteht eine formale Differenzierung zwischen beiden Bedeutungen, hier mit *poveče* (Komparativ) vs. *veče* (temporal).

Beim Superlativ findet die periphrastische Bildung wiederum in der Hauptsache nur im Russischen eine Entsprechung, z.B. msl. *naveče lipi* = russ. *naibolee/samyj krasivyj* ›schönster‹.

Der Superlativ des Adverbs wird im Russischen regulär mit dem adverbiellen Komparativ und explizitem Vergleichsterm gebildet, hier *krasivee vsego/vsech* ›am schönsten (von allem/allen)‹. Diese Bildung besteht als dritte Möglichkeit auch bei den Adjektiven, wenn auch regulär nur in der Prädikation, so daß *krasivee (vsech)* auch mit ›der schönste (von allen)‹ übersetzt werden kann. Auch das ist eine Parallele zum Msl., insofern ja auch hier die adverbiellen Komparative *bolje* ›besser‹ und *gore* ›schlechter‹ die Funktion des Komparativs und Superlativs des Adjektivs übernehmen können. In den anderen slavischen Sprachen einschließlich dem Skr. und dem Balkanslavischen kann weder der Komparativ in Superlativfunktion noch das komparativische Adverb anstelle des Adjektivs verwendet werden.

Hinsichtlich des syntaktischen Anschlusses der Komparative verwenden die slavischen Sprachen herkömmlich den reinen Genitiv, so noch heute das Russische. In der Mehrzahl der slavischen Sprachen ist dieser durch eine präpositionale Konstruktion mit *od/ot* + Genitiv ersetzt, die aber oft ebenfalls kaum mehr gebräuchlich ist. Überall besteht hingegen ein Anschluß mit Hilfe einer kasusdurchlässigen in den einzelnen slavischen Sprachen aber sehr verschiedenen Konjunktion. So verwendet etwa Russisch die Konjunktion *čem* gleichbedeutend mit der Genitivkonstruktion. Das Obersorbische verwendet ausschließlich die Konjunktion *hač*. Im Skr. stehen als Junktoren die Präposition *od* und die Konjunktion *nego* gleichberechtigt nebeneinander, vgl.

---

27 Daneben besteht auch *více*, dessen Stamm ebenso wie im Skr. adjektivisch sonst ›höher‹ bedeutet; vgl. Hraste/Simunović (1979, 1315/1327). Zu den lautlichen Veränderungen des urslavischen Komparationsstammes *vęt-* ›größer‹ s. Skok (1973, 570); vgl. dort auch den Hinweis auf eine periphrastische Komparativbildung mit dem Gradationsadverb *vač* im kajkavischen Kroatisch.

Raguž (1997, 95). Beim Vergleich von Sätzen ist überall der genitivische bzw. präpositionale Anschluß ausgeschlossen, wobei die als Junktor dienende Konjunktion *nego* im Skr. durch *što, već* oder *da* erweitert werden kann; vgl. Raguž (1997, 411). Im Vergleich von Msl. und Skr. besteht hier zwar eine oberflächliche Übereinstimmung insofern als in beiden Fällen drei Junktoren zur Verfügung stehen. Ohne daß an dieser Stelle eine Einzelanalyse durchgeführt werden kann, ist jedoch festzustellen, daß eine freie Ersetzbarkeit von msl. *ka, do* (oder gar *dono ka*), wie sie für das Skr. hier angedeutet wird, nicht zur Diskussion steht. Dagegen stimmt die Verteilung dieser Junktoren im Msl. – soweit beim jetzigen Stand der Untersuchung erkennbar – völlig zu derjenigen von *di, che, di quello che* im (lokalen) Italienischen.[28]

Völlig fremd ist den sonstigen slavischen Sprachen der für die Sprachen im molisanischen Kontaktareal übereinstimmend konstatierte Zusammenfall von Elativ und Exzessiv.

5.2. Variation und Entwicklung im Sprachkontakt

Trotz partieller Übereinstimmungen mit innerslavischen Entwicklungen folgt aus diesen Vergleichsdaten, daß das Msl. über einen eigenen Komparationstypus innerhalb der Slavia verfügt, bei dessen Konstituierung angesichts der arealen Situation des Msl. eine entscheidende Rolle des Sprachkontakts vermutet werden kann. Tatsächlich finden die dargestellten Entwicklungen der Reduktion synthetischer Komparationsformen im Msl. und ihre Ersetzung durch periphrastische Konstruktionen in den romanischen Kontaktidiomen – wie oben beschrieben – eine deutliche Entsprechung. Dabei handelt es sich nicht nur um eine Übereinstimmung vom allgemeinen Verfahren her, sondern offensichtlich um sehr viel weiter ins Detail gehende Parallelismen. So ist hinsichtlich der verbliebenen synthetischen Formen hier wie dort die ausschließliche Erhaltung von Suppletiva festzustellen, die sich noch dazu in Art und Zahl weitestgehend decken. Weiter bestehen bei den Adjektiven und Adverbien als eigentliche synthetische (suppletive) Komparativformen im gesamten Kontaktareal nur noch die beiden Antonyme ›besser‹ und ›schlechter‹, sowie bei den Adverbien zusätzlich noch die antonymen Ausdrücke für ›mehr‹ und ›weniger‹. Schließlich ist übereinstimmend eine weitgehend variative Ersetzung auch der verbliebenen Suppletiva ›besser‹ und ›schlechter‹ durch die entsprechenden periphrastischen Bildungen möglich, einschließlich pleonastischer Konstruktionen, z.B. msl. *bolje = već^a dobr^a = već^a bolje* ›besser‹. Zum besseren Überblick sei hier die msl. Formenbildung im Bereich der Komparation zusammengefaßt (Maximalsystem einschließlich der Variationen):

---

28 Der Kontakteinfluß zeigt sich außerdem auch noch darin, daß *ka* ein Lehnwort ist (= ital. *che*), *do* seine ursprüngliche Bedeutung ›bis‹ unter Kontakteinfluß zu ›von‹ verändert hat und *dono ka* eine Lehnübersetzung (= ital. *di quello che*) darstellt.

PERIPHRASTISCHE KOMPARATION:

več^a + Positiv (Komparativ der Superiorität)
naveče + Positiv (Superlativ der Superiorität)
manje + Positiv = *več*^{a} *mal*^{a} + Positiv (Komparativ der Inferiorität)
naveče mal^a + Positiv (Superlativ der Inferiorität)

SUPPLETIVE KOMPARATION (nur Superiorität, Inferiorität analog):

bolji = več^a *bolji = več*^{a} *dobri* ›besser‹ adj. Komparativ
bolje = več^a *bolje = več*^{a} *dobr*^{a} ›besser‹ adv. Komparativ
nabolji = naveče bolji = naveče dobri ›bester‹ adj. Superlativ
nabolje = naveče bolje = naveče dobr^a ›am besten‹ adv. Superlativ
gori = več^a *gori = več*^{a} *grubi* ›schlechter‹ adj. Komparativ
gore = več^a *gore = več*^{a} *grub*^{a} ›schlechter‹ adv. Komparativ
nagori = naveče gori = naveče grubi ›schlechtester‹ adj. Superlativ
nagore = naveče gore = naveče grub^a ›am schlechtesten‹ adv. Superlativ
manji = več^a *manji = več*^{a} *mali* ›kleiner‹ adj. Komparativ
manje = več^a *manje = več*^{a} *mal*^{a} ›weniger‹ adv. Komparativ
več^a = *več*^{a} *čud*^{n} ›mehr‹ adv. Komparativ
naveče = naveče čud^n ›am meisten‹ adv. Superlativ

Ein Unterschied zwischen den Kontaktsprachen besteht prinzipiell in der Erhaltung des msl. suppletiven adjektivischen Komparativs *manji* ›kleiner‹, während hierfür im Italienischen nur periphrastisches *più piccolo* besteht, wenn man von der versteinerten Form *minore* (mit Antonym *maggiore*) absieht, die in den lokalen molisanischen Dialekten zudem keine gebräuchliche Entsprechung mehr hat. Abweichend ist weiter die Existenz suppletiver Superlative im Msl., allerdings hier ohne ein dem abweichenden *manji* entsprechendes **namanji*, aber auch ohne adverbielles **namanje*, während das Antonym *naveče* ›meist‹ fortbesteht.

Während hiervon abgesehen schon beim konservativen Maximalsystem weitgehende Anpassungen an die Kontaktidiome vorliegen, verläuft der weitere Abbau der msl. Komparationsformen in einer Weise, daß die Ergebnisse vollständig zum umgangssprachlichen und dialektalen Italienisch stimmen. An erster Stelle ist hier die zunehmende Ersetzung des adjektivischen Komparativs durch die entsprechenden adverbiellen Formen zu nennen, z.B. *bolji* → *bolje* ›besser‹ entsprechend *migliore* → *meglio*. Ebenso in Richtung auf Übereinstimmung geht die variative Ersetzung des Superlativs durch den Komparativ, sowohl bei den suppletiven wie auch bei den periphrastischen Formen, also etwa *nabolje* → *bolje* bzw. *naveče dobr*^{a} → *več*^{a} *dobr*^{a}. Da bei den Suppletiva hier zudem auch noch das Adjektiv durch die adverbielle Form ersetzt wird, gewinnen *bolje* und *gore* insgesamt denselben Funktionsbereich wie umgangssprachliches und dialektales *meglio* bzw. *peggio* des Italienischen, bei denen allerdings anders als im Msl. die komparativische und die superlativische

Funktion wenigstens teilweise über den determinierten Artikel noch formal geschieden werden.

Der geschilderte weitere Abbau der im Msl. noch erhaltenen suppletiven Formen mit der im Extrem vollständigen Dominanz des adverbiellen Komparativs bei der jüngeren Generation erfaßt logischerweise drei Einzelfälle, die bisher noch ungeordnet nebeneinander stehen: 1. Ersetzung adjektivischer Komparative durch adverbielle Komparative, 2. Ersetzung adverbieller Superlative durch adverbielle Komparative und 3. Ersetzung adjektivischer Superlative durch adverbielle Komparative. Die msl. Variationsdaten erlauben jedoch Präzisierungen dieses Abbaus, wie anhand des Schemas (11) mit numerierten Entwicklungslinien erläutert werden kann:

(11)

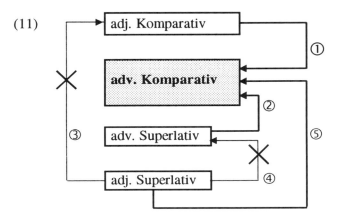

Zunächst ist zu berücksichtigen, daß die jüngere Generation noch Superlative beider Wortarten kennt, während ihnen suppletive adjektivische Komparative unbekannt sind. Hieraus folgt zum einen, daß der Abbau der letztgenannten grammatischen Form vor allen anderen erfolgt sein muß, so daß insbesondere die zeitliche Abfolge 1 < 2 gilt. Bei der Ersetzung des adj. Superlativs durch den adv. Komparativ sind verschiedene Entwicklungslinien denkbar, nämlich eine zunächst erfolgte Ersetzung des adjektivischen Superlativs durch den adverbiellen Superlativ oder durch den adjektivischen Komparativ und dann daran anschließend die weitere Ersetzung durch den dominanten adverbiellen Komparativ oder die direkte Ersetzung durch den letzteren. Doch ergibt sich aus dem völligen Verlust der suppletiven adj. Komparative sofort, daß für die Ablösung des adjektivischen Superlativs der Weg 3 ausgeschlossen ist. Da schließlich auch der adverbielle Superlativ zwar noch bekannt ist, aber in der Regel durch den entsprechenden Komparativ ersetzt wird, während adjektivische Superlative trotz ihrer prinzipiellen Ersetzbarkeit noch weitverbreitet sind, kommt auch der indirekte Weg 4 mit einer Zwischenstufe über den adverbiellen Superlativ nicht in Frage. Somit können wir nur die direkte Ablösung 5 des adjektivischen Superlativs durch den dominanten adverbiellen Komparativ annehmen, und zwar als letzte der drei abgebauten grammatischen Formen. Die relative Chronologie der einzelnen Entwicklungen ist damit 1 < 2 < 5.

Im Gegensatz zu den Suppletiva gilt nach dem oben Gesagten für die periphrastischen Bildungen nur der zunehmende Ersatz des Superlativs durch den Komparativ, jedoch in der Weise, daß Adverb und Adjektiv weiterhin unterschieden werden und die flexivischen Kategorien des Adjektivs (Numerus, Genus, Kasus) erhalten bleiben. Damit ist auch hier eine maximale Annäherung an das romanische System erreicht, die jedoch – ebenso wie bei den Suppletiva – aufgrund des im Msl. fehlenden Artikels mit einem vollständigen morphosyntaktischen Zusammenfall der beiden Steigerungsfälle erkauft wird.

5.3. Abbau, Resistenz und Sonderentwicklung

Zur Gesamtbeschreibung des Verlaufs der Reduktion grammatischer Formen gehört auch noch der Entwicklungsweg innerhalb der variativen Formen beim adverbiellen Komparativ selbst. Nachdem schon in historisch weiter zurückliegender Zeit der vollständige Abbau des im heutigen Skr. noch produktiven suffixalen Bildungstyps erfolgt ist, so daß als einzige synthetische Formen (in stark reduziertem Umfang) nur noch Suppletivbildungen erhalten geblieben sind, wurden und werden auch diese in der genannten Weise durch periphrastische Bildungen ersetzt. Am Anfang dieses Abbaus standen höchstwahrscheinlich die heute bei der jüngeren Generation schon seltenen pleonastischen Doppelbildungen. Der logische Endpunkt der Entwicklung bestünde in der vollständigen Beseitigung variativer suppletiver Formen einschließlich ihrer pleonastisch gebildeten Varianten, so daß sich ein voll analytisches periphrastisches System ergibt, in dem komparativische und superlativische Funktionen allein durch Verknüpfung mit den Gradationsadverbien $več^a$ für die Superiorität bzw. $več^a$ mal^a für Inferiorität ausgedrückt werden. Das Gradationsadverb $več^a$ wäre dabei die einzig verbliebene synthetische Form, da sogar das Quantitätsadverb $čud^a$ ›viel‹ dann nur mehr periphrastisch durch das heute schon variativ mögliche $več^a$ $čud^a$ gesteigert würde. Dieser Endpunkt ist heute weder im Msl. noch im lokalischen italienischen Dialekt erreicht, stellt aber für beide Kontaktidiome das Ziel des Abbaus dar, dem sich das Msl. vielleicht schon weiter genähert hat, da hier die suppletiven Adverbien *bolje* und *gore* schon frei mit Periphrasen ($več^a$ $dobr^a$ bzw. $več^a$ $grub^a$) variieren, was für die italienischen Entsprechungen *meglio, peggio* auch im Dialekt noch nicht zu gelten scheint. Das Msl. geht also den modellsprachlich vorgegebenen Weg schneller als die Modellsprachen selbst. Dagegen finden sich die pleonastischen Doppelbildungen des Typs *più meglio* schon im gesamten Kontaktareal. Anders als in der italienischen Standardsprache, die kein *più molto zuläßt, besteht zudem in Form des dialektalen [cu assajə] schon eine Entsprechung (oder ein nachvollzogenes Modell) für periphrastisches $več^a$ $čud^a$ ›mehr‹.

Eine Erklärung erfordern aber gerade angesichts der so weitgehenden Anpassungen an das lokale romanische Modell die oben festgestellten Abweichungen. An erster Stelle ist hier bei aller Einschränkung in ihrem Gebrauch die Existenz einer adjektivischen Komparativform *manji* ›kleiner‹ zu nennen. Sie erklärt sich jedoch sofort, wenn man bedenkt, daß im Msl. *mali* ›klein‹ und *mal* ›wenig‹ von demselben Stamm gebildet werden, so daß sie in einem Verhältnis wie Adjektiv und Adverb zueinander stehen. Deshalb konnte sich dann auch ein adjektivisches *manji* neben dem adverbiellen *manje* ›kleiner‹ halten. Bei dem Antonym *velki* ›groß‹ war dies nicht möglich, da es von einer anderen Wurzel als *čud^a* ›viel‹ gebildet ist. Somit stand *več^a* ›mehr‹ auch nicht als Stütze für einen entsprechenden adjektivischen Komparativ zur Verfügung, ungeachtet der Tatsache, daß es sich historisch von dem Stamm herleitet, der im Skr. ›größer‹ bedeutet.

Als weitere Besonderheit ist die Existenz eigener suppletiver und periphrastischer Superlativformen genannt worden, mit der zusätzlichen Feststellung, daß auch in der jüngeren Generation anders als bei den Komparativen die suppletiven adjektivischen Formen noch gut bekannt sind. Eine Erklärung für beides ergibt sich aus der Tatsache, daß das Italienische keine geeigneten Formen als Modell für eine Anpassung zur Verfügung stellte, da ja ein Ersatz des Superlativs durch »Artikel + Komparativ« wegen des im Msl. fehlenden determinierten Artikels nicht möglich war.[29] Somit konnte die Komparativ-Superlativ-Differenzierung nur bei Bewahrung der eigenen Superlativformen bestehen bleiben, bei denen ihrerseits kein Modell für den Abbau der Differenzierung Adjektiv : Adverb der Suppletiva vorhanden war (es besteht ja nur im synthetisch-suppletiven Komparativ, nicht aber beim italienischen Adjektiv allgemein).

Das Fehlen eines Superlativs **namanje* ›am wenigsten‹ erklärt sich schließlich durch die Tatsache, daß es bei Adverbien im Italienischen keine morphosyntaktische Möglichkeit zur Unterscheidung von Komparativ und Superlativ gibt, so daß auch im Msl. diese isolierte Differenzierung aufgegeben wurde. Da andererseits ein entsprechendes Adjektiv **namanji* ›kleinster‹ wie beim Komparativ *manji* infolge fehlender Stützung der Homonyme von ›wenig‹ und ›klein‹ durch die Kontaktsprachen vom Adverb, also **namanje,* abgeleitet werden müßte, muß es logischerweise ebenfalls fehlen. Nun stellt sich aber die Frage, warum dann das Adverb *naveče* ›am meisten‹ erhalten geblieben ist. Die Lösung ist so überraschend wie einfach: weil es für die Bildung der analytischen Superlative der Adjektive benötigt wurde, die sich im Romanischen wiederum durch den Artikel vom Komparativ unterscheiden. Mit

---

[29] Der in Breu (1998, 347ff.) beschriebene indirekte Ausdruck der Determiniertheit bei Fehlen eines unbestimmten Artikels kam hier als Möglichkeit selbstverständlich nicht in Frage, da für eine Opposition determiniert : indeterminiert im Superlativ kaum Grundlagen bestehen.

der sich abzeichnenden völligen Ersetzung des Superlativs durch den Komparativ entfällt auch diese Form.

6. Schluß

Bei der Gewichtung der innerslavischen Entwicklungsmöglichkeiten und der Kontakteinflüsse bei der Bildung von Komparationsformen ist abschließend festzustellen, daß strukturelle Affinität innerhalb der Slavia bei den relativ weitentfernten Sprachen Bulgarisch (Makedonisch) und Russisch liegt, und zwar in unterschiedlichen Bereichen. Während das Msl. mit dem Bulgarischen allgemein in der (fast) völligen Beseitigung synthetischer Formen übereinstimmt, bewahrt das Russische neben den periphrastischen Konstruktionen noch ein produktives synthetisches Verfahren. Andererseits zeigt nur diese Sprache bei den synthetischen Bildungen auch einen Zusammenfall von Adjektiv und Adverb sowie eine Übernahme der Superlativfunktion durch den Komparativ. Hinsichtlich der konkreten Bildungsweise analytischer Formen stimmt ebenfalls das Russische mit seinem von ›mehr‹ abgeleiteten Gradationsadverb in der Periphrase besser zum Msl. als das präfigierend konstruierende Bulgarisch.[30] Wichtig ist auf jeden Fall, daß sich das Msl. von der ihm genetisch am nächsten stehenden Sprache, dem in der Komparation weitestgehend synthetisch konstruierenden Skr., am weitesten entfernt hat.

Damit ist ein sehr wichtiges Kriterium für die Annahme fremder Einflüsse bei der Konstitution des msl. Komparationstyps gegeben. Es wird in überzeugender Weise dadurch gestützt, daß Entwicklungsrichtung und Variation der Komparationsformen im Msl. vollständig durch den romanischen Einfluß erklärt werden können. Wo immer ein Modell zur Verfügung stand, wurde es nachgebildet. Sonderwege blieben (zumindest variativ) nur dort bestehen, wo entweder kein brauchbares Modell zur Verfügung stand, wie bei der Superlativbildung, oder wo innersprachliche Verknüpfungen eine alte Form stützten, wie bei *manji* ›kleiner‹. In allen Fällen ist zu bedenken, daß es sich um die Typen des Abbaus von formalen Differenzierungen und den Umbau hin zu analytischen Konstruktionen handelt, die für den Sprachkontakt besonders anfällig sind, vgl. Breu (1994, 58ff.; 1996, 26ff.). Eine mögliche Ausnahme scheint hier die Setzung von Demonstrativa beim substantivierten Komparativ zu sein, worin ein Versuch gesehen werden kann, den fehlenden Artikel wenig-

---

[30] Hierbei wird vorausgesetzt, daß es sich bei diesem Präfix um das auch sonst im Slavischen gelegentlich mit graduierender Bedeutung auftretende *po* (Präfix, Partikel) handelt, nicht um eine sehr wohl mögliche Entlehnung des griechischen Gradationsadverbs *pio*, das wiederum dem romanisch-moliseslavischen Typ entsprechen würde; vgl. zu dieser Problematik *Sławski* (1964).

stens in einem Teilbereich mit eigenen sprachlichen Mitteln nachzubilden, um so die Differenzierung eines Superlativs zu ermöglichen.[31]

Im Vergleich des uneinheitlichen gesamtslavischen Befundes mit den bis ins Detail gehenden Übereinstimmungen mit dem Italienischen und insbesondere dem molisanischen Dialekt im Kontaktareal ergibt sich insgesamt, daß durch die msl. Entwicklungen zwar keine slavische diachrone Konstante verletzt wurde, daß aber der spezifische Weg und das charakteristische Resultat des Msl. eindeutig kontaktbestimmt sind. Dabei ist zudem zu berücksichtigen, daß bei den slavischen Randsprachen Bulgarisch und Russisch ebenfalls mit starken Fremdeinflüssen gerechnet werden kann, insbesondere ist aber darauf hinzuweisen, daß auch andere slavische Minderheitensprachen, die mit analytisch steigernden Sprachen in Kontakt stehen, deren Komparativ- und Superlativbildung nachahmen, z.T. sogar mit Entlehnung der Gradationsadverbien, was im Msl. niemals eintritt; vgl. Breu (1996, 33f.) zum Polnischen in Rumänien und zum Russischen in Bulgarien. Einen interessanten Fall repräsentiert hier z.B. auch der mit dem Msl. genetisch näher verwandte serbische Gallipolidialekt, der früher in türkischem Sprachkontakt stand und der den Komparativ analog zum Türkischen periphrastisch mit einem Gradationsadverb ›noch‹ bildet, vgl. *jos le'p* ›besser‹ (Ivić 1958, 278) = türk. *daha iyi*. Andererseits verhalten sich Minderheitensprachen wie Sorbisch und burgenländisches Kroatisch (vgl. Neweklowsky 1978, 209f.) hinsichtlich der Komparation konservativ, was durch den andersartigen Kontakt mit dem synthetisch steigernden Deutschen geschuldet ist. Die Komparation gehört also unbestreitbar zu den besonders kontaktsensiblen Kategorien, eine Erkenntnis, die durch das Moliseslavische erneut eindrucksvoll bestätigt worden ist.

Literatur

Arumaa, Peeter (1985): *Urslavische Grammatik.* Band III, Heidelberg: Carl Winter Universitätsverlag.

Battaglia, S./Pernicone, V. (1977): *La Grammatica Italiana,* Torino, Loescher Editore (Seconda edizione migliorata, settima ristampa, [1]1951).

Berger, Tilman (im Druck): »Die Gebrauchsbedingungen des bestimmten Artikels im älteren Obersorbischen«. In: *Serbščina w zańdźenosći a přitomnosći*, Bautzen.

---

[31] Die »okkasionelle Substantivierung« von Adjektiven wurde in anderen Sprachen mit schwach entwickeltem Artikel als ein zentraler Punkt für den Gebrauch eines determinierten Artikels erkannt, vgl. Berger (im Druck) zum Sorbischen. Hier könnte also durchaus eine Keimzelle für die Neukonstituierung eines Superlativs nach dem romanischen Typ im Msl. vorliegen.

Bosák, Ctirad (1971): *Razvitie russkogo komparativa*, Praha, Universita Karlova.

Breu, Walter (1994): »Der Faktor Sprachkontakt in einer dynamischen Typologie des Slavischen«. In: H. R. Mehlig (Hrsg.), *Slavistische Linguistik 1993*. München, Otto Sagner, 41-64.

Breu, Walter (1995): »Aspekte der Deklination des Substantivs im Moliseslavischen.« In: Weiss, D. (Hrsg.): *Slavistische Linguistik 1994*, München, Otto Sagner, 65-96.

Breu, Walter (1996): »Überlegungen zu einer Klassifizierung des grammatischen Wandels im Sprachkontakt (am Beispiel slavischer Kontaktfälle)«. In: *Sprachtypologie und Universalienforschung (STUF)* 49/1, 21-38.

Breu, Walter (1997): »Italienisch : Kroatisch (167)«. In: H. Goebl et al. (Hrsg.), *Kontaktlinguistik. Ein internationales Handbuch zeitgenössischer Forschung*. 2. Halbband, Berlin, New York, de Gruyter, 1362-1366.

Breu, Walter (1998): »Romanisches Adstrat im Moliseslavischen«. In: *Die Welt der Slaven* 43, 339-354.

Burov, Stojan (1987): *Stepenite za sravnenie v săvremenija bălgarski ezik*, Sofija, Narodna Prosveta.

Dardano, Maurizio/Pietro Trifone (1983): *Grammatica Italiana con nozioni di linguistica*, Bologna, Zanichelli.

Duličenko, A.D. (1981): *Slavjanskie literaturnye mikrojazyki*. Voprosy formirovanija i razvitija, Tallin, Valgus.

Giammarco, Ernesto (1960): *Grammatica delle parlate d'Abruzzo e Molise*, Pescara, Tipografia Istituto Artigianelli Abruzzesi.

Giammarco, Ernesto (1979): *Abruzzo*, Pisa, Pacini Editore (Profilo dei dialetti italiani 13).

Hamm, J. (1963): »Slavenski komparativ«. In: *International Journal of Slavic Linguistics and Poetics* 7, 1-13.

Hraste, Mate/Simunović, Petar (1979). *Čakavisch-deutsches Lexikon*. Teil I (unter Mitarbeit und Redaktion von Reinhold Olesch), Köln, Böhlau Verlag.

Ivić, Pavle (1958): *Die serbokroatischen Dialekte*. Ihre Struktur und Entwicklung, Erster Band, 's-Gravenhage, Mouton & Co.

Neweklowsky, Gerhard (1978): *Die kroatischen Dialekte des Burgenlandes und der angrenzenden Gebiete*, Wien, Verlag der Österreichischen Akademie der Wissenschaften.

Raguž, Dragutin (1997): *Praktična hrvatska gramatika*, Zagreb, Medicinska Naklada.

Rešetar, Milan (1911/1997): *Die serbokroatischen Kolonien Süditaliens*, Wien, Kaiserliche Akademie der Wissenschaften. [Ital. Übersetzung mit kritischem Anhang und Bibliographie hrsgg. von W. Breu und M. Gardenghi: *Le colonie serbocroate nell'Italia meridionale*. Campobasso, Amministrazione Provinciale].

Reumuth, Wolfgang/Winkelmann, Otto (1996): *Praktische Grammatik der italienischen Sprache*, Wilhelmsfeld, Gottfried Eggert (5. unveränd. Auflage, [1]1989).

Rohlfs, Gerhard (1968): *Grammatica storica della lingua italiana e dei suoi dialetti*. Morfologia, Torino, Einaudi.

Rohlfs, Gerhard (1969): *Grammatica storica della lingua italiana e dei suoi dialetti*. Sintassi e formazione delle parole, Torino, Einaudi.

Schwarze, Christoph (1995): *Grammatik der italienischen Sprache*, Tübingen, Max Niemeyer (2. verbesserte Auflage).

Skok, Petar (1972/1973): *Etimologijski rječnik hrvatskoga ili srpskoga jezika*. Knjiga 2 (1972), 3 (1973), Zagreb, Jugoslavenska Akademija Znanosti i Umjetnosti.

Sławski, Franciszek (1964): »Bułgarsko-macedońskie komparatywne po- «. In: *Prace Filologiczne*, Tom XVIII/2, Warszawa, Państwowe Wydawnictwo Naukowe, 429-434.

Surdučki, M. I. (1970): »The Analytic Comparative in Serbo-Croatian«. In: *The Slavic and East European Journal* 14/1, 36-46.

Le charme du prétérit et de l'imparfait

Eugène FAUCHER
Université de Nancy 2

Une théorie des temps ne peut prétendre pronostiquer tous les verdicts d'agrammaticalité. Latzel (1985, 382) a montré que certaines restrictions sont spécifiques de tel ou tel verbe, de tel ou tel environnement syntaxique. Mais on peut demander à une théorie des temps d'intégrer les formes attestées dans un modèle. Le prétérit d'un exemple tel que

(1)   Die »Frauen Frankreichs« haben erhebliche Anstrengungen unternommen, damit es nicht zu ihrer Exekution kam.[1] (Zei, § 456)

nous avait semblé en 1967 plaider en faveur d'un approfondissement de la formule proposée depuis longtemps déjà pour l'imparfait, compris comme le *présent du passé*, ce que je traduisais par : une forme de présent mise en œuvre par une conscience passée. L'objectif «es kommt nicht zu ihrer Exekution » a été conçu dans et par la conscience des militantes de l'Union des Femmes Françaises à l'époque, révolue, de la Grèce des Colonels. Le prétérit date cette conscience. Le style indirect libre requiert lui aussi pour son prétérit ou son imparfait une autre base d'incidence que la proposition en tant qu'analogon d'un processus. Ce qui est historicisé par le prétérit de

(2)   Von Zeit zu Zeit nahm er dann Urlaub und fuhr oder ritt hinüber (Fontane, *Schach von Wuthenow*, 98),

ce ne sont pas les permissions (les congés) qu'aurait prises le lieutenant Schach, ni les déplacements qu'il aurait faits de Berlin, sa garnison, au domaine de Wuthenow, où il aurait caché sa femme, mais sa conscience imaginante. Le prétérit date le fantasme et non son référé, qui fait partie du monde possible futur du fantasmeur et se prête, en soi, à une verbalisation au présent à valeur de futur :

(3)   Von Zeit zu Zeit nehme ich dann Urlaub und fahre oder reite hinüber.

---

[1] L'exemple est précieux, car on ne peut expliquer son prétérit par la concordance des temps : le verbe principal relève de la morphologie désinentielle du présent, et non du prétérit. Moins probant à cet égard est cet exemple de Max Frisch, *Homo Faber*, p. 14 : ‹ Ich mußte mich setzen, damit mir nicht schwindlig wurde ›.

D'où la traduction :

(4)   De temps à autre, il prend*rait* une permission pour faire un saut, en voiture ou à cheval.

Nous avons préféré partir de la subordonnée de but illustrée en (1), car elle se prête moins bien à un engendrement transformationnel qui vient tout de suite à l'esprit pour le style indirect libre, dont on peut être tenté de rationaliser l'imparfait ou le prétérit en le présentant comme la trace d'un verbe principal effacé du genre de « *Er* fantasier*te* vor sich hin : ›Von Zeit zu Zeit n*ehme ich* dann‹ etc. » (les signifiants[2] visés par les italiques à gauche du guillemet simple ouvrant se substituant aux signifiants en italiques à droite).

En dépit de l'optimisation que Marcel Vuillaume (à paraître) a apportée à ce modèle, celui-ci ne laisse pas de provoquer un certain malaise, sans lequel on ne comprendrait pas du reste qu'il ait trouvé si peu d'écho dans la littérature[3]. Ce malaise tient au paradoxe que notre nature langagière y est présentée comme procédant de façon fort peu naturelle, au moins au regard du sens commun. Quoi de plus contraint que ce narrateur écrivant sous la dictée d'une conscience passée qui n'est pourtant pas celle du héros (la preuve : la conversion de ‹ ich › en ‹ er ›) ? Ces contorsions, ce grand écart, ne sont plausibles que si on met en évidence leur racine anthropologique.

C'est dans cet esprit qu'en 1994, dans le cadre du XXVIIème congrès de l'Association des Germanistes de l'Enseignement Supérieur convoqué sur le thème de la *négation*, nous avions cherché notre secours dans la phénoménologie sartrienne du temps. Fidèle en effet à son prédécesseur hégélien, celle-ci institue la fissure comme constitutive de la réalité humaine : «La présence à… signifie l'existence hors de soi près de… » ; « Je ne puis être présent à cette chaise que si je suis […] là-bas dans l'être de cette chaise comme *n'étant pas* cette chaise. » (Sartre, *L'être et le néant*, 165). Si le passé est ce que je suis (sans pouvoir le vivre et sans possibilité de ne l'être pas) (ibid., 163), s'il est vrai que je suis partout, alors pourquoi pas aussi auprès de et en Schach à l'époque du Régiment Gendarmes (1805) ?

L'inconvénient de ce recours est inhérent au principe du renversement dialectique lui-même. On a beau reconnaître l'insuffisance du principe d'identité et la nécessité de faire droit à son contraire pour modéliser les phénomènes évolutifs, qui s'inscrivent dans la durée (« trop d'impôt tue l'impôt », « Il faut avoir franchi le minuit du chagrin pour qu'une nouvelle félicité fleurisse » etc.), la proposition A est non-A suscite inévitablement le soupçon de provocation (« le laid, c'est le beau »), voire de mystification (« Vous êtes ouvrier ? Réjouissez-vous, puisque c'est vous le patron ! »).

---

2   *-te* n'est pas signifiant, mais variante arbitraire du signifiant.
3   Exception faite de François Schanen (1997, 211)

C'est ainsi en tout cas qu'Heinrich Mann percevait le discours de Walter Ulbricht à l'époque du front des intellectuels anti-fascistes, si on en croit le propos rapporté par Alfred Kantorowicz (1959, 63) : « Comment voulez-vous que je travaille avec quelqu'un qui me dit que cette table n'est pas une table mais une mare aux canards et voudrait de surcroît que je dise comme lui ? ».

Si nous avons une chance de donner chair à l'intuition sartrienne « le passé, c'est ce que je suis sans pouvoir le vivre », c'est chez les poètes charnels que nous la trouverons. Les questions de François Villon dans *La ballade des dames du temps jadis* (Gide, *Anthologie*, 72) ne sont pas rhétoriques, car alors le poème serait oiseux :

> Et Jehanne, la bonne Lorraine,
> Qu'Anglais brûlèrent à Rouen,
> Où sont-ils, Vierge souveraine,
> Mais où sont les neiges d'antan ?

L'idée est que le passé *se trouve* quelque part, que ce précieux trésor vaut la peine qu'on s'oriente dans le dédale au bout duquel on pourrait le trouver. Pour le pêcheur mis en scène par Clemens Brentano dans *Auf dem Rhein*, la bien-aimée n'est pas morte et il se laisse descendre au fil du Rhin dans sa barque pour la retrouver :

> Ein Fischer saß im Kahne
> Ihm war das Herz so schwer
> Sein Lieb war ihm gestorben
> Das glaubt er nimmermehr.

Un énoncé lucide tel que « Je le sais, mais je ne le crois pas » n'est pas une contradiction dans les termes, car d'une proposition à l'autre, ‹ je › a changé de référence. Comprendre *Le Pont Mirabeau* de Guillaume Apollinaire, c'est se tenir prêt à reconnaître différentes prises de parole dans un discours apparemment tenu par le même énonciateur. Celui qui *sait* dit :

> Passent les jours et passent les semaines
> Ni temps passé
> Ni les amours reviennent
> Sous le Pont Mirabeau coule la Seine

Mais celui qui ne *croit pas ce qu'il sait* vient de dire

> Comme la vie est lente
> Et comme l'Espérance est violente

Et c'est lui qui a la maîtrise du refrain et peut ‹ demeurer ›, fort de la violence de l'Espérance :

Vienne la nuit sonne l'heure
Les jours s'en vont je demeure

La scission entre le je qui sait et le je qui ne croit pas ce qu'il sait est plus explicite dans la *Chanson du mal-aimé*.[4] D'un côté :

Adieu faux amour confondu
Avec la femme qui s'éloigne
Avec celle que j'ai perdue
L'année dernière en Allemagne
Et que je ne reverrai plus

Et de l'autre :

Mais en vérité je l'attends
Avec mon cœur, avec mon âme
Et sur le Pont des Reviens-t'en
Si jamais revient cette femme
Je lui dirai Je suis content.

D'où l'évidence de ce que J.-B. Pontalis (1997)[5] considère comme la plus importante découverte de la psychanalyse : *l'inconscient ignore le temps*. Nous dirons plutôt : l'inconscient (soit parce que sourd et aveugle, soit parce qu'asservi au principe de plaisir, il nie ce qui le dérange) ne prend pas acte de la perte de l'objet. Le dogme de la résurrection de la chair est un compromis ingénieux entre ses certitudes (je n'ai rien perdu, tout est là) et la privation dont le principe de réalité nous oblige à prendre acte (j'ai tout perdu). Le travail du deuil, dont il n'est pas question de nier la réalité, n'atteint pas ces strates abyssales de notre psychisme. On conçoit que quand le temps est retrouvé, ce soit par l'entremise des sensations du goût (la madeleine de Proust) de l'ouïe (la petite phrase de la sonate de Vinteuil) ou de l'odorat, plutôt que de la vue. Et qu'Apollinaire choisisse l'image de l'hibernation pour décrire cet trajet de retour, puisque l'hibernation met en sommeil tout ce qui dépasse le simple physiologique :

J'ai hiverné dans mon passé.
Revienne le soleil de Pâques

---

4   (*Anthologie*, 800) Cette même scission est mise en scène dans les dernières pages de *L'éducation sentimentale,* où le héros retrouve, trente ans après, le grand amour de sa vie, cheveux blancs.

5   « Quel est le message que nous délivre la psychanalyse – je veux dire l'expérience, l'épreuve de l'analyse ou, ce qui revient au même, l'épreuve de l'étranger – au point qu'on peut le tenir pour son enseignement principal et peut-être le seul ? C'est que le temps ne passe pas. » est la première phrase du livre.

Pour réchauffer un cœur plus glacé
Que les Quarante de Sébaste[6]

S'il est vrai qu'une des instances de notre psychisme suspend le vol du temps au gré de ses convenances, on peut se représenter l'effet de cette souveraineté comme un clonage en vertu duquel cette instance se multiplie sur la ligne du temps. Nous avons laissé derrière nous des parties de nous-mêmes, et ces parties se ressemblent comme les cailloux du Petit-Poucet, car ce sont des clones de notre inconscient.

Ainsi s'expliquent le caractère littéraire de ce mode de discours rapporté et le sentiment de dénaturation que nous éprouvons quand nous le voyons utilisé dans un texte à caractère plutôt journalistique, comme c'est le cas dès la deuxième page[7] de *Nikolaikirche* d'Erich Loest. Le style indirect libre est au maximum de son rendement lorsqu'il se met au service de l'empathie,[8] voire du fantasme fusionnel, bref, lorsque le principe de réalité perd la main. Il est dans sa nature de se prêter à des énoncés où la pensée du héros et celle de l'instance psychique que le narrateur et le lecteur ont déléguée à ses côtés sont inextricablement mêlés :

(5)   Auch Schach legte es sich's zurecht. Italien wiederzusehen war ihm seit seinem ersten, erst um wenige Jahre zurückliegenden Aufenthalte daselbst ein brennender Wunsch geblieben ; der erfüllte sich nun. (Fontane, *Schach von Wuthenow*, 97)

Le passage en italiques reproduit la pensée de Schach (« Italien wiederzusehen ist mir ein brennender Wunsch geblieben »), mais tout autant celle du témoin qui l'accompagne au long de son devenir, le connaît mieux qu'il se connaît lui-même, parle de lui à la troisième personne et dicte à l'auteur ce qu'il doit nous dire.

---

6   Atteint d'une dépression sévère qui faillit le conduire en asile psychiatrique, Fontane fut sauvé par son médecin de famille qui lui prescrivit d'écrire ses souvenirs d'enfance. *Meine Kinderjahre*, ou le réchauffement par l'hibernation.

7   On lit dès le début du § 3 du roman (p. 7), où on décrit un briefing de la Stasi : « Alexander Bacher neigte den Kopf leicht zur Seite, als ob er damit freudige Aufmerksamkeit und auch Dankbarkeit ausdrücken wollte. Etwas Neues geschah endlich, und, nach dem mittleren Bahnhof hier, sogar auffällig Wichtiges ». La deuxième phrase est interprétable en termes de style indirect libre. Mais le recours à ce mode de discours rapporté est beaucoup trop précoce dans le cours du roman pour se justifier en termes de stratégie littéraire, d'autant plus que la phrase suivante est au prétérit événementiel.

8   Quand Flaubert écrit dans *Madame Bovary*, avec des italiques valant guillemets : « Léon *se perdait avec une femme mariée* », il rapporte certes les propos des braves gens, mais tout autant, il s'identifie à eux, tout comme il s'identifie à Bouvard & Pécuchet ou à Emma, jusqu'à la scène de l'agonie, pendant la rédaction de laquelle il dit avoir éprouvé le goût d'arsenic dans la bouche.

Si donc l'imparfait et le prétérit fonctionnent comme nous le pensons, c'est-à-dire comme datation passée d'un ectoplasme psychique se représentant le contenu propositionnel, nos langues, loin d'étonner les dieux par des prouesses acrobatiques, ne font qu'exploiter une infirmité de notre constitution. Avec une âme de part en part transparente comme le cristal, nous ne pourrions parler du passé que *more geometrico*, en le spatialisant (ce que nous faisons par le passé simple et le passé composé). Au lieu que ces vigies dont nous avons semé notre parcours nous permettent de vivre le passé ou de le faire vivre à nos lecteurs. En ce sens, ‹erlebte Rede› est un terme bien plus heureux et bien plus juste que ‹style indirect libre›.

Le Bouddha lui aussi a refusé le temps, mais en sortant par le haut, par les exercices spirituels. «Le mal, c'est d'exister, tout est douleur» enseigne-t-il, au motif qu'en ce monde, tout est éphémère. Tout aussi frustrés par le temps, nous avons, nous, rusé avec lui, en passant par le bas, en domestiquant une instance dont les prétentions à l'omnipotence dénoncent son caractère archaïque, ce qui nous a réconciliés avec le monde et avec la vie. Vu l'universalité de la révolte contre le temps, cet abominable Chronos qui dévore ses enfants, il serait bien surprenant que cette révolte soit sans conséquences sur le fonctionnement des morphèmes temporels des verbes, là où ils existent.

Bibliographie (Articles et ouvrages cités)

Faucher, Eugène (1967) : «Une lecture monosémique des temps français.» In : *Etudes de linguistique appliquée* 5, 40-64.

Faucher, Eugène (1995) : «Les bons offices de la linguistique entre la théorie sartrienne de la négation et une meilleure connaissance littéraire du style indirect libre.» In : Burzlaff Werner (éd.) *La négation*. Actes du XXVIIème congrès de l'A.G.E.S. (= Collection Études Presses Universitaires de Perpignan).

Pontalis, Jean-Baptiste (1997) : *Ce temps qui ne passe pas*, Paris, Gallimard (NRF = Connaissance de l'inconscient. Série : Tracés).

Kantorowicz, Alfred (1959) : *Deutsches Tagebuch* I, München, Kindler.

Latzel, Siegbert (1985) : «Zur partiellen Synonymie der deutschen Tempora.» In : *Nouveaux Cahiers d'allemand* vol. 3, n°4, 375-388.

Sartre, Jean-Paul (1943) : *L'être et le néant. Essai d'ontologie phénoménologique*, Paris, Gallimard (NRF, 40ème édition, 1953).

Schanen, François (1997) : «D'une approche à l'autre. De l'unité des temps verbaux aux atomisations sans cesse renouvelées.» In : Cortès,

Colette et Krebs, Gilbert (éd.) *Le territoire du germaniste. Situations et explorations. Actes du 30e Congrès de l'AGES* – mai 1997, 203-214.

Vuillaume, Marcel (à paraître) : « L'expression du futur dans le passé en français et en allemand. »

Sources

Apollinaire, Guillaume, in : André Gide (1949) : *Anthologie de la poésie française*, Paris, Gallimard (NRF = Bibliothèque de la Pléiade).

Brentano, Clemens (s.d.) : *Gedichte*, München, Goldmann (= GGT 1328)

Fontane, Theodor (1993) : *Schach von Wuthenow Erzählung aus der Zeit des Regiments Gendarmes*, Stuttgart, Philipp Reclam Jun. (= Reclam UB Nr. 7688)

Frisch, Max (1964) : *Homo faber*, Frankfurt a.M., Suhrkamp.

Loest, Erich (1995) : *Nikolaikirche*, Leipzig, Linden-Verlag.

Villon, François , in : André Gide (1949) : *Anthologie de la poésie française*, Paris, Gallimard (NRF = Bibliothèque de la Pléiade).

Zei, Alki (1991) : *Die Verlobte des Achilles*, Köln , Moll und Eckhardt (Traduit du grec par Birgit Hildebrand).

La subordonnée à structure d'interrogative globale en ouverture de phrase

Janine MARX-MOYSE
Université de Reims Champagne-Ardenne

L'exposé qui va suivre est consacré aux subordonnées du type de celles qui apparaissent dans les attestations suivantes :

(1)   Wäre der Krieg nicht gewesen, so wäre das alles wahrscheinlich ganz anders gekommen. (Henisch, *Die kleine Figur meines Vaters*, 103)

(2)   War in der DDR zuletzt jährlich ein Umsatz von 50 Millionen D-Mark von 1800 Mitarbeitern erzielt worden, erwirtschaften nun 1100 Angestellte 80 Millionen D-Mark (*Deutschland*, Nr. 1, Februar 1997, 63)

(3)   Gelang auch der erste Vorstoß nicht vollkommen, der nächste oder übernächste führte zum Ziel [...]. (Schnitzler, *Jugend in Wien*, 154)

(4)   Hatte er einmal begonnen, dann diktierte er in einem Zug, und es mußte auffallen, mit welcher Selbstverständlichkeit er in der Welt der Paragraphen waltete [...]. (Grab, *Hochzeit in Brooklyn*, 39)

On s'est intéressé à ces subordonnées dans le cadre d'études sur la construction de la phrase, plus précisément sur l'étude de la première position (Faucher, 1984, 104 et suiv.) ou de l'avant-première position (Schanen, 1993, 149, 153). Ces subordonnées ont aussi été abordées dans un opuscule consacré aux subordonnées sans introducteur (Helbig/Kempter, 1976) mais abordées seulement, car les auteurs traitent dans un volume réduit de tous les types de subordonnées sans introducteur, elles sont enfin toujours évoquées dans les travaux concernant les subordonnées introduites par *wenn*. Nous citerons ici Seibicke (1964) et Metschkowa-Atanassowa (1983). Pour ces deux derniers linguistes, la subordonnée à structure d'interrogative globale est une variante de la subordonnée introduite par *wenn*. Mais peut-elle vraiment remplir toutes les fonctions assurées par cette dernière, ou ce qui revient au même, quelles sont les fonctions dans lesquelles apparaît la subordonnée à structure d'interrogative globale ? Les grammaires notent essentiellement les fonctions de circonstancielles conditionnelle (1), adversative (2), concessive (3), plus rarement celle de temporelle[1] (4). Mais *wenn* introduit aussi des subordonnées en fonction de sujet et d'objet :

(5)   Es wäre mir lieb, wenn die beiden Herren persönlich die Operation leiten würden. (Hackl, *Sara und Simon*, 60)

(6)   Seine Liebe zu mir hätte (es) niemals ertragen, wenn ich seinetwegen in Gefahr und Armut geraten wäre. (cité par Starke, 576)

Ces fonctions peuvent-elles être assurées par la subordonnée sans introducteur placée en ouverture de phrase ? Enfin les conditionnelles qui sont du domaine, non plus de la proposition, mais de l'énonciation, type : s'il fait chaud, il y a de la bière au frigidaire[2] peuvent-elles être rendues par une subordonnée à structure d'interrogative globale ? Nous allons tenter de cerner les différentes fonctions de la subordonnée à structure d'interrogative globale placée en ouverture de phrase et nous nous efforcerons pour chacune d'elles de préciser comment la subordonnée s'articule dans la phrase : intégration directe (2), rappel au moyen de *so* (1) ou *dann* (4), détachement (3).

1. Les subordonnées circonstancielles

1.1. Conditionnelles et hypothétiques

Les conditionnelles expriment soit un fait futur considéré comme éventuel ou comme imaginaire (potentiel), soit un fait présent ou passé regardé par le locuteur comme contraire à la réalité (irréel). Les hypothétiques expriment un fait présent, passé ou futur sur la réalité duquel le locuteur ne se prononce pas[3]. Les conditionnelles – qu'elles traduisent le potentiel ou l'irréel – comportent un verbe au subjonctif II et sont univoques. Les hypothétiques, qui, elles, ont un verbe à l'indicatif, posent parfois quelques problèmes d'interprétation. Voilà pourquoi nous commencerons par les conditionnelles.

---

[1]   Notée chez Heidolph/Flämig/Motsch (1981, 798) mais ni chez Helbig/Buscha (1988) ni chez Engel (1988).

[2]   Ducrot (1984,108) : « On a un si implicatif dans (1) : *S'il fait chaud, j'irai à la plage*, et un si d'énonciation dans (2) : *S'il fait chaud, il y a de la bière dans le frigo*. (2) ne subordonne pas l'existence de la bière à l'hypothèse de la chaleur, mais présente l'assertion de cette existence comme justifiée par cette hypothèse: « Je te parle pour le cas où ... » ».

[3]   Définitions des conditionnelles et hypothétiques données par Grévisse (1964, 1079, § 1037).

1.1.1. Les conditionnelles

On trouve les quatre modes d'articulation dans la phrase :

– la reprise par *so* apparaît chez les auteurs «classiques» (7), (8) et contemporains (1), (9), plus rarement dans la presse (10). A noter que pour l'ensemble de ces attestations, nos informateurs accepteraient tous les autres modes d'articulation :

(7)   Wollte Harry in jedem einzelnen Moment seines Lebens, in jeder seiner Taten, in jeder seiner Empfindungen festzustellen versuchen, welchen Anteil daran der Mensch, welchen Anteil der Wolf habe, so käme er sofort in die Klemme, und seine ganze hübsche Wolftheorie ginge in die Brüche (Hesse, *Der Steppenwolf*, 242-243)

(8)   Und hätten nicht August und Theodor die Initiative ergriffen und ihn kühnlich besucht von Frankfurt aus auf der Gerbermühle, so hätte er nie von den Leutchen eines zu sehen bekommen [...]. (Th. Mann, *Lotte in Weimar*, 81)

(9)   Hätte er, Grähn, über Gruhls Schuld oder Nichtschuld zu befinden, er meine, was sein Steuergebaren betreffe, nicht das hier zur Verhandlung stehende Vergehen, so würde er sagen, menschlich gesehen: absolut unschuldig. (Böll, *Ende einer Dienstfahrt*, 168)

(10)   Hier, überlegte Folkmann, gelte es anzusetzen: Gelänge es, den Tumor seiner Blutversorgung zu berauben, so wäre seine zerstörerische Kraft gelähmt. (*Der Spiegel*, Nr. 20/1998, 185)

– La reprise par *dann* est plus rare, du moins au niveau du subjonctif II présent. Au niveau du subjonctif II passé *dann* apparaît et dans le registre littéraire et dans celui de la presse :

(11)   Ich sage, ganz recht, Mut aus Gewissensgründen kann man nicht verlangen, denn er ist eine Tugend; wäre er selbstverständlich, dann bräuchten wir ihn nicht als vorbildlich zu bewundern. (Klüger, *Weiter leben*, 184)

(12)   Hätte nämlich der Chauffeur sich des Mannes Krüger nicht so genau erinnert, dann wäre es unmöglich gewesen, diesen zu suspendieren. (Feuchtwanger, *Erfolg*, 27)

(13)   Der Laska war auf Urlaub. Wär' er in Bosnien gewesen, dann wäre ich hinuntergegangen und könnt' mich heute vielleicht erinnern. (Doderer, *Die Strudlhofstiege*, 297)

(14)   Hätten die Polizei und die verantwortlichen Politiker die Bankräuber ungehindert abziehen lassen, so Bozis bizarre Logik, dann wären die tödlichen Schüsse nicht gefallen. (*Der Spiegel*, Nr. 49/1989, 145)

(15)   Hätte zu einem frühen Zeitpunkt ein Schweizer Bundesrat in New-York oder in der Gedenkstätte Jad Vashem um Vergebung dafür gebeten, daß sich Schweizer Grenzer zu Vollzugsgehilfen der deutschen Nazis machen ließen und daß Schweizer Banken wissentlich Hehlerdienste leisteten, dann wäre es schon vor langer Zeit zu einem Vergleich über Kompensationszahlungen gekommen. (*Die Zeit*, Nr. 35/1998, 8)

En (12), (13), 14) et (15) le décalage temporel et le rapport logique entre protase et apodose sont mieux marqués par *dann*. Toutefois nos informateurs acceptent aussi les transformations au moyen de *so* (sauf pour (14)) et éventuellement au moyen de l'intégration directe sauf pour (15), où la présence d'un anaphore permet une meilleure structuration de cette longue phrase.

– l'intégration directe est très fréquente dans le registre de la presse, au niveau du subjonctif II présent ou futur :

(16)   Würde Kinkel nicht nach New-York kommen, wäre Deutschland dort nicht vertreten, denn solche Einladungen ergehen nur an Staatschefs oder Minister persönlich. (Beilage zur Zeitschrift *Deutschland*, Ausgabe 6/1996, 5)

(17)   Würden sie (= die Schwerstleidenden) besser aufgehoben und unterstützt werden, bliebe das Problem der Sterbehilfe noch akut, [...] aber der Wunsch nach schneller aktiver Beendigung ihres Lebens würde seltener geäußert. (*Der Spiegel*, Nr. 31/ 1998, 181)

Dans le registre littéraire avec verbes au subjonctif II présent (ou futur pour l'apodose), l'intégration directe est fréquente chez certains contemporains, tels Härtling ou Bernhard qui en font une utilisation stylistique :

(18)   Kehrtest du zurück, Vater, wie der Mann aus dem Bergwerk von Falun, könntest du mein jüngerer Bruder sein. (Härtling, *Nachgetragene Liebe*, 169)

So ou *dann* seraient ici tout à fait superflus, ils feraient perdre à l'expression de sa densité.

Bernhard est un orfèvre en la matière : il remplace l'élément de reprise de la conditionnelle (*so* ou *dann*) par l'intercalaire qui indique que les propos rapportés (de manière directe) sont ceux d'un personnage (Karrer) mais que ces propos sont rapportés par le locuteur Oehler (qui n'est pas l'auteur) et qu'ils le sont à un allocuté du nom de Scherrer :

(19)   Denn machte ich den Versuch, so Karrer, auch nur an einer einzigen dieser Hosen eine Naht aufzureißen oder nur von einer einzigen dieser Hosen einen Knopf abzureißen, hieße es gleich,

ich sei verrückt, wovor ich mich aber hüte, denn davor, daß man als verrückt bezeichnet wird, sollte man sich hüten, so Oehler zu Scherrer. (Bernhard, *Gehen*, 64)

ou encore avec subjonctif II présent pour l'expression de la condition non réalisée et subjonctif II passé pour celle du conditionné :

(20)   Hätte ich Verstand, sagt Oehler, hätte ich ununterbrochen Verstand, sagt er, hätte ich mich längst umgebracht, aber ich habe mich nicht umgebracht, weil ich nicht ununterbrochen Verstand habe. (Bernhard, *Gehen*, 15)

Au subjonctif II passé, au niveau et de la condition et du conditionné, nous n'avons pour l'ensemble des registres qu'une seule attestation d'intégration directe :

(21)   Wären sie (= glühende Erzbrocken) mir auf den Kopf gefallen, hätte ich zumindest Verbrennungen davon getragen. (Wallraff, *Ganz unten*, 97)

et nous n'en relevons aucune dans celles rapportées par Seibicke (1964, 263) ou Faucher (1983). Toutefois lorsque la subordonnée s'insère dans une interrogative partielle et qu'elle précède l'interrogatif, le seul mode d'articulation est celui qui figure en (22) :

(22)   Und hätte ich das versucht, was wäre passiert? (Henisch, *Die kleine Figur meines Vaters*, 54)

Le détachement de la subordonnée, c'est-à-dire le commencement de l'apodose par un élément autre que *so* ou *dann* est fréquent chez des auteurs comme Musil, Doderer, Kafka, ce que remarque déjà Faucher (1983, 111) qui y voit une pratique régionale. On trouve aussi de nombreux exemples chez Canetti :

(23)   Er (= der Satiriker) weiß sogar, wie sie (= die Menschen) besser wären. Woher bezieht er diese unumstößliche Sicherheit? Hätte er sie nicht, er könnte gar nicht zu schreiben beginnen. (Canetti, *Das Augenspiel*, 24)

Nos informateurs acceptent ici toute transformation par un des autres moyens d'articulation de la subordonnée dans la phrase. Par contre il ne s'agit plus d'une variante régionale dans cet autre exemple du même auteur :

(24)   […] und hätte nicht Straßburg selbst, die literarische Geschichte der Stadt und auch die reiche Mehrzahl prononcierter Musikerfiguren, die […] – hätte mich das alles nicht so sehr in Anspruch genommen, ich weiß nicht, ob ich die Kraft aufgebracht hätte zu bleiben. (Canetti, *das Augenspiel*, 88)

La subordonnée est obligatoirement détachée, car *ich weiß nicht, ob* exprime un jugement de valeur de vérité sur le propos *die Kraft aufbringen zu bleiben.*

Et dans ce texte de Doderer, la subordonnée ne pourrait être intégrée directement à la phrase, ou reprise par *so/dann*, que si l'on ajoutait *doch* au niveau de l'apodose :

(25)   Hätte es kein Schwert gegeben, ihm Wunden zu schlagen, diese wären von selber an ihm aufgebrochen. (Doderer, *Die Strudlhofstiege*, 60)

Le détachement de la protase étant plus rare que l'intégration directe ou la reprise par un anaphore, il permet la mise en valeur du contenu de l'apodose. Les auteurs originaires du Nord de l'Allemagne recourent le cas échéant à l'exploitation stylistique de cette possibilité dont la presse par contre ne fait guère usage :

(26)   [...] und wäre ich Kestner, bei Gott, mir gefiel's nicht. (Th. Mann, *Lotte in Weimar*, 97)

(27)   Wüßte Itta, wieviel Glück du gegeben hast, sie würde dich beneiden. (Fallada, *Der ungeliebte Mann*, 97)

1.1.2. Les hypothétiques

Elles présentent la condition comme une réalité possible, le verbe est à l'indicatif présent ou passé. On trouve les quatre modes d'intégration dans la phrase, avec des différences selon les registres : la littérature scientifique préfère le rappel par *so* ou *dann*[4] (12 attestations sur 15 relevées dans des ouvrages de linguistique), la presse a largement recours à l'intégration directe et le registre littéraire use de tous les procédés :

(28)   Nimmt man an, daß Aktiv und Passiv eine privative Opposition bilden, das heißt eine Opposition, in der das merkmalhafte Glied (das Passiv) ein kennzeichnendes Merkmal hat, das dem merkmallosen (dem Aktiv) fehlt, so ist im folgenden lediglich nach diesem einen Merkmal zu suchen. (Schubert, *Aktiv und Passiv im Deutschen und Schwedischen*, 99)

(29)   Löst man sich gänzlich von semantischen Bedingungen und betrachtet allein die von der Ausdrucksseite her gegebenen Sprachmöglichkeiten, dann läßt sich zeigen, daß es im Deutschen für den Dativ eine der passiven Diathese des Akkusativs weitgehend

---

4   *So* apparaît aussi régulièrement dans les attestations citées par Seibicke (1964) dont le seul corpus est constitué par un ouvrage de littérature secondaire. Möslein (1974, 196, 197) note par ailleurs une tendance au remplacement des hypothétiques à introducteur par celles sans introducteur dans la littérature scientifique.

vergleichbare Möglichkeit gibt, auch den Term im Dativ zu ›passivieren‹. (Eroms, »Zur Konversion der Dativphrasen«, 358)

(30)   Geht man davon aus, daß in Determinativphrasen einfach keine adverbiale Modifikatorposition links von der NP-Projektion vorhanden ist, hat man eine strukturelle Erklärung für die Ungrammatikalität der Sätze (3.38) und (3.39) (Hetland, *Satzadverbien im Fokus*, 103)

So et *dann* peuvent être effacés ou commuter en (28) et (29) et être introduits en (30), (31) et (32) (On notera qu'en (32) la condition est posée comme réalité possible – le conditionné par contre comme potentiel) :

(31)   Das EWS wird deshalb nur zu retten sein, wenn sich die Regierung in Paris zu einer Abwertung ihrer Währung durchringen kann [...]. Geschieht das nicht, werden die Spekulanten den Franc zerfleischen und mit ihm das EWS und die Europäische Währungsunion. (*Schwäbisches Tagblatt, Südwestpresse* Nr. 174/1993, 1)

(32)   Werden Renten voll besteuert, müßten gleichzeitig die Beiträge vollständig steuerfrei gestellt werden – und damit vermutlich auch Aufwendungen für die private Fürsorge, die damit schlagartig attraktiver würden. (*Der Spiegel*, Nr. 32/1998, 55)

Dans le registre littéraire l'intégration directe, contribue, comme nous l'avions déjà constaté au niveau du potentiel et de l'irréel, à une expression dense et ramassée. On trouve à nouveau de nombreuses attestations chez Bernhard[5] mais aussi chez des non-contemporains :

(33)   Nein, sie wollte unter keinen Umständen jemanden von der Sippe der Bleesern in diese Sache verstrickt sehen. Sie wollte es allein durchhalten, und ging etwas schief, wollte sie auch allein die Schläge dafür bekommen. (Fallada, *Der ungeliebte Mann*, 144)

Que *so* et *dann* soient souvent équivalents apparaît en (34) ; en (35) le choix de *dann* s'explique par la présence de l'adverbe de temps homophone dans les deux phrases suivant celle dans laquelle s'articule la subordonnée :

(34)   So standen die beiden Harrys [...] dem artigen Professor gegenüber, [...] und stellten sich wie immer in solchen Lagen wieder einmal die Frage: ob das einfach menschliche Dummheit und Schwäche sei, allgemeines Menschenlos, oder ob dieser sentimentale Egoïsmus, diese Charakterlosigkeit, diese Unsauberkeit der Gefühle bloß eine persönliche, steppenwölfische Spezialität

---

5   On relève dans les 100 pages que comprend *Gehen*, 25 attestations de subordonnées à structure d'interrogatives globales en ouverture de phrase.

sei. War die Schweinerei allgemein menschlich, nun, dann konnte sich meine Weltverachtung mit erneuter Wucht darauf stützen; war es nur meine persönliche Schwäche, so ergab sich daraus Anlaß zu einer Orgie der Selbstverachtung. (Hesse, *Der Steppenwolf*, 262-263)

(35)   Der Mephisto ist meine große Rolle. Darf ich ihn nicht spielen, dann ist es erwiesen, daß ich in Ungnade bin. Dann ist es deutlich, daß die Lindenthal ihren Einfluß beim Ministerpräsidenten nicht für mich geltend macht [...]. Mir bliebe dann nichts mehr übrig, als meine Koffer zu packen. (K. Mann, *Mephisto*, 221)

Il faut noter ici que la séquence étudiée – tout comme la subordonnée introduite par *wenn* – pose souvent, lorsqu'elle se présente avec un verbe à l'indicatif, un problème de classement. Ne sont clairement hypothétiques que les subordonnées qui expriment un événement ou une situation unique dans le présent ou le passé. Dans les autres cas c'est le contexte qui permet de déterminer si l'on à affaire à une hypothétique ou à une temporelle (tests respectifs *falls/sofern* et *sooft/sobald/nachdem*) – et il ne le peut pas toujours[6] comme le montrent (36), (37), (38) :

(36)   War er allein, so fiel der Mann Krüger häufig unvermittelt aus spöttischer Überlegenheit in Raserei und Depression. (Feuchtwanger, *Erfolg*, 43)

(37)   Wurde aber das Ehepaar nach den eigenen Aussichten gefragt, dann schlug Herr Ehrlich die Hände auseinander, er lächelte und sagte: Abwarten und Tee trinken. (Grab, *Hochzeit in Brooklyn*, 79)

(38)   Wollte sich ein ausländisches Unternehmen ein Stück der Deutschland AG einverleiben, hatte es selten eine Chance. (*Der Spiegel*, Nr. 20/1998, 107)

Nous verrons en 1.2. les temporelles univoques mais nous allons d'abord examiner les subordonnées qui se présentent avec un verbe à l'indicatif et expriment au contraire des hypothétiques, non une hypothèse fût-elle envisagée comme une réalité, mais un fait réel. Nous les qualifierons de factuelles.

1.1.3. Les factuelles

Metschkowa-Atanassowa (1983, 105 et suiv.) rapporte un certain nombre d'attestations de subordonnées introduites par *wenn* qui expriment

---

6   Metschkowa-Atanassowa (1983, 43) note qu' au prétérit, en cas de répétition non régulière on a affaire à une hypothétique, en cas de répétition régulière à une temporelle.

un fait et assurent dans la phrase une fonction de complément circonstanciel de cause[7]. Elle explique que les particules d'illocution *nun einmal/ schon einmal* peuvent être un révélateur du caractère factuel de la subordonnée. Notre corpus présente 4 attestations de ces factuelles, nous en citerons deux :

(39)   […] ist die Frage nun einmal gestellt, lassen wir uns auf sie ein und gehen an die Beantwortung dieser Frage. (Bernhard, *Gehen*, 78)

Il s'agit de la question « Was entgeht Karrer dadurch, daß er nicht mehr zum Obenhaus hineingehen wird? » que les deux amis viennent de se poser. L'équivalent français est «Puisque nous nous sommes posé cette question, il faut l'examiner et y répondre. ». En (40) la subordonnée qui ouvre la phrase est proche d'une subordonnée introduite par *weil* :

(40)   War also mir durch unseres Jünglings Entfernung und seiner Vereinigung mit einer Dritten bei aller Entbehrung doch auch eine willkommene Beruhigung gewährt, so sah ich mit Befriedigung dergleichen auch für Ottilien aus dem Zerwürfnis mit August erwachsen. (Th. Mann, *Lotte in Weimar*, 171)

Par contre le fait qui traduit non pas la cause mais le «symptôme», le révélateur qui permet de conclure au contenu énoncé dans la suite de la phrase semble plus difficile à rendre au moyen de la subordonnée sans introducteur :

(41) ? Zeigt das Thermometer auf Null, heißt es, daß es heute nacht Frost gegeben hat. (exemple construit)

Un autre type de factuelle que Metschkowa-Atanassowa (1983, 169 et suiv.) appelle «thematischer Konditionalsatz » est constitué par une « subordonnée » qui décrit une situation réelle, laquelle trouve sa justification, son explication, dans la seconde partie de la phrase. La subordonnée est toujours en première position – c'est « le thème » –, la deuxième partie de la phrase comporte souvent un élément anaphorique. Notre corpus ne présente aucune subordonnée sans introducteur qui assure cette fonction. Toutes les attestations rapportées par Metschkowa-Atanassova sont des « subordonnées » introduites par *wenn*. Nous en avons transformé certaines et nos informateurs les ont acceptées … mais sans enthousiasme :

(42)   Hans Castorp war weder ein Genie noch ein Dummkopf, und wenn wir das Wort ›mittelmäßig‹ zu seiner Kennzeichnug ver-

---

7   Cf. Starke (1983, 573) : « Daraus folgt, daß […] zwischen Kausalität und Konditionalität […]ein Verhältnis von Besonderem und Allgemeinem besteht. Die Konditionalität zeichnet sich gegenüber der Kausalität durch eine höhere Stufe der Verallgemeinerung aus. »

meiden, so geschieht es [...] aus Achtung vor seinem Schicksal. (Th. Mann, *Der Zauberberg*, 47 cité par Metschkowa-Atanassowa, 172)

(42a)   [... und vermeiden wir das Wort [...], so geschieht *dies* aus Achtung vor seinem Schicksal.

(43)   Wenn manchmal Dora Lucia leisen, schwer deutbaren Hohn zeigte, wo man Befriedigung hätte erwarten sollen, dann wohl weil sie sich ihres Ursprungs bewußt und stolz auf diesen Ursprung war. (Feuchtwanger, *Goya*, 81, cité par Metschkowa-Atanassowa, 172)

(43a)   Zeigte manchmal Dora Lucia leisen, schwer deutbaren Hohn, [...] dann wohl, weil sie sich ihres Ursprungs bewußt und stolz auf diesen Ursprung war.

Il nous faut ici remarquer que ces « thématiques » – toutes introduites par *wenn* dans les exemples d'origine – sont évoquées ici au niveau des factuelles par pure commodité. En effet si, tout comme les factuelles, elles décrivent des faits réels, elles s'en distinguent totalement au plan syntaxique : les factuelles fonctionnent en gros comme circonstants de cause : étant donné p (= la subordonnée) on a q (= deuxième partie de la phrase). Les thématiques posent la relation p s'explique/est justifié par q. Il est alors difficile de voir en p une « subordonnée » (d'où les guillemets que nous avons utilisés pour désigner cette séquence) et encore plus difficile de lui attribuer la fonction de complément circonstanciel du verbe (*geschieht* en (42), sous-entendu en (43)). Ainsi que le constate Metschkowa-Atanassowa (1983, 169, 181) les « thématiques » semblent inclassables.

1.2.   Les temporelles univoques

La commutation de la subordonnée sans introducteur avec une subordonnée introduite par une subjonction temporelle telle *sobald* ou *nachdem* est la seule possibilité (*falls/sofern* sont exclues). La subordonnée sans introducteur se trouve soit rappelée par *so* (44) ou par *dann* (4) soit intégrée directement (45). Notre corpus ne présente aucune attestation de temporelle univoque détachée du reste de la phrase.

(44)   Hatte ich an der Morgenvisite mit größerer oder geringerer Aufmerksamkeit teilgenommen und [...], so begab ich mich meistens ins Kaffeehaus, um Zeitungen zu lesen oder mit irgend einem Bekannten,[...] eine Kegelpartie auf dem Billard zu absolvieren [...]. (Schnitzler, *Jugend in Wien*, 194)

(45)   Alles schweigt, denn wenn er (= Goethe) stumm ist, wer soll da reden? Bricht er dann auf, schleicht alles nach Hause und mur-

melt betreten: »Er war maussade«. (Th. Mann, *Lotte in Weimar*, 76)

Les temporelles univoques sont plus rares que les subordonnées qui peuvent être interprétées soit comme temporelles soit comme hypothétiques (cf.(36), (37), (38)). Nous avons soumis à nos informateurs 28 occurrences présentées dans un contexte suffisamment large, et nous leur avons demandé de les classer. 5 occurrences seulement ont été rangées de façon unanime parmi les temporelles univoques, les 23 restantes (dans lesquelles le verbe de la subordonnée est le plus souvent au non-accompli indicatif présent ou passé) sont ressenties ou comme hypothétiques ou temporelles (la personne interrogée ne peut trancher), ou telle attestation est classée par les uns comme hypothétique et par les autres comme temporelle.

1.3. Les adversatives

Il s'agit de l'expression d'une opposition entre deux contenus, celui de la subordonnée sans introducteur et celui du reste de la phrase. La subordonnée sans introducteur est ici une variante de celle introduite par *während* adversatif. L'emploi de *wenn* dans cette fonction adversative, est en effet, selon Zifonun/Hoffmann/Strecker (t.3, 2325 et suiv.), vieilli. La subordonnée sans introducteur, en fonction d'adversative est soit intégrée directement (2) (46), (47), soit reprise par *so* (48), (49) ; notre corpus présente une seule attestation où l'articulation dans la phrase se fait au moyen de *dann* (52) :

(46)   Reagieren die Bewerber in den ersten Monaten auf jede neue Absage noch mit Wut und Unverständnis, nehmen schon bald quälende Zweifel überhand. (*Der Spiegel*, Nr. 42/1993, 101)

(47)   Bisher hat sich der Ansturm der Studierwilligen auf die Universitäten kaum auf dem Arbeitsmarkt bemerkbar gemacht. Hat sich die Zahl der Studenten von 1980 bis 1991 fast verdoppelt, stieg die Zahl der Uni-Absolventen im gleichen Zeitraum nur um 22 Prozent. (*Der Spiegel*, Nr. 42/1993, 101)

(48)   Deutsche Hochschulen haben für ausländische Studenten ohnehin viel an Attraktivität verloren. Genossen Traditionsuniversitäten wie Heidelberg oder Bonn vor Jahrzehnten noch Weltruf, so gilt dies heute allenfalls für einzelne Forschungsinstitute. (*Der Spiegel*, Nr.20/1998, 89)

(49)   Und hatte der Bezirkshauptmann immer hastig gegessen, so bemühte er sich jetzt, schon nach dem ersten Bissen den Tisch zu verlassen. (Roth, *Radetzkymarsch*, 289).

Dans (2), (46), (47) les phrases peuvent être transformées au moyen de *so*, et inversement cet anaphore peut être supprimé en (48) et (49) au profit de l'intégration directe de la subordonnée dans la phrase. Par contre *dann* est totalement exclu, vraisemblablement parce que cet élément n'est pas compatible avec *nun* (2), *heute* (48), *jetzt* (49) ou parce que le décalage temporel est suffisamment marqué par ailleurs (*in den ersten Monaten/schon bald* (46)) ou parce qu'il y a absence de décalage temporel entre la situation exprimée dans la subordonnée et celle exprimée dans le reste de la phrase (*im gleichen Zeitraum* (47)). Dans une phrase plus complexe (présence de l'intercalaire en (50)), *so* semble mieux marquer le contraste que l'intégration directe qui, elle, est mieux adaptée dans une phrase plus ramassée (51) :

(50)   Hatte ich geglaubt, einen wissenschaftlichen Menschen als wissenschaftlichen Arzt aufzusuchen, so saß ich, wie ich bald erkannt hatte, einem Scharlatan gegenüber. (Bernhard, *Gehen*, 70)

(51)   Hat Oehler einen breitkrempigen, schwarzen Hut, habe ich einen schmalkrempigen, grauen. (Bernhard, *Gehen*, 9)

La seule attestation de notre corpus où l'adversative est reprise par *dann* est :

(52)   Das ist schwer, wenn man bedenkt: Fing für sie (= die Bergleute) die Nacht an, dann begann für andere der Tag, lockte sie der Tag, schattete um andere die Nacht. (Max von der Grün, *Waldläufer und Brückensteher*, 24).

So peut remplacer *dann,* il peut y avoir intégration directe de la subordonnée. Au moyen de *dann* Max von der Grün semble exprimer à la fois l'idée de *succession* du jour à la nuit et celle de *contraste* entre la condition des mineurs et celle des autres travailleurs[8]. Dans la phrase ci-après nos informateurs acceptent tant la transformation au moyen de *so* que celle au moyen de *dann*. *Dann* serait-il rendu possible par le fait que l'opposition entre les deux contenus est présentée comme une évolution dans le temps (*bis* 1975)? :

(53)   Lag die Kinderzahl pro Frau 1964 noch durchschnittlich bei 2,54 – was auf einen beträchtlichen Anteil von Drei- und Vier-Kinder-Familien schließen läßt –, sank diese Zahl bis 1975 auf durchschnittlich 1,45 Kinder. (*Deutschland*, Nr. 2, 1998, 16)

---

8   La subordonnée en (52) est bien adversative et non temporelle puisqu'elle répond positivement aux tests établis par Clément (*Deutsche Sprache* 1/1998, 46 et suiv.) pour départager le *während* temporel et le *während* adversatif: (52'): Fing für sie die Nacht an, begann hingegen für andere der Tag.

1.4. Les concessives

Sur 13 attestations relevées dans notre corpus – toutes appartiennent à la langue littéraire – 12 se présentent avec *auch* dans la subordonnée, une avec *zwar* (sans doute pour éviter une répétition de *auch*). La reprise se fait au moyen de *so... doch* dans 10 cas, dans les trois autres, la subordonnée est en position de détachement (par exemple en (3)). Le verbe conjugué de la subordonnée n'est jamais *mögen* :

(54)   Durfte man ihn (= den Vater) auch nicht als einen tiefschürfenden Forscher bezeichnen, so mußte er doch als vorzüglicher Beobachter und Zusammenfasser gelten; wies er zwar keinen völlig neuen Weg, so hielt er sich doch hart hinter denen, die als Führer voranschritten. (Schnitzler, *Jugend in Wien*, 198)

(55)   Hatte er auch seine hübschen Schachfiguren wieder verloren, so hatte er doch ein braves Messer in der Tasche. (Hesse, *Der Steppenwolf*, 405)

La situation est assez analogue à celle relevée par Métrich (1978, 144). Toutefois les native-speakers auxquels nous avons soumis les attestations avec *so... doch,* peuvent presque toujours éliminer *so*. *So* est également facultatif pour Renate Pasch (1994, 113) qui construit la phrase suivante : *Ist es auch Wahnsinn, (so) hat es doch Methode.*

Elisabeth Rudolf (1993, 179), quant à elle, considère la structure *zwar... so doch* comme une grammaticalisation.

Alors que le détachement qui confère à l'assertion un caractère emphatique est presque toujours possible, par exemple pour (54) ou (55), *so* ne peut la plupart du temps pas être remplacé par *dann*, impossibilité qui apparaît dans les attestations précitées. Toutefois, si un décalage temporel existe entre le contenu de la subordonnée et celui du reste de la phrase, *dann* peut, selon nos informateurs, reprendre la subordonnée. *Dann* pourrait ainsi fonctionner dans (3) et (56) où apparaissent respectivement les oppositions *der erste/der nächste* et *diesmal/schon der nächste* :

(56)   Nun – hatte man auch diesmal wieder Pech gehabt wie gewöhnlich, schon der nächste Wettlauf konnte den Verlust zehn- und zwanzigfach einbringen. (Schnitzler, *Jugend in Wien*, 159).

2. La subordonnée sans introducteur en fonction de sujet ou d'objet

Les phrases (5) et (6) présentent des subordonnées introduites par *wenn* qui fonctionnent respectivement comme sujet de *lieb wäre* et objet de *hätte ertragen*. On sait que lorsque la subordonnée introduite par *wenn* fonctionnant comme actant se trouve en première position, sa reprise par l'anaphorique qui rappelle cette fonction d'actant – *es* pour (5) et (6) – est obligatoire. Notre corpus ne présente aucune subordonnée à structure d'interrogative globale placée en tête de phrase qui assure la fonction de sujet ou d'objet. Par contre la subordonnée à structure d'interrogative globale qui fonctionne comme sujet ou objet peut parfaitement apparaître dans une position autre que la première :

(57) Er sah sich neben Mahlmann sitzen und würde es nicht begriffen haben, hätte sich eine für ihn entschieden. (H. Mann, *Der Untertan*, cité par Metschkowa-Atanassowa, 1983, 134)

(58) Es würde zu umständlich sein, wollten wir alle Details behandeln. (Helbig/Kemptner 1976, 17)

Il fallait donc se demander si la subordonnée à structure d'interrogative globale qui assure les fonctions de sujet ou objet peut se présenter en ouverture de phrase. Nous avons à nouveau dû transformer certaines phrases, en imaginer d'autres, et soumettre le tout à nos informateurs. De cette enquête il ressort que la transformation est éventuellement possible (avec reprise systématique de la subordonnée par l'anaphore *es* ou *das*) dans les complexes conditionnels avec subjonctif II :

(6a) Wäre ich seinetwegen in Gefahr und Armut geraten, hätte seine Liebe zu mir es nicht ertragen/seine Liebe zu mir hätte es nicht ertragen.

(59) Es hätte uns nichts genützt, wenn man uns geglaubt hätte, daß wir verheiratet waren. (Remarque, *Die Nacht von Lissabon*, cité par Metschkowa-Atanassowa, 1983,134)

(59a) Hätte man uns geglaubt, daß wir verheiratet waren, hätte es uns nichts genützt/das hätte uns nichts genützt.

(60) Es wäre ihr wie Verrat erschienen, hätte sie mit Mauricio gebrochen, ohne ihn wiederzusehen. (Hackl, *Sara und Simon*, 60)

(60a) Hätte sie mit Mauricio gebrochen, ohne ihn wiederzusehen, das wäre ihr wie Verrat erschienen.

(61) Würden sie das Kind jetzt ins Internat schicken, wäre es ein Fehler. (exemple construit)

Dans (57) par contre, la subordonnée ne peut venir se placer après *und*, mais nous nous n'avons pas d'explication à cette impossibilité. – Et, même lorsque les verbes sont au subjonctif II, la subordonnée à structure d'interrogative globale semble résister à la position en ouverture de phrase dans le schéma *es* + copule + adjectival de qualification tel *schön*, *lieb* etc... Nos informateurs n'acceptent pas tous (5a) et (58a) :

(5a)   Würden die beiden Herren persönlich die Operation leiten, wäre mir das lieb.

(58a) Wollten wir alle Details behandeln, wäre es zu umständlich.

Lorsque la phrase est à l'indicatif, le remplacement de la subordonnée sujet ou objet introduite par *wenn* et placée en ouverture de phrase par la subordonnée sans introducteur est encore beaucoup plus problématique. Si certains de nos informateurs, certains seulement, acceptent encore (62a), tous s'accordent pour penser que (63) ne peut être transformé que par substitution du subjonctif II à l'indicatif :

(62)   Wenn du nicht kommst, bedauern wir es. (Eisenberg 1986, 358)

(62a) Und kommst du nicht, bedauern wir es.

(63)   Und wenn Sie mal teure Maschinen kaufen und mal die Aufträge ablehnen, das ist ein Zickzackkurs. (H. Mann, *Der Untertan*, cité par Faucher, 1984, 112).

(63a) Und sollten Sie mal teure Maschinen kaufen und mal die Aufträge ablehnen, so würde ich das einen Zickzackkurs nennen.

Zifonun/Hoffmann/Strecker (1997, t.3, 2289) notent pourtant : «Vorfeldposition ermöglicht generell den Austausch durch einen Verberstsatz» et à défaut d'attestation d'origine, ils transforment (64) en (64a) :

(64)   Wenn ich zum Beispiel mit Fräulein Renate befreundet bin, so ist das meine Privatangelegenheit. (Kirst, *Glück läßt sich nicht kaufen*, cité par Zifonun/Hoffmann/Strecker, 2289 à la suite de Fabricius-Hansen)

(64a) Bin ich zum Beispiel mit Fräulein Renate befreundet, (so) ist das meine Privatangelegenheit.

Pourquoi cette transformation est-elle possible alors que (63) ne l'était pas? Peut-être parce que la subordonnée en (64) a une valeur plus pragmatique qu'hypothétique : c'est un fait que le locuteur a pour amie Fräulein Renate, mais en utilisant *wenn*, plutôt que *daß*, il se réserve une possibilité de contestation de ce fait. Il est toutefois difficile de se prononcer en l'absence de toute attestation d'origine. Ce qui est certain, c'est que la subordonnée à structure d'interrogative globale, lorsqu'elle fonctionne comme circonstancielle (cf.1) se présente en ouverture de phrase alors qu'elle semble résister à cette position quand elle fonctionne comme actant (sujet ou objet). Ceci nous paraît être une raison suffisante pour refuser l'assimilation faite par Fabricius-Hansen (1980, 166) des fonctions sujet/objet d'une part et circonstancielle de l'autre de la subordonnée introduite par *wenn*.

3. Les conditionnelles d'énonciation

Notre corpus n'en comporte aucune mais nous relevons des exemples dans les grammaires existantes :

(65)   Irre ich mich nicht, so hat Hanna doch zwei Kinder. (Engel, 1988, 156)

(66)   Verstehe ich recht – du bist verheiratet. (Schanen, 1993, 156)

Dans les deux cas, on peut gloser :

(65a)   Wenn ich nicht irre, trifft die folgende Behauptung zu[9]: Hanna hat doch zwei Kinder.

(66a)   Wenn ich recht verstehe, trifft die folgende Behauptung zu: Du bist verheiratet.

Au moyen de la subordonnée le locuteur exprime une réserve sur sa capacité à effectuer les assertions Hanna a deux enfants/tu es marié. Que le contenu de la subordonnée concerne l'énonciation et non la proposition est marqué en (65) par la présence obligatoire de *so* (Engel, 1988, 289) et en (66) par le tiret qui équivaut à une rupture intonatoire.

E. Klein (1993, 431-436) s'est intéressé aux conditionnelles d'énonciation introduites par *wenn* et a montré qu'elles avaient un mode d'articulation particulier, en ce sens qu'elles ne peuvent en général pas être intégrées directement à la phrase, ce qui les distingue des conditionnelles d'implication (E. Klein, 1993, 433). Nous avons transformé les exemples de Klein en remplaçant le groupe subjonctionnel par une subordonnée à structure d'interrogative globale, construit d'autres phrases, puis nous avons soumis le tout à nos informateurs. Leurs réponses font apparaître que le fonctionnement de la subordonnée sans introducteur comme conditionnelle d'énonciation est fort limité. En dehors du type mentionné en (65) et (66), on trouve le type expression ironique d'une mise en doute, pour lequel, c'est une des exceptions, l'intégration directe est possible :

(67)   Besteht Hans die Prüfung, fresse ich einen Besen.[10]/Besteht Hans die Prüfung, (dann) heiße ich ab sofort Michaël.

---

9   Cf. Duden, (1984, 703, § 1248)

10   Klein (1993, 433-434) montre que dans ce type qu'il nomme *Relativisierung und ironisierende Zurückweisung einer Aussage* on a affaire en quelque sorte à une relation conditionnelle d'implication dans laquelle l'absurdité du contenu « fresse ich einen Besen » ou « heiße ich ab sofort Michaël » entraîne la non-validité de « Hans besteht die Prüfung ». Qu'il s'agisse en fait d'une implicative, explique selon lui l'intégration directe de la subordonnée – chez lui subordonnée introduite par *wenn* – dans la phrase alors que la conditionnelle d'énonciation est en général détachée.

Par ailleurs il semble que la conditionnelle qui entre dans l'acte de langage ‹ menace › puisse se présenter sans *wenn* et être elle aussi directement intégrée à la phrase :

(68)   Beleidigst du Suzanne noch einmal, (dann) spreche ich nicht mehr mit dir. (transformé d'après Klein 1993, 434)

Mais la subordonnée à structure d'interrogative globale semble fermée aux actes illocutoires d'offre (69), de requête (70), de conseil (71), de prévision (72) :

(69)   Wenn du Durst hast, da ist noch Bier im Kühlschrank. (Klein 1993, 433-434)

(69a)   Wenn du Durst hast – Bier ist noch im Kühlschrank.

(69b)* Hast du Durst: /– Bier ist noch im Kühlschrank.

(70)   Wenn Sie in die Stadt fahren – ich würde gern mitfahren (exemple construit)

(70a)* Fahren Sie in die Stadt – ich würde gern mitfahren.

(71)   Wenn Sie meine Meinung hören wollen: /– dieses Haus ist zu teuer. (exemple construit)

(71a)* Wollen Sie meine Meinung hören – dieses Haus ist zu teuer.

(72)   Wenn Sie mich fragen: /– Er kommt nicht. (exemple construit)

(72a)* Fragen Sie mich – Er kommt nicht.

La seule transformation possible en (71) et (72) serait – en supposant un texte en amont qui nécessite un accent contrastif sur *mich/meine Meinung,* la transformation en interrogative :

(71b)   Wollen Sie ′meine Meinung hören? – Dieses Haus ist zu teuer.

(72b)   Fragen Sie ′mich? – Er kommt nicht.

La conditionnelle d'énonciation à valeur commentative (commentaire sur l'assertion ou la question – semble, elle aussi, ne pouvoir être exprimée qu'au moyen de la subordonnée introduite par *wenn* :

(73)   Wenn Sie mich fragen – der Frau fehlt eine Aufgabe. (phrase entendue)

(74)   Wenn ich mir eine Bemerkung erlauben darf: das Kind ist zu sehr verwöhnt. (exemple construit)

(75)   Wenn sie mir die Frage erlauben: Warum tragen sie auf der Todesanzeige einen Doppelnamen? (phrase entendue)

On constate ici encore – selon les locuteurs ou informateurs – des divergences dans la ponctuation qui suit la conditionnelle d'énonciation : certains utilisent la virgule, d'autres les deux-points, d'autres encore le tiret[11], mais la rupture intonatoire est dans tous les cas marquée.

Au terme de cette étude nous pouvons résumer ainsi les fonctions de la subordonnée à structure d'interrogative globale placée en ouverture de phrase : cette séquence assure tout comme la subordonnée introduite par *wenn* les fonctions de circonstancielle conditionnelle, hypothétique, factuelle, temporelle – avec dans certains cas la même ambiguïté entre temporelle ou hypothétique. Elle est également une variante incontestée de la concessive introduite par *wenn*. Dans sa fonction de circonstancielle adversative, par contre, elle est en langue actuelle, une variante de la subordonnée introduite par *während* adversatif. On ne trouve aucune attestation de « subordonnée thématique » à structure d'interrogative globale, alors même que cette « subordonnée thématique » introduite par *wenn* occupe toujours la première position. Sa transformation en subordonnée sans introducteur est diversement acceptée. Le fonctionnement comme sujet ou objet de la subordonnée à structure d'interrogative globale placée en ouverture de phrase est lui aussi soumis à certaines restrictions : nous n'avons aucun exemple d'origine, mais il semble plus aisé avec un verbe au subjonctif II – dans la mesure où la subordonnée n'est pas sujet de copule + adjectival de qualification – qu'avec un verbe à l'indicatif, et à l'indicatif lorsque la subordonnée exprime un fait et non une hypothèse. Enfin, la subordonnée à structure d'interrogative globale en ouverture de phrase ne fonctionne que de façon très limitée comme conditionnelle d'énonciation : elle constitue certes, pour le locuteur, un moyen d'exprimer une réserve sur sa capacité à effectuer une assertion, une mise en doute ironique ou l'acte de langage ‹ menace ›. Mais elle demeure fermée à l'expression d'autres actes de langage, comme le conseil, l'offre, la requête, la prévision.

En ce qui concerne le mode d'articulation dans la phrase de la séquence étudiée, on trouve pour les conditionnelles et hypothétiques les quatre possibilités : intégration directe, reprise par *so* ou *dann*, détachement. *Dann* est plus rare au niveau du subjonctif II présent, l'intégration directe plus rare au niveau du subjonctif II passé. Dans le registre scientifique les hypothétiques présentent plutôt le rappel par *so/dann* que l'intégration directe. *Dann* au niveau des conditionnelles accentue le décalage temporel entre la réalisation/non réalisation de la condition et celle du conditionné et le caractère logique du rapport entre les deux. *Dann* n'apparaît pratiquement pas pour la reprise des adversatives et des concessives. Dans ces dernières *so* est généralement couplé avec *doch* lorsque la concessive n'est pas détachée. Si l'on admet que la subordonnée à structure d'interrogative globale en fonc-

---

[11] Klein (1993) utilise la virgule, Duden (1984, §1248) le tiret, tandis que Zaefferer (1987, 266) use des deux-points.

tion de sujet ou d'objet peut aussi parfois se présenter en première position, son articulation dans la phrase ne semble pas soumise à de particulières restrictions. Les rares conditionnelles d'énonciation exprimées au moyen de la subordonnée à structure d'interrogative globale en ouverture de phrase sont détachées ou reprises par *so/dann*. En général elles ne peuvent être directement intégrées.

Ce panorama nécessairement un peu sommaire devrait être complété par l'examen de nouveaux corpus – en particulier de corpus de langue orale – qui permettraient une étude plus approfondie de certains fonctionnements ou non-fonctionnements.

Bibliographie

Clément, Danièle (1998) : « Wie frei sind die Adjunkte? » In : *Deutsche Sprache* 1, 38-62.

Ducrot, Oswald (1984) : *Le dire et le dit*, Paris, Les éditions de Minuit.

Duden (1984) : *Grammatik der deutschen Sprache*, 4. Ausgabe, Mannheim/ Leipzig/Wien/Zürich (Dudenverlag, Bd.4).

Engel, Ulrich (1988) : *Deutsche Grammatik*, Heidelberg, Julius Groos.

Fabricius-Hansen, Cathrine (1980) : « Sogenannte ergänzende *wenn*-Sätze. Ein Beispiel syntaktischer Argumentation. » In : *Kopenhager Beiträge zur germanistischen Linguistik, Sonderband 1, Festschrift für Gunnar Bech zum 65. Geburtstag am 23. März 1980*, Kopenhagen, S.160-188).

Faucher, Eugène (1984) : *L'ordre pour la clôture. Essai sur la place du verbe allemand*, Nancy, Presses universitaires.

Grévisse, Maurice (1964) : *Le bon usage. Grammaire française*, Paris, Hatier, 8ème éd.

Heidolph, Karl-Erich/Flämig,Walter/Motsch Wolfgang (Hrsg.) (1981) : *Grundzüge einer deutschen Grammatik*, Berlin, Akademie Verlag.

Helbig, Gerhard/Buscha, Joachim (1988) : *Deutsche Grammatik. Ein Handbuch für den Ausländerunterricht*, Leipzig, VEB Verlag Enzyklopädie.

Helbig, Gerhard/Kempter, Fritz (1976) : *Die uneingeleiteten Nebensätze. Zur Theorie und Praxis des Deutschunterrichts für Ausländer*, Leipzig, VEB Verlag Enzyklopädie.

Klein, Eberhard (1993) : « Konditionalsätze und ihre pragmatischen Funktionen im Deutschen, Englischen und Französischen. » In : *Sprache-Kommunikation-Informatik. Akten des 26. linguistischen Kolloquiums Poznan 1991*, Bd.2, Tübingen, Niemeyer (Linguistische Arbeiten 294), 431-436.

Métrich, René (1978) : *La concession en allemand* (Les groupes subjonctionnels). Thèse présentée devant l'université de Paris IV en vue de l'obtention du doctorat du 3ème cycle.

Metschkowa-Atanassowa, Sdrawka (1983) : *Temporale und konditionale « wenn»-Sätze*, Düsseldorf, Pädagogischer Verlag, Schwann, Schriften des Instituts für deutsche Sprache (Sprache der Gegenwart 58).

Möslein, Kurt (1974) : «Einige Entwicklungstendenzen in der Syntax der wissenschaftlich-technischen Literatur seit dem Ende des 18. Jahrhunderts.» In : *Beiträge zur Geschichte der deutschen Sprache und Literatur* (94), Halle, 156-198.

Pasch, Renate (1994) : *Konzessivität von* wenn-*Konstruktionen*, Tübingen, Gunter Narr (Forschungsberichte des Instituts für deutsche Sprache Mannheim 72).

Rudolf Elisabeth (1994) : « Korrelate in der Kontrastverknüpfung. » In : *Akten des 28. Linguistischen Kolloquiums Graz 1993* Bd.1, Tübingen, Niemeyer (Linguistische Arbeiten 320), 175-180.

Schanen, François (1993) : « Funktionen der 'vor-ersten' Stellung. » In : Jean-François Marillier (Hrsg) : *Satzanfang–Satzende. Syntaktische, semantische und pragmatische Untersuchungen zur Satzabgrenzung und Extraposition im Deutschen*, Tübingen, Gunter Narr (Eurogermanistik 3), 145-160.

Seibicke, Wilfried (1964) : « *Wenn*-Sätze. » In : *Muttersprache* (74), Zeitschrift zur Pflege und Erforschung der deutschen Sprache, Lüneburg, Heliand Verlag, 260-271.

Starke, Günther (1983) : « Sprachliche Mittel zum Ausdruck konditionaler Beziehungen. » In : *Deutschunterricht* (36), H.11, 573-578.

Zaefferer, Dietmar (1987) : «Was Konditionale (auch) mit Interrogativen zu tun haben. » In : Meibauer, Jörg (Hrsg.) : *Satzmodus zwischen Grammatik und Pragmatik.* Referate anläßlich der 8. Jahrestagung der Deutschen Gesellschaft für Sprachwissenschaft. Heidelberg 1986, Tübingen, Niemeyer (Linguistische Arbeiten 180).

Zifonun, Gisela/Hoffmann, Ludger/Strecker, Bruno (Hrsg.) (1997) : *Grammatik der deutschen Sprache*, Bd. 3, Berlin/New-York, de Gruyter (Schriften des Instituts für deutsche Sprache).

Sources

Bernhard, Thomas (1971) : *Gehen*, Frankfurt a.M., Suhrkamp (Taschenbuch 5).

Böll, Heinrich (1967) : *Ende einer Dienstfahrt*, Köln/Berlin, Kiepenheuer &Witsch).

Canetti, Elias (1985) : *Das Augenspiel. Lebensgeschichte*, 1931-1937, München/Wien, Hanser Verlag.

Deutschland, 1(1997), 2(1998). Zeitschrift für Politik, Kultur, Wirtschaft und Wissenschaft, Frankfurt a.M.

Deutschland in den Vereinten Nationen. Beilage zur Zeitschrift *Deutschland*. Aufgabe 6/1996.

Doderer, Heimito von (1965) : *Die Strudlhofstiege oder Metzer und die Tiefe der Jahre*, München, Biederstein Verlag.

Eisenberg, Peter (1986) : *Grundriß der deutschen Grammatik*, Metzlersche Verlagsbuchhandlung, Stuttgart, J.B.

Engel, Ulrich (1988) : *Deutsche Grammatik*, Heidelberg, Julius Groos.

Eroms, Hans-Werner (1978) : « Zur Konversion der Dativphrasen. » In : *Sprachwissenschaft* 3, 357-405.

Fallada, Hans (1988) : *Der ungeliebte Mann*, Frankfurt a.M./Berlin (Ullstein 20875).

Faucher, Eugène (1984) : *L'ordre pour la clôture. Essai sur la place du verbe allemand*, Nancy, Presses Universitaires.

Feuchtwanger, Lion (1973) : *Erfolg. Drei Jahre Geschichte einer Provinz*, Berlin und Weimar, Aufbau-Verlag.

Grab, Herrmann (1995) : *Hochzeit in Brooklyn*, Frankfurt a.M., Verlag Neue Kritik.

Grün, Max von der (1987) : *Waldläufer und Brückensteher*, Stuttgart, Reclam (Universal-Bibliothek 8426).

Hackl, Erich (1997) : *Sara und Simon. Eine endlose Geschichte*, Zürich, Diogenes (detebe 22926).

Härtling, Peter (1994) : *Nachgetragene Liebe*, München, Luchterhand (DTV 11827).

Hesse, Herrmann (1968) : *Der Steppenwolf*, Gesammelte Schriften 4, Zürich, Suhrkamp.

Helbig, Gerhard/Kempter, Fritz (1976) : *Die uneingeleiteten Nebensätze. Zur Theorie und Praxis des Deutschunterrichts für Ausländer*, Leipzig, VEB Verlag Enzyklopädie.

Henisch, Peter (1980) : *Die kleine Figur meines Vaters*, Frankfurt am Main, Fischer (Taschenbuchverlag 2097).

Hetland, Jorunn (1992) : *Satzadverbien im Fokus*, Tübingen, Gunter Narr (Studien zur deutschen Grammatik 43).

Klein, Eberhard (1993) : « Konditionalsätze und ihre pragmatischen Funktionen im Deutschen, Englischen und Französischen. » In : *Sprache-Kommunikation-Informatik. Akten des 26. linguistischen Kolloquiums Poznan 1991*, Bd. 2, Tübingen, Niemeyer (Linguistische Arbeiten 294), 431-436.

Klüger, Ruth (1992) : *Weiter leben. Eine Jugend*, Göttingen, Wallstein.

Mann, Klaus (1992) : *Mephisto. Roman einer Karriere*, Reinbek bei Hamburg, (rororo 4821).

Mann, Thomas (1959) : *Lotte in Weimar*, Frankfurt a.M./Hamburg (Fischer Bücherei 300).

Metschkowa-Atanassowa, Sdrawka (1983) : *Temporale und konditionale « wenn »-Sätze*, Düsseldorf, Pädagogischer Verlag, Schwann, Schriften des Instituts für deutsche Sprache (Sprache der Gegenwart 58).

Roth, Joseph (1967) : *Radetzkymarsch*, Köln, Kiepenheuer & Witsch.

Schanen, François (1993) : « Funktionen der 'vor-ersten' Stellung ». In : Jean-François Marillier (Hrsg) : *Satzanfang-Satzende. Syntaktische, semantische und pragmatische Untersuchungen zur Satzabgrenzung und Extraposition im Deutschen*, Tübingen, Gunter Narr (Eurogermanistik 3), 145-160.

Schnitzler, Arthur (1981) : *Jugend in Wien. Eine Autobiographie*, Frankfurt a.M., Fischer (Taschenbuchverlag 2068).

Schubert, Klaus (1982) : *Aktiv und Passiv im Deutschen und Schwedischen*, Kiel (Arbeitsberichte aus dem Seminar für Allgemeine und Indogermanische Sprachwissenschaft, Heft 5).

Schwäbisches Tagblatt, Südwestpresse (1993) Nr.174.

Der Spiegel 49 (1989) ; 42 (1993) ; 20, 31, 32 (1998), Hamburg.

Starke, Günther (1983) : « Sprachliche Mittel zum Ausdruck konditionaler Beziehungen. » In : *Deutschunterricht* (36), H.11, 573-578.

Wallraff, Günter (1985) : *Ganz unten*, Köln, Kiepenheuer & Witsch.

Die Zeit 35 (1998), Hamburg.

Zifonun, Gisela/Hoffmann, Ludger/Strecker, Bruno (Hrsg.) (1997) : *Grammatik der deutschen Sprache*, Bd. 3, Berlin/New-York, de Gruyter (Schriften des Instituts für deutsche Sprache).

Les adverbes en ‹ -*erweise* › revisités

René MÉTRICH
Université de Nancy 2

1. Introduction

On sait que les adverbes en -*erweise* sont formés sur des adjectifs ou des participes 1 ou 2 par adjonction du suffixe -*weise* relié à la base par le joncteur -*er*-, ancienne marque de génitif[1] : *bedauerlich* → *bedauerlicherweise* ; *beschämend* → *beschämenderweise* ; *unerwartet* → *unerwarteterweise*.

L'idée que l'on se fait communément de ces éléments est caractérisée par les deux assertions suivantes, l'une d'ordre factuel, l'autre d'ordre méthodologique :

– selon la première (cf. Cortès et Szabo 1994/1995, 206), les adverbes en -*erweise* seraient pour la quasi-totalité d'entre eux des *appréciatifs*, c'est-à-dire des « éléments tels que *leider*, *glücklicherweise*, *hoffentlich*, qui marquent la réaction affective du locuteur en face de son propre énoncé et qui ne font donc pas partie de la proposition » (David et al. in *Cahiers d'allemand* n°7/1974, 9)[2] ;

– selon la seconde, la portée phrastique de ces éléments apparaîtrait au test de clivage, c'est-à-dire au fait que «les adjectifs correspondants peuvent être prédiqués à un sujet reprenant anaphoriquement la proposition dictale et [que] les deux énoncés ainsi obtenus peuvent être coordonnés par *und* : *Hans ist bedauerlicherweise weggegangen* → *Hans ist weggegangen und das ist bedauerlich.*» (Pérennec 1979/1984, 312).

Je voudrais montrer ici :

– que la première assertion est fausse : si les adverbes en -*erweise* à fonction non appréciative ne sont pas légion, ils sont loin d'être rares et apparaissent

---

[1] Ou peut-être de datif? Grimm (1991, col. 1055) plaide implicitement pour le génitif en présentant *glücklicherweise* comme résultant de l'agglutination des éléments du groupe nominal *glücklicher weise*. Mais l'ancienne édition Hirzel (1854-1954) donne sous à l'article *weise* (p. 1055) des exemples tels que *in seltsamer weise* qui donnent à penser que l'adverbe actuel pourrait également être issu d'un groupe prépositionnel.

[2] La définition originale est au singulier.

en tout cas assez fréquemment dans l'usage contemporain, notamment journalistique, pour ne pas pouvoir être ignorés plus longtemps ;

– que la deuxième assertion, sans être fausse, institue implicitement une règle qui ne permet pas réellement de discriminer les appréciatifs des non appréciatifs, ce qui fait qu'elle est sans doute la cause principale de l'affectation persistante, mais erronée, de certains éléments à la classe des appréciatifs ;

– que la distinction entre fonction appréciative et fonction non appréciative, si elle est limpide « sur le papier », est loin d'aller toujours de soi dans l'usage réel, où les ambiguïtés et les ambivalences sont parfois telles qu'elles semblent défier toute discrimination.

Les nombreux exemples que je produirai pour mieux ébranler la description traditionnelle et montrer que les emplois mis en avant ne sont nullement marginaux devraient conduire – c'est du moins la visée de l'étude – à la conclusion que les adverbes en -*erweise*, loin de constituer la classe homogène que l'on croit, mériteraient à bien des égards d'être sérieusement «revisités».

2. Adverbes en -*erweise* non appréciatifs

Dans Cortès et Szabo (1994/1995, 206-207), la fonction appréciative n'est refusée qu'à *nächlicherweise* (‹ de nuit ›), dérivé de l'adjectif non graduable *nächtlich*, ainsi qu'à quelques adverbes où -*weise* est commutable avec -*maßen* : *folgenderweise, gleicherweise, solcherweise* et *welcherweise*[3].

Or l'examen d'un corpus[4] de plus de 800 occurrences (*tokens*) de 183 adverbes (*types*) différents montre que près d'une trentaine d'éléments, soit un sixième de l'effectif global, n'expriment pas une appréciation mais une information relevant manifestement du contenu représentatif de l'énoncé, autrement dit de ce que Bally appelait le *dictum* par opposition au *modus* ou *modalité* (cf. Ducrot/Todorov 1972, 393), dont l'appréciation n'est que l'une des dimensions.

Pour modeste que soit ce nombre (qui n'inclut pas les éléments mentionnés par Cortès et Szabo), on ne peut le considérer comme négligeable,

---

3 *Welcherweise* est donné dans Duden (1996), mais pas dans Grimm (1991) ; à l'inverse, *welchermaßen* apparaît dans Grimm (1991) mais pas dans Duden (1996). On peut en conclure que la forme en -*maßen* a été supplantée par la forme en -*erweise*, même si cette dernière est donnée comme rare.

4 Les trois quarts de ce corpus ont été établis sous ma direction par Mme Jourdanet, étudiante en maîtrise, le reste par mes soins à partir de cédéroms de presse.

d'autant que les éléments concernés peuvent être répartis en deux sous-ensembles, dont l'un au moins est de toute évidence ouvert. Le premier re-groupe des éléments dérivés de bases adjectivales ou participes 2, tandis que le second est alimenté par des formations dérivées de participes 1 dont certains sont eux-mêmes issus de locutions verbales ou de complexes verbaux non lexicalisés.

2.1. Non appréciatifs dérivés de bases adjectivales ou participes 2

Ce premier sous-ensemble est constitué d'éléments dont certains sont bien connus, mais ont été jusqu'ici, par inadvertance ou en raison de la règle évoquée plus haut, classés parmi les appréciatifs, alors qu'un examen un peu attentif montre à l'évidence qu'ils n'ont rien à faire dans cette caté-gorie. Vu l'objectif de ce travail, il me faut les citer tous, en les illustrant à chaque fois d'un exemple accompagné d'un commentaire. La présentation combinera par commodité l'ordre alphabétique et les regroupements sé-mantiques :

– *abgebremsterweise* :

(1)   *(A propos d'un boxeur vainqueur par k.o.:)* Den Wiener Hausmeister hat er nun *gnädiger-*, weil *abgebremsterweise* mit der »Führ-hand« […] gefällt. (TAZ 11.12.96, 20)

L'adverbe de base *abgebremst* n'exprime pas une réaction affective, ni d'une manière plus générale, un jugement subjectif du journaliste sur le fait relaté, mais la «manière » dont le coup décisif a été porté. Il ne pré-tend pas livrer l'opinion de ce journaliste, mais une information relative à la réalité extralinguistique objective décrite, ce qui fait qu'il relève manifestement du contenu représentatif de l'énoncé. C'est d'ailleurs cet aspect de la réalité extralinguistique qui explique le jugement, lui parfai-tement subjectif, exprimé par le journaliste à l'aide de l'autre adverbe en -*erweise* (qui fonctionne, lui, comme appréciatif) sur le comporte-ment du vainqueur, jugé « magnanime » parce qu'il a freiné son coup plutôt que de l'asséner avec le maximum de violence.

– *fälschlicherweise* et *irrtümlicherweise* :

(2)   1980 sei er unmittelbar vor dem Probenbeginn zu Thomas Braschs »Lieber Georg«, einem Stück über den Expressionisten Georg Heym, mit einer Maquette nach Bochum gereist und habe dort mit Schrecken festgestellt, dass er *fälschlicherweise* den Plan der grossen Bühne als Grundlage benützt hatte ; (NZZ 29.11.94)

(3)   […] den betagten Eheleuten in Calais, die gegenüber der Polizei darauf beharrten, mitsamt ihrem dort geparkten Renault sei

auch die ganze Tiefgarage verschwunden – was insofern zutraf, als das Fährschiff, auf dem sie ihr Auto *irrtümlicherweise* abgestellt hatten, schon längst in England war. (SP 2/97, 139)

L'information livrée par les deux adverbes en -*erweise* relève, ici aussi, malgré les apparences contraires, du contenu référentiel des énoncés. Les comportements relatés ne font pas l'objet d'un jugement subjectif de la part des journalistes qui les considéreraient, eux, comme erronés, ils font l'objet d'une précision quant à leur origine : c'est *par erreur* (*aus Versehen, aufgrund eines Irrtums*) et non pas intentionnellement qu'ils ont été adoptés par les personnes en cause. En termes traditionnels, on peut donc dire que l'information véhiculée par les deux adverbes est d'ordre circonstanciel.

– *unbekannterweise* :

> (4)　　»Und grüßen Sie *unbekannterweise* den Herrn Admiral von mir.« (JMSK 110)

Ici aussi, l'information transmise par l'adverbe est d'ordre circonstanciel : tout en demandant à l'interlocuteur de saluer l'amiral de sa part, le locuteur lui indique (ou lui rappelle) qu'il ne le connaît pas. La précision est utile dans la mesure où une telle demande implique généralement que l'on connaît la personne à qui le salut est destiné. Une paraphrase possible serait ici *auch wenn ich ihn nicht kenne,* à condition de ne pas lui donner une valeur trop fortement concessive (car le locuteur ne veut évidemment pas suggérer que le fait de ne pas connaître l'amiral serait une bonne raison de ne pas le saluer).

– *unerkannterweise* :

> (5)　　Sie äußern sich in jener Vorstellung, daß die Geburt des Internet aus dem Militärischen durch die Geheimdienste weitergeführt worden sei, die jedweden Computer *unerkannterweise* betrachten und kontrollieren können. (Z 2/97)

Cet exemple est particulièrement intéressant, car l'adverbe peut – ou même doit – ici être compris comme relevant du prédicat (ou rhème) de la relative, ce qui est évidemment exclu pour l'appréciatif, par définition hors proposition : la capacité attribuée aux services secrets est (assez naturellement) celle de ‹VOIR ET CONTRÔLER SANS ÊTRE VU›. Non content de relever du contenu référentiel de l'énoncé, l'adverbe y a ici un statut central et non plus de simple circonstant.

– *unerklärterweise* :

> (6)　　Wie soll es angehen, daß ein winziges Stück totes Eiweiß […], um dort, viele Jahre später, auf unbekannte Weise andere Pro-

teine in Nervenzellen zu einer bemerkenswerten Umfaltung zu bewegen, an deren Ende – bislang *unerklärterweise* – eine spongiforme Enzephalopathie steht? (SP 44/97, 14)

Il faut reconnaître que l'information livrée par l'adverbe en -*erweise* porte, ici, sur tout le contenu relaté dans la relative (test du clivage : «Am Ende dieser Umfaltung steht eine spongiforme Enzephalopathie. Das ist bislang unerklärt»), ce qui exclut qu'elle puisse en être un constituant et donc une «circonstance». Mais il faut ajouter aussitôt que cette information ne relève en aucune façon de la subjectivité du locuteur : celui-ci n'exprime pas son propre point de vue sur le contenu de la relative, il relate en réalité un second contenu, tout aussi objectif que le premier, et c'est seulement le fait que ce contenu s'articule sur le premier qui lui donne, en discours, une valeur commentative (cf. aussi *verbotenerweise* ci-après et **3**). Attribuer à cette occurrence de l'adverbe une fonction appréciative (au sens «classique») serait donc confondre le niveau du mot (et sa fonction dans l'énoncé d'accueil) et le niveau de l'énoncé (et sa fonction dans le texte).

– *unerlaubterweise, unrechtmäßigerweise* et *verbotenerweise* :

(7) *(Querelle germano-bavaroise à propos du terme «Butterkäse» :)* Sollten die Bundesbürger [...] täglich 33 Millionen Gramm eines *unerlaubterweise* gelochten Lebensmittels gegessen haben, wäre vorschriftswidrig Luft in deutsche Mägen gelangt. (SP 37/97, 80)

(8) Ich begann damit, mich für schuldig zu erklären: [...] aber ich gäbe zu, *unrechtmäßigerweise* den Zug bestiegen zu haben. (SDW 64)

(9) Als ich – fünfjährig – einmal *verbotenerweise* die Tür dieses Zwingers öffnete, stürzten sie, endlich befreit, alle zugleich heraus, warfen mich um und sprangen über mich hinweg, wie die Pferde im Rennen über einen gestürzten Reiter. (DKO 148)

Les trois adverbes en -*erweise* apportent ici une information que l'on peut grossièrement caractériser comme de type concessif (même si une étude précise de ces éléments devrait au contraire faire ressortir ce qui les différencie sémantiquement de ce qu'expriment *obwohl* ou *trotz*[5]) : les comportements relatés ont eu lieu *bien qu'interdits*. Sans doute cette information a-t-elle pour effet de jeter une certaine lumière sur les comportements en question, et donc d'une certaine manière, de les com-

---

5 On peut esquisser cette différence en disant que *A obwohl/trotz B* renvoie explicitement à une norme sous-jacente du type «Quand on a B, on ne devrait pas avoir A», alors que les adverbes en -*erweise* cités se contentent de placer B en toile de fond de A en laissant au locuteur le soin d'expliciter le lien concessif.

menter. Ce commentaire indirect n'est pour autant nullement assimilable à celui que véhicule un appréciatif : ce dernier exprime une opinion, par définition subjective, du locuteur, alors que les trois adverbes « concessifs » cités apportent une information *objective* sur la réalité extra-linguistique décrite : les comportements en cause n'étaient pas autorisés. Le commentaire n'est donc pas dans le contenu même des adverbes, mais dans le fait de mentionner ce contenu en l'articulant à celui de la phrase cadre. Qualifier ces trois adverbes d'appréciatifs serait, ici aussi, confondre les niveaux du mot et de l'énoncé.

2.2. Non appréciatifs dérivés de bases participes 1

Si les non appréciatifs en -*erweise* formés sur des bases adjectivales ou participes 2 restent malgré tout peu nombreux, ceux qui dérivent de bases participes 1 ont non seulement un effectif plus important (une vingtaine), ils constituent aussi et surtout une série ouverte susceptible de s'enrichir au gré de l'imagination linguistique notamment des journalistes de la presse écrite. On pourra certes regretter que la grande majorité des exemples cités ci-après proviennent d'un seul et même journal, que son rapport au langage classe un peu à part dans la presse d'outre-Rhin, mais d'autres journaux et même des écrivains y sont également représentés, ce qui montre que ce type de formations en -*erweise* correspond à une réalité de la langue allemande contemporaine, même si la plupart d'entre elles ont par nature peu de chances d'entrer un jour dans le dictionnaire.

L'un des objectifs de cette étude étant de familiariser le lecteur avec ces nouveaux venus dans le vocabulaire allemand, je les présenterai ci-après en les regroupant selon les fonctions syntactico-sémantiques exprimées, étant entendu 1) que la catégorisation ne pourra se faire qu'à grands traits, et 2) que les adverbes cités ne pourront, par manque de place, pas tous être illustrés d'un exemple.

Le tableau suivant permet de se faire une idée des formations en cause et de leur origine principalement – mais pas exclusivement – journalistique :

ambulierend (BÖLL)	fahrradfahrend (TAZ)
anklagend (SPIEGEL)	fälschend (FAZ)
autofahrend (TAZ)	flirtend (TAZ)
berichterstattend (TAZ)	fotoapparatschwingend (TAZ)
berichtigend (TAZ)	frierend (TAZ)
bestäubend (TAZ)	herzklopfend (ZEIT)
biertrinkend (TAZ)	hörend (TAZ)
bierzapfend (TAZ)	verdunstend (SÜSKIND)
brütend (TAZ)	zehenlutschend (NZZ)
einnickend (TAZ)	

Si ces adverbes ont en commun d'avoir un « contenu représentatif, si l'on peut dire qu'ils expriment de façon générale une « circonstance » du procès, leur apport sémantique concret varie, semble-t-il, autant que celui des [complexes] participes 1 dont ils sont issus. Ainsi les éléments énumérés ci-dessus peuvent-ils exprimer notamment :

– la **concomitance**, définie comme le déroulement simultané de deux procès intrinsèquement indépendants ; cette relation est la plus largement représentée, avec au moins 8 éléments – *ambulierenderweise, biertrinkenderweise, bierzapfenderweise, brütenderweise, flirtenderweise, fotoapparatschwingenderweise, herzklopfenderweise* et *hörenderweise* –, dont quatre seulement seront illustrés ci-après :

(10) *(Un avocat, qui ne veut en dire plus au téléphone, donne rendez-vous à son interlocutrice :)* Ja, belastet sei sie, manches sei äußerst unklar, aber nicht mehr, vielleicht später am Nachmittag mündlich. Wo? In der Stadt. *Ambulierenderweise* am besten. (BKB 74-75)

On voit que le locuteur propose à son interlocutrice de s'entretenir avec elle en ville en précisant que le mieux serait de le faire *tout en marchant* (sans doute pour ne pas éveiller l'attention d'autrui).

(11) Also schnoddert sie auch gerne mal »Scheiße« oder »Arschloch« daher und klingt nicht nur wie ein Mädchen aus Wattenscheid, sondern wirkt auch so unprätentiös wie eines, mit dem man *biertrinkenderweise* einen Abend am Flipper verbringen könnte. (TAZ 23.10.1995, 11)

La fille évoquée dans cet énoncé est de celle avec qui on se verrait bien passer une soirée devant le flipper *tout en buvant une bière* (ou peut-être plusieurs !).

(12) Wir sehen Lothar Matthäus, wie er sich erregte, als ein Niederländer *fotoapparatschwingenderweise* versuchte, den Libero auf Zelluloid zu bannen. (TAZ 04.11.1994, 19)

Cet exemple est plus difficile à décrire. Comme il n'est toutefois guère plausible de concevoir le fait d'agiter l'appareil comme une manière d'essayer de prendre une photo, le mieux est sans doute de poser, ici aussi, la concomitance des deux procès, qui restent intrinsèquement distincts, même si celui qu'exprime l'adverbe apparaît comme la conséquence de celui qu'exprime le verbe : en voulant photographier dans des conditions qu'on imagine difficiles, le photographe est amené à faire de grands gestes soit pour essayer de viser par-dessus la tête des spectateurs qui le gênent, soit pour attirer l'attention de celui qu'il veut fixer sur la pellicule.

(13)   Ich hab' dann, sagt André, *herzklopfenderweise* Jürgen angeru-
       fen [...] und ihm gesagt: Du warst der IM Peters. Und er hat das
       ungerührt bestätigt. (Z 03.01.97)

Sans doute la relation est-elle ici un peu différente de ce qu'elle était en
(10) et en (11), puisque le sujet (*Herz*) du verbe de base (*klopfen*) n'est
plus le même que celui du verbe de la phrase cadre (*ich*). Il reste que les
deux procès évoqués, l'appel téléphonique du sujet-locuteur et ses bat-
tements de cœur, sont bien concomitants, comme le montre aussi la paraphrase possible par *wobei* (plutôt que par *indem*) : « *Ich habe Jürgen
angerufen, wobei mir das Herz klopfte.* »

– la **manière** au sens strict, où le procès évoqué par l'adverbe n'est pas in-
dépendant de celui qu'exprime le verbe principal, mais n'en est qu'une
modalité ; le seul représentant en est *verdunstenderweise* :

(14)   Und damit auch nach dem Verstöpseln nicht das kleinste Atom
       verdunstenderweise entweiche, versiegelte sie die Pfropfen mit
       flüssigem Wachs und umkapselte sie mit einer Fischblase, die
       sie am Flaschenhals fest verschnürte. (PSP 226)

Le narrateur précise ici la manière dont le précieux parfum en question
pourrait s'échapper du flacon, à savoir *par évaporation*.

– la **manière** en un sens plus large que précédemment, où le procès évoqué
par l'adverbe spécifie le sens du verbe en indiquant comment il faut le
[com]prendre ; un exemple en est fourni par l'adverbe dérivé du participe
1 de la locution verbale *Bericht erstatten* :

(15)   Demnächst bekommen Sie in einer Reihe Kurzporträts alle Kri-
       tikerInnen der taz-Crew vorgestellt, die sich *berichterstattender-
       weise* am Wettbewerb beteiligen werden. (TAZ 25.01.96, 16)

Des critiques de la TAZ il est dit qu'ils participeront au concours en
cause *à leur manière*, c'est-à-dire en tant que « reporters » (implicite : et
non en tant que concurrents, qui est la manière « normale » de participer
à un concours). Le prédicat ‹ SICH AM WETTBEWERB BETEILIGEN › se
trouve donc spécifié par l'adverbe en *-erweise*.

– le **procès cadre**, défini comme celui dans le cadre duquel se déroule le
procès exprimé par le verbe principal ; c'est la relation attribuable, à *auto-
fahrenderweise* et *einnickenderweise* dans les exemples suivants :

(16)   *(Il est question d'un grand carrefour difficile à traverser en voiture en rai-
       son de la circulation:)* Ein eindrucksvolles Erlebnis ist auch, es
       autofahrenderweise nicht geschafft zu haben, nach links abzu-
       biegen: Dann steht man mittendrin; (TAZ-BERLIN 13.09.96, 24)

Le procès évoqué (‹ TOURNER A GAUCHE ›) n'ayant pas eu lieu, il serait peu convaincant de considérer que l'adverbe exprime ici la manière. Il sert plutôt à évoquer l'activité (‹ DEPLACEMENT EN VOITURE ›) dans le cadre de laquelle on a été amené à s'engager dans un carrefour qu'on ne parvient plus à quitter dans la direction souhaitée.

(17) So freute sich das Publikum [...] über den hamburgspezifischen Ausschnitt aus Heinrich Heines Memoiren des Herrn Schnabelewopski (1834), der an den Hanseaten nicht nur »ausgefahrene Beißwerkzeuge« beobachtete, sondern auch »nachlässig herabhängende, rote Wangen«. Daß die Hamburger letztere rund eineinhalb Jahrhunderte später noch immer aufzuweisen haben, bewies gestern ein geschaffter Großstädter, der seine Gesichtszüge *einnickenderweise* hemmungslos entgleisen ließ. (TAZ-HAMBURG 01.08.1996, 23)

Il serait, ici aussi, peu convaincant de concevoir l'endormissement comme une manière de ne plus maîtriser l'expression de son visage ; mieux vaut considérer qu'il constitue le cadre (réinterprétable comme cause) à l'intérieur duquel se réalise le procès exprimé par le verbe.

– l'**instrumental**, défini comme le moyen qui permet de réaliser le procès évoqué par le verbe principal ; c'est la fonction attribuable à *fahrradfahrenderweise* dans l'exemple suivant :

(18) Mein täglicher Weg zur Arbeit führt mich *fahrradfahrenderweise* auf der Weserpromenade entlang. (TAZ-BREMEN 27.05.95, 36)

En faisant abstraction de la bizarrerie syntaxique résultant de la collision de deux constructions en principe incompatibles (*führen auf/der Promenade entlang*), on peut dire que l'adverbe en -*erweise* évoque une activité qui représente en fait le moyen par lequel le personnage-locuteur se déplace le long de la promenade en question.

– le **but**, défini comme l'objectif visé par l'agent du procès exprimé par le verbe ; on trouve ici *anklagenderweise* et *fälschenderweise* :

(19) *(A propos d'un livre de E. Jünger:)* Hitler selbst, dem das Buch schon 1940 *anklagenderweise* zugestellt worden war, legte es beiseite und [...] verhinderte jedes weitere Vorgehen gegen Jünger. (SP 12/95, 212)

L'adverbe informe ici le lecteur que celui ou ceux qui ont remis le livre de Jünger à Hitler, l'ont fait dans un but accusatoire.

(20) Illig macht die umgekehrte Rechnung auf: Die drei Tage entsprächen ebenjenen drei Jahrhunderten, welche sich – fälschli-

cherweise oder *fälschenderweise* – auf der Zeitskala eingeschoben hätten. (FAZ-BUCH 01.10.96, 31)

Les deux adverbes en -*erweise* évoquent deux explications différentes au fait que trois siècles aient été ajoutés à l'échelle du temps : pour le premier l'ajout serait la conséquence d'une erreur [de calcul], pour le second, le résultat d'une intention falsificatrice.

– une **prédication** sur le sujet grammatical, simplement subordonnée à celle qu'exprime le verbe de la phrase mais sans lien sémantique particulier avec elle ; c'est ce qui se produit dans l'exemple suivant, relatif à un fait qui défraya naguère la chronique :

(21) Der Mann, der [...] *zehenlutschenderweise* auf jenen »skandalösen« Teleobjektiv-Aufnahmen der teilentblössten »Fergie« zu sehen war und damals als ihr »Finanzberater« bezeichnet wurde, scheint sie [...] schlecht beraten zu haben. (NZZ 14/96, 18)

La fonction de l'adverbe en -erweise n'est pas sans rappeler, ici, celle de l'infinitif complément avec accusatif : « *man sieht ihn ihr die Zehen lutschen* ».

Certains des adverbes illustrés ci-dessus choqueront peut-être les puristes, qui y verront des néologismes mal sonnants voire « monstrueux ». Sans entrer dans un débat qui n'a pas lieu d'être tenu ici, on ne peut cependant nier que ces créations illustrent à merveille le principe d'économie naguère mis en lumière par André Martinet (1969, 81-86), et ce, jusque et y compris dans la notion de coût.

L'intérêt majeur de ces formations, qui se substituent généralement à des groupes verbaux ou (moins fréquemment) à des groupes prépositionnels, est en effet de concentrer l'expression sur le seul « noyau sémantique » réellement pertinent, en faisant l'économie de toutes les déterminations annexes (temps, mode, personne, définitude, nombre, déterminants divers) dont l'explicitation serait nécessaire dans les constructions verbales ou prépositionnelles.

Cet avantage a bien sûr une contrepartie : le coût de « production » élevé de mots phonétiquement aussi longs, morphologiquement aussi complexes et sémantiquement aussi denses – coût qui explique sans doute qu'on ne les rencontre guère qu'à l'écrit, la communication orale impliquant une démultiplication de l'expression plutôt que sa condensation.

L'existence réelle (et non pas simplement à titre d'exceptions) d'adverbes en -*erweise* à fonction non appréciative étant désormais établie, il s'agit de montrer à présent que la pertinence du test de clivage habituellement pratiqué pour caractériser les appréciatifs est des plus relatives.

3. Les difficultés du test de clivage

Le test de clivage présente trois inconvénients dont deux sont peut-être mineurs, mais le troisième rédhibitoire :

– il peut échouer même avec un authentique appréciatif, tout simplement parce que l'adjectif ou le participe dont il est dérivé ne peut s'employer comme attribut. L'inconvénient n'est cependant pas très important, dans la mesure où le phénomène est rarissime et peut toujours être contourné par une prédication verbale :

> (22)   Diese Briefe sind hier in aller Ausführlichkeit zitiert, leider in anderer Übersetzung als der von Thomas Dobberkau, in der sie uns in der dtv-Ausgabe von 1990 vorliegen und auf die sich *ungereimterweise* nun die Fußnoten der Gala-Biographie in ihrer deutschen Übersetzung beziehen. (FAZ-BUCH 13.01.97, 26)
>
> →   Die Fußnoten beziehen sich auf... . * Das ist ungereimt/(En revanche :) Das reimt sich nicht [mit...].

La fonction appréciative de l'adverbe ne fait aucun doute ici : c'est bien l'auteur de l'article qui déplore le fait relaté dans la relative où apparaît l'adverbe. L'adjectif participial *ungereimt* ne peut s'employer comme attribut (du moins dans le sens qu'il est censé avoir ici), mais on peut pallier l'inconvénient en utilisant le verbe correspondant ;

– le test masque par ailleurs le fait que le jugement subjectif véhiculé par les appréciatifs peut avoir (au moins) deux objets distincts : la *réalité* du contenu asserté (c'est-à-dire le fait que ce contenu soit advenu) ou le *contenu* lui-même indépendamment de l'assertion dont il fait l'objet. L'insertion plus ou moins obligatoire de *von ihm* dans le deuxième cas de figure ne suffit pas à faire apparaître la différence qui ne se dévoile que lorsqu'on essaie d'anaphoriser le premier énoncé par *diese Tatsache* :

> (23)   Er hat *bedauerlicherweise/klugerweise* abgelehnt.
>
> →   Er hat abgelehnt. Das ist bedauerlich/klug [von ihm].
>
> →   Er hat abgelehnt. Diese Tatsache ist bedauerlich/*Diese Tatsache ist klug.

Avec *bedauerlich*, l'appréciation porte sur un fait, c'est-à-dire un contenu réalisé ; avec *klug*, elle porte sur un comportement envisagé indépendamment de sa réalisation.[6], Il arrive qu'un même adverbe puisse qualifier, aussi bien le comportement en tant que tel que le fait qu'il soit ad-

---

6   Sans s'appuyer sur ce test, Pérennec (1984, 323) distingue entre les « vrais » appréciatifs, comme *bedauerlicherweise*, et les adverbes à fonction modalisante, comme *klugerweise* ou *leichtsinnigerweise*, ces derniers étant cependant, au bout du compte « assimilés » au premier.

venu, mais il véhicule alors deux appréciations de nature différente, qui correspondent à deux acceptions différentes de l'adjectif. C'est le cas, par exemple, de *dummerweise* dans (24) :

(24)   *Dummerweise* hat er den Schlüssel zu Hause vergessen.

Dans cet énoncé, certes construit, mais parfaitement naturel, le jugement exprimé par l'adverbe en -*erweise* peut renvoyer aux deux acceptions possibles de l'adjectif *dumm*, la bêtise ou la malchance : dans le premier cas, l'énoncé se comprendra comme l'expression à peine voilée d'un reproche (« *Das war dumm von ihm* ») ; dans le second, comme celle d'une irritation suscitée par ce qui est arrivé (« *Das ist dumm/Pech* ») ;

– enfin et c'est sans doute l'objection la plus grave que l'on peut faire au test de clivage : il peut réussir alors même que les adverbes en cause n'expriment aucunement une appréciation. Il suffit, pour s'en rendre compte, de reprendre (en les simplifiant pour raison de place) trois des exemples produits sous **2.1** :

(3a)   [...] das Fährschiff, auf dem sie ihr Auto *irrtümlicherweise* abgestellt hatten, [war] schon längst in England. (SP 2/97, 139)

→   Sie hatten das Auto... abgestellt. *Das* war ein *Irrtum*.

(6a)   [...] Proteine in Nervenzellen zu einer bemerkenswerten Umfaltung zu bewegen, an deren Ende – bislang *unerklärterweise* – eine spongiforme Enzephalopathie steht? (SP 44/97, 14)

→   Am Ende der Umfaltung steht eine sp. Enz. *Das* ist bislang *unerklärt*.

(9a)   Als ich [...] einmal *verbotenerweise* die Tür dieses Zwingers öffnete [...]. (DKO 148)

→   Ich öffnete die Tür dieses Zwingers. *Das* war *verboten*.

Pour peu nombreux qu'ils soient, ces exemples montrent que la différence entre les adverbes à fonction appréciative et les autres n'est pas fondamentalement dans la capacité des adjectifs correspondants à être prédiqués d'un pronom sujet reprenant anaphoriquement tout ou partie de l'énoncé précédent. La différence est en fait dans la *nature* des prédications respectives : jugement *subjectif* d'un côté (c'est-à-dire exprimant une *opinion* du locuteur), et *objectif*[7] de l'autre (c'est-à-dire po-

---

[7]   On peut certes toujours dire que toute information est subjective, puisque produite par un *sujet* énonciateur qui voit nécessairement les choses à travers le prisme de sa propre subjectivité. Mais on prend alors le couple *subjectif/objectif* en un tout autre sens où l'objectivité même se dilue dans une subjectivité généralisée. Dans l'usage que l'on fait de ces notions lorsqu'on dit que l'appréciatif exprime un jugement subjectif, le jugement exprimé par l'énoncé (hors appréciatif) est objectif dès

sant une certaine donnée (qualité etc.) comme appartenant au monde extra-linguistique, donc indépendante de l'opinion du locuteur et vérifiable par tout un chacun).

Les inconvénients énumérés ci-dessus paraissant suffisants pour justifier l'abandon du test de clivage, c'est un test d'enchâssement faisant clairement apparaître le caractère subjectif du jugement appréciatif qu'il me semble préférable d'utiliser. Il consiste à insérer l'énoncé contenant l'adverbe en -*erweise* dans une phrase cadre construite autour d'un verbe d'opinion comme *finden* ou *halten für*. Le risque de voir un non appréciatif se glisser clandestinement parmi les appréciatifs est alors exclu[8] :

(23a)   Er hat bedauerlicherweise/klugerweise abgelehnt.

→   Ich finde es bedauerlich/klug [von ihm], daß er abgelehnt hat.

(9b)   Als ich/er *verbotenerweise* die Tür des Zwingers öffnete...

→   * Ich finde es verboten/ich halte es für verboten, daß ich/er die Tür des Zwingers öffnete.

4.   Quelques difficultés d'interprétation

Les exemples produits jusqu'ici pourraient donner à penser que les adverbes en -*erweise* appartiennent de manière exclusive soit à la sous-classe

---

lors qu'il prétend renseigner sur le monde et non sur la subjectivité du locuteur : *le gâteau est très bon* est dans ce sens tout aussi objectif que *il pleut depuis ce matin*, alors que *à mon avis, il est très bon* comporte une expression subjectivisante qui, sans rien changer au *contenu représentatif* de l'énoncé, en modalise l'assertion pour la donner comme n'engageant que le locuteur. Si l'on récuse cette opposition, il n'est plus guère possible de saisir la spécificité des appréciatifs comme mots outils de la communication. Mais peut-être vaudrait-il mieux remplacer le couple subjectif/objectif par le couple bühlerien *fonction expressive/fonction représentative*.

[8]   Un autre avantage de ce test est qu'il permet de mieux prendre conscience du fait que – polyphonie du discours oblige – l'auteur de l'appréciation véhiculée par l'adverbe en -*erweise* n'est pas toujours l'auteur apparent de l'énoncé. Ce point ne pouvant être traité ici, je me contenterai de l'illustrer par un exemple : « *Vernünftigerweise* sind aber innerhalb des Wiener Gürtels die Mieten und Wohnungspreise schon heute so hoch, daß die Bewohner *beruhigenderweise* dem Cartier-Kundenstamm und nicht diesen arbeitsscheuen Schmierfinken zugerechnet werden dürfen. » (MSG 250). Pour quiconque a lu le livre dont est extrait l'exemple, il est clair que les deux adverbes en -*erweise* ne représentent pas l'opinion des auteurs, mais celle des promoteurs de la société à deux vitesses (80 % de « pauvres », 20 % de « happy few ») que les auteurs dénoncent tout au long de leur ouvrage.

des appréciatifs, soit à celle des non appréciatifs[9] – qu'on pourrait appeler les *circonstanciels*, à condition de donner au terme une acception strictement sémantique et non syntaxique[10]. Sans doute est-ce effectivement le cas de la très grande majorité d'entre eux. L'examen attentif de certains exemples montre toutefois qu'il y a non seulement des exceptions, autrement dit des éléments qui peuvent appartenir, selon les emplois, aux deux classes, mais aussi des occurrences dont l'ambiguïté ou l'ambivalence sont telles que l'affectation à l'une ou l'autre classe semble bien aléatoire.

C'est à ces cas de figure que va être consacré le troisième volet de cette étude qui se terminera par l'évocation de trois éléments, *idealerweise*, *normalerweise* et *üblicherweise*, dont la caractérisation pose un problème plus général de description.

4.1. Adverbes en *-erweise* pouvant remplir les deux fonctions

Le corpus contient (au moins) trois adverbes dont la fonction habituellement appréciative ne fait pas de doute et qui figurent pourtant dans des énoncés où ils sont manifestement employés comme éléments du prédicat (rhème), ce qui signifie nécessairement qu'ils y fonctionnent comme constituants du contenu référentiel de ces énoncés. Un quatrième (*idealerweise*) possède la même caractéristique, mais présente par ailleurs des affinités avec *normalerweise* et *üblicherweise*, qui justifient de le traiter avec ces derniers :

– *ungeschickterweise* :

(25a) *Ungeschickterweise* beschimpfte ihn der Chef vor der ganzen Belegschaft.

→ »Ich finde es/halte es für ungeschickt [vom Chef], ihn... zu beschimpfen/beschimpft zu haben.«

---

9 Je fais ici abstraction de *möglicherweise*, seule forme en *-erweise* qui relève de la catégorie des modalisateurs, au sens où ils sont définis dans David et al. (1974, 9), ainsi que des quelques éléments où *-erweise* entre en concurrence avec *-ermaßen* (*folgenderweise/folgendermaßen*), qui me semblent fonctionner plutôt comme des mots outils [du discours]. Ils forment un ensemble apparemment clos et dont l'effectif est très réduit.

10 La définition traditionnelle des circonstanciels est sémantique : il s'agit d'éléments qui expriment le lieu, le temps, la cause etc., tout ce qui « accompagne » le procès proprement dit. Du point de vue syntaxique, on peut considérer que la notion de *circonstanciel* ne s'applique qu'à des éléments appartenant au thème. Lorsqu'une indication de lieu, de temps, etc. (cf. ex. (5) et (8)) fait partie du rhème, c'est-à-dire de ce qui est prédiqué du thème, il est difficile de lui attribuer le statut de circonstance, puisqu'elle constitue alors l'élément central du message : *Wegen des schlechten Wetters sind wir lieber zu Hause geblieben* (la cause est circonstance)/*Wir sind eigentlich [nur] wegen des schlechten Wetters zu Hause geblieben [und nicht aus einem anderen Grunde]* (la cause est l'information centrale).

(25b) Übrigens verausgabte er seine Kräfte nicht mehr *ungeschickter-weise*. (EZG 189)

→ ≠ »Ich finde es/halte es für ungeschickt [von ihm], daß er seine Kräfte [nicht] mehr verausgabte.«

En (25a), construit pour les besoins de la comparaison, l'adverbe fonctionne de toute évidence comme appréciatif : le locuteur qui relate la scène juge maladroit de la part du chef [de bureau] d'avoir injurié son subordonné devant tout le personnel. Il en va différemment en (25b), où la position de l'adverbe par rapport à la négation montre qu'il fait partie du prédicat (rhème) de la phrase : ce à quoi celle-ci affirme que la personne visée par *er* a mis un terme, ce n'est pas la ‹DÉPENSE DE SES FORCES *EN SOI*›, mais la ‹DÉPENSE *MALADROITE*›. Le test d'enchâssement le confirme indirectement, qui aboutit à un énoncé certes possible, mais manifestement porteur d'un autre sens (ce qui montre qu'il ne reflète pas correctement l'emploi fait ici de l'adverbe).

– *unnötigerweise* :

(26a) Du hast ihn *unnötigerweise* bei der Arbeit gestört.

→ Ich finde, es war unnötig/nicht nötig, ihn... zu stören.

(26b) Man soll von mir nicht sagen dürfen, ich hätte jemals den Schlaf eines Menschen *unnötigerweise* gestört. (DRG 18)

En (26a), l'adverbe a toutes les chances d'être compris comme appréciatif («Ich halte es für unnötig, daß du ihn bei der Arbeit gestört hast»). En (26b), le subjonctif II rend certes difficile l'application du test d'enchâssement, mais les choses sont néanmoins claires. L'adverbe ne porte pas sur le contenu asserté, il fait lui-même partie de ce contenu en tant qu'élément constitutif du prédicat (rhème) en jeu dans l'énoncé : le locuteur ne prétend pas n'avoir jamais dérangé personne dans son sommeil, il prétend ne l'avoir jamais fait *pour rien, sans raison valable*.

– *ungerechtfertigterweise* :

(27a) Ihnen wird vorgeworfen, *ungerechtfertigterweise* Personal-schulungen auf Kosten des Metallurgiehandels abgerechnet zu haben. (SP 52/97, 82)

(27b) Ihnen wird *ungerechtfertigterweise* vorgeworfen, Personal-schulungen auf Kosten... zu haben.

Nul doute que si l'adverbe avait figuré dans la phrase cadre (cf. 27b), il aurait été compris comme appréciatif exprimant le jugement du locuteur selon lequel les reproches ne sont pas fondés : « Ich finde es ungerechtfertigt, ihnen P. vorzuwerfen. » Dès lors que l'adverbe figure dans le groupe infinitif, il devient élément constitutif du prédicat qui décrit le comportement objet du litige : ce qui est reproché ici à certaines personnes, ce n'est pas d'avoir imputé des dépenses de formation à tel organisme de la métallurgie, mais de l'avoir fait indûment. Le statut de l'adverbe en *-erweise* est donc ici le même que celui de n'importe quel autre déterminant de verbe, par exemple *schlecht* dans : *Ihnen wird vorgeworfen, schlecht gearbeitet zu haben* – et le caractère subjectif du sémantisme de l'adverbe en *-erweise* comme de celui de l'adjectif *schlecht* ne change rien à l'affaire.

4.2. Emplois ambigus

L'appréciation de l'ambiguïté d'un emploi dépend de tellement de facteurs contextuels, que les avis peuvent être partagés sur le degré réel d'ambiguïté observable dans tel ou tel exemple. Il reste, me semble-t-il, que les trois exemples qui suivent ne sont pas d'une univocité parfaite :

– *faszinierenderweise* :

(28) *Faszinierenderweise* setzt Meyers verwandelnde Zeichenkunst wirklich um, was sie intendiert. (TAZ-BERLIN 20.06.98, 28)

Si sa position en pré-V2 et la présence du modalisateur[11] *wirklich* rendent vraisemblable la lecture appréciative de l'adverbe (surtout si le modalisateur reçoit l'accent d'énoncé), la lecture circonstancielle («manière») reste présente en filigrane, comme le montre le test d'enchâssement, dans lequel on est autant sinon plus tenté d'accrocher au verbe régissant une complétive en *wie* qu'une complétive en *daß* : « Ich finde es faszinierend, daß/wie Meyers Zeichenkunst das wirklich umsetzt, was sie intendiert. »
L'ambiguïté devient plus nette encore lorsqu'on supprime le modalisateur tout en changeant l'adverbe de position : dans *Meyers Zeichenkunst setzt faszinierenderweise um, was sie intendiert*, l'adverbe a autant de chances d'être compris comme « circonstanciel de manière » (*auf eine faszinierende Weise*) que comme appréciatif[12].

– *menschlicherweise* :

(29) Dies alles erwogen, mußte der stationierte Polizeimann sein Handwerk verstehen, doch war anderseits dem Dorfe *menschlicherweise* auch entgegenzukommen. (DVe 19)

---

11 Plus exactement : modalisateur de jugement relatif (Schanen/Confais 1986, 525).

12 L'examen du corpus montre que les adverbes en *-erweise* à fonction *non* appréciative ne peuvent que très difficilement figurer en position pré-V2 – sans doute parce qu'il s'agit là de la position de prédilection des appréciatifs – et qu'il faut éviter l'ambiguïté.

La position ambiguë de *auch*, ici particule focale, permet deux lectures différentes de cet exemple, lesquelles impliquent à leur tour deux fonctions différentes pour l'adverbe en -*erweise*. Selon la première lecture, *auch* a pour base d'incidence le verbe *entgegenkommen*. L'énoncé signifie alors qu'il était également possible, pour le garde-champêtre de ce village (dont les habitants enfreignent volontiers les règlements qui ne leur plaisent pas) de «faire des concessions» ($\approx$«entgegenkommen») au lieu de chercher à appliquer la loi dans toute sa rigueur. L'adverbe en -*erweise* fonctionne dans ce cas comme appréciatif qualifiant d'humaine l'attitude décrite dans l'énoncé.

Mais *auch* particule focale peut également être postposé à sa base d'incidence. Il s'ensuit que celle-ci peut être l'adverbe lui-même. L'énoncé est alors construit sur le prédicat ‹ MENSCHLICHERWEISE ENTGEGEN-KOMMEN › et signifie qu'il était également possible d'adopter une attitude humaine (mot à mot : ‹ ALLER VERS LES GENS DU VILLAGE DE FAÇON HUMAINE ›). Cette interprétation est certes moins probable, dans la mesure où l'on peut penser que si le narrateur avait voulu faire porter *auch* sur *menschlicherweise*, il aurait sans doute préposé la particule à l'adverbe. Elle est cependant aussi compatible que la précédente avec le contexte, puisque dans les deux cas il s'agit d'opposer une attitude plus «diplomatique» à une attitude «légaliste», qui aurait impliqué de heurter de front les villageois rebelles.

– *vorsichtigerweise* :

(30)   Nachdem Marie Tintin rasch die fehlenden Knöpfe an die Hose ihres Bruders genäht hatte, ließen die Krieger sie *vorsichtiger-weise* zuerst allein nach Hause gehen. (PKK 193)

Hors contexte, cet énoncé tolère les deux lectures de l'adverbe, appréciative («Ich finde, es war vorsichtig [von den Kriegern], daß... ») ou non appréciative («Die Krieger ließen sie *aus Vorsicht* allein... »). Il faut se reporter au texte français, dont cet exemple n'est qu'une traduction, pour constater que c'est bien un « circonstanciel » que l'adverbe en -*erweise* est ici censé traduire ici : *et on la laissa, par prudence, partir seule un peu en avance.* (LPG 246) (Ce n'est pas le narrateur qui juge le comportement prudent, c'est le comportement qui est le résultat de considérations de prudence de la part des protagonistes.)

4.3. Emplois ambivalents voire indécidables

Dans les exemples précédents, les deux fonctions en jeu pouvaient encore être aisément distinguées, cela semble plus difficile dans les trois qui suivent, dont chacun constitue apparemment un cas particulier :

– *feigerweise* :

> (31)   Er würde unangenehm erstaunt sein, wenn er von den zahlrei-
> chen […] unerfreulichen Entscheidungen erführe, die Sie ihm
> *feigerweise* in die Schuhe geschoben haben. (BGH 108)

Si cet emploi présente la même ambiguïté que (30), les deux lectures sont ici si intimement liées qu'elles n'apparaissent que comme les deux faces d'une seule et même chose : si la lâcheté (comme attitude) est à l'origine du comportement adopté, ce dernier ne peut être que qualifié de lâche et inversement. Le sémantisme du mot est tel que les fonctions appréciative et «circonstancielle» ne peuvent guère être dissociées.

– *unglücklicherweise* :

> (31a)   Ich rief meine Eltern an, die *unglücklicherweise* nicht zu Hause
> waren.

> (31b)   «Alle meine Freundinnen nennen ihre Schwiegermütter beim
> Vornamen », empört sich Justine. « Altmodischer als du, das
> gibt's nicht. »
> «Absolut. Aber die Kinder müssen die Eltern, die sie *unglückli-*
> *cherweise* haben, ertragen. […] »(BGH 192)

En (31a), donné à titre de comparaison, la situation est claire : l'adverbe fonctionne comme appréciatif exprimant un jugement subjectif sur le contenu relaté dans la relative, ici continuative[13]. En (31b), la situation est bien plus complexe : le contexte montre que la relative doit être comprise comme déterminative (même si, dans un autre contexte, la lecture non déterminative serait également possible). Du coup, l'adverbe ne peut plus être compris comme exprimant un jugement sur le fait d'avoir des parents («Ich halte es für ein Unglück, Eltern zu haben[14]») ; il participe à la définition d'un certain type de parents, à savoir « solche, die zu haben in den Augen der Kinder ein Unglück ist » (original français : *Mais les enfants doivent supporter les parents qu'ils ont le malheur d'avoir*). Si le jugement reste bien entendu subjectif, le point de vue représenté est celui des enfants et surtout, ce point de vue n'est pas extérieur au contenu asserté, il participe à sa définition. A quelle sous-classe affecter un tel emploi?

---

13   C'est à tort que l'on réserve habituellement le terme de *continuatif* exclusivement aux relatives en *w-* du type *er lehnte das Angebot ab, was alle bedauerten*. La relative non déterminative (parfois dite « appositive ») en *d-* est elle aussi continuative lorsqu'elle est accrochée à un groupe nominal qui clôt la phrase cadre.

14   Même si cette interprétation n'est pas aussi aberrante qu'il y paraît, le roman (traduit du français) dont est extrait l'exemple étant d'inspiration « post-soixante-huitarde ».

– *weihevollerweise* :

(32)   *(Rituel de temps de guerre pour soutenir le moral des civils :)* Im Rathaus steht eine Seemine aus Holz, auf der man *weihevoller-weise* die Reichskriegsflagge ausnageln kann. (KGZ 404)

L'*Universalwörterbuch* de Duden donne de *weihevoll* la définition suivante :« *sehr feierlich* », ce qui incite à comprendre l'adverbe comme spécifiant la manière (solennelle) de planter les clous. L'adverbe fonctionne alors comme déterminant du complexe verbal *die Reichsflagge ausnageln*. Le groupe infinitif ainsi formé étant objet de *können*, la « manière » serait incluse dans le champ d'incidence de la possibilité exprimée par le verbe de modalité, de sorte que l'énoncé devrait produire le même effet étrange que celui qui résulte des substitution et pronominalisation suivantes :

→   ? ... auf der man *auf weihevolle Weise* die R. ausnageln kann

→   ? ... auf der man *sie* weihevollerweise ausnageln kann

comme si l'on voulait suggérer que la possibilité ne s'applique pas aux autres manières d'accomplir le rituel (paraphrase : « on peut planter ses clous de façon solennelle... mais pas autrement »).

Or l'énoncé original ne produit manifestement pas cet effet, ce qui indique que l'adverbe n'y est pas employé pour spécifier le procès affecté par la modalité du possible, mais simplement pour le qualifier de façon *incidente*, cette qualification ayant quelque chose d'automatique dans la mesure où le rituel décrit est de ceux que l'on accomplit toujours, presque par définition, *avec solennité* (du moins dans la société décrite dans le livre). Du coup les limites entre fonction circonstancielle et fonction appréciative sont ici plus qu'estompées.

4.4.   Le cas de *normalerweise, üblicherweise* et *idealerweise*

Si ces éléments méritent d'être traités à part, c'est que leur analyse fait apparaître une difficulté (du reste connue[15]) de délimitation du *dictum* et du *modus* l'un par rapport à l'autre. Selon l'endroit où l'on positionnera le curseur, on décidera alors que ces éléments relèvent de l'un ou de l'autre.

Analysant plus particulièrement *üblicherweise*, Cortès et Szabo (1994/ 1995, 207) considèrent ainsi que « contrairement au groupe prépositionnel, qui est un circonstant lié au schéma de phrase, les adverbes X-*weise* [...] sont des appréciatifs qui précisent la relation de l'énonciateur à son énoncé », ce qu'elles illustrent par la comparaison des exemples suivants :

---

15   Cf. Ducrot/Todorov (1972, 393). Ces auteurs sont partisans « de ne maintenir dans la catégorie de la modalité que les indications impossibles à intégrer au prédicat », ce qui me paraît être la position la plus sage.

(33)   Der junge Verdi begann *in üblicher Weise* (de la façon habituelle) [...].

(34)   Auch gerne gesucht: das »Neue Testament«. *Üblicherweise* (d'habitude/habituellement) findet es sich in einer der Nachttischschubladen.

Cette description appelle au moins deux objections :

– d'une part, on note qu'en (33), le groupe prépositionnel est de toute évidence rhématique, alors qu'en (34), l'adverbe en -*erweise* est tout aussi évidemment thématique. A la lumière de la description qui précède (cf. le «schéma de phrase»), les exemples suggèrent fortement que le circonstant serait nécessairement rhématique et que tout élément non rhématique ne saurait être que hors dictum. Or ce n'est évidemment pas le cas : dans *« In dieser Zeitung kommen viele Adverbien auf ›-erweise‹ vor »*, le groupe prépositionnel initial a toutes les chances d'être thématique[16], ce qui ne l'empêche pourtant pas de faire bel et bien partie du *dictum* et non du *modus* ;

– d'autre part, la description laisse entendre que tout élément précisant la relation entre l'énonciateur et son énoncé aurait une fonction appréciative, ce qui revient pratiquement à élargir la notion d'appréciation à celle de modalité.

Le problème posé par *üblicherweise* (ainsi que, par extension, par les deux autres éléments) est en réalité celui des indications temporelles à statut thématique : on peut les comprendre soit comme des *circonstanciels*[17] situant l'objet de discours dont est prédiqué le rhème[18], soit comme des *ambiants*[19] fixant le cadre de validité de la proposition (dont ils ne font alors plus partie *stricto sensu*) :

(35)   *Vorgestern* war Peter in Bonn.

→   situatif : {Peter, vorgestern}$_{THEME}$/{in Bonn sein}$_{RHEME}$

→   ambiant : {Vorgestern}$_{CADRE}$/{Peter war in Bonn}$_{PROPOSITION}$

La première analyse peut être paraphrasée en disant que le rhème « in Bonn sein » est prédiqué de «Peter» situé dans le temps au moment désigné par « vorgestern », tandis que la seconde peut être paraphrasée en

---

16 Le groupe prépositionnel est alors produit avec une intonation relativement neutre ; il peut bien sûr être également produit avec un accent contrastif très fort sur le démonstratif, auquel cas, il sera rhématisé.

17 Cette fois, selon une définition *syntaxique* des circonstanciels (cf. note 10).

18 C'est l'analyse zembienne, où le thème rassemble l'ensemble des données à fonction désignative et/ou situative.

19 C'est l'analyse de Damourette/Pichon (1969) qui donnent par exemple « la nuit » ou « le matin » comme ambiants dans *La nuit, tous les chats sont gris* (§ 461)/*Le matin, ils vont à l'école* (§ 784).

disant que la proposition « Peter war in Bonn » est valable dans le cadre temporel défini par « vorgestern ».

Ce n'est pas le lieu, ici, de comparer les mérites et les inconvénients de l'une et l'autre analyse. Je me contenterai donc de noter que la seconde, qui fait sortir la donnée temporelle de la proposition, n'implique pas que cette donnée n'ait plus rien à voir avec le contenu représentatif de l'énoncé dans son ensemble, puisque la suppression de la donnée temporelle en modifie les conditions de vérité : *Peter war in Bonn* est vrai dès lors qu'il y était avant la date d'aujourd'hui, alors que *Vorgestern war Peter in Bonn* ne l'est que s'il y était au moment désigné par l'adverbe temporel. Inversement, concevoir la donnée temporelle comme cadre de la proposition n'autorise pas à lui conférer le statut d'appréciatif, vu que la restriction de validité, certes voulue par le locuteur, n'implique en rien un jugement subjectif de sa part.

Ce qui vient d'être dit au sujet des données temporelles vaut, me semble-t-il, *mutatis mutandis* pour les trois adverbes en -*erweise* :

– *üblicherweise* :

(36)   *Üblicherweise* werden Niedriglöhne in Branchen bezahlt, in denen die Arbeitnehmer nicht gewerkschaftlich organisiert sind. (FOC 10/94, 81-82)

On voit bien ce qui peut inciter à comprendre l'adverbe *üblicherweise* comme appréciatif : c'est le caractère « subjectif » de l'indication de fréquence qu'il exprime. Cette subjectivité-là, qui est aussi celle d'adverbes temporels tels que *oft*, *meistens* ou *selten*, n'a cependant rien à voir avec celle des appréciatifs tels que *bedauerlicherweise* ou *konsequenterweise*. Ces derniers expriment une *opinion personnelle* du locuteur, alors que les premiers renvoient à des concepts aux *contours flous* dont l'application à la réalité extralinguistique est, de ce fait, susceptible de varier d'un individu à l'autre[20]. En d'autres termes : la subjectivité des adverbes temporels cités n'est que le résultat de leur imprécision comme instrument de description du monde, alors que celle des appréciatifs est consubstantielle à leur sémantisme.

Le caractère non essentiellement subjectif de *üblicherweise* est d'ailleurs prouvé par l'échec au test d'enchâssement proposé plus haut (cf. **3**) :

→   * Ich finde es üblich/ich halte es für üblich, daß Niedriglöhne in Branchen bezahlt werden, die...

---

[20] Ce qu'il y a de subjectif dans *oft* ou *üblicherweise*, c'est que le seuil à partir duquel on les emploie pour décrire une réalité peut varier d'un locuteur à l'autre : pour une même fréquence objective, l'un dira qu'il y a lieu de la qualifier d'élevée, l'autre seulement de moyenne.

Lequel test redevient positif dès qu'on l'applique non pas au *dit* de l'adjectif mais à son emploi (=au fait de l'employer) :

→   Ich finde, daß man hier schon sagen kann, daß diese Unsitte (=Niedriglöhne in Branchen zu bezahlen, die…) üblich ist.

– *normalerweise* :

(37)   *Normalerweise* erfolgte der Umzug von Ostpreußen nach Berlin für die Sitzungsperiode der beiden Parlamente mit der ganzen Familie und allem Zubehör; (DKO 36/34)

Si *normalerweise* a l'air si proche de *üblicherweise*, c'est qu'il fait référence à la notion de normalité, laquelle implique nécessairement celle de fréquence : le rare ne peut pas être « normal » et le « normal » est nécessairement relativement fréquent. Pérennec (1979/1984, 324) note à juste titre que *normalerweise* peut se paraphraser par « Wenn alles normal abläuft (pour (37) : ablief) », qui fait dépendre la vérité de l'énoncé de la réalisation de la condition exprimée dans la subordonnée. On voit que la description en terme de «cadre » s'impose encore plus nettement que pour *üblicherweise*. Il n'en reste pas moins que poser un cadre à la validité de l'énoncé n'est pas la même chose qu'exprimer une opinion personnelle au sujet du contenu que relate cet énoncé.

Le problème c'est que le test d'enchâssement aussi bien que celui de clivage semblent suggérer que *normalerweise* exprime bel et bien une opinion personnelle du locuteur sur le *dictum*. Ainsi Pérennec (1979/ 1984, 324) paraphrase-t-il « Normalerweise wird Hans kommen » par «Hans wird kommen. Und das ist normal [von ihm] », comme je pourrais paraphraser par «Ich finde es normal, daß Hans kommen wird. » En réalité, il faut bien voir que la normalité exprimée par l'adjectif est ambiguë : elle peut correspondre à l'opinion subjective d'un locuteur qui en fait une sorte de synonyme de *gut* (=conforme à mes principes, à ma morale), mais aussi à une norme extérieure à l'individu régissant le monde comme une sorte de loi non absolue. Or le test de clivage aussi bien que celui d'enchâssement mettent en jeu l'acception subjective du mot, alors que l'adverbe *normalerweise* implique l'acception objective : en (37), la comtesse Dönhoff ne dit pas qu'elle trouve « normal » le déménagement en cause, elle indique qu'il avait lieu lorsque les conditions étaient normales, c'est-à-dire en définitive *estimées normales par les intéressés* (et pas par elle). Il me paraît donc incontestable – et je rejoins ici Pérennec, quoique avec d'autres arguments – que *normalerweise* n'informe pas sur l'opinion du locuteur, mais bel et bien sur la réalité extralinguistique.

– *idealerweise* : le cas de cet adverbe est un peu particulier en ce sens qu'il possède la double aptitude à fonctionner soit comme authentique appréciatif (comme en (38)), soit comme élément fixant, à l'instar de *normalerweise*, quoique d'une certaine manière «en plus exigeant», le cadre de validité du reste de l'énoncé (cf. (39)) :

(38)   *Idealerweise* schläft Clemens nach dem Wickeln ein, und ich habe eine halbe Stunde Zeit für die Liste der hundert wichtigsten Sachen, die sofort erledigt werden müssen. (Z 04.11.93)

La jeune mère qui parle relate le comportement habituel de son bébé en y ajoutant un commentaire du même ordre que celui qui serait exprimé par un élément comme *glücklicherweise*.

(39)   Das ist nur möglich, wenn man es schafft, Strukturen zu entdecken, gemäss denen man das zu entwickelnde Anwendungssystem gliedern und modularisieren kann. *Idealerweise* erfolgt dies in Modulen, die zusammengehörige Dinge umfassen und – wie Lego-Steine – eine einfache Schnittstelle nach aussen bieten, welche die Wiederverwendbarkeit in anderen Anwendungen ermöglicht. (NZZ 06.09.94)

Bien que l'exemple ne soit pas facile à comprendre pour un non scientifique, on voit bien, notamment grâce à la subordonnée conditionnelle en *wenn* de la première ligne, que le deuxième énoncé évoque ce qui se passe lorsque les conditions idéales sont réunies : « Im Idealfall erfolgt dies in Modulen […] ». La fonction appréciative de *idealerweise* n'en est pas totalement effacée pour autant, tant il apparaît difficile de contester que le journaliste auteur de ces lignes ait émis, en employant cet adverbe un jugement manifestement subjectif du type «Wenn dies in Modulen erfolgt, dann ist es ideal. »

Si les observations qui précèdent n'épuisent nullement la description de ces trois éléments au sémantisme et au fonctionnement éminemment complexe (il faudrait par exemple examiner dans quels contextes et à quels effets on les utilise), elles auront au moins montré, me semble-t-il, que leur catégorisation comme pur et simple appréciatifs n'est pas recevable.

5. Pour ne pas en rester là…

La visée initiale de cette étude était de montrer que l'image lisse et nette que l'on donne habituellement des adverbes en -*erweise* ne correspondait pas à la réalité. L'observation attentive d'exemples authentiques fait apparaître des éléments dont le sens et l'emploi sont plus complexes qu'il y paraît. Encore n'ai-je pu en donner ici qu'un aperçu. A travers ces éléments c'est en fait le phénomène de l'*appréciation* dans son ensemble qui demande à être revisité. Parmi les questions qui mériteraient un réexamen, on peut citer :

– sur quels *objets* peut porter le jugement appréciatif : un événement, un contenu, d'autres choses ?

– qui en est l'*auteur* : le locuteur ou un tiers, repérable selon quelles procédures (problème de la polyphonie) ?

– peut-on le sous-catégoriser en distinguant par exemple trois types de jugement, affectif, moral ou intellectuel, et quel[s] point[s] commun[s] peut-on poser entre eux ?

Enfin et peut-être surtout, n'est-ce pas cette étrange faculté qu'ont certains adverbes en *-erweise* – de même que certains de leurs « cousins français » en *-ment*, du reste – de pouvoir fonctionner comme éléments du *dictum* ou comme élément du *modus* qui demanderait à être expliquée ?

Bibliographie (limitée aux ouvrages et articles cités)

David, Jean/Marcq, Philippe/Pérennec, Marcel/Valentin, Paul/Verger, Jacques/ Zehnacker, Jean (1974) : « Lexique de grammaire allemande (propositions) ». In : *Cahiers d'allemand* n°7, Paris, Didier, 3-28.

Cortès, Colette/Szabo, Helge (1994/1995) : « Un exemple de catégorisation des noms, des verbes et des adjectifs par le langage naturel : les adverbes allemands en *-weise* ». In : *Théories et pratiques du lexique*, Cahiers du C.I.E.L. (Centre interlangue d'études en lexicologie) 1994/1995, Paris, Université de Paris VII-Denis Diderot, 185-213.

Damourette, Jacques/Pichon, Edouard (1969) : *Essai de grammaire de la langue française* 1911-1930, Tome Troisième, Paris, Editions d'Artrey.

Ducrot, Oswald/Todorov, Tzvetan (1972) : *Dictionnaire encyclopédique des sciences du langage*, Paris, Seuil.

Duden (1996) : *Deutsches Universalwörterbuch*, Mannheim/Leipzig/Wien/ Zürich, Dudenverlag.

Grimm, Jacob u. Wilhelm (1854-1954) : *Deutsches Wörterbuch*, Leipzig, Hirzel Verlag.

Martinet, André (ss la dir. de) (1969) : *La linguistique. Guide alphabétique*, Paris, Denoël.

Pérennec, Marcel (1979/1984) : *Illocution et assertion en allemand contemporain*, Thèse d'État soutenue en 1979, publiée sous forme de microfiches en 1984, Lille, Atelier de reproduction des thèses.

Schanen, François/Confais, Jean-Paul (1986) : *Grammaire de l'allemand. Formes et fonctions*, Paris, Nathan.

Sources

BGH   Buron, Nicole de : ... *und dann noch grüne Haare!*, Frankfurt a.M., Ullstein, 1988. (Trad. all. par Irène Kuhn de *Qui c'est, ce garçon?*, Paris, Flammarion, 1985.)

BKB   Böll, Heinrich : *Die verlorene Ehre der Katharina Blum*, München, DTV, 1984.

DKO   Dönhoff, Marion (Gräfin) : *Kindheit in Ostpreußen*, Berlin, Siedler, 1988.

DRG   Dürrenmatt, Friedrich : *Romulus der Große,* Zürich, Verlag der Arche, 1958.

DVe   Dürrenmatt, Friedrich : *Das Versprechen*, München, DTV (Großdruck), 1987.

EZG   Zola, Emile : *Germinal*, München, Winkler Verlag, 1976. (Trad. all. par Johannes Schlaf de l'édition de *Germinal* établie par Maurice Le Blond.)

FAZ   *Frankfurter Allgemeine Zeitung*. Mention particulière : Buch = recensions parues dans le quotidien (date + n° de page) (Edition sur cédérom).

FOC   *Focus* (magazine hebdomadaire)

JMSK   Simmel, Johannes Mario : *Es muß nicht immer Kaviar sein*, München, Knaur, 1960.

KGZ   Kempowski, Walter : *Aus großer Zeit*, Hamburg, Knaur, 1978.

KLT   Lorenz, Konrad : *Er redete mit dem Vieh, den Vögeln und den Fischen*, München, DTV, 1983.

LPG   Pergaud, Louis : *La guerre des boutons* (voir PKK ci-après).

MSG   Martin, Hans-Peter/Schumann, Harald : *Die Globalisierungsfalle. Der Angriff auf Demokratie und Wohlstand*. Reinbek bei Hamburg, Rowohlt, 1997.

NZZ   *Neue Zürcher Zeitung* (Edition sur cédérom).

PKK   Pergaud, Louis : *Der Krieg der Knöpfe*, Reinbek, Rowohlt, 1984. (Trad. all. par Gerda von Uslar de *La guerre des boutons*, Paris, Mercure de France (=folio 758), 1963.)

PSP   Süskind, Patrick : *Das Parfum. Die Geschichte eines Mörders*, Zürich, Diogenes, 1985.

SDW   Sartre, Jean-Paul : *Die Wörter*, Reinbek, Rowohlt, 1973. (Trad. all. par Hans Mayer de *Les mots*, Paris, Gallimard, 1964.)

SP   *Der Spiegel* (Edition sur cédérom).

TAZ   *Die Tageszeitung* (Edition sur cédérom). Les mentions BERLIN, HAMBURG ou BREMEN signalent les éditions locales.

Z   *Die Zeit* (Edition sur cédérom).

Rem. :   Pour les exemples tirés de la presse, les références indiquent soit le numéro et l'année, soit la date du journal ou du périodique, ainsi que le numéro de la page chaque fois que j'ai pu l'établir.

A propos des règles de collocations lexicales

Peter SCHERFER
Gesamthochschule Wuppertal

1. A propos du sujet

Ce qu'il est convenu d'appeler *collocations lexicales*[1] est source de certaines difficultés de traduction et d'apprentissage qui pourraient être atténuées – au moins partiellement – si l'on comprenait déjà toutes les caractéristiques essentielles de ce phénomène.

Dans la recherche correspondante, il est plus ou moins admis qu'une collocation lexicale est une combinaison de deux (éventuellement plus de deux) lexèmes dans une des structures du type a) à f) énumérées dans le tableau ci-après[2].

---

[1] J'utilise le terme *collocation lexicale,* car, dans la recherche britannique, on fait la différence entre *collocation lexicale* et *collocation grammaticale* (cf. par ex. BBI: ix - xxviii). Parmi ces dernières comptent surtout les constructions avec une préposition régie ou d'autres constructions dépendant de la valence du nom, de l'adjectif et du verbe dont je ne tiens pas compte ici. La plupart des auteurs s'accordent pour attribuer ce terme à Firth; cf. par ex. Busse (1995, 123):
> « Der Begriff ›Kollokation‹ (collocation) wurde von J.R. Firth im Rahmen seiner Bedeutungstheorie in die linguistische Terminologie eingeführt. Firth (1957, 190-215) entwickelte die Konzeption der meaning of collocation, die sich auf das häufige Zusammenauftreten von lexikalischen Einheiten in einer charakteristischen, gewohnheitsmäßigen Verbindung bezieht und einen Teil der Bedeutung ausmacht. »

J'ai l'impression que dans la terminologie française, ce terme est également accepté, ce qui ne veut pas dire que la terminologie dans son ensemble soit claire dans ce domaine (cf. Gross 1996, 3-8). Les termes *séries phraséologiques/groupements usuels* de Bally (1951, 70-73) ne sont plus utilisés bien qu'ils désignent des phénomènes centraux pour ce champ de recherche.

[2] Je n'utilise ce tableau qu'à titre d'exemple, car il ne contient pas tout ce qui est considéré par les différents auteurs comme appartenant aux collocations. L'inventaire définitif reste encore à faire.

Types de collocations lexicales (d'après Hausmann 1989, 1010) :

a)	substantif + adjectif	*confirmed bachelor*	*eingefleischter Junggeselle*	*célibataire endurci*
b)	substantif [sujet] + verbe	*his anger falls*	*Zorn verraucht*	*la colère s'apaise*
c)	verbe + substantif [objet]	*to withdraw money*	*Geld abheben*	*retirer de l'argent*
d)	verbe + adverbe	*it is raining heavily*	*es regnet in Strömen*	*il pleut à verse*
e)	adjectif + adverbe	*seriously injured*	*schwer verletzt*	*grièvement blessé*
f)	substantif + [préposition] + substantif	*a gust of anger*	*Wutanfall*	*une bouffée de colère*

On convient également que, sur une échelle indiquant les différents degrés de figement, les collocations lexicales occupent une place intermédiaire entre les combinaisons libres et les locutions toutes faites ; cf. la figure ci-après :

Combinaisons de mots figées et non figées
(d'après Hausmann 1984, 399) :

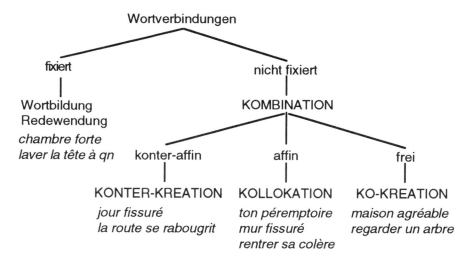

« La collocation se distingue de la combinaison libre *(the book is useful/das Buch ist nützlich/le livre est utile)* par la combinabilité restreinte (ou affinité) des mots combinés *(feuilleter un livre* vs. *acheter un livre)*. La collocation se distingue d'autre part des locutions *(idioms, Redewendungen,* par ex. *monter un bateau à qn/jdn. durch den Kakao ziehen/to pull sb's leg)* par son non-figement et par sa transparence. Or, cette transparence n'empêche nullement la collocation d'être imprévisible. L'apprenant étranger, tout en la comprenant (s'il comprend les mots combinés), ne saurait automatiquement la reproduire. Il doit l'apprendre, parce que les langues, dans la totalité des combinaisons logiquement possibles, font un choix idiosyncratique » (Hausmann 1989, 1010).

Cette citation de Hausmann montre très bien deux problèmes essentiels auxquels la discussion scientifique n'a pas encore trouvé de réponses définitives, à savoir

1. Où se trouve exactement la limite entre les combinaisons libres et les collocations?[3] Ou autrement dit, en prenant l'exemple de Hausmann, en quoi consiste la différence entre *acheter un livre* et *feuilleter un livre* qui représenterait le paramètre significatif pour la délimitation des *collocations* des autres combinaisons de mots? Les définitions qu'on rencontre dans la littérature restent assez vagues, comme celle de Klare (1998, 236), qui constate que les collocations seraient des combinaisons d'unités lexicales caractéristiques, usuelles, typées, stéréotypées, des constructions syntaxiques typiques ayant une fréquence d'occurrence élevée.

2. Que veut dire, dans ce contexte, « idiosyncratique »? Autrement dit, est-ce que dans la formation de collocations rien n'est prévisible ou n'y a-t-il pas quand même certaines tendances déterminant leur formation qui pourraient faciliter la tâche d'un apprenant ou d'un traducteur ? Par rapport à cette question, Hausmann (1976, 53) reste assez pessimiste :

« Der Miteinandergebrauch von Wörtern ist Zwängen unterworfen, die entweder mit semantischen Merkmalen gar nicht zu erfassen sind oder deren semantische Beschreibung zu kompliziert ist, als daß sie noch lernbar wäre. »

Mais il faut se demander comment il arrive que les locuteurs maîtrisent un phénomène dont la description sémantique est trop complexe pour être acquise.

D'une manière générale, on doit constater que le champs de la recherche sur les collocations lexicales n'est qu'intuitivement délimité et qu'une description scientifiquement exacte reste encore à faire.

Dans ce qui suit, j'introduirai des paramètres de définition pour les collocations lexicales qui me semblent essentiels et qui permettront en

---

3 La délimitation des collocations des locutions (toutes faites) occupe une place plus importante dans la recherche correspondante (cf. par ex. Gross 1996 et les contributions dans Martins-Baltar 1997) et est plus claire que celle des combinaisons libres.

même temps d'atténuer la constatation que «tout est idiomatique dans les langues »[4] Mon idée est la suivante :

D1. Il y a seulement collocation lexicale quand l'un des éléments d'une combinaison des mots est polysème et utilisé dans son acception figurée.

D2. Pour cet élément de la collocation lexicale, il existe dans la langue donnée un ou plusieurs synonymes cognitifs[5].

D3. Les différentes acceptions d'un lexème polysémique sont en relation les unes avec les autres ce qui se laisse exprimer à l'aide de règles (règles de polysémie) conceptuellement motivées.

D4. A côté des règles de polysémie, il existe des règles de collocation qui décrivent la façon de conceptualiser un certain domaine de la réalité abstraite par analogie à un domaine de la réalité concrète et les conséquences qui en résultent pour la verbalisation correspondante.

2. Collocations et polysémie

D'une certaine manière, les idées formulées en D1 et D2 se trouvent déjà dans Aisenstadt (1979, 73) et Allerton (1984, 32)[6]. Aisenstadt les exprime de la manière suivante : «... the constituents [of a collocation] are used in a secondary meaning, often abstract or figurative ... » Et Allerton observe que la sélection collocationnelle[7] «... involves choosing a particular word for a non-literal meaning when a number of different options seem equally well qualified. » Allerton (1984, 30-31) insiste sur le fait que ce choix n'est que peut-être conceptuellement motivé, mais qu'il est surtout arbitraire.[8]

Partons, pour appliquer ce critère, de deux types d'exemples donnés par Staib (1996) pour des collocations verbo-nominales. Pour lui, le premier type représenté par les exemples (1) à (3)

---

4 C'est le titre de l'article de Hausmann (1997).
5 A propos du rôle de la synonymie (cognitive) dans la formation de collocations lexicales cf. Cruse (1986, 279) : «... we shall define collocational restrictions as co-occurrence restrictions that are irrelevent to truth-conditions – that is to say, those in respect of which lexical items may differ and still be cognitive synonyms. »
6 Cf. encore Cruse (1986, chap. 12).
7 Allerton (1984, 28-36) utilise le terme *locutional cooccurrence restrictions*.
8 Les constructions qui, pour lui, sont typiques sous cet aspect concernent avant tout celles du type *at four o'clock, in the evening, on (the) Friday, at Christmas*, donc celles avec une préposition lexicale. Mais ce paramètre reste également applicable à d'autres exemples.

(1)   *franchir* {une limite, frontière, barrière, borne ; un obstacle, mur, fossé ..., les examens}

(2)   *assumer* {un emploi, un rôle, une charge, une fonction, une tâche, la responsabilité}

(3)   *assouvir* {sa faim, sa soif, son appétit/sa rancune, sa rage, sa colère, sa passion, sa curiosité}

«qui peut être considéré comme le représentant prototypique d'une collocation verbo-nominale, nous révèle la connexion sémantique étroite entre le verbe et le nom. Si nous cherchons à dresser la liste des noms qui figurent comme complément d'objet du verbe *franchir*, les dictionnaires nous informent que *franchir* se combine surtout avec les noms *limite, frontière, obstacle, barrière, borne, mur, fossé* et *rivière*. Du point de vue sémantique, il s'agit donc de noms qui désignent des objets qui, au sens large, constituent des obstacles » (Staib 1996, 179).

A propos du deuxième type de collocations verbo-nominales représenté par des exemples (4) et (5)

(4)   rentrer sa rage

(5)   ravaler sa colère

il constate que ces exemples

«témoignent d'un aspect idiomatique relativement fixe, [...]. L'idiomaticité relative de ces collocations réside dans le fait que, d'une part, le verbe est employé au figuré [...] et que, d'autre part, la signification de la collocation peut être exprimée également à l'aide d'une construction de la syntaxe libre comme par exemple *apaiser sa colère*. ... les exemples de notre deuxième type de collocations montrent une certaine indépendance des éléments qui semble être responsable du fait que le locuteur a la liberté de choisir entre plusieurs verbes synonymes comme *retenir, ravaler* et *refouler* pour exprimer la même signification du discours » (Staib 1996, 180).

De fait, dans la description du deuxième type de collocations verbo-nominales, Staib fait mention de mes deux paramètres de définitions D1 et D2 introduits plus haut. On peut se demander si ces deux paramètres ne se laissent pas aussi appliquer à son premier type. D'après le *Petit Robert* (1993), *franchir* signifie, entre autre, ce que je reproduis en (6)[9]

---

9   Quand je me réfère aux dictionnaires, je ne réproduis pas toujours les citations exactes et complètes, mais résume les informations nécessaires pour mon argumentation.

(6)   franchir

II.1.   Passer par dessus (un obstacle), en sautant, en gravissant, etc.

FIG.   Surmonter, vaincre (une difficulté).

Ce verbe possède donc également une acception figurée et, dans l'exemple (1), il peut être remplacé par au mois un synonyme cognitif : *dépasser*. Pour *assumer*, le *Petit Robert* n'indique pas d'acception figurée, mais pour *assouvir*, on en trouve une, cf. (7)

(7)   assouvir

1.   Calmer complètement (un violent appétit)

2.   FIG. Satisfaire pleinement (un désir, une passion).

Acceptant le critère de l'emploi figuré d'un de ses éléments comme crucial pour la détermination d'une collocation, les exemples avec *assumer* ne représenteraient pas des collocations et, parmi les exemples avec *franchir* et *assouvir*, on devrait considérer comme collocations uniquement ceux dans lesquels le verbe respectif est employé au figuré. Les définitions du *Petit Robert* (1993) de *rentrer* et de *ravaler* contiennent, entre autre, les informations (8) et (9)

(8)   rentrer qc.

1. Mettre ou remettre à l'intérieur, dedans. *Rentrer les foins. Il a rentré sa voiture* (au garage).

2. Dissimuler, faire disparaître sous (ou dans). *Rentrer sa chemise dans son pantalon.*

FIG. Refouler. Rentrer ses larmes. Rentrer sa colère, sa haine, sa rage (→ réprimer).

(9)   ravaler

II. 1. Avaler de nouveau, avaler ce qu'on a dans la bouche. *Ravaler sa salive.*

FIG. Empêcher de s'exprimer. *Ravaler sa colère, son dégoût.*

Ces deux lexèmes possèdent donc chacun un sens figuré et c'est avec celui-ci qu'ils sont employés dans les collocations en question. En plus, il y a des synonymes cognitifs comme *apaiser, retenir, refouler, réprimer* etc.

3.   Règles de polysémie

Schwarze (1983, 208) fait remarquer que, pour trouver une lecture particulière, on peut avoir recours à des ‹ *règles de polysémie* ›. Comme exemple, il donne «une règle assez générale, applicable aux verbes transitifs dont le complément d'objet direct désigne une chose, lorsque le verbe est employé dans son sens de base» :

(10)   « Lorsque le sens d'un verbe spécifie l'objet de l'action désignée par ce verbe comme étant une chose, il y a un sens dérivé
où l'objet est un être humain. Ce sens dérivé spécifie l'action
comme étant accomplie de manière superficielle » (Schwarze
1983, 208).

Il illustre ce sens dérivé par l'exemple (11) :

(11) Après son accident, les médecins l'ont recousu

et fait remarquer que cette règle de polysémie «ne s'applique pas de façon courante à l'équivalent allemand le plus proche de *recoudre*, à savoir
zusammennähen», au lieu de (12) on dirait plutôt (13)

(12)   Nach seinem Unfall haben ihn die Ärzte wieder zusammen-
genäht

(13)   Nach seinem Unfall haben ihn die Ärzte wieder zusammenge-
flickt (*flicken* = 'rapiécer')

Par analogie à la règle indiquée ci-dessus, on pourrait essayer[10] de formuler, pour les collocations du type illustré par (1) et (4) les règles (14) et
(15)

(14)   Lorsque le sens d'un verbe spécifie l'objet de l'action désignée
par ce verbe comme étant une chose, il y a un sens dérivé où
l'objet est un phénomène abstrait. Ce sens dérivé spécifie
l'objet comme étant conceptualisé comme un obstacle.

(15)   Lorsque le sens d'un verbe spécifie l'objet de l'action désignée
par ce verbe comme étant une chose, il y a un sens dérivé où
l'objet est un phénomène abstrait. Ce sens dérivé spécifie l'objet comme étant conceptualisé comme un sentiment (violent).

En ce qui concerne l'apprentissage de ce phénomène, Schwarze (1983,
208-209) conclut :

«On pourrait alors profiter du fait que ces règles fonctionnent dans la
langue d'arrivée de la même manière que dans la langue de départ,
pour éviter la nécessité d'enseigner tous les sens dérivés de tous les
lexèmes qui font l'objet de l'apprentissage : il suffirait de *bloquer
l'application de la règle* en question pour ceux d'entre les lexèmes
où celle-ci donnerait des résultats manifestement faux. Or la connaissance des contrastes de polysémie serait une condition nécessaire
à la réalisation de ce blocage sélectif. (Sans la connaissance des contrastes, l'apprenant risque de bloquer complètement sa capacité de
prédire des sens dérivés dans la langue d'arrivée, ce qui serait évidemment un obstacle assez grave pour l'apprentissage lexical.) »

---

10   Je n'ai pas encore pu faire des analyses correspondantes détaillées.

4. Règles de collocation

La discussion des règles de polysémie nous amène à l'hypothèse que les restrictions et les règles sémantiques ont, en principe, un caractère général et que les restrictions collocationnelles opèrent sur celles-ci en déterminant les cas dans lesquels les restrictions et les règles sémantiques sont bloquées. On peut donc se poser la question de savoir si, pour les restrictions collocationnelles, on ne pourrait pas trouver sinon des règles absolues, du moins des tendances qui seraient conceptuellement motivées.

Dans Scherfer (1994, 194), j'ai proposé des ‹ *règles de collocation* ›. Elles indiqueraient que, par le fait que certains aspects d'un domaine de la réalité abstraite sont, dans une culture donnée, conceptualisés par analogie avec un domaine de la réalité concrète, les verbalisations sont également analogues. Ces analogies conceptuelles sont appelées ‹ *métaphores de pensée* ›[11]. Comme exemple, j'avais pris la métaphore de pensée « time is money » qui inclut des métaphores plus précises « time is a limited resource et time is a valuable commodity » (cf. Lakoff/Johnson 1980, 7-9). La règle de collocation aurait la forme suivante :

(16)   « Si tu veux exprimer un événement ou une action concernant le TEMPS considéré comme RESSOURCE LIMITÉE et BIEN PRÉCIEUX, fais-le par analogie avec l'ARGENT considéré comme RESSOURCE LIMITÉE et BIEN PRÉCIEUX. »

Le tableau ci-dessous montre en effet que cette règle fonctionne assez bien quand on ne prend pas en considération l'aspect concret de l'argent ('monnaie, en pièces ou en billets'), mais son aspect abstrait ('richesse qu'elle représente'[12]). (Les rubriques avec les cas où la règle ne s'emploie pas sont en gris). On constate également que les contrastes, entre le français et l'allemand, sont plutôt rares. Le seul qu'on observe concerne *gagner de l'argent/du temps* dans le sens de *Geld verdienen/*Zeit verdienen* ; mais *gagner de l'argent/du temps* et *Geld/Zeit gewinnen* sont possibles.

argent	temps	exemples
amasser (anhäufen, ansparen)		amasser de l'argent/ *du temps
appartenir (gehören)	?	cet argent/?ce temps appartient à qn
	consacrer (widmen)	consacrer *de l'argent/ du temps à qn/qc

[11] Dans le sens de Lakoff/Johnson (1980).
[12] La définition du *Petit Larousse* (1997, 83) indique bien les deux aspects de l'argent: « Monnaie, en pièces ou en billets; richesse qu'elle représente. »

convertir (umtauschen)		convertir de l'argent/ *du temps
demander (erfordern)		demander de l'argent/ du temps
(être) démuni de (kein Geld bei sich haben)		(être) démuni d'argent /*de temps
dépenser (ausgeben)		dépenser de l'argent/ du temps
dilapider (verschwenden, vergeuden)		dilapider de l'argent/ du temps
disposer de (verfügen über)		disposer de l'argent/ du temps
donner (geben)		donner de l'argent/du temps
échanger (umtauschen)		échanger de l'argent/ *du temps
économiser (sparen)		économiser de l'argent /du temps
(s')écouler (verrinnen)		l'argent/le temps s'écoule
exiger (verlangen)		exiger de l'argent/du temps
extorquer (erpressen)		extorquer de l'argent/ *du temps
(faire) fructifier (Früchte tragen lassen)		faire fructifier de l'argent/*du temps
	fuir (dahineilen, schwinden, verfliegen)	*l'argent/le temps fuit
gagner (verdienen, gewinnen)	(Zeit gewinnen ; *verdienen)	gagner de l'argent/du temps
gaspiller (vergeuden)		gaspiller de l'argent/ du temps
?	*limiter* (begrenzen)	limiter ? son argent (ses dépenses)/son temps
(se) munir (mitnehmen)		se munir de l'argent/ *du temps
obtenir (bekommen)		obtenir de l'argent/du temps
palper («fühlen », ein streichen)		palper de l'argent/ *du temps

	passer (vergehen)	*l'argent/le temps passe
percevoir (einnehmen)		percevoir de l'argent/ *du temps
perdre (verlieren)		perdre de l'argent/du temps
	rattraper (wieder aufholen/wettmachen)	rattraper *de l'argent/du temps
recevoir (erhalten)	?	recevoir de l'argent/ ? du temps
réclamer (verlangen)		réclamer de l'argent/ du temps
répartir (verteilen auf)		répartir son argent/ son temps
toucher (in Empfang nehmen)		toucher de l'argent/ *du temps
	tuer (totschlagen)	tuer *l'argent/son temps
verser (einzahlen)		verser de l'argent/ *du temps

Bahns (1997, cf. 178) a certainement raison de penser que la validité et la portée (linguistiques) des métaphores de pensée sont, à un niveau très général, plutôt restreintes. Mais quand on connaît les restrictions, elles sont quand même d'une grande utilité pour le travail du traducteur et de l'apprenant d'une langue étrangère. Ces restrictions résident avant tout dans le fait que, dans des collocations lexicales, les éléments sont employés au figuré et que ce sens dérivé peut, dans différentes cultures, être dérivé de différentes métaphores de pensée, donc de différentes manières de concevoir (de conceptualiser) le monde.

Bibliographie

Aisenstadt, Esther (1979) : « Collocability Restrictions in Dictionaries. » In : *ITL Review of Applied Linguistics* 45/46, 71-74.

Allerton, D.J. (1984) : « Three (or four) levels of word cooccurrence restriction. » In : *Lingua 63*, 17-40.

Bahns, Jens (1997) : *Kollokationen und Wortschatzarbeit im Englischunterricht,* Tübingen, Gunter Narr.

Bally, Charles (1951) : *Traité de linguistique française*, Vol. 1, Paris, Genève (3° éd.).

[BBI] Benson, Morton/Benson, Evelyn/Ilson, Robert (1986) : *The BBI Combinatory Dictionary of English. A Guide to Word Combinations*, Amsterdam, Philadelphia, Benjamins Publishing Company.

Busse, Ulrich (1995) : « Kollokationen. » In : Ahrens, Rüdiger u.a. (Hrsg.) : *Handbuch Englisch als Fremdsprache*, Berlin, Erich Schmidt Verlag, 123-127.

Cruse, David (1986) : *Lexical semantics*, Cambridge, Cambridge University Press.

Duden Deutsches Universalwörterbuch (1989²), Mannheim, Dudenverlag.

Firth, John Rupert (1957) : « Modes of meaning. » In : *Papers in Linguistics.* Oxford, Oxford University Press, 190-215.

Gross, Maurice (1996) : *Les expressions figées en français. Noms composés et autres locutions*, Gap/Paris, Ed. Ophrys.

Hausmann, Franz Josef (1984) : « Wortschatzlernen ist Kollokationslernen – Zum Lehren und Lernen französischer Wortverbindungen. » In : *Praxis des neusprachlichen Unterrichts* 31, 395-406.

Hausmann, Franz Josef (1989) : « Le dictionnaire des collocations. » – Art. 95. In : *Wörterbücher, Dictionaries, Dictionnaires. Erster Teilband*, 1010-1019.

Hausmann, Franz Josef (1993) : « Was ist und was soll ein Kontextwörterbuch? » In : Ilgenfritz, Peter/Stephan-Gabinel, Nicole/Schneider, Gertraud (Hrsg.) : *Langenscheidts Kontextwörterbuch Französich-Deutsch*, Berlin, München, Langenscheidt (5° éd.), 5-9.

Hausmann, Franz Josef (1997) : « Tout est idiomatique dans les langues. » In : Martins-Baltar, Michel (textes réunis par) : *La locution entre langue et usages*, Fontenay/Saint-Cloud, ENS Éd. et Paris, Ophrys, 275-290.

Heid, Ulrich (1994) : « On Ways Words Work Together – Topics in Lexical Combinatorics. » In : Martin, W./Meijs, W./Moerland, M./ten Pas, E./van Sterkenburg, P. & Vossen, P. (eds) : *Euralex 1994, Proceedings*, [Papers submitted to the 6th EURALEX International Congress on Lexicography in Amsterdam, The Netherlands], 226-257.

Klare, Johannes (1998) : « Kollokationen im Französischen im Spannungsfeld zwischen Grammatik, Lexikon und Text. » In : Figge, Udo L./Klein, Franz-Josef/Martinez Moreno, Annette (Hrsg.) : *Grammatische Strukturen und grammatischer Wandel im Französischen*, Festschrift für Klaus Hunnius zum 65. Geburtstag, Bonn, Romanistischer Verlag, 235-262.

Lakoff, George/Johnson, Mark (1980) : *Metaphors We live by,* Chicago/London, University of Chicago Press.

Le Nouveau Petit Robert (1993), Paris, Dictionnaires Le Robert [éd. entièrement revue et amplifiée du *Petit Robert*].

Le Petit Larousse illustré 1998 (1997), Paris, Larousse-Bordas [éd. entièrement nouvelle].

Martins-Baltar, Michel (textes réunis par) (1997) : *La locution entre langue et usages,* Fontenay/Saint-Cloud, ENS Éd. et Paris, Ophrys.

Mel'chuk, Igor A. (1996) : «Lexical Functions : A Tool for the Description of Lexical Relations in a Lexicon.» In : Wanner, Leo (Hrsg.) : *Lexical Functions in Lexicography and Natural Language Processing,* Amsterdam/Philadelphia, John Benjamins Publishing Company.

Scherfer, Peter (1994) : «Elemente einer Theorie des Vokabellernens und -lehrens.» In : Börner, Wolfgang/Vogel, Klaus (Hrsg.) : *Kognitive Linguistik und Fremdsprachenerwerb : Das mentale Lexikon,* Tübingen, Narr, 185-215.

Schwarze, Christoph (1983) : «Une typologie des contrastes lexicaux.» In : Faust, Manfred u.a. (Hrsg.) : *Allgemeine Sprachwissenschaft, Sprachtypologie und Textlinguistik. Festschrift für Peter Hartmann,* Tübingen, Gunter Narr, 199-210.

Staib, Bruno (1996) : «La relation syntagmatique dans le lexique : à propos des collocations verbonominales.» In : Dupuy-Engelhardt, Hiltraud (éd.) : *Questions de méthode et de délimitation en sémantique lexicale* (Actes d'EUROSEM 1994), Reims, Presses Universitaires, 175-184.

DU TEXTE,

DE LA COMMUNICATION

ET DE

L'INTERCULTURALITÉ

Langue et culture

Anne BESANÇON
Université Marc Bloch de Strasbourg

> *« Sans connaissance du monde, la langue reste ‹ lettre morte › et sans langue, la connaissance du monde reste ‹ sans parole ›. »*
> Klaus Vogel (1995, 218)

Le terme de « culture » est une sorte de fourre-tout et, selon les interlocuteurs, il a des sens très différents ou, du moins, il est employé par chacun dans un seul de ses sens, à l'exclusion de tout autre, ce qui entraîne des malentendus. Cette confusion s'étend au terme « interculturel », l'objectif de tant de pédagogues et d'enseignants de langues étrangères.

Après avoir tenté de cerner la notion de « culture », dans le sens où l'entendent psycholinguistes et didacticiens aujourd'hui, nous donnerons quelques exemples de la pression exercée par le système culturel sur le développement de l'enfant et, plus particulièrement, sur l'acquisition de sa langue dite maternelle, avec, en regard, quelques conséquences négatives lors du contact avec un autre système culturel et, donc, une autre langue. La conclusion devrait mettre en lumière que langue et culture ne font qu'un, lors de l'acquisition de la langue première et lors de l'apprentissage de la (des) suivante(s).

1. Culture ? Vous avez dit culture ?

« Culture » est un terme polysémique ; et ses emplois actuels, au quotidien, ouvrent le champ à toutes les ambiguïtés et incompréhensions consécutives.

1.1. La culture des dictionnaires

A l'origine, la culture est l'action de cultiver la terre, de traiter le sol en vue d'une production agricole ; c'est, selon la nature et le format du terrain, l'horti- ou l'agriculture, sous forme de mono- ou de polyculture, si elle n'est pas tropicale ou, contrairement à toute attente d'après l'étymologie, hors sol. Puis le terme s'est enrichi : il est aussi action de faire croître un végétal, l'arbori-, la viti-, la sylviculture, et action d'élever certains animaux, l'api-, la pisci-, l'avi-, l'ostréi-, la mytiliculture, voire même, en s'étendant à l'être humain, la puériculture.

Lorsque les animaux sont plus gros qu'une abeille, un poisson, un oiseau ou un coquillage, on parle d'élevage et non plus de culture. Mais l'être humain, passé le stade du nourrisson, n'échappe pas à la culture : on éduque le petit enfant ; or, éduquer, c'est non seulement inculquer à l'enfant les usages de la société, c'est aussi former son esprit en cultivant ses facultés intellectuelles par des exercices appropriés – action confiée pour sa plus grande part à l'Ecole, mais pas seulement, si l'on observe l'importance de tous les acteurs connexes, regroupés dans l'ensemble dit « école parallèle », famille, personnes fréquentées directement ou par le biais des moyens de communication radiophoniques, télévisuels, électroniques et autres. Le résultat de cette action sur le cerveau de l'enfant[1] vise à constituer un bagage de savoirs, qui seront acquis, ou supposés tels, et qui portent sur des domaines divers d'ampleur variable, somme de connaissances que l'on nomme aussi « culture », au sens figuré tel qu'il est apparu dès la Renaissance ; certains distinguent cette culture de la précédente en la qualifiant de « cultivée », qu'elle soit générale ou limitée aux domaines littéraires, artistiques, scientifiques. C'est cette culture que des contestataires de 68, prêts à sortir leur pistolet, rejetaient comme élitiste. C'est celle que rejettent les jeunes dits des banlieues d'aujourd'hui, car, à leurs yeux, elle comporte « plein de choses inutiles et gênantes »[2]. C'est celle aussi dont on constate le déficit dans le groupe des « exclus », les personnes qui vivent dans une profonde misère, exclus de toute vie sociale, privés de travail, de logement, souvent de nourriture.

Culture de la terre, culture de l'esprit : c'est toujours la même action, sur des terrains très différents, certes, et avec des produits encore plus différents, mais c'est toujours intervenir afin d'obtenir, à partir de rien, quelque chose de beau, de bon, de viable. Et, pour beaucoup, spécialistes ou profanes, la culture se résume à cette action avec ces effets visibles, consommables ou intériorisés.

1.2. La culture des utilisateurs actuels de la langue

Et voici que le terme de « culture » s'étend à d'autres domaines : on a entendu ainsi parler de la « culture du métier d'assureur » ou de la « culture

---

[1] C'est résumer un peu rapidement, bien sûr, le développement cognitif de l'enfant ! Nous renvoyons aux auteurs classiques pour ce domaine qui n'est pas l'objet du présent article.

[2] Alors qu'ils tentaient de leur faire découvrir une partie de « culture cultivée » qui rencontre un large consensus à presque tous les niveaux de nos sociétés occidentales actuelles : vivre quelques jours à la montagne en été, des animateurs se sont entendu dire qu'outre tous les inconvénients de ce mode de vie, cela manque de musique « ou alors on n'a que ça », « ça » étant le grésillement des grillons, pourtant considéré unanimement comme naturel, beau, méritant attention et approbation...

techno ». Voici la liste de «cultures » nouvelles en Allemagne relevées par un auteur de *Die Zeit*[3] :

> «Jahrtausendelang gab es nur Politk, jetzt aber haben wir eine politische Kultur. Früher stritten sich die Parteien, jetzt entwickeln sie eine Streitkultur. [...] Bei uns wird auch nicht einfach protestiert, wir haben eine Protestkultur. Bedrohten Ausländern bieten wir nicht bloß Schutz, nein, sie sind hier absolut sicher durch unsere ›Schutzkultur‹ ».

La liste s'allonge avec, entre autres, « die Wagniskultur », «die Stabilitätskultur in Europa », « eine Gedenkkultur », « eine Lesekultur und eine Buchkultur ». Et l'auteur termine :

> «Kultur kennt bei uns keine Grenzen. Die Kinder haben nicht Kindereien im Kopf, sondern huldigen einer Kinderkultur. Die Alten wollen nicht ruhen, sondern streben zu einer neuen Alterskultur. Die Berliner entdeckten ihre Draußen-Kultur wieder und lassen in den Cafés keine freien Plätze in der Sonne. Und in der deutschen Hauptstadt eröffnete eine Photoausstellung ›Einblicke in die Berliner Schlafkulturen‹. Na dann, gute Nacht! »

Ce n'est ici visiblement plus la « Kultur » comme « civilisation », traduction habituelle de « Kultur » en français. Cet emploi nouveau rend équivoque bien sûr l'introduction de l'article cité :

> «Immer wieder hört und liest man Zeitgenossen, die den Untergang des Abendlandes kommen sehen und vor allem den Niedergang der deutschen Kultur. Umgekehrt ist es richtig: Jetzt erst werden wir zu einem Kulturvolk! »

Un peuple civilisé, certes, mais aussi un peuple aux cultures multiples ; car « Kultur » est ici à comprendre proprement comme un art de faire, de discuter, de vieillir, de dormir... comme il y a un art de manger et de se vêtir, un art que l'on cultive avec soin, que l'on affine à mesure des usages et que l'on précise par des règles de plus en plus sophistiquées, selon des codes définis au sein de groupes donnés, sur la base de convictions partagées, plus ou moins consciemment, par les membres de ce groupe.

En langue allemande, comme en langue française, s'introduit ainsi une nouvelle dimension à celles, déjà riches, de « culture »/« Kultur ». La notion est assez floue, référant aussi bien à de simples pratiques qu'au système global autour duquel il y a consensus ; ainsi l'emploi de «Kultur » est rendu suspect par la reprise «Modeerscheinung » dans :

---

3   *Die Zeit* Nr. 34, du 16.08.96, p.42 : Was wir wirklich brauchen. Kultur !

« Weil sich die rechte Bewegung mit Lifestyle verbreitet, Kultur-kämpfe austrägt in Treffpunkten und Klassenzimmern, handele es sich um eine Jugendkultur, unangenehm vielleicht, aber letztendlich harmlos, eine *Modeerscheinung* »[4].

Pour certains de ses emplois, le terme semble se rapprocher de la définition à venir.

1.3. La culture des ethnologues

En effet, tournons-nous enfin vers la « culture »/« Kultur » en tant que termes introduits directement de l'anglais et qui reposent sur la définition donnée par les ethnologues américains au début de ce siècle : la culture est «un ensemble complexe incluant les savoirs, les croyances religieuses, l'art, la morale, les coutumes ainsi que toute disposition ou usage acquis par l'homme vivant en société » (E.B. Tylor, en 1871)[5]. Les usages et habitudes de groupes de personnes (partis politiques, personnes âgées, jeunes de l'article de *Die Zeit* évoqué) pourraient ainsi être élevés au rang de cultures, ce qui ressort bien de la définition du Professeur Alexander Thomas de l'Université de Regensburg que nous citons pour compléter et bien comprendre un des sens actuels du terme «culture »[6] :

> « La culture est un système universel d'orientation de l'homme, typique de chaque société, organisation ou groupe de personnes. Ce système est constitué de symboles spécifiques qui font l'objet d'une tradition au sein d'une même société, organisation, etc. ; il influe sur les processus de connaissance (perception, pensée, évaluation) et d'action de tous les ressortissants d'une même culture et définit ainsi leur appartenance. Une telle culture, prise comme système d'orientation, structure donc le champ de connaissance et d'action spécifique des individus se considérant comme appartenant à une société, et elle forme la base nécessaire au développement d'instruments qui leur sont tout à fait propres et qui leur permettent de maîtriser leur environnement ».

Du sens latin d'une action sur un milieu, un végétal ou un animal pour obtenir un produit, en passant par le sens figuré de formation morale et intellectuelle centrée sur l'être humain, nous en sommes arrivés à la notion

---

4   *Die Woche*, 12. Juni 1998, Wie rechtsradikal ist die Jugend ?, c'est moi qui souligne.

5   Cité par J. Demorgon (1996, 25).

6   J. Demorgon (ibid., 25). La citation est tirée de *Psychologie interkulturellen Lernens und Handelns*. In A. Thomas (Hrsg.). *Kulturvergleichende Psychologie*, Göttingen : Hogrefe. 1993

globale d'un système qui reprend et recouvre toutes les données d'origine, l'agriculture et la culture «cultivée», ainsi que toutes les « cultures » particulières énumérées en 1.2. C'est à ce système que se réfère le journaliste de *Die Weltwoche*[7] lorsqu'il affirme :

> «Offenbar kann man Fußball nicht einfach kaufen – jedenfalls nicht außerhalb des europäischen Kontinents. Vielmehr muss man diesen Sport von Kindesbeinen an lernen, um ihn als Teil der eigenen Kultur zur Blüte zu bringen. »

C'est en se fondant sur cette notion de système aussi qu'un journaliste qualifiait récemment de « révolution culturelle » le fait que, dans nos supermarchés français, la vente de whisky est désormais plus importante que la vente de boissons anisées.

De même qu'en agriculture les races de pommes ou de tomates sont sévèrement sélectionnées pour s'adapter à ce que les producteurs ont unilatéralement décidé d'appeler les goûts et les impératifs des consommateurs actuels, de même la culture, en tant que système nécessaire à la survie d'un groupe social, ne conserve du passé que ce qui favorise son maintien, sélectionne dans le présent ce qui est jugé bon pour être privilégié et transmis, créant un équilibre dynamique entre l'ancien et le nouveau ; «les cultures sont de véritables matrices d'action et de pensée qui se testent en fonction des contraintes nouvelles » (Demorgon 1996, 10).

En complément de ces remarques, nous évoquons pour mémoire les analyses de E.T. Hall :

> «La culture est un système développé par l'être humain pour créer, émettre, conserver (stocker) et traiter l'information, système qui le différencie des autres êtres vivants » (1990, 243) ; le système est caractérisé par les trois traits suivants : «[La culture] n'est pas innée, mais acquise ; les divers aspects de la culture constituent un système, c'est-à-dire que les éléments de la culture sont solidaires ; enfin, elle est partagée et, par là, délimite les différents groupes » (1987, 21). Enfin : «Parmi d'autres fonctions, la culture joue le rôle d'un écran extrêmement sélectif entre l'homme et le monde extérieur » (ibid., 87).

C'est aussi sur le partage des éléments constituants du système et sur la mise à l'écart de tout étranger au système que G. Zarate (1986, 16 *sqq.*) insiste : ses analyses mettent en valeur le «consensus social » sur «l'organisation de la réalité » et sur sa logique interne, l'«adhésion inconsciente à l'ap-

---

[7] *Die Weltwoche*, Nr.29, 16.Juli 1998, S.45, à propos de l'échec au Mondial 1998 des équipes de football des Etats-Unis et du Japon qui sont pourtant les deux grandes nations industrielles de pointe.

pareil de références complexes formant système » et l'acceptation, sans discussion ni « mise à distance objective », de valeurs considérées comme absolues. Les exemples qu'elle propose soulignent la complicité rendue ainsi possible entre les membres de la communauté familiale, sociale, régionale, nationale, complicité révélée par le maniement constant de l'ellipse et le recours sélectif à l'allusion, et la connivence entre eux, qu'il s'agisse de l'acceptation de règles de conduite ou de réflexions, jugements et confidences faites chez l'épicier du coin ou au zinc du café du commerce.

Les représentations du temps (la lecture de l'histoire officielle, événementielle et datée, depuis nos ancêtres les Gaulois jusqu'à 1789 en passant par 1515, Henri IV et tous les Louis) et de l'espace (celle d'un territoire, national, régional ou familial, auquel l'individu s'identifie) constituent des grilles qui, non seulement, fixent les cadres des communautés, mais encore resserrent les liens entre leurs membres. L'exemple récent de la victoire française au Mondial et de ses effets sur la population en est une démonstration éclatante !

Il ressort de cette définition que tout membre d'une communauté donnée est formé et marqué par le contexte historique (le passé comme le présent, participation à la mémoire et au devenir collectifs), sociologique et géographique qui caractérisent sa communauté. L'acceptation et le partage des implicites « autour desquels s'organisent les communautés » visent à bien marquer « l'appartenance à un groupe social et conjointement [à] construire une ligne de démarcation entre ceux qui partagent le sens évoqué dans la communication en cours et ceux qui ne le partagent pas », « une frontière culturelle [qui] exclut symboliquement ceux qui ne peuvent s'y reconnaître », du fait tout simplement de leur âge, mais aussi et surtout de leur appartenance sociale et, en premier ressort, nationale (Zarate 1986, 23, puis 22).

2. La pression du système culturel

La « culture » dont il sera question à partir de maintenant est cette notion globale de système qui a une double fonction : système d'orientation typique reconnu et accepté par une société, système qui délimite les différents groupes. C'est sur cette définition que s'appuient notamment les didacticiens, lorsqu'ils abordent la question de l'« interculturel ». Par société, nous entendrons ici essentiellement la communauté limitée aux espaces nationaux, en visant surtout les deux groupes francophone et germanophone[8].

---

[8] De plus, l'auteur se place dans la perspective francophone, la plupart des exemples donnés en 1.3 le confirme.

La culture est, en effet, répétons-le, le cadre dans lequel l'enfant grandit et évolue, celui qui définit ce qui est valable pour la survie du groupe et de l'individu membre de ce groupe, celui qui modèle nos comportements et notre mémoire. Nous pouvons nous comparer aux petits chats de F. Vester (1978, 34) : dès leur naissance, les uns sont placés dans une pièce ornée d'une tenture aux raies verticales, les autres dans une pièce avec une tenture à raies horizontales ; après quelques semaines, les groupes sont intervertis : les animaux se mettent alors à tituber et à tomber, à la recherche de leur repères habituels, démontrant ainsi qu'ils ont totalement perdu le sens de l'orientation. Le rappel de cette expérience servira de fil conducteur pour l'examen de comportements, aussi bien non linguistiques que linguistiques, et pour la mise à jour des «chocs culturels».

2.1. Les comportements

Les études actuelles sur le cerveau ont mis en valeur un neurone « miroir » : «c'est en codant les représentations des autres en action à l'intérieur de notre cerveau (en termes techniques : en engrammant ces images) que nous nous comprenons mutuellement. Posséder le reflet d'autrui accomplissant une tâche précise est à la fois apprentissage et partage d'une expérience enfouie en chacun et aussitôt reconnue lorsqu'elle surgit au quotidien »[9].

Ainsi, l'enfant voit, vit et reproduit les expériences de la société qui l'entoure ; et la société, selon sa culture, n'autorise pas n'importe quelle expérience ; en France, l'enfant s'entend dire, dès qu'il marche un peu vite, «Cours pas, tu vas tomber » ; dans les pays anglo-saxons, il entendra plutôt, lorsqu'il pleure après une chute, « Recommence, tu y arriveras ». L'enfant reproduit à grand-peine les gestes qu'il a perçus comme nécessaires pour s'asseoir seul sur une chaise ; H. Feilke (1998, 173 *sqq.*) à qui nous empruntons cet exemple relève bien que c'est une des multiples possibilités de s'asseoir que nos cultures occidentales ont choisie, de préférence à la position en tailleur, accroupie sur les talons... sélectionnées par d'autres cultures.

«Sitzen ist nichts Natürliches, es ist ein kulturell bestimmtes Können. [...] Von Anfang an orientiert sich das Kind an Sitzmustern, die es in seiner Umgebung wahrnimmt, d.h. an kulturell etablierten Selektionen. »

En outre, les cultures indexent différemment les mêmes données des rapports entre les hommes. En effet, parmi les comportements, il est intéres-

---

9   *Le Monde*, 4 février 1998, Voyage au centre du cerveau (2), p. 13, article de Eric Fottorino.

sant d'observer comment les relations sociales (rituels d'adresse, de saluta-
tion, de prise de parole etc.) n'ont rien d'universel, car on les distingue à la
fois par des attitudes, poses, mimiques et gestes et par des énoncés verbaux
très précis, les deux modes d'expression étant hautement culturalisés, c'est-
à-dire dûment sélectionnés et codés par la culture. Nous renvoyons, pour
mémoire, aux travaux de Erving Goffmann qui écrit, notamment :

> «L'interaction face à face se caractérise non seulement par le fait
> qu'elle permet la mise en scène d'expressions rituellement perti-
> nentes, mais encore en cela qu'elle est le lieu d'une classe particu-
> lière d'expressions entièrement conventionnalisées, de lexicalisations
> dont le but directeur est de transmettre la louange, le blâme, le
> remerciement, le soutien, l'affection, ou bien de montrer de la grati-
> tude, de la désapprobation, du dégoût, de la sympathie, ou encore de
> saluer, de dire adieu, et ainsi de suite. » (1987, 26-27)

A titre d'exemple, les « routines d'ouverture » d'une conversation sont
loin d'être les mêmes dans les différentes communautés, comme le relèvent
A.C. Berthoud et L. Mondada (1992, 108-155) : dans de nombreuses cultures occidentales, on signale qu'on a l'intention d'ouvrir une conversation
en évoquant la pluie et le beau temps, alors que, dans certaines cultures afri-
caines, l'ouverture portera sur l'état de la famille ; dans tous les cas, elle
s'accompagne de différents interdits sur ce qui ne peut pas ou ne doit pas
être développé sur le plan référentiel (on se contente d'un échange du
type : A «Quel sale temps ! », B «Eh oui ! », et, sans s'étendre sur les détails,
A et B passent au message suivant). Il est évident que la transgression de ces
routines peut «entraîner de graves malentendus dans les conversations exo-
lingues. [Elle] est fortement ressentie par les locuteurs et est, généralement,
plus mal vécue qu'une erreur morphologique ou syntaxique » (ibid., 114).
Elle est d'autant plus mal ressentie que, lors du recours à ces rituels comme
au cours de leur reconnaissance, la part d'implicite et d'inconscient est très
importante, sinon dominante.

C'est, notamment, la méconnaissance, ou du moins la non-maîtrise de
ces rituels à la fois comportementaux et verbaux qui explique la marginali-
sation des «exclus » évoqués plus haut, exclus de la société, car exclus de la
culture. Dans les situations considérées comme normales (qu'on pourrait
aussi dire normées et normantes), l'enfant apprend simultanément qu'il
faut dire «Bonjour » à la dame et comment dire «Bonjour Madame ! », qui il
faut vouvoyer, qui on peut tutoyer (Dannequin 1982, 77). Le petit francophone s'entendra peut-être dire « Mademoiselle, s'il te plaît »[10] ; et c'est
ainsi qu'il acquiert sa langue maternelle en même temps que les représenta-

---

10 Alors que, ayant grandi et appris l'allemand, s'il se permet un « Fräulein » en
Allemagne, il se fera rabrouer rudement par un «*Frau* Meyer ».

tions de la société à laquelle il appartient, puisque c'est à travers cette langue que lui est transmis tout ce qui est considéré comme pertinent par la société dont il fait partie, les normes et lois morales, religieuses, sociales, les représentations du temps et de l'espace acceptées par sa communauté et seules acceptables dans sa communauté.

En résumé : « Die Stabilisierung der Selektionen läßt sich als eine normative Prägung kultureller motorischer, kognitiver und später auch sozialer und emotionaler Präferenzen auffassen. Die Beherrschung der Präferenzen folgt aus dem Gebrauch. » (Feilke 1998, 174)

2.2. Les chocs culturels

Etablissant un parallèle hardi entre le phénomène «culture» et les pièces où ont grandi les chatons de Vester, on peut considérer le passage du cadre horizontal au cadre vertical comme un véritable « choc culturel » ; c'est ce choc que vivent les voyageurs qui passent brutalement de leur « monoculture » à une culture étrangère, se demandant «comment l'on peut être Persan» ou décrétant «ils sont fous ces Romains». Les traits engrammés depuis l'enfance dans le cerveau, les rituels comportementaux associés aux rituels verbaux, servent de référence permanente au contact de la nouveauté et de l'étrangeté : le cerveau ne fonctionne qu'en rapportant l'objet perçu à du connu, en le comparant avec ce qu'il sait du monde, avec la trace de ce qu'il a déjà vu. Ce qui entraîne une déstabilisation complète lorsqu'aucun trait ne peut être ramené à quelque trace de déjà vu, déjà su, déjà vécu. C'est ce phénomène qui explique la surdité et la non-reconnaissance de tout ce qui fait système chez l'étranger, entraînant malentendus et vexations souvent graves.

Une consolation : c'est de la confrontation avec d'autres systèmes culturels, de l'expérience de chocs successifs, qu'émerge la prise de conscience de l'existence du système culturel propre, de l'appartenance à une société gérée par un autre système que celui de l'Autre.

3. La langue, produit de la culture, et inversement

Précédemment, nous avons fait allusion à des phénomènes linguistiques, mais en n'en effleurant que la dimension figée dans un rituel qui réduit la langue à un comportement symbolique. On a même pu éveiller l'impression, lors de la réflexion sur les comportements rituels, que l'enfant n'est amené qu'à imiter, par imprégnation, les données d'un cadre inflexible. Loin de nous cette idée ! Les tentures de nos cultures (pour ne pas quitter les chatons de Vester) sont ornées de motifs assez variés pour que chacun y choisisse ses propres points de repère et sa manière propre de s'orienter.

Chaque individu a une évolution qui lui est personnelle, entre des bornes temporelles que l'on peut délimiter (le stade du babil, la période symbolique et préconceptuelle etc.), certes, mais avec des marges de variation individuelles qui s'opposent à toute uniformité. De plus, chacun exploite à sa manière les contraintes imposées, de même qu'il découvre peu à peu, à son heure et avec ses propres moyens – plus ou moins rapidement selon le soutien et l'approbation qu'il rencontre dans son environnement – les diverses manières de demander, ordonner, blâmer, remercier, saluer.

3.1. La langue incontournable

Sans insister sur la dimension cognitive essentielle du langage dans la régulation et la constitution des savoirs, nous rappelons que « les structures de représentation conceptuelles et comportementales qui se développent dès le stade prélangagier conservent, à travers l'acquisition du langage, leur configuration, y compris dans les formes fixées linguistiquement » (Vogel, 1995, 223). C'est-à-dire que les mêmes principes cognitifs jouent un rôle dans « la mise en ordre des savoirs » aussi bien linguistiques que non-linguistiques : habiletés cognitives telles que capacité à sélectionner les propriétés d'un objet, à catégoriser et à classer, à associer certaines significations à certaines structures, en somme une fonction d'abstraction.

A ces capacités cognitives, il faut ajouter que l'être humain est un être social, « dialogal », « de paroles », qu'il a besoin de « faire référence à » et de « dire » pour se développer : c'est par l'interaction avec son environnement, quel qu'il soit, qu'il se construit comme être humain. « Le patrimoine génétique s'exprime dans un milieu. Il a besoin d'un support pour libérer ses facultés »[11]. Les auteurs cités à l'instant en fournissent une démonstration en rappelant l'expérience de Frédéric II de Prusse qui, cherchant à déterminer quelle était la langue naturelle, le grec, l'hébreu ou le latin, avait imaginé de tenir des nourrissons à l'abri de toute parole, dans l'attente de leurs premiers mots spontanés : ces enfants restèrent muets, voire moururent, selon une version plus dure de cette expérience (Lindgren 1997, 10). A défaut d'avoir découvert la langue naturelle, Frédéric II a pu vérifier qu'écarter les enfants de toute parole, les soumettre à un total isolement affectif et social, c'est les condamner irrémédiablement ; et que la langue que l'enfant entend autour de lui, et ce dès avant sa naissance, est une part essentielle sinon vitale de ses expériences. Chaque acte de la vie est, normalement, accompagné de paroles, si brèves soient-elles. C'est tout de même par l'intermédiaire de la langue de son entourage, dont les contours ont été si finement

---

11 *Le Monde*, 5 février 1998, Voyage au centre du cerveau (3), article de Eric Fottorino, p. 12-13 ; les auteurs cités sont J.D. Vincent et A. Prochiantz.

rappelés par Jean Petit (1997, 249-270), qu'il apprend à se comporter, à remplir son rôle social.

3.2. La langue et la réalité

« Toute langue n'est d'abord qu'*une* traduction de la réalité » (Demorgon 1996, 147). Et c'est cette traduction qui est transmise à l'enfant lorsque parents et éducateurs lui présentent son environnement, les images de son livre et les réalités du monde physique. C'est en apprenant à désigner les choses par leur nom qu'il établit une relation avec les autres et qu'il se construit une représentation de l'univers qui l'entoure. De désignation en dénomination, il constitue et fixe en mémoire son bagage de savoirs sur le monde, ceux qu'on appelle encyclopédiques, et son stock d'expériences de toute sorte.

Or les savoirs sur le monde sont ceux que sa société est capable et a choisi de transmettre : l'enfant regardera l'arbre qu'on lui désigne du doigt en disant « oh ! le bel arbre », il ne pensera pas à regarder la mousse qui en recouvre le tronc si on n'attire pas son attention sur celle-ci, ni par un signe, ni par un mot. Autre exemple que nous empruntons à Mounin : pour le citadin il y aura du blé et de l'herbe ; pour celui qui grandit à la campagne il y aura aussi, parmi les herbes dites bonnes, l'avoine, le seigle, l'orge, le maïs, et, parmi les herbes dites mauvaises, le chiendent, la fléole, le vulpin, l'ivraie. Tel autre petit garçon (Lindgren 1997, 32) nommera sans erreur un teckel, un berger allemand, un doberman, un ratier…, mais ne saura pas ce qu'est un « chien », car on a omis de lui indiquer la classe à laquelle appartiennent ces animaux.

Les dates et les noms propres sont des repères intraculturels particulièrement efficaces (Zarate 1986). Mais peut-on reprocher à de jeunes étudiants strasbourgeois de ne pas réagir au mot « Sorbonne », ce haut lieu de la vie universitaire française : c'est une réalité parisienne, donc lointaine et ne pouvant s'intégrer à leurs expériences vécues, donc à leur bagage de savoirs.

De même les expériences qui constituent une partie du stock en mémoire de l'enfant sont celles qu'il a pu vivre : un petit enfant ne peut savoir ce qu'il faut répondre lorsqu'on lui demande : « Wann machst du Feierabend? », la notion de « Feierabend » étant inutile dans l'organisation de sa vie.

Ce sont des exemples de marques intraculturelles, et nous constatons que les traits dignes d'être remarqués et d'exister dans la langue, et, par conséquent, appelés à être transmis, sont variables selon les groupes, selon les intérêts de leurs membres et les priorités établies pour la (sur)vie du groupe.

Nous pouvons ajouter à cette courte liste le cas de l'allemand des nouveaux et des anciens « Länder » de l'Allemagne actuelle : « Der Osten tickt anders », titre un article de *Die Woche* (12. Juni 1998) ; il s'agit des réactions différentes, à l'Est et à l'Ouest, aux mêmes slogans publicitaires, notamment à ceux qui vantent une grande marque de lessive, numéro un à l'Ouest, mais toujours loin derrière la marque en vogue depuis des générations entières à l'Est ; une fois établi ce constat, il fut décidé d'employer d'autres slogans à l'Est, plus concrets et réalistes, malgré le risque d'être accusé de discrimination. C'est ce sentiment de discrimination[12] qui motive la plupart des appels à la « Sprachberatungsstelle des Germanistischen Institutes der Martin-Luther-Universität Halle-Wittenberg » (Kühn et Almstädt, 1997, 195-207) où les conseillers apprennent aux habitants de l'Est à parler la même langue que ceux de l'Ouest, la langue administrative, surtout, celle dont on a besoin pour se présenter à un poste de travail ou pour rédiger un curriculum vitae : « Kann ich schreiben, daß ich das Abitur an der *EOS* (*Erweiterten Oberschule*) abgelegt habe? Muß ich dafür jetzt *Gymnasium* einsetzen? ».

S'il existe de tels décalages intraculturels, on peut imaginer ce que cela représente lorsque deux langues différentes entrent en contact ! Ainsi, on peut prévoir les perturbations provoquées par la question « Wann machst du Feierabend? » chez un francophone apprenant l'allemand, la même réalité quotidienne de cessation du travail étant exprimée par des moyens lexicaux tout à fait différents !

3.3. Le système des « autres »

Le savoir encyclopédique d'une société est marqué par les choix linguistiques de cette société. Certes, « il existe un inventaire universel limité de dénominations pour les couleurs, et le monde animal et végétal est structuré selon un schéma universel ; les formes géométriques telles que le cercle, le triangle ou le rectangle, [...], sont lexicalisées dans toutes les langues ; le découpage de l'espace et du temps se ressemble d'une langue à l'autre. Par ailleurs la constance de la perception et de la cognition humaines laisse supposer qu'au-delà du cadre des langues particulières il existe toujours des termes pour désigner des phénomènes tels que l'opposition singularité vs pluralité, la négation, la relation de cause à effet etc. » (Vogel 1995, 225). Mais il n'en faut pas oublier que « le lexique de chaque langue impose ses grilles aux objets du monde » (Hagège 1985, 49), et que « les langues

---

12 « Die Ostdeutschen wollten nicht wie ›Deutsche zweiter Klasse‹ behandelt werden oder als ›doofe Ossis‹ ». In *Die Zeit* sur le même sujet, 25. Juni 1998, Lauter blaue Socken, p. 28

n'établissent pas aux mêmes lieux les frontières, alors que les données naturelles sont identiques » (ibid., 61).

L'exemple classique de ce découpage différent selon les cultures est celui des couleurs :

> «tout œil […] est capable de percevoir toutes les nuances (jusqu'à environ 2 millions) du spectre optique ; [mais] la vision et la pratique des couleurs est un phénomène culturel, [et] chaque langue, dans ce 'continuum optique', crée des délimitations entre certaines catégories de couleurs ; on peut prévoir que des couleurs qui, dans un système culturel donné, ne jouent aucun rôle et n'apparaissent jamais ou seulement rarement n'aient pas besoin d'être nommées ; […] ce n'est pas la langue, c'est la pratique sociale qui met en avant une catégorie de couleur donnée » (Besançon 1995, 244).

De même que, autre exemple classique, dans les sociétés nordiques, ce sont des impératifs de survie qui nécessitent le recours à toutes sortes de dénominations pour désigner ce que, plus au sud, on appelle simplement «neige ».

Le dernier exemple, classique aussi, est celui des noms de parenté : nous limiterons notre exemple au terme global de « famille ». B.D. Müller qui consacre un article à cette notion (1989, 312 *sqq.*) relève les contrastes en français et en allemand ; « famille » est d'un emploi fréquent et large en France (« je vais passer quinze jours dans ma famille », dit-on facilement sans plus de détails), alors que l'usage de « Familie » est limité (« ich habe noch keine Familie » = « ich bin noch nicht verheiratet »), en faveur de termes plus précis, mes parents, frères, sœurs, oncles, tantes… « die Eltern, die Geschwister, die Verwandten ». Si les langues classent les phénomènes de la réalité physique en appliquant des critères différents selon les cultures, à plus forte raison la hiérarchisation des membres des sociétés qu'elles représentent est individualisée.

Toute la réalité quotidienne est ainsi balisée de termes qu'on ne peut superposer que rarement. Pour prendre un exemple en agriculture : ce qui est « Rinderwahnsinn » en Allemagne, donc globalement des bovins, est, en France, «maladie de la vache folle » où c'est la vache qui est le meilleur prototype, aux yeux des consommateurs de viande de bœuf inquiets, de la race des bovins. Nous pourrions multiplier les situations de ce type où il apparaît que, pour toutes sortes de raisons qu'il serait trop long de développer ici, les mots du lexique d'une langue ne sont pas superposables strictement à ceux d'une autre langue, que chaque culture a choisi de considérer comme saillant (utile, voire nécessaire…) tel trait plutôt que tel autre lorsqu'elle a mis la réalité en langue.

L'étude des proverbes et des phrasèmes, unités linguistiques complexes («jemandem den Boden unter den Füßen wegziehen »/«couper l'herbe sous les pieds de quelqu'un »), révèle le gouffre qui peut séparer les interlocuteurs s'ils s'accrochent exclusivement aux *mots*[13] ; le point sur les erreurs de traduction commises par les candidats à l'agrégation 1997 (Gréciano 1998, 101-113) montre la difficulté des étudiants à surmonter ce gouffre : pour y parvenir, il faut non seulement accéder à la notion ainsi compactée à l'aide de quelques lexèmes, transiter par une phase non verbale qui permet de trouver l'équivalent de traduction qui conviendra dans le contexte, mais encore, et surtout, pouvoir se référer à des connaissances culturelles solides (pour traduire, par exemple « Die Revolution gärt » par « la révolution gronde »).

Imaginons qu'un francophone malheureux tente de traduire le *mot* «Feierabend» de notre exemple ci-dessus «Wann machst du Feierabend? », en s'appuyant sur les *mots* «Feiertag», «Feierstunde» ou « Feierlichkeit» dans lesquels il reconnaît un élément commun ! Il est évident que s'il ne tient pas compte du co(n)texte (à la fois la structure lexicale globale dans laquelle le *mot* entre et la situation à laquelle se réfère l'énoncé où se trouve le *mot*), le francophone court à l'échec : ce n'est pas le *mot* qu'il faut traduire, mais la réalité que celui-ci recouvre et décrit. Certes, pour désigner la réalité ainsi mise à jour à l'aide du *mot* français qui s'y applique, il faut maîtriser les situations et réalités vécues aussi bien que sa langue maternelle ; reprenant un exemple de l'analyse évoquée plus haut (Gréciano 1998, 104) : il faut être conscient de l'attitude différente représentée par «secouer la tête » qui implique le refus et « hocher la tête » qui signale simplement la disposition à marquer son attention, pour ne pas traduire, systématiquement et dans n'importe quel contexte, « den Kopf schütteln » par «secouer la tête ».

Et que dire de tous ces «petits mots », ces « invariables difficiles » auxquels s'attachent Métrich et al. (notamment 1997, 323-361) ? ces « particules » que l'on trouve au détour de chaque assertion, question ou exclamation, surtout en allemand, afin de bien marquer la complicité entre les partenaires de la communication, d'émettre, en filigrane, un doute sur la vérité d'une proposition, de transmettre une émotion ou une injonction.

La liste des exemples, que nous avons limitée au lexique, pourrait s'allonger à l'infini, à mesure des conversations et des lectures, car le contraste est permanent et les risques de méprises constants.

---

[13] C'est intentionnellement que le terme «mot » est souligné, car c'est sur lui que se cristallise l'attention de l'apprenant (traducteur ou non). Le terme est ici employé pour représenter la succession de lettres isolée de tout contexte et de tout emploi que voit ou entend l'apprenant, qu'il a peut-être aussi stocké sous cette forme en mémoire.

4. Conclusion

Cet article a insisté sur la pression du système culturel le premier installé (plus précisément : reconstruit) à l'intérieur du cerveau de l'individu : pression sur ses comportements, pression sur sa vision du monde et, simultanément, pression sur l'acquisition de sa langue et sur ses expériences langagières ; précisons à nouveau que la langue, celle qui lui est transmise par sa communauté, est le point d'ancrage de son identité culturelle, « un ordre symbolique où les représentations, les valeurs et les pratiques sociales trouvent leurs fondements » (Ladmiral et Lipiansky 1989, 95).

Tant qu'il n'y a pas eu confrontation avec l'étranger, qui peut être aussi bien le (petit) voisin agriculteur d'à côté que le (petit) suédois sur une plage bretonne, cette sorte de carcan reste de l'ordre de l'inconscient. Ne vivant pas dans l'isolement préconisé par Frédéric II, l'enfant est très rapidement appelé à faire ce type de rencontres, et il s'avère que, si l'on observe ce qui se passe dans la pratique quotidienne, nous semblons composer de façon relativement flexible avec notre système culturel aux apparences si rigides. Ainsi, nous participons de toutes, sinon de quelques-unes des cultures énumérées en 1.2. ; nous gérons les « niveaux » de langue en les adaptant aux interlocuteurs (les éducateurs nous y aident un peu pour y parvenir) ; entendant « Ton blé, ou t'as une châtaigne », même si nous sommes en plein champ et passée la première surprise, nous obtempérons (en donnant notre argent), montrant par là que nous sommes capables de comprendre une langue que nous n'avons pas l'habitude d'employer (dans ce cas, ce sont les gestes et mimiques de l'interlocuteur qui nous ont un peu aidés). Nous aurions donc une compétence spontanée au maniement de l'intraculturel. Pourquoi les relations interculturelles ne sont-elles pas aussi évidentes lorsque nous sommes confrontés à la culture/langue d'une personne venant d'un autre territoire national ?

La réflexion menée au cours du « Bochumer Germanistentag » de 1996 (Wege zur Kultur) vise à systématiser ce que nous faisons spontanément au quotidien, en l'élargissant à d'autres groupes culturels : les intervenants, après un examen des « Schulkulturen » de divers pays, dont l'Allemagne, soulignent l'importance de reconnaître l'existence de langues différentes au sein du groupe classe, qu'il s'agisse de la langue de migrants ou de variétés de l'allemand qui s'écartent du standard – sociolectes, dialectes –, et d'en tenir compte dans les cours de langue, y compris (voire à commencer par) ceux de langue maternelle ; l'auteur développe le thème en s'appuyant sur la définition : « über Sprache nachzudenken ist Sprachkultur » (Oomen-Welke 1998, 292). Dégager, par comparaisons intra- et interlangues, la composition et l'organisation du système lexical et grammatical, les règles d'emploi, les effets visés, les connotations..., c'est prendre conscience des normes en usage non seulement dans la société, mais aussi dans les différents groupes qui composent cette société et s'approprier l'art de parler et d'écrire en respectant autrui. La démarche est dite « interculturelle », bien qu'elle soit en grande partie d'abord intraculturelle.

C'est au contact de l'étranger que l'on est amené à constater que nos habitudes (du «bonjour» au lever à la bise du coucher, en passant par l'art de manger et de converser) sont des comportements possibles, sélectionnés parmi tant d'autres par notre système culturel. Il est, en revanche, plus difficile de se convaincre que notre façon de «dire le monde » est aussi une des nombreuses possibilités choisie par notre culture. Certes, il peut sembler facile de changer l'étiquette, d'appeler « Wasser » ce que nous appelons «eau », «Wald » ce que nous appelons «forêt » ou « bois », reconnaissant que la description du monde par l'autre est faite à l'aide de moyens linguistiques différents. On découvre rapidement que ce n'est pas suffisant et qu'il faut aussi apprendre à gérer l'extension de ces noms nouveaux et, ce qui est essentiel, leur emploi adéquat dans un contexte, que l'on soit seul devant une feuille blanche ou en situation de communication orale ; ici ne vaut plus un simple «le mot est juste ou faux », mais «la communication passe ou ne passe pas». C'est véritablement par l'addition des emplois de ces noms, dans des contextes de toute sorte, en situation de compréhension aussi bien qu'en situation de production, que nous accédons à leur sens.

Les définitions données dans cet article semblent nous condamner à la monoculture. Ce n'est pas le cas, si nous faisons l'effort d'observer l'étranger et si, ayant pris conscience de notre grille de lecture du monde, nous acceptons la relativité de notre propre système culturel, celui que reflète notamment notre langue. Certes, c'est une démarche facilitée aux enfants bilingues qui, parlant aussi aisément la langue du père que celle de la mère, naviguent d'une culture à l'autre sans se poser la question de la supériorité de l'une ou de l'autre. Est-ce que ce seront ces bilingues qui nous donneront le secret de l'«interculturel » bien vécu ? On peut en rêver, tout en sachant que, par force, une langue deviendra prépondérante, en l'occurrence celle du système culturel dans lequel ils passent le plus de temps, vont à l'école et se définissent en tant qu'être social. Mais ils garderont toujours cette faculté admirable de considérer comme possible et acceptable tout comportement différent du leur, et comme vraie toute autre réalité que celles qui leur ont été transmises initialement.

Nous devons donc continuer à observer les systèmes, à les comparer et tenter de comprendre comment les traces en sont fixées dans le cerveau, nous demander si, et en quoi, langue et culture se distinguent l'une de l'autre lors de l'acquisition d'une langue. Au moment de l'acquisition de sa langue première, l'enfant découvre pour ainsi dire simultanément la réalité et le nom qu'il convient de lui donner ; nous pouvons imaginer l'ampleur du travail que cela représente pour lui, lorsque nous voulons bien nous rendre compte, par exemple, de l'immense variété des profils, des couleurs et des tailles des quadrupèdes que nous lui présentons toujours sous le nom de «chien», y compris les chiens informes et roses de son livre d'images ! A partir de quels critères le concept se forme-t-il selon les normes de la société qui l'instruit[14] ? la saillance de traits, et desquels ? la fréquence des rencontres ? par greffes successives ou par intégration-assimilation, avec réorganisation généralisée ou modification totale ? La seule certitude que nous ayons, c'est que, si la société au sein de laquelle il grandit ne connaît qu'une seule race de chiens, il ne reconnaîtra pas comme «chien» tout autre chien d'une autre race qu'on lui présenterait au cours de sa vie, sinon après un long et nouveau travail de remise à jour de son concept «chien», fait à partir de rencontres, d'expériences et de constats plus ou moins scientifiques.

Lors de l'apprentissage d'une langue seconde, l'enfant va découvrir le nom que l'autre emploie pour une réalité qu'il connaît déjà dans sa plus grande partie. Dans sa plus grande partie, seulement, car ce que lui a apporté le système culturel dans lequel il a grandi est, le plus souvent, largement insuffisant pour se déplacer dans le nouveau système culturel qu'il découvre avec la nouvelle langue ; il s'avère qu'en procédant à la sélection des propriétés d'un objet, en vue de classement dans une catégorie, il a dû en laisser certaines de côté et qu'il lui faut maintenant les récupérer. Une opération de relativisation du concept initial et un travail de sa remise à jour et, par là, de son enrichissement, se mettent en route ; il est bien sûr nécessaire de soutenir ce travail en tentant de découvrir quels sont les marqueurs de l'étrangeté en jeu : la non-adéquation apparente du nom à la réalité connue («Ah bon ? ceci s'appelle chien ? Pas possible ! »), ou la contradiction entre la réalité connue et celle qui apparaît dans la nouvelle culture («comment peut-on imaginer une seule seconde que ce soit aussi un chien ? Alors ? qu'est-ce qu'un chien, en définitive ? »).

C'est ce travail qu'on appelle «interculturel». Prise de conscience de la différence, de l'altérité, sorte de greffe (ou faudrait-il plutôt dire : hybridation ?) dont il faut encore affiner les procédures externes et internes. Il faut simplement espérer que l'interculturel, auquel tous semblent aspirer, ne soit pas gagné par la mondialisation qui serait un retour à une monoculture, mais pas forcément la nôtre.

---

14 Pendant longtemps, il tentera encore d'appeler «chien» un poney, un petit veau ou quelque autre animal, à quatre pattes, précisons-le toutefois, qu'il rencontrera au zoo.

Bibliographie

Berthoud, Anne-Claude/Mondada, Lorenza (1992) : « Entrer en matière dans l'interaction verbale : Acquisition et co-construction du *topic* en L2. » In : *AILE* n°1, 107-155.

Besançon, Anne (1995) : *La compréhension de l'allemand. Langue et culture*, Frankfurt a.M./Bern/New-York/Paris, Peter Lang (Contacts : Sér. 3, Etudes et documents ; Vol. 28).

Dannequin, Claudine (1982) : « Acquisition de la langue maternelle et D.L.E. » In : *D'autres voies pour la didactique des langues étrangères*, LAL, Paris, Hatier, 71-77.

Demorgon, Jacques (1996) : *Complexité des cultures et de l'interculturel*, Paris, Anthropos, Ed. Economica.

Hall, Edward T./Hall, Mildred Reed (1990) : *Guide du comportement dans les affaires internationales. Allemagne, Etats-Unis, France*, Paris, Seuil.

Hall, Edward T. (1987) : *Au-delà de la culture*, Paris, Points Seuil n°191.

Feilke, Helmuth (1998) : « Kulturelle Ordnung, Sprachwahrnehmung und idiomatische Prägung. » In : *Wege zur Kultur. Perspektiven für einen integrativen Deutschunterricht*, Ralph Köhnen (Hrsg.), Frankfurt a.M./Bern/New-York/Paris, Peter Lang, 171-183.

Goffmann, Erving (1987) : *Façons de parler*, Les Editions de Minuit, Paris.

Gréciano, Gertrud (1998) : « Phraseologisches Minimum als Berufschance zur mündlichen Übersetzung (D/F) der Agrégation 1997. » In : *Les Nouveaux Cahiers d'Allemand*, vol. 16, n° 1, 101-113.

Hagège, Claude (1985) : *L'homme de paroles*, Paris, Fayard.

Ladmiral, Jean-René et Lipiansky, Edmond Marc (1989) : *La communication interculturelle*. Bibliothèque Européenne des Sciences de l'Education. Paris, A. Colin.

Kühn, Ingrid/Almstädt, Klaus (1997) : « Rufen Sie uns an. Sprachberatung zwischen Sprachwacht und Kummertelefon. » In : *Deutsche Sprache*, 3/1997, 195-207.

Lindgren, Charlotte (1997) : *Acquisition et développement du langage : l'importance du livre et sa contribution à l'évolution du langage enfantin*. Mémoire de maîtrise non publié, Uppsala.

Métrich, René, (1997) : « De la traduction des mots de la communication dans le couple allemand-français. » In : *Les Nouveaux Cahiers d'Allemand*, vol. 15, n° 3, 323-361.

Müller, Bernd-Dietrich (1989) : « Familie » In : *Esprit/Geist, 100 Schlüsselbegriffe für Deutsche und Franzosen*, J. Leenhardt und R. Picht (Hrsg.), Serie Piper Band 1093, München, R. Piper GmbH and Co KG, 311-315.

Oomen-Welke, Ingelore (1998) : «Kultur der Mehrsprachigkeit im Deutsch-unterricht. » In : *Wege zur Kultur. Perspektiven für einen integrativen Deutschunterricht*, Ralph Köhnen (Hrsg.), Frankfurt a.M./Bern/New-York/Paris, Peter Lang, 287-305.

Petit, Jean (1997) : «Immersion et maternation linguistique en milieu natu-rel et institutionnel. » In : *Les Nouveaux Cahiers d'Allemand*, vol. 15, n°3, 249-270.

Vester, Frederic (1978) : *Denken, Lernen, Vergessen*, München, DTV (= dtv Sachbuch 1327).

Vogel, Klaus (1995) : *L'interlangue. La langue de l'apprenant*, traduit de l'allemand par J.-M. Brohée et J.-P. Confais, Toulouse, Presses Univer-sitaires du Mirail.

Zarate, Geneviève (1986) : *Enseigner une culture étrangère* (Recherches/Applications), Paris, Hachette.

Lehrveranstaltungskommentare – Eine Einladung zum Studieren? *Eine linguistische Untersuchung der standardisierten Textsorte ›Lehrveranstaltungskommentar‹*

Nicole FILLEAU
Universität Reims Champagne-Ardenne

1. Einleitung

Ziel dieses Beitrags ist es, die standardisierte Textsorte *Lehrveranstaltungskommentar* zu beschreiben. Behandelt werden sollen vor allem zwei kommentierte Veranstaltungsverzeichnisse des Instituts für Germanistik der Universität Leipzig (Wintersemester 1994-95 und Wintersemester 1998-99), zum Vergleich werden aber auch gelegentlich ähnliche Kommentare des Germanistischen Seminars der Ruprecht-Karls-Universität Heidelberg (Wintersemester 1994-95 und Wintersemester 1998-99) und des Seminars für Deutsche Philologie der Universität Göttingen (Sommersemester 1994) herangezogen. Dabei werden zum einen die Funktion solcher Texte, die kommunikative Situation, in der sie produziert werden, die zu ihrer Herstellung angewendeten Vorgehensweisen (»Textherstellungsverfahren«), zum anderen die in ihnen erkennbaren Strukturierungs- und Formulierungsmuster im Mittelpunkt stehen.

Literatur:

Heinemann, Wolfgang/Viehweger, Dieter (1991): *Textlinguistik. Eine Einführung,* Tübingen, Niemeyer (RGL 115).

Sandig, Barbara (1972): »Zur Differenzierung gebrauchssprachlicher Textsorten im Deutschen.« In: Gülich, Elisabeth/Raible, Wolfgang (1972): *Textsorten. Differenzierungskriterien aus linguistischer Sicht,* Frankfurt a.M., Athenäum Fischer (Athenäum-Skripten Linguistik 5).

Oder...:

Dieser Beitrag beschäftigt sich mit der Beschreibung der standardisierten Textsorte *Lehrveranstaltungskommentar.* Bei der Untersuchung von zwei kommentierten Veranstaltungsverzeichnissen des Instituts für Germanistik der Universität Leipzig (Wintersemester 1994-95 und Wintersemester 1998-99), gelegentlich auch von ähnlichen Kommentaren des Germanistischen Seminars der Ruprecht-Karls-Universität Heidelberg (Wintersemester 1994-95 und Wintersemester 1998-99) und des Seminars für Deutsche Philologie der Universität Göttingen (Sommersemester 1994) sollen die

Funktion solcher Texte, die kommunikative Situation, in der sie produziert werden, die zu ihrer Herstellung angewendeten Vorgehensweisen (»Textherstellungsverfahren«) ebenso Berücksichtigung finden wie die in ihnen erkennbaren Strukturierungs- und Formulierungsmuster.

Zur weiteren Orientierung: (s.o.).

Doch genug der spielerischen Nachahmung! So oder ähnlich könnte also ein Kommentar des folgenden Beitrags lauten, der nach dem zu untersuchenden Textmuster *Lehrveranstaltungskommentar* verfaßt würde. Ob er allerdings zur weiteren Beschäftigung mit diesem Thema einladen, d.h. die erwünschte Wirkung auch erzielen bzw. die werbende Funktion des Lehrveranstaltungskommentars auch erfüllen würde, vermag die Beitragsproduzentin in einer solchen kommunikativen Situation (ohne räumlichen Kontakt zu den Kommunikationspartnern und ohne abgeschlossenen Zeitraum) zum Zeitpunkt der Textherstellung nicht zu ermessen... Eine Funktion dürfte er doch mit einem Lehrveranstaltungskommentar gemein haben, und zwar die informierende oder ankündigende.

Bekanntlich ist es an den Universitäten des deutschsprachigen Raumes üblich, vor Semesterbeginn die angebotenen Lehrveranstaltungen nicht nur durch die Bekanntgabe ihres allgemeinen Gegenstandes und des zu behandelnden Programms anzukündigen, wie es z.B. in Frankreich praktiziert wird, sondern sie auch in einem mehr oder weniger langen Kommentar zu beschreiben; dieser Kommentar wird von den betreffenden Lehrenden selbst verfaßt und dann von ihrem Institut in einem sogenannten *kommentierten Lehrveranstaltungsverzeichnis* für die Studierenden veröffentlicht, denen er als Orientierungshilfe bei der Zusammenstellung ihres Studienprogramms und ihres jeweiligen Stundenplanes dient. Schon eine so grobe Darstellung der Bedingungen, unter welchen diese Texte produziert werden, legt die Vermutung nahe, daß sie starke Gemeinsamkeiten aufweisen, ja *einer* Textsorte angehören bzw. *einem* Textmuster folgen könnten, insofern sie einem und demselben Handlungsmuster entsprechen und institutionellen Charakter haben (Zum Gebrauch der beiden Termini *Textsorte* und *Textmuster* sei auf Adamzik (1995, 28-29) verwiesen.). Liest man ein kommentiertes Lehrveranstaltungsverzeichnis vom Anfang bis zum Ende, wird diese Annahme auch schnell bestätigt. Deswegen habe ich mir vorgenommen, diese Textsorte zu untersuchen, und zwar anhand der oben genannten Lehrveranstaltungsverzeichnisse der Universität Leipzig (L1 und L2), die für die Germanistik (= Sprachwissenschaft, Literaturwissenschaft, Fachdidaktik und Sprecherziehung) 142 bzw. 106 Kommentare enthalten; da es mir nicht ausgeschlossen schien, daß ihnen spezielle Bestimmungen des Leipziger Instituts für Germanistik oder gar Gewohnheiten der dort Lehrenden eine lokale Färbung verleihen, habe ich ausgewählte Beispiele mit den Kommentaren einerseits des Germanistischen Seminars der Ruprecht-Karls-Universität Heidelberg vom Wintersemester 1994-95 und vom Wintersemester 1998-99 (HB1 und HB2), andererseits des Seminars für Deutsche Philologie der Universität Göttingen vom Sommersemester 1994 (GÖ) verglichen. Diese Kommentare sollen auf den fünf Typologisierungsebenen beschrieben werden, die von Heinemann/Viehweger (1991, 148-169) vorgeschlagen wurden: zuerst wird nach ihrer Funktion gefragt sowie nach der Situation, in der sie produziert werden; dann wird die Art und Weise, wie solche Texte strukturiert sind, im Zusammenhang mit den strategischen Vorgehensweisen ihrer Produzenten analysiert, und dazu auch die Anwendung stereotyper Formulierungen untersucht, in denen sich all die Charakteristika ihrer Herstellung widerspiegeln.

2. Produktionsbedingungen eines Lehrveranstaltungskommentars

2.1. Funktion(en)

Mit einem Lehrveranstaltungskommentar soll einem Studierenden die Möglichkeit gegeben werden, bei der Zusammenstellung seines Stundenplanes für das bevorstehende Semester auf dreierlei Fragenkomplexe zu antworten:

(a') Entspricht die kommentierte Lehrveranstaltung meinem Studienziel? Paßt sie in den zeitlichen Ablauf meines Studiums? Genüge ich den gestellten Anforderungen, um sie besuchen zu dürfen?

(b') Bin ich in der Lage und auch dazu bereit, die nötige Arbeit zu leisten, um sie erfolgreich zu besuchen?

(c') Kann diese Lehrveranstaltung für mich persönlich von besonderem Interesse sein? Fühle ich mich vom Thema und vom Programm angezogen? Soll ich sie einer anderen Lehrveranstaltung vorziehen, die genau so gut in mein Studium passen würde?

Ein Lehrveranstaltungskommentar hat also drei Hauptfunktionen zu erfüllen:

– eine informierende und eine steuernde bzw. empfehlende, indem er dem Studierenden die nötigen Informationen vermittelt, um überhaupt auf die Fragen (a') und (b') antworten zu können;

– eine werbende, indem er ihn auch zu einer positiven Antwort auf die Frage (c') hinführen, ihm also diese Lehrveranstaltung schmackhaft machen soll, wenn er die Fragen (a') und (b') mit ja beantwortet.

Durch die informierende und die steuernde Funktion der Lehrveranstaltungskommentare läßt sich erklären, daß sie Äußerungen enthalten, die sowohl repräsentativen Illokutionsakten (Beispiele la und lb) als direkten und indirekten Direktiva (Beispiele 2a und 2b, 3a bis 3e) entsprechen:

(1a)   Das Seminar wendet sich, ausgehend vom neuen Lektürekanon, besonders an Lehrerstudenten für die Grundschule. (L1, 26-27)

(1b)   Das Seminar endet mit einer Klausur zum Erwerb des Leistungsnachweises für den Bereich A3. (L1, 8)

(2a)   Lesen Sie zur Vorbereitung das Vorwort [...] und den dort abgedruckten Essay [...]. (GÖ, 37)

(2b)   Ich empfehle deswegen, daß Themen mit mir [...] vereinbart werden. (GÖ, 40)

(3a)   Das Seminar setzt die Bereitschaft voraus, auch frühe epische Texte von (es folgen Autorennamen) zu beschaffen und zu lesen. (L1, 27)

(3b)   Kenntnis seines Romans zu Semesterbeginn wird vorausgesetzt. (L2, 18)

(3c)   Die Teilnahme setzt die Bereitschaft zur qualitativen Mitgestaltung der Diskussion voraus. (L2, 12)

(3d)   Eine persönliche Anmeldung ist erforderlich. (L2, 20)

(3e)   Die Konzepte für die Referate müssen mir jeweils zwei Tage vor der Sitzung [...] abgegeben werden. (GÖ, 37)

Die werbende Funktion der Lehrveranstaltungskommentare tritt nicht so deutlich hervor wie die zwei anderen, vielleicht weil die Verfasser solcher Kommentare davon ausgehen, daß eine objektive Darstellung der geplanten Lehrveranstaltung eigentlich schon genügend für sie »werben« sollte – und auch kann. Sie läßt sich dennoch manchmal an repräsentativen Äußerungen ablesen, die bestimmt positiv gemeinte Werturteile enthalten (Beispiel 4a), am Gebrauch eines umgangssprachlichen Ausdrucks (›den Mund aufmachen‹ im Beispiel 4b) oder eines Interpunktionszeichens (des Ausrufezeichens im selben Beispiel), die auf den Leser des Kommentars und möglichen Besucher der Lehrveranstaltung wohl beruhigend wirken sollen:

(4a)   Einerseits wird [...] in zwangloser Atmosphäre [...] diskutiert (GÖ, 50)

(4b)   Vorausgesetzt werden keine perfekten Deutschkenntnisse, wohl aber die Bereitschaft, den Mund aufzumachen – *jeder* muß sich äußern! (ibid.)

2.2. Kommunikative Situation

2.2.1. Sender und Empfänger

Ein Lehrveranstaltungskommentar wird von einem Sender verfaßt, dessen Name und manchmal auch akademischer Titel (s. HB1 und HB2) im Kopf dieses Textes zu lesen sind; auch wenn sein akademischer Titel nicht angegeben wird, wird seine berufliche Tätigkeit am Institut, das das Verzeichnis veröffentlicht, selbstverständlich als bekannt vorausgesetzt, er gilt sogar nur als Träger dieser sozialen Funktion. Er richtet sich an eine in ihrem Umfang nicht bestimmte Gruppe von Empfängern, die anonym bleiben und bei denen ebenfalls ausschließlich die soziale Funktion entscheidend ist: es handelt sich um Studierende, selbst wenn auch andere Lehrende, ggfs. selber Verfasser solcher Texte, zu Lesern ihrer Kollegen werden können. Durch ihre jeweilige soziale Funktion stehen Lehrende und Studierende hier als Kommunikationspartner in einem asymmetrischen Verhältnis zueinander, wobei der Textproduzent die übergeordnete Rolle innehat.

Typisch für diese Textsorte scheint mir dabei eine gewisse Form der Ent-Personifizierung zu sein, insofern eben der bekannte Sender und die definierbaren Empfänger höchst selten als solche zu Wort kommen oder direkt angeredet werden:

(a') Aufgefallen sind mir Kommentare, in denen Verben in der ich- bzw. wir-Person verwendet werden, eben weil sie Seltenheitswert haben. Dafür seien folgende Beispiele angeführt:

(5a)   Ich habe einen Ordner [...] angelegt. (HB1, 57)

(5b)   Obwohl ich [...] behandele, ist jede Semesterveranstaltung in sich geschlossen. (HB2, 29)

(5c)   Da ich die Planung noch nicht abgeschlossen habe, muß ich [...] verweisen. (GÖ, 45)

(6a)   In diesem Seminar untersuchen wir mögliche Antworten auf diese Frage. (HB1, 57)

(6b)   In diesem Seminar werden wir Theorie und Praxis dieser komplexen Gattung erörtern. [...] Unsere Ergebnisse werden wir [...] überprüfen (GÖ, 37)

(6c)   Dabei werden wir so vorgehen, daß wir [...] überprüfen. (L1, 27)

(7)   Ich werde in der ersten Sitzung [...] geben. Es wird dann zu entscheiden sein, wie wir [...] weiter verfahren. (GÖ, 17)

(b') Die Adressaten eines Lehrveranstaltungskommentars werden auch selten direkt, in der Höflichkeitsform also, angesprochen, und wenn es doch der Fall ist, dann in Aufforderungen, die so einen verbindlichen Charakter bekommen:

(8a)   Über diese Aspekte sollten Sie sich möglichst schon vor Semesterbeginn einen ersten Überblick verschaffen. (GÖ, 42)

(8b)   Und darum bitte ich Sie, sich in die erwähnten Traktate vor dem Seminar einzulesen. (HB2, 88)

Die Adressaten des Lehrveranstaltungskommentars werden aber meistens als ›Teilnehmer‹, ›Studierende‹, ›Studenten‹, auch als ›Prüflinge‹ erwähnt, manchmal sogar in der indefiniten Form ›man‹, als ob es sich – z.B. bei folgender Anweisung – um eine allgemeingültige Verhaltensregel handeln würde:

(9)   Zur Vorbereitung soll man diese beiden Werke bis zum Beginn der Lehrveranstaltung gelesen haben. (GÖ, 46)

(c') Sender und Adressaten des Lehrveranstaltungskommentars erscheinen dagegen ziemlich oft indirekt im Text selbst; ihre aktive Teilnahme an der kommentierten Lehrveranstaltung wird z.B. vorausgesetzt, wenn der Sender Adjektive wie ›gemeinsam‹ oder ›eigen‹ benutzt:

(10a)   Das Seminar will [...] bieten, und zwar auf der Basis gemeinsam zu erarbeitender Werkinterpretationen. (L1, 36)

(10b)   Bei der gemeinsamen Analyse und Interpretation (...) (L2,16)

(10c)   Weil auch die Auswahl gemeinsam festgelegt werden soll, müßten alle Teilnehmer das Buch bis zur ersten Sitzung zumindest kursorisch gelesen haben. (GÖ, 51)

(10d)   Organisationsform: Gemeinsame Lektüre (HB2, 7)

(11):   Voraussetzung für einen benoteten Leistungsschein sind Seminarreferate, die eigene Forschungsleistung erfordern (L1, 36)

(d') Oft verschwinden Sender und Adressaten, Lehrende und Studierende völlig hinter der Lehrveranstaltung selbst, die ein selbständiges Dasein zu führen scheint und zur *handelnden* Institution wird, insofern die Verben, die die im Seminar ausgeführten Handlungen beschreiben, eben mit Lexemen wie ›das Seminar‹ als Subjekt verwendet werden und damit die handelnden Personen nicht genannt zu werden brauchen:

(12a)   Das Seminar erörtert die Entwicklung des Erzählens [...] (L1, 22)

(12b)   Das Seminar beschäftigt sich mit der Rezeption [...] (L1, 36)

(12c)   Das Seminar widmet sich Standardwerken eines Genres und zeigt [...] (L1, 37)

(12d)   Das Seminar erarbeitet [...] und gibt einen Einblick [...] (L1, 37)

(12e)   Das Seminar untersucht [...] (L1, 37)

Die Liste solcher Beispiele ließe sich sehr leicht fortführen.

(e') Zwei andere sprachliche Merkmale solcher Kommentare tragen auch dazu bei, Sender und Adressaten, Lehrende und Studierende völlig verschwinden zu lassen, und zwar zugunsten der Tätigkeiten, die sie in der Lehrveranstaltung ausüben: die auffallend hohe Frequenz der Passivformen und eine gewisse Neigung zum Nominalstil. Als Beispiele werden exemplarische Kommentare zitiert, die für viele andere stehen:

(13a)   Aus der Analyse [...] wird im Seminar versucht, die bestimmenden Entwicklungslinien [...] herauszuarbeiten. Die [...] Positionsfindung wichtiger Autoren soll dabei in den Zusammenhang [...] gestellt werden. Wichtige Tendenzen [...] werden dahingehend ebenso untersucht wie innovative Leistungen [...] (L1, 22)

(13b)   In der Vorlesung sollen einige Antworten auf die Titelfragen gegeben werden, indem wichtige Fragestellungen [...] erläutert werden, indem bestimmte Forschungsschwerpunkte exemplarisch vorgestellt werden, indem verschiedene Anwendungsbereiche [...] thematisiert werden, indem die Stellung der germanistischen Linguistik [...] sowie ihr Verhältnis [...] beleuchtet werden. (L2, 6)

(14a)   Ziel des Seminars ist eine systematische Erarbeitung der Grundbegriffe, die zur Beschreibung und zum Verständnis der spezifischen [...] Aspekte von Dramentexten nötig sind. (L1, 27)

(14b)   Im Mittelpunkt der Übung stehen interpretierendes Vorlesen und sprechkünstlerisches Gestalten literarischer Texte [...]. Ihr komplexes Anliegen besteht im Beitrag zur schöpferischen Dichtungsvermittlung und -aneignung sowie in der Förderung von Kreativität und sprachästhetischer Urteilsfähigkeit. (L2, 28)

Im folgenden, vollständig zitierten Kommentar sind beide Merkmale zu beobachten:

(15)   In der Lehrveranstaltung soll das Herangehen an Texte in einer komplexen linguistischen Sicht geübt werden. Texte aus unterschiedlichen Kommunikationsbereichen werden dabei mit textlinguistischen und stilistischen Instrumentarien beschrieben. Die Betrachtung der konkreten sprachlichen Realisierung verschiedener Textsorten ermöglicht auch eine funktionale und strukturelle Untersuchung des sprachlichen Details, so daß damit linguistisches Wissen in den einzelnen Grundlagendisziplinen reaktiviert und komplex angewendet werden kann. (L1, 15)

2.2.2. Kanal

Bei einem Lehrveranstaltungskommentar handelt es sich um eine schriftliche, institutionell geforderte Kommunikationsform, die als nicht spontan und monologisch zu charakterisieren ist. Diese Kommunikation findet ohne räumlichen Kontakt zwischen den Kommunikationspartnern und in einem nicht abgeschlossenen Zeitraum statt (s. Sandig 1972). Zu bemerken ist auch, daß dieselbe Institution in regelmäßigen Zeitabständen eine Gruppe von Sendern bei der Ausübung derselben beruflichen Tätigkeit dazu auffordert, denselben Kanal zu demselben Zweck zu benutzen, um über denselben oder einen ähnlichen Kontext eine Nachricht zu vermitteln, wobei die Adressaten zwar als Person wechseln können, aber als Träger einer sozialen Funktion gleich bleiben... Was Wunder, wenn dabei einander stark ähnelnde Texte herauskommen, ja einige von Semester zu Semester wortwörtlich wiederholt werden?

3. Formale Grundgestalt eines Lehrveranstaltungskommentars

3.1. Strukturierung

Die Art und Weise, wie Lehrveranstaltungskommentare in der Regel strukturiert sind, hängt von den strategischen Vorgehensweisen ab, die ihre Verfasser zur Erzielung der in einem solchen Text verfolgten Zwecke deswegen auswählen, weil sie ihnen dafür am geeignetesten erscheinen; solche strategischen Entscheidungen und deren Niederschlag in der Gliederung des Kommentars werden hier unter zwei Aspekten erörtert, nämlich im Hinblick auf »das Was der Informationsmenge« und auf »das Wie der Informationsvermittlung« (Heinemann/Viehweger 1991, 158-161).

3.1.1. Das Was der Informationsmenge

Um die Entscheidung eines Kommentarverfassers über das Was der Informationsmenge nachzuvollziehen, sind die untersuchten Verzeichnisse aus der Universität Heidelberg besonders interessant, insofern dort die meisten Kommentare deutlich in bis zu sechs Unterteile gegliedert sind; diese Unterteile heben sich durch einen größeren Zeilenabstand voneinander ab, ihnen stehen meistens anders gedruckte, manchmal auch durchnumerierte Untertitel voran. Es handelt sich um folgende Angaben: Inhalt, Lehr- und Lernziele, Organisationsform, Voraussetzungen, Leistungsnachweis und Literatur – dabei ist nichts Verwunderliches, es sind doch die verschiedenen Aspekte, unter denen ein Student eine Lehrveranstaltung betrachtet, um sich für oder gegen deren Besuch entscheiden zu können;

die Auswahl der vermittelten Informationen erfolgt also nach deutlichen adressatenorientierten Kriterien. Selbst wenn der Kommentarverfasser diese Phasen in der Beschreibung der angebotenen Lehrveranstaltung nicht graphisch voneinander unterscheidet, lassen sie sich mühelos an sprachlichen Merkmalen erkennen, wie z. B. im folgenden Kommentar:

(16) Rituale, ob politische, religiöse oder solche des Alltags, machen einen größeren und gewichtigeren Teil unseres sozialen/ kommunikativen Handelns aus, als man gemeinhin annimmt. Sie sind in der Regel ein Zeichenkomplex, der Sprachliches und Nichtsprachliches vereinigt. Um den sprachlichen Teil rituellen Handelns aus linguistischer Sicht beschreiben und erklären zu können, werden linguistische Theorien zur Ritualität sowie verwandte Ritualitätstheorien (Soziologie, Ethnologie u.a.) vergleichend vorgestellt und diskutiert. Eine Lektüreliste liegt vor Beginn des Wintersemesters in Zimmer 11/6 für Interessierte aus. Erwartete Leistung: Referat. (L1, 13)

Dieser Kommentar gliedert sich deutlich in fünf Unterteile: Beschreibung des Inhalts, Angabe der Ziele und der angewendeten Arbeitsmethode, Literatur, Leistungsnachweis; es fehlen nur die Voraussetzungen, daraus läßt sich schließen, daß das Interesse für dieses Thema als einzige Voraussetzung für den Besuch der Lehrveranstaltung angesehen wird.

Die Gliederung eines Kommentars ist auch an der Wortstellung abzulesen: an die erste Stelle im Satz wird nämlich oft das Element gesetzt, das das Thema der Äußerung trägt und eventuell einen neuen Unterteil bzw. einen neuen Aspekt in diesen Unterteil einführt. In diesem Zusammenhang ist mir besonders aufgefallen, daß viele Äußerungen, die ein finites Verb bzw. einen Infinitiv in der Passivform enthalten, mit dem Partizip II bzw. mit der passiven Infinitivform anfangen, wie in folgenden Beispielen:

(17) Das Kolloquium dient dem Zweck, [...]. Behandelt werden dabei vorrangig solche Bereiche der Literaturgeschichte [...]. (L1, 31)

(18) Ziel des Seminars ist es, die Spezifik des Sprachgebrauchs in Institutionen zu beschreiben. Betrachtet werden sollen vor allem die Institutionsbereiche [...] (L1, 14)

Eine gewisse Adaptation dieses Musters ist je nach der Art der kommentierten Lehrveranstaltung festzustellen: bei Proseminaren, Einführungen und Vorlesungen fehlt oft der Unterteil »Voraussetzungen«, bei Vorlesungen auch »Organisationsform« und »Leistungsnachweis«. Es kommt auch vor, daß ein solcher Kommentar auf den Aspekt reduziert wird, der den meisten Sendern wohl am wichtigsten erscheint, ich meine auf den behandelten Gegenstand:

(19)   Sprache im Wahlkampf wird verstanden als spezielle Form der
         politischen Sprache. Im Seminar werden vor allem Texte der
         diesjährigen Wahlen untersucht, historische Vergleiche werden
         jedoch angestrebt. Es werden Klassifikations- und Analyse-
         instrumentarien politischer Sprache angewendet und erörtert,
         Fragen der kommunikativen Ethik und Sprachkultur behandelt.
         (L1, 15)

Die Reihenfolge der genannten Unterteile kann auch eine gewisse Veränderung erfahren: »Inhalt« und »Ziel« konkurrieren um die erste Stellung
(wie in meinen Nachahmungen!). Manchmal stehen auch die »Voraussetzungen« am Anfang des Kommentars; im folgenden Beispiel nehmen sie
sogar ein ungewöhnliches Ausmaß an:

(20)   Die zusammenhängende Behandlung von Kerngebieten der
         deutschen Grammatik in nur einem Semester setzt voraus, daß
         alle Teilnehmer im Seminar konzentriert mitwirken und sich im
         Selbststudium und durch selbständiges Üben Sicherheit in der
         behandelten Materie erarbeiten. (L2, 7)

Nach der ausführlichen Darstellung der Arbeit, die von den Studenten
zu leisten ist, werden in diesem Kommentar Informationen über den »Stoff
der Lehrveranstaltung« und das »Ziel des Seminars« mitgeteilt - aber nichts
über den didaktischen Prozeß, der die Studenten zur Aneignung dieses umfangreichen Stoffes bzw. der »grundlegenden Kenntnisse« verhelfen sollte,
deren »Erwerb und Festigung« sich das Seminar zum Ziel setzt. Diese
Feststellung trifft allerdings auf die meisten Kommentare zu: es geht um
eine rein sachbezogene Darstellung der Lehrveranstaltungen. Über die didaktische Vorgehensweise des Lehrenden, der sein Wissen und seine Fertigkeiten an die Studenten vermitteln wird, erfahren die eventuellen Besucher
der Lehrveranstaltung so gut wie nichts; sie wird nur durch den Gebrauch
von Verben erwähnt, die verschiedene Aspekte der Lehrtätigkeit sehr allgemein bezeichnen, wie ›erörtern‹, ›(exemplarisch) darstellen‹, ›analysieren‹,
›untersuchen‹ und dergleichen.

3.1.2. Das Wie der Informationsvermittlung

Schon die übliche Gliederung solcher Kommentare in die oben genannten Unterteile legt die Vermutung nahe, daß sich ihre Verfasser für eine vorwiegend deskriptive Darstellung der angebotenen Lehrveranstaltung entschieden haben; die Beschreibung entspricht auch am besten der informie-
renden Funktion dieser Texte, besonders in den Unterteilen, die dem Inhalt
und der Organisationsform gewidmet sind. Ein besonders klares Beispiel
dafür liefert folgender Kommentar, der ausschließlich aus der zitierten Beschreibung des Inhalts und den darauffolgenden Literaturangaben besteht:

(21)   Wörterbücher sind einerseits eine unverzichtbare Datenbasis linguistischer Forschung, andererseits sind sie deren sichtbare lexikographische Umsetzung. Ihre Typologie richtet sich vor allem danach, daß einzelne sprachliche Aspekte als Bestandteile von Makro- und Mikrostruktur in allgemeine Wörterbücher integriert sind oder daß einzelne Aspekte Spezialwörterbücher in besonderer Weise konstituieren. Dieser Vergleich ist Gegenstand des Seminars. Der zeitliche Bogen spannt sich vom Großwörterbuch fürs Althochdeutsche bis hin zum Projekt »Deutscher Wortschatz« im Internet. (L2, 11)

Der steuernden Funktion der Kommentare wird dagegen in den Unterteilen »Ziele« und »Leistungsnachweis«, eventuell »Voraussetzungen« Rechnung getragen.

Zu bemerken ist noch, daß die maximale Länge dieser Texte vom Seminar festgelegt wird, das sie veröffentlicht, wenngleich diese offenbar von Institut zu Institut variiert; demzufolge haben die Verfasser kaum die Möglichkeit, sich für erklärende und/oder argumentative Verfahren zu entscheiden, die mehr Platz in Anspruch nehmen würden. Dennoch werden ab und zu linguistische Mittel gebraucht, die zu einer Erklärung dienen, wie ›da‹, ›deshalb‹, ›das bedeutet‹, ›d.h.‹.

3.2. Stereotype Formulierungen

3.2.1. Institutionelle Festlegung des Textkopfes und –endes.

Im Kopf eines Lehrveranstaltungskommentars sind immer einerseits der Titel der Lehrveranstaltung, andererseits organisatorische, materielle Informationen zu lesen: es werden die Art, der Ort und die Zeit der Lehrveranstaltung, der Name des Lehrenden, eventuell das Datum der ersten Sitzung angegeben. Solche Informationen werden stichwortartig und mit Abkürzungen vermittelt, durch die graphische Gestaltung werden sie vom eigentlichen Kommentar abgehoben. Im letzten Teil eines Lehrveranstaltungskommentars, der in den meisten Fällen auch graphisch zu erkennen ist, findet der Leser die Literaturhinweise oder, falls keine angegeben werden, Informationen über den Leistungsnachweis bzw. die Voraussetzungen. Diese Angaben werden häufig im Nominalstil formuliert. Der Kopf eines Lehrveranstaltungskommentars wird also nach einem stereotypen Formulierungsmuster verfaßt, dessen graphische Gestaltung vom herausgebenden Institut sicherlich vorbestimmt wird; sein Ende folgt Formulierungsgewohnheiten, die z. T. nicht nur für diese Textsorte gelten (Literaturliste) und auch institutionell geprägt sind; beide Teile dürfen bestimmt als besondere Erkennungssignale betrachtet werden.

165

3.2.2. Formulierungsmuster im Hauptteil eines Kommentars

Lehrveranstaltungskommentare sind relativ kurze Texte, und sie folgen einer relativ festen Gliederung, die ihren beiden Grundfunktionen und den Erwartungen ihrer Adressaten wohl angepaßt ist - unter solchen Umständen ist zu erwarten, daß ihre Verfasser immer wieder auf eine geringere Anzahl von themenspezifischen Lexemen, stereotypen Kollokationen und Textkonstitutiven zurückgreifen, die ihre Angemessenheit und Wirksamkeit schon bewährt haben (s. Heinemann/Viehweger 1991, 166-169). Solche Formulierungsmuster ließen sich durch statistische Erhebungen am besten erfassen, ja nach ihrem Frequenzgrad klassifizieren, aber die dazu nötigen Vorarbeiten stehen noch aus, sie hätten auch den Rahmen dieses Beitrags gesprengt. Deswegen fußt folgende Liste von Stereotypen, die für einen Lehrveranstaltungskommentar typisch sein dürften, nur auf der wiederholten, aufmerksamen Lektüre der untersuchten Verzeichnisse, sie erhebt keinerlei Anspruch auf Vollständigkeit:

– Die Vorlesung führt in ... ein/ behandelt
– Das Seminar bietet eine Einführung in/einen Überblick über/untersucht/vertieft und problematisiert/behandelt
– Es/In der Vorlesung wird ein Überblick über ... gegeben
– In der Vorlesung werden ... vorgestellt
– Hauptthemen/Schwerpunkte sind dabei...
– Im Zentrum der Seminararbeit steht ...
– Im Mittelpunkt stehen folgende Themen
– In dieser Übung wird vor allem [...] anhand von Beispielen/Texten [...] geübt werden
– Besondere Berücksichtigung im Seminar findet...
– Die wichtigsten Thesen sind ...
– Ziel des Seminars ist es, .../Das Seminar hat des Ziel, .../dient dem Erwerb von Fähigkeiten und Fertigkeiten/Das Seminar soll/will/möchte eine grundlegende Einführung in ... anhand von ... sein/Das Anliegen des Seminars ist es, anhand von [...] herauszuarbeiten.
– Es ist zu erwarten, daß .../es wird ... vorausgesetzt
usw.

Gliederungssignale verdienen in diesem Zusammenhang auch eine besondere Beachtung. Die meisten führen eine logische Struktur in den Text ein, wie ›zum einen/zum anderen‹, ›einerseits/andererseits‹, ›nicht nur/ sondern auch‹, ›sowohl/wie auch‹, ›sowie‹, ›unter anderem‹, ›ferner‹. Die inhaltliche Beschreibung einer Lehrveranstaltung folgt auch manchmal ihrem chronologischen Ablauf, wie in folgendem Kommentar (ich unterstreiche selbst diesen chronologischen Aufbau durch Kursivschrift):

(22)   *Ausgangspunkt* der Lehrveranstaltung ist die Erarbeitung eines Überblicks über [...], *woran sich* eine Heranführung an [...] anhand ausgewählter [...] Texte *anschließt*. Mit Bezug auf [...] soll zum *Abschluß* Ausblick genommen werden auf [...]. (L1, 23)

Häufig werden auch sprachliche und graphische Verfahren angewendet, die dazu dienen, auf weniger Platz mehr Informationen zu vermitteln: Abkürzungen (›d.h.‹, ›u.a.‹); erweiterte Partizipialkonstruktionen, die an der Stelle von längeren Relativsätzen stehen; Klammern und Gedankenstriche, die dem Verfasser die Möglichkeit geben, eine komplementäre oder genauere Information stichwortartig in den Text einzufügen.

4. Fazit und Ausblick

Lehrveranstaltungskommentare bilden eine Textsorte, deren Merkmale ihren Verfassern und ihren Benutzern mindestens zum Teil wahrscheinlich vertraut sind und die relativ stark standardisiert ist. Es sollte noch der Frage nachgegangen werden, inwiefern dieses Textmuster persönliche stilistische Variationen zuläßt, die, wenn es sie gäbe, zu seiner Entwicklung beitragen könnten.

Aus der Untersuchung solcher Kommentare auf den fünf Typologisierungsebenen, die von Heinemann/Viehweger vorgeschlagen wurden (Heinemann/Viehweger 1991), geht hervor, daß sowohl dem Sender und Lehrenden wie auch den Adressaten und Studierenden in diesen Texten wenig Beachtung geschenkt wird, während der Lehrstoff als solcher deutlich in den Vordergrund tritt. Demzufolge wäre auch eine Erforschung ihres perlokutionären Effekts bestimmt von großem Interesse; sie könnte eine Antwort auf die Frage liefern, ob ihr stereotyper Charakter die mehr oder weniger ausgeprägte werbende Absicht ihrer Verfasser nicht beeinträchtigt, oder – unter einem anderen Blickwinkel betrachtet – ob solche schematisch formulierten Texte deren hochschuldidaktischer Funktion genügen können.

Forschungsarbeiten über die möglichen stilistischen Variationen und den perlokutionären Effekt der Lehrveranstaltungskommentare bleiben momentan lediglich Desiderate – als Einladung zur weiteren Beschäftigung mit dieser Textsorte sei noch zum Schluß auf neuartige Gestaltungsformen hingewiesen, die mir im Heidelberger Verzeichnis vom Wintersemester 1998-99 aufgefallen sind: darin werden vier Kommentare von Zeichnungen begleitet, die bestimmt zur Auflockerung dieser sonst sehr ernsthaft, ja streng wirkenden Texte dienen wollen. Zu erörtern wäre, in welcher Weise sich die Verfasser dieses neuen Typus von Kommentar auf die veränderte Disposition ihrer Adressaten einstellen, die wahrscheinlich in einer immer höheren Anzahl eher mit (betexteten) Bildern aufgewachsen sind als mit (bildlosen) Texten, und ob sich mit solchen Kommentaren ein neuer Trend anbahnt... Diese Analyse würde natürlich auch die Einbeziehung semiotischer Aspekte verlangen.

Literatur

Adamzik, Kirsten (1995): *Textsorten – Texttypologie, Eine kommentierte Bibliographie*, Münster, Nodus Publikationen.

Heinemann, Wolfgang/Viehweger, Dieter (1991): *Textlinguistik. Eine Einführung*, Tübingen, Niemeyer (RGL 115).

Sandig, Barbara (1972): »Zur Differenzierung gebrauchssprachlicher Textsorten im Deutschen.« In: Gülich, Elisabeth/Raible, Wolfgang (1972): *Textsorten. Differenzierungskriterien aus linguistischer Sicht*, Frankfurt a.M., Athenäum Fischer (Athenäum-Skripten Linguistik 5).

Quellen

GÖ: kommentiertes Veranstaltungsverzeichnis des Seminars für Deutsche Philologie der Universität Göttingen, Sommersemester 1994.

HB1/HB2: kommentierte Veranstaltungsverzeichnisse des Germanistischen Seminars der Ruprecht-Karls-Universität Heidelberg, Wintersemester 1994-95 und Wintersemester 1998-99.

L1/L2: kommentierte Veranstaltungsverzeichnisse des Instituts für Germanistik der Universität Leipzig, Wintersemester 1994-95 und Wintersemester 1998-99.

Du nécessaire dialogue interculturel entre L1 et L2

Albert HUDLETT
Université de Haute Alsace

> *Wenn das Gemeinsame, das Inter-Kulturelle
> den Ausgang fremdsprachlichen Lernens bildet,
> haben die Lernenden gleichsam einen Anker, an
> dem sie den Lernprozess festmachen können.*
> Stephan Merten (1995)

Permettez-nous d'esquisser quelques réflexions que nous inspirent, à l'occasion de son soixante-dixième anniversaire, les éminents travaux de recherche du Professeur Jean Petit dans les domaines de la psycholinguistique et de la didactique des langues, en signe de reconnaissance pour son étroite coopération avec le *Centre d'Etudes et de Recherches interdisciplinaires sur le Plurilinguisme en Alsace* (CERIPA) de l'Université de Mulhouse.

La question qui se pose de façon cruciale est la suivante : comment allier l'entraînement linguistique et la formation à la communication interculturelle franco-allemande dans les enseignements bilingues en Alsace de telle sorte que la synergie de la langue maternelle et de la langue seconde en tant qu'instrument de communication et vecteur transdisciplinaire devienne le ressort de l'apprentissage de l'altérité et de la citoyenneté européenne ? (Hudlett 1999)

1. De la maîtrise de la langue maternelle (L1) à l'appropriation de la langue seconde (L2)

Lorsque l'apprenant dans ses diverses activités d'acquisition essaie de s'approprier la langue de l'autre, il est par un détour salutaire amené à s'interroger sur sa propre relation à ce qu'il appelle sa « première » langue (ou langue maternelle) considérée comme la langue d'accès au langage en général (Bernstein 1975).

Si d'emblée il est aisé d'appréhender la langue dans sa fonction d'instrument, il est plus difficile de cerner l'objet qu'est la langue elle-même (Vygotski 1985) ; au plan terminologique, il convient de distinguer « l'acquisition » se résumant à une collecte ou collection d'informations, c'est-à-dire à un processus de découverte implicite concentré sur le sens, et « l'apprentissage » qui, en tant que processus explicite, se préoccupe essentiellement de la forme ou de la grammaire. Quant à « l'appropriation », il s'agit d'un processus *sui generis* qui désigne à la fois le fait de prendre possession de signifiants (ce qui revient à entrer dans l'autre langue) et de s'identifier à celui qui parle cette autre langue (ce qui équivaut à devenir autre). Il en résulte qu'apprendre une autre langue relève du domaine complexe de l'heuristique et entraîne un phénomène de métamorphose de la personnalité de l'apprenant-locuteur dans la mesure où l'appropriation s'accompagne d'un cortège de questionnements et d'opérations de conversion liées aux représentations implicitement inscrites en nous par la signifiance des «mots» de la langue première (Titone 1979 et 1997 ; List 1983). Même si pour beaucoup d'observateurs et d'enseignants la langue demeure invariablement un outil de communication et de connaissance dans les procédures cognitives, elle est aussi l'élément fondateur de notre psychisme (Auroux 1996 ; Hagège 1985 ; Jakobson 1963) et organise notre vie relationnelle, ce qui entraîne un éternel va-et-vient entre la langue-cible et la langue première dans le cadre d'une lente gestation de sens toujours renouvelée. C'est pourquoi, l'apprenant se construit progressivement de nouveaux repères que sont les signaux linguistiques avant de leur donner le poids, affectif ou communicatif, qu'il leur réserve dans le nouveau système interprétatif qui se met en place au rythme des phases successives de l'appropriation (Kail 1997).

Il est évident que si pour les apprenants, particulièrement les plus jeunes, l'appropriation de la L2 doit constituer une source de motivation et de plaisir, il est urgent de rompre avec la conception purement utilitariste de la langue et de déplacer le centre d'intérêt vers le rôle de médiation entre le sujet-apprenant et l'autre que joue la langue sous ses diverses facettes ; l'outil de communication se muera insensiblement en l'expression d'une relation familière non plus entre les locuteurs de la langue étrangère et l'apprenant mais bel et bien entre des êtres humains en général .

L'appropriation d'une langue seconde n'est donc pas étrangère à la reconnaissance de l'universalité du sujet humain se manifestant dans les procédures de transmission de savoir et de découverte de la culture d'autrui (Camilleri 1989).

Par conséquent, loin d'enfermer chaque langue dans son système singulier, il s'agit d'adopter une perspective dynamique et de développer toutes les passerelles facilitant le passage alterné non pas d'un système linguistique à l'autre mais le déplacement du locuteur à l'intérieur du creuset interlinguistique et interculturel animé par les schémas interprétatifs de la langue première et de la langue seconde (Petit 1987).

L'enseignement bilingue français-allemand gagnerait à ne pas être exclusivement une réponse aux besoins communicatifs immédiats d'un demandeur que l'institution se chargerait de satisfaire en conformité avec des instructions officielles ou en application d'une définition marchande de la langue, mais également et bien davantage encore, la réponse privilégiée au désir de l'apprenant de s'inscrire dans l'interférence de deux espaces linguistiques, c'est-à-dire de découvrir la contingence des signifiants dont l'écart différentiel produit du sens.

2. De l'hétérogénéité culturelle à l'interculturalité

S'il est en ce moment un groupe de questions gravitant autour du contact des cultures par l'intermédiaire des langues qui suscitent tout particulièrement une vive

discussion, ce sont celles qui s'ordonnent autour de la méthodologie, car, semble-t-il, elles ne préoccupent pas spécialement les chercheurs en interculturalité. Cela proviendrait-il du fait que ces chercheurs n'apprécient pas à leur juste valeur les implications linguistiques des phénomènes interculturels et inversement ? (de Bot 1991).

Faut-il rappeler ici que les groupes humains sont producteurs de cultures et de langages et que c'est grâce à la langue, code explicitement systématisé, que le réel est structuré et compris ; si la langue a été érigée en outil de culture par lequel le réel est découpé, organisé et interprété, les porteurs d'une même culture se reconnaissent essentiellement dans le maniement des concepts constitutifs de la langue.

Dans le débat, actuellement en pleine effervescence, sur la place qui revient à l'interculturalité franco-allemande dans les contenus de l'enseignement bilingue en Alsace, il est essentiel de souligner que l'appropriation de la langue allemande en milieu captif (structures scolaires), consiste avant tout à procéder, par le truchement des manuels, des documents d'actualité et des méthodes d'enseignement, à la collecte non seulement de données linguistiques mais également de matériaux observables (faits de civilisation, données relatives aux comportements, etc.) et à leur intégration dans un système symbolique permettant de les mettre en relation les uns avec les autres. Ainsi, on constate fréquemment que si la même observation au sein d'un corpus constitué peut être traduite en des termes différents dont on ne sait jusqu'à quel point ils sont synonymes, des malentendus et des conflits surgissent au sein du couple locuteur-apprenant et locuteur fictif dont la voix silencieuse émane du texte et sont imputables à l'incompatibilité (ponctuelle et momentanée) des systèmes de représentations que chaque protagoniste (réel ou fictif) véhicule dans sa propre langue. Dès lors, il est nécessaire qu'en situation culturelle hétérogène, les apprenants aient davantage accès au sens de la langue autre *in situ*, qu'ils apprennent à se positionner par rapport aux exigences du nouveau code (l'allemand) et gérer les réactions linguistiques et les interactions culturelles ; à ce propos, il convient d'affiner le contenu des échanges scolaires et universitaires transfrontaliers pour faire de l'allemand et du français des langues de rencontre.

Pouvoir prendre en compte les implicites interculturels franco-allemands, c'est maîtriser les opérations de codage et de décodage qui président à l'appropriation de la langue seconde en relation étroite avec la langue maternelle ; car, si au cours de ces opérations s'établit l'équivalence entre certains éléments de deux entités trop facilement qualifiées de «mondes étrangers l'un à l'autre qui s'affrontent », il ne s'agit nullement du travail mécanique du traducteur, mais d'une activité qui requiert une réelle créativité facilitant l'établissement de correspondances et permettant de dégager des connotations intuitives immédiates attachées aux signifiants de L2 et appelant une interprétation dans son propre système.

C'est pourquoi le linguiste-interculturaliste comprend aisément qu'à partir des observations particulières recueillies lors de situations de rencontre des cultures française et allemande, l'apprenant ne veuille pas à tout prix viser à la généralisation mais qu'il cherche avant tout à *« accéder à la culture partagée »* (Galisson 1987), c'est-à-dire à acquérir une certaine familiarité avec le nouveau système en présence en procédant au rapprochement, au regroupement, à la comparaison et à la corrélation linguistique et culturelle des faits d'observation.

La perspective interprétative en termes de contenus interculturels (socio-historiques, politico-économiques, etc.) permet de saisir des phénomènes humains dans leur dynamique telle qu'elle se déploie dans la vie sociale allemande réelle ou dans le flux de l'histoire tantôt unissant tantôt séparant l'Allemagne et la France.

On ne peut faire dialoguer les langues de deux pays que si on cherche à activer leurs cultures, c'est-à-dire à expliciter la manière dont la propre culture de l'apprenant est subtilement convoquée (*cum-vocare*) dans la culture autre et vice-versa, comment les faits observés sont structurés et comment se produisent les effets d'interaction culturelle.

Le dialogue des langues permet donc de reconnaître ce qui est partagé par les représentants de diverses sphères culturelles ; alors que pour les uns, monolingues invétérés, il est opportun de s'en tenir jalousement aux conduites conformes à leur ressources identitaires liées à la langue et à la culture premières, d'autres cherchent à être créatifs en adoptant ou en interprétant les nouveaux modèles qu'ils découvrent, d'autres enfin emprunteront sélectivement certains éléments provenant des nouveaux modèles rencontrés pour les combiner à des éléments de leur propre culture (Petit 1992). Grâce à de telles démarches heuristiques, les apprenants ne se contentent plus d'être de simples «activateurs» de cultures existantes, mais se transforment en «producteurs » d'authentiques modèles transculturels inédits ; ils cherchent ainsi dans une démarche dynamique commune, à transcender les modèles nationaux français ou allemand pour proposer p. ex. un modèle d'enseignement/apprentissage linguistique interculturel franco-allemand voire européen.

Si nous acceptons le postulat selon lequel le sens est soumis à un perpétuel changement dans le temps et dans l'espace et que les communautés sociolinguistiques perdent à l'évidence leur caractère d'homogénéité, le but de l'apprentissage interculturel est de tester la perméabilité ou au contraire l'adhérence des pensées et des actions de l'apprenant exposé à la mouvance interculturelle franco-allemande et européenne (Fix 1991 ; Raasch 1992).

A l'heure actuelle, l'apprenant n'est plus, de façon exclusive, confronté à un type de culture monolithique, que ce soit la sienne ou celle d'autrui ; en effet, la culture n'étant plus une entité figée mais un phénomène situationnel et relationnel, il est de plus en plus le «transformateur» de sa propre culture, l'appropriation d'une langue seconde lui permettant d'adopter simultanément la perspective intérieure et la perspective extérieure.

Il s'agit par conséquent de modifier notre conception de la culture et de l'apprentissage des langues vivantes pour mieux comprendre le processus d'interculturation auquel est soumis l'apprenant. Il ne suffit plus de se référer instinctivement aux seules variables statiques et stéréotypes de la culture comme à des modes de découpage du réel pour stigmatiser les différences, mais l'apprenant générant lui-même des situations de contact des cultures française et allemande, il faut plutôt viser à construire, expliquer et interpréter le nouveau savoir qui vient d'univers culturels différents, ce qui est le propre de l'herméneutique interculturelle.

3. Vers la conceptualisation interculturelle des disciplines

Les conclusions psycholinguistiques de plus en plus affinées (appropriation de L2 non déconnectée de la pratique de L1), les analyses glottopolitiques (gestion raisonnée de l'enseignement bilingue à parité horaire en Alsace) et les observations sociolinguistiques éloquentes (attente sociale et représentations des langues) devraient plus que jamais interpeller tous les acteurs mêlés de près ou de loin aux enseignements/apprentissages bilingues et inciter en premier chef les enseignants à explorer toutes les possibilités de construire interculturellement les connaissances et les savoirs à transmettre en interrogeant les contenus actuels des enseignements, de telle sorte qu'au-delà du relativisme culturel on puisse enregistrer les apports de chaque culture à un patrimoine universel (Zarate 1991).

Ainsi, il serait judicieux de développer, dans les régions frontalières, une didactique spécifique de l'enseignement/apprentissage bilingue dont les objectifs interculturels seraient induits par les discussions autour de la notion de frontière, la rencontre de soi par l'autre, la nature de l'altérité le long de la frontière franco-allemande et l'histoire des frontières en Europe

(Raasch 1998) ; en vue de motiver les apprenants, l'animateur des séances d'allemand pourrait les encourager à mener des enquêtes transfrontalières et recueillir des ethnotextes en vue de constituer un fonds documentaire interculturel ; ainsi, dans le contexte de l'apprentissage curriculaire des langues, l'espace transfrontalier se métamorphoserait en un espace cognitif interculturel privilégié éclairant de façon éloquente les réalités franco-allemandes (Grosse 1989 ; Meissner 1997) ; d'où l'éclairage particulier à apporter aux dimensions régionale, nationale et internationale des faits et à leur interpénétration (Raasch 1992 ; Dethloff 1992).

Le dessein de l'enseignement disciplinaire en allemand, de l'histoire par exemple, est de permettre aux apprenants de mieux comprendre le présent en observant un événement du passé, c'est-à-dire une tranche de l'histoire franco-allemande (Petit 1993) ; la démarche essentielle de l'enseignant consiste donc à définir avec circonspection quels savoirs et savoir-faire il convient de transmettre/acquérir dans la séance d'histoire d'une classe bilingue? Il semble que le simple enseignement de faits chronologiques (histoire événementielle à mémoriser) associant la France et l'Allemagne dans un même contexte historique soit une approche peu fructueuse qu'il convient de dépasser par la pratique du double enseignement de l'histoire, en français et en allemand, qui donne aux apprenants la possibilité de donner un éclairage biculturel à une question qui dans un contexte strictement monolingue ne serait traitée qu'unilatéralement soit dans la perspective française soit dans la perspective allemande. C'est précisément le regard croisé sur un événement culturel qui puisse développer l'esprit critique des élèves d'une telle classe : ils découvrent, par l'origine culturelle différente des enseignants (autochtone/*native speaker*) et les interprétations divergentes des mêmes faits historiques (Meyer-Kalkus 1990), le problème du sens fluctuant de l'histoire franco-allemande. Il ne s'agit donc pas prioritairement de transmettre des savoirs tout prêts, mais de faire émerger – très tôt dans le cursus de l'apprenant – la conscience historique, à l'image de l'enseignement précoce de la langue elle-même : il importe de mener dans la L2 des discussions et des réflexions qui tranchent nettement avec la stricte accumulation de savoirs prévus par les programmes « nationaux » et réservés à une classe. Ainsi, l'horizon interculturel des apprenants s'élargit et, rapportées au passé, les relations franco-allemandes actuelles prennent peu à peu un sens différent dans la mesure où les jeunes apprenants se sentent impliqués non plus dans l'exclusif devenir de leur propre pays, mais dans la genèse d'un nouvel espace interculturel européen dont la réalité franco-allemande n'est qu'une composante parmi d'autres ; l'actualité peut à ce propos servir de catalyseur, tel cet épisode relatant l'initiative de l'ancien parachutiste français Eugène Meyer qui vient de remettre à Mulhouse le 5 mars 1999 à Albert Pollkötter, l'ancien soldat allemand, le livret militaire qu'il lui avait confisqué en 1945 aux Pays-Bas en lui laissant la vie sauve. (Voir le journal « L'Alsace », édition du 6 mars 1999, article intitulé « Les retrouvailles »).

Le traditionnel cours d'histoire se transforme grâce à la présence du dialogues des langues en un laboratoire de communication au sein duquel le savoir historique transmis doit servir à la formation interculturelle du futur citoyen afin qu'il comprenne mieux le monde (Klafki 1993) ; ainsi l'apprenant peut s'interroger judicieusement sur certains silences des historiens français ou allemands et les processus qui les amènent à présenter comme acquises des connaissances relatives à certaines périodes de l'histoire.

C'est pourquoi, il n'est pas vain de solliciter la mise en oeuvre de dispositifs privilégiant le dialogue des disciplines non linguistiques et L2 en encourageant et renforçant l'étroite coopération entre le professeur de langue et le professeur d'histoire ou de géographie ou d'autres disciplines encore, les compétences complémentaires pouvant également être l'apanage du même enseignant.

L'utilisation transdisciplinaire de L2 s'impose dans la mesure où elle potentialise le plaisir d'apprendre la langue comme vecteur de savoirs et de savoir-faire ; par ailleurs, la manifestation de la langue qu'est la parole, est quant à elle, action sur l'autre voire interaction avec l'autre ; c'est pourquoi, les actes de parole vont motiver l'expression et mettre à la disposition de l'apprenant toute une série de stratégies d'énonciation qui lui permettent d'asseoir sa compétence dans les domaines de la communication et du cognitif.

Dans le cadre de cet usage transdisciplinaire des langues L1 et L2 (Buttaroni 1997), il est essentiel d'organiser avec souplesse les transferts de savoir-faire de L1 vers L2 et inversement, pour que l'élève puisse dans chacune des deux langues s'engager dans des productions originales, sachant que les outils mis en place dans une langue peuvent être rapidement tranférés vers L2, notamment dans le cas d'apprentissages parallèles (classes européennes).

4. Dimension didactico-pédagogique de « l'enseignement » bilingue interculturel

Au-delà du lien naturel entre le linguistique et le culturel voire l'interculturel, il convient de poser la question – de façon claire et explicite de la symbiose des deux domaines dans les enseignements plurilingues en Alsace ; à cet égard, l'approche didactique de l'enseignement bilingue français/allemand prend un relief particulier.

L'étude des rapports dichotomiques entre ces deux sphères s'impose plus que jamais, car s'il est acquis qu'il faille impérativement intensifier le contenu interculturel de ces enseignements, il est judicieux de déterminer les paramètres de ce contenu, c'est-à-dire les réalités que recouvre l'appellation « franco-allemand » dans le contexte d'un tel type d'enseignement (Kramsch 1991 ; Merten 1995).

Il n'est pas question ici de réunir des inconciliables ; en effet, pour certains enseignants l'alliance entre le culturel et le linguistique n'est pas évident, car – par déformation professionnelle – ils ont, à n'en point douter, trop tendance à se retrancher dans leur « spécialité », c'est-à-dire dans des démarches trop grammaticalisantes voire lexicalisantes. A l'heure où les enseignements de langues, sous des formes variées, subissent de profondes mutations du fait de l'extension croissante des enseignements précoce et/ou bilingue, il ne peut plus être question de cautionner une pédagogie qui considère la langue et la culture comme deux données juxtaposées, comme deux domaines hermétiquement séparés que l'on s'approprierait non pas simultanément, mais successivement à l'image de l'étudiant qui ne s'initierait à la pédagogie des langues qu'après avoir assimilé pendant cinq ans et de façon quasi aseptisée, ses connaissances dites universitaires ou encyclopédiques (Zarate 1986 ; Philipps 1994).

A l'heure actuelle, les maîtres-mots sont la concomitance et l'interaction, car langue sans culture n'est somme toute que vernis superficiel ; que les polyglottes fabriqués à la chaîne dans les instituts les plus divers vantant la rapidité et la soi disante performance de leurs formations linguistiques nous pardonnent, mais il convient de plus en plus d'enraciner la découverte et « l'apprentissage » d'une langue dans son substrat culturel, ce qui implique une démarche positive de type contrastif et interférentiel.

Il suffit, pour se convaincre de l'inadéquation de certains principes pédagogiques, de jeter un coup d'oeil sur les programmes d'un certain nombre de départements de germanistique en France pour se rendre compte qu'à l'université – en dépit de la belle palette de cours dispensés en littérature et en civilisation – on ne part pas systématiquement du principe que l'apprentissage de la langue étrangère a comme objectif premier d'impulser la communication interculturelle (Götze 1992).

Certes, le contour culturel de l'enseignement de l'allemand est incontestable, mais il est impératif de substituer l'interculturel au simple intraculturel et corollairement de sensibiliser les apprenants aux interrelations culturelles et aux facteurs favorisant les transferts culturels.

Ainsi, la langue étrangère ne serait plus « enseignée », mais en sollicitant l'implication des apprenants, elle serait découverte et « vécue » pour faire converger les orientations de la germanistique et les objectifs de la (pré)-formation universitaire à l'enseignement bilingue.

Il convient par conséquent d'introduire voire élargir la dimension interculturelle des enseignements de l'allemand, notamment dans les structures bilingues, à quelque niveau que ce soit (Pommerin 1994). Cela permettrait de donner un contenu approprié à ces enseignements dans une région de France, l'Alsace, dont la situation géoculturelle et géopolitique dicterait les principales orientations.

Cela revient à dépasser les démarches pédagogiques caractérisées qui consistent à réduire l'enseignement de l'allemand à un apprentissage étriqué et servile; sans que l'apprentissage d'une certaine technicité au demeurant indispensable ne soit contesté, les enseignements plurilingues se métamorphoseraient en démarches heuristiques pour devenir *in fine* des creusets interculturels.

S'il est communément admis que la formation interculturelle ne peut pas se passer de l'apprentissage de la langue des pays en présence, pour certains observateurs néanmoins, il est possible d'assurer la formation interculturelle exclusivement en langue maternelle ; ainsi, dans l'espace francophone, le français peut être l'expression par excellence de la diversité des cultures, la langue remplissant sa fonction véhiculaire indépendamment des différents contenus culturels transmis ; à l'inverse, on peut s'imaginer que dans un but pragmatique et opportuniste on puisse apprendre une langue étrangère en «refusant» délibérément la culture qu'elle véhicule.

Mais n'est-il pas préférable d'accorder un intérêt particulier aux phénomènes susceptibles de réduire la distance entre deux démarches apparemment exclusives visant respectivement à la maîtrise linguistique ou à la performance en matière de communication interculturelle ?

Cette distance ne pourra être réduite voire anéantie que si l'apprenant prend davantage conscience de la relation «naturelle» entre L1 et L2 , c'est-à-dire s'il essaie d'intégrer de façon spiralaire et symbiotique la langue maternelle dans les procédures d'apprentissage linguistique et de communication interculturelle de telle sorte que la bilingualité devienne l'expression d'une authentique biculturalité. Par conséquent, les processus de médiation culturelle par la langue s'identifient à la médiation linguistique par la culture ou la rencontre de cultures.

5. De l'enseignement bilingue à la communication interculturelle

Établir un lien entre l'entraînement linguistique et la formation interculturelle revient à souligner la dimension interculturelle de l'appropriation de L2. Si la formation interculturelle ne peut pas se développer en dehors de la langue comme support, il convient en revanche, d'insister sur l'apport inestimable que représente la composante interculturelle dans l'enseignement/

apprentissage bilingue français/allemand, la notion d'interculturalité mobilisant autant la culture maternelle que la culture dite étrangère (Favard 1994).

Ce qui importe, c'est de bien gérer les transitions de la langue vers sa toile de fond culturelle et inversement, tout en respectant la transition d'une langue à l'autre (Abdallah-Pretceille 1990 ; Beile 1991).

A cet égard, la communication interculturelle Ladmiral/Lipiansky 1989) contribuera indéniablement à l'extension des savoirs (plan cognitif) et au changement d'attitude de l'apprenant (plan affectif) qui découvrira par exemple, parmi toutes les structures d'apprentissage proposées, l'efficacité de l'apprentissage en groupes biculturels, à l'écart du bilinguisme imposé et artificiel tel qu'il se pratique dans les classes captives (Bickes 1992) ; en effet, l'apprenant est motivé par la présence de l'alloglotte et le va-et-vient permanent entre les apprenants est l'expression symbolique du dialogue entre les deux cultures, l'alternance des codes n'étant pas un exercice artificiellement imposé par l'institution, mais l'expression d'une attitude motivée par les besoins et attentes des protagonistes.

Le but de ces apprentissages authentiques est de faire prendre conscience à partir des expériences personnelles concrètes des similitudes et des différences d'une culture à l'autre, évitant par ce biais la constante et systématique référence aux stéréotypes culturels véhiculés par les manuels scolaires (Knox 1986 ; Krewer 1994).

Bref, le dialogue des langue première et seconde ne doit pas chercher à réduire la distance entre les pratiques culturelles de l'apprenant et celles du *native speaker*, mais de l'instituer comme l'objet-même de la communication interculturelle. Cela suppose que l'on plonge dans le monde culturel étranger, qu'on essaie de comprendre les autres à l'intérieur de leur propre contexte socio-économique et de prendre conscience du fait que ce qui nous paraît étranger est « normal » pour eux. La formation bilingue offre par conséquent un espace qui permet d'atteindre à la dimension de la culture de l'autre, l'enseignant transmettant l'expérience de la différence ; il s'agit ce faisant de dépasser le seul champ de la didactique et envisager à vrai dire l'éducation à la citoyenneté : si l'apprenant observe que sa propre citoyenneté est circonscrite à un espace et un temps clairement délimités, il sera curieux de découvrir l'existence d'autres citoyennetés qui ont leur justification. L'enseignement bilingue explicitement conçu comme immersion interculturelle, deviendra par l'enchevêtrement des divers champs disciplinaires dont les vecteurs conjoints sont L1 et L2 une authentique « école de vie » contribuant à développer la personnalité de l'apprenant dans un esprit d'ouverture et de solidarité ; en mettant simultanément l'accent sur les savoirs et la découverte de la culture de l'autre, ce type d'enseignement contribue à développer des activités visant à former l'esprit et le jugement tout en aiguisant le sens de l'ouverture, la responsabilité, la tolérance et la solidarité (Mergner 1992 ; Girard 1974).

Pour cultiver le dialogue ...

Introduire dès le plus jeune âge l'apprentissage d'une autre langue, c'est bien plus que mettre l'enfant en présence d'un système linguistique différent de celui qu'il maîtrise déjà ou qu'il est en voie de maîtriser.

La relation organique entre langue et culture s'inscrit tout compte fait dans une perspective psycholinguistique, l'acte de communication ayant pour objectif la découverte d'un implicite interculturel que partage le groupe dont l'apprenant essaie de s'approprier la langue.

S'il existe indéniablement une forte association entre l'appropriation d'une L2 et ce que l'on peut apprendre au sujet des locuteurs de cette langue, la prise en compte des contenus interculturels peut de manière significative potentialiser la motivation des apprenants. Nous savons que l'aptitude à parler plusieurs langues doit se doubler de la compétence interculturelle permettant d'apprécier les distances historique, culturelle, politique, sociologique, etc. entre les cultures (Hagège 1996).

Faire dialoguer les langues dans le cadre de l'enseignement bilingue, c'est essayer d'abolir les frontières visibles qui séparent les ethnies et les barrières invisibles qui restent ancrées dans les mentalités engendrant des clichés réducteurs, c'est dédramatiser la peur des structures linguistiques et des contenus « étrangers » au sein des enseignements des langues et des formations, d'où l'impérative nécessité d'une formation spécifique réservée aux futurs maîtres au sein de l'IUFM (Meirieu 1992) afin qu'ils puissent un jour, à leur tour, instaurer voire poursuivre le fructueux dialogue interculturel de L1 et L2 ...

Bibliographie

Abdallah-Pretceille, Martine (1990²) : *Vers une pédagogie interculturelle*, Paris, Publications de la Sorbonne et INRP.

Auroux, Sylvain (1996) : *La philosophie du langage*, Paris, Puf.

Baumgratz-Gangl, Gisela (1990) : *Compétence transculturelle et échanges éducatifs*, Paris, Hachette.

Beile, Werner (1991) : « Interlingual exercises for intercultural communication. » In : *Der fremdsprachliche Unterricht* Nr. 1/1991.

Bernstein, Wolf (1975) : « Sprachvergleich und Bezugnahme auf die Muttersprache im Fremdsprachenunterricht. » In : *Zielsprache Deutsch* Nr. 3/1975

Bickes, Gerhard (1992) : « Zur Kulturspezifik interkultureller Kommunikation. » In : *Jahrbuch Deutsch als Fremdsprache*. Band 18, München, Iudicium.

Blumenthal, Peter (1997) : *Sprachvergleich Deutsch-Französisch*, Tübingen, Niemeyer.

de Bot, Kees/Ginsberg, Ralph B./Kramsch, Claire (1991) : « Foreign Language Research » In : *Cross-Cultural Perspective* Amsterdam/Philadelphia, Benjamins.

Boyer, Henri/Peytard, Jean (éd.) (1990): « Les représentations de la langue: approches sociolinguistiques. » In : *Langue française* n° 85/1990.

Buttaroni, Susanna (1997) : *Fremdsprachenwachstum. Sprachpsychologischer Hintergrund und didaktische Anleitungen*, Ismaning, Hueber.

Butzkamm, Wolfgang (1989) : *Psycholinguistik des Fremdsprachenunterrichts. Natürliche Künstlichkeit: von der Muttersprache zur Fremdsprache*, Tübingen, Francke.

Camilleri, Carmel (1989) : « Particularismes culturels et universalité humaine: les aspects du problème. » In : *Intercultures* n° 8.

Dethloff, Uwe (1992): « Interkulturelle Kommunikation.Überlegungen zu einer Neuorientierung der Landeskunde in den neunziger Jahren. » In : *Zielsprache Französisch* Nr. 24.

Favard, Jean (1994) : *Didactique de l'allemand*, Paris, Nathan.

Fix, Ulla (1991) « Sprache: Vermittler von Kultur und Mittel soziokulturellen Handelns. Gedanken zur Rolle der Sprache und der Sprachwissenschaft im interkulturellen Diskurs ›Deutsch als Fremdsprache‹ » In : *Informationen DaF* Nr. 2/1991.

Galisson, Robert (1987) : « Accéder à la culture partagée. » In : *Etudes de linguistique appliquée* (ELA) n°67 «Le poids des mots dans l'enseignement/apprentissage de FLE.».

Girard, Denis (1974): *Enseignement précoce des langues vivantes. Rapport au Ministère de l'Education Nationale* Documentation française.

Götze, Lutz (1992) : « Interkulturelles Lernen und ›Interkulturelle Germanistik‹.Konzepte und Probleme. » In : *Deutsch als Fremdsprache* Nr.1/ 1992.

Grosse, Ernst-Ulrich/Lüger, Heinz-Helmut (1989) : *Frankreich verstehen: eine Einführung mit Vergleichen zur Bundesrepublik* Darmstadt, Wissenschaftliche Buchgesellschaft.

Hagège, Claude (1985) : *L'homme de paroles. Contribution linguistique aux sciences humaines* Paris, Fayard.

Hagège, Claude (1996) : *L'enfant aux deux langues*, Paris, Odile Jacob.

Hudlett, Albert (1998) : « Mulhouse et la REGIO sous le sceau de l'interculturalité. » In : *Zielsprache Französisch* Nr. 4/1998, Ismaning, Hueber.

Hudlett, Albert (éd.) (1999) : Actes du symposium « Approche épistémologique des contenus interculturels des enseignements bilingues en Alsace ». In : *Nouveaux cahiers d'allemand*, vol. 17, n° 1/1999.

Jakobson, Roman (1963) : *Essai de linguistique générale*, Paris, Minuit.

Kail, Michèle (1997) : « Variations linguistiques et contraintes cognitives dans le traitement et le développement du langage. » In : Fuchs, Catherine/Robert, Suzanne : *Diversité des langues et représentations cognitives* Paris, Ophrys.

Klafki, Wolfgang (1993) : « Allgemeinbildung heute. Grundzüge internationaler Erziehung. » In : *Pädagogisches Forum* Nr.1/1993.

Knox, Edward (1986): «A propos de la compétence culturelle.» In : Louis PORCHER: *La civilisation* CLE international.

Kramsch, Claire (1991): «Bausteine einer Kulturpädagogik des FU.» In : *Jahrbuch DaF* Nr. 17, 1991.

Krewer, Bernd (1994) : « Interkulturelle Trainingsprogramme. Bestandsaufnahme und Perspektiven.» In : *Nouveaux cahiers d'allemand*, vol. 12, n° 2, 139-151.

Ladmiral, Jean-René/Lipiansky, Edmond-Marc (1989) : *La communication interculturelle*, Paris, Colin.

Leenhardt, Jacques/ Picht, Robert (1989) *Esprit/Geist.100 Schlüsselbegriffe für Deutsche und Franzosen.* München, Piper.

List, Gudula (1983) : « Psycholinguistik und Sprachpsychologie. » In : Bausch, Karl-Richard u.a. : *Handbuch Fremdsprachenunterricht* Tübingen, Francke.

Meirieu, Philippe (1992): *Enseigner, scénario pour un métier nouveau*, Paris, ESF.

Meissner, Franz-Joseph (éd) (1997) : Interaktiver Fremdsprachenunterricht. Wege zu authentischer Kommunikation. *Festschrift für Ludger Schiffler zum 60. Geburtstag*, Tübingen, Gunter Narr.

Mergner, Gottfried (1992) : « Interkulturelle Erziehung: Ängstliche Neugierde. Vermischungsbereit? Lernen zwischen den Kulturen. » In: *Deutsch lernen* Nr. 2/1992.

Merten, Stephan (1995): *Fremdsprachenerwerb als Element interkultureller Bildung*, Bern, Peter Lang.

Meyer-kalkus, Reinhart (1990) : « Fortgesetzte Missverständnisse, produktiver Kontakt. Zu Unterschieden der Sprach- und Wissenskulturen in Frankreich und in Deutschland. » In : *Merkur* Nr.498/1990.

Petit, Jean (1987) : « Y-a-t-il faillite de l'enseignement de l'allemand en France? » In : *Nouveaux cahiers d'allemand*, vol. 5, n°4, 371-409.

Petit, Jean (1987) : «Acquisitions linguistiques et interférences. » In : *Publication de l'Association des Professeurs de langues vivantes de l'Enseignement Public*, Paris, 1987

Petit, Jean (1992) : *Au secours, je suis monolingue et francophone! Etiologie et traitement d'un syndrome de sénescence précoce et d'infirmité acquisitionnelle.* Publications du Centre de Recherche en Linguistique et Psychologie cognitive, UFR des Lettres et Sciences Humaines de Reims.

Petit, Jean (1993) : «L'Alsace à la reconquête de son bilinguisme. » In : *Nouveaux cahiers d'allemand*, vol. 11, n°4, 361-430.

Petit, Jean (1997) : «Immersion et maternation linguistique en milieu naturel et en milieu institutionnel. » In : *Nouveaux cahiers d'allemand*, vol. 15, n°3, 249-270.

Philipps, Joseph (1994) : «Travailler autrement. » In : *Didactique de l'allemand* CRDP d'Auvergne.

Pommerin, Gabriele (1994) : «Was bedeutet interkulturelles Lernen für die Schule? Schlagwort oder pädagogisches Konzept? » In : *Grundschulmagazin* Nr. 3/1994.

Raasch, Albert (1992) : «Konnotationen und interkulturelle Diskurskompetenz oder: Der TGV... einmal anders. » In : Dorion, Gilles/Franz-Joseph Meissner/Janos Riesz/Ulf Wieland (éd.) : *Le français aujourd'hui: une langue à apprendre. Mélanges offerts à Jürgen Olbert.* Frankfurt a.M., Diesterweg.

Raasch, Albert (1992) : « Die Sprachen und die Entwicklung eines europäischen Bewusstseins.» In : *Neusprachliche Mitteilungen* Nr. 4/1992.

Raasch, Albert (1998):«Zweisprachigkeit an der Grenze. » In : *Zielsprache Französisch* 4/1998, Ismaning, Hueber.

Titone, Renzo (1979) : *Psycholinguistique appliquée*, Paris, Payot.

Titone, Renzo (1997) : « Le rôle du bilinguisme et des acquis métalinguistiques dans la compétence communicative chez l'enfant : aspects théoriques et perspectives de recherche. » In : Franz-Joseph Meissner (éd.): *Interaktiver Fremdsprachenunterricht. Festschrift für Ludger Schiffler*, Tübingen, Gunter Narr.

Vygotski, Lew S. (1985) : *Pensée et langage*, Paris, Messidor Editions sociales.

Zarate, Geneviève (1986) : *Enseigner une culture étrangère*, Paris, Hachette.

Zarate, Geneviève (1991) : « La place de l'altérité dans la didactique des langues vivantes: enjeux européens et positionnement scientifique. » In : *Actes du colloque ‹l'enseignement/apprentisage de la civilisation en cours de langue: aspects épistémologiques, contenus, modalités et objectifs ›* (octobre 1990), Paris , INRP.

Zur Kulturalität von Scherzkommunikation: Potentiale und Probleme für den Unterricht Deutsch als Fremdsprache

Helga KOTTHOFF
Universität Konstanz

1. Einleitung

Die Notwendigkeit der Integration kultureller Inhalte in die Fremd- oder Zweitsprachenvermittlung ist unbestritten. Viele Deutschlernende erwerben unsere Sprache unter Handlungsdruck im Inland, im ständigen Kontakt mit Deutschen im Studium, bei Behörden, bei der Arbeit und in der Freizeit. Ihre Reflektion des Fremdkulturellen läuft parallel zum Spracherwerb und zur Sprachreflektion. Der Unterricht des Deutschen als Fremdsprache (DaF) trägt dem Bemühen um das Verständnis der Kultur vielschichtig Rechnung.

Ich möchte in diesem Artikel auf einen Bereich aufmerksam machen, in dem die Verschränkung von Kultur und Sprache besonders evident ist, den der Scherzkommunikation. Obwohl den verschiedenen Arten der Scherzkommunikation im Alltag ein hoher Stellenwert zukommt, finden wir wenig in den Unterricht des Deutschen als Fremdsprache integriert. Vielleicht ist das so, weil eine ähnliche Ansicht vorherrscht, wie sie beispielsweise Joyce Hertzler (1970, 176) formuliert hat:

»The choice of many of the subjects of laughter is nationally conditioned. This effects everyday humor and laughter. Thus much of the humor of the other contemporary people does not seem to be very funny. [...] Proverbially, a person cannot laugh heartly in a strange country.«

Zum Glück ist es so schlecht um die humoristischen kulturübergreifenden Gemeinsamkeiten gar nicht bestellt, wie Herztler meint. Die von György Dalos unter dem Titel »Proletarier aller Länder, entschuldigt mich« publizierten Ostblockwitze beispielsweise haben auch im Westen viele Lacher gefunden, Monty Python-Filme gehen beinahe rund um die Welt und welche Kinder sind heutzutage nicht von Donald Duck und Mickey Mouse beeinflußt (Giroux 1997)?

Humor und Komik sind ein universales menschliches Phänomen. Jede Kultur kennt die überraschende Bisoziation vordergründig nicht kompatibler Rahmen, bei der sich der Sinn nicht im erwarteten Rahmen herstellt, sondern in einem anderen, auf den nur angespielt wird. Auf diesen Nenner der Bisoziation von Rahmen hat Arthur Koestler (1964) das Humoristische gebracht. Aber jede Kultur hat gleichfalls Eigenarten, die im Humoristischen zum Ausdruck kommen, so z.B. Machtverhältnisse, Werte, Interessensschwerpunkte, Vorlieben, Tabus und Normen. Es gibt auch in vielen Kulturen Scherzgattungen, die andere gar nicht kennen, wie vor allem Ethnologen entdeckt haben. Man denke etwa an die von Radcliffe-Brown (1940) beschriebenen rituellen Scherzbeziehungen unter angeheirateten Verwandten oder die religiösen Clowns, die Parsons und Beals (1934) durch ihre Verbindung von Schabernack und Obszönität so ins Staunen versetzten.

Auch im Inland stoßen unterschiedliche Scherzkulturen aufeinander. Formen von »verbal duelling« führen zwischen deutschen und türkischen jungen Männern zu Konflikten. Bei uns gibt es diese hochrituelle Gattung nicht, in der in spielerischer Form obszöne Angriffe geäußert werden, die der angegriffene Mann unter Steigerung der Obszönität kontern soll. Hochrituelle verbale Duelle wurden in vielen Gegenden der Welt als männliche Unterhaltungspraxis beobachtet (dazu z.B. Apte 1985). Tertilt (1996) beschreibt, wie übel ihm die von ihm ethnographisch erforschten »Turkish Power Boys« es nahmen, daß er in diese Spiele nicht einsteigen konnte, auch nicht, nachdem er in der Türkei Türkisch gelernt hatte.

Kulturen sind auf keinen Fall so eng an Einzelsprachen anbindbar, wie Hertzler dachte, sie waren es selten und sind es in den heutigen diversifizierten Gesellschaften weniger denn je. In der Scherzkommunikation sind subkulturelle Milieuunterschiede mindestens genauso interessant wie mögliche nationalkulturelle Unterschiede.[1] Alter, politische Haltung, Schicht, soziale Netzwerke und Geschlecht sind weitere Größen von Relevanz.

Es herrscht in der Laienlingustik weitgehend Einigkeit darüber, daß der Humor einer Fremdkultur zur letzten Erwerbsstufe gehöre, die eine Sprachlernerin erklimme. Mir ist allerdings nicht bekannt, daß jemand die Progression beim Zweitsprachen- oder Fremdsprachenerwerb einmal wirklich an der Fähigkeit des Lerners zu scherzen und zu witzeln und solches auch adäquat zu rezipieren gemessen hätte. Versuche der Integration von Witz und Scherz in den Unterricht haben allerdings eine gewisse Tradition (Trachtenberg 1979 ; Ulrich 1980 ; Sopher 1981 ; Alexander 1982 ; Köhring 1982). Am populärsten war im Unterricht die Beschäftigung mit der Textgattung des Witzes. In der alltäglichen Scherzrede spielen standardisierte Witze jedoch keinesfalls die hervorstechende Rolle (Kotthoff 1998); viel wichtiger sind parodistische Redeweisen, Necken, Frotzeln, schlagfertige Bemerkungen oder spaßige Anekdoten aus dem eigenen Alltag.

---

[1] Siehe z.B. Alexander (1997) zu deutsch-englischen Differenzen.

Ich gehe in diesem Artikel auf drei Bereiche ein: 1. auf Befunde aus der Bilingualismus-Forschung, 2. auf Potentiale der Scherzkommunikation für den Unterricht DaF, 3. auf interkulturelle Irritationen im Scherzbereich.

2. Befunde zur sozialindikativen Potenz von codeswitching in der Scherzkommunikation.

Beim Scherzen und Witzeln ist die emotiv-expressive Komponente der Kommunikation besonders stark. Studien zur Sprachpraxis von bilingualen Migrant/inn/en haben gezeigt, daß diese für Scherzgattungen eine bestimmte Sprache bevorzugen. So switchen die vom Konstanzer Forschungsprojekt über bilinguale italienische Gastarbeiterkinder untersuchten Jungen ins dialektale Italienische, wenn sie spaßig gemeinte Frotzelattacken loslassen und witzige Bemerkungen und Drohungen aneinander richten. Dies trifft auch auf solche Jugendlichen zu, die untereinander dominant Deutsch sprechen. Di Luzio (1984) zeigt, daß bei allen Aktivitäten, die die Kinder im italienischen Dialekt ausführen, eine expressiv-emotionale Komponente und eine hohe Relevanz für die persönliche Identitätspolitik im Vordergrund standen. Der emotive Typus des code switching zeigt dessen indexikalischen Charakter. Die Sprache der Ausführung ist hier Teil ihrer sozialen Bedeutung. Die untersuchten Jungen indizieren sich durch die italienisch gesprochenen Aktivitäten eine Form der primären Gruppenzusammengehörigkeit als Moment ihrer soziokulturellen Identität. Ähnliche Beobachtungen formulierte Bierbach (1988/1996) anhand von Daten zum Witzeerzählen aus dem gleichen Forschungsprojekt.

Auch Woolard (1988) beschäftigt sich mit dem sozialindikativen Charakter von codeswitching in der Scherzkommunikation. Sie analysiert das codeswitching zwischen Katalanisch und Kastilisch eines Komikers in Barcelona. In Katalonien sind die meisten Menschen bilingual. Katalanisch wird stark favorisiert, aber gerade in öffentlich-medialen Situationen wird oft kastilisch gesprochen. Katalanisch gilt hier als eine Varietät mit Prestige. Eugenio, ein hochpopulärer Nachtclubentertainer, der auch im Fernsehen auftrat, durchsetzte seine öffentlich vorgetragenen Witze gezielt mit Wechseln ins Katalanische. Dabei ist zunächst wichtig, daß das Katalanische von ihm nicht benutzt wird, um Sprechertypen im Witz negativ zu stereotypisieren. Diese Art von outgroup-Markierung ist uns aus vielen Witzen auf Kosten von Minderheiten ja gut bekannt. Eugenio verwendet katalanische Satzmelodien, Lehnworte, morpho-syntaktische Interferenzen und vor allem wechselt er in Repetitionen für den Wiederholungsteil ins Katalanische. Sein codeswitching fand nicht erst in der Pointe der Witze statt, sondern fortlaufend, was einen Vergleich mit einer Studie von Kirshenblatt-Gimblett zum codeswitching ins Jiddische herausfordert. Kirshenblatt-Gimblett (1972) konnte zeigen, daß der Wechsel ins Jiddische bei der Pointe den jüdisch-europäischen Witzerzählern in Ontario als sozialer Zugehörigkeitstest diente. Nur wer dazugehörte, konnte die Pointe verstehen und goutieren. Eugenios Strategie hingegen diente statt der Gruppenzugehörigkeitsmarkierung eher der Einebnung von Gruppengrenzen. Alle, auch kastilische Migranten, konnten seine Witze goutieren. Diese Gruppe durfte stolz sein, das Katalanische verstehen zu können, da es an solchen Stellen kam, wo man es leicht erschließen konnte. Den Katalanen gefiel es, ihre Sprache in nicht-diskriminierender Form in der massenmedialen Öffentlichkeit zu hören. Eugenios Witze schufen ein fiktionales Modell des friedlichen Nebeneinanders der beiden Sprachen. Seine Witze gewannen ihre soziale Bedeutung durch die Vorführung einer möglichen Ko-Existenz der Sprachen.

Nicht nur die Befunde zum Scherzen bei Bilingualen zeigen dessen sozialindikativen Charakter, sondern auch Studien zum Scherzen in einsprachigen Gruppen (Kallmeyer 1994 ; Kotthoff 1998). Scherzen spielt oft eine Rolle in der Konstitution von in-group, manchmal in deutlicher Abgrenzung von einer out-group.

Die neuere englische Jugendsprachforschung (Hewitt 1986 ; Rampton 1995), die sich mit Phänomenen des »crossing« in gemischt-ethnischen Cliquen afro-karibischer, indischer, englischer und pakistanischer Jugendlichen beschäftigt, konnte auch zeigen, daß die gemischten Cliquen Rituale – und darunter vor allem Scherzrituale – entwickeln, in denen sie ein multilinguales Register anwenden, das eine Art von Polyphonie im Bachtinschen Sinne ergibt (1969). Solche Arten von Bricolage-Kommunikation, in der stark mit verfremdeter Zitation gearbeitet wird, sind auch in der deutschen Jugendsprachforschung gezeigt worden (Schlobinski/Kohl/Ludewigt 1993 ; Schwitalla 1994), allerdings bislang nicht in multikulturellen Kontaktsituationen mit dem bewußten Einsatz von switching in andere Sprachen. In verschiedenen spielerischen und ernsthaften Zusammenhängen sprachen auch die englischen Jungen und Mädchen karibisches Creole. So wird z.B. karibisches Creole gesprochen, wenn ein Übergang aus einem formellen Rahmen in einen informellen bewerkstelligt wird. Die englischen und asiatischen Jungen aus der von Rampton untersuchten multiethnischen Stadt sprechen Creole als scherzende Flirtanbahnung mit karibischen Mädchen. Dazu wird Creole vor allem bei spielerischen Angriffsspielen gesprochen. Crossing war in liminalen Phasen besonders auffällig.

3. Potentiale der Scherzgattungen für den Unterricht

Ich möchte im zweiten thematischen Bereich des Artikels konkretisieren, welche Dimensionen des Sprach- und Kulturverstehens in die Scherzkommunikation involviert sind, die sie zu einem interessanten Bereich für den

Unterricht Deutsch als Fremdsprache werden lassen. Ganz generell dies: Sprache, Emotion und Kultur greifen in diesem Verhaltensbereich sehr eng ineinander. Der Scherzbereich ist vor allem für *die* Deutschlernenden von Interesse, die hier leben oder die oft mit Deutschen zusammentreffen. Argumente für den stärkeren Einbezug von Scherzkommunikation begründen sich einmal aus der rein sprachspielerischen Komponente, die beim Scherz oft eine Rolle spielt, und das Sprachbewußtsein erhöht. Ein weiteres Argument liegt im möglichen Zugriff auf kulturelle Werte und Einstellungen. Dies ist besonders interessant für Tandem-Kurse und Projekt-Unterricht, wo man sich gegenseitig Einblicke in Lachkulturen geben kann. Ein drittes Argument kommt aus der kognitiven Psychologie. Hier wurde von Wilensky (1983) gezeigt, daß Texte mit einem deutlich fokussierten ›springenden Punkt‹ besser memorisiert werden als anders strukturierte Texte. Es wurde auf Grund von Untersuchungen über das Erzählen und Erinnern von Geschichten gezeigt, daß die Geschichten mit einem klar erkennbaren ›point‹ wesentlich besser erinnert wurden als diejenigen ohne klaren ›point.‹ Es ist ein typisches Merkmal von Witzen, diesen ›point‹ zu haben. Sie sind also gut lernbar. Das vierte Argument ist auch ein lernpsychologisches. Scherzkommunikation ist höchst unterhaltsam und macht Spaß. Der kreative Umgang mit der Sprache in der Scherzrede macht den ausländischen Lernenden Lust, ihre eigene Kreativität in ihren verschiedenen Sprachen zu zeigen und sich auch untereinander über eigene Scherzvorlieben zu verständigen. Ein fünftes Argument, sicher ein schwächeres, liegt im Abbau des Vorurteils, Deutsche hätten keinen Humor, was Otto F. Best, ein amerikanischer Germanist, nicht müde wird in der Welt zu verkünden.

Mir geht es nicht darum, daß wir uns nun im Unterricht zu Tode amüsieren sollen und selbstverständlich kann es nicht um eine wahllose Hereinnahme derzeit aus dem Boden sprießender Blödelprogramme, Witzseiten, Kabaretts, Satiren und Karikaturen gehen. Es geht um eine gezielte Beschäftigung mit Produkten deutscher und anderer Lachkulturen und der Unterstützung einer kulturanalytischen Perspektive auf dieselben, einer Perspektive, die die meisten im Inland Deutsch Lernenden sowieso haben. Man kann Kultur- und Sprachreflektion im Unterricht fördern.

Ich möchte nun kurz darstellen, welche sprachlichen Ebenen in witzigen schriftlichen Texten tangiert sind, die man im Unterricht ausbeuten kann.

Im Unterricht begegnen uns am ehesten Witze, Wortspiele oder witzige Sprüche, leider meist relativ schlichte, aber es bleibt insgesamt positiv zu vermerken, daß prinzipiell mit diesen Gattungen im Fremd- und Muttersprachenunterricht gearbeitet wird. Allerdings finde ich, daß viele Witzanalysen einigen Potentialen der Textsorte nicht gerecht werden. So wird in der Regel ihre primäre Mündlichkeit einfach übersehen (Raskin 1986, Ulrich 1980).

Linguistisch gut erfaßt ist die Analyse der Pointe. In der Pointe wird mit Inkongruenzen gearbeitet, die auf phonemischer, graphemischer, morphologischer, syntaktischer, lexiko-semantischer, pragmatischer, textueller, sprachstilistischer, metaphorischer und phraseologischer Ebene liegen können. Meist sind verschiedene Ebenen gleichzeitig tangiert. Das Sprach*system* determiniert aber nur die Witze, die Hockett (1977) poetische genannt hat im Unterschied zu den prosaischen, die mit Weltwissen arbeiten. Spätestens seit Thomas Hobbes unterscheidet man de dicto- und de re-Scherze. Es gibt viele de dicto-Witze, die auch bei translatorischer Höchstleistung nicht in andere Sprachen übersetzbar sind.

Schauen wir uns einen Sprach-Witz an:

(1)   »Guten Tag, Georg! Na, wie geht's?«
          »Oh, danke, Hedwig, es geht. Es muß ja geh'n!«
          »Na, wenn's geht, Georg, dann geht's ja!«

Hier wird mit den Idiomatismen »wie geht's« und »es geht« gespielt. Daneben fallen aber auch typische Phänomene des Mündlichen auf, wie das im Deutschen hochfrequente Gliederungssignal »na«. Da die Gattung des Witzes primär oral ist, arbeitet selbst der schriftlich präsentierte noch mit typischen oralen Verfahren, die man also mittels Witzanalyse gut in den Unterricht integrieren kann. Das ergibt ein weiteres Argument für den Einbezug von Scherzkommunikation. Des weiteren finden Dialoge im Witz immer in direkter Rede statt. Direkte Rede erlaubt interne Protagonistenstilisierung (Kotthoff 1998). Im Unterschied zur indirekten Rede kann sie als Involvierungsverfahren gesehen werden.

Selbst dieser bescheidene Witz 1 wirft schon kulturbezogene Fragen auf. Machen sich die beiden an der Begrüßung Beteiligten nicht gegenseitig klar, daß es ihnen sehr mittelmäßig geht? Ist es nicht im Kulturvergleich so, daß in Deutschland bei den in Begrüßungen integrierten Erkundigungen allgemein mehr geklagt wird als in anderen Kulturen? Wie ist das in den anderen Kulturen, denen die Anwesenden des Unterrichts angehören? Gelten Erkundigungen als auf Information abzielend oder wird rituell positiv geantwortet? Verhalten sie sich bei deutschen Begrüßungen anders als bei türkischen, russischen oder amerikanischen? Wie ist dort die Idiomatizität und der Sequenzablauf? Im Amerikanischen beispielsweise ist ein »Fine« als Antwort auf »how are you« fast obligatorisch (Kotthoff 1989). Im Deutschen ist »es geht« als Standardantwort sehr verbreitet.

Direkte Rede ist im Witz oft dialektal präsentiert.

(2)   Klein-Erna fragt die Mutter: »Du, Muddä, wann hab ich Geburtstag?« »An einunddreißigsten Djuli, mein Deern!«
          Klein-Erna denkt kurz nach. Denn sagt sie: »Dascha man gut, daß der Djuli einunddreißig Tage hat! Wenn er nämlich bloß

dreißig hätte, denn wär ich ja gar nich dagewesen!« (Typisch! Humor aus deutschen Landen. 1975)

Zum Bekanntmachen mit deutschen Dialekten sind Witze ebenfalls sehr geeignet. Außer den Dialektismen fällt hier die regionale Modalpartikel »man« und die konsensuskonstituierende Modalpartikel »ja« auf. Ich glaube, daß »man« auch zu den konsensuskonstitutiven Modalpartikeln (Lütten 1977) gerechnet werden kann und große Ähnlichkeit mit »nur« »ruhig« und »ja« hat. Auch Modalpartikeln gehören stärker in den Bereich der Mündlichkeit. In Witzen tauchen sie hochfrequent auf und können Aufhänger für eine Lerneinheit werden.[2]

Man kann Witzanalysen zur Beschäftigung mit Phänomenen des Mündlichen nutzen.

Ich möchte jetzt auf einen weiteren Bereich eingehen, dessen Kulturspezifik sehr eng ans Sprachliche gekoppelt ist, der Bereich der Soziostilistik.

Im Witz ist das Feld der Konnotationen von großem Interesse. So arbeitet der Witz mit Details, die die Lebenswelt der Protagonisten über Konnotationen stilisieren und darüber auch die Protagonisten und Protagonistinnen selbst.

Betrachten wir Bsp. 3.

(3)   Kommt einer abends spät aus Bochum nach Dortmund und will noch was einkaufen, sieht einen türkischen Jungen auf dem Bürgersteig, kurbelt die Scheibe von seinem Manta runter und ruft: »Ey, wo geht's n hier nach Aldi?«
»Zu Aldi« entgegnet der türkische Junge. Darauf der Mantafahrer: »Wat sachse, schon nach halb sieben?«

Die Pointe liegt darin, daß der Ruhrdeutsch sprechende Mantafahrer die Korrektur des türkischen Jungen gar nicht als solche bemerkt, sondern sofort im Ruhrdeutschen versteht, der Türke also ein besseres Deutsch spricht als der Deutsche. Aber warum will er bei Aldi einkaufen und warum fährt er einen Manta? Warum nicht irgendein Geschäft oder irgendein Auto?

Der Lachanlaß ist selbst beim Witz nicht allein in der Konstruktion der Pointe zu suchen ist, sondern auch in der treffenden stilistischen Gestaltung der in der Erzählung dargestellten Sprechertypen, ihrer Lebenswelten und ihrer Dialoge.[3] Die im narrativen Witz handelnden Personen werden, wie gesagt, durch verschiedene verbale und prosodische Verfahren der direkten Redewiedergabe stilisiert. Die vorgeführten Ausschnitte ihrer Lebenswelten werden außerdem über treffende Details plastisch vor Augen geführt. In der

---

2   Siehe Weydt/Harden (1983).
3   Andere interessante Fragestellungen, wie z.B. diejenige nach der sozialen Funktion von Witzen, bleiben hier weitgehend unberücksichtigt.

Erzählstilistik liegen mindestens so große Lernerprobleme wie in der Pointenkonstruktion.

Stilisierungen von fiktionalen Witzcharakteren und ihren Lebenswelten sind in erheblichem Maße kulturgebunden. Ausgehend von einem Stilbegriff, der Redestile als sozial interpretierbare und bedeutungsvolle Verfahren der Selbstdarstellung, des rezipientenspezifischen Zuschnitts, der Situationsbeeinflussung und der Herstellung kommunikativer Effekte betrachtet (Sandig/Selting 1997), sehe ich Stilisierung als die Typisierung sozialer Charaktere und Kontexte unter Rückgriff auf zuordbare Ausdruckselemente. Soeffner (1986) hat den Zusammenhang von Stilisierung und Typenbildung herausgearbeitet. Stile und Stilisierungen sind Teile eines umfassenden Systems von Zeichen, Symbolen und Verweisungen für die soziale Orientierung. Selting und Hinnenkamp (1989, 9) weisen darauf hin, daß man immer andere oder sich selbst *als* oder *zu* etwas stilisiere. Im Witz stilisiert man die Protagonisten zu dem Typus, den sie repräsentieren sollen. Der typische junge Ruhrpöttler fährt Manta, ruft die Interjektion »ey« als Anrede und spricht auch sonst Ruhrdeutsch. In den Mantafahrerwitzen hat er Pioneer-Werbung auf dem Auto, kauft bei Aldi, trinkt Asbach und trägt eine schwarze Lederjacke. Wofür steht dies in Deutschland? Für proletarischen Habitus mit Aufstiegsinteresse. Ältere konservative Chefs fahren in unseren Witzen Mercedes, jungdynamische fahren BMW. Ehefrauen und Mütter kochen Kartoffeln, junge Frauen lesen »Schöner Wohnen« oder »Brigitte«, Arbeiter haben ein Butterbrot dabei und lesen »Bild«, um ein paar Elemente aus derzeit aktuellen Witzen zu nennen. Ich kann die Witze, in denen die Personen über solche und andere Details stereotypisiert werden, hier aus Platzgründen nicht präsentieren. Fakt ist, daß der narrative Witz außer von der Pointe auch von der erkennbaren Protagonistenstilisierung lebt. Röhrich schreibt, es gebe auf der Welt etwa 20 Grundgerüste von Witzen, die jeweils in die Kulturen, in denen sie erzählt werden, eingepaßt werden. Er führt nicht aus, was alles zur Einpassung getan werden muß. Dazu gehören oben genannte Stereotypisierungen der Details. Interessant sind aber auch solche Witze, die sich in eine bestimmte Kultur gar nicht einpassen lassen – und zwar aus kulturellen Gründen. So ist der Mantafahrerwitz z.B. durchaus ins Schweizerdeutsche übersetztbar, aus Aldi würde Epa, aus »ey« »hoi« und aus der Präp. »nach Aldi« »nom Epa« (nach dem Epa) – nur: Hochdeutsch repräsentiert in der Schweiz keinen kulturellen Wert, der den Türken zum besseren Inländer machen würde, weil das Schweizerdeutsche prestigemäßig dem Standard überlegen ist (Sieber/Sitta 1986; Löffler 1997). Diesen Wert der Standardvarietät transportiert der deutsche Witz unter der Hand auch; aber er gilt eben nicht ungeteilt. Auch in Österreich hätte der Witz selbst bei regionaler Einpassung nicht die gleiche Witzigkeit.

4. Interkulturelle Mißverständnisse im Bereich des Scherzhaften

Im dritten Teil betrachte ich interkulturelle Mißverständnisse im humoristischen Bereich, die meinem Korpus von informellen und formellen interkulturellen Gesprächen und der Literatur entstammen.

Die Analyse von Mißverständnissen hat in der Forschung zur Interkulturellen Kommunikation eine lange Tradition. Im Scherzbereich erlaubt uns die Sichtung von Irritationen und Fehlschlägen, der Kulturgeprägtheit subtiler Kommunikationsdetails auf die Spur zu kommen.

So stößt z. B. eine besonders in der deutschen Jugend, aber auch darüber hinaus verbreitete Scherzstrategie bei vielen Chinesen zu Beginn ihres Deutschlandaufenthaltes auf völliges Unverständnis, und zwar ist das die Strategie der Verfremdung von Sprichwörtern. Verfremdete Sprichwörter, wie die unter Bsp. 4 aufgeführten, sind mindestens Bestandteil der Jugendkultur, aber auch durchaus anderer lebensweltlicher Zusammenhänge.

(4)   Ordnung ist das halbe Leben. Ich lebe in der anderen Hälfte.
        Wer anderen eine Grube gräbt, ist Bauarbeiter.
        Kleine Bosheiten erhalten die Feindschaft.

Sprichwörter gelten bei uns – im Unterschied zu China – nicht (mehr?) als Überlieferungen ehrbaren Wissens. Sie haben in einer auf Neuheit und Originalität setztenden Kultur kaum Prestige mehr und werden deshalb vor allem von jungen Leuten eher gemieden. Im Unterschied zu China ist es bei uns völlig undenkbar, etwa ein Referat in einem Seminar mit einem Sprichwort zu beenden. Günthner (1993) berichtet, daß diese Praxis in China hingegen gang und gäbe sei und daß es für ChinesInnen immer einen Lernschritt darstelle, dies in Deutschland fürderhin nicht mehr zu praktizieren.

Betrachten wir ein Transkript, in dem eine Ausländerin eine Formel-Verfremdung nicht erkennt und wörtlich nimmt. Später erkennt sie eine Übertreibung nicht als Scherzstrategie und nimmt wieder Gesagtes wörtlich. An Szene 1 nimmt die Kroatin Lana teil; die anderen sind Deutsche.

Szene 1[4] :
Bernd (B), Heinrich (H), Karla (K), Lana (L), mehrere (m)

1   L: Karla, grüß Dich. schön [daß Du auch hier bist.
2   ((Händeschütteln))

---

[4]   Zu den Transkriptionskonventionen: , = progrediente Intonation; . = fallende Intonation; ? = steigende Intonation; HEHE und HAHA kennzeichnen Lachlaute; H in Worten bezeichnet integrierte Lachpartikeln; ° = leiser gesprochen als Umgebung; Worte in Großbuchstaben sind lauter gesprochen; (-) = Pause von einer Viertelsekunde; : = Dehnungszeichen; das in [Geschriebene überlappt sich; ' = Tonsprung nach oben.

3   K: [hallo, Lana. (-) klar, bin ich da.
4   HEHE wenns was Gutes gibt, komm ich extra aus Wien.
5   B: HEHEHE
6   H: grüß Dich.
7   K: hallo, Heinrich.
8   L: in Wien kriegst Du nix?
9   K: eh nie so was Gutes halt wie beim Bernd.
10 B: dahoim schmecks oim doch no immer am
         beschte, GE:::LL?
11 K: HAHA ha jo. ma geht gern fort, aber ma kommt genauso gern
12   wieder hoim. [HAHAHA
13 B: [HE[HEHE
14 H: [HEHEHE
15 L: also, ich finde Wiener Küche toll. Soll ich Dir sagen gute
16   Restaurants? [im ersten Bezirk.
17 K: [ne:::in, des sollte ein Scherz
18   sein. so reden doch die Leut blöd daher.
19   na, ich find die Wiener Küche auch toll, supertoll.
20   dies Böhmische und was da alles integriert ist.
[...]
40 L: und ist das noch so in Österreich mit den Titeln? [weißt
41 K: [HEHE
42   ja küß die Hand, Frau Magister.
43 m: HAHAHA [HAHA
44 K: [also die 'Frauen sind immer die FHrau
45   MHagister, und die 'Männer sind der Herr DHoktor.
46 B: °HEHEHE°
47 L: WAS? so machen sie jetzt? Heinrich, was habe
48   ich gesagt über Österreich?
49 H: die Lana glaubt des natürlich voll.
50 K: na, so ganz so konsequent ist es auch [nicht.
51 L: [sagen sie immer zu
52   den Männern Herr Doktor?
53 K: nein::n. ich habe übertrieben. ich wollts [plastisch
54 B: [HEHEHE wär aber
         nich schlecht.
55 K: für Dich vielleicht. HEHE

In Szene 1 gibt es zwei Mißverständnisse, bzw. ein Nichterkennen scherzhafter Potentiale. Bernd, der in Zeile 9 ein indirektes Kompliment von seiner Freundin Karla erhält, imitiert in Zeile 10 als Reaktion darauf einen typischen Spießersatz (»dahoim schmecks oim doch no immer am beschte, GE:::LL?«) Er spricht diesen Kommentar plötzlich auf schwäbisch, in einer

194

Varietät somit, die er sonst nicht spricht. Das Schwäbeln dient hier als Markierungsverfahren der ansonsten uneingeleiteten Zitathaftigkeit. Bernd bedient sich fremder Rede, was ein gängiges Verfahren konversationeller Komik darstellt (Kotthoff 1998). Konversationelle Komik arbeitet nicht unbedingt mit Pointen, sondern mit Doppelperspektivierung. Karla reagiert auf Bernds Spießerformel mit einer ebensolchen (»ha jo. ma geht gern fort, aber ma kommt genauso gern wieder hoim.«) Indem Bernd und Karla fremde Rede verwenden, lassen sie gleichzeitig intertextuell das kleinbürgerliche Milieu aufscheinen, dem ihre Rede entlehnt ist, ein Milieu, in dem Reisen nicht sonderlich geschätzt wird und die Heimat über allem steht. Von diesem distanziert man sich implizit. Um die Komik von zitathafter Rede goutieren zu können, muß man sowohl die Zitathaftigkeit erkennen können, als auch den Typus identifizieren können, dem die Rede entlehnt ist. Obwohl auch Lachpartikeln die echohafte Ironie (Wilson/Sperber 1992) der dialektalen Äußerungen als komisch markieren, reagiert die Kroatin Lana auf das ernsthafte Potential, indem sie die Wiener Küche verteidigt. In Zeile 17 muß Karla also die Scherzhaftigkeit verdeutlichen. Sie stellt dann klar, daß auch sie die Wiener Küche »supertoll« findet (19).

Beim zweiten Mißverständnis werden von Lana ein Indikationsverfahren und eine in der Übertreibung mitkommunizierte Präsupposition nicht verstanden. Karla spricht die Äußerung in Zeile 44-45 beschwingt, was die beiden Tonsprünge vor Frauen und Männer zeigen (durch ' indiziert). Die Beschwingtheit steht hier im Gegensatz zum Inhalt der Botschaft, den die sozialen Kreise, in denen die Aufnahme entstanden ist, ablehnenswert fänden. Wäre die Äußerung ernst gemeint, hätte sie vermutlich prosodisch die Bedenklichkeit der Verhältnisse markiert. Typischerweise fallen in der Komik Form und Inhalt auseinander. Um sie zu verstehen, muß man die Wertestruktur eines sozialen Milieus kennen und auch Indikationsverfahren des Komischen. Lana regt sich in Zeile 47 ernsthaft über die Sitten in Österreich auf. Ihr Mann Heinrich kommentiert für die anderen ihr Aufsitzen auf dem Gesagten. Karla produziert auch eine Klarstellung. Aber Lana fragt noch einmal nach. Die Sequenz endet mit einer Neckerei zwischen Karla und Bernd.

Auch das folgende Beispiel arbeitet mit Zitationskomik. Hier sind keine Ausländer/innen in der Situation anwesend. Ich habe die Szene einmal in einem Seminar über Redewiedergabe vorgeführt. Die deutschen Studierenden konnten die Szene sofort adäquat rezipieren, die ausländischen überhaupt nicht.

Szene 2
David (D), Ernst (E), Inge (I), Johannes (J), Katharina (K), Maria (M), mehrere (m), Rudolph (R)

1   R: m::::: der is aber gut. der Sekt.

2	?:	möchtst noch?

2   ?:   möchtst noch?
3   ?:   ha ja
4   R: mm gern. wemma scho dabei sin.
5   WEMMA HEUT AMAL SCHO NET AUF DIE KALORIEN
6   GUCKET, GE:LL?
7   M: HEHEHEHE HEHEH [EHEHEHEHEHEHE
8   R: [wemma heut mal den Marktwert
9   draußengelassen [haben?
10   E: [HOHOHOHOHOHO
11   M: HEHEHE
12   D: so jung komma nemma [zamme. oder?
13   M: [HEHEHEHE
14   R: nein. so jung komme mir nemme zamme.
15   m: HEHEHEHE

Rudolph lobt den Sekt und jemand fragt ihn, ob er noch welchen möchte. Rudolph bejaht dies und äußert dann ganz unvermittelt eine Formel; dann äußert er in Zeile 5/6 eine weitere Formel, laut gesprochen und mit starker Zitatmarkierung durch Dialektverwendung. Auch die nachgestellte Fragepartikel ist durch den gedehnten Vokal und darauf steigenden Ton karikierend gesprochen. Sie wirkt tantenhaft. Man kann sich z.B. ein Kaffeekränzchen älterer Herren und Damen vorstellen, bei dem so geredet wird. Das verwendete Register evoziert eine vertraute Situation. Die Parodie bedient sich der Evokation. Der Primärtext kann zwar personell nicht konkret zugeordnet werden, trotzdem werden soziale Welten sichtbar, die man kennt. Maria lacht (7). Nun treibt Rudolph die Verfremdung weiter. Im Ton der Kaffeeklatschgesellschaft wird ein Inhalt transportiert, der das stereotype Milieu von Stammtisch und Tafelkränzchen entlarvt; dem Milieu wird ein Denken in *Marktwert*-Kategorien zugeordnet – bezogen auf den eigenen Körper. In Zeile 12 beteiligt sich David an dem kleinen Theaterstück aus der Welt des Kleinbürgertums, indem auch er eine hochtypisierte Formel äußert. Maria lacht. Rudolph wiederholt die Formel bestätigend mit stärkerem schwäbelndem Einschlag (»so jung komme mir nemme zamme«).

Unvermittelt hat Rudolph den Handlungsrahmen gewechselt. Er betritt eine unsichtbare Bühne und liefert eine kleine Szene, an der David sich beteiligt. Die anderen bilden das Publikum. Dergleichen geschieht während informeller Treffen immer wieder.

Das verwendete Register moduliert hier die Interaktion dahingehend, daß sie einen Theaterrahmen aufruft. Das Lachen und die Formeläußerung von David (12) zeigen, daß der von Rudolph inszenierte Theaterrahmen rezipiert worden ist und ausgebaut werden kann. Für die ausländischen Studierenden, die diese Sequenz in einem Seminar über Scherzkommunikation hörten, war die scherzhafte Ironisierung der Formel nicht erkennbar. Sie wußten nicht, daß die Formel »wemma scho dabei sin« für beinahe beliebige Rechtfertigungen eingesetzt werden kann. Sie wußten auch nicht um den Symbolwert des Schwäbischen.

Weitere Mißverständnispotentiale liegen in Scherzthemen, in ritualisierter Aggression, darin, in welcher Situation wer mit wem welche Art von Scherz überhaupt betreiben darf.

Der trockene Humor, der das Witzige oder Komische betont ernst vorbringt, erzeugt häufig Mißverständnisse. Bei einem Abend in Tbilisi unter Georgiern und Deutschen, die sich seit kurzer Zeit kannten, entstand zwischen zwei Deutschen ein kurzer Dialog, der die Georgier verstummen ließ, und zwar fragte eine Deutsche: »krieg ich noch'n Glas Sekt?« und erhielt von der Gastgeberin die Antwort: »Was, noch ein Glas? Du hattest doch schon mindestens ein halbes.« Diese Antwort wurde ernst gesprochen, zog nur einen leisen Lacher nach sich, die Fragerin nahm sich dann ein zweites Glas. Da die Georgier/innen so erstaunt guckten, dämmerte der Gastgeberin, was da wohl gerade etwas schief lief. Sie sagte: »Karin kann hier so viel Sekt trinken wie sie will. Das ist sowieso klar.« Erleichterung zeigte sich auf den Gesichtern. Zu später Stunde kam man auf die Episode zurück. Eine Georgierin erläuterte, die Frage zu stellen, ob man noch ein Glas bekäme, wäre in Georgien schon unhöflich. Damit würde der Gastgeberin gezeigt, daß sie es selbst merken solle, wann nachgeschenkt werden könnte, daß sie ihre Rolle schlecht mache. Wenn es schon passiere, müsse die Gastgeberin den faux pas durch besonderes Entgegenkommen ausgleichen. Das habe die aktuelle Gastgeberin überhaupt nicht getan, im Gegenteil. Gastfreundschaft sei so anders bei den Deutschen. Sie hätte kurz gedacht, es sei vielleicht in der deutschen Kultur möglich, jemandem etwas abzulehnen. Und der ignoriere das möglicherweise, was unglaublich frech sei.

Für Insider steckt bei der Erwiderung der Gastgeberin in der Untertreibung schon eine Scherzindikation. Ein halbes Glas würde normalerweise nicht als Grund gelten, ein weiteres zu verweigern. Dieses Wissen muß man aber als gesichert ansetzen, um sofort die Antwort als nichternste rezipieren zu können. Scherzhaftigkeit verläßt sich in der Rezeption auf Unmittelbarkeit.

Streifen wir noch kurz andere Irritationsfelder.

In Rußland ist z.B. sexuelles Witzeln ganz außerordentlich verbreitet und in allen Milieus angesehen. Zumindest in deutschen akademischen Kreisen (aber vermutlich auch in anderen) kommt es zu erheblichen Konflikten, weil russische Kommilitonen sich vor allem unter Männern oft mit dem Erzählen derber Sexwitze hervortun. In weiten Teilen der westlichen studentischen Jugend ist diese Art von Humor verpönt. Hier herrscht die Einstellung, daß Sexwitze von besonderer Verklemmtheit zeugen. Man habe es halt nötig, Sexuelles in Witzform zu thematisieren, weil man sich anders nicht traut. Über Sexualität soll offen geredet werden und nicht über das Vehikel Witz.

Noch dazu hat eine gewisse Sensibilität gegenüber frauenfeindlichen Witzen im letzten Jahrzehnt um sich gegriffen. Mit solchen Witzen fällt man hier leicht durch, in Rußland weniger.

Deutsche Geschäftsleute lockern gern die Arbeitsatmosphäre mit kleinen Scherzen auf, amerikanische machen dies noch mehr. In China ist die Geschäftsverhandlung aber kein Ort des Scherzens. Vermeer berichtet, daß die Frage, ob sie nun die deutschen oder amerikanischen Scherzbemerkungen übersetzen sollen oder nicht, für die Dolmetscher/innen ein fast nicht bewältigbares Problem darstelle.

Im Themenbereich fallen Religion und Tod als im Kulturvergleich höchst unterschiedlich besetzte Scherzthemen auf. Die in Deutschland vertretenen Religionen sind z.B. beim Ausüben des Gottesdienstes durchgängig ernst. Witzige Bemerkungen von der Kanzel sind höchst selten. In vielen amerikanischen Gottesdiensten geht es hingegen recht lustig zu. Dafür erzählen aber Christen und Nicht-Christen hierzulande Witze, in denen Gott eine Rolle spielt, Witze auf Kosten des Papstes, der Bischöfe, Pfarrer und Nonnen. Vielen Iranern und Türken fällt das als Unterschied zu ihrer Kultur auf, nicht unbedingt negativ. Sie erleben Deutschland viel säkularisierter als es entgegen seiner eigenen herrschenden Ideologie ist. Jedenfalls ist in moslemischen Kulturen eine solche Toleranz bezüglich religiöser Themen weniger verbreitet.

Die meisten Kulturen erlauben Formen spielerischer Aggression, wie sie in Necken, Aufziehen, Ironie oder Frotzeln zum Ausdruck gebracht werden. In vielen Kulturen necken z.B. Eltern selbst ihre kleinen Kinder, indem sie z.B. sagen: »Antonio hat keine Nase mehr« oder »Wir fahren zu Opa, aber Antonio lassen wir hier.« Erst nachdem Klein-Antonio sich aufgeregt hat, wird ihm emphatisch bestätigt, daß man ihn nie allein lassen würde und daß er die schönste Nase auf der Welt hat. Nach Aussagen von Eisenberg (1986) sind solche Spiele in Mexiko verbreiteter als im Mittelschichtsamerika. In amerikanischen Arbeiterfamilien findet es sich allerdings wieder, begleitet von der Erziehungsideologie, daß die Kinder lernen sollen, sich zur Wehr zu setzen.

5. Schluß

In diesem Artikel wurde anhand von Beispielen aus dem Bereich des codeswitching, der standardisierten Witze und Formelverfremdungen und interkultureller Irritationen im Scherzbereich dessen Kulturalität herausgearbeitet. Es zeigte sich, daß kulturelles und sprachliches Wissen zur Erzeugung von witzigen Effekten vielschichtig ausgebeutet wird. Wechsel in andere Sprachen und Varietäten sind bedeutsam; man muß diese nicht nur sprachlich verstehen, sondern vor allem auch sozialsymbolisch. Die Dimension des Sozialsymbolischen ist auch entscheidend zum Erfassen dessen, wofür im Witz spezifische Redeweisen und Details stehen, die die Protagonisten und ihre Lebenswelten typisieren. Auch Scherzthemen haben sozialsymbolische Implikationen. In Deutschland kann man mit dem Erzählen von Sexwitzen viel eher als in Rußland die Wahrnehmung auf sich ziehen, besonders verklemmt zu sein. Hier spielen auch Milieuunterschiede eine Rolle. Besonders gefährlich im zwischenmenschlichen Kontakt ist das verminte Gelände ritueller Scherzaggressionen. Verschiedene Scherzformen verbinden »bonding and biting«. Wie stark die Bänder der Freundschaft sein müssen, bevor man beißen darf, ob und in welcher Form zurückgebissen wird – all dies bedarf intensiver ethnographischer Erkundigung. Selbstverständlich erfährt man dabei viel über Land und Leute. Mit diesen Betrachtungen hoffe ich, Probleme und Potentiale der Scherzkommunikation für Lernende von Fremdsprachen aufgezeigt zu haben.

Literatur

Agar, Michael (1995): »Ethnography.« In: Jef Verschueren/Jan-Ola Östman/ Jan Blommaert (eds.): *Handbook of Pragmatics. Manual*, Amsterdam/ Philadelphia, Benjamins, 583-590.

Alexander, Richard (1982): »Verbal Humour: Its Implications for the Second Language Teacher and Learner.« *Grazer Linguistische Studien*, Bd. 17-18, 7-16.

Alexander, Richard (1997): *Aspects of Verbal Humour in English*, Tübingen, Narr.

Apte, Mahadev L. (1985): *Humor and Laughter: An Anthropological Approach,* Ithaca/ London, Cornell University Press.

Attardo, Salvatore (1994): *Linguistic Theories of Humor*, Berlin/New York, de Gruyter/Mouton.

Bachtin, Michail M. (1969/1985): *Literatur und Karneval. Zur Romantheorie und Lachkultur*, München, Hanser.

Bateson, Gregory (1954/1972): »A Theory of Play and Phantasy.« In: (Ders.): *Steps to an Ecology of Mind*, San Francisco, Chandler, 177-193. (Dt. 1981): *Ökologie des Geistes,* Frankfurt a.M., Suhrkamp, 241-262.

Bierbach, Christine (1988/1996): »Chi non caca un kilo – zahlt 20 Mark Strafe! Witze von Kindern zwischen zwei Kulturen.« In: Helga Kotthoff (Hrsg.): *Das Gelächter der Geschlechter.*

Castell, Patricia J./Goldstein, Jeffrey H. (1977): »Social Occasions for Joking. A Cross-Cultural Study.« In: Antony Chapman/Hugh Foot (eds.): *It's a Funny Thing, Humour*, Oxford, Pergamon, 193-197.

Dalos, György (1993): *Proletarier aller Länder, entschuldigt mich*, Bremen, Temmen.

Di Luzio, Aldo (1984): »On the Meaning of Language Choice for the Sociocultural Identity of Bilingual Migrant Children.« In: Peter Auer/ Aldi di Luzio (eds.): *Interpretive Sociolinguistics: Migrants-Children-Migrant Children*, Tübingen, Narr.

Dolitsky, Marlene (1983): »Humor and the Unsaid.« *Journal of Pragmatics*, vol. 7, 39-48.

Drew, Paul (1987): »Po-Faced Receipts of Teases.« In: *Linguistics*, vol. 25, 219-253.

Dundes, Allen/Leach, Jerry W./Özkök, Bora (1972): »The Strategy of Turkish Boys' Verbal Dueling Rhymes.« In: John Gumperz/Dell Hymes (eds.): *Directions in Sociolinguistics*, New York, Holt, Rinehart and Winston.

Eisenberg, Ann R. (1986): »Teasing: Verbal Play in Mexican Homes.« In: Bambi B. Schieffelin/Elinor Ochs (eds.): *Language Socialization Across Cultures*, Cambridge, Cambridge University Press, 182-199.

Giroux, Henry A. (1997): »Are Disney Movies Good for your Kids?« In: Shirley R. Steinberg/Joe L. Kincheloe (eds.): *Kinder-Culture*, Boulder, Westview, 53-69.

Gloy, Klaus (1985): *Studentische Topik und die Antworten der Institution. Zur Pragmatik universitärer Konflikte.* Kodikas/Code, H. 1, 47-80.

Goldstein, Jeffrey (1990): »The Linguistic Interest of Verbal Humor.« In: *Humor*, vol. 3, 1, 37-52.

Günthner, Susanne (1993): *Diskursstrategien in der interkulturellen Kommunikation. Analysen deutsch-chinesischer Gespräche*, Tübingen, Niemeyer.

Hausmann, Franz Josef (1974): *Studien zu einer Linguistik des Wortspiels. Das Wortspiel im Canard enchaîné*, Tübingen, Niemeyer.

Hertzler, Joyce (1970): *Laughter. A Socio-Scientific Analysis*, New York, Exposition Press.

Hewitt, Roger (1986): *White Talk-Black Talk,* Cambridge, Cambridge University Press.

Hobbes, Thomas (1651/1840): »Treatise of Human Nature.« In: *The English Works of Thomas Hobbes*, vol. 4. London, Bohn, 1-76.

Hockett, Charles F. (1977): »Jokes.« In: (Ders.): *The View from Language. Selected Essays,* Athens, GA, University of Georgia Press, 257-289.

Januschek, Franz/Schlobinski, Peter (1989) (Hrsg.): »Thema: Jugendsprache.« In: *OBST*, Bd. 41.

Kallmeyer, Werner (1994) (Hrsg.): *Kommunikation in der Stadt. Vier Bände*, Berlin/New York, de Gruyter.

Kirshenblatt-Gimblett, Barbara (1972): Traditional storytelling in the Toronto Jewish community. Ph.D. dissertation, Indiana University.

Koehring, K.H. (1982): »Humor und Englischunterricht.« In: *anglistik/ englischunterricht*, Bd. 17, 111-139.

Koestler, Arthur (1964): *The Act of Creation*, London, Hutchinson. (Dt. 1966): *Der göttliche Funke*, Bern/München/Wien, Scherz.

Kotthoff, Helga (1989): »So nah und doch so fern. Deutsch-amerikanische pragmatische Unterschiede im akademischen Milieu.« In: *Info DaF*, Bd. 4, 448-460.

Kotthoff, Helga (1996) (Hrsg.): *Scherzkommunikation. Beiträge aus der empirischen Gesprächsforschung*, Opladen, Westdeutscher Verlag.

Kotthoff, Helga (1998): *Spaß Verstehen. Zur Pragmatik von konversationellem Humor*, Tübingen, Niemeyer.

Löffler, Heinrich (1997): »Deutsche Schweiz.« In: Hugo Steger/Herbert E. Wiegand (Hrsg.): *Kontaktlinguistik HSK*, Bd. 12,2. Berlin/New York, de Gruyter, 1854-1862.

Lütten, Jutta (1977): *Untersuchungen zur Leistung der Partikeln in der gesprochenen Sprache*. Göppingen, Kümmerle.

Parsons, Elsie/Beals, R.L. (1934): »The Sacred Clowns of the Pueblo and Mayo-Yaqui Indians.« In: *American Anthropologist*, vol. 36/4, 491-514.

Preisendanz, Wolfgang (1970): »Über den Witz.« In: *Konstanzer Universitätsreden*, Bd. 13. Konstanz, Universitätsverlag.

Radcliffe-Brown, Alfred R. (1940/1952): »On Joking Relationships.« In: (Ders.) (1965): *Structure and Function in Primitive Society,* New York/London, Cohen/West, 90-104.

Raskin, Victor (1985): *Semantic Mechanisms of Humour*, Dordrecht, D. Reidel.

Rampton, Ben (1995): *Crossing. Language and Ethnicity among Adolescents*, London, Longman.

Röhrich, Lutz (1977): *Der Witz. Figuren, Formen, Funktionen*, Stuttgart, Metzler.

Schlobinski, Peter/Kohl, Gaby/Ludewigt, Irmgard (1993) *Jugendsprache*, Opladen, Westdeutscher Verlag.

Schwitalla, Johannes (1994): »Poetisches in der Alltagskommunikation.« In: Dieter Halwachs/Christine Penzinger/Irmgard Stütz (Hrsg.): *Sprache, Onomatopöie, Rhetorik, Namen, Idiomatik, Grammatik. Festschrift für*

Prof. Dr. Karl Sornig. Grazer linguistische Monographien, Bd. 11, 228-243.

Sandig, Barbara/Selting, Margret (1997): »Discourse Styles.« In: T. van Dijk (ed.): *Discourse as Structure and Process. Discourse Studies: A multidisciplinary Introduction*, vol. 1, London, Sage, 138-156.

Sieber, Peter/Sitta, Horst (1986): *Mundart und Standardsprache als Problem der Schule*, Aarau.

Soeffner, Hans-Georg (1986): »Stil und Stilisierung. Punk oder die Überhöhung des Alltags.« In: Hans Ulrich Gumprecht/K. Ludwig Pfeiffer (Hrsg.): *Stil. Geschichten und Funktionen eines kulturwissenschaftlichen Diskurselements*, Frankfurt a.M., Suhrkamp, 317-342.

Sopher, H. (1981): »Laugh and Learn.« In: *ELT Journal*, Bd. 35, 431-436.

Tannen, Deborah (1984): *Conversational Style*, Norwood, NJ, Ablex.

Tertilt, Herrmann (1996): *Turkish Power Boys*, Frankfurt, Suhrkamp.

Trachtenberg, Susan (1979): »Joke-Telling as a Tool in ESL.« In: *TESOL Quarterly*, vol. 13/1, 89-99.

Ulrich, Wilfried (1980): *Der Witz im Deutschunterricht*, Braunschweig, Georg Westermann.

Vermeer, M. (1989): »›Fremde Teufel und blaue Ameisen‹: Vom Einfluß der Mentalitätsproblematik beim Dolmetschen Chinesisch-Deutsch und Deutsch-Chinesisch.« In: Hans J. Vermeer (Hrsg.): *Kulturspezifik des translatorischen Handelns*. Heidelberg, Institut für Dolmetschen und Übersetzen, 31-49.

Voloshinov, Valentin N. (1926/1978): »Reported Speech.« In: Ladislav Matejka/Kristina Pomorska (eds.): *Readings in Russian Poetics*, Cambridge, MA, MIT Press, 149-175.

Weydt, Harald/Harden, Theo (1983): *Kleine deutsche Partikellehre*. Stuttgart.

Wilenski, Robert (1983): »Story Grammars versus Story Points«. In: BBS 6: 579-623.

Wilson, Deidra/Sperber, Dan (1992): »On Verbal Irony.« In: *Lingua*, Bd. 87, 53-76.

Woolard, Kathryn A. (1988): »Codeswitching and comedy in Catalonia.« In: Monica Heller (ed.): *Codeswitching. Anthropological and Sociolinguistic Perspectives*. Berlin/New York, de Gruyter/Mouton, 53-77.

Zijderveld, Aron C. (1976): *Humor und Gesellschaft*. Graz/Wien/Köln, Styria.

»Akustische Masken« und formelhaftes Sprechen

Stilistische Anmerkungen zur ›Blendung‹ Elias Canettis

Heinz-Helmut LÜGER
Universität Koblenz-Landau

Bedeutende Wissenschaftler zeichnet es aus, daß sich ihr Wirken nicht auf enggefaßte Spezialgebiete beschränkt. So hat es Jean Petit immer wieder verstanden, über die Psycholinguistik hinaus verschiedenen Bereichen wie etwa der Phonetik, der Kontaktlinguistik oder der Fremdsprachendidaktik wichtige Anregungen und neue Impulse zu vermitteln. – Auch die vorliegende Arbeit verdankt ihre Entstehung dem mit dieser Festschrift geehrten Sprachforscher: Bei einem unserer ersten Gespräche im Sprachlehrinstitut der Universität Konstanz vor ungefähr zehn Jahren machte mich Jean Petit auf die linguistische Ergiebigkeit des Romans ›Die Blendung‹ von Elias Canetti aufmerksam und wies mich auf verschiedene stilistisch und phraseologisch interessante Phänomene hin. Einige der seinerzeit angesprochenen Aspekte möchte ich nun im folgenden wieder aufgreifen und einer näheren Betrachtung unterziehen.

1. ›Die Blendung‹ als Textgrundlage

Die Lektüre der ›Blendung‹ ist kein leichtes Unterfangen. Die Abgehobenheit des vorgeführten Milieus, der häufige Wechsel zwischen verschiedenen Wirklichkeitsebenen, die Komplexität der intertextuellen Bezüge, verworren erscheinende Handlungsmotive der Protagonisten, die Verflechtung ironischer, distanzierter oder neutral-ernster Sprechhaltungen – all das macht den 1935 erstmals erschienenen Roman zu einem mitunter schwer erschließbaren und ausgesprochen deutungsbedürftigen Text. Die offenkundige Vielfalt literaturwissenschaftlicher Erklärungs- und Beschreibungsansätze trägt diesem Eindruck dann auch in bezeichnender Weise Rechnung.[1]

Es kann hier nicht der Versuch unternommen werden, diesen Facettenreichtum im einzelnen nachzuzeichnen bzw. durch eine neue ideengeschichtliche oder sozialpsychologische Sehweise zu ergänzen. Im Mittel-

---

[1] Stellvertretend sei hier verwiesen auf Curtius (1973) sowie die in Aspetsberger/ Stieg (1985) zusammengestellten Arbeiten.

punkt der Darlegung steht vielmehr die sprachliche Seite des Romans: die Art und Weise, wie jeweils die Figurencharakterisierung erfolgt, die Schwierigkeiten, die ganz offensichtlich beim Miteinandersprechen auftreten, die Verfahren und Mittel, mit denen Canetti seine Skepsis, seine kritische Haltung gegenüber Sprache und Sprachgebrauch deutlich macht. Besondere Aufmerksamkeit gilt dabei der Verwendung vorgeprägter Ausdrucksformen, von festen Wortverbindungen, Redewendungen bis hin zu Gemeinplätzen, Sprichwörtern, geflügelten Worten, sowie den damit verbundenen Funktionen im Text. In der Literatur werden diese Phänomene häufig unter dem Stichwort »klischeehafter« oder »stereotypisierter Sprache« abgehandelt (vgl. Mieder 1997). Canetti weist in dem Zusammenhang bereits zutreffend darauf hin, daß es hier weniger um eine Eigenschaft von Sprache als solcher, sondern eher um Fragen des *Gebrauchs* von Sprache geht; den Sprechern mangele es nämlich allzu oft an der nötigen Sensibilität und Wachsamkeit gegenüber den benutzten sprachlichen Mitteln:

»Wenn die Menschen vom Leben und Treiben in ihnen auch nur die leiseste Ahnung hätten, würden sie vor vielen Worten und Redensarten zurückschaudern wie vor Gift.«[2]

Es wird zu prüfen sein, inwieweit sich aus dieser Einsicht in der ›Blendung‹ Konsequenzen für die Sprachgestaltung der einzelnen Figuren ergeben.

Zunächst einmal gilt es im folgenden Kapitel, einen Überblick zu gewinnen über die Art der vorgeprägten Ausdrucksformen, einschließlich ihrer Integration in den jeweiligen Textzusammenhang (Kap. 2). Es folgen – anhand eines längeren Textauszugs – Beobachtungen zur Formelhaftigkeit und Verselbständigung im Sprachgebrauch bestimmter Figuren (Kap. 3). Die auffällige Tendenz zur Vernachlässigung verschiedener Basisregeln der Kommunikation, nicht zuletzt die Reduzierung des Adressatenbezugs, führt dabei zu erheblichen Störungen bei der Verständigung (Kap. 4.1); vor allem in argumentativen Sequenzen kommt es auf diese Weise zu ausweglosen Blockaden (Kap. 4.2).

2. Vorgeprägte Ausdruckseinheiten

In der ›Blendung‹ werden die Handlungsträger mit Sprechweisen ausgestattet, die sie »einmalig und unverwechselbar« erscheinen lassen. Zu den charakteristischen Merkmalen können ganz allgemein die Intonation, die Art der Aussprache, die Sprechgeschwindigkeit, das »Äußere der Worte« also, gehören; das Gesamt solcher Eigenschaften, die u.a. die Wiedererkenn-

---

2   Canetti, Elias (1993): *Aufzeichnungen 1942-1985*, München, Hanser, 19.

barkeit eines Sprechers ausmachen, hat Canetti auch als »*akustische Maske*« bezeichnet:

»Diese sprachliche Gestalt eines Menschen, das Gleichbleibende seines Sprechens, diese Sprache, die mit ihm entstanden ist, die er für sich allein hat, die nur mit ihm vergehen wird, nenne ich seine akustische Maske.«[3]

In einem scheinbaren Gegensatz hierzu stehen nun – wie für die Romanfiguren durchweg typisch – die Formelhaftigkeit und die Situationsabstraktheit vieler Redebeiträge. Es wäre allerdings verfehlt, diese Effekte lediglich auf sog. »Sprachklischees« oder ganz bestimmte Ausdrucksmuster, z.B. Redensarten, zurückführen zu wollen. Canetti bedient sich vielmehr eines breiten Spektrums mehr oder weniger vorgeprägter Spracheinheiten und bemüht unterschiedlichste Verfahren der textuellen Einbindung. Dies sei an einigen Beispielen demonstriert, wobei das Ausdrucksmaterial verschiedenen Klassifikationsmerkmalen zugeordnet wird.

2.1. Usualität

Betrachtet man die Textauszüge (1) und (2), fällt zunächst ihr unterschiedlicher Status ins Auge:

(1)   »*Ordnung muß sein*«, erwiderte sie prompt. Er war entwaffnet. Mit großartiger Gebärde lud er sie in die Bibliothek ein. (S. 25)[4]

(2)   Der Hausbesorger mißtraute dieser Äußerung. *Friedliche Verbrecher sind falsch.* Sie stellen sich so und machen dann einen Fluchtversuch. (S. 307)

Während mit *Ordnung muß sein* ein bekannter, im Deutschen allgemein gebräuchlicher Gemeinplatz wieder aufgegriffen wird, ist auf den markierten Ausdruck in (2) das Kriterium der Usualität nicht ohne weiteres anwendbar; von daher kann man im ersten Fall von einem satzwertigen Phraseologismus sprechen, im zweiten eher von einem generischen Satz. Äußerungen vom Typ *Friedliche Verbrecher sind falsch* gehören (noch) nicht zum Bestand fester Ausdruckseinheiten, obgleich sie von der sprachlichen Form her einige Voraussetzungen dafür mitbringen:

---

3   Canetti, Elias (1962): *Welt im Kopf*, Graz-Wien, Stiasny, 13. – Natürlich ist grundsätzlich zu unterscheiden zwischen der empirisch ermittelbaren ›akustischen Maske‹ einer realen Person und der (hier gemeinten) *literarischen Verfahrensweise*, die aus Darstellungsgründen eine bestimmte Akzentuierung, Verdichtung oder Bündelung entsprechender Merkmale vornehmen kann. Vgl. auch Bischoff (1973), Curtius (1973), Scheichl (1985).

4   Alle Seitenangaben beziehen sich auf folgende Textausgabe: Canetti, Elias (1988): *Die Blendung. Roman*, Frankfurt a.M., Fischer. Die in den Beispielen vorgenommenen Hervorhebungen befinden sich nicht im Original.

– Verwendung des gnomischen Präsens,

– Fehlen indexikalischer Elemente,

– Aussage über einen allgemeinen Sachverhalt, Abstraktion von partikulären oder relativierenden Momenten.

In der ›Blendung‹ kommen generische Sätze sehr häufig vor. Hier nur einige Beispiele: »Hunde leben kurz und Hunde lesen nicht« (S. 30), »Zartes Papier will zarte Behandlung« (S. 37), »Bewußtlosigkeit darf nicht sein« (S. 117), »Wenn Frauen lieben, werden sie charakterlos« (S. 126), »Briefschreiben ist Müßiggang« (S. 498) ... Mit solchen und ähnlichen Äußerungen sorgen die jeweiligen Sprecher dafür, ihren Aussagen mehr Gewicht zu verleihen, sie als selbstverständlich oder gar als universell gültig zu präsentieren. Andererseits hat das Ausdrucksformat zur Folge, daß die betreffende Äußerung den Umständen der konkreten Sprechsituation enthoben erscheint und für die Kommunikationsbeteiligten nur noch eine geringe Verbindung mit dem Gesprächsgegenstand erkennen läßt. Bezüglich dieser Funktionen kommen generische Sätze den usuell gewordenen Satzphraseologismen sehr nahe.[5]

Usualität kann sich darüber hinaus auch auf idiolektaler Ebene ergeben, etwa dann, wenn sich bei einer Romanfigur wie der Fischerin ein bestimmter Satz als mehrfach wiederkehrende Äußerung, dazu noch mit gleichbleibendem Intonationsmuster, vorfindet:

(3)   [die Fischerin:] »Er ist das *Einzige*, was ich auf der Welt hab'!« Vielleicht liebte sie Fischerle diesem klagenden Satz zuliebe. Sie rief ihn mit scheppernder Stimme aus, es klang so, als ob sie zwei Zeitungen, »Das Einzige« und »Der Welthab« anzupreisen habe. (S. 240, Hervorhebung im Original)[6]

Da der genannte Satz im Text als feststehend behandelt wird, könnte man von einem *figurenspezifischen Phraseologismus* sprechen.

Eine vergleichbare Figurenspezifik liegt ferner dort vor, wo einzelne Phraseologismen durch wiederholten Gebrauch gleichsam zu einem Kernbestandteil der akustischen Maske werden. Ein typisches Beispiel wäre in dieser Hinsicht bei Therese der fast schon mechanische Rückgriff auf den Gemeinplatz *Kommt Zeit, kommt Rat* (vgl. in 2.3 die Auszüge (7), (8), (9)).

2.2. Satz(glied)wertigkeit

Auch wenn bislang nur von syntaktisch vollständigen oder entsprechend ergänzbaren Einheiten die Rede war, gehören satzgliedwertige phraseolo-

---

5   Zur genaueren Begründung des Funktionspotentials vgl. u.a. Quasthoff (1978), Norrick (1985), Beckmann / König (1991), Stein (1995), Lüger (1989, 1998a).

6   Weitere Belegstellen: S. 241, 243, 253.

gische Ausdrücke ebenfalls zum Stilrepertoire in der ›Blendung‹. Beispiele hierfür sind zahlreich.

(4)   Dieses Verbrechen *läßt er nicht auf sich sitzen*. (S. 405)

(5)   »Du *redest wie ein Blinder von der Farbe*! Du hast Halluzinationen. [...]« (S. 468)

Da lexemäquivalenten Einheiten grundsätzlich ein geringeres Gewicht in der Kommunikation zukommt als Satzausdrücken (die ja immerhin vollständige Aussagen darstellen und nicht immer ohne weiteres in den Kontext einfügbar sind), ist ihre größere Häufigkeit nicht verwunderlich. Mit dem Einsatz von Wendungen wie *etw. nicht auf sich sitzen lassen* oder *von etw. reden wie ein Blinder von der Farbe* lassen sich normalerweise zusätzliche Einstellungskundgaben vermitteln. In Ergänzung zu den nichtphraseologischen Entsprechungen *einen Vorwurf zurückweisen* bzw. *ohne genauere Sachkenntnis über etw. sprechen und urteilen* signalisieren die Phraseolexeme gleichzeitig, daß man a) den erhobenen Vorwurf als gravierende und verletzende Beschuldigung betrachtet und b) die betreffende Person als negativ oder lächerlich bewertet. Außerdem wird mit beiden Ausdrücken eine informelle Haltung des Sprechers signalisiert.

Wie bereits angedeutet, lassen sich mit Hilfe satzwertiger Phraseologismen die gemachten Aussagen durch den Rekurs auf allgemein Akzeptiertes zusätzlich verstärken (vgl. beispielsweise die Aufforderung in (1)). Daneben kommen aber auch Verwendungen vor, die den Ablauf einer reibungslosen Kommunikation eher behindern, etwa durch Ausweichverhalten, nonresponsives Antworten, und so dem Erreichen der angestrebten Handlungsziele entgegenstehen (vgl. ausführlicher Kap. 4).

2.3. Adaption, metakommunikative Markierung

Phraseologische Ausdrücke, vor allem satzwertige, können von einem Sprecher/Schreiber auf verschiedene Weise für einen Textzusammenhang übernommen werden. Zwei grundsätzliche Fälle lassen sich dabei zunächst unterscheiden: die rein reproduzierende, »unauffällige« Verwendung und eine Wiedergabe mit zusätzlicher Markierung durch Anführungszeichen oder metakommunikative Hinweise. Außerdem kann der Textautor, wenn er einen Phraseologismus inhaltlich in Anspruch nimmt, ihn *adaptiert*, dies in positiver, zustimmender Form tun oder aber seine Distanz, seine Kritik zum Ausdruck bringen.[7] ›Die Blendung‹ bietet auch in dieser Hinsicht eine Fülle von Beispielen.

---

[7]   Vgl. ebenfalls die Unterscheidungen und Beispielanalysen bei Bertrand (1998), Lüger (1998b).

In (6) wird der Gemeinplatz *Aller Anfang ist schwer* ohne weitere Kennzeichnung in die Überlegungen Kiens zur Popularisierung seiner Wissenschaft eingeflochten:

(6)   Er fühlte sich vom Zwerg verstanden. Er gab zu, daß man gleichgesinnte Naturen findet. Wenn es einem gelang, diesen ein Stück Bildung, ein Stück Menschentum zu schenken, so hatte man etwas geleistet. *Aller Anfang ist schwer.* (S. 208)

Ebenso unmarkiert bleibt im folgenden Zitat der Ausdruck *Kommt Zeit, kommt Rat* inmitten der (als »Nachklänge sozusagen«) von Kien erinnerten Redefragmente Thereses, die die Weigerung ihres Mannes, ihr sein Vermögen zu vermachen, nicht verwinden kann:

(7)   »[...] Bücher sind auch was wert. Die Welt ist heut nicht mehr schön. Der Herr Neffe waren immer gut gelaunt. Das alte Weib war ja ganz zerlumpt. *Kommt Zeit, kommt Rat.* Schlüssel gehören hinein. Bei den Menschen ist das so. [...]« (S. 157)

Der gleiche Ausdruck kann, wiederum bei Therese, in anderen Zusammenhängen einen eigenständigen, exponierten Redebeitrag ausmachen (8), oder aber er wird mit einer ausführlichen metakommunikativen Einleitung versehen, auf diese Weise ins Zentrum der Aufmerksamkeit gestellt und damit zu einem wichtigen Moment der Figurencharakterisierung gemacht (9):

(8)   Ganz unschuldig gibt sie ihm eine schöne Antwort: »*Kommt Zeit, kommt Rat*« (S. 105)

(9)   Zu ihrer Zeit gab es ein schönes Sprichwort, das hieß: »*Kommt Zeit, kommt Rat.*« Jeder muß einmal sterben. Das ist bei den Menschen so. Er kommt jede Nacht um 12 – und das Kapital ist auf einmal da. Sie hat den alten Mann nicht aus Liebe geheiratet. Man muß auch an seine Zukunft denken. (S. 103)

An der relativ aufwendigen Einführung in (9) ist gleichzeitig zu erkennen, welche Bedeutung dem satzwertigen Phraseologismus als Handlungsmaxime für Therese im anschließenden Geschehensablauf zukommt.

Gelegentlich wird die metakommunikative Kennzeichnung sogar zu einem ausführlichen Kommentar ausgebaut; im folgenden Beispiel etwa dient das geflügelte Wort *Im Anfang war das Wort* – wie im Johannes-Evangelium – als Ausgangspunkt für weitere Überlegungen (hier: zur Bedeutung der Vergangenheit):

(10)   Ja, wenn wir keine Sinne hätten, da wäre auch die Gegenwart erträglich. Wir würden dann durch die Erinnerung – also doch in der Vergangenheit – leben. Im Anfang war das Wort, aber es *war*, also war die Vergangenheit vor dem Wort. (S. 168f., Hervorhebung im Original)

Darüber hinaus ist (10) ein Beleg für die Möglichkeit, im Text inhaltlich eindeutig Position zu einem gewählten Phraseologismus zu beziehen. Insgesamt herrschen Fälle *zustimmender Adaption* vor: Der Sprecher gibt einen vorgeprägten Ausdruck nicht nur zitierend wieder, sondern macht sich die betreffende Aussage erkennbar zu eigen: Die Übereinstimmung mit der Haltung oder dem Handeln eines Protagonisten braucht dabei nicht immer ausdrücklich formuliert zu sein (vgl. Beispiel (6)). Auch bestimmte verba dicendi wie *erwidern* in (1), *erklären* in (11) oder *sagen* in (12) sind für sich genommen diesbezüglich noch keine klaren Hinweise; allerdings deutet im letztgenannten Fall die nonverbale Reaktion (»und verstummte«) auf eine Adaption hin.

(11)   Sie erklärt: »*Ein Mann, ein Wort.*« (S. 151)

(12)   Der Hausierer legte den Finger an den Mund, sagte: »Ich sag' immer, *Schweigen ist Gold*«, und verstummte. (S. 252)

Im Unterschied dazu finden sich in der ›Blendung‹ einige Textstellen, wo den Sprechern ein kompetentes Verfügenkönnen über die bemühten phraseologischen Ausdrücke mehr oder weniger abgesprochen wird. So kann man sich in (8) fragen, ob der redeeinleitende Kommentar »ganz unschuldig gab sie ihm eine schöne Antwort« nicht eher als mangelnde Adaption durch Therese einzuordnen ist. Noch deutlicher wird dieses Phänomen im folgenden Textausschnitt:

(13)   Der Vater beschwichtigt: »*Die Frau ist von Natur zum schwächeren Geschlecht bestimmt*«, ein Motto, es stammt aus dem letzten Aufsatz seines Sohnes. (S. 349)

Der Hinweis auf die Quelle des Mottos, einen Schulaufsatz, nimmt der wiedergegebenen Äußerung die beanspruchte Seriosität, holt sie gleichsam von ihrem überhöhten Niveau herunter und degradiert den Sprecher zu einer lächerlichen, nicht sonderlich ernstzunehmenden Figur.

Bei der *distanzierenden Verwendung* kann mit einem Phraseologismus entweder eine bestimmte Gegenposition unterstützt werden oder ein Gemeinplatz, Sprichwort o.ä. wird in seiner Aussage relativiert, kritisiert, mitunter auch ins Gegenteil verkehrt. In (14) liegt zwar der Ausdruck *Not lehrt beten* zugrunde, seine Bedeutung kann im gegebenen Zusammenhang für den Sprecher, Kien, jedoch nicht zum Tragen kommen.

(14)   »[...] Ihr Mund murmelt eine Schmeichelei. Schmeicheleien an Gottes Adresse nennt man Gebete. *Nicht die Not hat sie beten gelehrt.* Sie ist vorsichtig. [...]« (S. 483)

Mit diesem Beispiel ist auch bereits die Frage von Abwandlungen phraseologischer Ausdrücke angesprochen.

2.4. Modifikation

Als *modifiziert* gelten Phraseologismen dann, wenn ihre Ausdrucksseite okkasionelle Veränderungen aufweist, die (noch) nicht usuell und somit lexikographisch auch nicht weiter dokumentiert sind. Im Unterschied dazu gehören *Varianten* zum Sprachbestand; sie markieren gewissermaßen den lexikalischen oder morphosyntaktischen Spielraum phraseologischer Einheiten. So kann es z.B. *jmdm. ein Loch in den Bauch fragen* oder *jmdm. Löcher in den Bauch fragen* heißen, oder für *jmdm. ins Auge springen* findet sich im Wörterbuch *jmdm. ins Auge/in die Augen fallen* angegeben, ohne daß dabei eine neue Bedeutung vorliegt.

Modifikationen gehen dagegen auf individuelle, ad hoc vorgenommene Abwandlungen zurück. Der usuelle Basisausdruck bleibt in solchen Fällen jedoch normalerweise für den Leser/Hörer präsent, bei modifizierten Phraseologismen ist dies gleichzeitig eine Voraussetzung ihrer Wirksamkeit. In (15) und (16) etwa dürfte es einem Muttersprachler nicht schwerfallen, sich die jeweilige usuelle Form der Redewendung bzw. des Sprichworts zu vergegenwärtigen:

(15)   *jmdm. ein X für ein U vormachen* ›jmdn. täuschen‹:
         Für gewöhnlich krächzte er [= Fischerle], aber wenn es sein mußte, zum Beispiel jetzt, tönte seine Stimme wie die eines Säuglings. [...] Die übrigen *ließen sich keinen Säugling für einen Raubmörder vormachen.* (S. 355)

(16)   *In der Not frißt der Teufel Fliegen* ›in einer Notsituation ist alles erlaubt/muß man mit allem rechnen‹:
         Kien quälte sich um die Wahrheit ab. Da erging es ihm ja schon wieder wie vorhin mit der Buchbranche. *In der Not frißt der Teufel Lügen.* »Ich hab' keine Frau!« behauptete er mit einem Lächeln, das seine strenge Dürre verklärte. (S. 195)

Abwandlungen dieses Typs brauchen nun in der Alltagskommunikation nichts Ungewöhnliches zu sein. Sie sind Teil eines kreativen und bisweilen auch spielerischen Umgangs mit Sprache und insofern keineswegs nur dem literarischen Bereich vorbehalten. Für einige Autoren stellt die Modifizierbarkeit sogar eine der Überlebensbedingungen vorgeprägter Ausdrücke dar:

»Quant aux formes langagières fossilisées, c'est dans leur manipulation que réside leur espérance de vie, leur capacité d'adaptation aux situations énonciatives les plus diverses est source de leur regénérescence.« (Gréciano 1983, 257)[8]

---

8   Vgl. auch Gréciano (1991, 76ff.); auf die inzwischen recht umfangreiche Literatur zur Abwandlung von Phraseologismen kann hier nicht näher eingegangen werden.

Für den gewählten Romantext ist charakteristisch, daß Phraseologismen sowohl in ihrer kodifizierten Form als auch modifiziert verwendet werden. Im letztgenannten Fall zeigt sich in besonderer Weise der reflektierende bzw. distanzierte oder ironisierende Einsatz sprachlicher Mittel. Der sprachliche Ausdruck tritt hier – wie in den vorstehenden Beispielen angedeutet – aus der unbeachteten Normalität, aus seiner Selbstverständlichkeit, heraus und wird damit selbst zum Gegenstand der Kommunikation. Modifikationen sind insofern geeignet, die sprachlichen Erwartungen des Lesers zu irritieren, vertraute Rezeptionsformen zu unterlaufen und die Notwendigkeit neuer Bedeutungszuschreibungen deutlich zu machen – ganz im Sinne einer Deautomatisierung eingespielter Automatismen, wie sie bereits im Prager Strukturalismus unter dem Begriff des *foregrounding* propagiert wurde. Von daher ist es auch kein Zufall, wenn in der ›Blendung‹ gerade der Erzählertext (und weniger die Figurenrede) viele Abwandlungen satzwertiger und satzgliedwertiger Phraseologismen enthält.

Auch das Spektrum der genutzten Modifikationsverfahren ist vielfältig. Das einfachste und häufigste Mittel ist die *Substitution*, die Ersetzung eines Ausdruckssegments durch ein anderes, wendungsexternes Element; vgl. in (15) zum Beispiel *sich keinen Säugling für einen Raubmörder vormachen lassen* und in (16) *In der Not frißt der Teufel Lügen.* Eine Auswahl weiterer Beispiele:

(17) [*wie Pilze aus dem Boden schießen* →] Abhandlungen schossen wie Pilze aus dem Schreibtisch. (S. 71).

(18) [*jmdm. fällt ein Stein vom Herzen* →] Fischerle fiel das ganze verloren geglaubte Geld vom Herzen. (S. 253)

(19 [*sein Geld zum Fenster hinauswerfen* →] Er hatte keine Lust, sein Geld für irgendwelche Gauner zu Kiens Taschen hinauszuwerfen. (S. 259)

(20) [*jmdn. eines Besseren belehren* →] Der Kommandant sah seine Gelegenheit gekommen, das übergescheite Weib eines männlicheren zu belehren. (S. 323)

(21) [*Stille Wasser sind tief* →] [...] das Geheimnis war die erste Frau, er hatte sie ermordet, stille Wasser sind Mörder, drum hat er nie was geredet [...]. (S. 329)[9]

(22) [*Lieber den Spatz in der Hand als die Taube auf dem Dach* →] Das wenige Geld in der Tasche war ihnen lieber als das viele unterm Dach. (S. 236f.)

---

[9] Von Therese wird der gleiche Ausdruck auch unmodifiziert gebraucht: »Man wird ja sehen. Stille Wasser sind tief.« (S. 56)

Wie die Beispiele zeigen, brauchen die ausgetauschten Elemente nicht notwendig der gleichen Wortklasse anzugehören (vgl. insbesondere (21)) oder eine vergleichbare Semantik aufzuweisen (vgl. (17) oder (20)); ebenso sind attributive Erweiterungen möglich (18). In anderen Fällen kann sich die Substitutions-Beziehung aufgrund der Verarbeitung im Kontext auf eine vage Parallelität beschränken (22).

Eine Sonderform der Substitution ist die sog. *grammatische Modifikation*, welche einen Wechsel von Modus, Tempus, Genus verbi oder der Art des Artikels betreffen kann. Dabei haben die so bewirkten minimalen formalen Abwandlungen vielfach gravierende inhaltliche Veränderungen zur Folge. In (23) etwa führt der dreifache Moduswechsel auf analoge Weise zu einer Relativierung der apodiktischen Behauptungen, wie in (24) aus dem Weglassen des Modalverbs eine deutliche Verstärkung der Aussage des Satzphraseologismus resultiert; hinzu kommt im letzten Beispiel, daß die Originalversion des bemühten Gemeinplatzes *Was nicht ist, kann noch werden* kontrastierend sowohl vorher als auch im Anschluß an die modifizierte Form anzutreffen ist.

(23)   [*Jeder Groll vergeht; Die Zeit heilt alle Wunden; Die Gedanken sind frei* →] Ein Mensch habe nicht immer Lust, seine Achtung zu zeigen. Jeder Groll vergehe und die Zeit heile Wunden. [...] Gedanken seien zollfrei. (S. 90)

(24)   [*Was nicht ist, kann noch werden* →] Ein Fehler läßt sich wieder gutmachen. Was nicht ist, kann werden. [...] (S. 113f.) [...] sie pflegt ihn gesund, und was nicht ist, wird. (S. 114) [...] Wie sagte sie immer: Was nicht ist, kann werden. (S. 127)

Nicht selten werden Modifikationsverfahren kombiniert. Belege hierfür liefern bereits die zitierten Textauszüge. In (18) und (19) verbindet sich die Substitution mit einer *Expansion*, der Erweiterung des jeweiligen phraseologischen Ausdrucks um zusätzliche Komponenten, in (23) liegt neben der grammatischen Modifikation ebenfalls eine Expansion vor, (24) weist dagegen mit dem Wegfall von *noch* außerdem eine *Reduktion* auf. Im folgenden Textbeispiel erfolgt ergänzend zur Substitution noch eine Umstellung der Komponenten, eine *Permutation*:

(25)   [*mit Armen und Beinen* →] Er fürchtete das Erscheinen unbekannter Versatzlustiger und trieb mit Nase und Armen zur Eile an. (S. 259)

Auch die eingeschränkte Pronominalisierbarkeit kann, wenn der Kontext das entsprechende Bezugswort enthält, umgangen werden:

(26)   [*aus der Haut fahren* →] Freundlichkeit war ihm zur Haut geworden; manchmal wünschte er sich, aus ihr zu fahren [...]. (S. 450)

Eine interessante, wiederum auf Substitution basierende Abwandlung liefert (27); durch die nachfolgenden Zusätze wird die phraseologische Bedeutung allerdings in ihr Gegenteil verkehrt:

(27)   [*das Blaue vom Himmel (herunter)lügen* →] Ich werde dir das Blaue vom Himmel herunterholen, aber keine Lügen, Wahrheiten, schöne, harte, spitze Wahrheiten [...]. (S. 476)

Vorgeprägte Ausdrücke können auf ganz unterschiedliche Art in einen Äußerungszusammenhang eingebunden sein, so daß nicht nur spezielle stilistische Effekte entstehen, sondern auch die Assoziierbarkeit der zugrunde liegenden usuellen Form erschwert ist. In (28) beispielsweise dürfte es schwerfallen, noch von einem kompletten phraseologischen Ausdruck zu sprechen; aus der Wendung *aus seinem Herzen keine Mördergrube machen* werden zwar die wichtigsten Bestandteile berücksichtigt (*Mördergrube, Herz, machen*), aber im Satz so verwendet, als wären sie freie Komponenten. Dem steht nicht entgegen, daß für den Leser der genannte Phraseologismus durchaus gegenwärtig sein mag.

(28)   [*aus seinem Herzen keine Mördergrube machen* →] Den Vorschlag, sich zu wehren, der in einer entlegenen Mördergrube seines Herzens gemacht wurde, lehnte er ab. (S. 159)

Eine zeugmatische Struktur weist der folgende Beispielsatz auf. Das Lexem *heraushängen* fungiert dabei als gemeinsames Element zweier ungleichartiger Ausdrücke: einmal als Komponente des festen Wortgefüges *zum Hals heraushängen*, dann als Teil der frei gebildeten Wortverbindung *zum Bett heraushängen*. Semantisch wird der genannte Prädikatsausdruck durch das Reduktionsverfahren zum Ausgangspunkt einer phraseologischen und einer wörtlichen Bedeutungszuschreibung.

(29)   [*jmdm. zum Hals heraushängen* →] Als die Beleidigungen unwirksam werden, die Polizei ihm zum Hals und ein Arm schon zum Bett heraushängt, besinnt er sich auf einige Schachpartien. (S. 210)

Die zahlreichen Modifikationsformen stehen in der ›Blendung‹ nicht nur im Dienst von Aufmerksamkeitssteuerung und der Hervorhebung entsprechender Textstellen, sie sind in vielen Fällen – als Folge der Erwartungsdurchbrechung – Auslöser für Komik und Lesevergnügen. Darüber hinaus sorgen gerade Abweichungen von der unauffälligen sprachlichen Normalform ständig für eine Erweiterung des Deutungsspielraums, indem sie neue Lesarten provozieren, dies vor allem durch Literalisierung (vgl. (17), (19)) oder durch Remotivierung, also die Aktualisierung normalerweise nicht mehr geläufiger Bedeutungen (vgl. (26), (29)). Ein bei Canetti bevorzugtes Verfahren zur Auslösung des Bedeutungsebenenwechsels scheint – neben der Angabe zusätzlicher Attribute wie in (30) – insbesondere die Hinzufügung von Nachträgen zu sein (wie in (31) oder (32) belegt).

(30)   Da [...] er bis über die *zu lang geratenen* Ohren in Schulden steckte, trat er hier schüchtern auf. (S. 230)

(31)   Therese behandelte ihn wie Luft, *wie Stein, verbesserte er.* (S. 171)

(32)   Darüber gerieten sie aus dem Häuschen *und aus dem Haus.* (S. 220)

Die Liste der Beispiele ließe sich fortsetzen. Deutlich wird zudem, daß keineswegs immer eindeutige Bedeutungszuweisungen vorliegen; die verschiedenen Modifikationen tragen vielmehr zu Personen- und Situationscharakterisierungen bei, die bisweilen eher von rätselhafter Offenheit gekennzeichnet sind.

3.   Verselbständigung des Sprachgebrauchs

Ging es in den vorangehenden Abschnitten primär um eine allgemeine Einordnung vorgeprägten Ausdrucksmaterials, wobei insbesondere phraseologische Einheiten, einschließlich ihrer Modifizierbarkeit, im Vordergrund standen, sollen nun stärker Auswirkungen auf den Realitäts- und Adressatenbezug in der Figurenrede zur Sprache kommen. Dazu werden nicht nur bestimmte Phraseolexeme und Satzphraseologismen einbezogen, sondern die Art des Sprachverhaltens insgesamt. Von Interesse sind speziell solche Äußerungsbestandteile, die sich durch Rekurrenz und hohe Gebrauchshäufigkeit auszeichnen, die von den Beteiligten als mehr oder weniger fertige Einheiten reproduziert werden und die insofern als *formelhaft* gelten können. Zur Illustration sei zunächst der folgende Textauszug wiedergegeben:

(33)   [Therese beim Möbelkauf]
[1] Und doch war sie nicht aus den Wolken gefallen, als sie plötzlich vor dem bewußten Laden stand. Ihr stolzes Lächeln verwandelte sich in ein freudiges Grinsen. Sie trat ein und glitt auf den jungen Menschen zu, wobei sie die Hüften so heftig wiegte, daß der weitgespannte Rock in Wallungen geriet.
[2] [Therese:] »Da bin ich wieder!« sagte sie bescheiden.
[3] [Grob:] »Küss' die Hand, Gnädigste, welche unerwartete Ehre! Was führt Sie zu uns, Gnädigste, wenn ich fragen darf?«
[4] [Therese:] »Ein Schlafzimmer. Sie wissen doch.«
[5] [Grob:] »Das hab' ich mir gleich gedacht, Gnädigste. Für zwei natürlich, wenn ich so sagen darf.«
[6] [Therese:] »Aber ich bitt' Sie, Sie dürfen alles.« Er schüt-

telte tief betrübt den Kopf.

[7] [Grob:] »O nein, ich nicht, Gnädigste. Bin ich der Glückliche? Mich hätten Gnädigste garantiert nicht geheiratet. Ein armer Angestellter.«

[8] [Therese:] »Warum. Man kann nie wissen. Arme Leute sind auch Menschen. Ich bin nicht fürs Stolze.«

[9] [Grob:] »Daran erkennt man das goldene Herz, Gnädigste. Der Herr Gemahl sind zu beneiden.«

[...]

[10] [Grob:] »Dafür werden sich Gnädigste jetzt ein schönes Schlafzimmer aussuchen. Darf ich bitten! Exzellente Primaware, ich hab' gewußt, daß Gnädigste wiederkommen und hab' es eigens für Gnädigste reserviert. Wie hätten es schon sechsmal verkaufen können. Hand aufs Herz! Der Herr Gemahl werden sich freuen. Gnädigste kommen nach Hause, küss' die Hand, Liebling, sagen der Herr Gemahl. Guten Tag, Liebling, sagen Gnädigste, ich hab' ein Schlafzimmer für uns, Liebling – Sie verstehen mich, Gnädigste, so sagen *Sie*, und setzen sich dem Herrn Gemahl auf den Schoß. Sie entschuldigen schon, Gnädigste, ich spreche, wie mir der Schnabel gewachsen ist [...].« (S.80f., Hervorhebung im Original)

Die zitierte Sequenz entstammt einem längeren Verkaufsgespräch zwischen Therese und dem Möbelverkäufer Grob; der gesamte Austausch ist geprägt von einer bemerkenswerten Mischung aus Verkaufswerben und Liebeswerben. Während es Therese darum geht, mit dem Erwerb der Möbel etwas für ihr Selbstwertgefühl, ihr Sozialprestige und vor allem für ihr Eheglück zu tun, versucht Grob, mit durchsichtigen Schmeicheleien und zweideutigen Bemerkungen die Gunst seiner Kundin zu erlangen und sie zum Kauf zu animieren. Der Kern der Botschaft wird dabei – wieder mit Hilfe modifizierter Satzphraseologismen (*Wie man sich bettet, so liegt/schläft man; Liebe geht durch den Magen*) – wie folgt zusammengefaßt:

»[...] Wie man den Herrn Gemahl bettet, genauso revanchiert er sich. Liegen der Herr Gemahl gut, da können Sie mit ihm machen, was Sie wollen. [...] Das Eheglück geht nicht bloß durch den Magen, das Eheglück geht durch die Möbel, ganz eminent durch das Schlafzimmer, aber ich möchte sagen prominent durch die Betten, durch die Ehebetten sozusagen. [...]« (S. 82)[10]

---

10 Zur Verquickung von Warentausch und menschlichen Beziehungen in der ›Blendung‹, wie sie nicht zuletzt in dem Ausspruch »das Eheglück geht durch die Möbel« sinnfällig wird, vgl. auch die subtilen Analysen bei Curtius (1973, 94ff.) und Scheichl (1985, 127ff.).

Bezeichnend für das Sprachverhalten in (33) ist die große Zahl an Wiederholungen und formelhaften Ausdrucksmustern. In erster Linie handelt es sich dabei um situationsspezifische Phraseologismen, um sog. *Routineformeln*, von seiten des Möbelverkäufers:

– *Küss' die Hand ...* [3], [10]

– *Welche unerwartete Ehre* [3]; *Darf ich bitten!* [10]; *Hand aufs Herz!* [10]

– *... wenn ich fragen darf* [3]; *wenn ich so sagen darf* [5]

Die zahlreichen Formeln, die bereits ein hohes Maß an Ehrerbietung bzw. an höflicher Zurückhaltung signalisieren, werden kombiniert mit einer Art des Anredeverhaltens, das die Position der Adressatin weiter erhöhen soll: Auf eine namentliche Anrede verzichtet der Sprecher, da zu direkt, stattdessen wird unablässig und ausnahmslos die Form *Gnädigste* verwendet; die betreffenden Verbformen stehen in der 3. Person Plural, ebenso die für den nicht anwesenden *Herrn Gemahl* (vgl. in [9]: »Der Herr Gemahl sind zu beneiden.«). Die Haushälterin Therese wird sprachlich in einer Weise hofiert, die im gegebenen Zusammenhang allerdings nur als groteske Übertreibung zu betrachten ist. Die Äußerungen Grobs treiben die in einem Kaufberatungsgespräch erwartbare Rollenhaftigkeit auf die Spitze und gehen weit über das hinaus, was der sozialen Stellung der Kundin angemessen wäre; sie wirken schematisch reproduziert und lassen letztlich, auch wenn über den Sprecherwechsel die Dialogform noch gewahrt bleibt, jeden individuellen und situationsspezifischen Zuschnitt vermissen.[11] Akustische Maske und verselbständigtes Sprechen sind hier eins geworden.

Die sprachliche Reaktionsweise Thereses korrespondiert mit dem Gesagten insofern, als gerade an der Stelle, wo eine persönliche Stellungnahme angebracht erschiene, nur eine gemeinplatzartige und vage Äußerung erfolgt (vgl. in [8]: »Man kann nie wissen. Arme Leute sind auch Menschen.«).

Wie sehr die gesamte Kommunikation zu unfreiwilliger Selbstironie und Selbstentlarvung gerät, geht schließlich aus einer weiteren Äußerung in (33) hervor, wo es gegen Ende des Redebeitrags [10] heißt: »Sie entschuldigen schon, Gnädigste, ich spreche, wie mir der Schnabel gewachsen ist [...].« Der geradezu programmatische Anspruch, wie er sich hier verbindet mit dem phraseologischen Ausdruck *reden, wie einem der Schnabel gewachsen ist* ›unumwunden reden, ohne Rücksicht auf irgendwelche Zwänge‹, ist symptomatisch für eine Haltung, die den eigenen Realitätsverlust total verkennt.

---

11 Wie wenig es auf den inhaltlichen Aussagegehalt ankommt, zeigt gleich zu Beginn des Gesprächs auch die Replik Grobs in [5], die im Widerspruch steht zu der vorangehenden, für Therese offensichtlich enttäuschenden Äußerung in [3].

Ein zweites Verfahren Canettis, Tendenzen zur Verselbständigung des Sprachgebrauchs sichtbar zu machen, sei hier nur angedeutet. Es finden sich im Text mehrere Stellen, wo geflügelte Worte und andere Phraseologismen aus dem Lateinischen oder Französischen zum Einsatz kommen. Sämtliche Beispiele gehen auf Überlegungen oder Äußerungen Kiens zurück. Der folgende Passus betrifft den Abbruch des Kontakts zu Kiens Bruder:

(34)   Ja, es war wirklich sehr einsam, sein Bruder schrieb ihm nicht mehr. Einige Jahre hatte er die Briefe des Parisers nicht beantwortet, da war es dem zu dumm geworden und er schrieb auch nicht mehr. *Quod licet Jovi, non licet bovi.* (S. 129)

Von der argumentativen Funktion her handelt es sich um einen Rechtfertigungsversuch; Kien räumt anderen nicht das gleiche Recht ein wie sich selbst, nämlich konsequent zu handeln, und sein Bruder hätte demnach das Briefeschreiben nicht einstellen dürfen. Charakteristisch ist nun, daß für ein alltägliches, ja banales Handlungsschema, welches die Beziehung zwischen zwei Brüdern zum Gegenstand hat, ein Instrument bemüht wird, das dem traditionellen Zitatenschatz bzw. der Bildungssprache entlehnt ist. Der sprachliche Aufwand mutet hier, wie auch bei einer Reihe anderer Beispiele[12], lächerlich überdimensioniert an und verdeutlicht noch einmal, wie wenig Kien seine Bücherwelt und die Welt des Alltags auseinanderhalten kann. Die sprachlichen Versatzstücke erscheinen relativ zum Anlaß ihres Gebrauchs nicht nur unangemessen, sondern auch auf mehr oder weniger unkontrollierte Weise reproduziert und – aufgrund fehlender kontextueller Anbindung – verselbständigt.

---

12 Vgl. etwa folgende Belegstellen: »Die Möbel existieren für ihn so wenig, wie das Heer von Atomen in ihm und um ihn. ›Esse percipi‹, Sein ist Wahrgenommenwerden [...]«. (S. 72) – »Jede Frau betrügt ihren Mann. De mortius nil nisi bene. Wenn sie nur tot sind, wenn sie nur tot sind!« (S. 160) – »Die Termiten gehen uns nichts an. Wer leidet dort an den Frauen? Hic mulier, hic salta!« (S. 471) – »Vor Jahren hätte ihn nichts zu solcher Grausamkeit vermocht. A la guerre comme à la guerre, rechtfertigte er sich und seufzte.« (S. 98) – »Da verweist ihm Konfuzius der Vater in harten Worten seinen Schmerz. Voilà un homme!« (S. 472)
Auf anderer Stufe, aber vom Verfahren her durchaus vergleichbar wäre darüber hinaus die Reaktionsweise bei Benedikt Pfaff, der im Zusammenhang mit der Züchtigung seiner Tochter »aus Gewohnheit« Elemente aus dem juristisch-polizeilichen Bereich reproduziert: »Statt ihrer Antwort hörte er einen Fall. Zu seiner Wut sah er sich gezwungen, die eigene Tür aufzubrechen. ›Im Namen des Gesetzes!‹ brüllte er, aus Gewohnheit. Das Mädchen lag stumm und regungslos vor dem Herd.« (S. 407)

4. Kommunikationsbarrieren

Einschränkungen des Partner- und des Sachverhaltsbezugs führen in der Kommunikation nicht selten auch zu Schwierigkeiten oder ernsten Krisen. Canetti demonstriert dies nachhaltig an den zahlreichen Kontroversen zwischen Kien und Therese. Hierzu seien abschließend noch zwei längere Textbeispiele vorgestellt.

4.1. Erschwerte Verständigung

Man kann sich fragen, inwieweit ein Dialog von Kien und Therese noch als kommunikativer Austausch zu bezeichnen ist. Curtius spricht diesbezüglich bereits vom *Anschein des Miteinandersprechens*, wonach von einem Gespräch allenfalls die »Akustik des Sprechens« erhalten bleibe:

»Die Dialoge der ›Blendung‹, die in Wirklichkeit parallel geführte Monologe sind, weisen die mißbrauchte Sprache in ihrer Unfähigkeit zur Kommunikation aus: die *Phrase* ist selbsttätig geworden. Wenn es sie nicht gäbe, müßten die Menschen verstummen und also *merken*, was mit ihnen geschehen ist. Die Phrase aber hält den Redefluß aufrecht.« (Curtius 1973: 131)

Sieht man einmal von der hier offenbar zugrundeliegenden Hypostasierung von Sprache ab, ist der Diagnose generell durchaus zuzustimmen; an Beispielen für derart erschwerte Verständigung fehlt es im Roman in der Tat nicht.

(35) [Kien – Therese]
[1] [Kien:] »In den Manuskripten herrscht eine heillose Unordnung. Ich frage mich, wie der Schlüssel in die unrechten Hände geraten ist. Ich habe ihn in der linken Hosentasche wieder vorgefunden. Zu meinem Bedauern sehe ich mich genötigt anzunehmen, daß man ihn widerrechtlich entfernt, mißbraucht und dann erst zurückgelegt hat.«
[2] [Therese:] »Das wär' noch schöner.«
[3] [Kien:] »Ich frage zum ersten- und zum letztenmal: Wer hat in meinem Schreibtisch herumgesucht?«
[4] [Therese:] »Man könnte glauben!«
[5] [Kien:] »Ich will es wissen!«
[6] [Therese:] »Bitte, hab' ich vielleicht gestohlen?«
[7] [Kien:] »Ich verlange Aufklärung!«
[8] [Therese:] »Aufklärung kann jeder.«
[9] [Kien:] »Was soll das heißen?«
[10] [Therese:] »Das ist bei den Menschen so.«
[11] [Kien:] »Bei wem?«

[12] [Therese:] »Kommt Zeit, kommt Rat.«

[13] [Kien:] »Der Schreibtisch ...«

[14] [Therese:] »Das sag' ich ja immer.«

[15] [Kien:] »Was?«

[16] [Therese:] »Wie man sich bettet, so liegt man.«

[17] [Kien:] »Das interessiert mich nicht.«

[...]

[18] [Kien:] »In Zukunft bleibt diese Tür geschlossen.«

[19] [Therese:] »Der Mensch denkt, Gott lenkt.«

[20] [Kien:] »Sechs volle Wochen habe ich mit dieser Krankheit verloren.«

[...]

[21] [Therese:] »[...] Ist das ein Mann, der die Bank nicht sagt? Das ist ja kein Mann. Ein Mann sagt die Bank!«

[22] [Kien:] »Hinaus!«

[23] [Therese:] »Hinaus kann jeder. Davon hat die Frau nichts. Ein Mann macht ein Testament. [...]« (S.124f.)

Hintergrund des zitierten Dialogausschnitts sind die ständigen Bemühungen Thereses, an das (in Wirklichkeit noch gar nicht existierende) Testament Kiens heranzukommen, von dem sie sich ein großes Erbe verspricht. Therese durchsucht intensiv alle Räume und profitiert dabei auch von einer längeren Krankheit Kiens; die erhoffte Summe erhöht sie in ihrer Wahnvorstellung durch mehrfaches Anfügen weiterer Nullen.

Kien versucht, sich gegen die Nachforschungen zu wehren, und will Therese zur Rede stellen. Sein Anliegen bringt er in [1] zur Sprache und erhebt zunächst schwere Vorwürfe wegen der entstandenen Unordnung. Da Therese von sich aus keine Anstalten macht, etwas zuzugeben, fordert Kien sie in [3], [5], [7] zunehmend direkt und zunehmend massiv auf, die Verantwortung zu übernehmen. Therese geht darauf nicht ein, zumindest nicht im intendierten Sinn, und entfaltet gegen diese Art des Verhörs ein ganzes Arsenal von Abwehr- und Ausweichmaßnahmen:

– die in der Aufforderung enthaltene Unterstellung wird, ebenfalls mit zunehmender Deutlichkeit, in [4] und [6] *zurückgewiesen*;

– mit einer für sie stereotypen Form der Replik in [8] (vgl. auch [23]) bringt Therese Kien dazu, eine *Nebensequenz* zu eröffnen ([9] – [11]);

– ab [12] entzieht sich Therese dem von Kien eröffneten Handlungsschema vollends, indem sie die etablierte Gesprächssituation verläßt und in [12] und [16] nur mit *Satzphraseologismen* antwortet.

Vor allem das letztgenannte Mittel bringt in (35) das Gespräch praktisch zum Erliegen und verhindert das Erreichen des von Kien gesetzten Kommunikationsziels, dies um so mehr, als ausgerechnet an den Stellen, wo eine klar umrissene Antwort eingefordert wird, ein Abgleiten ins Allgemeine und Unverbindliche erfolgt:

»Bei wem?«   →   »Kommt Zeit, kommt Rat.«

»Was?«   →   »Wie man sich bettet, so liegt man.«

Therese antwortet, ohne etwas zu beantworten. Kien versucht zwar, die Rückkehr zu seinem Handlungsschema zu erzwingen (vgl. die Äußerung in [13]), scheitert aber an der Weigerung seiner Kontrahentin, sich hier beschuldigen und verhören zu lassen; seine Reaktion in [17] kann als erstes Zeichen der Resignation gedeutet werden.

Die Wirksamkeit eines Gemeinplatz-Einsatzes erprobt Therese ein weiteres Mal, und zwar genau dann, als Kien ihr in [18] seine Entscheidung bezüglich des Zugangs zum Arbeitszimmer bekanntgeben will; mit dem phraseologischen Ausdruck *Der Mensch denkt, Gott lenkt* kann sie zu verstehen geben, daß sie nicht gedenkt, sich auf die geforderten Konsequenzen einzulassen, und überhaupt den Mitteilungsgehalt als irrelevant einstuft.

Es dürfte klargeworden sein, daß es sich in (35) nicht mehr um einen interaktiven Austausch handelt, in dem die Beteiligten aufeinander eingehen und gemeinsam die Realisierung eines bestimmten Ziels anstreben. Der »Anschein des Miteinandersprechens« (Curtius) wird hier überdeutlich, von einem Gespräch kann aufgrund der konsequenten Nichtbeachtung kommunikativer Basisregeln nur noch eingeschränkt die Rede sein. Allerdings wäre es verfehlt, als Ursache eine »mißbrauchte Sprache« und deren »Unfähigkeit zur Kommunikation« anzuführen. Es sind vielmehr die betreffenden Sprecher oder Protagonisten selbst, die sich der Sprache in einer Weise bedienen, daß Verständigung weitgehend auf der Strecke bleibt. Die Sprache ist hier schuldlos; das gilt auch für die vielgeschmähte »Phrase«; sofern man darunter phraseologische Ausdrücke im weiteren Sinn verstehen will, kann ihre Verwendung jedoch – wie in (35) – einen großen Anteil bei der Durchführung kommunikativer Ausweichmanöver haben.

4.2. Blockierte Argumentation

Neben dem verständigungserschwerenden Gebrauch von Phraseologismen sei im folgenden Abschnitt noch ein weiterer Aspekt angesprochen: die Funktion in argumentativen Zusammenhängen.

In der Argumentation geht es üblicherweise um die Durchsetzung von Geltungsansprüchen mit kommunikativen Mitteln: Man will beispielsweise die Wahrheit einer Behauptung beweisen oder den Gesprächspartner von der Richtigkeit oder Angemessenheit einer Bewertung, eines Urteils überzeugen. Welche Rolle dabei vorgeprägtes Ausdrucksmaterial spielen kann, ist verschiedentlich untersucht worden.[13] Ein einfaches Demonstrationsbeispiel aus der ›Blendung‹:

(36)   »[...] Mittagessen ißt man jeden Tag. Das Schlafzimmer kauft man nur einmal. *Eile mit Weile.* Ich koch' morgen nicht. Nein!« (S. 78)

Für Therese steht hier die Richtigkeit ihrer Entscheidung, der Schlußfolgerung »Ich koch' morgen nicht ...« zur Diskussion. Ein Pro-Argument, die Unterprämisse, besteht darin, daß der Kauf eines Schlafzimmers (im Unterschied zum täglichen Mittagessen) etwas Besonderes darstellt. Der Gemeinplatz *Eile mit Weile* ›Tue nichts überhastet bzw. laß dir Zeit‹ dient im Sinne einer Oberprämisse als zusätzliche allgemeine Rechtfertigung der Schlußfolgerung – in Begriffen des Toulminschen Argumentationsschemas: der Phraseologismus stellt als *warrant* oder Schlußregel die Verbindung her zwischen dem Faktum/*datum* und der Konklusion, dem *claim*.

Die genannten Schemakomponenten brauchen jedoch nicht immer vollständig versprachlicht zu sein, in vielen Fällen kann z.B. die Schlußfolgerung aus dem Zusammenhang erschlossen werden, so in dem oben bereits besprochenen Textauszug (34). Die Konklusion (»Der Bruder Kiens handelt falsch, wenn er das Briefeschreiben einstellt«) ergibt sich mehr oder weniger eindeutig aus der Unterprämisse (»Kien hat seinem Bruder nicht mehr geschrieben«) und der mit dem geflügelten Wort *Quod licet Jovi, non licet bovi* (›Was einem Jupiter erlaubt ist, ist einem Rindvieh deshalb noch lange nicht erlaubt‹) ausgedrückten Oberprämisse; solche »unvollständigen« Schlußverfahren sind aus der Topik als Enthymeme bekannt.

Phraseologismen fungieren in den Beispielen somit als Stützung in bezug auf das jeweilige Argumentationsziel. Dies scheint ebenso im folgenden Dialogausschnitt der Fall zu sein, obgleich hier das Argumentieren über Ansätze nicht hinausgelangt:

(37)   [Kien – Therese]
[1] [Kien:] »Eine Frau soll ihrem Mann ...«
[2] [Therese:] »Und der Mann stiehlt der Frau den Rest.«
[3] [Kien:] »Ich verlange eine Million für die Erwerbung der Bibliothek Silzinger!«
[4] [Therese:] »Verlangen kann jeder. Ich will den Rest. Ich will alles!«
[5] [Kien:] »Ich habe hier zu befehlen!«
[6] [Therese:] »Ich bin die Frau im Hause!«
[7] [Kien:] »Ich stelle ein Ultimatum. Ich verlange kategorisch eine Million für die Erwerbung ...«

---

13 Vgl., anhand unterschiedlichster Textbereiche und Textsorten, u.a. Quasthoff (1978; 1983), Beckmann (1991), Beckmann/König (1991), Lüger (1989).

[8] [Therese:] »Ich will den Rest! Ich will den Rest!«
[9] [Kien:] »In drei Sekunden. Ich zähle bis drei ...«
[10] [Therese:] »Zählen kann jeder. Ich zähl' auch!«
[...] (S.150)

Auch in (37) geht es wieder um große Geldbeträge. Therese und Kien unterstellen sich gegenseitig, dem Partner eine große Erbschaft zu unterschlagen. Beide versuchen, ihre Forderungen geltend zu machen und dafür auf der Gegenseite ein Zeichen des Einlenkens zu erreichen. Der zitierte Wortwechsel ist einem längeren Dialog entnommen, in dem beide Teilnehmer größte Schwierigkeiten haben, sich überhaupt auf einen gemeinsamen Redegegenstand einzulassen.

Kien greift in [1] einen Gemeinplatz auf (*Eine Frau soll ihrem Mann ...*, zu ergänzen wäre etwa: *dienen* oder *untertan sein*), um seinen Positionsanspruch zu bekräftigen und Therese dazu zu veranlassen, ihm einen Teil der (vermuteten) Erbschaft zu übergeben (vgl. auch [3]). Therese kontert mit ihrer typischen Abwehrformel ([4]: »Verlangen kann jeder«), einem Vorwurf und einer Gegenforderung (in [4]). Das gleiche Spiel wiederholt sich kurz darauf: Kien unterstreicht nochmals seinen Anspruch in [5], Therese antwortet in [6] mit dem Einsatz eines abgewandelten Phraseologismus (*der Herr im Hause sein*), Kien wiederum geht darauf gar nicht erst ein und stellt sein Ultimatum.

Als auch diese Aufforderung ohne Wirkung bleibt, folgt, ohne daß Kien in seiner Wut überhaupt Notiz von der Reaktion Thereses nähme, zur Bekräftigung und als rhetorisch gleichsam stärkstes Geschütz mit der Zählformel *ich zähle bis drei* in [9] abermals eine phraseologische Äußerung. Therese entzieht sich erneut, und zwar einmal mit Hilfe ihrer Standardformel (»Zählen kann jeder«), dann mit dem Wörtlichnehmen des von Kien verwendeten Ausdrucks: »Ich zähl' auch!« Damit sind die Mittel einer argumentativen Auseinandersetzung erschöpft, zwei Positionen, zwei Forderungen stehen in [9] und [10] unvermittelt und unversöhnlich gegenüber, eine Lösungsmöglichkeit ist nicht in Sicht.

Die eingesetzten phraseologischen Ausdrücke tragen also eher zu einer Verschärfung der Konfrontation bei, und die oben angesprochenen Stützungsfunktionen können sich in keiner Phase des Dialogs entfalten; sie sind hier tragendes Element einer blockierten Argumentation und dienen allenfalls, da es an jeglicher Interaktivität und der unerläßlichen Bereitschaft dazu fehlt, auf Redebeiträge des anderen einzugehen, einer pointierten Positionsabgrenzung durch die Teilnehmer.

5. Abschließende Bemerkungen

Die Verhinderung von Argumentation ist nun keineswegs die einzige Funktion. Das haben die in den vorangehenden Kapiteln besprochenen Beispiele zur Genüge bewiesen. Der Romantext bietet insgesamt – so viel sollten die einzelnen Analysen gezeigt haben – ein sehr breites Spektrum, was sowohl die Art der vorgeprägten Ausdrücke als auch die Möglichkeiten ihres Vorkommens bzw. ihres Gebrauchs betrifft.

Vorgeprägte Ausdrücke unterstützen auf unterschiedlichste Weise die Figuren-Charakterisierung und die Gestaltung des Erzählerkommentars. Verwendet werden Einheiten verschiedener Usualitäts-Grade, Formen mit Satz- oder Satzgliedstatus. Die Textintegration kann mit Hilfe metakommunikativer Hinweise, mit Anführungszeichen oder ohne zusätzliche Markierung erfolgen; inhaltlich werden sie vom Sprecher/Textproduzenten entweder lediglich zitierend wiedergegeben oder aber zustimmend bzw. ablehnend für bestimmte Zwecke im Text adaptiert. Besondere Aufmerksamkeit verdient die Modifikation von Phraseologismen. Die ›Blendung‹ weist eine große Vielfalt entsprechender Abwandlungsverfahren auf; sie fungieren als aufmerksamkeitssteuernde Mittel, sorgen für Überraschungseffekte, Komik, Lesevergnügen und bringen distanzierende oder ironisierende Einstellungen zum Ausdruck. Modifikationen sind im wesentlichen auf den Erzählertext konzentriert, kommen aber auch in der Figurenrede vor.

An zahlreichen Dialogbeispielen läßt sich zeigen, wie vorgeprägte Ausdrücke dazu dienen, rollenhaftes, verselbständigtes Sprachverhalten zu demonstrieren und bei bestimmten Figuren mangelnden Realitätsbezug und eingeschränkte Adressatenorientierung zu verdeutlichen. Dort, wo die Grenzen des Miteinandersprechens, die Bedingungen kommunikativer Verständigung zur Diskussion stehen, sorgen feste Wendungen, Gemeinplätze und geflügelte Worte für eine letzte Zuspitzung. Formelhaftes bzw. Phraseologisches wird damit im vorliegenden Romantext zu einem herausragenden Kennzeichen der sprachbewußten und sprachkritischen Diktion Canettis.

Literatur

Aspetsberger, Friedbert/Stieg, Gerald (1985): *Elias Canetti, Blendung als Lebensform.* Königstein/Ts., Athenäum.

Beckmann, Susanne (1991): »›So wie man is, is man‹ – Zur Funktion von Phraseologismen in argumentativen Zusammenhängen.« In: Feldbusch, Elisabeth u.a. (Hrsg.): *Neue Fragen der Linguistik, Bd. 2.* Tübingen, Niemeyer, 85-91.

Beckmann, Susanne/König, Peter-Paul (1991): »›Ich zähle bis drei ...‹ – ›Zählen kann jeder‹. Überlegungen zur pragmatischen Funktion von Phraseologismen am Beispiel einiger Dialogsequenzen aus Elias Canettis Roman ›Die Blendung‹.« In: Stati, Sorin u.a. (Hrsg.): *Dialoganalyse III, 2.* Tübingen, Niemeyer, 263-273.

Bertrand, Yves (1998): La parodie des citations (remarques sur les textes dérivés).« In: *Nouveaux Cahiers d'Allemand,* vol. 16, n°1, 117-130.

Bischoff, Alfons-M. (1973): *Elias Canetti. Stationen zum Werk.* Bern, Peter Lang.

Curtius, Mechthild (1973): *Kritik der Verdinglichung in Canettis Roman ›Die Blendung‹.* Bonn, Bouvier.

Gréciano, Gertrud (1983): *Signification et dénotation en allemand. La sémantique des expressions idiomatiques.* Paris, Klincksieck.

Gréciano, Gertrud (1991): »Zur Aktivität der Phrasemkomponenten. Deutsch-französische Beobachtungen.« In: Sabban, Annette/Wirrer, Jan (Hrsg.): *Sprichwörter und Redensarten im interkulturellen Vergleich.* Opladen, Westdeutscher Verlag, 66-82.

Lüger, Heinz-Helmut (1989): »›Gut Ding will Weile haben.‹ A propos de la stéréotypie verbale et de ses fonctions conversationnelles.« In: *Verbum,* vol. 12, 357-367.

Lüger, Heinz-Helmut (1998a): »Bildhafte Satzphraseologismen.« In: *Zeitschrift für Angewandte Linguistik,* Bd. 29, 41-75.

Lüger, Heinz-Helmut (1998b): »Vom Zitat zur Adaption.« In: *Beiträge zur Fremdsprachenvermittlung,* Bd. 34, 118-135.

Mieder, Wolfgang (1997): »(Un)sinnige Phrasendrescherei. Sprichwörtliche Prosatexte von Elias Canetti bis Marie Luise Kaschnitz.« In: *Der Ginkgo-Baum,* Bd. 15, 201-228.

Norrick, Neal R. (1985): *How proverbs mean. Semantic studies in English proverbs.* Berlin/New York, de Gruyter/Mouton.

Quasthoff, Uta M. (1978): »The uses of stereotype in everyday argument.« In: *Journal of Pragmatics,* vol. 2, 1-48.

Quasthoff, Uta M. (1983): »Formelhafte Wendungen im Deutschen.« In: Sandig, Barbara (Hrsg.): *Stilistik, Bd. 2.* Hildesheim, Olms, 5-24.

Scheichl, Sigurd Paul (1985): »Der Möbelkauf. Zur Funktion eines Handlungsstrangs in der ›Blendung‹.« In: Aspetsberger/Stieg, 126-142.

Stein, Stephan (1995): *Formelhafte Sprache,* Frankfurt a.M./Bern/New-York/ Paris, Peter Lang.

DE L'APPRENTISSAGE

A LA DIDACTIQUE

DE LA LANGUE SECONDE

Les traces de la pédagogie Freinet dans la didactique actuelle de l'allemand

Jacques ATHIAS
Université Paris XII

L'existence même d'un manuel semble accréditer l'idée que le cours de langue se doit de suivre une progression rigoureuse fondée sur un séquencement non moins rigoureux : phases de présentation, assimilation, fixation, transfert, mise en pratique. De la même façon, il est toujours question de bien distinguer les différentes compétences, orale et écrite, compréhension et expression.

Or les recherches linguistiques nous confortent de plus en plus dans l'idée que toute analyse morcelée ne peut manquer de livrer une image faussée de la langue et que la notion de délimitation demeure bien aléatoire.

La question se pose alors : comment concilier d'une part l'extrême hétérogénéité des aspects de la langue liés à leur complémentarité avec, d'autre part, les exigences d'un cours de langues linéaire dans son déroulement et dont le but revient à faire assimiler à des élèves un matériau nouveau et complexe ?

Les réponses ne sont certes pas données d'avance et les propositions avancées au cours des dernières décennies se caractérisent, c'est le moins qu'on puisse dire, par des approches multiples autant que contradictoires.

Au sein de ce qu'il est convenu de nommer la didactique traditionnelle, une pédagogie se démarque par ses aspects novateurs, il s'agit de celle présentée par Célestin Freinet (1896-1966).

Il nous appartiendra donc dans le cours de notre réflexion de nous interroger d'une part sur les aspects qui distinguent la pédagogie Freinet de la didactique traditionnelle de l'allemand en France, et d'autre part de tenter de déceler comment cette pédagogie, novatrice en son temps, a peu a peu décliné non sans laisser des traces importantes dans les toutes dernières approches didactiques.

1. Les aspects fondamentaux de la pédagogie Freinet

Les principaux concepts tournent autour des idées suivantes :

– l'apprenant doit se retrouver en classe face aux mêmes processus d'acquisition que dans la vie ;

– la notion de « tâtonnement expérimental » présuppose que l'élève met en place au cours de ses apprentissages des stratégies qui lui permettent d'analyser et vérifier le matériau auquel il est confronté, donc de construire peu à peu son savoir par des voies qui lui sont propres ;

– le maître doit mettre en place des sollicitations issues du milieu naturel et non de contextes scolaires ;

– l'individu n'est pas isolé au cours de son apprentissage mais intégré au sein d'une communauté qui contribue à l'aider à découvrir, d'où les notions fondamentales de confiance et responsabilité qui doivent régner au sein d'un groupe ;

– le maître a pour rôle de fixer les droits et les devoirs de chacun tout en mettant à disposition les outils qui permettront une avancée autonome.

2. Les invariants de la pédagogie Freinet

Freinet et ses adeptes se posent en leur temps les questions fondamentales de toute didactique des langues vivantes, à savoir :

– comment choisir des contenus susceptibles de créer en classe de véritables situations de communication ?

– comment concilier l'apprentissage des structures linguistiques avec celui des situations communicatives ?

Pour tenter de répondre à ces questions, des idées novatrices se mettent en place :

– refus autant que faire se peut de l'utilisation d'un manuel considéré comme trop rigide et dogmatique,

– mise en place de pratiques nouvelles telles que la correspondance, l'expression libre et le journal.

2.1. La correspondance

La correspondance interscolaire a été la première pratique introduite dans l'enseignement des langues par la pédagogie Freinet.

Bien que présentant souvent un travail considérable de préparation pour l'enseignant, elle a permis des contacts fructueux fondés sur l'échange de documents aussi bien à titre collectif qu'individuel et a souvent débouché sur des jumelages scolaires.

2.2. L'expression libre

Son existence repose sur une idée fondamentale, celle qui consiste à penser, à juste titre, que l'objectif du cours de langues n'est pas de mémoriser un texte préfabriqué par les concepteurs d'un manuel mais bien de mener peu à peu à l'autonomie d'expression.

L'expression libre concerne à la fois la production orale et écrite, ce que la didactique traditionnelle range dans les *compétences.*

En premier cycle, l'expression libre tourne autour de jeux tels que le théâtre ou les marionnettes, activités qui favorisent la prise de parole à titre personnel.

En second cycle, c'est le débat ou l'exposé qui ont la faveur des adeptes de la pédagogie Freinet. L'exposé permet par exemple à la fois un travail de recherche collectif et une prise de parole individuelle, tant pour la présentation que le prolongement par des débats.

2.3. Le journal

Le journal représente pour ainsi dire l'aboutissement de l'expression libre et favorise tout autant le travail collectif qu'individuel.

Au delà de toutes ces pratiques, il faut noter l'objectif ultime qui demeure à nos yeux essentiel : l'élève semble sollicité non pas en vue de produire pour produire mais bien parce qu'il a envie de s'exprimer sur tel ou tel sujet. C'est donc la motivation qui passe au premier plan et fonde l'existence même du cours de langues.

3. Le rôle du maître

Il se caractérise essentiellement par une attitude non directive pour répondre aux principes de la pédagogie mise en œuvre : laisser à l'élève autant d'autonomie que possible, réaliser un cours « centré sur l'élève » et non sur le professeur.

Le maître a donc pour tâche primordiale de mettre en place les outils nécessaires au déroulement du cours, puis de veiller à la correction linguistique tout en s'abstenant d'intervenir de façon intempestive afin de ne pas entraver la liberté d'expression

4. Linguistique et grammaire

Durant les années où la pédagogie Freinet a connu son principal développement, les linguistes exercent une influence considérable sur la didactique, et il demeure difficile d'échapper à leurs modèles.

Sur le plan purement linguistique, il semble bien que le modèle dominant soit (malheureusement) celui du distributionnalisme américain représenté par les théories de Bloomfield et fondé sur le behaviorisme : l'apprentissage des structures de la langue doit s'effectuer, pense-t-on alors, selon un processus basé sur le réflexe et non la réflexion, la notion de structure prenant le pas sur le sens.

On sait que cette prise de position se traduit dans les faits par des exercices structuraux purement mécaniques et peu motivants, ceux-là mêmes qui ont fait les beaux jours des méthodes audiovisuelles de première génération et sur lesquels nous aurons l'occasion de revenir.

Sur le plan psycholinguistique, les interrogations concernant les processus d'apprentissage tournent autour de deux concepts, ceux du tâtonnement expérimental et de la méthode naturelle.

4.1. Le tâtonnement expérimental

Ce concept semble malheureusement peu développé par les adeptes de la pédagogie Freinet qui s'y réfèrent fréquemment sans le définir de façon très claire.

L'idée directrice de ce concept consiste apparemment à supposer que l'élève passe par différents stades de réflexion qui, des modèles présentés, l'amènent peu à peu à induire des règles générales et à produire ensuite des énoncés fondés sur les règles qu'il s'est lui-même approprié par un cheminement réflexif intérieur.

On reconnaît là bien sûr les principaux concepts du cognitivisme reposant par exemple sur les notions de *langage intérieur*, d'*interlangue*, etc. qui seront développés et théorisés par la didactique traditionnelle pour faire évoluer la méthodologie audiovisuelle.

4.2. La méthode naturelle

Bien qu'également insuffisamment théorisée, la méthode naturelle repose sur l'idée que tout apprentissage ne peut se réaliser avec succès que si l'élève est motivé pour produire des énoncés, donc que la priorité des priorités revient à instaurer des situations communicatives susceptibles de déclencher la prise de parole à titre personnel. Il faut manifestement une certaine part d'implication personnelle pour apprendre et produire.

On remarquera le paradoxe entre la méthode naturelle ainsi conçue et les exercices de grammaire proposés, puisque ceux-ci demeurent fondés sur des manipulations de structures d'où le sens ne peut que difficilement émerger. Ainsi, il semble bien que les adeptes de la pédagogie Freinet, en partie trop prisonniers des modèles linguistiques, fluctuent entre, d'une part, des exercices mécaniques et, d'autre part, une volonté évidente de recréer en classe de langues des situations proches de la vie réelle.

5. La progression

Contrairement aux adeptes des méthodologies audiovisuelles, les praticiens de la méthode Freinet ne conçoivent pas la progression comme une démarche heuristique allant du simple au complexe et fondée essentiellement sur les structures linguistiques à acquérir.

Au contraire, il s'agit pour eux, comme nous l'avons déjà mentionné, de partir des centres d'intérêt de l'enfant et non de structures plus ou moins abstraites pour lesquelles l'élève ne ressent pas la nécessité de faire des efforts.

En conséquence, la progression doit se calquer sur les aléas des situations rencontrées au cours des différentes activités, avec toutes les difficultés que posent précisément les rapports à établir entre les structures et les situations.

On sait qu'en fonction des enseignants, ce rapport a été plus ou moins bien systématisé. Mais on sait aussi que de nombreux pédagogues ont respecté les points grammaticaux stipulés dans les Instructions officielles, avec cependant une différence notable : l'ordre d'apparition des différents points ne se calque pas sur un schéma préétabli mais sur les situations communicatives rencontrées, ce qui entraîne donc une chronologie fondée sur les intérêts des élèves et non sur un programme grammatical rigide.

A propos de l'utilisation de la langue maternelle, on note aussi une volonté de s'appuyer sur elle, notamment dans le domaine lexical, ce qui entre en opposition avec les principes des méthodologies en vigueur depuis le début du siècle qui en proscrivent totalement l'emploi.

Dans ce domaine encore, les adeptes de la pédagogie Freinet se rapprochent de l'école soviétique qui postule le passage par un langage intérieur ayant pour rôle de moduler par paliers successifs l'apprentissage des différents stades.

6. Déroulement d'un cours de langues

Moins codifiés que ceux de la didactique traditionnelle, les cours des adeptes de la pédagogie Freinet présentent entre eux une certaine hétérogénéité. Il demeure cependant possible de distinguer certains invariants :

– l'assimilation : très proche de la démarche traditionnelle, elle suit dans une première phase le schéma des méthodes audiovisuelles qui prône un travail collectif comportant une audition fractionnée, une répétition puis une reconstruction individuelle ou collective. Elle s'en démarque cependant dans une seconde phase pendant laquelle l'élève se livre à un travail individuel, selon son rythme et avec ses propres procédés d'apprentissage, ceux-là mêmes qu'il s'est progressivement forgés.

– **la fixation** : elle se déroule souvent en petits groupes ou individuellement ;

– **le transfert** : c'est dans ce domaine que la pédagogie Freinet trouve toute son ampleur. Contrairement à la phase grammaticale fondée, comme nous l'avons déjà dit, sur des exercices structuraux peu probants, la phase du transfert permet d'exploiter toutes les situations authentiques au sein d'un réseau de communication et d'échanges.

– **l'évaluation** : elle demeure en principe individuelle et formative.

On remarque ainsi que les adeptes de la pédagogie Freinet se démarquent de la pédagogie traditionnelle de leur époque essentiellement sur deux points : le travail largement scindé en petits groupes ou individuel et l'exploitation de la phase de transfert qui dépasse la simple mise en pratique par des exercices grammaticaux mécanistes.

La conception de l'apprentissage repose à la fois sur le travail collectif, mais dont on sait faire abstraction pour valoriser le cheminement réflexif individuel, et l'ouverture vers l'extérieur grâce à l'exploitation de situations authentiques.

7. La didactique traditionnelle des langues vivantes

Il n'est évidemment pas possible de retracer dans le cadre de cet article un siècle de didactique.

En fait, ce qui nous intéresse pour que la comparaison ait un sens, c'est d'envisager la didactique traditionnelle et ses principes au moment même où la pédagogie Freinet connaît son apogée dans l'enseignement des langues vivantes, c'est-à-dire entre 1966 et 1988.

7.1. La première génération audiovisuelle

On considère que ce sont les Instructions de 1969 qui ont marqué le départ de cette nouvelle approche didactique pour l'allemand avec, en particulier, l'introduction du manuel *Die Deutschen*.

Pour une étude critique détaillée de cette nouvelle conception, on se reportera avec profit à notre ouvrage consacré à la chronologie des différentes méthodologies[1]. Mais si l'on désire en résumer les grands points, il est possible d'affirmer que les grandes lignes de cette approche entrent pour l'essentiel en contradiction avec la pédagogie Freinet :

– utilisation intensive d'un manuel et respect absolu préconisé par les auteurs eux-mêmes du déroulement chronologique d'une unité,

---

[1] Athias, Jacques (1995) : *Linguistique et didactique de l'allemand*, Paris, Masson/A. Colin.

– absence totale de situations authentiques au profit de dialogues fabriqués et d'images stéréotypées,

– phase du transfert limitée à la mise en pratique d'exercices structuraux mécanistes. Ce type d'exercices est certes présent dans les classes Freinet, mais, comme nous l'avons déjà souligné, il ne représente qu'une phase intermédiaire du transfert pour lequel on préconise ensuite des échanges communicatifs basés sur des situations issues de la vie courante telles la correspondance, le jeu, etc.

On peut donc affirmer que l'écart existant à cette époque entre les deux approches reposent sur des conceptions radicalement différentes.

7.2. La seconde génération audiovisuelle

La seconde génération audiovisuelle apparaît avec la circulaire de 1978. Elle représente le fruit d'une maturation fondée essentiellement sur des données psycholinguistiques :

– prise en compte de l'individu et de son parcours réflexif ;

– rejet, tout au moins partiel, de toute tendance behavioriste au profit d'une approche plus cognitiviste ;

– remise en cause du cheminement de l'apprentissage : la mise en avant de la Gestalttheorie (le gestaltisme) contraint à ne plus envisager la progression comme un processus fondé uniquement sur un parcours allant du plus simple au plus complexe mais plutôt comme une recherche permanente d'informations au sein de structures plus riches dès le début ;

– mise à jour de la complexité de l'acte de parole en linguistique (aspects locutoire, illocutoire et perlocutoire), d'où la mise en œuvre en didactique d'énoncés plus complexes, plus riches en éléments de discours, tenant compte de la dimension implicite et orientés vers le fonctionnement de l'individu dans l'interaction langagière.

Tous ces facteurs font donc se rapprocher la pédagogie Freinet et la didactique traditionnelle, puisque l'apprenant est maintenant placé au cœur du processus d'apprentissage, les situations envisagées dans les manuels ne sont plus aussi stéréotypées, les personnages ont plus d'épaisseur...

L'exercice structural se trouve à présent relégué à un rang subalterne : ce n'est plus lui qui clos l'unité d'un cours, il n'en représente plus qu'une phase intermédiaire, nécessaire mais non suffisante, ce qui ouvre la voie à des activités au sein desquelles c'est la « prise de parole à titre individuel » qui prend le pas.

Dans la pratique, les manuels représentatifs de cette nouvelle génération, tels *Hallo Freunde* et *Treffpunkt Deutsch*, demeurent cependant un peu décevants car trop timides dans leur nouvelle démarche : même si les personnages et les situations ont gagné en profondeur, les phases d'apprentissage ne se démarquent pas vraiment du passé. Le cours de langue ressemble ainsi toujours à ce qu'il était, immuable dans son déroulement par phases successives, peu centré sur l'apprenant et ses attentes, et surtout avec une progression fondée sur les points grammaticaux à acquérir et non pas sur un enchaînement de situations issues de la vie authentique.

En définitive, la pédagogie Freinet se démarque toujours par sa volonté de favoriser le parcours réflexif individuel et la prise de parole motivée par des besoins d'expression et non l'illustration d'un point grammatical.

7.3. La troisième génération audiovisuelle

Introduite par les Instructions de 1985 et 1987, cette troisième génération marquée par l'approche notionnelle-fonctionnelle va donner naissance au meilleur et au pire.

Le pire est représenté par exemple par une méthode telle que *Deutsch ist Klasse*, la plus utilisée encore aujourd'hui, et qui dénote pourtant une régression notoire à propos des acquis de la seconde génération : situations et personnages stéréotypés, progression basée sur les points grammaticaux, aucune prise en compte des acquis de la linguistique et de la psycholinguistique...

Fort heureusement, d'autres manuels vont intégrer toutes les nouvelles recherches et présenter des ouvrages riches en activités tournées vers la prise de parole à titre individuel : *Klipp und Klar, Grenzenlos, Tipp Topp, Bahnfrei* etc.

Sans vouloir mettre tous ces manuels sur un même plan, disons d'emblée qu'ils présentent des points communs allant vers la prise en compte de paramètres déjà présents dans la pédagogie Freinet :

– l'exercice structural n'est désormais considéré que comme un premier stade du transfert ;

– la réflexion sur la nature des documents à exploiter devient beaucoup plus élaborée. On peut lire ainsi dans les Instructions de 1985 :

«Il est indispensable d'abord que le document incite les élèves à la prise de parole, qu'il soit d'un contenu psychologique et humain intéressant pour eux, qu'il permette la discussion, notamment à propos de son contenu implicite »;

– la saynète tellement mise en avant dans les manuels antérieurs, et qui représentait quasiment l'objectif du cours, donc la mémorisation et la reproduction pure et simple d'un document déjà existant, se trouve reléguée à un rang subalterne. D'où les Instructions de 1985 :

«Pour préserver la spontanéité des élèves, il faut que la conversation garde un tour naturel ; il est indiqué de faire en sorte qu'ils puissent aussi s'adresser à leurs camarades et que le professeur, tout en imprimant à l'entretien une indispensable cohérence, trouve d'autres incitations que la simple technique du questionnement unilatéral. Cette séquence a, dans les premiers temps de l'initiation, un contenu fort modeste. On lui accordera dès le début plus d'importance qu'à une autre activité, forte utile certes, mais insuffisante à elle seule : celle qui consiste dans les méthodes modernes, à faire mémoriser et jouer des saynètes par des élèves ».

Cela se trouve encore plus clairement exprimé dans les compléments de 1987 :

« Il est indispensable que la production orale ne soit pas limitée au jeu de la saynète ; il convient de ménager absolument, dès la 6°, des temps aussi longs que possible pour entraîner à l'expression libre et personnelle ».

– L'élève est considéré maintenant comme un individu possédant son propre parcours réflexif dans l'apprentissage, ce qui rompt fondamentalement avec le behaviorisme et rejoint l'individualisation prônée par l'approche Freinet. Ainsi dans les compléments de 1987 :

« La pédagogie différenciée doit permettre à tous les élèves, ou presque, d'atteindre les mêmes objectifs généraux, selon des cheminements qui diffèrent d'un élève à l'autre. Le professeur n'oublie jamais que l'objectif ultime, c'est-à-dire l'aptitude à communiquer, reposant sur les automatismes acquis dans les quatre compétences fondamentales, doit être atteint sous peine d'échec. Il cherche par conséquent à adapter les démarches et les tâches aux particularités des élèves ».

On voit ainsi se rapprocher les conceptions : volonté de présenter des situations les plus authentiques possibles, prise de parole à titre individuel et non pas pour reproduire un support existant, donc un objectif tourné vers les besoins communicatifs et non la simple mémorisation de structures, prise en compte des paramètres psycholinguistiques qui mettent en avant l'élève en tant qu'individu unique.

8. Conclusion

Les adeptes de la pédagogie Freinet ont été, c'est indubitable, des précurseurs en de nombreux domaines : rejet de la progression traditionnelle allant du simple au complexe, progression qui épouse le développement affectif de l'enfant et part de ses besoins, langue considérée dans toute son ampleur et non dans ses simples aspects morpho-syntaxiques, c'est-à-dire vue comme un instrument de régulation de l'activité de groupe, un moyen de confrontation avec une culture étrangère, un domaine d'implication personnelle affective et une prise en compte de l'implicite au sein de relations communicatives proches de l'authentique.

On remarquera que tous les mots-clés qui précèdent figurent dans les dernières Instructions ministérielles et que c'est essentiellement le recul d'une langue formelle au profit d'une approche communicationnelle qui fait se rejoindre les deux conceptions.

Cependant, deux remarques s'imposent en guise de conclusion :

– le spécialiste en la matière, G. Schlemminger[2], constate dans son ouvrage très documenté que les adeptes de la pédagogie Freinet s'appuient fortement sur le concept de tâtonnement expérimental et laissent souvent à l'initiative personnelle des enseignants le soin d'adapter leur pratique de classe, ce qui conduit souvent à des flous préjudiciables ;

– la didactique traditionnelle est marquée au contraire, à notre avis, par un excès de rigorisme, un dogmatisme également très préjudiciable à toute initiative de la part de l'enseignant. Quand on sait par exemple que l'utilisation de la langue maternelle était totalement prohibée jusque dans les années quatre vingt et qu'elle a fait brusquement irruption dans les Instructions et les manuels vers la fin de ces mêmes années, on est en droit de comprendre le désarroi dans lequel ce revirement a pu plonger les professeurs concernés, avec tous les flottements que cela a pu engendrer pour les élèves.

Nous préconiserons pour notre part une démarche allant dans le sens actuel, c'est-à-dire essentiellement fondée sur la prise en compte de l'élève et de ses besoins communicatifs. Mais nous aimerions aussi à la fois une certaine rigueur conceptuelle qui n'entrave pas les initiatives personnelles, ce qui est encore trop souvent le cas des Instructions trop rigides.

La solution ne vient-elle pas de l'éclectisme prôné par C. Puren[3] ?

Le juste équilibre entre la rigueur conceptuelle et le tâtonnement expérimental mérite certainement qu'on lui consacre à l'avenir une part importante de la recherche en didactique des langues.

---

[2]   Schlemminger, Gerald (1996) : *La pédagogie Freinet et l'enseignement des langues vivantes*, Frankfurt a.M./Bern/New York/Paris, Peter Lang.

[3]   Puren, Christian (1994) : *La didactique des langues à la croisée des méthodes. Essai sur l'éclectisme*, Paris, Didier.

Über die planvolle Mitbenutzung der Muttersprache im bilingualen Sachunterricht

Wolfgang BUTZKAMM
RWTH Aachen

1. Das Paradox: Weniger kann mehr sein: Das Prinzip der funktionalen Fremdsprachigkeit
2. Problematik des Nichtverstehens: Beispiel Naturwissenschaften
3. Das Zusammenspiel von Üben und Kommunizieren oder die Pendelstrategie.
4. Keine ständige Doppelinformation
5. Sieben Formen planvoller Mitbenutzung der Muttersprache
6. Empirischer Teil: Sprachwechsel in einer Diskussionsstunde
7. Nachüberlegungen, Folgerungen

1. Das Paradox: Weniger kann mehr sein: Das Prinzip der funktionalen Fremdsprachigkeit

Im Fremdsprachenunterricht wie im bilingualen Sachunterricht gilt das Prinzip der funktionalen Fremdsprachigkeit: Die Fremdsprache ist Unterrichtssprache, Vermittlungssprache, Arbeitssprache. Sie ist die unterrichtete ebenso wie die unterrichtende Sprache, also nicht nur Lehrgegenstand und das Ziel, sondern auch der Weg zum Ziel. Sie muß von Anfang an als vollgültiges Kommunikationsmittel erlebt werden, und zwar über möglichst lange Strecken des Unterrichts. Die Muttersprache darf ihr nicht wertvolle Sprechzeit stehlen.

Als widerlegt gilt jedoch das traditionelle Prinzip der Einsprachigkeit, das auf bloße Vermeidung der Muttersprache hinauslief. Nach dieser Auffassung war sie nur Notbehelf und Lückenbüßer. Darüber hinaus hatte sie keine Aufgabe, konnte nur schaden. Vielen war die Muttersprache gar der Buhmann, der den Unterrichtserfolg immer wieder gefährdete. Traf man nicht im Unterricht ständig auf muttersprachlich bedingte Interferenzfehler, und zwar auf allen Ebenen der Sprache, von Aussprache und Schreibung bis hin zur Semantik und Pragmatik? Wer sich tolerant gab, empfahl allenfalls eine Einsprachigkeit »mit Abstrichen«. Einer solche Kompromißformel werden die meisten Praktiker angehangen haben. Ich nenne ihn einen faulen Kompromiß, weil er theoretisch völlig unaufgeklärt war.

Wir müssen uns von dieser rein negativen und unbiologischen Sicht der Muttersprache befreien. In der Muttersprache nämlich begründet sich die Sprachlichkeit des Menschen. In einem ganz fundamentalen Sinn ist sie unser Schlüssel zu allen weiteren Sprachen. Und das gilt auch wieder für alle Ebenen der Sprache. In ihr und mit ihr formen wir normalerweise unsere Mund-Motorik wie auch unsere Schreibmotorik aus, und davon profitiert jeder Unterricht . Das gleiche gilt für Grammatik, Semantik und Pragmatik. Wenn wir uns dessen bewußt werden, können wir ruhiger und unaufgeregter darüber nachdenken, in welcher Weise und an welchen Stellen die Muttersprache von uns bewußt und gezielt eingesetzt werden könnte, und zwar zur Förderung der fremdsprachlichen Kompetenz.

Unbestritten ist, daß der Einsatz der Muttersprache stets wohl bedacht und wohl dosiert sein muß, damit das Prinzip der funktionalen Fremdsprachigkeit des Unterrichts gewahrt bleibt, der Unterricht nicht umkippt und die Muttersprache wieder das Sagen hat, statt Zubringerdienste zu leisten. Vorweg gilt es also dieses Paradox zu verstehen, daß etwas weniger Fremdsprache zu mehr Fremdsprache führen kann, zu einem korrekteren, präziseren und gedanklich weiter ausgreifenden Gebrauch der Fremdsprache.

2. Problematik des Nichtverstehens: Beispiel Naturwissenschaften

Im Fremdsprachenunterricht allgemein wie im bilingualen Sachunterricht ist der Lehrer wie der Kämmerer einer Kommune, der mit einem knappen Etat an Mitteln auskommen muß, in unserem Fall an verfügbaren Ausdrucksmitteln, mit denen er sein Thema zu bestreiten hat. Dazu braucht er Findigkeit und Wendigkeit, Phantasie und Einfallsreichtum

– bei den Formulierungen und Umformulierungen *(the art of breaking it down)*

– beim Einsatz von Realien, Bildern, Grafiken, Tabellen.

Besonders in Präsentationsphasen des bilingualen Sachfachs muß der Fachlehrer seinen Stoff gründlicher als bisher durchdenken und ihn so folgerichtig und anschaulich entwickeln, daß möglichst wenig Verstehensprobleme rein sprachlicher Natur entstehen, Hier hat er also im Vergleich zum muttersprachlichen Fachunterricht Mehrarbeit zu leisten, denn er muß sich nunmehr wie der Fremdsprachenlehrer in der Kunst des *breaking down* schulen und genau im Kopf haben, welche Ausdrücke den Schülern schon vertraut sind und welche nicht. Diese Arbeit gilt es unbedingt zu leisten, wenn die fremde Sprache als Vermittlungssprache funktionieren soll. Dennoch stößt der Lehrer mitunter sehr schnell an die Grenzen der Vereinfachung. Wenn Schüler aber nicht verstehen, ist dies verschwendete Unterrichtszeit, führt zu Angst und Frust, allerdings auch dazu, daß Schüler sich ganz besonders anstrengen.

Die Problematik des Nichtverstehens wird deutlich in einer empirischen Studie von de Courcy, die die ersten Versuche mit französischem Sachunterricht im australischen Queensland wissenschaftlich begleitet hat. Die Schüler wurden in Klasse 9, d.h. ein Jahr nach dem Beginn der Immersion in Klasse 8 interviewt:

»Translation was the first way the students tried to make sense of what was going on in the classroom. For these Year 9 students, the previous year had been a fairly confusing time. John said in May that in Year 8 he could not ›remember ever, you know, really understanding what [was] going on‹.

Helena admitted in her May interview that in Year 8 she ›was basically translating everything‹. She went on, ›so I wasn't thinking in French ... the words were there and I'd translate them, so I was actually thinking in English‹. The other three students volunteered similar comments about how they used to make sense of what they read or listened to. John explained in his interview why this method was abandoned because it was so difficult:

It's hard to read in French when you don't understand what's going on in the book and you're just trying to piece together, translating into English every time in your mind and ... you're reading and then you go ›ah that means this and that means this' it's sort of hard to understand.

From the learners' comments, it seems that translation of whole passages into English is abandoned as a strategy after about a year in immersion.« (de Courcy 1995, 77)

Dies ist gewiß *eine* Erfahrung aus bilingualem Unterricht, die an einem bestimmten Ort und zu einer bestimmten Zeit gemacht wurde. Sie darf nicht einfach verallgemeinert, aber auch nicht unterschlagen werden. Wer allgemeine Grundannahmen über das Lehren und Lernen von Fremdsprachen aufstellen will, muß viele verschiedene Wirklichkeiten des Unterrichts in den Blick nehmen.

Dazu gehören auch die Erfahrungen, die an deutschen Auslandsschulen gemacht worden sind, und die bisher in der Diskussion der bilingualen Zweige im Inland noch nicht genügend zur Sprache gekommen sind. Nehmen wir z.B. das Istanbul Lisesi, eine türkische Regierungsschule mit deutscher Abteilung, in der die Fächer Mathematik, Physik, Chemie und Biologie in deutscher Sprache von deutschen Lehrern in rein türkischen Klassen unterrichtet werden. Das ergibt etwa 50% der Gesamtunterrichtszeit;

die anderen Fächer, so auch etwa Englisch, werden von türkischen Lehrern unterrichtet. Die Schüler durchlaufen ein Vorbereitungsjahr mit 26 Wochenstunden Deutsch.

J. Vögeding hat aufgrund eigener mehrjähriger Unterrichtspraxis an dieser Schule und unter Verwendung von Stundentranskripten die Problematik des Chemieunterrichts in fremder Sprache analysiert. Seine Methode ist also eine Art empirischer Hermeneutik, die auch ich bevorzugt verwende, zumal sie dem Leser die Möglichkeit läßt, das empirische Material selbständig zu überdenken und zu eigenen Deutungen zu gelangen. Bei Vögeding ist für die Forschung von besonderem Interesse, daß es sich nicht um nah verwandte Sprachen handelt. In der europäischen Fremdsprachendidaktik haben wir ja auf einer viel zu schmalen, einseitigen Erfahrungsbasis mit den üblichen Schulfremdsprachen vorschnell allgemeine Prinzipien des Lehrens und Lernens formuliert.

Vögedings Dissertation belegt eindrücklich, zu welchen Schwierigkeiten auch bei »Eliteschülern« ein Chemieunterricht führt, der nicht bilingual, d.h. unter Berücksichtigung der Muttersprache, in welcher Form auch immer, erteilt wird, sondern monolingual – fremdsprachlich. Die deutschen Lehrer können ja in der Regel kein Türkisch und unterschätzen gewöhnlich die Dimension der Sprachprobleme. »So wird daher nicht nur vom Istanbul Lisesi, sondern auch von anderen deutschen Auslandsschulen mit ähnlicher Unterrichtskonzeption die Erkenntnis verbreitet, daß deutschsprachiger Fachunterricht für permanent sprachlich überforderte Schüler zu großer Last und Qual werden kann«, und das auch – erstaunlicherweise ? – bei gut entwickelten alltagssprachlichen Fähigkeiten (Vögeding 1995, 175, 202). Ein erfolgreicher Chemieunterricht müsse die Spracharbeit in den Unterricht integrieren, auch unter gezielter Mitbenutzung der Muttersprache. Vögeding fordert den Fachlehrer auf, die Sprachprobleme offensiv anzugehen, sie vorausschauend, vorbeugend und ihrer Relevanz entsprechend planvoll in den Lehrprozeß einzubeziehen. Eine Standardformel wie »Das Diagramm zeigt... in Abhängigkeit von...« müsse geübt werden, entweder in Form sprachlicher Vorentlastung oder in kurzen sprachbezogenen Einschüben an der Stelle, an der es zuerst gebraucht wird. Es geht also nicht nur um den Teilaspekt Lexik. Authentische Kommunikation kennt solche Abgrenzungen nicht. So macht Vögeding auch die Grenzen der Vereinfachung u.a. an der Vermeidung des Passivs deutlich. Er kommt zu dem Schluß: Auf seriöse Fachsprache als optimale Darstellungsform und damit eben auch auf das Passiv lasse sich nicht verzichten.

Vögeding fordert eine Verbindung von Sacharbeit und Spracharbeit, ebenso wie sein Kollege Josef Leisen, der Erfahrungen aus dem Physikunterricht an deutschen Auslandsschulen einbringt: »Der Unterricht muß dem Schüler hier sprachliche Leitern zur Verfügung stellen, die er zur erfolgreichen Bewältigung der Sprechsituationen braucht und die er verbrennen kann, wenn er oben angekommen ist. Diese sprachlichen Leitern oder Sprachprothesen sind der Tribut an die Fremdsprachigkeit als Quelle unterrichtlicher Sprachprobleme (1991, 149)

Es verwundert nicht, daß ähnliche Probleme auch dem Unterricht mit hierzulande längst etablierten Sachfächern wie Geschichte und Geographie zu schaffen machen. Maggie St. John (1989) besuchte im Auftrag des British Council in Köln drei Schulen in NRW mit bilingualen Zweigen. Als Fazit empfiehlt sie Maßnahmen »to bridge the language gap between the present teaching of language and subject teaching«

In die gleiche Richtung zielt Caldwells (1994, 10) kritische Würdigung der von M. Clyne initiierten deutsch-englischen Klassen im australischen Bundesstaat Victoria. Er betont die Notwendigkeit gezielter Spracharbeit und meint, der Fachlehrer selbst müsse an Ort und Stelle mit wohl dosierten sprachlichen Hilfen intervenieren können. Die tatkräftigen Verfechter bilingualer Klassen seien anfänglich zu sehr von der »language acquisition mystique« Krashenscher Provenienz angesteckt gewesen. Vor Ort sähe es dann anders aus:

> »It seems that in situ experience supports the view that L2 is a different process from L1 learning in that children used their L1 language and concepts to interpret L2 intake. The risk in a technical subject like science lies precisely in the fact that many technical verbs are unlikely to be casually acquired in L1 e.g. *distil, repel* in the early years, at least not for many children.«

Er fordert »the deliberate fluctuation between attention to the form and structure and opportunities for message-orientated activity« (29) – das Thema des folgenden Abschnitts.

3. Das Zusammenspiel von Üben und Kommunizieren oder die Pendelstrategie.

Eine solche Integration von Sprach- und Sacharbeit wurde schon vor einigen Jahren von Dodson in seinem Abschlußbericht über englisch-walisische Schulen an das Schools Council in Wales gefordert. Nach seinen Beobachtungen waren diejenigen Lehrer am erfolgreichsten, die den fliegenden Wechsel von Sprachbezogenheit und zur Sachbezogenheit und umgekehrt methodisch beherrschten. Dies ist auch mein Thema: die Mitbenutzung der Muttersprache als sprachliche Hilfestellung. Diese beinhaltet zugleich eine Verschiebung von der Inhaltsbezogenheit auf die Sprache, modern gesprochen: vom Medium zur *message*. Dabei sei ausdrücklich betont, daß der Perspektivenwechsel von der Sachorientierung zur Sprachbezogenheit nicht immer auch einen Sprachwechsel bedeutet. Kurze, auf die Beseitigung von Sprachproblemen gerichtete Übungseinschübe können auch rein fremdsprachlich sein.

Nach wie vor gilt also neben dem Prinzip der Kommunikation das Prinzip des Übens.

»Das Üben ist als Gegenspieler der Kommunikation in Verruf gekommen. Zwar ist hinreichend belegt, daß mitteilungsbezogene Kommunikation allzu selten stattfindet und der Unterricht von sprachbezogener Kommunikation, in welcher der Übungszweck dominiert, ausgefüllt wird. Aber man darf das Kind nicht mit dem Bad ausschütten. Auch im Mutterspracherwerb wird nicht nur kommuniziert, sondern mit Sprache geübt und gespielt. Kinder sprechen für sich ein Wort mehrfach nach, um es artikulatorisch zu bewältigen und sich einzuprägen. Sie erproben spielerisch neues Terrain, indem sie Satzmuster durchprobieren.« (Butzkamm 1998a, 47).

Wir fordern also eine methodische Pendelstrategie, die den Ausgleich zwischen Kommunizieren und Üben sucht und in die Sacharbeit genauso viel Spracharbeit einspeist wie eben nötig. Das Pendel sollte also so lange wie möglich auf der Seite der Informationsvermittlung und des sachorientierten Gedankenaustausches bleiben, um nur zu kurzen Übungseinschüben herüber- und gleich darauf wieder zurückzupendeln. Beim Sprachunterricht selbst werden allerdings anfangs insgesamt die Übungsanteile überwiegen. Dieses Hin und Her ist für mich das methodische Gebot par excellence sowohl für den Fremdsprachenlehrer wie für den bilingualen Sachfachlehrer. Damit ist auch schon gesagt, daß der bilinguale Sachunterricht keine neuen Unterrichtsmethoden fordert, sondern nur »spezifische Akzentuierungen und die Verbindung von Lehrmethoden, die für das Sachfach und für die Fremdsprachenvermittlung charakteristisch sind.« (Mäsch, 1997, 11).

Eine kurzfristige Verschiebung des Fokus auf die Sprache empfiehlt auch O'Farrel (1994, 163), der an der internationalen Schule in Düsseldorf arbeitet, für die naturwissenschaftlichen Fächer:

»Improvement can be effected if higher priority is given to the explanation of this language [=difficult non-technical vocabulary] in science lessons. Significant improvement can be effected for native speakers using a simple strategy aimed at focusing attention on the meaning of the new term in the context in which it arises.«

Von besonderem Interesse für den, der die kanadische Diskussion verfolgt hat, dürfte sein, daß mittlerweile auch in Kanada ein Umdenken erfolgt und nunmehr für eine Mischstrategie plädiert wird:

»Immersion programs have always been considered to reflect Communicative Language Teaching par excellence, and yet both teachers and researchers are now recognizing the need in such programs for the inclusion of an analytic focus which would complement the already well established experiential component and counteract weaknesses in grammatical and sociolinguistic competence which persist among French Immersion students.« (Lyster 1990, 159)

Gewiß erfordert das Pendeln ein Fingerspitzengefühl, das nur durch Erfahrung und viel Probieren zu bekommen ist. Wie könnte es anders sein! Wenn die Dinge so einfach wären, brauchte man auch nicht so viel Worte darüber verlieren.

4. Keine ständige Doppelinformation

Ausdrücklich abzulehnen ist eine Form des Unterrichts, bei der die Muttersprache ständig mitläuft und jede Information vom Lehrer gleich zweimal vermittelt wird, zunächst in der Fremdsprachsprache und dann in muttersprachlicher Übersetzung oder Zusammenfassung. Der Unterricht würde unerträglich aufgebläht, und am Ende hört jeder nur dem Teil zu, bei dem er am besten versteht. In einer sehr gründlichen empirischen Untersuchung an englisch-spanischen zweisprachigen Schulen in Kalifornien schnitt dieses sog. *concurrent model* erwartungsgemäß schlecht ab. Im Anhang zu Ihrer Arbeit gibt Lily Wong Fillmore (1985, 45) ein Beispiel, das hier in einem Ausschnitt wiedergegeben ist. Der Lehrerin geht mit den Kindern (3. Klasse, Muttersprache Spanisch) an der Tafel eine Liste englischer Wörter durch, mit denen sie anschließend Sätze bilden sollen:

1. T: Let me go over these first. Pongan atencion Uds.
2. T: [To a student who seems to be confused:] Maria (die päd. Assistentin) puede trabajar contigo.
3. T: [Pointing at the first word listed on the board:] Number one is »weak.« Not the day of the »week.« It's when a person is weak. And that means you don't have too much strength. Like, when you get sick, and when you catch the flu. After you get over the flu, you still feel kinda weak. Right? You're not very strong. *Weak.*
4. T. Esto quiere decir ›debil‹. Cuando uno esta debil, no esta fuerte. Por ejemplo, cuando tengamos la gripe, verdad? No tenemos fuerzas. Estamos debil. Es lo que quiere decir esta palabra.
5. T: Number two is »spoke.« The past tense. I spoke to my friend yesterday. OK. In the past tense.

6.T: Uh, esto quiere decir ›hablar‹, en el pasado. Yo – ayer hablé con mi amigo.

Leider ist nicht auszuschließen, daß diese Studie einseitig von denen zitiert wird, die gegen jede Art von Übersetzung ihre Bedenken vortragen. Darum sei zugleich auf eine – nach unserer Einschätzung – ebenso sorgfältige amerikanische Untersuchung hingewiesen, in der der Schulerfolg von 19 Kindern mit einer anderen Muttersprache als Englisch während eines Jahres überprüft wurde. Die Autorin kommt u.a. zu dem Schluß:

»Most of the children who achieved best in content areas, as measured by tests in English, were those who had the opportunity to discuss the concepts they were learning in their native language with other children or adults. Even in linguistically heterogeneous classrooms such as those in this study, at least some degree of bilingual education is proving to be feasible and clearly provides the best context for conceptual development – and for learning English.« (Saville-Troike 1984, 216)

Beide Autorinnen verstehen wohl ihr Handwerk, d.h. die statistisch kontrollierte empirische Unterrichtsforschung sehr gut. Der Widerspruch, der zwischen den beiden Aussagen zu bestehen scheint, ist möglicherweise durch eine andere Art von pädagogischer Tatsachenforschung aufzulösen. Dies könnte ein prozeßorientierter Ansatz sein, der etwa anhand von Unterrichtsprotokollen Vorteile und Nachteile der Mitbenutzung der Muttersprache plausibel zu machen verstünde. Darauf wurde schon eingangs unter dem Stichwort »empirische Hermeneutik« verwiesen.

5.   Sieben Formen planvoller Mitbenutzung der Muttersprache

Die Mitbenutzung der Muttersprache im bilingualen Sachfachunterricht hat neben dem Aspekt effektiver Vermittlung einen weiteren Aspekt, nämlich eine besondere Zielvorgabe. Die Richtlinien von Nordrhein-Westfalen z.B. fordern ausdrücklich, daß die Schüler auch ihre Muttersprache im Sachbereich weiterentwickeln sollen, und das geht über bloße Fachterminologien, d.h. Einzelbegriffe, hinaus und schließt auch Kollokationen und Phrasen ein. Dies ist – so auch Mäsch (1997) – ein klarer Unterschied zu den kanadischen Immersions-Schulen. Das von Mäsch herangezogene Unterrichtsthema enthält z.B. die Begriffsreihung: *Wüste – Dornsavanne – Trockensavanne – Feuchtsavanne – tropischer Regenwald.* Man darf vermuten, daß deutschen Schülern nur die Termini am Anfang und Ende der Reihe vertraut sind: Die anderen müßten also explizit genannt werden. Aber selbst die Unterscheidung von *kniehohen, brusthohen* und *übermanns-*

hohen Gräsern dürfte wohl den Wortschatz einiger Schüler erweitern. Wollen wir darauf verzichten, zugunsten eines Zeitgewinns für die Fremdsprache? Wohl kaum. Diese besondere Zielvorgabe und die Berücksichtigung des starken Problemdrucks bei der Verständigung über komplexe Fachinhalte haben zu besonderen Formen der Mitbenutzung der Muttersprache geführt:

1. REZEPTIVE ZWEISPRACHIGKEIT, besonders beim Sachunterricht ohne Vorlauf, z.B. beim Frühbeginn in Kindergarten und Grundschule. Die Kinder antworten ganz unbefangen in der Muttersprache (Vgl. Butzkamm 1993a, 182). In den bilingualen Kindergärten des Elsaß, die von Jean Petit wissenschaftlich begründet und begleitet wurden, dauerte es ein ganzes Jahr, bis die Kinder anfingen, die Zweitsprache auch spontan zu verwenden. Zweitsprachliche Reaktionen kamen zwar viel früher, aber meist nur in Form einsilbiger Antworten, und eben nur reaktiv, nicht spontan. »Und welche Farbe hat dieser Apfel?« »Grün!« Ein solch sanfter zweisprachiger Einstieg kann natürlich bei älteren Schülern etwas forciert werden. »Helen Whiter, in her Oxfordshire one year *section bilingue* experiment of cookery and geography through French, pushed the first form high school students rapidly from English responses through franglais to French responses and was able to report that ›halfway through the year...their spoken French took off.‹« (Caldwell 1994, 17).

2. MITBENUTZUNG EINES MUTTERSPRACHLICHEN LEHRBUCHS BEI DER HÄUSLICHEN VOR- UND NACHBEREITUNG. Bei der französischen Schule in Freiburg benutzen die Schüler neben dem im Unterricht selbst verwendeten Sachbuch das passende deutschsprachige Gegenstück »für den Hausgebrauch«. Dem entspricht laut Mitteilung des Schulleiters die offizielle Anschaffungspolitik der Schule. In der englischsprachigen internationalen Schule Düsseldorf kommt es häufig vor, daß Schüler derselben Muttersprache ihre Hausaufgaben gemeinsam erledigen und den Stoff dabei nicht nur in der Schulsprache, sondern auch muttersprachlich durcharbeiten und dabei wahrscheinlich auch vertiefen (Arth, 1996). Diese Vertiefung könnte auch der Fremdsprache zugute kommen, da neue Ausdrucksmittel erst dann unser geistiges Eigentum werden, wenn die dadurch definierten Sachverhalte ganz durchdrungen und vielfältig verknüpft werden. Die Schwachpunkte eines offiziellen, rein fremdsprachigen Curriculums werden hier also durch muttersprachliche Vor- und Nacharbeit der Schüler ausgeglichen. Persönliche Erfahrungen komplettieren das Bild. Der Absolvent eines mehrheitlich deutschsprachigen Gymnasiums in Eupen (Ostbelgien) studierte nach dem Abitur in Namur Pharmazie. »Die ersten Semester habe ich nur überstanden, berichtete er mir, weil ich neben den französischen Vorlesungen zu Hause regelmäßig deutsche Fachbücher konsultierte.«

3. SPRACHWECHSEL BEIM SACHFACH NACH JEDEM SCHULJAHR wie auf der *Ecole Bilingue de Genève.* (Butzkamm 1996). So kann etwa Mathematik in einem Jahr auf Deutsch, im nächsten auf Französisch unterrichtet werden. Es handelt sich um eine private Sekundarschule, die mit anderen Schulen um Schüler konkurriert. Allein diese Tatsache ist ein Hinweis, daß das System – zumindest unter den an dieser Schule vorherrschenden Bedingungen (Zusammensetzung und Kooperation der Lehrerschaft, Schüleraufkommen) – praktikabel und erfolgreich ist. Hier könnte man auch den WECHSEL DER ARBEITSSPRACHE VON TAG ZU TAG ODER WOCHE ZU WOCHE, so etwa bei einigen *Welsh-medium schools* einordnen (Dodson 1985; Caldwell 1994). Das mag uns verrückt vorkommen. Aber in Wales hat man über viele Jahre hinweg mit bilingualen Schulen experimentiert, Erfahrungen gesammelt und wissenschaftlich ausgewertet. Auch die Kanadier, die mit ihren Immersions-Programmen und wissenschaftlichen Begleitstudien weltweit bekannt wurden und die internationale Diskussion über bilinguale Schulen stark beeinflußt haben, haben sich ursprünglich Anregungen in Wales geholt. Allerdings ist eine solche Organisationsform keine Antwort auf die Verstehensprobleme, um die es uns hier geht. Man kann ja die Schüler nicht darauf vertrösten, daß sie in der nächsten Woche oder im nächsten Jahr Mathematik wieder auf Deutsch machen und dann alles besser verstehen werden. Sie müssen hier und jetzt verstehen.

4. MUTTERSPRACHLICHE AUSZEIT FÜR EINE SCHÜLERGRUPPE. In der internationalen Schule Düsseldorf mit Schülern verschiedener Herkunftssprachen gibt der Lehrer/die Lehrerin nach Erklärungen im Plenum manchmal Schülern einer Nationalität Gelegenheit, einen Sachverhalt untereinander in ihrer Muttersprache klären. (Arth 1996). Richard Göbel (1986, 112) praktiziert dies im Deutschunterricht mit Erwachsenen: »Im Unterricht mit griechischen Arbeitern (ich kann kein Griechisch) ergab sich häufig diese Situation: Ich versuchte, ein grammatisches Phänomen zu erklären. Die Kursteilnehmer unterhielten sich daraufhin einige Minuten angeregt auf griechisch und baten mich anschließend (auf deutsch) um einige Beispiele zu diesem Phänomen. Nach einer weiteren kurzen Verständigung in der Muttersprache gaben sie zu verstehen, daß nun die Sache in Ordnung gehe.« Ähnliche Beobachtungen habe ich an der erwähnten Genfer Schule gemacht. Es ist eine Art Schneeballsystem. Der Lehrer erklärt etwas und Schüler vermitteln es an ihre Mitschüler, die weniger gut verstanden haben, weiter.

5. MUTTERSPRACHLICHE ZUSATZSTUNDE FÜR DAS BILINGUALE SACHFACH. Dabei soll jedoch der Unterrichtsstoff nicht einfach muttersprachlich wiederholt werden – eine Organisationsform, die z.Zt. in

Rheinland-Pfalz erprobt wird.– Vielleicht eine halbherzige, aus übergroßer Vorsicht geborene Maßnahme. Man befürchtet wohl, die Schüler
zu überfordern. Stattdessen neige ich eher dazu, den bilingualen Unterricht auf 50% der Unterrichtszeit auszudehnen, also noch mehr als nur
zwei Sachfächer, wie weithin üblich, zu beteiligen. Für dieses Modell hat
man sich in Bremen entschieden. Gerade durch diese Massierung könnte man erreichen, daß es den Schülern immer leichter fällt, sich in der
Fremdsprache zu bewegen. Ein Schwellenwert ist überschritten, und
plötzlich fordert einem das bilinguale Sachfach nicht mehr Anstrengungen ab als das muttersprachliche. Das sind empirische Fragen, die
die Unterrichtsforschung in Zukunft bearbeiten kann und beantworten
wird.

6. NACHGEREICHTE ZWEISPRACHIGE WORT- UND PHRASENLISTEN. Die
Betonung liegt hier auf »nachgereicht«. Beispiel: Bilingualer Werk-
unterricht an der Realschule. Hier ist es an der Tagesordnung, daß den
Schülern Ausdrücke für Werkzeuge und Arbeitsvorgänge zum ersten
Mal in der Fremdsprache begegnen. Da die Schüler durch Vorzeigen
und Vormachen verstehen, was sie zu tun haben, besteht keine Notwendigkeit, muttersprachliche Erklärungen dazwischen zu schieben. In
diesem Bereich ist die fremde Sprache kurzzeitig die »präsentere«
Sprache (Butzkamm, 1993a, 30). Dennoch müssen die Schüler z.B.
durch eine nachgereichte Vokabelliste erfahren, daß *fret saw* eine Laub-
säge und *miter saw* eine Gehrungssäge ist. (Diskussionsbeitrag von
Dietrich Vater, Bremen)

7. DIE OBEN ERWÄHNTE PENDELSTRATEGIE: IN DEN UNTERRICHT INTE-
GRIERTE KURZFRISTIGE MUTTERSPRACHLICHE HILFESTELLUNGEN.
Gemeint sind Unterbrechungen der Sacharbeit durch gezielte Interventionen und Rückverweise, kurze Vor- und Nachspiele in der Muttersprache. Lehrer und Schüler machen an bestimmten Stellen genau do-
sierte Anleihen bei der Muttersprache. Die Pendelstrategie wäre ein zen-
trales methodisches Prinzip. Sie soll in einem Schlußabschnitt illustriert
werden.

Zusammenfassend: Im Rahmen einer psycholinguistisch fundierten
Spracherwerbstheorie müssen lokale Lösungen für unterrichtliche Probleme
gefunden werden. Flexibilität, nicht Gleichmacherei, und methodische
Phantasie, nicht Dogmatismus muß die Losung sein.
    Beide Sprachen sollten nicht einfach durcheinander gebraucht werden.
Jeder Sprachwechsel muß didaktisch-methodisch überlegt sein. Dabei gilt
der allgemeindidaktische Grundsatz: Anknüpfen und Verknüpfen der Wissensbestände statt Trennen und Isolieren.

6. Empirischer Teil: Sprachwechsel in einer Diskussionsstunde

Unsere Konkretisierung anhand einer Unterrichtsstunde soll den didaktischen Glaubensstreit um die Rolle der Muttersprache entschärfen, muß diesen Vorteil aber auch mit einem Nachteil erkaufen: Es kommen eben nur Phänomene des Sprachwechsels in dieser einen Stunde in den Blick. Der Nachweis, wie weit diese Phänomene typisch und verallgemeinerbar statt eher zufällig sind, kann nur durch weitere Unterrichtsdokumente erbracht werden.

Wir analysieren Ausschnitte aus einer Geschichtsstunde aus dem bilingualen Zweig des Helene-Lange-Gymnasiums in Hamburg. Sie wurde im zweiten Halbjahr der Klasse 7 (März 1991) gehalten. In dieser Klasse setzt der Geschichtsunterricht in englischer Sprache ein, nachdem die Klasse schon zwei Jahre Englischunterricht absolviert hat. Die Stunde wurde von Petra Burmeister im Rahmen eines Projekts an der Universität Kiel unter Henning Wode aufgezeichnet. (Für die Bereitstellung des Videobandes sei freundlich gedankt. Eine umfassendere Analyse der gesamten Stunde ist enthalten in Butzkamm, 1998b.)

Der Lehrer (Albert Otto) hat das Thema der Stunde als »The War in the Gulf – A Holy War?« angegeben, das Teil einer Unterrichtsreihe »The State and the Church in the Middle Ages« ist. Als Hausarbeit mußten die Schüler eine Reihe politischer Cartoons analysieren und die Frage beantworten: »What is the cartoonists' view concerning the war in the Gulf?« Als Stundenziele wurden vom Lehrer benannt:

– Students will apply their knowledge (of crusades etc.) and skills to the topic of the Gulf War.

– Students will learn how to debate, i.e. how to argue their case, defend their opinions, concede a point...

– Students will become aware of how opinions can be guided by the political and economic self-interests of nations.

(L = Lehrer; andere Abkürzungen sind Schülernamen)

A. When Mohammed was born the Moslems started to count the years, like we the Christians, by saying äh from Christ's äh »Geburt« heißt?

L. birth

A. birth we are now a thousand nine hundred ninety-one after

Erstes Vorkommen einer für diese Stunde typischen Sequenz, die, wie wir noch sehen werden, wesentlich dazu beiträgt, das Gespräch in der Fremdsprache fortzuführen: Dem Schüler fehlt ein Wort, er zögert, benennt es dann in der Muttersprache, er fragt das Äquivalent vom

Christ and they are...the Moslems count around 490 or something.

L. Yes. And why do the Christians think that Jerusalem is a holy place? D.?
D: Because Christ was ... »gekreuzigt«
L. was crucified
D. Ja.
L. to crucify, alright.
D. Yes

A. Yes, ähm, they have got to pray five times a day. They're praying on such a kind of carpet. And it can happen also that there are microphones or something some ... in Mecca, for example there are microphones, you see. And there's a crier. He's the ›Vorbeter‹, the?
L. The Muezzin.

L. Well, not the Moslems - there's a certain group of people and they stopped all this. They were Moslems, too. But they were not Arabs. D.?
D. The Turks äh »früher«?
L. Pardon?
D. Was heißt »früher«?
L. Earlier
D. Earlier the Turks were called
S. Seljuk
D. called
L. (laut und deutlich) Seljuk Turks, yes.
N. They want to äh they want to äh »Hintergrund«?
L. in the background

Lehrer, der es suppliert, und nimmt es dann auf, um fremdsprachlich fortzufahren.

Eine Variation der obigen Sequenz. Der Schüler braucht gar nicht zu fragen (oben fügt er noch »heißt« hinzu). Das Zögern u. das Aussprechen des muttersprachlichen Worts genügen, damit der Lehrer aushilft. Da der Schüler seine Aussage beendet hat, fühlt er sich nicht verpflichtet, das Wort aufzugreifen.

Frageintonation und Pause genügen, um den Lehrer auf den Plan zu rufen und das Problem zu lösen.

»Earlier« wird hier ebenso erfragt wie schon »birth« zu Beginn der Stunde.

N. In the background there is a mosque and äh. They want to conquer äh or to free Kuwait
J. Yes, and I think this cartoon will show us the the »absurd« (deutsche Aussprache)?
L. the absurdness
J. the absurdness
L. or absurdity
J. Yes, of the slogan or of the sentence »Make peace with war«

D. I want to say what A. said. I think, I understand that this that the Allies said, »We want the war for peace.« But I don't like it, the, cartoon
A. Why?
D. Yes, but...oh...äh... Scheiße
L. Why not, D.?
D. I think what the others said, the Allies, the Allies as the others said, it's only a pretext when they go into war, like the Crusades and that they only want to fight or so. That is it.
L. Ah. J. you think that there's a misunderstanding. Yes, please.
J. I don't think that this is the meaning of, of this cartoon, that they only want to fight or something like that. I think it's only the Al-Al-Allies?
L. The Allies. Yes, that's right.
J. The Allies who think, they always thought, »Yes, you do a thing for peace in the world.« And in the Middle East. I think you can't do that with weapons and bombs. I think, yes and I...
L. Mhm. But. D., you wanted to defend your position because it is not, it hasn't become quite clear.

Zum ersten Mal folgt auf eine Schüleräußerung nicht eine Lehreräußerung, sondern eine weitere Schüleräußerung (mit Ausnahme des Einwurfs »seljuk« weiter oben, der mehr einem »Vorsagen« gleicht.) Es wird nur noch einmal vorkommen, obwohl die Schüler ja durchaus miteinander reden und gegeneinander argumentieren. Hätte sich der Lehrer mehr zurücknehmen können? Mein Eindruck ist ›nein‹. Die Schüler bedürfen des Lehrers zwar jetzt weniger als eines Impulsgebers, aber sie brauchen ihn als jemand, der ihre Beiträge glättet, ordnet, zurechtrückt. Wahrscheinlich ist D. überrascht, daß A. sich hier spontan einmischt und faßt dessen ›why‹ als Attacke auf, die es sofort zu parieren gilt. Er beginnt zu stammeln, und sein ganzer Frust, unter diesem Druck jetzt auf Englisch weiterreden zu müssen, entlädt sich. Erst als der Lehrer ruhig nachfragt, kann er weitermachen.

›A just war‹ ist nach ›absurdity‹ und ›pretext‹ nunmehr der dritte, für die Diskussion zentrale Begriff, der über

D. I agree with this, but I think this is a »gerechter«...»gerechter Krieg«.

L. a just war

D. A just war. It is a just war, because, yes. Saddam begins the war and not the Allies and they wanted to be free Kuwait and that's äh

L. That's fair.

D. That's fair.

L. Alright. F.

F. I think not that Saddam has... »beginnen«?

L. started

F. started the war against the Allies. The

L. the Allies *(richtige Aussprache)*, yes.

F. The Allies have made

L. made or started the war

F. started the first »Schuß«

L. Shot.

F. Shot.

D. An example, please.

L. Well, alright. Yes, you'll get your chance, D. but first of all S.

S. I think that there's no just - just war, because ... yes, because in war die many people and I think the same as F. The Allies have begun the war because they

L. fired the first shot

S. No, they »einmischen«

L. Pardon?

S. »einmischen«

L. They've got involved, They've got involved in this. to get involved

das muttersprachliche Äquivalent erfragt wird. Ebenso weiter unten der Ausdruck ›start the war‹ oder ›fire the first shot‹. Jetzt macht es sich bemerkbar, daß sich die Schüler nicht auf einen Text stützen können, sondern für ihre Meinungsäußerung lediglich die Zeichnungen haben (und natürlich den Text, der integraler Bestandteil der Karikatur ist.) D.h. sie müssen in der Tat ›frei sprechen‹.

Der Lehrer, der immer mitdenken muß, erahnt wieder einmal, was der Schüler sagen will. Diese Art der Einhilfe ist jedoch seltener als die durch ein muttersprachliches Wort des Schülers ausgelöste Formulierungshilfe.

Dies ist das zweite Mal, daß ein Schüler direkt eingreift, ohne daß sich der Lehrer dazwischengeschaltet hat. Die Forderung nach einem Beispiel ist wahrscheinlich wieder als kritischer Einwand gemeint. Der Lehrer hat aber schon mehrere Wortmeldungen vorliegen und weist D. zunächst zurück. Er ist noch nicht an der Reihe.

Y. I, I have really the same opinion like J.

L. I am of the same opinion.

Y. I think one couldn't say like the like he, F., that that the Allies were really the ones who began and are the... »Sündenböcke«?

L. are the scapegoat

Y. And I think and you also couldn't say like D. because I think it's better to -to try to talk with Hussein. I think you have to do it with peaceful

L. means

Y. means. And it's better to do that five years and nothing happens than 100,000 deaths of the Allies made and we -we must think you must think the Gulf with the oil is something dreadful and one little drop

L. drop, yes

Y. of oil make one million litres of water *(Geste)*

L. spoils

Y. spoils

L. spoils one million litre of water

Y. And I think they had should tried

L. should have tried

Y. should have tried it longer when they didn't they didn't do the embargo very carefully

L. strictly

Y. stricty. But I think when - after they did all this and tried everything what this is to do to »meid« - avoid a war and when that all doesn't help they could - they must make war. But it wasn't like this.

Y.s Beitrag macht es noch einmal deutlich: Die Einhilfen mit oder ohne Rückgriff auf die Muttersprache (›Sündenböcke‹, ›means‹) sind für die Qualität des Gesprächs gleichwertig.

Y.s Handbewegung drückt etwa aus: »Na, wie sagt man doch gleich?« Es ist, als ob er das Wort gleichsam mit der Hand herbeiwedelt. Statt ›spoil‹ hätte sich auch ›pollute‹, ›pollution‹ angeboten.

Eine weitere Variante des Zusammenspiels der Sprachen: das deutsche Wort kommt dem Schüler etwas zu schnell über die Lippen, denn sofort stellt sich auch das englische Pendant ein.

F. I didn't mean that the Allies are a scapegoat or »Sündenböcke« because I mean they – they haven't tried it longer with embargo and

L. So this is what Y. said, you agree with him. They should have tried it longer and stricter.

F. But I don't mean that they are a scapegoat or so.

F. übernimmt das Wort ›scapegoat‹, das ein anderer Schüler erfragt hatte. Ein schönes Beispiel dafür, daß die Worthilfen des Lehrers bei den Schülern ankommen. F. setzt allerdings noch das deutsche Äquivalent hinzu, weil er sich bei dem neuen Wort noch nicht ganz sicher fühlt.

7. Nachüberlegungen, Folgerungen

Die muttersprachlichen Anfragen und Anleihen sind in der obigen Stunde keine kosmetischen Hilfen, auf die man auch verzichten könnte, wenn man's mal eilig hat. Es werden zentrale Begriffe erfragt, die den Fortgang der Diskussion bestimmen. Es ist auch nicht ersichtlich, was man durch die Vermeidung der Muttersprache hätte gewinnen können. Im Gegenteil: Sie ist hier das natürliche Mittel und der direkte Weg zur fremdsprachigen Verständigung. Sie ist – in dieser Stunde – der wichtigste Bündnispartner der Fremdsprache.

Man darf spekulieren, daß der Erfolg dieser Stunde, die lebendige Diskussion, die Vielfalt der Standpunkte (die sich am besten dem erschließt, der sich die Video-Aufnahme anschaut), nicht zuletzt auch darauf zurückzuführen ist, daß die Kinder diese Diskussion wahrscheinlich schon in der Muttersprache geführt haben, zu Hause vor dem Fernseher oder bei der Zeitungslektüre. Der Golfkrieg war zu dieser Zeit überall Gesprächsstoff. Wer mit einer Oberstufenklasse Zeitungslektüre betreibt, sollte seinen Schülern durchaus raten, zu Hause auch deutsche Artikel zum gleichen Thema zu lesen. Wir vermuten, daß dies der fremdsprachigen Diskussion in der Klasse nur zugute kommen kann.

Die hier belegten Formen des Sprachwechsels und der Zuhilfenahme der Muttersprache könnten typisch für offene Diskussionen sein, in denen Schüler engagiert bei der Sache sind. Die Möglichkeiten des Lehrers, eine solche Unterrichtsphase sprachlich vorzuentlasten, sind gering. Schließlich ist es ja das Signum einer offenen Diskussion, das sie sich in verschiedene Richtungen entwickeln kann.

Gleiche Formen des Sprachwechsels sind jedoch auch in Präsentationsphasen hilfreich, wie in einer französischen Geographiestunde über den tropischen Regenwald belegt:

»Ich zeige zunächst ein Bild und lasse es beschreiben:

- L (Lehrerin): Qu'est-ce que vous voyez?
- S (Schülerin): Des arbres.

Une rivière, de l'eau, beaucoup d'eau. Wie sagt man ›Überschwemmung‹?

- Une inondation.
- Il y a une inondation. C'est le ›Regenwald‹.
- Oui, tu as raison, c'est la forêt dense.« (Drexel-Andrieu 1990, 34)

Helga Gröne berichtet über ihren englischen Geographieunterricht:

»Ob ein if-Satz, eine Passivform oder Zeitform danebengeht oder die Satzstellung falsch ist, ist aus Sicht der Schüler irrelevant; sie nehmen die Schwierigkeiten ja meist gar nicht wahr und am Satzbau scheitern die wenigsten Kommunikationsabsichten. Aber Wortlücken werden als entscheidender Mangel erlebt. Deshalb gebe ich Worthilfen – gewöhnlich weiß ich als Unterrichtende, was gerade fehlt – großzügig und schnell und sie werden von den Lernenden bereitwillig angenommen. Dabei genügt die rasche Einhilfe oder der Tafelanschrieb; Erklärungen oder eine Herleitung sind unerwünscht; die Schüler wollen einfach nur die fehlende Vokabel, die sie dann idealerweise im sachbezogenen Umwälzen und Wiederholen verinnerlichen.« (Gröne 1997, 3)

Sie hält eine traditionelle Vokabeleinführung (Semantisierung, Herleitung, Erklärung neuer Wörter) vor dem Einstieg in ein Thema für wenig effektiv, »da sie immer viel Inhaltliches vorwegnimmt und die Schüler gedanklich zu sehr steuert.«. Sie schreibt aber auch: »Der Wechsel zwischen Muttersprache und Fremdsprache wird eher als störend denn als Hilfe empfunden. Nach meinen Beobachtungen wollen die Siebtkläßler schon nach der Einführungsphase möglichst ausschließlich die Fremdsprache benutzen.« Hier ist jedoch wohl kritisch ein Sprachwechsel gemeint, der nicht wie in der gezeigten Weise unmittelbar zur Fremdsprache zurückführt.

Lassen wir noch einmal die Schüler selbst zu Wort kommen. Eine Studentin erinnert sich an den Unterricht in einem bilingualen Gymnasialzweig:

»During the lessons the teacher only spoke French, so that we never got a German equivalent for new vocabulary. Even so, this was quite unsatisfying for us and we asked each other secretly for the German translation. After the first year the number of hours was reduced to 7, but we had 2 hours of geography in French as well so that the total amount was still 9 hrs a week. I remember that geography and history in French (after the 2nd year French was reduced to 5 hrs a week) were rather difficult for most of the pupils because the teachers were native speakers like our French teacher, but they had a very limited knowledge of German. This led to misunderstandings concerning technical terminology.« (Gabriele B.)

Über Sinn (und Unsinn) längerer muttersprachlicher Unterbrechungen müßte natürlich ebenfalls gesprochen werden, im Detail und am Detail, d.h. wohl am besten wieder anhand von Unterrichtsprotokollen. Nach wie vor hält ja die Vielzahl gleichzeitiger Einflüsse auf den Unterrichtserfolg und das subtile Zusammenspiel vieler Faktoren die Wissenschaft zum Narren. Interpretative Verfahren, die dem Leser aber zugleich die Möglichkeit bieten, am mitgelieferten empirischen Material selbst nachzuprüfen und zu eigenen Deutungen zu gelangen, scheinen mir ein vernünftiger Weg für die Forschung. So besteht die Hoffnung, daß durch die Erfahrungen mit dem bilingualen Unterricht ein neuer Konsens im alten Methodenstreit um die Rolle der Muttersprache möglich wird.

Literatur

Arth, Iris (1996): *Mathematik als bilinguales Sachfach,* Staatsexamensarbeit, RWTH Aachen.

Butzkamm, Wolfgang (1975): »Die bilinguale Schule. Untersuchungen und Berichte«, In: *Neusprachliche Mitteilungen* 4, 229-235.

Butzkamm, Wolfgang (1992): »Zur Methodik des Unterrichts an bilingualen Zweigen.« In: *Zeitschrift für Fremdsprachenforschung*, Bd. 3, Heft 1, 8-30.

Butzkamm, Wolfgang (1993a): *Psycholinguistik des Fremdsprachenunterricht Natürliche Künstlichkeit: Von der Muttersprache zur Fremdsprache*, Tübingen: Francke (2., verbesserte und erweiterte Auflage).

Butzkamm, Wolfgang (1993b): »Bilingualer Unterricht – Fragen an die Forschung.« In: *Die Neueren Sprachen/Bilingualer Unterricht* Bd. 92, Heft 1/2 (April), 151-161.

Butzkamm, Wolfgang (1997): »Methodische Grundsätze und Probleme des bilingualen Sachunterrichts. Eine Klärung auf der Grundlage reflektierter Praxis.« In: Meißner, Franz-Joseph (Hg.): *Interaktiver Fremdsprachenunterricht: Wege zu authentischer Kommunikation* (Festschrift für Ludger Schiffler), Tübingen, Gunter Narr Verlag, 297-306.

Butzkamm, Wolfgang (1998a): »Zehn Prinzipien des Fremdsprachenlernens und -lehrens«. In: Timm, J.-P. (Hg.) *Englisch lernen und lehren. Didaktik des Englischunterrichts.* Berlin: Cornelsen, 45-52.

Butzkamm, Wolfgang (1998b): »Code-Switching in a Bilingual History Lesson: The Mother Tongue as a Conversational Lubricant«. In: *International Journal of Bilingual Education and Bilingualism* 1:2, 81-99.

Caldwell, John (1994): »Bayswater Revisited. A diachronic analysis of attention to the development of productive skills in a bilingual education programme« In: *Aberystwyth Occasional Papers* 2, 1-35.

de Courcy, Michele (1995): »›You just live in French‹. Adolescent Experiences of French Immersion« In: Michael J. Berthold: *Rising to the Bilingual Challenge*, Canberra: NLLIA, 75-95.

Dodson, C.J. (Hg.) (1985): *Bilingual Education: Evaluation, Assessment and Methodology,* Cardiff: University of Wales Press.

Drexel-Andrieu, Irène (1990): »*Bilinguale Geographie*« in: Henning Wode & Petra Burmeister (Hg.): *Erfahrungen aus der Praxis bilingualen Unterrichts.* Ausgewählte Beiträge vom Symposium »Mehrsprachiger Unterricht in Europa«, Kiel, November 1990, Kiel: Universität, 34-39.

Gröne, Helga (1997): »*We SPEAK English in our GEOGRAPHY class, and we LEARN English in our ENGLISH class.*« – *Beobachtungen am Lernen in der Praxis*«, Beitrag zur Tagung »Englisch als Arbeitssprache im Fachunterricht«, Landesinstitut für Schule und Weiterbildung, Soest.

Leisen, Josef (1994): *Handbuch des deutschsprachigen Fachunterrichts,* Bonn: Varus.

Lyster, R. (1990): »The Role of Analytic Language Teaching in French Immersion Programs« In: *The Canadian Modern Language Review* 47, 1, 159-176.

Maßmann, Juliane (1997): *Physik auf Englisch.* Staatsexamensarbeit RWTH Aachen.

Mäsch, Nando (1997): *Bilingualer Bildungsgang mit Deutsch als Fremdsprache: Motive, Ziele und Herausforderungen, Ms., Vortrag auf der Internationalen Deutschlehrertagung* Amsterdam.

O'Farrel, Finbar J. (1994): *Language and Achievement in Science for the International Baccalaureate* (A thesis submitted for the degree of Master of Arts), University of Limerick, May 1994.

Petit, Jean (1985): *De l'enseignement des langues secondes à l'apprentissage des langues maternelles.* Paris: Librairie Honoré Champion.

Petit, Jean (1987): *Acquisition Linguistique et Interferences.* Paris: Publication de l'Association des Professeurs de Langues Vivantes de l'Enseignement Public.

Petit, Jean (1989): »Spracherwerb durch Fehler und fehlerfreier Spracherwerb, eine psycholinguistische und sprachtypologische Überlegung.«

In: *Beiträge zur Fremdsprachenvermittlung aus dem Konstanzer Sprachlehrinstitut* 19, 1-28.

Petit, Jean (1992): *Au secours, je suis monolingue et francophone! Etiologie et traitement d'un syndrome de sénescence précoce et d'infirmité acquisitionnelle.* Presses Universitaires de Reims.

Petit, Jean (1993): »L'Alsace à la Reconquête de son bilinguisme.« In *Nouveaux Cahiers d'Allemand* vol. 11, n°4, 1-82.

Petit, Jean (1998): *Sprachbegabung kann erworben werden – auch von Frankophonen.* Unveröffentlichtes Manuskript.

Saville-Troike, Muriel (1984): »What Really Matters in Second Language Learning for Academic Achievement?« In: *TESOL Quarterly,* Vol. 18, No.2, June, 199-219.

Schwing, Mona (1997): *Probleme bilingualer Sachfächer. Eine Unterrichtsanalyse.* Staatsexamensarbeit RWTH Aachen.

Vögeding, Joachim (1995): »*Wenn in einen gesättigten Wasser Kochsalz gibt...*« – *Zur Lernbarkeit naturwissenschaftlicher Fächer in der Fremdsprache Deutsch am Beispiel eines deutschsprachigen Chemieunterrichts in der Türkei* (Istanbul Lisesi), Heidelberg: Julius Groos Verlag.

Wong-Fillmore, Lily (1985): »When Does Teacher Talk Work As Input?« In: Gass, Susan M. & Madden, Carolyn G. (eds.): *Input in Second Language Acquisition*, Cambridge: Newbury House Publishers, 17-50.

Die verflochtene Lehrer-Lerner-Interaktion – eine lernzielorientierte Lehrstrategie

Gothild LIEBER
Universität Leipzig

1. Vorbemerkungen und Problemaufriß

Da der Lehrende nicht in ›den Kopf des Lernenden‹ schauen kann, bleibt ihm der tatsächliche Ist-Zustand des Lernenden, also die jeweilige Wissensstruktur bzw. das individuelle Kompetenzniveau, verborgen; folglich erschließt oder »konstruiert« sich der Lehrer den Ist-Zustand anhand geeigneter diagnostischer Verfahren in einem interpretativen Prozeß aus dem Verhalten des Lernenden. Der »Bauplan« und die Vorgehensweisen dieser Rekonstruktion sollen idealerweise unter Bezug auf die Lehrstoffstruktur gewählt werden.

Beispielsweise können übergeordnete Handlungsvollzüge auf die globale Organisation, Steuerung, Sequenzierung des Lehr-Lern-Prozesses im Sinne zielerreichenden Lehrens ausgerichtet sein, wohingegen andere Instruktionsaktivitäten sich mehr auf die »untergeordnete Feinregulation« spezifischer individualisierter Interaktionen mit verschiedenen Schülern beziehen. Auch lassen sich Unterrichtsmaßnahmen mit deutlichem Zielbezug und hoher Beanspruchung der aufzuwendenden kognitiven Ressourcen (Handlungen im engeren Sinne) von automatisierten und routinierten operativen Teilaktivitäten abgrenzen, die keiner unmittelbaren Bewußtseinskontrolle mehr unterworfen sind. Darüber hinaus folgen einzelne unterweisungsbezogene Teilhandlungen normalerweise nicht nur sequentiell aufeinander, sondern müssen quasi simultan bzw. in enger zeitlicher Überlappung und zum Teil unabhängig voneinander ausgeführt bzw. koordiniert werden.

Die genannten Gesichtspunkte verdeutlichen, daß der Unterrichtende für die wesentlichen Instruktionshandlungen deshalb idealerweise fortlaufend Mittel-Ziel-Analysen durchführen sollte, in denen nach Effektivitätskriterien intendierte und nicht-intendierte Fern- bzw. Nebenwirkungen kalkuliert werden. Dies stellt eine wesentliche Grundlage dar, um in einem Vergleichsprozeß konkurrierende Maßnahmen bewerten zu können und gegebenenfalls konkrete Entscheidungen herbeizuführen. Ohne die Strukturierung des Instruktionsgeschehens aus handlungstheoretischer Perspektive an dieser Stelle noch weiter zu differenzieren, wird ersichtlich, welche hohen Anforderungen bei der zieladaptiven Organisation und Koordination des Instruktionsverlaufs an den Lehrenden gestellt werden. Im Zeitalter der Informatik und der computergestützten Informationsverarbeitung sind diese Funktionen intelligenten tutoriellen Systemen (ITS) zu implantieren.

Gestatten Sie, daß ich Sie an dieser Stelle zur Verdeutlichung unseres Anliegens erst einmal kurz gedanklich in die Schulstube entführe und Sie bitte, sich folgende (wohl alltägliche) Situation vorzustellen:

Sie stellen Ihren Schülern/Studenten die Aufgabe, sich paarweise auf ein Gespräch zu einem bestimmten Thema vorzubereiten.

Was tun Sie nun in dieser Zeit? Sie gehen doch sicher zu den einzelnen Paaren, hören in die Gespräche hinein und greifen hin und wieder bei Unsicherheiten, Fehlern helfend ein, geben diesen oder jenen Hinweis. WARUM Sie dies tun, ist klar, weil Sie der Auffassung sind – bestätigt durch jahrelang bewährte unterrichtspraktische Erfahrungen – damit a) Fehlern vorzubeugen, b) sie zu vermeiden oder auch c) bestimmte Linien für die Gesprächsführung einzuspeisen.

Jeder Lehrer tut dies, obwohl mit der Zweitsprachenerwerbsforschung, dem Interlanguage-Konstrukt ein anderer Umgang mit Fehlern als unter streng didaktischer, belehrender Sicht begründet erscheint; indem Fehler als objektive Zwischenstadien bzw. Phänomene von Lernersprachen zu begreifen und damit de facto unvermeidbar sind - ein Widerspruch also zwischen Theorie und Praxis?

Führen wir uns auf der Suche nach Antworten auf unsere Ausgangsfrage erst einmal vor Augen, WIE diese Situation, die ich »*verflochtene Lehrer-Lerner-Interaktion*« nenne, unter sprach- bzw. lernpsychologischer Sicht abzubilden wäre, so sind wohl dabei in Sonderheit zwei Aspekte wesentlich:

(1) Offensichtlich wird die letztlich angestrebte Kommunikationsleistung stabilisiert, indem Sicherheiten bei der Bereitstellung von Sprach- und/oder Sachwissen vermittelt werden, d.h. es werden Suchaktionen, die über Wissensbeständen agieren, aktiviert, gelenkt, bekräftigt.

(2) Somit wirkt der Lehrer *lern*fördernd innerhalb von eigentlich durch die Kommunikationshierarchie überwachten Prozessen.

Das meint: Lernen während, »in« der Kommunikation, Lernen und Kommunikation liegen dicht bei dicht oder pragmatisch gesagt: sei dies verstanden als »lernende Kommunikation«.

»Lernende Kommunikation« – ich gebe es zu, ein etwas provokanter Begriff – bedeutet, so gesehen, nicht schlechthin Informationsgewinn auf der inhaltlichen, der episodischen Ebene, sondern unter didaktischem Aspekt auch und gerade auf sprachlich-symbolischer Ebene. Es ist der Versuch, die beiden Hauptfunktionen der Sprache (die kognitive und kommunikative) im und für den Lernprozeß zu kombinieren als:

(1) ein Indiz für die Anpassung des Lehrers an den Lerner (Lehrersprache - Lernersprache)

(2) eine das Lernen in besonderer Weise unterstützende Form der Kommunikation, die es gilt, als methodisches Verfahren zu charakterisieren und handhabbar zu machen.

Zurück zu unserer eingangs geschilderten Unterrichtssituation: Bei Akzeptanz der zunächst praktischen, aber auch theoretischen Relevanz der Problematik gehe ich bei meinen weiteren Überlegungen von der These (nach McLaughlin 1982) aus, daß »jede Äußerung gleichzeitig eine Probe *und* ein Vollzug, Reflex eines Lernstadiums und ernsthafte Praxis« ist – folglich Lernen und Kommunikation (bei aller Differenzierung) dennoch nicht losgelöst voneinander funktionieren.

Daran anknüpfend stellen sich für unseren Untersuchungsgang folgende forschungsleitende Fragen:

(1) Lassen sich Systematik, Merkmalhaftigkeit dieser lehrerseitigen Interventionen ermitteln?

(2) Ist es möglich, dieses Faktum zu didaktisieren, d.h. als ein Lehrverfahren, als eine Strategie der Anpassung des Lehrers an den Lerner zu beschreiben?

Dies sollte wohl der Fall sein, wenn es denn ein erfolgreiches Verfahren ist, das vielleicht sogar die *Kunst des Unterrichtens* ausmacht und den *Experten-* vom *Novizen-*Lehrer unterscheidet.

2. Untersuchungsgang und Ergebnisdiskussion

2.1. Instruktionen und ihre lernzielorientierten Wirkungen

Die Philosophie meiner Untersuchung steht im wesentlichen auf dem Hintergrund folgender theoretischer Positionen:

(1) Was den gesteuerten Fremdsprachenerwerb als Lernprozeß und seine Bedingungen tatsächlich von anderem unterrichtlichen Lernen maßgeblich unterscheidet, ist die spezifische psychische Lernorganisation, mit der die Aneignung fremder Sprachen geschieht.

(2) Der Effekt des Fremdsprachenlernens hängt demnach in basaler Bedeutung eben von der Organisation der wechselnden Dominanzen zwischen der Kognitions- und der Kommunikationshierarchie ab.

Wenn wir ergo – auf der Grundlage akzeptierter Erkenntnisse der Psychologie – den fremdsprachigen Wissenserwerb als semantischen Informationsverarbeitungs-, als Problemlösungsprozeß verstehen, dann gilt auch, daß eine Grundeigenschaft menschlicher Informationsverarbeitung darin besteht, daß sie wissensgestützt erfolgt. Die zu verarbeitenden Reizstrukturen werden unmittelbar mit dem im Gedächtnis über sie bereits gespeicherten Wissen in Verbindung gebracht. Dieses Wissen, diese Klassen von bekannten Reizstrukturen (nennen wir sie Begriffe oder Konzepte), werden genutzt, um die Verarbeitung der vorliegenden (neuen) Reizstruktur auf die jeweils gerade notwendigen Schritte einzuschränken. Die imponierende Flexibilität und Effektivität der menschlichen Informationsverarbeitung beruht danach vor allem auf der *Nutzung bestehenden Wissens zur Reduktion des notwendigen Verarbeitungsaufwandes.*

(3) Dies wiederum gilt es, in Einklang zu bringen mit Erkenntnissen der Fremdsprachenforschung, die besagen, daß Spracherwerb selten kontinuierlich verläuft, sondern oft Sprünge und Phasen scheinbaren Stillstandes aufweist, daß Fossilisierungen aufzubrechen und unterschiedliche Lern- und Verhaltensroutinen sowie Persönlichkeitsprofile zu nutzen sind.

Aus diesem Thesenkomplex leiten sich prinzipiell zwei Konsequenzen ab:

(1) die Notwendigkeit der wissensbasierten Unterweisung in allen vier – natürlich nicht eindeutig voneinander zu trennenden – Verarbeitungsphasen: Vorbereitungs-, Aneignungs-, Speicher-, Erinnerungsphase (Bredenkamp 1977).

(2) die Anpassung einer jeglichen Unterweisung sowohl an die jeweilige Lernphase (gemeint ist ihre Zieladäquatheit) in Korrespondenz mit den individuellen Potenzen der Recognition, der Lerndispositionen. Damit sind aus meiner Sicht ganz entscheidende Basisparameter für adaptive Unterweisungen, Interventionen, Instruktionen und deren lehrer- und lernerseitige Relevanz postuliert.

2.2. »Adaptive Instruktionsstrategien« im engeren Sinne und ihre spezifische Bedeutung im Lern-/Lehrprozeß

Heute scheint unbestritten, daß die Möglichkeiten der äußeren Einflußnahme auf Lernverhalten und Lernergebnis von vornherein eingeschränkt sind. Die einzige Brücke zwischen äußeren und inneren Lernbedingungen stellen die informationsverarbeitenden Aktivitäten des Lerners selbst dar, auf denen jede Art von Lernen basiert. Insbesondere dank ihrer Manipulationskraft können Instruktionen bei Einhaltung entsprechender Kriterien diese Brückenfunktion wahrnehmen. Brückenfunktion sei hier vor allem verstanden als Mittel, Fremdsteuerung in Selbststeuerung umzuwandeln.

Sich mit Fragen der Selbststeuerung zu beschäftigen, ist gegenwärtig äußerst aktuell. Zumal nachweislich die Mißachtung dieser Selbststeuerungskomponente etwa durch vermeintliche ausgeklügelte Fremdsteuerungstechniken – als Kronzeugen stehen hier bestimmte Formen des programmierten Unterrichts oder auch von CALL – das Lernresultat deutlich negativ beeinträchtigt. Hierin liegen die Wurzeln meines Plädoyers für ein *»offenes Konzept« der Instruktionsstrategie*.

Adaptive Instruktionsstrategien sind demnach lernstandsadäquate Hinweise, Aktivierungs-, Steuerungsimpulse, die auf vorhandenes Wissen und Handlungskompetenzen zurückgreifen bzw. vorhandene Konzepte durch neue Informationen erweitern, stabilisieren, präzisieren. Insofern dienen sie der äußeren Begleitung internablaufender linear und komplex strukturierter Prozesse, der unaufdringlichen Handlungsregulation des Lernens.

Mit der Zielorientiertheit von Instruktionen lassen sich grundsätzlich *zwei Stile von Stimuli* voneinander abheben: problem- und ergebnisorientierte Stimuli.

Ausgehend von diesen zwei Grundstilen ergeben sich je nach dominierenden Gedächtnis- bzw. Kommunikationsprozessen unterschiedliche Arten und Formen von Stimulierung (vgl. Übersicht 1):

ARTEN VON STIMULIERUNG			
INFORMATIONS-BEZOGENE INSTRUKTION	PROBLEM-BEZOGENE INSTRUKTION	SIGNALE	DIAGNOSE-, KONTROLL-INSTRUKTION
- Regeln	- direkte Instruktionen (Frageformen, Aufforderungen, Arbeitsanweisungen)	- verbale/bildliche Bekräftigung	- Generation
- Paradigmen		- Wiederholung	- Demonstration
- Muster		- Intonation	- Fehlererkennung
- Modelle		- Mimik	- Fehlerkorrektur
- andere Arbeits-anweisungen	- indirekte Instruktionen (Kontext, Intonation, Mimik, Gestik...)	- Gestik	- Erklärung
			- Diagnose
		- u.a. personale u. situative Formen	

Übersicht 1: Arten von Stimulierungen

(1) INFORMATIONSBETONTE INSTRUKTIONEN: Im Mittelpunkt steht hier die Informationsverarbeitung, das Eingliedern neuer, neuartiger Informationen in das Wissens- und Könnensrepertoire des Lerners.

Zu unterscheiden wären dabei folgende Formen:

– Arbeitsanweisungen, Regeln, *wie* etwas auszudrücken, zu tun ist;

– Präsentation von Mustern, Modellen, Paradigmen.

Diese Art von Instruktion ist stets verbunden mit einem größeren oder geringeren Anteil von neuen Informationen. In diese erweiterte Begriffsfassung nehmen wir (wie ersichtlich) bestimmte Daten in Form von Paradigmen, Regeln u.ä. aus Gründen der unterrichtspraktischen Realität mit auf, wenngleich in der Literatur die Auffassungen darüber auseinandergehen, ob der Begriff der Instruktion den Transport von Daten mit einschließen sollte oder nicht.

(2) In der 2. Gruppe von Instruktionen konzentrieren sich die Aktivitäten des Gedächtnisses auf PROBLEMLÖSUNGSPROZESSE, initiiert durch Aufgabenstellungen, z.B. in Form von:

(a) *direkten* Anweisungen (Aufgaben, Aufforderungen), etwas zu tun sowie verschiedene Frageformen. Dies wiederum steht im Zusammenhang mit unterschiedlichen Diagnoseverfahren (s. Spalte 4);

(b) *indirekten* Anweisungen, etwas zu tun.

(3) Als entscheidend für die 3. Gruppe von Impulsen sei ihre bekräftigende, motivierende Funktion herausgestellt. Diese Rolle der Instruktion sei mit dem Begriff *Signal* belegt. Solche *Signale* können sehr verschiedene Formen annehmen - z.B.:

– verbale Bekräftigung: »o.k., richtig, oder ...?«
– Wortwiederholungen
– Intonation, Mimik, Gestik

(4) *Diagnose- und Kontrollinstruktion* zu sein - ist das zentrale Merkmal des 4. Rasters. Hierzu zählen solche Formen wie:

(a) GENERATION
   – Wie sagt man für »x«?
   – Wie sagt man, wenn ...?
   – Erkundige Dich nach ...!
   – Erkläre, daß...!
   – Frage nach ...!

(b) DEMONSTRATION
   – Was passiert, wenn man »x« statt »y« sagt?
   – Vergleiche folgende Aussagen ...!
   – Wann könntest Du sagen: ...?

(c) FEHLERERKENNUNG
   – Kann man ... sagen?
   – Wäre die Aussage »...« auch richtig?

(d) FEHLERKORREKTUR
   – Was sollte man statt »x« sagen?
   – So wäre es richtig ...
   – Du hättest »x« sagen müssen.
   – »X« ist besser als »y«.

(e) ERKLÄRUNG
   – Warum ist »y« richtig?

  – Warum ist »y« besser als »x«?
  – Warum sagt man nicht »...«?

(f) DIAGNOSE
  – Welche (internen) Regeln zu welchen Fehlern geführt haben;
  – betr.: prozeßnahe Modellierung des individuellen Kompetenz-
    niveaus

Auf weitere z.B. personen- und situationsbedingte Faktoren, die ebenfalls auf eine Instruktionshandlung Einfluß nehmen, kann in dem Zusammenhang nicht eingegangen werden.

Diesen Teil zusammenfassend ließe sich als Schlüsselfunktion einer
adaptiven Instruktionsstrategie als Kern von entweder personifizierten
(Lehrer) oder computergestützten ITS formulieren: Je prägnanter, über-
schaubarer und erwartungskonformer, je verständlicher, situationsgemäßer
und sinnvoller eine Instruktion, um so größer ist die Wahrscheinlichkeit, daß
es zu instruktionsadäquatem Handeln seitens des Instruktionsrezipierten
kommt.

Eine effiziente Instruktion zeichnet sich dadurch aus, daß sie es vermag,
den Lerner mittelbar oder unmittelbar zu dem von ihr gewünschten Handeln zu inspirieren. Sie kann und sollte effiziente Kodierungsstrategien aus-
lösen bzw. Konzepte aktivieren, die den Weg zum Ziel erleichtern bzw. ihn
überhaupt erst ermöglichen. Unterscheidungsparameter für den jeweiligen
Grad der Adaptivität liegen dabei: in der Lehrstoffdichte, dem Auflösungsgrad der Instruktionen, dem Instruktionstempo, der Abfolge, Konzentration
von Instruktion etc.

Derartige auf individuelle Defizite und Bedürfnisse ausgerichtete Unter-
weisungsangebote bedürfen ihrer didaktischen Handhabbarkeit wegen einer
Reihe weiterer Orientierungen wie z.B. zu: Lernstand, Lern- und Lehrziel,
Motivationslage, Situativität etc.

2.3. Optimierung des Instruktionsgeschehens beim Einsatz von ITS

Ausgehend von der eingangs nach McLaughlin (1982) zitierten These
der Gleichzeitigkeit von Probe und Vollzug bei der Realisierung jeder Äußerung sowie unter Verweis auf den für unsere Untersuchung kategoriellen
Befund von Engelkamp (1990), daß der Retrievalerfolg um so größer ist, je
mehr sich Encodier- und Retrievalprozesse überlappen, gehen wir bei unseren weiteren Überlegungen von folgenden Hypothesen aus:

(1) Aufgrund vorliegender Erkenntnisse der kognitiven Psychologie ist mit
hoher Wahrscheinlichkeit zu mutmaßen, daß der Retrievalerfolg und damit
Behaltensstabilität und Abrufsicherheit um so größer sind, je zeitgleicher die
Kopplung zwischen Recodier- und Retrievalprozessen initiiert wird.

(2) In Umkehrung dazu sollte erwartet werden, daß eine dem Grad der Sprachbeherrschung inadäquate Trennung von Recodier-, Encodier- und Retrievalprozessen, d.h., wenn die Aktivierung von Gedächtnisbesitz nicht entsprechend komplex gestützt wird (im Fall von Nullinstruktion), die Lernaktivitäten herabgesetzt bzw. verlangsamt werden.

Ein besonderes Augenmerk bei der Entwicklung von künstlichen, computergestützten ITS gilt dem Ziel, die Adaptivität des Instruktionsgeschehens für den Lernenden und seinen Lernweg zu steigern, indem kontingente, lernstandsgerechte und affektiv-stützende Rückmeldungen vermittelt werden. So wird z.B. ein eher »informatives« Feedback eingesetzt, wenn grundlegende Wissensdefizite vorliegen. Demgegenüber stehen in fortgeschrittenen Lernabschnitten vorwiegend »korrektive« Rückmeldungen im Vordergrund – etwa wenn einzelne Beziehungen zwischen Wissensinhalten unklar sind oder spezifische Fehlverständnisse während der Integration bzw. Konsolidierung des Gelernten auftauchen.

Atkinson (1976) hat die wesentlichen Anforderungen an ein vollständig »adaptives Instruktionssystem« (»adaptiv instructional system«) herausgestellt. Er fordert, daß

(1) die Sequenzierung der instruktionalen Aktivitäten in Abhängigkeit von der Lerngeschichte des Schülers variiert und

(2) das Unterweisungsprogramm so organisiert wird, daß es sich automatisch selbst modifiziert, wenn zunehmend mehr Schüler den Kurs absolviert haben und verhaltensbezogene Aufzeichnungen bedeutsame Schwächen in den Instruktionsstrategien des Systems aufzeigen.

Ein Instruktionsgeschehen, das diesen Anforderungen gerecht werden soll, muß dementsprechend die charakteristische Lernsequenz des Schülers sorgfältig verfolgen und das Lehrangebot fortlaufend entsprechend einer Modellierung des individuellen Wissens-, Kenntnis- und Fertigkeitsstandes des Lernenden einrichten. Nur so kann eine echte Anpassung der Unterweisungsangebote bezüglich individueller Differenzen und Bedürfnisse im Lerngeschehen erreicht werden.

Adaptivität im Rahmen einer zielerreichenden Lehr-Lern-Organisation setzt ferner die Beachtung einer Reihe weiterer Kriterien voraus (vgl. Waxman/Wang/Anderson/Walberg 1986):

– Segmentierung des Lehr-Lern-Geschehens in überschaubare und sachstrukturell aufeinander abgestimmte Instruktionseinheiten, die den einzelnen Lernenden nicht überfordern;

– Wahl eines angemessenen Instruktionstempos unter Berücksichtigung von individuellen Lernzeitdifferenzen;

– Verfügbarmachen alternativer Formen der Lehrinformation und Lehrstoffpräsentation durch verschiedene Unterrichtsmedien, so daß die Lernenden gewisse Wahlmöglichkeiten besitzen, um sich entsprechend individuellen Bedürfnissen und Präferenzen neue Sachverhalte anzueignen;

– kontinuierliche Überprüfung des Lernfortschritts sowohl während als auch nach einer Unterweisungsphase (formative und summative Lernerfolgskontrolle);

– periodisches Informieren des Lernenden über seinen Leistungsstand im Hinblick auf die relevanten Lehrziele, um die Planung, Durchführung und Effizienzbewertung des eigenen Lernprozesses zu erleichtern;

– fakultative Ergänzung instruktionsintensiver Phasen mit hoher »Lehrstoffdichte« durch differenzierte Übungs- und Wiederholungsangebote;

– Einsatz korrektiv-remedialer Maßnahmen bei Kenntnis- und Fertigkeitsdefiziten.

Im Rahmen der Entwicklung von ITS – als künstliche intelligente Systeme – wird nun beansprucht, solchen Adaptivitätskriterien besonders Rechnung zu tragen. Damit sollen lerngerechte, computergestützte Unterweisungsformen konzipiert werden, die zugleich die »Schwachstellen« und Unzulänglichkeiten traditioneller Computersysteme bzw. -programme in pädagogischen Einsatzbereichen überwinden.

Hauptziel ist die Konzipierung flexibler und dialogisierter Lernumgebungen, welche auf lehr-, lern- sowie kognitionstheoretische Erwägungen explizit Bezug nehmen und dem Schüler ein hohes Maß an autonomer und eigenverantwortlicher Lernregulation ermöglichen. Im Vordergrund steht die Absicht einer gezielten Berücksichtigung der Organisation subjektiver Wissensstrukturen, die präzise Modellierung bereichsspezifischer Komponenten und Defizite sowie die Gewährleistung einer hohen Adaptivität bzgl. individueller Prozesse der Informationssuche und -verarbeitung. Dies impliziert, daß eine sorgfältige, prozeßnahe Beschreibung und Abbildung individueller Charakteristika der Wissensaneignung, -veränderung, -aktivierung und -nutzung erforderlich ist. Pädagogisch genutzte Computersysteme, die diesen Anforderungen gerecht werden sollen, müssen dem Lernenden darüber hinaus Optionen verfügbar machen, um entsprechend seinen eigenen Interessen und seinem jeweiligen Sachverständnis auf den tutoriellen Dialog Einfluß nehmen zu können.

Bei der Gestaltung von ITS wird außerdem intendiert, Eingaben und Systeminteraktionen des Lernenden mit dem Computer »on-line«, d.h. unmittelbar während des Unterweisungsgeschehens, zu diagnostizieren und zu klassifizieren. Dadurch soll eine Voraussetzung für kontingente und differentielle Lernunterstützungen in Form sachlich korrektiver, instrumenteller und motivational förderlicher Rückmeldungen geschaffen werden. Auf diese Weise erwartet man, daß der Lernende sein eigenes Handeln kritisch evaluiert, ein inneres »Modell erfolgreicher Leistung« entwickelt und im günstigen Falle auch seine bereichsspezifischen bzw. -übergreifenden Kompetenzen im selbständigen Lösen von Aufgaben und Problemen weiterentwickelt.

Ein grundlegendes Ziel besteht bei vielen ITS-Anwendungen in der Absicht, dem Lernenden eine eher unaufdringliche Supervision und individualisierte Betreuungsatmosphäre zu vermitteln, wobei das Instruktionsverhalten dem Vorgehen qualifizierter menschlichen Tutoren angeglichen werden soll. Dies beinhaltet, daß sowohl Maßnahmen zur Intensivierung des Lerngeschehens und zur Überwachung der Problemlösungsprozesse als auch Optionen der lernstandsadäquaten Beratung so verfügbar gemacht werden, daß das Arbeitsverhalten des Schülers eine affektiv-motivationale Stützung erfährt und das individuelle »Flußerleben« im Sinne eines intrinsisch motivierten Lernens nicht verloren geht. So bemüht man sich z.B. bei manchen ITS-Relationen, individuelle Lernaktivitäten durch herausfordernde, die Phantasie anregende Problemstellungen und vielfältige Präsentationsmodi des Lehrstoffs gezielt zu stimulieren. Häufig wird bei der konzeptuellen und technischen Realisierung von ITS der Anspruch formuliert, daß das Computersystem über die Fähigkeit verfügt, selbst die intendierte Aufgabenbewältigung oder Problemlösung zu realisieren und nicht nur auf gespeicherte Lösungen zurückzugreifen. Das hier geforderte Ausmaß an »Expertise« des Computersystems stellt dementsprechend hohe Anforderungen an die Programm-Entwicklungswerkzeuge und die architektonische Struktur der eingesetzten Soft- und Hardware. Erst durch entscheidende Fortschritte im Bereich der KI-Forschung (z.B. durch die Konzipierung wissensbasierter Expertensysteme, lernfähiger Systeme, differenzierter Deduktions- und Interferenzmethoden sowie ausgereifter Informations- und Datenbanken) sind solche Realisationen in den Bereich des Möglichen gerückt worden.

ITS basieren – wie bereits angedeutet – in den meisten Fällen auf einer charakteristischen Zusammensetzung einzelner Programm- bzw. Funktionskomponenten (sog. »Module«). Bei diesen Modulen handelt es sich meist nicht um völlig isolierte oder in sich geschlossene Einheiten, denen ein prinzipiell eigenständiges Computerprogramm entspricht. Vielmehr sind die Teilkomponenten oft miteinander vernetzt, so daß der Wortgebrauch »Module« lediglich eine idealisierende Vereinfachung darstellt, um die Systematisierung und aspekthafte Betrachtung einer konkreten Gesamtkonfiguration zu erleichtern (Roberts 1984; Roberts & Park 1983).

Im wesentlichen sollte ein ITS gemäß der eingangs geschilderten natürlichen personifizierten Lehrer-Lernerinteraktion folgende konstitutive Bestandteile aufweisen:

1. das *Experten-Modul*, welches die sachverhaltensspezifische Wissensbasis, den Lehrstoff enthält, der dem Lernenden vermittelt werden soll;

2. das *Schüler-Modul*, das vor allem den prozeßabhängigen Wissensstatus des Lernenden repräsentiert;

3. das *Tutorielle Modul*, welches bestimmte Lehrmethoden realisiert, den Instruktionsprozeß steuert sowie für die Aktivierung adaptiver didaktischer Interventionen verantwortlich ist;

4. das *Kommunikations-Modul*, das für den Informationsaustausch zwischen System und Lernenden vorgesehen ist. Es sollte idealerweise die Fähigkeit besitzen, natürlich-sprachliche Fragen zu verstehen und sinnvolle Antworten entsprechend den sprachspezifischen und syntaktischen Kriterien zu generieren.

In keinem der gegenwärtig verfügbaren computerbasierten Instruktionssystemen liegen diese Komponenten allerdings gleichermaßen elaboriert vor, vielmehr sind meist einzelne Module im Gesamtsystem entsprechend den Zielsetzungen der jeweiligen Autoren schwerpunktmäßig ausgearbeitet worden.

• Das Experten-Modul:

Im Experten-Modul, gelegentlich auch als »Wissens-Komponente« bezeichnet, sind die lehrstoffbezogenen Inhalte, Strukturen und Verfahrensweisen abgebildet. Diese Komponente enthält im einzelnen die formalisierte, bereichs- und gegenstandsbezogene Repräsentation des jeweiligen Fakten-, Konzept-, Strategie- und Regelwissens auf Datenbasis sowie die Abbildung der auf ihr operierenden Instruktions- und Deduktionsverfahren. Darüber hinaus wirkt das Experten-Modul bei der Generierung individuumsspezifisch adaptierter Problemstellungen mit und kann zur Evaluation des aktuellen Lern- und Wissenstandes des Lernenden herangezogen werden (Wissensdiagnose) – etwa indem es die Güte und sachlogische Stimmigkeit der jeweiligen Problemlösungen und Antworten überprüft. Das Experten-Modul erfordert also – instruktionspsychologisch gesehen – eine Repräsentation des als »Sollzustand« für den Schüler anzusehenden Wissens und Könnens, idealerweise unter Angabe der zu beherrschenden Aufgabenklassen und des jeweils erforderlichen Kompetenzgrades. Berücksichtigt man den Prozeßcharakter des Lerngeschehens, so wird deutlich, daß der als Vergleichsmaßstab für eine spezifische Schülerleistung herangezogene Ausschnitt des Expertenwissens in seiner inneren Struktur sukzessive auf den jeweiligen Wissens- und Fertigkeitsstatus des Schülers abgestimmt werden muß.

Man spricht in diesem Zusammenhang auch von einem situativ variablen, »idealen Schülermodell« - im Sinne eines anzustrebenden, variablen Zielzustandes - oder einer »intermediären Repräsentation« (Bonar 1985), um die dynamische, lernstandsgerechte Konzipierung des Expertenwissens zu unterstreichen und die Notwendigkeit einer kontextabhängigen Generierung des optimalen Lernangebots zu betonen. Spada und Opwis (1985) haben dementsprechend die Forderung gestellt, daß die Experten-Komponente unter Berücksichtigung eines Modells der Veränderung gegenstandsbezogenen Wissens ausgestaltet werden sollte. Dies setzt eine explizite Bezugnahme auf Lern- und kognitionspsychologische Theorienbildung voraus, in der Prozesse des erfahrungsgeleiteten Aufbaus und der Veränderung kognitiver Strukturen thematisiert werden.

• Das Schüler-Modul:

Im Vordergrund steht bei der Konzipierung eines Schüler-Moduls das Anliegen, fortlaufend Hypothesen über das jeweilige Wissen und Können des Schülers bezüglich der Gegenstandsdomäne zu bilden und Lern- oder Wissensdefizite bzw. suboptimale Problembearbeitungsstrategien möglichst unmittelbar zu erfassen. Dies setzt voraus, daß das Gesamtsystem Ressourcen zur Verfügung stellt, um alternative Problemlöseoptionen vergleichen und fehlerhafte Konzepte oder ineffiziente Prozeduren schnell entdecken zu können. Im Bereich der Mensch-Maschine-Interaktion werden verschiedene Formen von Benutzer-Modellen (»user-models«) diskutiert, die auch für die Gestaltung von Schüler-Modellen von großer Bedeutung sind. Unter einem »Benutzer-Modell« wird in diesem Zusammenhang meist jede Art von Information verstanden, die ein Computerprogramm über einen spezifischen Benutzer besitzt. Die Informationen können von einfachen Auszählungen spezifischer Antworten des Individuums in der Interaktion mit dem jeweiligen Computersystem bis hin zu komplexen Datenstrukturen reichen, die einen relevanten Ausschnitt des individuellen Benutzerwissens abbilden.

• Das Tutorielle Modul:

Mit dem Tutoriellen Modul wird die Grundlage für die Steuerung des Lehr-Lern-Prozesses zwischen System und Schüler geschaffen. Die Qualität seiner Ausgestaltung ist entscheidend für die lerngerechte Individualisierung und Differenzierung der Instruktionsangebote. Aus dieser Basismarkierung ergibt sich eine Reihe von Teilfunktionen.

Eine besondere Herausforderung stellt die Einrichtung geeigneter Eingreifprogramme bei Lernbarrieren oder Verständnislücken des Schülers dar. Brown (1977) skizziert dabei einige der Probleme, welche die Notwendigkeit der Berücksichtigung differenzierten instruktionspsychologischen Wissens unterstreicht.

Aus der Perspektive von Ohlson (1986) resultiert die »strukturelle Koordiniertheit« didaktischer Eingriffe aus der Fähigkeit des Tutoriellen Moduls, konsistent einen Plan zu verfolgen. Demgegenüber entscheidet das Vermögen zur effizienten Planrevision bei auftretenden Schwierigkeiten in der Lernstoffvermittlung über die Flexibilität des tutoriellen Vorgehens.

270

• Das Kommunikations-Modul:

Gegenwärtig kann ein Lernender noch nicht mit einem ITS »sprechen«, wie er es bei der Interaktion mit einem Lehrer gewohnt ist. Eine komfortable »Systemoberfläche«, welche natürlich-sprachliche Kommunikationsmöglichkeiten eröffnet, ist bei den aktuell verfügbaren ITS noch nicht verwirklicht. Viele der vorliegenden ITS lassen gegenwärtig allenfalls ein sehr begrenztes Spektrum an natürlich-sprachlichen Eingaben über die Tastatur zu.

Im Hinblick auf die *Informations- und Sprachausgabe* müssen sorgfältige Überlegungen darüber erfolgen, welche Strategien der Informationsvermittlung jeweils sinnvoll sind, um einen eindeutigen und unmißverständlichen Wissenstransfer anhand üblicher rhetorischer Kommunikationsprinzipien zu erleichtern. Es mangelt jedoch noch an empirischen Evaluationsstudien, die konkurrierende Prinzipien der Informationsstrukturierung im Hinblick auf ihre Nützlichkeit zu beurteilen gestatten.

Zusammenfassend kann bereits an dieser Stelle festgehalten werden, daß die Schwierigkeiten bei der Konzipierung funktionstüchtiger ITS in einer bisher nicht gekannten Weise deutlich werden lassen, welche komplexen Anforderungen ein flexibles und adaptives Unterrichtsgeschehen an das jeweilige Lehrsystem stellt. Daher kommt »intelligenten« computergestützten Instruktionsverfahren sicherlich trotz aller gegenwärtig noch ungelöster Probleme ein hoher heuristischer Wert für die Unterrichtswissenschaften zu.

3. Abschließende Bemerkung und Ausblick

Ein prinzipielles Problem wird bei der Frage nach günstigen Strategien zur Lehrplanpräzisierung und einer darauf abgestimmten Lehrstoffvermittlung besonders deutlich: Die in der Instruktionspsychologie vorliegenden Modelle zur Lehrstoff- bzw. Aufgabenanalyse sind zur Zeit besonders entwicklungsbedürftig und deshalb nur begrenzt geeignet, um unmittelbare Handlungsanweisungen für die Konstruktion von ITS zu vermitteln.

In diesem Zusammenhang müssen auch Defizite in der kognitionspsychologischen Grundlagenforschung konstatiert werden: Die effektive Präzisierung von Lehrzielen und Lehrstoffen, wie sie bei der Vermittlung von anspruchsvollen Sachverhaltsstrukturen unerläßlich ist, setzt nämlich voraus, daß differenzierte Angaben über die jeweils erforderlichen kognitiven Strukturen und Prozesse beim Lernenden gemacht werden. Hier ist folglich die Verfügbarkeit geeigneter Modelle über Prozesse des individuellen Wissenserwerbs, der Wissensrepräsentation und der Wissensnutzung von großer Bedeutung. Gegenwärtig mangelt es jedoch noch an empirisch fundiertem Wissen, wie z.B. qualitative und strukturelle Merkmale bzw. Veränderungen der individuellen Wissensbestände am besten abgebildet werden sollten (vgl. Mandl & Hron 1986).

Gerade in der pädagogisch-psychologischen Forschung existiert eine Reihe von Modellen, die sich mit der Struktur des Lerngeschehens befassen und aus denen sich spezifische Empfehlungen für die Lehrstoffvermittlung oder die Förderung der individuellen Lernfähigkeit ableiten lassen. Es wäre wünschenswert, wenn bei der Konzipierung einzelner ITS in Zukunft stärker auf genuin psychologische Theoriebildungen, die sich mit komplexen Lernprogrammen und dem Erwerb von Wissen beschäftigen, explizit Bezug genommen wird. Der Ansatz von Self (1986) zur Gestaltung eines Schüler-Moduls beim Konzeptlernen stellt u.E. einen Schritt in dieser Richtung dar: Bei ihm werden nicht nur aktuelle Konzepte des KI-basierten »maschinellen Lernens« diskutiert, sondern auch ausdrücklich Befunde der hier relevanten psychologischen Forschung berücksichtigt.

Sicherlich müssen solche Prinzipien, die sowohl zur Diagnose des individuellen Lern- und Wissenszustands als auch zur Organisation des Lehr-Lern-Geschehens insgesamt von Bedeutung sind, weiter ausdifferenziert werden. Vor allem bedarf es präziser Vorstellungen, wie der individuelle Prozeß des Erwerbs, der Veränderung und der Anwendung von Wissen im Umgang mit komplexen Sachverhaltsbereichen organisiert ist. Für diese Fragestellung dürfte der gezielte forschungsbezogene Einsatz von ITS allerdings zusätzliche Anstöße vermitteln.

In der neueren Kognitionspsychologie hat vor allem der Ansatz von Anderson (1982; 1983) große Bedeutung gefunden, da er verhältnismäßig detaillierte und präzise Aussagen über geistige Prozesse beim Erwerb mentaler Fertigkeiten macht. Im Rahmen seiner Theorie zur »Architektur des kognitiven Systems« versucht er beispielsweise, zugrundeliegende Wirkmechanismen bei der Aneignung von Prozeßwissen im Rahmen des kognitiven Lernens auf hohem Auflösungsgrad zu spezifizieren. Anderson (1983) hat außerdem die Tragfähigkeit viele seiner Modellannahmen durch eine Simulation kognitiver Informationsverarbeitungsprozesse auf dem Computer demonstriert.

Ungeachtet der sich eröffnenden neuartigen Forschungsperspektiven, die eine systematische Weiterentwicklung von ITS sinnvoll erscheinen lassen, können empirische Studien unter Verwendung dieser Instruktionssysteme selbstverständlich nur einen Teilbeitrag zur Klärung grundlegender Probleme der Unterrichtspsychologie liefern. Die Erwartungen würden sicherlich zu hoch gesteckt, wenn man sich nun in absehbarer Zukunft eine Beantwortung vieler offener Fragen bezüglich zentraler Teilprozesse, -strukturen und -funktionen im Instruktionsgeschehen verspräche.

Abschließend möchten wir noch einmal hervorheben, daß ITS u.E. eine große Herausforderung für die Psychologie und die Pädagogik darstellen.

Dies gilt sowohl für Theoriebildung, empirische Forschung als auch konkrete unterrichtspraktische Anwendungen.

Literatur

Anderson, J.R. (1982): »Acquisition of cognitive skill.« In: *Psychological Revue*, 89.

Anderson, J.R. (1983): *The architecture of cognition*, Cambridge, MA: Havard University Press.

Atkinson, R.C. (1976): »Adaptive instructional systems: Some attempts to optimize the learning process.« In: *Cognition and instruction.*

Bonar, J. (1985): *Bite-sized intelligent tutoring*, Pittsburgh.

Bredenkamp, J./Wippich, W. (1977): *Lern- und Gedächtnispsychologie*, Stuttgart.

Brown, J.S. (1977): *Uses of artifical intelligence and advanced computer technology in education. Computers and communication*, New York, Academic Press.

Engelkamp, J. (1990): *Das menschliche Gedächtnis*, Göttingen.

Mandl, H./Hron, A. (1986): »Wissenserwerb mit Intelligenten Tutoriellen Systemen.« In: *Unterrichtswissenschaft*, 14.

McLaughlin, B. (1982): *Children's second language learning*, Washington, D.C.: Center for Applied Linguistic.

Ohlson, S. (1986): »Some principles of intelligent tutoring.« In: *Instructional Science*, 14.

Roberts, F.C. (1984): »An overview of intelligent CAI systems.« In: *Peabody Yournal of Education*, 1.

Roberts, F.C./Park, O. (1983): »Intelligent computer-assisted instruction: An explanation and overview.« In: *Educational Technology*, 12.

Self, J.A. (1986): »The application of machine learning to student modelling.« In: *Instructional Science*, 14.

Spada, H./Opwis, H.(1985): *Intelligente Tutorielle Systeme aus psychologischer Sicht. Lernen im Dialog mit dem Computer*, München.

Waxman, H.C./Wang, M.C./Anderson, K.A./Walberg, H.J. (19986): »Synthesis of research on the effects of adaptiv instruction.« In: *Educational Leadership*, 43.

Sprachreflexion und Progression im fremdsprachlichen Lernprozeß der Grundschule

Heribert RÜCK
Universität Koblenz-Landau

Um es sogleich klarzustellen: Die folgenden Erörterungen handeln nicht von einem verschulten, grammatisch orientierten Fremdsprachenunterricht, wie der Titel vermuten lassen könnte. Vielmehr bekennt sich der Autor zu den Prinzipien eines vorwiegend auf impliziter Regelbildung basierenden frühen Spracherwerbs, wie er auf der Grundlage von Befunden der Erst-, Zweit- und Fremdsprachenerwerbsforschung im Rheinland-Pfälzischen Modellversuch »Integrierte Fremdsprachenarbeit in der Grundschule« erfolgreich erprobt wurde. (Zur Begründung vgl. Rück 1995).

Und dennoch: Nach Beendigung des Modellversuchs und der fortschreitenden landesweiten Einführung von Englisch und Französisch in den dritten und vierten Klassen der rheinland-pfälzischen Grundschulen stellt sich erneut die Frage, wie mit unkorrekten, d.h. vom System der Zielsprache abweichenden Formen in der Sprachproduktion der Kinder umzugehen sei. Und, damit einhergehend, welche Form elementarer Sprachkompetenz bei den Lernenden am Ende ihrer zweijährigen Begegnung mit der Fremdsprache zu erwarten ist und ob es einen erkennbaren Weg hin zu diesem Ziel geben kann.

Wenden wir uns zunächst der Frage der resistenten »Fehler« zu, die ein kritisches, d. h. im ursprünglichen Sinn des Wortes unterscheidendes Verhältnis zum eigenen Spracherwerbsprozeß bei den Lernenden vorauszusetzen scheinen.

1. Reflexion über Abweichungen und deren Korrektur

1.1. Systemabweichungen

Als »resistent« werden jene System- (oder auch Norm-) abweichungen bezeichnet, die durch angemessenen Sprachkontakt nicht verändert werden, die also zu fossilieren drohen. Fossilierten Abweichungen von der Zielsprache fehlt der kreative Aspekt, der ja bekanntlich all jenen nicht-zielsprachengerechten Formen eignet, die auf implizite Regelbildungen verweisen und die für intermediäre Sprachsysteme (interlanguages, Interimsprachen) charakteristisch sind. Während kreative Fehler als ständig über-prüfbare Hypothesen für den Spracherwerbsprozeß fruchtbar und notwen-dig sind, werden fossilisierte Fehler von Phase zu Phase des Spracherwerbs weitergeschleppt und stellen damit Hindernisse im Erwerbsprozeß dar.

Aus fremdsprachendidaktischer Sicht ergibt sich hinsichtlich der System- bzw. Normabweichungen das Problem von deren richtiger Einschät-zung. Wann ist ein Fehler produktiv, wann stellt er einen bloßen wieder-kehrenden Lapsus dar? Hier muß dem didaktischen Gespür der Lehrerin bzw. des Lehrers einiges zugemutet werden. Nehmen wir folgendes Beispiel aus dem Bereich des Französischen:

Nachdem Wörter wie *mère (maman), père (papa), sœur, frère* usw. münd-lich durchgespielt wurden, sind die Kinder damit beschäftigt, ihre Familie zu malen. Um einen sprachlichen Gewinn zu ermöglichen, geht die Lehrerin zu den Kindern und spricht mit ihnen. Dabei ergibt sich folgender Dialog:

> L: C'est joli, ce que tu fais là. Ça, c'est ton papa?
> K: Oui.
> L: Et ça, c'est qui?
> K: Maman.
> L: Ah, c'est ta maman. Et ça?
> K: Frère.
> L: Ah, c'est ton frère. Tu peux dire: »C'est mon frère«?
> K: C'est mon frère.
> L: Oui, ton frère. Et ça?
> K: C'est je.
> L: Ah, c'est toi. (Zeigt zuerst auf sich, dann auf das Kind:) C'est moi, c'est toi.

In seiner letzten Replik bildet das Kind offensichtlich die Hypothese, daß »Ich« im Französischen grundsätzlich *je* heißt. Es handelt sich um eine jener Übergeneralisierungen, wie sie im Erstspracherwerb gang und gäbe sind. Um die implizit gebildete Regel »Pers. Pron. 1. Pers. Sing = *je*« zu differenzieren, benötigt das Kind einen Input, in dem *je* und *moi* bzw. *tu* und *toi* häufig vorkommen. Ansatzweise gibt die Lehrerin bereits solchen Input, indem sie auf sich und das Kind zeigt und *moi* und *toi* verwendet. Dies dürfte kaum ausreichen. Das Problem aufgreifend, könnte die Lehre-rin in einer Phase, in der die Handpuppe (z. B. der Rabe Corax) benutzt wird, ein Spiel einleiten, in dem sie sagt:

> L: Bonjour. Je suis la maîtresse de français. (Auf sich selbst zei-gend:) La maîtresse, c'est moi. Et toi?
> C: Je suis Corax. Corax, c'est moi.
> L: Ah oui, Corax, c'est toi. Et moi, je m'appelle Christine. Christine, c'est moi. Et toi, tu t'appelles Corax? Corax c'est toi?
> C: Oui, Corax, c'est moi.

Gemeinsam mit der Klasse kann das Spiel weitergeführt werden, wobei die Kinder die Formen dann auch selbst verwenden. Auf den Input folgt der Output. Man könnte Corax die Augen verbinden und ihn dann fragen lassen: »Qui est Frédéric?«, und das betreffende Kind ruft: »(C'est) moi!« Nun wendet sich Corax zu dem Kind und sagt: »Ah, Frédéric, c'est toi!« Entsprechend mit anderen Kindern. Oder die Kinder könnten einen Kreis bilden. Es gilt, einen Ball zu werfen. Statt des etwas törichten, weil durch das Spiel selbst in keiner Weise motivierten »Comment tu t'appelles? – Je m'appelle« (beim Werfen des Balls) könnte gefragt werden: »Qui veut le ballon? – Moi«. Das Kind, das den Ball auf den Zuruf hin erhält, ruft wiederum: »Qui veut le ballon?« usw. Um ein ungeordnetes Durcheinanderrufen zu verhindern, müßte eine Regel eingeführt werden, wie z. B.: Es ruft immer abwechselnd ein Junge und ein Mädchen. Oder: Die Lehrerin blinzelt dem Kind zu, das den Ball empfangen soll.

Hier ließe sich einwenden, das gezeigte Verfahren unterscheide sich im Grunde nicht von den methodischen Routinen der Sekundarstufe, die ja auch auf der Präsentation von Formen in textlichen Zusammenhängen (Input) und anschließendem Üben (Output) beruhen. Doch hier wird etwas Entscheidendes übersehen: Während es sich bei der auf der Sekundarstufe üblichen Lehrbucharbeit stets um top-down-Verfahren handelt, in denen Lehrplanvorgaben didaktisch umzusetzen sind, bei denen also Regelbildungs-Sequenzen des natürlichen Spracherwerbs letztlich keine Rolle spielen, erwächst der hier angedeutete Zugriff unmittelbar aus der Problematik des Spracherwerbs. Die methodische Einwirkung auf den Lernprozeß erfolgt bottom-up. Der Lehrende/die Lehrende wird zum Helfer in einer Situation, in welcher der Lerner mit seiner individuellen Erwerbsproblematik im Zentrum des Interesses steht.

Diese Situation ist gewiß nicht mit der des zweisprachig aufwachsenden Kindes schlichtweg gleichzusetzen. Die beim Grundschulkind verfügbare wesentlich geringere Menge an Sprachkontakten muß durch die Strukturierung und den gezielten Einsatz des Input ausgeglichen werden. Mit anderen Worten: Es geht um Kompensation von mangelnder Quantität durch verbesserte Qualität.

Wenden wir uns nun einer anderen Art von Systemabweichung zu. Die Kinder haben, was nicht verwundern kann, Probleme mit dem grammatischen Genus im Französischen. Die Genera erscheinen in der Synchronie als völlig unmotiviert. In ihrer deutschen Muttersprache nehmen die Kinder sie als natürlich gegeben hin, und es muß dann für sie schon einigermaßen verwirrend sein, wenn ihnen plötzlich im Französischen die Nase und die Stirn als männlich, der Mund und der Kopf aber als weiblich begegnen. Man mag einwenden, die Substantive würden akustisch immer zusammen mit dem Artikel wahrgenommen, Nomen und präfigierter Artikel bildeten also eine Einheit. Doch dann gibt es da ja auch noch *un* und *une* und *au* und *à la*, wodurch das sogenannte »globale Lernen« schon wieder ins Wanken gerät, und schließlich sind Kinder eben keine Papageien ohne sprachlichen Verstand, was ja auch zu begrüßen ist, d. h. irgendwann analysieren sie intuitiv, was ihnen zunächst als Einheit erscheint, und so kommt es dann zu Äußerungen wie *le tête, la nez, le bouche* usw. Die Annahme liegt nahe, daß es sich dabei um Interferenzen aus dem Deutschen handelt. (Zu Schwierigkeiten im Französischen vgl. Meißner 1998.)

Es hat sich gezeigt, daß diese Art von Fehlern außerordentlich resistent ist und daß bei ihr konsequentes Korrigieren (oder korrektes Wiederholen), Nachsprechen, Im-Chor-Sprechen usw. kaum etwas bewirken. Hier scheint ein in stärkerem Maße bewußter Zugriff erforderlich, als dies im ersten Beispiel der Fall war. Auf implizite Regelbildung wie bei *je/moi* dürfte man hier, wegen der breiten Streuung der Fälle, vergeblich hoffen.

Eine Faustregel, die zum mindesten auf die Mehrzahl der Körperteile anwendbar ist, könnte lauten: »Hört man am Ende des Wortes einen Mitlaut (Konsonanten), dann ist das Wort wahrscheinlich weiblich.« Diese Regel sollten die Kinder jedoch nicht einfach gesagt bekommen, sondern selbst entdecken. Hier wäre als Weg Freiarbeit angezeigt, das heißt: Die Kinder hören auf Kassette gesprochene Substantive (Serien mit *le/la* und andere mit *un/une*) per Kopfhörer ab und melden sich, sobald sie eine Regelmäßigkeit entdeckt haben. Sie flüstern der Lehrerin ihre »Lösung« ins Ohr, diese nickt oder schüttelt den Kopf, je nach Richtigkeit. Wer richtig geraten hat, darf etwas anderes machen, etwa sich überlegen, was es denn im Französischen für Vokale und Konsonanten gibt. Nach einer bestimmten Zeit wird das »Geheimnis« gelüftet, und es folgt ein Gespräch über Vokale und Konsonanten im Französischen und Deutschen, wobei der Vergleich der Lautsysteme für die Kinder interessant sein dürfte (z.B. Nasalvokale, stimmhafte Konsonanten wie [ʒ] im Französischen).

Natürlich sollten auch hier Hilfen geboten werden, damit das Erkennen in ein Können münden kann. Dies kann in der Form eines Spiels geschehen: Die Klasse wird in zwei Gruppen geteilt. Die Lehrerin zeigt auf Körperteile, dann auch auf andere Gegenstände wie *porte, fenêtre, tableau, plafond, table, chaise* usw.). Die Gruppe, die das Wort mit dem richtigen Artikel nennt, erhält jeweils einen Punkt. Im Anschluß an das Spiel werden die Syntagmen Substantiv + Artikel in Minimalkontexte eingebaut. Die Lehrerin zeigt auf einen Gegenstand und sagt: *Je montre...* die Kinder sagen das Wort mit dem Artikel.

Auch hier erwächst das Üben, wenn denn von einem solchen die Rede sein soll, nicht aus einem dem Unterricht übergestülpten System von Grob- und Feinzielen, sondern aus den Bedürfnissen des Lernprozesses selbst. Im Mittelpunkt des Interesses steht nicht das Lehren, sondern das Lernen. Als altersgemäß erscheint auch hier wieder, daß sowohl das Erkennen als auch das Üben spielerische Züge aufweist. Der Unterschied zum ersten Beispiel liegt beim zweiten darin, daß die Regel, nachdem sie von den Kindern gefunden wurde, expliziert wird.

1.2. Normabweichungen

Nachdem von Systemabweichungen die Rede war, soll noch kurz auf Normabweichungen eingegangen werden. Verstöße gegen die Norm sind zwar nicht agrammatisch, jedoch inakzeptabel (in Chomskys Terminologie). Während Systemverstöße stets klar einzugrenzen sind, ist der Normverstoß auch unter Muttersprachlern nicht eindeutig definiert. Bereits der Normbegriff als solcher ist bekanntlich ambivalent. Meint man die deskriptive (statistische) oder die präskriptive Norm? Anhänger der letzteren würden einen Satz wie *C'est pas bon* als »schlechtes Französisch« bezeichnen, und doch entspricht er, statistisch gesehen, der Norm des *code oral*. Ein fast vierhundert Jahre lang gepflegter Purismus führt bei Frankophonen vielfach zu einem gespaltenen Verhältnis zu ihrer Sprache. Einerseits verwenden sie in ungezwungener Rede ganz selbstverständlich die Negation ohne *ne*, doch wenn man sie danach fragt, bekennen sie ihr schlechtes Gewissen. Sie haben Schwierigkeiten zu akzeptieren, daß im Französischen für den gesprochenen und geschriebenen Gebrauch unterschiedliche Normen gelten. Ihr Normbewußtsein ist im Grunde auf den *code écrit* fixiert (vgl. Martinet 1963 und 1990).

Wie soll man in dieser Frage bei Kindern verfahren, die elementare Fertigkeiten in der Fremdsprache Französisch erwerben möchten? Richtet man sich nach der Académie-Norm, die auch den meisten französischen Lehrern als hehres Ideal gelten dürfte, oder orientiert man sich an der Art, wie Franzosen wirklich sprechen? Zwingt man die Lerner, beim Sprechen die für sie wesentlich schwierigere und letztlich unnatürliche Form *Ce n'est pas bon* zu benutzen (wofür wahrscheinlich die meisten französischen Lehrerinnen und Lehrer plädieren würden) oder folgt man dem lebendigen Sprachgebrauch französischer Kinder (man darf sagen: *aller* französischen Kinder)? Und nicht nur der Kinder. Welche Mutter würde sich denn sprachlich so gestelzt verhalten und zu ihrem Kind sagen: *Ce n'est pas bon?* Oder etwa: *Allons-nous chanter une chanson?* Die natürliche und mithin allein akzeptable, weil der mündlichen Norm entsprechende Form wäre auch hier: *On va chanter une chanson?* Und sollte etwa eine französische Grundschullehrerin von ihren Schülerinnen und Schülern verlangen, daß sie sprechen, wie man schreibt – sie selbst würde in ihrem Sprachgebrauch dieser Forderung kaum genügen, es sei denn, sie würde auf den natürlichen Kontakt mit den Kindern verzichten.

Die eindeutige Konsequenz, die sich daraus ergibt, ist: Für das mündliche Sprachverhalten gilt beim Erwerb des Französischen als Fremdsprache die Sprech- und nicht die Schreibnorm. Da es für die Kinder in erster Linie darum geht, eine elementare Kompetenz im mündlichen Bereich zu erwerben, bildet die Schreibnorm die Ausnahme. Bezogen auf das *ne* der Negation heißt das: Dieses tritt als Ausnahmeform erst dann in Erscheinung, wenn die Kinder anfangen zu lesen und zu schreiben. Das Weglassen des *ne* ist beim Sprechen kein Fehler. Es wird erst dann inakzeptabel, wenn man schreibt.

2. Die Frage der Progression

Nimmt man den Spracherwerb »vom Lerner her«, wie er oben skizziert wurde, ernst, dann kann von »Progression« im üblichen Sinn des Wortes nicht die Rede sein. »Progression«, das heißt doch: Die Lehre der Fremdsprache wird in ihrem Ablauf so konzipiert, daß ein Voranschreiten der Lerner vom Einfachen zum Komplizierten, vom Elementaren zum Komplexen hin geplant wird und daß dieser Plan dem prognostizierten Lernprozeß zugrunde liegt. Wenn die Lerner selbst ihren je individuellen Lernfortschritt bestimmen, dann kann es Progression im herkömmlichen Sinn nicht geben.

Nun ist andererseits die gelegentlich zu hörende Meinung, man solle die Frage des Lernfortschritts aus der Diskussion um den frühen Fremdsprachenerwerb überhaupt ausklammern, als Standpunkt durchaus anfechtbar. Soll man den Lehrerinnen und Lehrern der Sekundarstufe, welche in ihren Klassen Kinder mit Fremdsprachenkenntnissen vorfinden, denn wirklich sagen, sie sollten von diesen schlichtweg nichts erwarten? Von den Lehrern der weiterführenden Schulen würde ein solcher Befund mit Recht als Bankrotterklärung des frühen Fremdsprachenunterrichts gewertet.

Was also ist zu erwarten, und läßt sich in irgendeiner Weise ein Weg voraussehen, der zu dem erwartbaren Ereignis führt?

Vom Autor dieser Überlegungen wurde der Begriff der »kommunikativen Progression« ins Spiel gebracht, und es wurde vorgeschlagen, für den frühen Fremdsprachenerwerb diesen an die Stelle des auf rigiden exogenen Prämissen beruhenden Allgemeinbegriffs »Progression« zu setzen. Freilich machte das Fehlen einer genaueren Bestimmung den Terminus auch angreifbar. Im folgenden soll versucht werden, wenigstens in Umrissen zu erläutern, wie ein Fortschritt in der Verständigungsfähigkeit (denn um einen solchen geht es) aussehen könnte.

Zunächst sei gesagt, daß die Fähigkeit zur Verständigung nicht ausschließlich an den fremdsprachlichen *Äußerungen* zu messen ist, die ein Kind zu vollbringen vermag. Allzuoft steht hinter der Frage nach der Kompetenz jene andere: »Was kann der oder die Betreffende denn sagen?«

Kompetenz hat aber, wie jeder weiß, zwei Seiten, nämlich eine rezeptive (die in Wirklichkeit höchst aktive und komplexe mentale Prozesse impliziert) und eine produktive, die als mündliches oder schriftliches Reagieren oder Agieren zu begreifen ist. Ein Kind, das die Frage *Comment tu t'appelles?/ What's your name?* versteht, hat bereits eine kommunikative Leistung vollbracht, und wenn es dann noch antwortet *Lena* (oder wie immer), dann hat es kommunikativ angemessen reagiert. Antwortet es (weil die Lehrerin es so verlangt) *Je m'appelle Lena*, dann reagiert es kommunikativ unangemessen, denn dieses einen Nachdruck bezeichnende *Je m'appelle/My name is* erscheint hier als völlig deplaziert (man würde es zum Beispiel verwenden, wenn der Gesprächspartner einen falschen Namen nennt und man ihn korrigiert). Das Antworten »im ganzen Satz«, das vielen Lehrerinnen und Lehrern so am Herzen liegt, hat ja nicht den Sinn, die kommunikative, sondern die grammatische Kompetenz zu fördern, das heißt, der/die Unterrichtende verschiebt die gewünschte Äußerung von der kommunikativen auf die formale Ebene, also vom Inhalt (um den es kommunikativ ja geht) hin zur Form, vom *signifié* zum *signifiant*. Wollten in echten Verständigungssituationen Partner sich so unterhalten, wie es der Unterricht vielfach verlangt, dann wäre das Ergebnis geradezu grotesk. Im wirklichen Gespräch fokussiert man nicht auf die Form, sondern auf den Inhalt.

Das soll nicht heißen, daß die Form immer belanglos wäre und daß schlichtweg alles zu akzeptieren sei, solange nur die Verständigung funktioniert. Am Beispiel der vertauschten Artikel wurde zu zeigen versucht, daß es durchaus sinnvoll sein kann, in bestimmten Phasen des Erwerbsprozesses das Augenmerk auf die Form zu richten. Nur muß dann eben auch deutlich sein, daß es in der jeweiligen bestimmten Erwerbsphase nicht um Verständigung, sondern z. B. um den Artikel geht. Oder es muß, wenn denn schon der Satz *Je m'appelle Lena* seitens der Schülerin erwartet wird, ein kommunikativer Impuls gegeben werden, auf den dieser Satz als Reaktion paßt, nämlich z. B. L: *Bonjour Paula*. S: *Je m'appelle Lena*.

Wenden wir den Blick zurück zur Frage der Rezeption. Es wurde gesagt, daß auch diese, wenn sie denn gelingt, als kommunikative Kompetenz zu begreifen ist. Am Beispiel der Verständigung zwischen einem deutschen und einem französischen Schüler soll dies gezeigt werden:

Französischer Schüler:	Tu as des animaux?
Deutscher Schüler:	Oui.
Französischer Schüler:	Quels animaux?
Deutscher Schüler:	(imitiert mit den Händen »Flattern«)
Französischer Schüler:	Ah, un oiseau!
Deutscher Schüler:	Oui.

Die Bedeutung von »Vogel« wurde hier auf der pragmatischen Ebene, durch nichtsprachliches Handeln, vermittelt. Die Verständigung fand statt, weil *Quels animaux?* verstanden wurde. Andernfalls wäre der Verständigungsprozeß blockiert worden. Es darf zum mindesten gehofft werden, daß sich beim deutschen Schüler nebenbei auch ein Lerneffekt ergab. Das Wort *oiseau* tauchte im mentalen Lexikon des jungen Deutschen neu oder erneut auf, und man weiß, daß in Realsituationen wahrgenommene Lexeme einen besonders hohen Erinnerungswert aufweisen.

Wie stellen sich diese Sachverhalte unter dem Aspekt einer lernerorientiert begriffenen Progression dar? Vielleicht kann verallgemeinernd gesagt werden, daß der Weg des Lernfortschritts sich etwa so beschreiben läßt: Dem Lerner soll dazu verholfen werden, sich entdeckend-lernend vorwärts zu bewegen von a) einem bloßen Verstehen (mit nonverbalen Reaktionen) zu b) kurzen verbalen Reaktionen wie *oui/non* bzw. *yes/no* zu c) lexikalisch reicheren Reaktionen hin zu d) initiierenden Äußerungen und schließlich e) auf einem Wechsel reaktiver und initiativer Äußerungen beruhenden Verständigungsabläufen. Es versteht sich, daß diese Stufen lediglich theoretisch, nicht aber praktisch streng voneinander zu trennen sind. Man wird es in der Praxis immer wieder mit einem Ineinanderwirken unterschiedlicher Kompetenzgrade zu tun haben, und zudem wird sich der Lernfortschritt bei den einzelnen Lernern der Gruppe je unterschiedlich gestalten (vgl. dazu den Abschnitt »Tests and assessment« in Kubanek-German 1998:202). So kann mit Bezug auf das obige Beispiel gesagt werden, daß der deutsche Schüler zum mindesten in diesem Gesprächsablauf die Kompetenzstufe d) oder gar e) offenbar noch nicht erreicht hatte, sonst hätte er möglicherweise gefragt: *Et toi?* (Daß er dies nicht tat, kann natürlich auch auf anderen Gründen als Kompetenzdefiziten beruhen.) Auch auf Stufe c) konnte er sich im konkreten Fall noch nicht bewegen, denn sonst hätte er mit der Vokabel *un oiseau* reagiert. Sein Reagieren (und nur um ein solches handelte es sich) bewegte sich ausschließlich auf den Stufen b) (oui) und a) (Gestik). Dabei ist es durchaus denkbar und sogar wahrscheinlich, daß andere Gruppenmitglieder bereits höhere Stufen kommunikativer Kompetenz erreicht haben. Immer wird es auch Kinder geben, die sich mit verbalen Äußerungen lange zurückhalten. Man weiß von der oft langen *silent period* bei Kindern, die ins fremdsprachige Ausland versetzt werden und die sich plötzlich und zum Erstaunen ihrer Umgebung akzentfrei auf der höchsten Kompetenzstufe bewegen. Man sollte Kindern auch im Erwerbsprozeß der Grundschule Zeit geben, ihre Hemmungen zu überwinden. Gewiß werden manche Kinder in Realsituationen nie die Stufe d) und erst recht nicht die Stufe e) errreichen, doch wird man nicht selten feststellen, daß dieser oder jener Lerner im inneren Sprechen (nach Vygotskij) eine oder sogar zwei Stufen überspringt und sich plötzlich auf dem Niveau scheinbar fortgeschrittenerer (weil extravertierterer) Lerner befindet.

›Kommunikative Progression‹: Dieser Begriff ist dadurch charakterisiert, daß er 1. nicht das geschlossene System der Grammatik, sondern offene Listen von Sprechakten mit den dazugehörigen ebenfalls offenen Listen von Realisierungen meint und daß er 2. (und eben darum) nicht in geschlossenen und für alle verbindlichen Lernzielkatalogen explizierbar ist. Eine Spracharbeit, die nicht in erster Linie das Lehren, sondern das Lernen im Auge hat, die Lernfortschritt als individuelles und letztlich autonomes Geschehen begreift, wird nicht nach verbindlichen Lehrplänen Ausschau halten, die der Lehrerin bzw. dem Lehrer ein festes Gerüst an Grob- und Feinzielen vorgäben und ihn auf eine in erster Linie grammatisch orientierte Progression festlegten, vielmehr wird ein so gearteter Umgang mit fremdsprachlichem Lernen sehr sensibel die Bedürfnisse und Fortschritte der Lerner beobachten und immer dort helfend eingreifen, wo Hilfe nottut.

Was soll man den Lehrerinnen und Lehrern der weiterführenden Schulen sagen, wenn es um den Übergang von der Primar- zur Sekundar- (oder Förder-) stufe geht? Eben dies: Daß es sich um Kinder handelt, die neben gelernten Liedern, Gedichten usw. auch über unterschiedliche elementare Kompetenzgrade verfügen, die sich allerdings nicht an grammatischen Parametern messen, sondern nur im kommunikativen Verhalten überprüfen lassen. Man sollte die Kollegen der weiterführenden Schulen ermuntern, den Kindern Gelegenheit zum Nachweis dieser ihrer spezifischen Fähigkeiten zu geben. Es wird für Primarschüler, die Grundkenntnisse in der Fremdsprache erworben haben, motivierend sein, wenn sie gerade auch im kommunikativen Bereich befruchtend auf den nun stärker grammatisch orientierten Unterricht einwirken können. Völlig abwegig wäre es, das von ihnen Erreichte an der Beherrschung grammatischer Regeln zu messen. Diese spielen im Fremdsprachenunterricht der Primarstufe lediglich eine untergeordnete Rolle. Sie sind zwar nicht völlig abwesend, kommen aber nur von Fall zu Fall und eher gelegentlich ins Spiel, und die Art ihrer Vermittlung beruht in erster Linie auf dem Selberentdecken durch die Lernenden.

Literatur

Frei, Henri (1929): *La grammaire des fautes.* Paris/Genève/Leipzig (Rééd. Genève: Slatkine).

Kielhöfer, Bernd (1997): *Französische Kindersprache.* Tübingen: Stauffenberg.

Kubanek-German, Angelika (1998): »Primary foreign language teaching in Europe – trends and issues.« In: *language-teaching* 31 October 1998: Cambridge University Press, 193-205.

Martinet, André (1963): »Les puristes contre la langue.« In: *Le français sans fard.* Paris, PUF, 1968, 25-32.

Martinet, André (1990): »La synchronie dynamique.« In: *Linguistique* 26, 13-25.

Meißner, Franz-Joseph (1998): »Zielsprache Französisch – zum Unterricht einer ›schweren‹ Schulsprache.« In: *Französisch heute* 3, 241-257.

Petit, Jean (1989): »Spracherwerb durch Fehler und fehlerfreier Spracherwerb, eine psycholinguistische und sprachtypologische Überlegung.« In: *Beiträge zur Fremdsprachenvermittlung* 19, 1-28.

Petit, Jean (1996): Bausteine zur Zweisprachigkeit. In: *Land un Sproch. Les cahiers du bilinguisme* n° 119, 26. Jahrgang, 12-13.

Petit, Jean (1998): »Natürlicher Spracherwerb des Deutschen im französischen Schulwesen.« In: *Beiträge zur Fremdsprachenvermittlung* 33, 76-137.

Rück, Heribert (1995): »Theoretische Grundlagen und praktische Formen des Spracherwerbs im Modellversuch.« In: Staatliches Institut für Lehrerfort- und -weiterbildung Speyer. *Entwicklung und Erprobung eines didaktischen Konzeptes zur Fremdsprachenarbeit in der Grundschule.* SIL Saarburg 1995, 57-95.

Rück, Heribert (1998): »Französisch in der Grundschule: Die Chance nutzen!« In: *Grundschulunterricht* 45/1, Beiheft, 40-45.

Rück, Heribert (1998): »Fremdsprachenfrüherwerb: Positionen, Probleme, Perspektiven.« In: Udo O.H. Jung (Hrsg.) *Praktische Handreichung für Fremdsprachenlehrer.* Frankfurt a.M./Berlin/Bern/New York/Paris/Wien, Peter Lang, 30-37.

Vygotskij, Lev Semjonovic (1964): *Denken und Sprechen.* Berlin.

L'apprentissage guidé de la langue : processus socialisé et situation de socialisation

Gerald SCHLEMMINGER
Université de Paris XI

Le domaine de la didactique des langues est principalement l'élaboration d'objectifs d'apprentissage et des concepts et procédés appropriés ainsi que la construction d'objets d'enseignement[1]. L'observation de l'apprentissage et de la dynamique du groupe qu'il engendre, relève davantage de la recherche pédagogique. Cependant, il ne s'agit pas de créer une opposition entre les deux domaines ; ils sont complémentaires[2].

Dans ce texte, nous présenterons un type d'observation longitudinale, l'étude de cas et plus spécialement la monographie. Dans un premier développement, nous essayerons de circonscrire ce type d'observation. Dans une deuxième partie, nous exposerons l'évolution psychodynamique d'un groupe d'apprenants d'allemand au niveau universitaire.

1. La monographie comme une démarche d'observation de l'évolution du groupe-classe

L'étude de cas a été longtemps « l'enfant pauvre » des sciences de l'éducation, selon le vieil adage, comme le note Fatke (1997) : *De singularibus non est scientia*. Mais elle a toujours eu sa place, comme technique de formation, dans les Écoles normales et Instituts universitaires de formation des maîtres ainsi que dans les mouvements pédagogiques[3].

C'est seulement depuis peu qu'une réflexion plus systématique a vu le jour, plus particulièrement sous l'impulsion de Pain (1995 ; 1998) et de Imbert (1994, 1996, 1998)[4] ; en Allemagne les travaux réunis dans Binneberg (1997) montrent l'intérêt pour ce travail de type clinique. Du côté des langues, c'est la psychologie cognitive et ses recherches en acquisition de

---

[1] Cf. le débat à ce sujet in : *Études de linguistique appliquée* n° 105 et 109.
[2] Cf. le débat in : *Éducation* n° 7, 1996.
[3] Cf. les monographies d'enfants de M. Montessori, J. Korczak, C. et E. Freinet...
    Voir aujourd'hui : Laffitte (1985), Pochet/Oury/Oury (1986)...
[4] Cf. aussi Baietto/Gadeau (1995), Collectif (1985)...

langues où, plus spécialement sous la notion de « profils d'apprenants[5] », l'étude de cas est prisée comme forme de recherche[6]. La base de données est souvent la retranscription intégrale d'une situation d'apprentissage naturel ou de laboratoire (en l'occurrence l'assignation d'accomplir une tâche verbale) sous forme ponctuelle, les études longitudinales sont moins fréquentes ; l'objectif étant d'établir un profil diagnostique, voire des styles et des stratégies d'apprentissage.

En didactique des langues, l'étude de cas (d'ordre pédagogique ou psycholinguistique) n'est pas mentionnée comme méthode de recherche (Janitza 1990 ; Galisson 1994) ; elle reste en effet rare[7]. Pour compléter cet aperçu, il nous semble intéressant de mentionner également deux autres méthodes d'observation du processus d'apprentissage :

– Le «journal de bord » (méthode à dominance introspective) : l'apprenant adulte (souvent en situation de formation de futur enseignant de langue) note comment il apprend une langue afin de le sensibiliser au processus d'apprentissage et à l'enseignement des langues[8].

– Le «portfolio assessment » (méthode de traceurs indirects) : il s'agit d'un recueil d'exemples de textes écrits par l'élève pour montrer le développement de cette compétence, ou d'une collection de toutes sortes de matériaux, ébauches préparatoires, réécritures qui mesurent l'évolution des stratégies et techniques d'écriture (Bräuer 1999)[9].

Par le type d'étude «monographie en classe de langue », nous entendons les techniques et démarches suivantes (elles ont été plus particulièrement développées par la pédagogie institutionnelle) :

– une certaine expérience d'écoute en classe de langue ;

---

[5] Cf. les travaux réunis dans : Pochard (ss la dir. de 1994) et *Aile* n°3/1994.

[6] Il y a également quelques rares études de cas psychosociales sur l'apprentissage des langues (souvent en situation non-guidée), voir par exemple Mosconi (1996) et les travaux réunis dans *Nouvelle Revue d'Ethnopsychatrie* n° 25-26/1994.

[7] Quelques monographies de classes de langue : Armand (1976), Baillet (1980), Favier (1982). Bertrand (1997) présente la monographie d'un tutorat individuel d'apprentissage des langues.

[8] Les travaux du «Groupe Jan Comenius de recherches en linguistique et didactique des langues » (s. a.) font le point sur les recherches à ce sujet.

[9] Cette approche a été développée dans les « Writing Courses » des premiers cycles des universités américaines, dans le cadre du concept du *Whole Language Learning* et introduite récemment en classe de langue ; elle n'est pas à confondre avec le travail de portfolio qu'effectue le Conseil de l'Europe (cf. Christ et al. 1996; 1997 et Arbeitsgruppe « Cadre de référence pour l'évaluation en langues étrangères en Suisse » 1997). La revue *Tracer* n° 15, mars 1999 fait le point sur les différentes approches «portfolio ».

– une prise de notes régulières à propos de ce que l'enseignant constate et juge important dans la vie de classe, dans les interactions (verbales/non verbales) d'un (des) élève(s) ;

– le choix du sujet à traiter (l'évolution d'un élève, d'une institution de la classe…), un tri des notes, la rédaction d'un premier résumé ;

– un groupe de travail où ce texte est présenté ; cette équipe a pour fonction :

- d'élaborer des lectures plurielles pour décentrer le sujet, de délier l'affect et sa représentation, de favoriser le repérage de situations-clés (difficultés particulières, conflits, rapport de force…), etc.,

- de faire intervenir des spécialistes (éventuellement extérieurs au groupe) pour approfondir certaines questions ;

– plusieurs phases de rédaction et de retours au groupe ;

– la rédaction définitive et publication.

D'une manière incisive, Geffard (1992, 47) situe les limites de la monographie comme suivant :

«[Les écrits] sont là comme pistes de travail […]. Un de leurs « défauts » majeurs semble être que ces textes ne représentent que des réponses partielles, basées sur des compétences limitées. Leur avantage est peut-être qu'ils se situent du côté de la réalité. Assurément, les pédagogies intentionnelles permettent de plus beaux envols… » (Geffard 1992 , 47)

En effet, la monographie est la systématisation d'une observation longitudinales qui reste néanmoins ponctuelle. Sa difficulté est d'ordre méthodologique, car elle suit le paradigme interprétatif : comment éviter le fameux cercle herméneutique et de projeter un déjà-savoir dans l'analyse de la situation ? Son atout est sa grille de lecture psychopédagogique. Ainsi, elle évite la seule référence au cognitif, à la transmission du savoir et permet d'autres questions : qu'est-ce qui fait émerger et soutenir le désir d'apprendre ? Qu'est-ce qui fait barrage ? Quels sont les repères et points d'ancrage pour l'individu puisse être là, dire, faire ? Comment aider au décollement des rôles et des personnes ? Comment éviter les renfermements (dans des situations d'échec, de conflit…) ? (Geffard 1992)

2. Monographie : radio-cours ou de l'ambivalence

Le travail porte sur l'institution «radio-cours », une émission (fictive) de radio faite par les étudiants pendant le cours que nous assurions dans l'un des cinq groupes de la première année du D.E.U.G. L.E.A (Langues Étrangères Appliquées). Ce cours s'est adressé, une fois par semaine, pendant trois heures, à une quarantaine d'étudiants. L'objectif était de savoir écrire un commentaire à propos d'un texte relatant un fait de société. L'enseignement était sanctionné par un examen en fin d'année.

• L'organisation pédagogique du cours

Le cours est « institutionnalisé ». D'une part, nous avons délimité les fonctions, les temps, les lieux et les groupes. Il y a :

– le conseil, à fréquence mensuelle, qui traite de l'organisation du cours, des problèmes d'apprentissage et d'autres questions que souhaitent soulever les étudiants ou l'enseignant ;

– le « Quoi de neuf ? » dix minutes en début de chaque cours ; son objectif est de créer une atmosphère de groupe ;

– le « Ça va t'y ? » en fin de chaque cours afin d'assurer un retour du groupe d'étudiants en ce qui concerne les apprentissages et l'atmosphère de travail ;

– le « radio-cours » après la pause de la première partie du cours.

D'autre part, il y a des moments pour la présentation du nouveau vocabulaire du texte d'auteur, le travail sur ce texte, la grammaire, le débat et le choix du meilleur commentaire de texte. Par ailleurs, chaque étudiant se trouve dans un groupe de travail qui s'occupe de l'entraide linguistique et, à tour de rôle, des présidences, du secrétariat et de « radio-cours ». De plus, il y a un groupe spécifique qui gère le côté technique de la production du journal du cours ; ce groupe collecte les commentaires élus et les transcriptions des émissions de radio.

Nous avons travaillé sur les transcriptions du « radio-cours » dits pendant les 22 émissions d'une année universitaire. Dans les extraits cités ci-dessous, nous avons corrigé les erreurs de langage sans toutefois toucher au style. Notre monographie, par ailleurs, a donné lieu à une réflexion au sein d'une équipe de recherche-action et y a été retravaillé.

• Pourquoi avoir adopté l'institution d'un « radio-cours » à l'université ?

Tout d'abord, au bilan de fin d'année précédente, les étudiants de cette promotion avaient trouvé le cours trop structuré, ne laissant pas de place, selon eux, à l'humour, à la dérision. Le lieu du « Quoi de neuf ? » n'a pas rempli son rôle : question de fréquence ? du nombre trop élevé d'étudiants ? Ils n'ont pas investi cet espace, mais la parole a pu circuler au conseil et au « Ça va t'y ? »[10].

---

10 Pour une présentation plus détaillée de notre approche, voir Schlemminger (1995).

• **Qu'est-ce que «radio-cours» et quelles étaient mes intentions quant à ses fonctions ?**

Les étudiants chargés de l'émission peuvent parler de tout ce qui se passe dans le cours. Le temps est limité : le groupe n'a qu'*une minute* à sa disposition, précédée de 15 à 20 minutes de préparation qui se fait à l'extérieur de la salle, pendant une partie du cours et la pause. Le contrôle du contenu de la part du professeur n'a pas été institutionnalisé d'une manière explicite. «Radio-cours» est donc une réponse à la demande des étudiants, un moment de liberté d'expression orale, sous la forme de leur choix.

• **Pourquoi avons-nous choisi de travailler sur les textes de ces émissions ?**

Trop pris par les institutions et les apprentissages, nous ne nous sentions pas assez à l'écoute de ce qui se passait en cours. Très vite, nous avons ressenti que ce qui se disait au «radio-cours» n'était pas neutre. D'où la recherche des brouillons des textes et ensuite la décision, prise au conseil, de les inclure dans le journal du cours. Une certaine fascination envers cette nouvelle institution n'était pas absente. Qu'est-ce qui s'y passait ? Au-delà du simple sketch en langue allemande, y avait-il quelque chose à comprendre ?

3. Extraits des émissions de «radio-cours»

Ce qui frappe tout de suite, c'est la place de l'enseignant dans «radio-cours». En début d'année, il y intervient personnellement, jouant le personnage du médecin.

• **Émission n° 6 (du 22 décembre)**

Arzt :   Jedes Jahr einmal bekomme ich eine Gruppe Patienten. Sie haben alle Aphasie-Probleme. Sie sprechen nicht.
[…] Ich gebe ihnen einmal in der Woche 3 Pillen «Teuton».

Quel sens peut-on attribuer à cette parole : vous apprendrez l'allemand par ce que je vous apporterai ; ou est-elle la parole qui marque que nous instituons le cours ? D'un côté l'enseignant crée des lieux institutionnalisés et de l'autre, veut-il faire ingurgiter des pilules qui feraient parler les étudiants ?

Dans plus de la moitié des émissions, les étudiants jouent le rôle du professeur ou le font intervenir :

• **Émission n° 8 (du 19 janvier)**

Berta :   Entschuldigung, sind Sie wirklich Herr Schlemminger?
Herr Schlemminger :   Ja, ich bin Herr Schlemminger.

Pour accéder au pouvoir et au savoir préexistant au cours, le moyen habituel, pour l'étudiant, est l'identification avec le professeur. « Radio-cours » semble encore renforcer cette tendance.

Les étudiants cherchent à connaître la véritable identité de leur enseignant et à habiter le lieu de la personne aimée ou haïe :

• Émission n° 14 (du 2 mars)

Journalist :   Glauben Sie, daß Herr Schlemminger ein typischer Deutscher ist?

Wer möchte in Deutschland leben? Wer möchte in Frankreich bleiben?

Les étudiants ne reculeraient pas devant une intrusion dans sa vie privée pour accaparer des parties de son identité.

• Émission n° 8 (du 19 janvier)

Berta :   Haben Sie gut geschlafen?

Herr Schlemminger :   Ich spreche mit dir nicht über mein Privatleben.

Ils vont jusqu'à déposséder l'enseignant de sa langue. Ce sujet est abordé à trois reprises (émissions n° 8, 10, 16).

• Émission n° 8 (du 19 janvier)

Herr Schlemminger :   [...] Aber ich werde nicht mehr meine Muttersprache sprechen können, weil die Studenten so viele Fehler machen.

M. Schlemminger, parlant par la bouche de l'étudiant, est-il incorporé par celui-ci ? La pilule aurait-elle alors produit son effet ? L'étudiant, à travers une relation fusionnelle imaginaire, a-t-il dépossédé le professeur et se trouve-t-il alors à son tour dans la position de toute puissance ? – La suite des émissions s'inscrit dans une continuité certaine.

• Émission n° 21 (du 11 mai)

Journalist :   Heute streiken die Journalisten. Deshalb senden wir heute deutsche Tanzmusik. Wir laden Sie ein mitzutanzen.

Tout autre rapport est exclu. – Dans le dernier « radio-cours », les étudiants joueront la remise d'un cadeau au professeur, puis ils passeront à l'action en lui offrant réellement un cadeau. Est-ce en échange de la médication magique ?

« Radio-cours » serait donc le lieu qui révèle et même favoriserait non seulement tous ces fantasmes, mais encore le délire collectif institutionnalisé avec passage à l'acte ? Cette interrogation a soulevé une réelle inquiétude de notre part. Institutionnaliser un lieu de travail a pour objectif déclaré d'empêcher de tels rapports non médiatisés.

La lecture des textes révèle des intentions plus complexes. La relation professeur-étudiant reste pleine d'ambiguïté.

L'absence du professeur est à la fois crainte et souhaitée :

• Émission n° 13 (du 23 février)

Christine :   Glaubst du, daß Herr Schlemminger wieder kommt ?

Sandrine :   [...] Vielleicht hat er eine neue Krankheit?

Cette attitude pointe l'expression du même désir, l'opposition entre attirance et rejet.

L'allemand connaît deux verbes modaux là où le français n'en a qu'un pour exprimer l'idée de « devoir/falloir faire quelque chose ». « Müssen », c'est la loi, le culturel qui impose l'obligation d'accomplir un acte. Au feu rouge, il faut s'arrêter. « Sollen » implique la référence à une autre personne. Il est possible de refuser. Mais dans un rapport social hiérarchisé le refus peut entraîner une sanction de la part de l'interlocuteur, si l'ordre n'est pas exécuté. Les étudiants, tout en jouant avec ces mots (actualisés par la dernière leçon de grammaire), essayent d'appréhender les différents sens de la relation. La tentation agressive d'incorporation ne se fait pas sans angoisse :

• Émission n° 15 (du 9 mars)

Anita :   Einige Spezialisten arbeiten über ein wichtiges Thema, das heißt: « sollen » und « müssen », « Wir sollen. » oder « Wir müssen. » [...]

Nelly :   Deshalb *sollen* wir an diesem Unterricht teilnehmen.

Florentine :   Nein, wir *sollen* nicht, wir *müssen*. Wir können nicht wählen, wenn wir eine gute Note in der Prüfung haben wollen.

Nein, ich bin nicht mit dir einverstanden. Herr Schlemminger ist eine dritte Person. Er kann uns eine Sanktion geben.

Nelly :   [...]

Anita :   Am Schluß ist es, wie Shakespeare sagt: « Müssen oder sollen, das ist die Frage. »

Pour la première fois, les étudiants parlent la problématique posée par l'institutionnalisation du cours. – Par ailleurs, les étudiants restituent des éléments de cette institutionnalisation du cours :

• **Émission n° 7 (du 12 janvier)**

Leiter : Es ist 10.04 Uhr. In 2 Minuten ist die Diskussion zu Ende.

Student : Kann man in 2 Minuten seine Meinung sagen? – Ich möchte noch etwas Wichtiges hinzufügen: Ich meine, daß…

Leiter : […] Die Zeit ist wichtig. Es ist zu spät. Jetzt Ruhe bitte.

Les limites du temps provoquent des inquiétudes. Les étudiants, travaillés par l'institution, mettent à nu des composantes essentielles. Le temps et la distribution de la parole, et le pouvoir que celle-ci implique, apparaissent ainsi clairement.

Par prescription de la pilule, l'enseignant a suscité un cadeau en retour : la guérison miraculeuse. Pendant le dernier cours, les étudiants offrent un cadeau personnel au professeur qui ne peut cacher son émotion. Quant à lui, il distribue les prix aux étudiants : ceux qui ont assumé le plus de présidences, de secrétariats et de présentations de travaux sont récompensés par des livres offerts par le consulat d'Allemagne.

Cette distribution, prévue d'avance, s'avère fort opportune. Elle marque une distanciation et une différenciation, barrière à la fusion possible. Le cadeau devient une médiation dans la relation professeur – étudiant. L'enseignant restaure par là la dimension sociale du don. Ces deux façons de donner sont symboliques des deux attitudes : relation fusionnelle – relation institutionnelle.

En fin d'année, les étudiants annoncent le lancement d'une pétition qu'ils enverront au Directeur du département d'allemand pour réclamer de meilleures conditions d'accueil et de travail pour la première année L.E.A. Le professeur a la primeur de l'audition :

• **Émission n° 19 (du 27 avril)**

Journalist : Wir informieren Sie, daß wir einen Brief geschrieben haben. Er ist für den Direktor der Deutschabteilung.

1. Wir wollen weniger Studenten im Kurs,

2. Wir wollen im Sprachlabor arbeiten,

Wir wollen einfachere Texte für die Klausuren und die Prüfungen, damit viele Studenten die Prüfung bestehen.

Wir bitten Sie, den Brief im nächsten Kurs zu unterschreiben. Sie können eine gute Aktion machen. Vergessen Sie nicht, daß sie gut für uns ist.

Vielen Dank im voraus für Ihr Verständnis.

Sie können mit uns sprechen.

Haben Sie Fragen?

Cette pétition s'inscrit dans le désir du professeur. Mais c'est aussi le signe de la maturité de l'institution « cours » qui a su générer un texte de nature contre-institutionnelle, dirigé contre l'institution-mère : l'université.

Au-delà de sa propre ambiguïté, ce moment de parole le plus court et où les règles régissant la parole sont les plus larges, laisse place à la dimension inconsciente du groupe qui acquiert un lieu d'expression dans un cadre de sécurité et signale par là l'ambiguïté de toute action instituante et l'ambivalence du désir de celui qui pose cette action.

Bibliographie

Aile (revue de l'association Encrages, Université de Paris VIII), 1994, n° 4, Dossier : Profils d'apprenants, H. JISA coord.

Arbeitsgruppe «Cadre de référence pour l'évaluation en langues étrangères en Suisse » (1997) : *Language Portfolio – Portfolio Langues – Sprachenportfolio – Portfolio linguistico [Entwurf]*, Bern, Erziehungs-ministerium.

Armand, Ginette (1976) : « Dans une classe d'anglais (6e) » In : *Cahiers pédagogiques*, 1976, n° 140, 9-10.

Baietto, Marie-Claude/Gadeau, Ludovic (1995) : « Clinique et analyse des pratiques. » In : *Cahiers pédagogiques*, novembre 1995, n° 338, 20-22.

Baillet, Dietlinde (1980) : « Classe d'allemand en 3e : un trimestre vécu ensemble. » In : *La Brèche*, 1980, n° 60 : 27-31.

Bertrand, Yves (1997) : «Kemal et l'enseignement des langues étrangères en France. » In : *Les Nouveaux Cahiers d'Allemand*, vol. 15, n° 1, 1-16.

Binneberg, Karl (ss la dir. de) (1997) : *Pädagogische Fallstudien*, Frankfurt a.M., P. Lang.

Bräuer, Gerd (1999) : « Le Portfolio, moyen d'apprentissage et enseigne-ment personnalisés. » In : *Tracer, revue d'innovation et de recherches en enseignement des langues*, mars 1999, n° 15.

Christ, Ingrid/Scharfer, R./Debyser, Francis/Dobson, A./Charer, R./Schneider, Günther/North, Brian/Trim John L.M. (ss la dir. de) (1997) : *Portfolio européen des langues : propositions d'élaboration*, Strasbourg, Conseil de l'Europe.

Christ, Ingrid/Scharfer, R./Debyser, Francis/Dobson, A./Trim John L.M. (ss la dir. de) (1996) : *Portfolio européen des langues : études de faisabilité*

(Apprentissage des langues et citoyenneté. Un cadre européen commun de référence pour l'enseignement et l'apprentissage des langues), Strasbourg, Conseil de l'Europe.

Éducation, 1996, n° 7, Dossier : Didactiques et pédagogies, Jean-Pierre Astolfi, coord.

Collectif (1985) : « Vers la formation de monographie. » In : *Traces de faires* n° 1, 71-79.

Études de linguistique appliquée, janvier – mars 1997, n° 105, Dossier : Du concept en didactique des langues étrangères, Robert Galisson/Christian Puren, coord.

Études de linguistique appliquée, janvier – mars 1998, n° 109, Dossier : De l'éthique en didactique des langues étrangères, R. Galisson/C. Puren, coord.

Fatke, Reinhard (1997) : « Das Allgemeine und das besondere in pädagogischen Fallgeschichten. » In : Binneberg, K. (ss la dir. de) (1997) : *Pädagogische Fallstudien*, Frankfurt a.M., P. Lang, 217-235.

Favier, Claude (1982) : « Expression libre en espagnol. » In : *Cahiers pédagogiques*, 1982, n° 207/208, 9-10.

Galisson, Robert (1994) : « Formation à la recherche en didactologie des langues-cultures. » In : *Études de linguistique appliquée*, n° 95, 119-159.

Groupe Jan Comenius de recherches en linguistique et didactique des langues (s. a.) : *Les journaux de bord d'apprenants de langues. Objets de recherches et de questionnements théoriques. Actes de la journée d'études du 29 novembre 1994*, Paris, Université de Paris X.

Imbert, Francis (1994) : *Médiations, institutions et loi dans la classe*, Paris, E.S.F.

Imbert, Francis (1996) : *L'inconscient dans la classe*, Paris, E.S.F.

Imbert, Francis (1998) : *Vivre ensemble, un enjeu pour l'ecole*, Paris, E.S.F.

Janitza, Jean (1990) : « La recherche en didactique des langues, quelques pistes de réflexion. » In : *Les Nouveaux Cahiers d'Allemand*, vol. 8, n° 4, 339-352.

Laffitte, Roger (1985) : *Une journée dans une classe coopérative*, Paris, Syros.

Mosconi, Nicole (1996) : « La famille B. : l'apprentissage des langues, ‹ c'est pas simple › » In : Beillerot, J./Blanchard-Laville, C./Mosconi, N. (ss la dir. de) (1996) : *Pour une clinique du rapport au savoir*, Paris, L'Harmattan, 243-266.

Nouvelle Revue d'Ethnopsychatrie n° 25-26, 1994.

Pain, Jacques (ss la dir. de) (1995) : *De la pédagogie institutionnelle à la formation des maîtres*, Vigneux, Matrice.

Pain, Jacques (1998) : *Pédagogie institutionnelle et formation*, Vigneux, Matrice.

Pochard, Jean-Caude (ss la dir. de) (1994) : *Profils d'apprenants : Actes du IXe colloque international « Acquisition d'une langue étrangère : perspectives et recherches », Saint-Etienne, mai 1993*, Saint-Etienne, Publications de l'Université de Saint-Etienne.

Pochet, Catherine/Oury, Fernand/Oury, Jean (1986) : *« L'année dernière, j'étais mort... » signé Miloud*, Vigneux, Matrice.

Schlemminger, Gerald (1995) : « Expérimentation pédagogique dans l'enseignement supérieur : la Pédagogie Institutionnelle dans une première année L.E.A.. » In : *Les Nouveaux Cahiers d'allemand*, vol.13, n°4, 439-451.

Tracer, revue d'innovation et de recherches en enseignement des langues (Orsay, Université de Paris XI), septembre 1999, n° 15, Dossier : Portfolio.

Aspects du tutorat en langue étrangère

Yves BERTRAND
Gap

1. Remarques préliminaires

De fait, il ne s'agit ici que d'aspects, non d'une étude d'ensemble. Par manque de place, mais surtout parce que mon expérience personnelle est restreinte et non typique. Elle est restreinte, car limitée à trois garçons, elle est atypique parce qu'il est rare que des professeurs d'université en retraite se fassent tuteurs. Ils sont peu nombreux et ils ont plus l'occasion d'apporter leur aide à des proches qu'à des inconnus. De plus, le tutorat s'exerce souvent au sein d'une association, alors que j'ai agi seul. Aussi, mon cas étant particulier, mon expérience n'est-elle que partiellement généralisable.

Mes trois protégés (dont j'ai changé les prénoms) ont été :

1. Kemal, en 6ème, 5ème, 4ème, d'avril 1994 à août 1996. J'ai rendu compte de ce tutorat dans les *Nouveaux Cahiers d'Allemand* (« Kemal et l'enseignement des langues étrangères en France », vol. 15, n°1, 1997) ;

2. Victor, élève de 3ème dans un collège d'une ville des Hautes-Alpes, de janvier à juin 1998 ;

3. Eric, élève de 1ère dans le lycée de cette ville, à Pâques 1998.

Si Kemal m'a été envoyé par l'assistante sociale, c'est le voisinage qui m'a fait connaître Victor. A mon arrivée dans le département, j'avais proposé à l'un de mes voisins d'aider éventuellement son fils. Or, cet enfant, brillant élève, n'avait pas besoin de mon aide, à la différence de son camarade Victor, dont la mère est venue me trouver. Tout se sachant dans une petite ville, une autre mère, celle d'Eric, m'a demandé si je ne pouvais pas donner aussi des leçons à son fils. «Ce n'est pas possible pour l'instant, sauf pendant une semaine à Pâques, mais je le ferai dès la fin août et pour l'année scolaire de 1998-1999, celle du Bac. » Effectivement, je me suis occupé d'Eric pendant l'une des deux semaines des vacances pascales et je lui ai expliqué le principe des déclinaisons et le fonctionnement du groupe nominal. Tout s'est passé à merveille et je m'attendais à revoir Eric au début de septembre. Le 7, il m'a téléphoné pour me dire qu'il ne viendrait pas, car il prenait des cours de math. Il devait me rappeler à mon retour de voyage, le 20 septembre. J'attends toujours. Je doute que mon aide et mes conseils aient suffi à le remettre sur la voie. Il est plus probable qu'en Terminale S il a préféré porter toute son énergie sur les matières scientifiques, n'ayant l'allemand qu'à l'oral. Si j'ai tenu pourtant à évoquer Eric, c'est que même plus âgé que Kemal et Victor, même lycéen, il posait les mêmes problèmes de tutorat.

2. Tutorat et causes d'échec

Grosso modo, on peut distinguer sept causes principales d'échec scolaire :

1. Une cause personnelle : un manque de moyens intellectuels. En ce qui concerne mes trois élèves, ils n'étaient ni imbéciles, ni débiles, même si ce n'étaient pas des surdoués.

2. Une cause socioculturelle : le milieu de l'enfant n'est pas porteur. Les parents n'ont pas fait d'études ou bien ils sont étrangers et ne peuvent aider leur fils ou leur fille. C'est de cette cause que relevait Kemal, immigré turc. Cela aurait pu être aussi le cas d'Eric, dont la mère, divorcée, élève seule ses trois enfants avec le maigre traitement d'une employée de la Poste. Ce n'était pas celui de Victor : ses parents ont fait des études supérieures et exercent dans la fonction publique des fonctions assez importantes. Quoi qu'il en soit, tous ces parents tenaient à ce que leurs enfants réussissent.

3. Une cause familiale : on sait les catastrophes que peuvent produire sur les études des enfants les dissensions parentales. Ce n'était pas le cas de Kemal, ni celui de Victor, même si son père, qui avait réussi à se débrouiller tout seul dans la vie, avait du mal à comprendre que son fils n'y parvînt pas. Ç'aurait pu être le cas d'Eric, dont la mère était divorcée et le père absent. En fait, la cause de son échec, limité à l'allemand (dans les autres matières, il était «moyen»), se trouvait ailleurs.

4. Une cause occasionnelle : par exemple, un changement d'établissement au cours de la scolarité. Ainsi, à la suite d'un déménagement, Eric avait atterri dans une 6ème plus avancée dans les déclinaisons que sa classe d'origine et de ce fait il s'était trouvé perdu. D'où la demande spécifique qu'il m'avait adressée de lui expliquer d'abord comment fonctionne le groupe nominal allemand.

5. Une cause relationnelle : on échoue par suite d'une incompatibilité avec un ou des professeurs. On ne travaille pas parce qu'on n'aime pas l'enseignant. C'était un peu la situation de Victor : après un bon début en allemand en 6ème, il s'était ensuite laissé aller dans les classes suivantes et se trouvait perdu, de même qu'en anglais, à la fin du premier trimestre de la 3ème.

6. Une cause méthodologique : la classe est un lit de Procuste, où tous doivent se conformer à une seule et unique méthodologie. Or, ce qui convient à certains ne convient pas à tous. Kemal et Victor ne comprenaient que très approximativement les textes étudiés en classe.

7. Une cause institutionnelle : la révolte contre le système scolaire, symbole du monde des adultes et de la société. Le refus du travail se veut être un acte de protestation. Cette cause n'a joué pour aucun de mes trois élèves.

Deux remarques s'imposent :

1. L'essentiel, c'est que même dans le cas d'une relative faiblesse intellectuelle, aucune de ces causes n'est rédhibitoire. On trouvera pour chacune des exceptions. Le déterminisme n'est pas total. Certaines de ces exceptions trouvent en elles-mêmes la capacité de surmonter les obstacles, mais la plupart des élèves ont besoin d'une aide extérieure et ainsi le tutorat trouve sa raison d'être.

2. Ces causes diverses aboutissent aux mêmes effets : le laisser-aller, l'absence, voire le refus de l'apprentissage, et en définitive l'échec.

3. Tuteur et parents

Je ne saurais trop insister sur l'importance des relations entre le tuteur et les parents. Il y avait, chez le père de Kemal et chez la maman de Victor, quelque chose de pathétique dans leur l'impuissance à remédier à l'échec scolaire de leur fils : impuissance socioculturelle chez le bûcheron turc, impuissance psychologique chez la mère, qui m'a dit, devant son enfant, qu'elle n'avait pas d'autorité sur lui, qu'il n'en faisait qu'à sa tête et qu'il aimait mieux ergoter qu'apprendre. Quelque chose de pathétique aussi dans cet appel au secours, de sorte que, même si j'avais parfois envie d'envoyer le fils au diable, je me sentais désarmé devant la bonne volonté du père ou de la mère. L'assistante sociale avait demandé un bénévole pour Kemal. Les parents de Victor étant aisés, c'est moi, qui d'emblée ai déclaré qu'il était hors de question d'une rémunération quelconque. Aussi a-t-on tenu à me remercier d'une manière indirecte. La famille de Victor étant de l'Aude, à chaque voyage au pays natal, on me rapportait d'excellentes bouteilles de Corbières ou de Fitou. J'ai toujours été soutenu par les parents, même quand (ou parce que ?) j'exigeais beaucoup de leur fils. Ils avaient bien compris que j'agissais dans l'intérêt de l'enfant et que j'aurais immédiatement cessé tout concours si j'avais été désavoué. J'ai même eu le sentiment qu'on me faisait plus confiance à moi qu'aux professeurs.

Pourquoi la maman de Victor ne m'a-t-elle pas dit qu'il avait aussi de graves problèmes en orthographe française ? Sans doute n'a-t-elle pas voulu trop me demander, pensant que j'avais suffisamment à faire avec l'allemand et l'anglais. Quant au latin, il était déjà décidé qu'on l'abandonnerait en Seconde. Je me suis rendu compte, en lisant des devoirs de français égarés dans le manuel d'anglais, que Victor était en délicatesse avec l'orthographe de sa langue maternelle. J'y ai vu la raison d'une partie de ses difficultés dans l'apprentissage non pas tant de l'anglais, langue morphologiquement pauvre, mais de l'allemand, où Victor confondait aussi allègrement infinitif et participe qu'en français. Les dictées maternelles ne suffisant pas, j'ai pris la relève une douzaine de jours avant le brevet et j'ai dicté à Victor les phrases des conseils que je lui donnais pour la suite de ses études. Peut-être, dans une famille instruite, la maman avait-elle honte d'avouer que son enfant était mauvais aussi en grammaire française. Honte compréhensible, mais malgré tout dommageable. Comme au médecin, il faut tout dire au tuteur.

Je n'ai jamais caché la vérité. Lorsque la mère de Victor est venue pour la première fois avec son fils, après une brève lecture des devoirs et une brève audition, j'ai déclaré sans ambages qu'il y en avait pour quelques mois. Quand elle venait chercher Victor après notre travail, je ne lui ai jamais tu les difficultés que je rencontrais, mais sachant que je ne manquais pas de causer de la peine, j'adoucissais autant que possible et je terminais toujours sur une note d'espoir. Chaque fois que possible, je complimentais son fils devant elle et ce m'était une joie de voir briller de bonheur les yeux de la maman.

4. Le tuteur et les élèves

Trois âges, trois personnalités bien différentes, mais le même diagnostic et les mêmes remèdes.

Kemal, quand je l'ai quitté à la fin de la 4ème, était encore un enfant. Je me souviens qu'il m'avait demandé si c'était vrai que Diane avait fait dévorer par sa meute le berger qui l'avait surprise au bain.

Victor, 15 ans, était en pleine adolescence. Agaçant parfois, comme le sont les adolescents, mais attachant aussi. A certains égards « gosse de riche » : ordinateur, scooter neuf. Il aimait discuter pour discuter, contredire pour contredire, si bien que je ne savais pas toujours si ou quand il questionnait par curiosité intellectuelle, par désir de s'affirmer, ou encore pour détourner mon attention des exercices prévus. Mais derrière un masque d'assurance et une apparente maîtrise de soi, une fragilité réelle. D'abord il portait un appareil dentaire, qui ne l'embellissait pas, mais sur lequel je l'ai rassuré : ce n'était pas à cause de cette «Zahnspange » qu'il prononçait mal et j'ai pu vite lui prouver que s'il s'en donnait la peine, il prononçait correctement tous les sons de l'allemand et de l'anglais. De plus, il avait un frère cadet, qui réussissait mieux à l'école, et que sa mère ne pouvait, malgré ses efforts, s'empêcher de donner en exemple. Rien dans le comportement de Victor n'indiquait qu'il souffrait de cette comparaison, de même qu'il semblait supporter avec bonne humeur d'entendre ses condisciples se moquer de sa prononciation anglaise. Chose plus curieuse : il m'a dit une fois, alors que je le complimentais, que mes compliments le mettaient mal à l'aise. Je lui ai juré que je n'étais pas ironique et que je préférais l'éloge aux reproches. Peut-être n'était-il pas habitué à la louange.

Par la suite, je me suis aperçu qu'alors qu'il aurait pu être un enfant gâté, il avait de la délicatesse et du cœur. A notre dernière séance, il est venu avec deux beaux paquets et m'a demandé de les ouvrir. Fidèle à mon rôle, j'ai dit : «Le travail d'abord ! ». Alors qu'il allait partir et que j'avais oublié d'ouvrir les paquets, il m'en pria. Je trouvai deux ouvrages magnifiques sur la Chine. «C'est moi qui les ai choisis » dit-il. En juillet, il m'a envoyé, du bord de la mer, non pas une banale carte postale, mais une belle gravure, sur laquelle avec une écriture soignée et sans avoir oublié un seul accent, il me racontait ses vacances, en terminant, à ma grande surprise, par « Gros bisou ».

Eric était un grand jeune homme réservé. Je ne puis en dire plus sur lui, sauf peut-être qu'il souffrait de porter un nom étranger. Je lui ai montré que je m'intéressais à cette langue, dont je lui dis que je la trouvais fort belle. Mais peut-être n'aimait-il pas ce nom parce que c'était celui du père.

Donc trois âges différents, trois personnalités différentes, mais des problèmes communs : beaucoup de confusion mentale, de mauvaises habitudes de travail, un dégoût de l'apprentissage. Ce dernier point ne vaut pas pour Eric en général, mais uniquement pour l'allemand, où il n'avait, depuis la 6ème, cessé d'être à la traîne.

– La confusion :

C'était surtout chez Victor qu'elle se manifestait : confusion constante entre l'allemand et l'anglais (alors que Kemal avait au bout de quelques semaines bien séparé les deux langues), confusion constante pour l'allemand entre «a » et «ä » (*war* et *wäre*), entre «u » et «ü » (*wurde* et *würde*), confusion entre verbe faible et verbe fort. Victor ne se gênait pas de mettre «te » au prétérit d'un verbe fort ou un «e » au participe II d'un verbe faible. Je n'en finirais pas d'énumérer les mélanges de mots, de sens des mots et des structures. Cette confusion était bien pire que l'ignorance, car l'ignorance n'est que l'absence de savoir, tandis que la confusion montre un savoir mal appris, mal assimilé, où il n'est pas toujours facile de démêler si elle provient d'un esprit confus ou d'un apprentissage saboté ou, comme c'était le cas en fait pour Victor, des deux. Le résultat, c'est qu'il était impossible de parler allemand ou anglais avec lui, soir parce que les mots ou les structures étaient inconnus, soit parce qu'ils constituaient un embrouillamini qu'accroissaient parfois l'insuffisance de sommeil, la fatigue d'une longue journée scolaire et les 14 kilos du cartable.

– De mauvaises habitudes de travail :

Comme Kemal pour toutes les matières, comme Eric pour l'allemand, Victor, en langue du moins, n'apprenait pas avec conscience et sérieux. Il croyait savoir quand il avait jeté un rapide regard sur les textes et bâclé les exercices d'application. Ecriture et présentation étaient à l'avenant. Les notes aussi. Bref, aucune méthode de travail, aucune constance dans l'effort, aucune application véritable.

– Du dégoût pour l'apprentissage :

En fait, Victor ne voyait guère l'intérêt d'apprendre. Il se sentait bien dans la douceur du nid familial et il acceptait avec philosophie les reproches maternels sur son insuccès scolaire. Quant au collège, on était censé y aller pour apprendre, mais c'était surtout le lieu de rencontre avec les copains. «Pourquoi bien prononcer, du moment qu'on me comprend ? », disait-il avec son accent inimitable, où se mêlaient le Languedoc-Roussillon et la PACA. Pour l'orthographe, l'ordinateur se chargeait lui-même de corriger les fautes.

C'est dire qu'il ne m'a pas été facile, et encore moins facile avec Victor qu'avec Kemal, de rectifier les confusions, de donner de bonnes habitudes de travail, de faire comprendre la nécessité d'un apprentissage véritable. Il m'est arrivé avec Victor ce qui m'était arrivé avec Kemal : de le renvoyer chez lui parce qu'il n'avait pas fait ce que je lui demandais. Je le revois encore partir en pleurant. Le lendemain, je lui ai dit que je ne voyais pas l'intérêt pour moi de travailler pour lui s'il ne travaillait pas pour lui-même, que le temps que je lui consacrais, je le prenais aux aveugles (je suis donneur de voix), et que s'il recommençait, ce n'était plus la peine de revenir. J'ai visé juste, l'argument a porté et cet incident a marqué un tournant dans notre travail : ce qui devait être su l'était et si je venais à oublier d'interroger sur un point, Victor me le demandait.

En fin de compte, le succès est venu. J'avais quitté Kemal à son entrée en 3ème, inquiet de savoir ce qu'il adviendrait de lui. «Je suis en Seconde S, m'a-t-il téléphoné à la Toussaint 1997, personne ne s'est occupé de moi, mais j'ai suivi vos conseils. » A l'automne 1998, il était en 1ère S. Victor a terminé troisième en allemand et au dessus de la moyenne en anglais, quoiqu'ayant raté son dernier contrôle, qu'il avait pourtant bien préparé. Personne ne se moque plus de sa prononciation. Il a eu son brevet, comme tout le monde, et, ce qui ne lui était jamais arrivé dans sa scolarité, il a obtenu les encouragements deux fois de suite. Le voilà en Seconde S maintenant, alors qu'en janvier 1998, le redoublement le guettait. J'ai su qu'on avait dit de lui au conseil de classe : « Il est transformé. »

5. Tuteur et enseignants

Mon tutorat s'est déroulé en indépendance totale par rapport aux professeurs. Mais on peut concevoir un autre type, où enseignants et tuteur formeraient une équipe pédagogique. Le tutorat serait alors institutionnalisé.

Le devoir de l'élève est de ne pas dénigrer ses professeurs. Ni Kemal, ni Victor ni Eric ne l'ont fait. Tout au plus pouvait-on deviner leurs sentiments. Ainsi, quand Victor m'a dit qu'il avait été très bon élève d'allemand en 6ème avec un professeur très intéressant et très exigeant, j'ai pu déduire, n'entendant pas les mêmes compliments à l'égard des successeurs, que Victor ne leur reconnaissait pas les mêmes qualités.

A l'inverse, le rôle du tuteur n'est pas de critiquer les enseignants et je m'en veux d'avoir dit à Victor que je ne comprenais pas pourquoi sa professeur ne faisait pas apprendre le vocabulaire qui se trouvait systématiquement regroupé sur la page de droite des leçons de *Sag' mal*. Mais le plus souvent, j'ai défendu mes collègues. Quand Eric m'a dit que j'expliquais mieux que son prof, je l'ai remercié, mais j'ai aussitôt ajouté qu'il était plus facile d'expliquer à un élève seul, en tête à tête, qu'à une classe entière : on pouvait mieux adapter ses explications aux difficultés de chacun. Quand la mère de Victor s'est plainte que la professeur d'anglais avait compté une faute pour chaque absence du « s » à la troisième personne du singulier du présent et qu'ainsi son fils avait obtenu une note catastrophique parce qu'il avait systématiquement oublié ce « s », je lui ai fait remarquer que sanctionner fortement cette faute grave et réitérée était le meilleur moyen pour que Victor ne la refît pas. En plaisantant, je lui ai dit aussi, la sachant experte en fiscalité, que j'aurais pour ma part sanctionné non pas de façon proportionnelle mais progressive : si l'on peut excuser une faute occasionnelle, la répétition devient répréhensible et la répétition systématique diabolique. Tuteur, j'ai veillé, par de nombreux exercices, à ce que Victor ne commît plus cette faute et nous y sommes à peu près parvenus.

A défaut donc d'une coopération institutionnelle entre tuteur et enseignant, le respect du maître s'impose donc dans l'intérêt même de l'élève. Aussi ai-je bien recommandé à mes protégés d'être polis et serviables envers tous, et particulièrement envers leur professeurs.

6. Tuteur et méthode

Mais l'intérêt supérieur de l'élève n'implique pas obligatoirement que le tuteur procède de la même façon que le maître, qui, lui, doit suivre les instructions officielles et, au moins partiellement, la méthode du manuel. La méthodologie en vigueur se révélait inadaptée aux problèmes de certains élèves. En ce qui me concerne, j'ai cru de mon devoir de corriger les erreurs du livre et/ou de la méthode. Par erreur, j'entends moins un point de détail («Le participe II se forme en ajoutant ‹ d › à l'infinitif », comme l'enseigne encore un ouvrage utilisé par Eric) que le refus systématique du français en dehors de l'explication grammaticale. Victor, comme Kemal, ne comprenait pas grand-chose aux images du manuel et de ce fait l'intelligence des textes, malgré les explications complémentaires du professeur, était plus que floue. J'ai donc demandé systématiquement la traduction des passages étudiés et je me suis vite rendu compte des non-sens, contre-sens et faux-sens. De même, j'ai demandé à mes trois protégés de me réciter le vocabulaire nouveau de l'allemand au français et du français à l'allemand. J'ai systématiquement fait faire des phrases en allemand et en anglais à partir du français. Bien entendu, je ne me suis pas limité à la version et au thème et n'ai écarté par principe aucun autre exercice, mais l'intérêt supérieur de l'enfant m'a paru prévaloir sur les préceptes et les tabous de la méthodologie officielle. Les résultats m'ont donné raison. Plus que les notes d'ailleurs comptait pour moi la prise de conscience de l'élève : savait-il vraiment ou croyait-il seulement savoir ? Quand Victor me répondait par un mot anglais ou restait coi, si je lui demandais « le frère » en allemand, son incapacité à trouver lui prouvait à lui-même qu'il ignorait ce qu'il estimait avoir appris. Libre par rapport à l'institution et sûr de mes convictions, j'ai agi à ma guise et je persiste à penser que je n'ai pas eu tort.

D'un autre côté, le rôle du tuteur n'est pas de dénigrer le manuel. La professeur d'anglais n'était pas totalement satisfaite de *Apple Pie*, puisqu'elle utilisait concurremment d'autres textes. Pour ma part, je n'ai pas eu envers *Sag' mal* les mêmes réticences qu'envers *Deutsch ist klasse*. J'ai expliqué à Victor que le livre s'efforçait d'intéresser les élèves disparates de classes hétérogènes en panachant les légendes (« Le joueur de flûte de Hamelin »), la littérature («L'apprenti sorcier ») et les thèmes d'actualité : chômage, immigration, pollution. Le résultat était acceptable. En tout cas, si Victor se montrait incapable de parler allemand, ce n'était pas parce qu'il n'y avait rien à dire sur les textes, c'est parce qu'il ne possédait pas les moyens de s'exprimer.

7. Tuteur et système éducatif

Même quand le tuteur est un individu sans aucun lien avec l'institution scolaire, il est, par la force des choses, conformiste. Les parents et l'enfant attendent de lui, certes des progrès dans la discipline, mais d'abord et surtout de bonnes notes, le passage dans la classe supérieure, la réussite à l'examen. Donc le tuteur, quoi qu'il en pense, doit œuvrer dans ce sens institutionnel. Cela dit, dans l'acquisition des connaissances et des savoir-faire inhérents à toute discipline, tout ne relève pas des décisions du système.

Quelles que soient les options choisies, il y a du vocabulaire, de la grammaire et nous venons de voir que le tuteur, moi en tout cas, peut atteindre les objectifs fixés par l'institution tout en suivant sa propre voie. Je ne l'ai pas caché à Victor : « Je suis content que tu aies de meilleures notes et que tu aies décroché les encouragements, mais pour moi, ce qui compte d'abord, c'est que tu apprennes à apprendre, que tu acquières une bonne méthode de travail, qui te permettra de te passer de moi, que tu aimes l'allemand et l'anglais, que finalement tu aimes les études (mais si, Victor, mais si) et que tu comprennes qu'on puisse être heureux d'apprendre et heureux en apprenant. ».

Peut-être mes finalités font-elles partie de l'ensemble des finalités de l'institution, mais celle-ci en poursuit d'autres, en particulier la préparation au monde du travail et de la production, d'autres qui ne sont pas fondamentalement les miennes, même si elles ne peuvent laisser indifférent le citoyen que je suis.

Donc un inévitable conformisme avec le système éducatif n'est pas incompatible avec la conception personnelle qu'a le tuteur de ce que devraient être l'enseignement et apprentissage.

8.   Le tuteur face à lui-même

On aura compris ce qu'a pu représenter pour moi le contact quasi journalier avec Kemal et quatre fois par semaine avec Victor : la fatigue, à chaque cours et souvent l'agacement, parfois même la colère. Je ne veux pas enjoliver le tutorat. Je devais lutter contre deux puissances considérables : la paresse humaine et des années de négligence. Il n'a pas été facile de faire comprendre que quand un coureur cycliste est lâché, surtout en côte, une côte qui ne sera pas suivie d'une descente, il faut pédaler fort et longtemps pour recoller au peloton. Mais on aura compris aussi ce que ce travail en commun a pu nous apporter de sourires, de rires parfois, de joie face aux progrès, de fierté devant l'amélioration des notes et la reconnaissance institutionnelle : le cancre devenu l'un des meilleurs élèves non seulement d'allemand mais de la classe, les encouragements, le passage en Seconde S. J'ajoute aussi le bain de jouvence qu'a représenté pour moi la fréquentation de jeunes. Pour Victor, comme pour Kemal, je ne suis pas sûr d'avoir fait passer toutes mes valeurs (le goût du travail bien fait, la soif et le plaisir d'apprendre), du moins j'espère qu'il en restera quelque chose et je fonde mon espoir sur le processus de maturation qui fait de l'enfant, puis de l'adolescent, puis du jeune homme, un adulte responsable.

Surtout, *horresco referens*, le tutorat amène à un examen de conscience et le tuteur (je parle pour moi) en vient à se demander s'il n'est pas hypocrite, en exigeant d'autrui ce qu'il n'exige pas de lui-même. J'ai harcelé

Kemal et Victor pour obtenir une écriture soignée et une bonne présentation. Or, moi, j'écris comme un cochon et je n'ai jamais pu avoir dans ma vie un cahier bien tenu au delà de la première page. J'ai contraint Kemal et Victor à apprendre, dans les deux sens, les mots étrangers, je n'ai pas admis un verbe sans ses temps primitifs, un substantif sans son genre et son pluriel, etc., et voilà que moi, je me dispense de suivre les conseils du manuel de chinois ou de grec. Je ne copie pas 50 fois, s'il le faut, chaque idéogramme, je n'apprends pas au fur et à mesure chaque mot grec rencontré dans les versions et sans vergogne ou plutôt, toute honte bue, je regarde pour la énième fois dans le lexique final le nom que j'aurais dû retenir. Bref : « Fais ce que je dis, non ce que je fais ! », telle pourrait être ma devise. Certes, j'ai des excuses : je suis gaucher contrarié, je suis vieux, je me fatigue vite, ma mémoire me trahit, je n'ai pas de notes à obtenir, d'examen à préparer, de poste à briguer. Mais il me reste assez de lucidité pour ne pas être tout à fait dupe. Je regrette seulement que mon ange gardien, si prompt à me faire des reproches, ne se mue pas, lui aussi, en tuteur.

Du moins cette prise de conscience m'a-t-elle été utile pour mon tutorat dans la mesure où mon impuissance à me corriger moi-même m'a donné plus d'indulgence et de patience pour corriger autrui. Dans la mesure aussi où j'admire encore plus les vrais autodidactes, ceux qui triomphent d'eux-mêmes. Surtout, elle m'a fait comprendre la nécessité du tutorat pour la plupart des élèves en difficulté. Or, qu'y a-t-il de plus exaltant que de se savoir nécessaire ?

Laissant de côté mon cas personnel, je pense à ces personnes instruites qui sont en danger de dépression nerveuse. Peut-être pourrait-on les sauver d'elles-mêmes, y compris du suicide, si l'on parvenait à les convaincre qu'au lieu de se couper du monde, de s'enfermer sur elles-mêmes, symptôme habituel de cette maladie, elles feraient mieux de consacrer leur savoir et leur compétence à cette jeunesse désemparée. Le tutorat leur donnerait alors, peut-être, une raison de supporter la vie, voire même une raison de vivre.

Substantiv sucht Verb – zur Lexikodidaktik von Kollokations- und Kontextwissen

Hiltraud DUPUY-ENGELHARDT
Université de Reims Champagne-Ardenne

1. Im Zeichen der Wortschatzwende

In den achtziger Jahren bahnte sich in der Fremdsprachendidaktik-diskussion eine »Wortschatzwende« an (Krumm 1995, 119). Sie besteht darin, daß vor allem Spracherwerbsforscher dem Wortschatz wieder vermehrt Beachtung schenken. Auch der Jubilar trug mit einem ausführlichen 1990 in den *Les Nouveaux Cahiers d'Allemand* (vol. 15, n°2, 141-174) erschienenen Artikel entscheidend zur besseren Kenntnis des Forschungs-standes bei, betont aber ausdrücklich, »qu'il ne veut émettre la prétention d'être lexicologue« (141). Als seine Nachfolgerin verstand ich diesen Appell als ein Vermächtnis und kümmerte mich weiterhin um das Stiefkind »lexikalische Semantik« und deren Didaktisierung. Beide verdienten endlich einen gewichtigeren Platz im Fremdsprachenunterricht. Konsultiert man französische Schulbücher zur Erlernung der deutschen Sprache, so stellt man von einer Wortschatzwende jedoch noch nichts fest (Dupuy-Engelhardt/Cordier 1993), aber auch in deutschen Schulen scheint sie wenig Eingang gefunden zu haben, so Scherfer (1995, 229): »Spezifische Wort-schatzübungen werden im Fremdsprachenunterricht eher stiefmütterlich behandelt. Vokabellernen ist eine typische Hausaufgabe [...]«, und diese ist bestimmt schwerer zu bewältigen als morphologisches und morphosyntak-tisches Lernen.

Immerhin jedoch war 1995 die »15. Frühjahrskonferenz zur Erfor-schung des Fremdsprachenunterrichts« dem Wortschatz gewidmet (Bausch *et al.* 1995). Die Akten enthalten u.a. ein Verzeichnis der »Basiswissen-schaften«, auf die sich die Lexikodidaktik stützen kann (Bleyhl 1995, 23): »Anthropologische Psychologie«, »Erkenntnistheorie«, »Gedächtnispsycho-logie«, »Kognitionspsychologie«, »Psycholinguistik«, »Empirische Fremd-sprachenlernforschung«, »Neuropädagogik«.

Seltsamerweise werden aber auch an anderen Stellen (Meißner 1995, 140-141) weder die Lexikologie noch die Phraseologie als Basiswissen-schaften erwähnt, obwohl gerade Erkenntnisse von Basiswissenschaften aus verschiedenen Bereichen der Kognitionsforschung Fragen an den Lexikologen nahelegen. So zeichnet sich bei der Erforschung des mentalen Lexikons ab, daß Rezeption und Produktion von Äußerungen stark erleichtert werden, wenn die vielfachen Vernetzungsmöglichkeiten von Wörtern gefestigt sind. Diese können dann schneller abgerufen werden. (Dupuy-Engelhardt/Cordier, 1993, Cordier/Dupuy-Engelhardt, 1994, 1998). Im Unterricht werden nur eine oder zwei Kontextvernetzungen, die für das entsprechende Wort gar nicht typisch zu sein brauchen, vorgestellt.

Zur Stärkung des mentalen Lexikons empfehlen sich also Übungen, die einen »mehrfach Umgang« (Bleyhl 1995, 24-25) mit den einzelnen Wörtern erlauben. Konkrete Vorschläge zu Übungstypen dieser Art finden sich allerdings wenige. Die meisten Anregungen stammen von Scherfer (1994a/b, 1995/1996). Welche linguistischen Ausrichtungen dazu beitragen können, die verschiedenen morphologischen, morphosemantischen und semantischen – paradigmatischen und syntagmatischen – Beziehungen zwischen einzelnen Lexemen auszuschöpfen, erwähnen Cordier/Dupuy-Engelhardt, 1998. Die bekanntesten sind wohl die in »Wortfamilien« und die in »Wortfeldern«. Neuerdings gewinnt die Kollokationsforschung an Bedeutung. Sie könnte die beklagten Defizite im Kollokationslernen (Raupach 1995, 151; Lehr 1998, 256) einschränken. Diesem Ziel ist der folgende Beitrag gewidmet. Er ist kontrastiv angelegt, denn auch die Übereinstimmungen und Verschiedenheiten in der Verbalisierung sollen gedächtnisfördernd wirken (Scherfer 1994 b). Ein verdienstvoller Anfang in dieser Richtung: das seit 1989 existierende *Langenscheidts Kontextwörterbuch Französisch-Deutsch, Ein neues Wörterbuch zum Schreiben, Lernen, Formulieren* von P. Ilgenfritz, N. Stephan-Gabinel und G. Schneider. Wie man dieses erweitern und effizienter gestalten könnte, wo sich Fehlverhalten einstellt, und wie dieses zu vermeiden wäre, das sind die Fragen, die wir untersuchen möchten, sobald einige terminologische Probleme geklärt sind.

2.1. Kollokation und Kontext

Der Terminus Kollokation wird im allgemeinen für »charakteristische, häufig auftretende Wortverbindungen [...]« benutzt und »berührt sich mit den [...] Wesenhaften Bedeutungsbeziehungen von Porzig ebenso wie mit Coserius [...] Lexikalischen Solidaritäten.« (Bußmann 1990, 391). Sie bezieht sich mit dieser ersten Definition auf J. R. Firth, die zweite, weitere, bezeichnet damit »Synonyme Verwendung für syntaktisch-semantische Verträglichkeitsbedingungen«.

Lehr (1996) verfolgt die Geschichte dieses Begriffes und seiner Definitionen. Der Ursprung führt in den britischen Kontextualismus, dessen Begründer John R. Firth die Bedeutung (i.e. die »*Funktion in einem Kontext*« (Lehr 1996, 20) aus den Wortverbindungen, so wie sie »in einem oder in mehreren situationsgebundenen Texten« erscheinen (Lehr 1996, 17), ermitteln möchte. Die Kollokationen liefern die Kontextinformationen auf der lexikalischen Ebene. Daneben sind noch vier weitere Untersuchungsebenen für eine vollständige Sprachbeschreibung zu berücksichtigen. Die Kollokationen sind also für Firth (und ebenso für Lehr) erst innerhalb eines umfangreichen und nach Textsorten spezifizierten Textkorpus als solche zu identifizieren, und werden nicht schon als gegeben vorgestellt. Eine Anwendung des von Lehr entwickelten computergesteuerten Analyseprogramms würde sicherlich zu einer beträchtlichen Erweiterung der (seltenen) bisherigen Kollokationsinventare führen, denn *a priori* ist jeder Kontextpartner ein Kollokationskandidat.

In unserem viel bescheideneren, nicht nach Frequenzquoten abgesuchten und von Hand ausgewerteten Textkorpus zur Bedeutungsanalyse der Lexeme des Wortfeldes um das Merkmal [hörbar] (Dupuy-Engelhardt 1990) zeichnen sich als häufige und charakteristische Wortverbindungen lediglich zweigliedrige ab, und zwar solche zwischen Substantiv und Verb: *Hunde bellen, Hähne krähen, Nachtigallen schlagen*, usw....

Häufiger sind die Untersuchungen zu den deutschen Adjektivkollokationen (z.B. Hundsnurscher/Splett 1982; Rachidi 1989) und vor allem zu den Funktionsverbgefügen (u.a. Bresson 1997), die inzwischen in die meisten größeren Grammatiken des Deutschen aufgenommen wurden, ganz zu schweigen von den zahlreichen neueren Materialien aus der sich rasant entwickelnden Phraseologieforschung (Földes 1997). Von ihr übernehmen wir das (qualitative) Kriterium der »Festigkeit«; es erweist sich als operationeller als das der Häufigkeit. Da unser Korpus neben relativ festen (kodifizierten, lexikalisierten) Substantiv & Verb- Verbindungen, Kollokationen wie *Glocken läuten, Ketten klirren* oder *rasseln*, auch weniger feste, weniger häufige und nicht kodifizierte enthält, wie *Blitze knistern, zischeln, Espressomaschinen rauschen*, verweisen wir diese in den »Kontext«.

2.2. Kollokat und Kollokant

Im Kontextualismus werden innerhalb einer Kollokation Kollokant und Kollokat unterschieden. »Der Kollokant ist der Kollokationsteil, von dem die Betrachtung ausgeht und dessen Bedeutung beschrieben werden soll [....]. Das Kollokat besteht aus Textteilen, die den Kollokanten umgeben und, so die übliche Auffassung, dessen Bedeutung näher bestimmen«. (Lehr 1996, 38). Damit wird dem Kollokat, im Unterschied zu anderen Kollokationsforschungen, ein hoher heuristischer Wert beigemessen, auf den auch wir uns (in Dupuy-Engelhardt 1990) zur Bedeutungsbestimmung der Verben stützten. Wir benutzten also die Substantive als Kollokate, besser gesagt: das Wissen um den Referenten, die Geräuschquelle, die sie bezeichnen, nach dem Motto: Sage mir, mit wem du umgehst, und ich sage dir, wer du bist.

Da wir hier jedoch wie Langenscheidts Kontextwörterbuch produktionsorientiert vorgehen und deshalb von den Substantiven ausgehen – der Wörterbuchbenutzer will wissen, welches Geräuschlexem zu der anvisierten Geräuschquelle paßt –, wären diese nach dem ersten Kriterium als Kollokanten zu betrachten, sie erfüllen jedoch nicht das zweite, heuristische. Die Verbindung von *Feuer, Haar, Heu, Papier, Schilf* und *Stroh* mit *knistern* ist für die Bedeutungsbeschreibung der Substantive weniger relevant als für die des Verbs. Die mit der unterschiedlichen Orientierung verbundene terminologische Verschiebung legt es nahe, in einem Kollokations-»Wörterbuch« auf diese Unterscheidung zu verzichten. Gesucht werden in dem untersuchten Bereich Geräusche zu Geräuschquellen.

2.3. Determinans und Determinatum

Wie wir schon an anderer Stelle ausgeführt haben (1990, 1996 und 1997 a) sind die semantischen Beziehungen in den Verb- und Substantiv-Kollokationen unterschiedlich.

Für Coserius »lexikalische Solidaritäten« ist die semantische Determination des Verbs durch die Geräuschquelle charakteristisch: *bellen* läßt sich beschreiben mit [Laut, vom Hund erzeugt], *meckern* mit [Laut, von der Ziege erzeugt], usw., was z.B. nicht für Kollokationen wie *Schlüssel* und *klirren*, *Räder* und *rattern*, ... gilt. Hier bestimmt das vom Verb bezeichnete Geräusch die Wahl der Geräuschquelle, eine semantische Determination, weder der Verb- noch der Substantivbedeutung, findet nicht statt. Aus diesem Grund siedeln wir auch nur die lexikalischen Solidaritäten auf der Ebene des Sprachsystems an und betrachten alle anderen Kollokationen – im Gegensatz zu Lehr (1998, 261) – als Phänomene der Sprachnorm.

Die meisten lexikalischen Solidaritäten des untersuchten Wortfeldes erlauben sekundäre, metaphorische Zuordnungen: Menschen können *meckern* oder *bellen*, ohne die entsprechenden Tiere zu imitieren. Diese sekundären Zuordnungen sind mehr oder weniger lexikalisiert und dementsprechend entmetaphorisiert. Der Komparationstest stützt diese Vermutung: *er bellt wie ein Hund* wird als »er imitiert Hundegebell« interpretiert und zeugt von schwächerer Lexikalisierung des metaphorischen Gebrauchs, *sie schnattern wie die Gänse* als »sie reden schnell, viel und albernes Zeug, verhalten sich wie Gänse«, von stärkerer. Die Determinierung der Verbbedeutung durch die ursprüngliche Geräuschquelle ist im zweiten Fall so weit vergessen, daß ihre Erwähnung keinen Einfluß mehr auf die sekundäre Verbbedeutung hat und im ersten Fall so wenig fixiert, daß die Komparation spontan die primäre Verbbedeutung aktiviert.

Weitere Symptome für stärkere, bzw. schwächere Lexikalisierung sind an der Verbbedeutung selbst abzulesen, auf die wir hier nicht weiter eingehen können (Dupuy-Engelhardt 1997). Die Unterschiede in den Determinationsbeziehungen könnten jedoch vermutlich für den Lexikographen wissenswert sein.

3. Was sollte der Benutzer eines Kollokations- und Kontextwörterbuchs wissen?

Es handelt sich dabei um Feststellungen, die sich ergaben beim Vergleich von Belegen aus unserem Korpus mit den hierzu im Kontextwörterbuch gefundenen Hinweisen. Sie betreffen Fälle, in denen der Wörterbuchbenutzer als Rezipient oder als Textproduzent vom Kontextwörterbuch unvollständige oder überhaupt keine Auskunft erhält, die ihm helfen könnte, Kollokationen semantisch richtig zu interpretieren und auch stilistisch adäquat anzuwenden.

3.1. Die Korpora

Ausgeschöpft werden die Belege des Textkorpus (Dupuy-Engelhardt 1990), das unserer Untersuchung des Wortfeldes mit dem semantischen Merkmal [hörbar] zugrunde lag, deren Auswertung sich aber dann auf die deutschen Verben, die Laute und Geräusche, die von Menschen und Tieren erzeugt werden, beschränkte. Für die Kollokationen erwiesen sich die Tierlaute als aufschlußreich; sie werden hier nicht mehr geführt. Von den menschlichen Geräuschen übernahmen wir lediglich die, die einem Körperteil zugeordnet werden: Adern, Blut, Füße, Gedanken, Haare, Hände, Faust, Finger, Herz, Knochen, Kopf, Lunge, Magen, Ohren, Zähne, Zunge.

In der Zwischenzeit wurden die Belege der Geräusche von Artefakten, Pflanzen und Naturelementen gesichtet und das Korpus um die im Quellenverzeichnis angegebene Literatur erweitert. Bei allen 234 Substantivzuordnungen handelt es sich um authentisches Material, aber nicht alle bieten Originalton. Zu fünf Werken – drei französischen und zwei deutschen – wurden die entsprechenden Übersetzungen einbezogen. Wie zu erwarten, gaben die Übersetzer nicht jedes Verb mit einem Verb wieder, denn für viele Geräuschquellen fehlt im Französischen ein entsprechendes Verb. Der Übersichtlichkeit wegen verfahren wir wie das Kontextwörterbuch, d.h. wir zitieren die inventarisierten Substantiv-Verb-Verbindungen nicht wörtlich und ersparen dem Leser die ausführlichen Quellenangaben; lediglich die diskutierten Fälle werden, wie es sich gehört, belegt.

In *Langenscheidts Kontextwörterbuch Französisch-Deutsch* findet man zu »etwa 3500 der wichtigsten französischen Substantive« (S. 3) »21 000 typische französische Wortverbindungen« »mit deutscher Übersetzung bei jeder Wortverbindung (Kollokation)« (Außentext auf der Rückseite des Umschlags). Die »bildlichen Redewendungen« bleiben unberücksichtigt,

»weil die Wörter darin überhaupt nicht als sie selbst gebraucht werden« (S. 9, Einführung von Hausmann). Damit sind offensichtlich die Idiome gemeint.

Eine deutsch-französische Version gibt es nicht. Da die deutschen Entsprechungen der (Substantiv-)Kollokationen angegeben sind, könnte man *a priori* annehmen, daß sie sich erübrigt. Es genügt, das französische Stichwort für das deutsche Substantiv zu kennen. Allerdings fallen auf diese Weise Kollokationen, die nur im Deutschen existieren, unter den Tisch, zum Beispiel daß ein *Schiff tuckert*, ein *Preßlufthammer klirrt, puffert, rasselt* oder *tackert*, ein *Rasierapparat surrt* oder *sirrt* und *Stricknadeln klappern*. Selbstverständlich kann ein handliches Wörterbuch nicht für alle Denotatsbereiche so gründlich Auskunft geben wie eine einem einzigen gewidmete Monographie: in unserem Fall Geräuschquellen und deren Verben, aber nur solchen, die an sich, d.h. ohne Hilfe des Kontextes, Geräusche und Laute bezeichnen.

Das trifft nicht immer für die im Kontextwörterbuch angegebenen Äquivalenzvorschläge zu. Manchmal wird ein deutsches Geräuschverb für ein französisches Verb, das dieses Kriterium nicht erfüllt, angeboten, z.B. »[flots] furieux, tumultueux *tosende, brausende Wogen, Flut*« (S. 127), »traîner les [pieds] *schlurfen*«, aber auch der umgekehrte Fall kommt vor: »claquer des [talons] *zusammenschlagen*«. Die Hörbarkeit wird dann nur durch den Kontext evoziert und nicht durch die Lexeme, was der Wörterbuchbenutzer wissen sollte.

3.2. Wo steckt das Geräusch, wo die Geräuschquelle?

Konsultiert man das Kontextwörterbuch, so findet man 27 der 35 belegten substantivischen Geräuschquellen in der Funktion des Subjekts und davon zu 26 das Geräusch als dessen Prädikat(e): »le [feu] crépite *das Feuer prasselt*« (S.123), etc.... Zweimal erscheint das Geräusch als partizipiales Attribut in beiden Sprachen: »[feu] pétillant *prasselndes Feuer*« (S. 123), »[feuillage] bruissant *raschelndes Laub*« (S. 124). Die partizipiale Form ist auch in den Texten belegt: »*les éclats sifflants gravaient des choses*« (Dorgelès, *Les croix de bois*, 202) - »*eine Flotte brüllender, rauchspeiender Panzer*« (Remarque, *Im Westen nichts Neues*, 196). Die Geräuschquelle ist somit nicht mehr an die Subjektsposition gebunden: »*sous la rage tonnante du canon*« (Dorgelès, *Les croix de bois*, 200). Fürs Französische wäre zu überprüfen, welche weiteren außer den im Kontextwörterbuch genannten Kollokationen die partizipiale Form bevorzugen, wenn nicht gar als einzige verbale Form zulassen.

Im Gegensatz zum Kontextwörterbuch erscheint jedoch in den Texten beider Sprachen die Geräuschquelle auffallend häufig in der Position eines Genitivattributs, bzw. eines »complément du nom«. Das sollte der Textproduzent in Erfahrung bringen können. Das Kontextwörterbuch läßt ihn da im Stich. Die Beispielsätze, die es zwar enthält, reproduzieren das Subjekt-Verb-Muster.

Das Geräusch steckt dann im Deutschen entweder im substantivierten Infinitiv (»*wenn ich wieder unter den Pappeln stehe und dem Rauschen ihrer Blätter lausche*«, Remarque, *Im Westen nichts Neues*, 204) oder in substantivischen Ge-kollektiven (»*wieder höre ich deutlich Gänsegeschnatter*«, Remarque, *Im Westen nichts Neues*, 42), meist negativ, als lästig, konnotiert, im Französischen in deverbalen *-ment* Substantiven, seltener im Singular als im Plural. Manche Lexeme werden sogar nur in dieser Form als Geräusche identifiziert (*frôlement, froissement, piétinement*). Hinzu kommen einige Derivate auf *-is* (*clapotis, crachouillis, gargouillis*): »*Un long piétinement se rapproche, un cliquetis d'armes*« (Dorgelès, *Les croix de bois*, 82).

Der Vorteil derartiger Formulierungen liegt zum einen in der größeren syntaktischen Beweglichkeit und der damit verbundenen unterschiedlichen Fokussierung des Geräuschs – sie sollten dem Wörterbuchbenutzer an Beispielsätzen vorgeführt werden – und zum andern in der Möglichkeit, die Geräuschquelle zu unterschlagen.

Bei einigen Verben nennt das Kontextwörterbuch die Geräuschquelle in der Objektsposition: »*entrechoquer la [vaisselle] mit dem Geschirr klappern*« (S. 307) (was übrigens nur im Deutschen ein Geräusch expliziert). Es handelt sich dabei um Valenzzwänge, die ansonsten im Wortfeld des Hörbaren eine relativ geringe Rolle spielen. Man beachte die Vorliebe des Deutschen für Präpositionalgruppen, in denen ein Körperteil als das Instrument präsentiert wird, mit dessen Hilfe Menschen, teilweise auch Tiere, das Geräusch erzeugen: *mit den Fingern schnalzen, schnippen, schnipsen, mit den Fingernägeln knipsen, mit den Füßen scharren, mit den Zähnen klappern, knirschen, mit der Zunge schnalzen* (obligatorische Präzisierung), *mit den Händen/in die Hände klatschen, mit den Füßen stampfen, trampeln, mit der Faust auf/an/gegen etw. hämmern, klopfen, pochen, trommeln* (fakultative). Die französische Version schwächt die Instrumentalität ab: »*grincer des [dents]* (S. 86), *claquer des [dents]* (S. 86), *[doigts]* (S. 94), *[talons]* (S. 287), *de la [langue]* (S. 166), *cogner du [poing], taper, frapper dans ses [mains]* (S. 176)«. Weiterhin sind die Konstruktionen mit possessivem Dativ zu erwähnen, sehr beliebt im Deutschen: *mir brummt der Schädel, mir dröhnt der Kopf, mir dröhnen die Ohren*, weniger im Französischen: *les oreilles me tintent*, ebenso wie die nur im Deutschen existierende »unpersönliche« Konstruktion: *es dröhnt, hämmert, puckert, pocht in meinem Kopf*, die die Geräuschquelle verschleiert. Das erlauben viele deutsche Geräuschverben: »*In der Küche klapperte und rumorte es*« (Simmel, *Es muß nicht immer Kaviar sein*, 120), »*in der Leitung knisterte und krachte es*« (Simmel, *Es muß nicht immer Kaviar sein*, 88), »*hin und wieder rauschte es in den Wasserröhren*« (Werkkreis Literatur der Arbeitswelt, *Stories für uns*, 119).

Hinzu kommen die lokativen oder direktiven Ortsangaben bei allen Verben, die Geräusche mit Fortbewegung verbinden, schwach vertreten im Französischen: *clapoter, patauger, piétinements*, stark dagegen im Deutschen: *brausen, knatschen, patschen, poltern, quatschen, schlurfen, tosen, trampeln*, wo zusätzlich die meisten Geräuschverben, entweder durch Präfigierung oder durch eine Ortsangabe, den Geräuschen Bewegung verleihen: *brummen, dröhnen, ..., schnurren, surren*: »*Neben mir zischte eine Granate ein*« (Remarque, *Im Westen nichts Neues*, 149), »*Granaten poltern heran*« (S. 166), »*Manchmal pfeift eine Granate heran*« (S. 200) (mehr hierzu in Dupuy-Engelhardt, 1997b und c).

Die französischen Autoren drücken in diesen Fällen die Fortbewegung meist durch das konjugierte Verb aus und charakterisieren es durch das Geräusch: »*Ils* [les camions] *roulaient pesamment avec un bruit cahotant de ferraille*« (Dorgelès, *Les croix de bois*, 18). Dies wurde seit Malblanc mehrfach wiederholt (u.a. Pérennec, 1993, 10-14). Die Korpusuntersuchung zeigt – und das wäre unbedingt zu ergänzen –, daß die französischen Übersetzer das Geräusch dann gerne unterschlagen: »*die letzten Eisenvögel herunterrauschten*« (Jünger, *In Stahlgewittern*, 87) – »*les derniers oiseaux de fer s'abattaient encore*« (S. 102), während die deutschen es hinzu erfinden: »*Il soulève à mesure, en passant, l'épais tapis de poudre blanche qui ouate le sol*« (Barbusse, *Le feu*, 97) – »*Im Vorüberrasseln reißt er den dichten Kalkteppich hoch, der die Straße bedeckt*« (S. 65).

Weiterhin fällt auf, daß die eigentliche Geräuschquelle bei diesen Verbindungen von Fortbewegung und Geräusch oft nicht in Erscheinung tritt: »*und ein Lastwagenzug donnerte vorbei*«, (Walter, *Der Stumme*, 35), »*denn mit ihm, in gleicher Richtung, ratterten und polterten unzählige Fahrzeuge*« (Simmel, *Es muß nicht immer Kaviar sein*, 61). Wer bewirkt da das Donnern, Rattern und Poltern?

3.3. Wer verursacht das Geräusch?

Geräusche entstehen nicht ohne Bewegung; meist sind es zwei oder auch mehrere Körper, feste, flüssige oder gasförmige, die aufeinandergeraten. Bei manchen stellt es die Sprache so dar, als ob es genügte, sie in Bewegung zu setzen, um das Geräusch zu erzeugen: Knochen oder Gelenke *knacken*, Räder *rattern*, es sei denn, sie sind nicht genügend geölt, denn sonst *quietschen* sie, Papier, Laub und bestimmte Stoffe *rascheln*; Fahnen- und Segeltuch *knattert* (allerdings oft mit dem Zusatz *im Wind*), Seide kann *knistern*, *rascheln* oder *rauschen*, das Meer *braust*, *brodelt*, *rauscht* oder *tost*. Solche Fälle sind für ein Kollokationswörterbuch kein Problem, vorausgesetzt, daß es in der Zielsprache eine Entsprechung gibt; unser Korpus belegt für die

Knochen *craquer*, die Räder *ferrailler, grincer*, für das Meer allerdings nur *rugir*. Mit *rascheln* wird es schwieriger: für Papier und bestimmte Stoffe signalisiert es *froissement*, für Laub und Stoff *frôlement, bruissement*, für Stoff *froufrouter*. Das Kontextwörterbuch verzeichnet an Geräuschverben lediglich *murmurer* für »feuilles mortes« (S. 124), *bruissant* für »feuillage« (S. 124) und »les voiles: *claquent au vent*« für »Segeltuch« vor (S. 316).

In anderer sprachlicher Formulierung kann die bewegende Kraft als die Geräuschursache erscheinen und der Körper, der eigentlich das Geräusch determiniert, als Ort, in dem sie sich bewegt: *die Ratte raschelt im Laub, der Wind rauscht oder säuselt in den Blättern, das Knirschen der Schritte im Schnee,* oder auch realitätsgetreuer, umgekehrt: *die Blätter rauschen, säuseln im Wind, der Schnee knirschte unter ihren Schritten.* Das Kontextwörterbuch trägt dem Rechnung mit Beispielsätzen: »La lune brillait et la [neige] crissait sous ses pas« (S. 196), »Un léger [vent] murmurait dans le feuillage des châtaigners« (S. 309), »Les [feuilles] des arbres de l'allée murmuraient au vent« (S. 124). Hinweise zum gehobenen Stil der letzten beiden Beispiele fehlen, ein allgemeines Manko dieses Wörterbuchs.

In vielen Fällen liegt synekdochische oder metonymische Attribution vor. Münzen und Schlüssel *klimpern*, weil sie aus Metall, Treppen und Betten *knarren*, weil sie aus Holz sind. Bei den Zügen *rattern* eigentlich nur die Räder (auf den Schienen), beim Motorrad *knattert* oder *rattert* nur der Motor und bei der Kaffeemaschine *brodelt* nur das Wasser.

Da diese Verfahren übereinzelsprachlich sind, findet sich der Fremdsprachler in der Rezeptionsphase zurecht, wenn er die Zuordnung zur tatsächlichen Geräuschquelle kennt. Zum Gelingen der Produktion müßten ihm allerdings die Transfermöglichkeiten angegeben werden, z.B. daß die Geräuschverben für »moteur«: *ronfler, ronronner* (*Kontextwörterbuch* 192) und *vrombir* auch für »voiture« gebräuchlich sind. Unter diesem Lemma findet man aber im Kontextwörterbuch kein Geräuschverb.

Eine zusätzliche Hilfe könnte eine Gruppierung nach Geräuschursachen bilden, z.B. welche Verben für Flüssigkeit, für Gegenstände aus Metall, aus Holz, aus Glas, aus Porzellan usw. in den beiden Sprachen üblich sind. Dann kann der Benutzer vermuten, daß Dielen *ächzen* (*geindre*) oder *knacken, knarren, krachen* (*craquer*) oder auch wie Scharniere *quietschen* (*grincer*). Und wenn er liest, daß ein Auto *vorbeiklapperte*, dann weiß er, daß nicht der Motor, sondern die Karrosserie dieses Geräusch verursacht.

3.4. Achtung: Falle!

Viele dieser Beispiele zeigen, daß sich die Anwendungsbereiche von Verben zweier Sprachen selten haargenau decken. Eine Ausnahme scheint das Paar *prasseln* und *crépiter* zu sein. Beide verbinden sich mit »Feuer«, »Regen(tropfen)« »Gewehrfeuer« und sogar »Beifall«. Ist damit jedoch auch das gleiche Geräusch gemeint? Der Übersetzer von *Flughunde* findet das nicht. Er gibt »*der Regen prasselt jetzt aufs Wagendach*« (Beyer, *Flughunde*, 37) mit »*la pluie tambourine sur le toit de la voiture*« (S. 35) wieder und bringt damit die im Vergleich zu *crépiter* stärkere Intensität der Bewegung und des Geräuschs zum Ausdruck. *Crépiter* hörte sich dann eher als *plätschern* an, das aber nicht zu »Feuer« paßt. In dieser Verbindung entspräche es vielleicht *knistern* und *prasseln* dann ronfler. Doch weder *plätschern*, noch *knistern*, noch *ronfler* können mit »Gewehrfeuer« oder »Beifall« assoziiert werden.

Das Kontextwörterbuch übrigens schlägt unter dem Lemma »mitrailleuse« »crépite *ein Maschinengewehr knattert*« (S. 188) vor. Unser Korpus belegt dafür ebenfalls *knattern* (Jünger, *In Stahlgewittern*, 39, 239), einmal mit *crépiter* (S. 48) und einmal mit *pétarader* (S. 280) übersetzt, aber auch *rattern* (S. 100, S. 240), einmal mit *pétarader* (S. 117), einmal mit *bégayer* übersetzt (S. 281) und *Tacken* (Jünger, *In Stahlgewittern*, 297): le *bégayement* (S. 348). Das *Tacken* bestätigt Barbusse mit »*le tap-tap régulier d'une machine à coudre*« (*Le feu*, 43), rückt es aber durch den Vergleich mit der Nähmaschine *rattern* näher. Die verschiedenen Kollokationen von Maschinengewehren hängen offensichtlich von der mehr oder weniger raschen Abfolge der Schüsse (*tacken* vs. *knattern*, *rattern*) und dem Echoeffekt ab, der den Eindruck von einer Folge von Einzelschüssen mit Unterbrechungen in der Geräuschkette (*tacken*, *knattern/crépiter*) oder ohne Unterbrechungen erweckt (*rattern/pétarader*). Nirgends jedoch fanden wir bis jetzt für Maschinengewehr *prasseln*. Bleibt zu erwähnen, daß Maschinengewehre die einzige Geräuschquelle sind, bei der *crépiter* und *knattern* sich entsprechen, für Motorradmotoren, im Deutschen *knattern* und *rattern* angeboten, erscheint im Französischen *pétarader*. Dieses kann aber nicht auf Fahnen, die im Wind *knattern*, angewandt werden.

Weitere Fallen werden in den metaphorischen Verwendungen deutlich, wenn Verben, die primär mit Menschen oder Tieren solidarisch sind, auf Artefakte übertragen werden.

Vermutlich um die Schußabfolge des Maschinengewehrs zu differenzieren, hat der Jünger-Übersetzer einmal auf *bégayements* zurückgegriffen. Keiner unserer deutschen Gewährsmänner wählt dafür *stottern*. Ihnen stehen ja auch mehrere für Geräusche von Artefakten vorgesehene Verben hierfür zur Verfügung. Barbusse hört die Schüsse als »Bellen«. Wir zitieren die entsprechende Stelle ihrer gesamten Metaphorik wegen:

une mitrailleuse qui, enterrée, crache par intermittence et semble se débattre. [...] Joseph [...] se dirige sur le point où des suites saccadées d'explosions aboient. (Barbusse, *Le feu*, 324)

Der deutsche Übersetzer reagiert wörtlich – zumindest was das Geräusch betrifft – mit »*von dem diese Feuerstöße bellend herüberkommen*« (S. 251).

Für Automotoren haben beide Sprachen, neben *vrombir/brummen*, analoge Metaphern lexikalisiert: *ronronner/schnurren, rugir/brüllen, hurler/(auf-)heulen*. Dann gehen sie auseinander: *tousser/stottern* (so das Kontextwörterbuch, 192), *bégayer* scheint hier unangebracht. *Husten* ist in unserem Korpus nicht belegt, ebensowenig wie *schnarchen* für *ronfler*. Tatsächlich sind die Geräusche, die Menschen beim Schlafen erzeugen, unterschiedlich, *schnarchen* bezeichnet ein kehliges Geräusch – umgangssprachlich auch *sägen* –, das sich weder mit dem Geräusch von Motoren noch mit dem von Feuer vergleichen läßt.

4. Fazit

So verwirrend also kann Kollokationslernen sein, und deshalb muß Kollokationswissen unbedingt durch Bedeutungswissen gestützt werden, was ein Kontextwörterbuch allein nicht leisten kann. Unter den für Schüler und Studenten erschwinglichen Wörterbüchern bietet sich *Langenscheidts Großwörterbuch Deutsch als Fremdsprache* an: »Kollokationen und Beispielsätze erhellen den Gebrauch des Wortes im sprachlichen Kontext.« (S. VII). Aber abgesehen von den von Lehr 1998 aufgezeigten lexikographischen Mängeln, zeigen Stichproben große Lücken bei den Geräuschverben; *Duden, Deutsches Universalwörterbuch A-Z*, vermittelt da mehr Kollokationen, ohne das ausdrücklich zu erwähnen, so z.B. für *knattern* nicht nur »Motorräder« wie Langenscheidt (S. 562), sondern auch »Maschinengewehre« (und weist außerdem auf den Unterschied in der Perfektbildung mit *sein* oder *haben* hin, S. 851), für *prasseln* nicht nur »Regen« und »Feuer« (S.767), sondern auch »Beifall« (S. 1175) und »*tacken*« (Duden: »Maschinengewehr«, S. 1508) ist im Großwörterbuch nicht verzeichnet.

5. Lehre

In didaktischer Hinsicht bieten die Kollokationen ausgezeichnete Gelegenheiten zum mehrfachen Umgang mit den Wörtern. Welches Kollokat paßt zu einem bestimmten Kollokanten? Hat dieser Kollokant noch andere Kollokationspartner? Welcher Partner eignet sich für welchen Kontext? Wie verändert ein Austausch der Partner den Kontext? Gehen die verschiedenen Partner zusätzliche gemeinsame/unterschiedliche Kollokationen ein, usw., usw.? Solche Übungen festigen nicht nur Kollokationswissen, sie erleichtern auch den Zugang zum Bedeutungswissen. Sie können ebenfalls zum autonomen Lernen anregen, eine Herausforderung für Lexikologen, sich in verstärktem Maße der Kollokationsforschung zu widmen, um den Lexikographen eine benutzerbehilflichere Darbietung der Kollokationen zu ermöglichen, damit der Lehrer den Lerner gefahrlos dem Material überlassen kann.

Literatur

Bausch, Karl-Richard et al. (1995) (Hrsg.): *Erwerb und Vermittlung von Wortschatz im Fremdsprachenunterricht, Arbeitspapiere der 15. Frühjahrskonferenz zur Erforschung des Fremdsprachenunterrichts.* Tübingen, Narr.

Bleyhl, Werner (1995): »Wortschatz und Fremdsprachenunterricht oder: Das Problem sind nicht die Lerner.« In: Bausch, Karl-Richard et al. (1995) (Hrsg.), 20-31.

Bresson, Daniel (1997), »Nominale Prädikate mit Stützverb im Deutschen und im Französischen.« In: Wotjak, Gerd (Hrsg.): *Studien zum romanisch-deutschen und innerromanischen Sprachvergleich.* Frankfurt a.M., usw., Peter Lang, 369-385.

Bußmann, Hadumod (²1990): *Lexikon der Sprachwissenschaft.* Stuttgart, Alfred Kröner.

Cordier, Françoise/Dupuy-Engelhardt, Hiltraud (1994): »Pour un enseignement cognitif du lexique.« In: *Les Nouveaux Cahiers d'Allemand*, vol. 12, n° 1, 19-37.

Cordier, Françoise/Dupuy-Engelhardt, Hiltraud (1998): »Dialogue entre deux disciplines voisines, la psychologie cognitive et la sémantique lexicale, à propos de la didactique de l'allemand.« In: Maillard, Christine/ Bothorel-Witz, Arlette (Hrsg.): *Du dialogue des disciplines, Germanistique et interdisciplinarité.* Strasbourg, Presses Universitaires, 273-293.

Dupuy-Engelhardt, Hiltraud/Cordier, Françoise (1993): »Didactique du lexique et enseignement: l'exemple de l'allemand.« In: *L'Ecole des Lettres*, II, n° 9, 85-98.

Dupuy-Engelhardt, Hiltraud (1990): *La saisie de l'audible, Etude lexématique de l'allemand.* Tübingen, Narr (TBL 346).

Dupuy-Engelhardt, Hiltraud (1996): »Collocations lexicales - ou des mots qui s'appellent l'un l'autre.« In: Dupuy-Engelhardt, Hiltraud (Hrsg.): *Questions de méthode et de délimitation en sémantique lexicale.* Actes d'EUROSEM 1994. Reims Presses Universitaires, Publications du Centre interdisciplinaire de recherche en linguistique et psychologie cognitive, 51-63.

Dupuy-Engelhardt, Hiltraud (1997a): »Syntagmatische Strukturen im Wortschatz und andere Substantiv-Verb Kollokationen.« In: Hoinkes, Ulrich/Dietrich, Wolf (Hrsg.): *Kaleidoskop der lexikalischen Semantik.* Tübingen, Narr, 281-290.

Dupuy-Engelhardt, Hiltraud (1997b): »Die Darstellung des Hörbaren in französischer und deutscher Kriegsliteratur«. In: Wotjak, Gerd (Hrsg.):

Studien zum romanisch-deutschen und innerromanischen Sprachvergleich. Frankfurt/M., usw., Peter Lang, 341-365.

Dupuy-Engelhardt, Hiltraud (1997c): »Les dimensions spatiale et temporelle dans l'expression de l'audible en langue allemande et française.« In: Dupuy-Engelhardt, Hiltraud/Montibus, Marie-Jeanne (Hrsg.): *L'organisation lexicale et cognitive des dimensions spatiale et temporelle.* Actes d'EUROSEM 1996. Reims, Presses Universitaires, Publications du Centre interdisciplinaire de recherche en linguistique et psychologie cognitive, n° 7, 71-84.

Dupuy-Engelhardt, Hiltraud (1998): »Zur Vertextung von Lauten und Geräuschen: deutsch-französischer Übersetzungsvergleich«. In: Dalmas, Martine/Sauter, Roger (Hrsg.): *Grenzsteine und Wegweiser. Festschrift für Marcel Pérennec zum 60. Geburtstag.* Tübingen, Stauffenburg, Eurogermanistik, n° 12, 245-257.

Földes, Csaba (1997): Idiomatik/Phraseologie. Heidelberg, Groos (IDS Studienbibliographien Sprachwissenschaft 18)

Hausmann, Franz Josef (1993): »Was ist und was soll ein Kollokationswörterbuch?« In: Ilgenfritz, Peter et al., (^{5}1993): Langenscheidts Kontextwörterbuch, *Ein neues Wörterbuch zum Schreiben, Lernen, Formulieren.* Berlin, München, Langenscheidt, 5-9.

Hundsnurscher, Franz/Splett, Jochen (1982): *Semantik der Adjektive des Deutschen, Analyse der semantischen Relationen.* Opladen, Forschungsberichte des Landes Nordrhein-Westfalen.

Krumm, Hans-Jürgen (1995): »Die Bedeutung der Wortschatzarbeit in einem integrativen Fremdsprachenunterricht«. In: Bausch, Karl-Richard et al. (1995) (Hrsg.), 119-125.

Lehr, Andrea (1996): Kollokationen und maschinenlesbare Korpora, Ein operationales Analysemodell zum Aufbau lexikalischer Netze. Tübingen, Niemeyer, Reihe Germanistische Linguistik, n° 168.

Lehr, Andrea (1998): »Kollokationen in Langenscheidts *Großwörterbuch Deutsch als Fremdsprache.*« In: Wiegand, Herbert Ernst (Hrsg.): *Perspektiven der pädagogischen Lexikographie des Deutschen, Untersuchungen anhand von Langenscheidts ›Großwörterbuch Deutsch als Fremdsprache‹«.* Tübingen, Niemeyer, 256-280.

Meißner, Franz-Joseph (1995): »Offenheit und Individualisierung bei der Selektion und Vermittlung von Wortschatz.« In: Bausch, Karl-Richard et al. (1995) (Hrsg.), 134-142.

Pérennec, Marcel (1993): Eléments de traduction comparée français-allemand. Paris, Nathan, Nathan Université, langues, n° 128.

Petit, Jean (1990): »L'Acquisition lexicale en L1 et en L2.« In: *Les Nouveaux Cahiers d'Allemand*, vol. 8, n° 2, 141-174.

Raupach, Manfred (1995): »Wortschatzarbeit als Beitrag zur Entwicklung von Sprach- und Kulturbewußtsein.« In: Bausch, Karl-Richard et al. (1995) (Hrsg.), 149-155.

Scherfer, Peter (1994 a): »Ein Vorschlag zur Systematisierung der Wortschatzarbeit im Fremdsprachenunterricht.« In: Merten, Stephan (Hrsg.): *Von lernenden Menschen, Erst- und Zweitspracherwerbsprozesse. Festschrift für Bernhard Weisgerber zum 65. Geburtstag.* Rheinbreitbach, Verlag Dürr & Kessler, 132-158.

Scherfer, Peter (1994 b): »Überlegungen zu einer Theorie des Vokabellernens und -lehrens.« In: Börner, Wolfgang/Vogel, Klaus (Hrsg.): *Kognitive Linguistik und Fremdsprachenerwerb, Das mentale Lexikon.* Tübingen, Narr, 185-215.

Scherfer, Peter (1995): »Wortschatzübungen.« In: Bausch, Karl-Richard/Christ, Herbert/Krumm, Hans-Jürgen (Hrsg.): *Handbuch Fremdsprachenunterricht* (³1995), Tübingen/Basel, Francke, 220-232.

Scherfer, Peter (1996): »Über Vokabelerklärungen.« In: Henrici, Gert/ Zöfgen, Ekkehard (Hrsg.): *Fremdsprachen Lehren und Lernen,* 25. Jahrgang: Innovativ-alternative Methoden. Tübingen, Narr, 181-210.

Quellen

Götz, Dieter et al., (1998) (Hrsg.): Langenscheidts Großwörterbuch Deutsch als Fremdsprache. Berlin/München, Langenscheidt.

Ilgenfritz, Peter et al., (⁵1993) (Hrsg.): Langenscheidts Kontextwörterbuch Französisch-Deutsch. Berlin/München, Langenscheidt.

Drosdowski, Günther et al., (⁴1989): Duden, Deutsches Universalwörterbuch A-Z. Mannheim/Wien/Zürich, Dudenverlag.

* * *

Barbusse, Henri: *Le feu*, Paris, Flammarion (Le Livre de Poche 6524), 1965 (1916).

Barbusse, Henri: *Das Feuer,* »Le feu« (Übersetzung L. von Meyenburg), Frankfurt a.M., Fischer (1680), 1979.

Beyer, Marcel: *Flughunde*, Frankfurt a.M., Suhrkamp, 1995.

Beyer, Marcel: *Voix de la Nuit* (Übersetzung F. Mathieu), Paris, Calmann-Lévy, 1997.

Dorgelès, Roland: *Les Croix de bois*, Paris, Albin Michel (Le Livre de Poche 189), 1987 (1919).

Jünger, Ernst: *In Stahlgewittern*, Stuttgart, Klett-Cotta, 1990 (1978, 1961)

Jünger, Ernst: Orages d'acier (Übersetzung H. Plard), Paris, Christian Bourgois (Le Livre de Poche 3110), 1970.

Malet, Leo: *Du rébecca rue des Rosiers*, Le Livre de Poche (4914), 1977.

Malet, Léo: *Spur ins Ghetto* (Übersetzung H.-J. Hartstein), Reinbek bei Hamburg, Rowohlt (rororo 12685), 1991 (1986).

Remarque, Erich Maria: *Im Westen nichts Neues*, Frankfurt a.M., Ullstein (56), 1979.

Roze, Pascale: *Le chasseur Zéro*, Paris, Albin Michel, 1996.

Roze, Pascale: *Das Geräusch* (Übersetzung I. Kuhn/R. Stamm), München, Kindler, 1998.

Simmel, Johannes Mario: *Es muß nicht immer Kaviar sein*, Zürich, Droemer/Knaur (Taschenbuchausgabe 29), 1960.

Walter, Otto F.: *Der Stumme*, Reinbek bei Hamburg, Rowohlt (rororo 1688), 1974 (1963).

Werkkreis Literatur der Arbeitswelt: *Stories für uns*, Frankfurt a.M., (Fischer Taschenbuch 1393), 1973.

Quels dialogues pour les élèves d'allemand ?

Thierry GALLÈPE
Université de Bordeaux III

1. Aperçu des conceptions officielles

Sans remonter à des périodes reculées, quelques citations suffisent pour montrer l'importance des dialogues, voire de la conversation dans l'apprentissage de l'allemand. Dans les instructions générales communes à toutes les langues vivantes du 1er décembre 1950, l'on peut ainsi lire :

«Elle [l'interrogation initiale sur la leçon précédente] doit donner lieu à une conversation générale, mais disciplinée, plutôt qu'à des exposés individuels unilatéraux et spectaculaires.»

Dans le texte paru le 25 février 1953 complétant pour l'allemand les instructions ci-dessus, l'on peut encore trouver une formulation mentionnant explicitement l'activité de conversation en cours d'allemand :

«Cet enseignement vivant, animé par la conversation et créateur de réflexes, doit être complété, comme il a été dit plus haut, par l'observation et l'analyse en français que dirige le professeur à la fin de l'heure ou après une série de séances d'entraînement, et il aboutit à des règles formulées en français».

En faisant un saut dans le temps, l'on peut constater, en consultant par exemple les instructions de 6ème[1] parues en 1985, que conversation et dialogues figurent également en bonne place :

«Pour préserver la spontanéité des élèves, il faut que la conversation garde un tour naturel ; il est indiqué de faire en sorte qu'ils [les élèves] puissent s'adresser à leurs camarades et que le professeur, tout en imprimant à l'entretien une indispensable cohérence, trouve d'autres incitations que la simple technique du questionnement unilatéral. » (Ministère de l'Éducation Nationale 1985, 22)

---

[1] Une étude exhaustive des concepts utilisés pour tous les niveaux d'enseignement de la sixième à la terminale n'est ici évidemment pas possible. Ce n'est en outre pas le but de l'article. Voilà pourquoi seule la classe de sixième sera ici évoquée, à titre d'exemple.

Si les formulations utilisées peuvent laisser penser qu'aucune évolution entre ces deux périodes n'a eu lieu, il suffit cependant de se pencher un peu plus sur les conceptions sous-jacentes de la conversation à ces deux moments de la didactique de l'allemand ; en 1950, la conversation « générale mais disciplinée » recouvrait la pratique suivante :

« Au cours de cette interrogation initiale (comme d'ailleurs pendant la lecture expliquée), on ne désignera l'élève chargé de répondre qu'une fois la question posée clairement au groupe entier. On n'-hésitera pas, surtout dans les classes mal entraînées, à faire répéter la question même avant d'exiger de différents élèves la constitution complète, puis la reprise de la réponse. »

L'on comprend ainsi mieux la précision dans le texte de 1985 concernant « la simple technique du questionnement unilatéral ». Il est cependant un point commun entre ces deux textes, et où aucune évolution réelle ne semble pouvoir être constatée ; il s'agit de la finalité didactique de ces conversations. En 1950, l'on décrivait ainsi les « trois phases essentielles » d'un cours de langue (et donc d'allemand) :

« D'abord tous livres fermés :
L'étude et le réemploi préliminaires des termes ou tours utiles ;
Puis tous livres ouverts ;
L'élucidation du sens littéral ;
L'entretien sur le fond et la forme. »

En 1985, l'on peut lire (ibid. p. 22) :

« L'entretien d'élucidation, ainsi nommé parce que son but immédiat est d'explorer le contenu du document de base, au-delà de la compréhension globale, jusqu'aux détails même marginaux (contenu littéral) et aux non-dits (contenu implicite), représente, tant du point de vue didactique que de celui de l'importance horaire qu'on lui accordera, la séquence la plus importante de toutes. Elle est l'occasion d'entraîner les élèves à l'expression orale dialoguée. »

L'on voit ainsi clairement affichée la finalité didactique de ces séquences de « conversation », « entretien » ou autres « expression orale dialoguée » : il s'agit d'élucider un document, d'apporter des explications et commentaires à un texte en vue d'en assurer la compréhension à divers niveaux et le commentaire (ou l'interprétation), que l'on appelle ces moments du cours « entretien d'élucidation » ou « lecture expliquée ».

Que trouve-t-on lorsque l'on se tourne ensuite vers les instructions et programmes les plus récents, en cours de publication ?

« On ne peut nier en ce domaine [Celui de l'entraînement à l'expression] la valeur formatrice d'exercices tels que la *Nacherzählung* ou l'entretien d'élucidation, mais ceux-ci exigent une maîtrise linguistique, une aptitude à structurer le discours et des efforts de concentration qu'on ne peut que difficilement attendre des élèves entrant en 6ème. Ils ne doivent donc être introduits que très progressivement et avec prudence. » (Ministère de l'Éducation Nationale 1996, 14)

Dans les documents d'accompagnement du cycle central des collèges, l'on peut aussi trouver une rubrique consacrée explicitement, ce qui est déjà en soi une nouveauté, à «L'entraînement au dialogue» (Ministère de l'Éducation Nationale 1997, 19). La lecture des lignes suivantes permet de mesurer toute l'évolution des conceptions didactiques dans les deux domaines[2] évoqués ci-dessus :

– conception de la conversation/dialogue : «Le dialogue n'est pas la seule manière de communiquer, mais si l'on veut que l'élève prenne l'habitude d'être l'acteur de ce qu'il dit, il importe de lui donner l'occasion en classe d'allemand de s'entraîner à la communication ‹ en face à face ›. L'entraînement au dialogue peut alors être organisé soit dans le cadre de la progression prévue par le professeur et en fonction des thèmes abordés, soit indépendamment de cette progression. »

– finalité didactique de ces conversations/dialogues : « Si l'on veut bien considérer qu'un document d'étude n'est pas un objet fermé sur lui-même et dont l'exploration constituerait une fin en soi, on peut trouver à chaque pas l'occasion d'en quitter le cadre contextuel pour *faire appel au vécu personnel des élèves* (leur demander s'ils se sont trouvés dans une situation comparable, ce qu'ils auraient fait à la place de tel ou tel personnage, etc.). » Le cadre de la lecture expliquée ou de l'entretien d'élucidation est ainsi d'une certaine manière élargi. Ce mouvement est renforcé par ailleurs dans le paragraphe suivant, où l'on envisage des entraînements au dialogue «hors progression»:

«Le début d'un cours peut être l'occasion heureuse d'un ‹ échauffement ›. On exploite alors l'actualité immédiate : le temps qu'il fait, l'approche du week-end, les vacances, un événement relatif à la vie

---

2   Il est évident que dans cet article les conversations ou dialogues tels qu'ils sont pratiqués en classe ne peuvent être intégrés ; cela nécessiterait un corpus d'observables dont je ne dispose pas. En outre, il est raisonnable de penser que les mises en place de séquences dialoguées dans les cours d'allemand dépendent peu ou prou des conceptions officielles des dialogues d'une part et des activités de dialogue/conversation telles qu'elles sont proposées dans les manuels d'autre part, même si bon nombre de professeurs d'allemand travaille sans manuel fixe ; le fait de ne pas avoir de manuel fixe en classe est alors plutôt le moyen d'utiliser textes et activités présentés dans divers manuels selon les besoins didactiques.

de la classe, une panne d'électricité, le retour d'un élève... Prennent ainsi naissance des mini-dialogues qui ont l'allure naturelle de l'improvisation, mais qui en réalité permettent la réactivation et le rebrassage en situation personnalisée de moyens linguistiques déjà connus. »

Si l'entraînement au dialogue est ainsi explicitement mentionné comme but et moyen de l'enseignement de l'allemand, sa conception se détache quelque peu du dialogue typique de la communication didactique d'explication/élucidation de textes pour prendre un tour plus « quotidien », plus proches des échanges oraux, même si un seul type d'interaction est ainsi envisagé, et plus spécifiquement le «small-talk[3] », et même si l'on est encore dans la seule perspective de « l'échauffement », période préparatoire, par définition, à quelque chose de plus ‹ sérieux ›, ‹ consistant ›, qui est encore sans doute le noyau dur de l'expression orale, l'entretien d'élucidation.

Après ce bref tour d'horizon introductif permettant d'envisager les évolutions en rapport avec la conception et la finalité du dialogue dans les textes officiels régissant l'enseignement de l'allemand en France, il est maintenant temps de se tourner vers la réalité de ces dialogues proposés à la sagacité des élèves (et des enseignant(e)s).

2. Dialogues et manuels

2.1. « Conversations » sans dialogues

Si l'on considère les manuels correspondants aux instructions de 1950/1963, période relevant de la méthodologie active, pour reprendre une classification bien connue (Puren 1988), l'on ne peut que constater une quasi absence de dialogues, ce qui ne peut guère surprendre au regard de la conception officielle de la «conversation». L'on trouve tout au plus des séquences dialoguées insérées dans des séquences descriptives/narratives :

(1)   Kurt ist spät nach Hause gekommen. «Welche Tiere gefallen dir am besten ? » hat Grete gefragt. « die Löwen sind am schönsten», hat Kurt geantwortet. (Bodevin & Isler 1958, 118)

Ces insertions de séquences « dialoguées » sont constituées le plus souvent de couples questions/réponse. La cohérence avec la conception des « conversations » en classe est ici évidente. L'on retrouve d'ailleurs explicités ces modes d'activité pédagogique dans le cadre des exercices proposés aux élèves :

---

3   Sur la définition (dire quelque chose lorsque l'on a rien à dire) et les conséquences didactiques de la pratique du small-talk : Klein (1995).

(2)   35. *(Votre salle de classe :)* 1. Welche Dinge liegen ? ... stehen ? ... hängen ? 2. Wo ist die Tür ? – Wo sind die Fenster ? etc.

Ces conceptions et pratiques didactiques, mettant en avant et la méthode active et la méthode orale, ont sans doute fait montre d'une certaine efficacité puisqu'elles se sont perpétuées jusque dans les années 1970, où l'on trouve dans le manuel de 6ème, à deux reprises une modélisation de ce type de « conversation » (Isler & Deghaye 1970, 12) :

Der Lehrer :	*Ein Schüler :*
« Was ist Herr Lang ? »	« Herr Lang ist ein Lehrer. »
« Bin ich auch ein Lehrer ? »	« Ja, Sie sind auch ein Lehrer. »

L'on peut, certes, faire la critique de ces conceptions erronées[4] de la conversation présentée dans les manuels de cette époque et pratiquées avec eux : il s'agissait le plus souvent de séquences de couples « question/réponses » à propos d'un texte/support, manière de communication didactique frontale, centrée autant sur le professeur que sur le code, sans que les élèves soient jamais confrontés par le truchement d'une saynète, ou reproduction d'une interaction verbale orale, à une véritable conversation entre germanophones. Il ne fait cependant aucun doute que la mise en œuvre proposée était en parfaite cohérence avec les conceptions de la « conversation » et les objectifs sous-jacents, présentant ainsi une solidité de l'appareil didactique susceptible d'expliquer sa résistance aux épreuves du temps.

2.2. Dialogues avec conversation ?

Il suffit de comparer ce type de manuel avec ceux de la génération[5] suivante, relevant des méthodologies audio-visuelles, pour constater l'entrée en

---

4   Il est toujours facile de faire de la critique rétrospective ; l'on ne prend guère de risque. Aussi bien, ce n'est pas l'objet de cet article, écrit à une époque où la conversation fait l'objet d'études scientifiques multiples et variées. C'est d'ailleurs en fonction des résultats de ces recherches en analyse conversationnelle ou autre, dont ne disposaient pas les auteurs des manuels à cette époque, que le terme "erronées" peut ici être employé de façon non polémique.

5   Cette expression est naturellement critiquable dans la mesure où elle tend à faire croire à l'existence de classes discrètes aux contours nets et frontières étanches ; il n'en est évidemment rien. Comme pratiquement toujours dans le domaine du langage, le travail avec classes d'exclusion est certes utile pour la recherche et l'analyse, mais est en vérité une idéalisation simplificatrice de la réalité : les évolutions didactiques dans les manuels ne connaissent pas de solution de continuité, les écarts entre générations de manuels ne peuvent être appréhendés qu'à de grandes distances, et de tout temps, l'on a pu constater de grandes différences didactiques dans les manuels utilisés à une même époque, les uns plutôt tournés vers le passé et la tradi-

force des dialogues dans les textes proposés aux élèves. En 6ème, par exemple, sur les 60 leçons prévues, il y a 53 saynètes dialoguées, soit 88,3%, telles que celle-ci (Holderith et al. 1972, 48) :

(3)   ROLF : Gisela, wo ist meine graue Hose ? Ich finde sie nicht.
       GISELA : Dann zieh doch deine neue blaue Hose an !
       ROLF : Das rote Polohemd ist auch nicht da.
       GISELA : Dann zieh das weiße Hemd an !
       ROLF : Und wo ist der blaue Schlips ?
       GISELA : Der blaue Schlips ? ... er liegt doch auf dem Bett !
       ROLF : Ach, da ist er ja ! ... So, jetzt ziehe ich mich an.
       GISELA : Ja, zieh dich an ! Mach aber schnell ! Unser Bus fährt
       in zehn Minuten.

Une étude filée d'une telle méthode fait apparaître une tendance confirmée par l'analyse d'autres collections : la présence massive des saynètes dialoguées diminue au fil de la progression en âge des élèves. En quatrième (Holderith et al. 1979), sur les 45 leçons du manuel, seuls 21 textes sont des saynètes, soit une proportion de 46,6%. Lorsqu'on arrive en 3ème (Holderith et al., 1980), la proportion tombe à 13 dialogues sur 45 leçons, soit 28,8%. Cette évolution aboutit logiquement au fait qu'en seconde l'on ne trouve plus aucune saynète/dialogue, les élèves étant désormais confrontés à des textes d'auteurs, globalement narratifs (Rothmund-Dhuicq & Jenny 1981). Il convient de préciser que ces saynètes étaient enregistrées par des locuteurs allemands, et servaient de support à des entraînements à la compréhension auditive. Le cheminement didactique prévoyait ensuite une phase d'entretien d'élucidation, faite le plus souvent non plus à partir de la seule bande enregistrée, mais avec comme support le texte écrit de la saynète. Dans ce fait réside une grande différence avec les « conversations » de l'époque précédente ; la dimension orale/auditive prend dans un premier temps une envergure nouvelle. Mais l'on ne peut s'empêcher de faire un parallèle, étalé dans le temps cette fois, avec la conception du dialogue comme «échauffement» et menant, au bout de quelques années aux choses plus sérieuses : le travail sur les textes d'auteur, essentiellement centré sur l'écrit, et culminant en classe de terminale avec la préparation des explications de texte pour le baccalauréat.

Cette conception/configuration des dialogues présentés aux élèves, assortie de la conception des dialogues menés en classe assise sur l'entretien d'élucidation fait également preuve d'une belle longévité. Dans un manuel de 1982, les choses restent à peu près stables : Le manuel de 5ème de la col-

---

tion plus ou moins récente, les autres tentant d'explorer de nouvelles voies pour l'enseignement de l'allemand.

lection « Treffpunkt Deutsch » est ainsi composé de 60 leçons, dont 55 sont des saynètes dialoguées. La proportion est ainsi de 91,6%. Les saynètes ont-elles évolué au cours de ces dix années ? Un exemple permettra peut-être de se faire une idée (Janitza et al. 1982, 14) :

(4)   *Heike und Claudia gehen über den Bahnhofsplatz.*

Claudia.   Da kommt ja Stefan mit seinem Hund!

Heike.   Welcher Stefan?

Claudia.   Stefan Schulz. Er wohnt doch bei Inge im Haus!

Heike.   Ach, richtig! Heißt sein Hund nicht Cäsar?

Claudia.   Nein, Hannibal ist sein Name. Hallo, Stefan! Wie geht's?

Stefan.   Schlecht, meine Damen! Ich arbeite sogar in den Sommerferien! Ich bin Touristenführer.

Heike.   Prima! Dann kannst du mir auch die Stadt zeigen!

Claudia.   Aber nicht jetzt! Wir gehen zuerst in die Milchbar da drüben.

Stefan   Da komme ich mit. Ich habe noch eine Stunde Zeit.

Hannibal *denkt.*   Na endlich mal eine Pause! In meinem Alter kann man nicht mehr so viel laufen! Stefan, deine Arbeit macht mich ganz kaputt!!!

Si quantitativement les choses n'évoluent guère, l'on peut cependant constater une évolution dans l'écriture des dialogues. Un effort évident est fait pour que les énoncés soient plus conformes à ceux rencontrés au quotidien au cours des interactions orales (interjections, particules illocutoires, réponses non «complètes», lexique, style et expression plus familiers, etc.), et les préoccupations semblent plus proches de celles des élèves de 5ème.

En ce qui concerne les dialogues mis en place en classe à partir de tels saynètes dialoguées, il va de soi que les pratiques didactiques se situent dans le cadre des instructions officielles présentées plus haut. Les auteurs s'en réclament d'ailleurs explicitement :

« La majeure partie du cours consacrée à l'entretien en allemand s'appuie sur le livre ouvert à la double page des illustrations. [...] les étapes prévues par les dernières instructions ministérielles peuvent alors se dérouler comme une ‹ tranche de vie › allemande : ‹ présentation orale d'ensemble ›, ‹ assimilation globale ›, ‹ élucidation ›, ‹ reconstitution › et ‹ fixation › » (Janitza et al. 1982, 3).

L'essentiel des dialogues des élèves prend corps au cours de l'expression dialoguée au sein de l'entretien d'élucidation du support. Les choses restent de ce point de vue remarquablement stables. Peut-on pour autant dire que les élèves ont affaire à des dialogues véritablement authentiques ?

Thierry GALLÈPE

Il n'est sans doute pas utile de refaire ici le travail de critique « linguistique » de ce type de dialogues, qui a déjà été accompli. Il est peut-être suffisant de rappeler ici certains résultats issus de travaux d'analyse approfondis.

Dans un ouvrage paru en 1980, et non spécifiquement centré sur les manuels français d'allemand, J. Weijenberg (1980, 100 et suiv.) pouvait noter, après une étude centrée sur les enregistrements phoniques des dialogues, les faits suivants :

> « In den Lehrwerken *fehlen (fast) ganz* die Phänomene lange stille Pause, anakoluthische Erscheinungen, Wortfragmente, die meisten der satzphonetischen Erscheinungen [...] (Elision des Schwa am Lexemende, Reduktion des Artikels und einige Einzelfälle), die Erscheinung, daß sich eine Äußerung (ein Sprecherbeitrag) über einen Sprecherwechsel erstreckt, simultanes Sprechen, gefüllte Pausen, das Element ‹ ja › in bestimmten Funktionen und Verständigungsprozeduren und -probleme. [...] ».

Sans pouvoir entrer dans tous les détails, il est cependant intéressant de noter quelques autres faits saillants :

– Les phrases des dialogues originaux sont plus courtes que dans les dialogues didactiques.

– « Gefügesätze haben in den Originaltexten einen etwas größeren Anteil an allen Sätzen als in den Lehrwerkdialogen. » (Weijenberg 1980, 101)

– Si l'on compare dialogues authentiques et didactiques, le nombre de tours de parole est sensiblement moins élevé dans les seconds.

– Si l'on compare maintenant les questions, les « Inversion und Interrogativa » (Weijenberg 1980, 102) dominent dans les dialogues didactiques, tandis que dans les dialogues authentiques l'on a davantage recours à l'intonation et aux particules modales.

La conclusion de ces études semble claire (Weijenberg 1980, 103) : « die These von der mangelnden Sprachauthentizität der Lehrwerkdialoge hat sich durchaus bestätigt. »

Quelques années plus tard est entreprise par R. Keysers (1987) la confection d'un manuel d'allemand pour jeunes français se fondant sur les résultats d'une analyse critique de manuels français d'allemand, dont, entre autres, « *Wir lernen Deutsch* » ou « *Treffpunkt Deutsch* », dans la perspective de recherches entreprises en Allemagne sur le langage parlé autour du programme « *Projekt Dialogstrukturen* ». Ses conclusions vont dans le même sens que celles citées ci-dessus.

Il convient certes de ne pas oublier que le problème de l'authenticité des dialogues didactiques n'est pas chose simple, et que dans une certaine mesure, une totale authenticité irait à l'encontre de tout enseignement tant il est vrai que l'accès à de tels dialogues serait impossible à des élèves en début d'apprentissage. R. Galisson et D. Coste (1976, 59) faisaient ainsi la distinction entre « authentique » et « naturel ». Il n'en demeure pas moins que l'exigence de présentation d'une langue authentique aux élèves apprenant l'allemand reste, comme on peut fort bien le comprendre, très forte. Comment favoriser la compréhension de l'allemand parlé si les élèves ne sont pas exposés ni familiarisés à ce type de communication ? Dans les deux livres cités ci-dessus, il est d'ailleurs fait état des difficultés des élèves apprenant l'allemand lorsqu'ils sont confrontés à de véritables interactions verbales en Allemagne, notamment à cause de certains phénomènes caractéristiques de l'oral, tels qu'A. Betten (1976 ; 1980), par exemple, a pu les décrire (ellipses, anacoluthes, aposiopèses, hésitations, pauses, répétitions, etc.)[6], et qui sont pratiquement absents des dialogues des manuels.

La teneur des analyses critiques de manuels d'enseignement d'allemand ne semble pas vouloir varier beaucoup. Dans un ouvrage paru bien plus tard, H.-H. Lüger (1995) fait ainsi une présentation synthétique de trois moments essentiels de l'analyse comparative entre langue parlée et dialogues didactiques :

– « Lehrbuchtexte, insbesondere Lehrbuchdialoge, zeichnen sich generell durch eine stark idealisierte, alltagsferne Sprache aus. » (Lüger 1995, 113)

– « In zahlreichen Lehrbuchdialogen werden konstitutive Aufgaben der Gesprächsführung, insbesondere der Beziehungsgestaltung, stark vernachlässigt » (Lüger 1995, 115)

– « Auf beziehungsrelevante Gesprächsorten wird in den meisten Lehrwerken nach wie vor verzichtet. » (Lüger 1995, 116)

---

6   Une des mesures utilisées pour repérer le caractère authentique des dialogues est la répétition. Or ici, les choses ne sont pas simples. En calculant la densité lexicale dans les dialogues, R. Keysers et J. Weijenberg affirment que le taux de densité est plus important dans les dialogues authentiques que dans les dialogues didactiques. L'on peut certes comprendre un tel phénomène. Lorsque les auteurs de manuel veulent introduire un mot ou une structure nouveau, un bon moyen de le faire retenir par les élèves est la répétition intensive de cet élément dans le texte de la leçon. Mais les choses ne sont pas aussi simples ; en effet, les répétitions sont aussi une caractéristique des interactions verbales authentiques. A. Betten (1980) précise ainsi : « Eine andere Form, sich des gegenseitigen Verstehens zu versichern, sind Wiederholungen. Sie nehmen unter den Prozeduren der Verständnissicherung einen wichtigen Platz ein, wobei ihre Funktion von der einer ersten Ungläubigkeit über schrittweise Annäherung an einen neuen Gedanken bis zum Signal des Verstandenhabens bzw. der Nachfrage, ob man auch richtig verstanden hat, gehen können. » Or de telles répétitions dans des dialogues authentiques font bien sûr aussi baisser la densité lexicale.

Concrètement, cela signifie une absence quasi totale de signaux de régulation (feed-back, Rückmeldungen), de pilotage de l'interaction etc.[7] D'autre part, les dialogues se déroulent toujours de façon lisse et linéaire. Peu de difficultés de compréhension, de gestion de l'interaction surgissent, et donc aucune procédure de réparation conversationnelle n'est présentée aux élèves (ni donc non plus les moyens linguistiques de s'acquitter de ces tâches conversationnelles pourtant omniprésentes et indispensables pour une séquence d'interaction réussie)[8], non plus d'ailleurs, que la dimension rituelle des interactions. Par ailleurs les dialogues se déroulent toujours dans une situation non ancrée socialement, et la dimension fonctionnelle du point de vue social des conversations est pratiquement inexistante, alors même que ces facteurs sont un élément constitutif (et notamment linguistiquement) déterminant[9]. Or il y a conversation et conversation, la communication n'est pas toujours «égale» : de nombreux facteurs interviennent, qui déterminent les comportements linguistiques : âges et sexe des interactants, place dans les hiérarchies sociales, but des conversations, degré d'intimité des interactants, etc.[10] Si l'on considère certains manuels, la réalité et les comportements linguistiques ne reflètent guère ces données. Dans *Treffpunkt* (5ème), l'on ne remarque des interactions faisant figurer des adultes que dans 16 saynètes, et encore faut-il ajouter que dans certaines scènes ces adultes n'ont qu'un seul tour de parole. Si l'on regarde plus attentivement, l'on s'aperçoit que les adultes intervenant sont le plus souvent des adultes intimes des jeunes (parents plus ou moins proches) et que peu de « trans-

---

7   En fait subsiste dans ces dialogues une absence quasi totale de toute méta-communication. L'on peut tenter de classer (avec toutes les difficultés évoquées ici même note 5) les différents niveaux constitutifs de l'interaction en a) méta-énoncif (dont les gloses méta-énonciatives), qui concerne la production même de l'énoncé et ses contenus propositionnel et pragmatique, l'ancrage énonciatif et le processus d'énonciation, b) méta-interactionnel, qui se rapporte à la gestion et la structuration de la conversation, les rôles et places des interactants, leur liens, et c) méta-situationnel, qui à trait au contexte déterminant le déroulement de l'interaction : contexte général, mais aussi contexte personnel. Pour plus de détails sur ces niveaux, l'on peut consulter Gallèpe (1997a, chap. 8).

8   Sur cette notion de réparation, en liaison avec la problématique des faces interactionnelles (face-work : Imagearbeit), il faut bien entendu consulter l'œuvre d'E. Goffman (1974; 1987), ou une présentation de ses travaux dans entre autres Kerbrat-Orecchioni (1990).

9   Cf. la définition que donne par ex. B. Techtmeier (1988, 50): « Das Gespräch ist das grundlegende Kommunikationsereignis der direkten Kommunikation, durch das die Partner verbal, mit Hilfe des Sprecherrollenwechsels, unter konkreten sozialhistorischen Bedingungen, bestimmte Tätigkeitsziele realisieren. »

10 Il n'est pas possible ici de détailler les différents critères permettant de décrire les types d'interaction. Sur ce point, cf. Henne & Rehbock (1982, 32) ou Techtmeier (1988, 53 et suiv.).

actions sociales » sont mises en scène. Lorsque c'est le cas, il faut bien reconnaître que les critiques émises plus haut ne perdent rien de leur validité. Un exemple emblématique est une scène à la caisse d'un supermarché (Janitza et al. 1982, 146), où la caissière ne participe à la conversation présentée qu'avec une seule réplique «Das macht 12,70 DM. Alles zusammen. » L'on peut certes discuter du but final de l'enseignement de l'allemand en institution scolaire, et souligner qu'il n'est pas directement orienté vers l'allemand pratique (tel que la méthode dite « Berlitz » peut en être l'emblème) ; mais peut-on à l'inverse ignorer à ce point les réalités concrètes de l'utilisation de l'allemand ?

En fait, le problème fondamental est l'adéquation de tels types de saynètes aux objectifs assignés à l'enseignement scolaire de l'allemand. Comment se fait-il que ce sont de tels dialogues qui sont proposés aux élèves ? Ce ne peut être le fait du hasard. Plusieurs éléments permettent de mieux comprendre ce fait :

– I. Camutaliova[11] note que

«simplification and levelling the language in the teaching dialogues contains a serious danger : the very complex problem of teaching the spoken language in being solved in an oversimplified way by neutralizing specific features of spoken language (and the dialogue as such) which in fact means deforming it and consequently giving the language-learner an inadequate and distorted notion of the spoken-forms. Another point ... is that such dialogues become lifeless and cannot affect language-learners emotionally. »

– Tandis que H.-H. Lüger (1995, 113) observe de son côté que

« Es überwiegen Lehrbuchdialoge mit wohlgeformten Sätzen, die ebensogut schriftsprachlichen Texten entnommen sein könnten. »

Ce qui pourrait paraître incohérent se révèle au contraire plutôt cohérent ; si l'on considère la configuration et la finalité didactique de ces dialogues, il ressort que les deux axes essentiels identifiés ne poussent pas à la fréquentation de dialogues «authentiquement/naturellement» parlés : le but didactique est un entraînement à l'expression orale pour un entretien d'élucidation, et en dernière analyse, soumis à l'apprentissage du code dans la perspective du transfert de faits de langue. La pertinence de la leçon dans le supermarché évoquée plus haut, on la trouve dans la leçon de grammaire : «le nombre : les unités de mesure (poids, monnaie...) 3 Pfund Mehl, 2 Kilo

---

11 « Some Principles of Stylizing a Dialogue for Foreign Language Teaching. » In : Fried V. (Hrsg) (1972) : *The Prague School of Linguistics and Language Teaching (=Language Teaching and Language Learning)* London cité par Weijenberg (1980, 10).

Fleisch, 4 Liter Apfelsaft... ». Il apparaît ainsi que ces dialogues sont présentés non pour entraîner à dialoguer (compréhension et expression), mais pour enseigner d'une façon plus « vivante » le code. Le fondement de cet enseignement reste ainsi dans les faits l'allemand écrit, et la finalité des dialogues/saynètes n'est pas en priorité d'enseigner à communiquer oralement en allemand, mais d'enseigner le code (écrit) orienté vers l'étude dans le second cycle des textes écrits en allemand (et aussi vers les épreuves orales « d'explication de textes » — pour lesquelles il faut tout au long de l'année de Terminale, et même avant, préparer les textes — ou épreuves écrites des baccalauréats). C'est donc tout à fait logiquement que disparaissent, dans les manuels de second cycle, les dialogues et conversations[12]. Mais au delà de cette cohérence entre visée didactique et supports de manuels, naît immédiatement de cette configuration paradoxale une difficulté non négligeable : les élèves sont soumis à une manière de contradiction qui est sans doute pour partie à l'origine des problèmes de participation orale déficiente déplorée dans maints cours.

– Ils ne fréquentent que des textes «épurés », qui sont plus proches de l'écrit dans les premières années de l'apprentissage, et authentiquement écrits par la suite, et sont appelés à adopter essentiellement une attitude d'explication/ commentaires de ces textes, ce qui est un type tout à fait particulier et spécifique de communication, essentiellement didactique.

– Cette tâche est cependant censée se faire au cours d'un entretien oral, dont l'objectif immédiat reste « l'exploitation détaillée du document » (Ministère de l'Éducation Nationale 1995, 29), mais qui « privilégie les échanges aussi libres et naturels que possible, entre le professeur et les élèves, les élèves et le professeur, les élèves entre eux. » (idem).

Les élèves doivent donc prendre la parole dans des interactions différentes (parler avec un professeur est autre chose que de parler avec un élève d'une part, et produire une intervention initiative n'implique pas la même chose que de se borner à produire une réplique fonctionnant comme intervention réactive.) sans vraiment être confrontés à de telles interactions. Aucun entraînement/apprentissage n'est envisagé concernant par exemple (aussi bien en compréhension qu'en expression) les «Gliederungssignale[13] »

---

[12] Peut-on sérieusement penser que la rédaction écrite de dialogues, telle qu'elle est souvent proposée dans ces manuels, où les élèves-rédacteurs jouent tous les rôles, constitue véritablement un entraînement au dialogue?

[13] Henne & Rehbock (1982, 26) : « bestätigungsheischende und informationsverstärkende Partikeln wie *ne, nich, nicht, nicht wahr, wa, gell, ja, woll.* Auf keinen Fall dürfen diese lexikalischen Elemente als ›Flickwörter‹ denunziert werden, wie es die konventionelles Stilisitk tat [...]; vielmehr liegen hier unter gesprächsanalytischem Aspekt Redemittel vor, die eher *Gliederungspartikeln* heißen können: sie

et autres éléments linguistiques permettant au locuteur de mener de front plusieurs opérations mentales nécessaires à la bonne gestion d'un tour de parole (recherche lexicale, planification de l'énoncé, gestion de l'organisation de la conversation etc.), et concernant notamment tous les moyens linguistiques de ménager sa face en situation de fragilisation[14]. Non seulement les élèves ne peuvent voir ni entendre dans ces dialogues aucun travail relatifs aux « rites d'interactions » et « façons de parler » (pour reprendre deux titres de Goffman), mais ils ne sont guère entraînés à manipuler ces hésitations, précautions oratoires, commentaires métaénonciatifs, ménagements des faces de l'autre etc. permettant de se protéger dans les interactions au quotidien, alors même que c'est précisément au cours de ces entretiens d'élucidation qu'ils en auraient peut-être le plus besoin, étant donné le «risque» que cela représente de prendre la parole dans une langue que l'on maîtrise mal, face au professeur (qui ne perd jamais sa casquette d'adulte et d'enseignant/évaluateur) et aux autres élèves. Ces éléments sont certes réputés difficiles à enseigner, mais ne peut-on au contraire penser que ce sont des éléments facilitateurs aussi bien en compréhension qu'en expression ? Les répétitions et autres pauses ne donnent-elles pas le temps aux partenaires de comprendre, au locuteur de prévoir la suite de sa réplique? Par ailleurs, une constante des entraînements proposés est le centrage sur le pôle émetteur de la communication dans ces dialogues ; or les interactions se construisent et se mènent conjointement, et les auditeurs/destinataires sont loin d'être inactifs pendant que leur partenaire parle[15]!

On le voit donc, si la conversation est revendiquée d'un côté comme but et moyen de l'enseignement à une certaine époque, la réalité de la communication en face à face n'est guère sérieusement envisagée au niveau de la didactique aussi bien dans les instructions officielles que dans les manuels.

---

gliedern den Gesprächsschritt im Sinne des Sprechers, verstärken den Inhalt und bereiten den Sprecherwechsel vor. »

14 Cette fragilisation de la « face » est souvent perçue au travers de problématique de la « faute », même si cette perspective n'épuise pas le sujet. Cf., par ex., Kleppin (1995, 23): « Die Angst, Fehler zu machen, vor der Gruppe bloßgestellt zu werden, sich zu blamieren, von der Lehrperson ironische Bemerkungen zu hören, dies sind Erfahrungen, die häufig genug dazu führen, die Äußerungen inhaltlich und sprachlich zu reduzieren. »

15 Cet aspect, bien connu en linguistique, est aussi l'objet d'analyses en didactique ; cf., par ex., Liedke (1996).

2.3. Et aujourd'hui ?

La conception officielle des buts de l'enseignement de l'allemand évolue sous nos yeux. Pour faire bref, les nouveaux accents portent[16], entre autres, la marque de ce que l'on pourrait appeler l'approche communicative, avec notamment un élargissement vers une autre visée que l'élucidation pour les dialogues, et l'entraînement explicitement mentionné au dialogue. Les évolutions doivent être mesurées avec prudence, car l'on ne dispose pas encore, pour les instructions officielles, d'une vue globale sur l'ensemble des sept années de l'enseignement secondaire, et l'on ne peut encore apprécier si cet entraînement n'est prévu que dans les débuts de l'apprentissage, le second cycle étant presque exclusivement consacré à l'écrit. Mais qu'en est-il des évolutions dans les manuels, aussi bien en ce qui concerne les conversations/dialogues présentés, que ceux mis en place comme activités ?

Cela a déjà été mentionné, les situations varient d'un manuel à l'autre. Une constatation semble pourtant valoir pour la généralité : la part de pages consacrées aux saynètes baisse notablement par rapport au nombre total de pages constituant une unité pédagogique. Dans Eckert et al. (1997b), les dialogues écrits occupent 2 pages sur les 14 pages d'une unité du manuel. Le reste est occupé par des activités et documents divers. Dans Schwabedissen et al. (1997), cette tendance est également présente, même si le mouvement est moins marqué : 2 pages sur 10. Ce manuel se distingue aussi par une sorte de réintroduction de séquences narratives dans des saynètes, ou plutôt d'insertion de répliques dialoguées dans un cadre narratif, comme on n'en faisait plus depuis 1958, par exemple en (1) ; ainsi après deux premières vignettes assorties d'un dialogue l'on peut lire pour les troisième et quatrième vignettes des séquences narratives :

> (5)   Und da ist es auch schon zu spät... Der Briefträger schreit. Frau
>   Katastrophe ist entsetzt, und Uli sagt : « Also, Papa, Briefträger
>   werde ich nicht. das ist viel zu gefährlich! »
>   DER BRIEFTRÄGER – Das stimmt! (Schwabedissen et al. 1997,
>   22)

L'unité 7 dans Eckert et al. (1997a), destiné en début d'apprentissage à des 4ème LV 2 compte sur les 14 pages seulement 2 affectées à un dialogue. L'importance des dialogues dans les manuels semble donc décroître à l'heure où ils sont un objectif explicitement affiché de l'enseignement de l'allemand. Cette tendance à l'amenuisement de l'importance accordée aux dialogues/saynètes se renforce dans l'année suivante, puisque dans Eckert et al. (1998), les dialogues, également plus petits, ne sont présents qu'en début d'unité, sous la forme d'un ‹ Vorschau ›, les textes 1 et 2 des unités étant des

---

16   Cf. le premier aperçu des instructions officielles.

textes écrits. L'on trouve aussi dans le dispositif des saynètes uniquement enregistrées destinées un entraînement spécifique à la compréhension de l'oral. La lecture du script montre que la nature de ces dialogues ne varie guère par rapport à ceux déjà présentés :

(6)	Axel	Grüß Gott, Frau Lechner, sind Sie mit Babs hier?
	F.Lechner	Nein, die hat doch bis sieben Uhr Klavierstunde. Aber was ist denn, Axel ?
	Axel	Ach, ich will morgen Abend für acht aus unserer Klasse kochen. Aber außer Erdäpfel fällt mir nichts ein.
	F. Lechner	Ja, mach doch Erdäpfel – zwei Kilo – mit einer dikken Paradeisersoße !
	Axel	Stimmt, das schmeckt immer und sieht schön aus. Und danach?
	F. Lechner	Ganz einfach : Marillenkompott mit Schlagobers ! Aber jetzt muß ich schnell nach Haus. Servus, Axel !

Le paradoxe n'est sans doute qu'apparent ; il est dû au fait que les manuels prennent maintenant leurs distances avec la conception du document de base, servant de support à tous les entraînements dans le cadre des quatre compétences, et prévoient des documents spécifiques pour chaque type d'entraînement. Les dialogues enregistrés sont donc prévus dans le cadre de la compréhension auditive, avec pour corollaire que des entraînements spécifiques au dialogue devraient être prévus. Avant de se tourner vers ces entraînements, il n'est sans doute pas inutile d'examiner ces dialogues.

(7)	[...]	
	Axel	Ja. Und wenn sie meinen Rucksack nicht hat? Ich telefoniere sofort.
	Axel wählt Brittas Nummer.	
	Britta	Britta Winkler, guten Abend.
	Axel	Guten Abend, hier ist Axel Thumm.
	Britta	Endlich hast du bemerkt, dass du meinen Rucksack hast!
	Axel	Du hast also meinen ? Uff, was ein Glück !
		(Eckert et al., 1997b, 62)

Il faut préciser que les deux adolescents ne se connaissent pas et se téléphonent pour la première fois !

(8)	(1) Heute ist es windig. Die Jungen sind vor dem Haus. Da kommen Isabel und Iris.
	TOBIAS	– Was, Ihr wollt Federball spielen?
	ISABEL	– Dumme Frage!

(2) FLORIAN   – Ihr könnt es ja versuchen. Aber bei dem Wind! passt auf!

IRIS   – Mist! Der Ball ist weg!

ISABEL   – Er ist nebenan.

IRIS   – Na gut, ich hole ihn. (Schwabedissen et al. 1997, 8)

Sans doute n'est-il pas nécessaire de multiplier les exemples. Il semble clairement apparaître un mouvement allant dans le sens de la déconstruction du dialogue. Trop de dialogues/saynètes l'auraient-ils tué ? Tout ce qui fait l'essence du dialogué est en fait éliminé pour faire apparaître ce qui peut être considéré comme l'essentiel aux yeux des auteurs, le lexique, les tournures fonctionnelles, les structures grammaticales, ou tel savoir-faire « civilisationnel » (par exemple, la variante lexicales autrichienne en (6), la façon d'ouvrir une séquence au téléphone en Allemagne en (7), ou ‹ Mist ›, ‹ Federball ›, ‹ holen ›, ‹ Wind ›, ‹ nebenan › en (8)). N'est-il pas paradoxal d'assister ainsi à une réduction, dislocation du dialogue, pratiquement réduit à un simple squelette, vitrine pour faits de langue divers, à l'heure où celui-ci gagne en tant que tel sur le terrain de la conception, alors que la diversification des supports aurait pu permettre, libérant les dialogues de la contrainte de l'exploitation exhaustive en vue de l'entretien d'élucidation débouchant sur la rituelle *Nacherzählung*, de les enrichir en éléments spécifiques de la communication orale ?

Qu'en est-il des dialogues produits par les élèves, ou à tout le moins des activités débouchant sur la participation à un dialogue? L'absence de saynètes est-elle compensée?

Certains manuels auraient tendance à habiller des avatars d'exercices structuraux teintés de «fonctionnel » sous forme dialoguée pour se conformer (formellement) à la tendance communicative :

(9)   A – Hallo! *Wollt ihr heute* auch <u>schwimmen gehen</u> ?

B – Ja gern, ich komme mit.

C – Ich kann heute leider nicht schwimmen gehen. Ich muß…

Mach weiter !

• Fahrrad fahren • Tennis spielen • den Lehrer besuchen • die sehen • ins Kino gehen • meine CDs hören… (Schwabedissen et al. 1997, 9)

L'on peut noter par ailleurs des rubriques clairement «fonctionnelles»:

(10)   Das kannst du schon

Maintenant tu sais …

• dire que tu es d'accord : Einverstanden!

• dire que tu espères que… : Hoffentlich…

• piquer la curiosité de qqn : Stell dir vor…

• dire que cela te convient : Das passt mir.

- dire que tu y es arrivé : Das habe ich geschafft.
- féliciter qqn : Gratuliere! (Eckert et al. 1997b, 65)

Sans doute ne faut-il pas perdre de vue que ce sont là des dialogues pour des élèves en 2ème année d'allemand. Mais n'est-il pas préoccupant de s'apercevoir que pratiquement, mise à part la diversification des supports, la différence n'est pas grande avec les configurations des dialogues qui ont pu être critiquées comme cela vient d'être exposé plus haut, et que des remarques faites à propos de l'approche notionnelle-fonctionnelle à ses débuts sont toujours valables, notamment quant à la non prise en compte des relations entre actes de langages, et au fait de leur grande dépendance vis-à-vis du contexte notamment sociologique et communicationnel?[17]

Que se passe-t-il au delà des collèges ? Il semblerait que les tendances remarquées plus haut soient inchangées. Si l'on considère deux manuels récents, (Alinhac et al. (1995) & Dablanc et al. (1997)), l'on peut encore constater la disparition de tout dialogue dans le second cycle. Certains documents sont certes enregistrés pour faire l'objet d'entraînement à la compréhension auditive, mais l'essentiel du travail est fait à partir de textes écrits, y compris les activités d'expression dialoguées, visant comme toujours l'élucidation, même si certaines activités spécifiques centrées sur des rubriques répertoriées comme fonctionnelles[18] aménagent des entraînements qui restent atomisés. Peut-on cependant penser que tout a été acquis dans le premier cycle en ce qui concerne la compétence de communication orale dialoguée? Par ailleurs, la dimension interactionnelle, et le pôle récepteur restent quasiment, voire totalement ignorés[19].

3. Pour conclure

Il serait inexact de nier toute évolution dans l'enseignement de l'allemand en relation avec la problématique de l'entraînement au dialogue. Les manuels présentent maintenant des répliques contenant du lexique plus spécifiquement ‹parlé›, des phrases non forcément ‹complètes›, des particules illocutoires, etc. Mais tout semble loin d'être résolu, si l'on veut véritablement se fixer comme objectif une formation des élèves leur permettant

---

[17] Est-il besoin de rappeler ici l'article de R. Métrich (1983, 197 et 198) qui exprimait trois critiques de fond aux inventaires notionnels-fonctionnels de Baldegger, Müller, & Schneider (1980), et qui sont tout à fait valables pour les séquences envisagées ici: 1) « Les expressions sont données sans les paramètres qui gouvernent leur énonciation » 2) «la syntagmatique des actes de parole n'est pas envisagée » 3) «les listes présentent la langue comme une simple collection de moyens d'expression. »

[18] Sur le besoin de clarification dans le champ de la didactique de la notion «fonctionnelle», cf. Gallèpe (1997b).

[19] Sur tous ces points, on lira avec grand profit l'article de H.-H. Lüger (1994).

d'être pleinement acteurs (du pôle émetteur **et** du pôle récepteur) dans des interactions verbales en face-à-face. L'argument selon lequel cette compétence est difficile à acquérir, les moyens linguistiques des comportements conversationnels correspondants seraient artificiels dès les début de l'apprentissage, et qu'on [ne] pourrait en tout état de cause les apprendre [qu'] en parlant avec les allemands, le rôle de l'école en étant un autre, semble avoir bien peu de portée, surtout si l'on considère la situation de l'allemand en France aujourd'hui. L'on aurait au contraire intérêt

– à prendre toute la mesure de cette difficulté réelle,

– à prévoir, en conséquence, des activités réparties tout au long du cursus au lieu de les limiter au premier cycle,

– et à changer la perspective qui tend à placer le travail avec des textes écrits comme couronnement logique, sérieux, du travail de début d'apprentissage, où l'on peut travailler avec des saynètes qui se révèlent ainsi n'être, somme toute, qu'un moyen distrayant et attrayant d'apprendre l'allemand écrit. Il faut plutôt considérer qu'il y a en réalité deux perspectives parallèles qui doivent être maintenues conjointement tout au long de l'apprentissage de l'allemand dans le second degré (au moins). Il n'est pas facile d'apprendre à «hésiter», «se reprendre», voire «se taire», négocier sa prise ou son abandon de parole, s'assurer de la bonne intercompréhension etc. en allemand, et il semble essentiel de s'y prendre de bonne heure et de maintenir de tels entraînements tout au long de la scolarité. Les développements en didactique de l'allemand ont largement montré que la maîtrise du code de l'écrit ne suffisait pas, et de loin, pour pouvoir s'insérer dans les flux de la communication au quotidien. Le fait nouveau est la prise en compte de ceci dans les textes officiels, au niveau de la conception du dialogue. Il semblerait que maintenant la difficulté soit désormais la mise en pratique avec des moyens et supports d'enseignement correspondants, notamment dans les manuels et dans les activités en cours. Mais ici survient une autre interrogation : sans doute la teneur des dialogues ‹authentiques› et l'apprentissage de la conversation impliquent-ils une bonne connaissance scientifique (et pas seulement intuitive) et de l'allemand parlé et de l'objet «conversation». Or les professeurs d'allemand (et les concepteurs de manuels) sont-ils à un moment ou à un autre au cours de leur formation suffisamment confrontés à une telle problématique, qui cependant n'est pas toute récente[20] au niveau de la recherche linguistique, mais qui semble assez nouvelle dans le domaine de la didactique de l'allemand ?

---

20 Faut-il rappeler que, par ex., le Projekt Dialogstrukturen, centré sur l'allemand oral date des années 1970 ; cf. Berens et al. (1976) ?

Bibliographie

Baldegger, Markus/Müller, Martin/Schneider, Günther (1980) : *Kontakt-schwelle Deutsch als Fremdsprache*, (Éd : Europarat – Rat für kulturelle Zusammenarbeit), Berlin/München/Wien/Zürich, Langenscheidt.

Berens, Franz-Joseph/Jäger, Karl-Heinz/Schank, Gerd/Schwitalla, Johannes (1976) : *Projekt Dialogstrukturen*, München, Hueber.

Betten, Anne. (1976) : « Ellipsen, Anakoluthe und Parenthesen: Fälle für Grammatik, Stilistik, Sprechakttheorie oder Konversationsanalyse ? ». In : *Deutsche Sprache* 3, 207-230.

Betten, Anne (1980) : «Der dramatische Dialog bei Friedrich Dürrenmatt im Vergleich mit spontan gesprochener Sprache.» In : Ernest W.B. Hess-Lüttich (éd.) :*Literatur und Konversation. Sprachsoziologie und Pragmatik in der Literaturwissenschaft*,Wiesbaden, Athenaion, 205-236.

Galisson, Robert/Coste, Daniel (1976) : *Dictionnaire de didactique des langues*. Paris, Hachette.

Gallèpe, Thierry (1997a) :. *Didascalies. Les mots de la mise en scène*, Paris, L'Harmattan (Coll. Sémantiques.).

Gallèpe, Thierry (1997b) : «*Hiermit habe ich die Absicht ou Malaise dans la classification Notion/Fonction.» In : *Nouveaux Cahiers d'Allemand* vol. 15, n° 2, 129-157.

Goffman, Erwing (1974) : *Les rites d'interaction*, Paris, Éd. de Minuit.

Goffman, Erwing (1987) : *Façons de parler*, Paris, Éd. de Minuit.

Henne, Helmut/Rehbock, Helmut (1982) : *Einführung in die Gesprächs-analyse*, Berlin, De Gruyter (Sammlung Göschen).

Kerbrat-Orecchioni, Catherine (1990) : *Les interactions verbales* (I), Paris, Colin.

Keysers, Ralph B (1987) : *La dynamique du dialogue et l'enseignement de l'allemand*, Frankfurt a.M./Bern/New-York/Paris, Peter Lang.

Klein, Nina (1995) : « Small talk als Lernziel. » In : *Beiträge zur Fremd-sprachenvermittlung* (Sonderheft 2/1995 : *Gesprächsanalyse und Gesprächsschulung*), Sprachlehrinstitut der Universität Konstanz, 54-68.

Kleppin, Karin (1995) : «Fehler als Chance zum Weiterlernen.» In : *Fremd-sprache Deutsch* (Sondernummer 1995), 22-26.

Liedke, Martina. (1996) : «‹Oh ... toll !› – Was Hörerinnen und Hörer tun, um ein Gespräch in Gang zu halten.» In : *Fremdsprache Deutsch* (14/1, 40-44.

Lüger, Heinz-Helmut (1994) : « Analyse conversationnelle et enseignement de l'allemand.» In *Nouveaux Cahiers d'Allemand*, vol. 12, n° 3, 257-272.

Lüger, Heinz-Helmut (1995) : « Partnerorientiertes Sprechen in Lehrbuch-dialogen ? Beispielanalyse und didaktische Vorschläge. » In : *Beiträge zur Fremdsprachenvermittlung* (Sonderheft 2/1995 : *Gesprächsanalyse und Gesprächsschulung*), Sprachlehrinstitut der Universität Konstanz, 111-123.

Métrich, René (1983) : « Kontaktschwelle Deutsch als Fremdsprache : un nouvel outil pour le professeur d'allemand. Présentation critique. » In : *Nouveaux Cahiers d'Allemand*, vol.1, n° 3, 189-203.

Ministère de l'Éducation Nationale (1985) : *Allemand. Classes des collèges,* Paris, Centre National de Documentation Pédagogique.

Ministère de l'Éducation Nationale, de l'enseignement supérieur, de la re-cherche et de l'insertion professionnelle (1995) : *Allemand – Classes de seconde, première et terminale,* Paris, Centre National de Documentation Pédagogique.

Puren, Christian (1988) : *Histoire des méthodologies de l'enseignement des langues vivantes,* Paris, Nathan – Clé international (Coll. didactique des langues).

Techtmeier, Bärbel (1988) : *Das Gespräch. Funktionen, Normen, Struk-turen,* Berlin, Akademie Verlag.

Weijenberg, Jan (1980) : *Authentizität gesprochener Sprache in Lehrwerken für Deutsch als Fremdsprache,* Heidelberg, Julius Groos.

Manuels consultés

Alinhac, Monika/Canal, Danielle/Duport, Jean-Claude/Gaussent, Suzanne/Georges, Bernard/Reynis, Ursula (1995) : *Ja, aber. Ganz neu* – Classe de 2nde, Paris, Colin.

Bodevin, Louis./Isler, Pierre (1958) : Collection Deutschland – Deuxième langue. *Classe de 4è*, Paris, Masson.

Dablanc, Françoise/Rubenach, Siegrun/Bardes, Eva/Faure, Nathalie (1997) *Warum – 2nde,* Paris, Hachette.

Eckert, Charles/Dauvillier, Christa/Jourdan, Robert/Longre, Anne-Marie/Sé-rodes, Françoise/Vérot, Françoise (1997) : *Willkommen – 4è LV2*, Paris, Nathan.

Eckert, Charles/Dauvillier, Christa/Longre, Anne-Marie/Opitz, Hilke/Vérot, Françoise (1998) : *Grenzenlos – 4è LV1*, Paris, Nathan.

Eckert, Charles/Longre, Anne-Marie/Schumacher, Birgit/Spohr, Waltraud/Vérot, Françoise (1997b) : *Grenzenlos – 5è*, Paris, Nathan.

Holderith, Georges/Trometer, Jacqueline/Courtade, André/Eckert, Charles/ Kleefeld, André/Weckmann, André (1972) : *Wir lernen Deutsch – 6è*, Paris, Nathan.

Holderith, Georges/Trometer, Jacqueline/Courtade, André/Eckert, Charles/ Kleefeld, André/Weckmann, André (1979) : *Wir lernen Deutsch – 4è*, Série verte, Paris, Nathan.

Holderith, Georges/Trometer, Jacqueline/Courtade, André/Eckert, Charles/ Kleefeld, André/Weckmann, André (1980) : *Wir lernen Deutsch – 3è*, Série verte, Paris, Nathan.

Isler, Pierre/Deghaye, Pierre (1970) : *Nouvelle collection Deutschland. Classe de 6è.* Paris: Masson.

Janitza, Jean/Rahmat, Edith/Schenck, Jean/Viselthier, Bernard (1982) : *Treffpunkt Deutsch – 5è*, Paris, Hatier.

Rothmund-Dhuicq, Jane/Jenny, Alphonse (1981) : *« D » wie Deutsch – allemand second cycle –* Tome 1. Nouvelle collection Holderith, Paris, Nathan.

Schwabedissen, Emma/Sollfrank-Deshusses, Gabriele/Philippe, Annie/Bariatinsky, Michel/Deshusses, Pierre (1997) : *Deutsch ist klasse – 5è*, Paris, Bordas.

Avantgardistische Poesie und Ausspracheschulung

Klaus SCHENK
Universität Konstanz

1. Vorbemerkung

»manche meinen / lechts und rinks / kann man nicht / velwechsern / werch ein illtum!«, poetische Scherze wie dieser haben das Markenzeichen der phonetischen Poesie geprägt. Niemand wird daher ernsthaft behaupten, in den zitierten Verszeilen von Ernst Jandl (1985, I, 249) seien die Erkenntnisse der modernen Phonologie verschlüsselt. Ebensowenig darf der Humor Jandls allerdings darüber hinwegtäuschen, wie viel an Wissen über Sprechen und Aus-Sprache, wieviel an Selbstbeobachtung und Analyse in die Geschichte der phonetischen Poesie eingegangen ist. Auch wenn aus wissenschaftlicher Perspektive die poetische Praxis der phonetischen Poesie als marginal erscheint, für eine didaktische Vermittlung von Phonetik ist sie es keineswegs. So läßt sich zunächst festhalten, daß der Begriff *Phonetik* seine Geschichte nicht nur in der Sprachwissenschaft hat, sondern auch in Bereichen der avantgardistischen Literatur. Dieser gemeinsamen Geschichte nachzugehen und das Praxisfeld avantgardistischer Lautpoesie für eine didaktische Konzeption von Phonetik zu nutzen, ist die Absicht des folgenden Beitrags. Denn auch in der Sprachdidaktik ist Phonetik, im Sinne von Ausspracheschulung, inzwischen ein Praxisfeld, von dem sich die Erkenntnisinteressen der theoretischen Linguistik längst entfernt haben. Gerade aber die in wissenschaftlicher Hinsicht apokryphe Phonetik der poetischen Avantgarde könnte den Arbeitsbereich der Ausspracheschulung nicht nur mit Texten, sondern auch mit Methoden ergänzen. Besonders in der Fremdsprachendidaktik erweisen sich dabei die Um-Wege der phonetischen Poesie als fruchtbar.

2. Anfänge einer avantgardistischen Phonetik

2.1. Zur Entwicklung phonetischer Poesie

Der Versuch, die Anfänge der Lautdichtung zu rekonstruieren, wurde immer wieder mit großem Ehrgeiz unternommen. Je weiter die Suchkategorien für die Vorformen der Lautpoesie gesteckt sind, desto exotischer muten die Zusammenhänge an. So führt Scholz (1989) in seinen *Untersuchungen zur Geschichte und Typologie der Lautpoesie* neben künstlichen Sprachen, Geheimsprachen und ekstatischer Rede, auch sprachmystische Einflüsse bis hin zu Sprachformeln des Mantra an. Auch Roman Jakobson (1988) hat zeit seines Lebens die anthropologische Suche nach Lautsequenzen, die sich in verschiedenen Sprachen in Kinderreimen, in Zaubersprüchen, in der Glossolalie, dem Zungenreden, und nicht zuletzt in der modernen Lyrik finden, nie aufgegeben. Offensichtlich müssen Sprach- und Literaturwissenschaft bei der diachronen Recherche in den Bereich der Anthropologie hinübergreifen. Jedoch bleibt die Herleitung der phonetischen Poesie aus formelhaften Lautsequenzen für literaturwissenschaftliche bzw. didaktische Fragestellungen unbefriedigend. Zwar läßt sich zunächst festhalten, daß Lautspiele ein interkulturelles bzw. interlinguales Phänomen sind und somit Lernende unterschiedlicher kultureller Herkunft mit ähnlichen Phänomenen in ihrer eigenen Sprache vertraut sein werden. Allerdings kann von hieraus keine Auskunft über die Spezifik avantgardistischer Lautpoesie gewonnen werden, handelt es sich dabei doch mehr um eine literarische Entwicklung als um die Ästhetisierung eines anthropologischen Phänomens. Versuche, die Geschichte der Lautpoesie zu schreiben, geraten auf diese Weise schnell vor die Schein-Alternative entweder anthropologische Faktoren zu weit auszudehnen oder die Autonomie ästhetischer Texte zu einseitig zu betonen.

Will man die Grenzen enger ziehen, so ergibt sich im Bereich der literarischen bzw. poetischen Praxis ein ebenso vielfältiges Bild. Haben doch Klangspiele die poetische Praxis schon immer bestimmt. Die Geschichte des Reims ist um nichts weniger eine Poetik der Sprachlaute. Wieviel mit dem Regelwerk der traditionellen Metrik einer sprachwissenschaftlichen Phonetik vorgearbeitet wurde, sollte nicht unterschätzt werden. Daß die Poetik des Reims ebenso weitgespannte Begründungen provoziert, macht z.B. die Frankfurter Poetik-Vorlesung des Lyrikers Peter Rühmkorf (1985) deutlich: *agar agar – zaurzaurim. Zur Naturgeschichte des Reims und der menschlichen Anklangsnerven.* Um die Frage der Lautpoesie scheinen anthropologische, linguistische und poetische Fragestellungen unauflöslich verquickt zu sein. Daher sollte sich weniger die Frage stellen, *wann*, sondern *wie* in der Poesie vom Klang der Laute als eigenständigem Gestaltungsfaktor Gebrauch gemacht wurde. Aus literaturwissenschaftlicher Perspektive lassen sich in der deutschsprachigen Poesie erst etwa seit Ende des 19. Jahrhunderts Klangspiele nachweisen, die bewußt auf Sinngebung verzichten und den Klang der Laute als autonom profilieren. Schon die Romantiker, wie z.B. Clemens Brentano, führten ihre Lyrik zum Teil bis ans Klangspiel heran, indem sie den Sinn der Wörter durch Wiederholung und Variation zunehmend entleerten. Zur Lautdichtung (vgl. Hausmann 1972, 41) werden jedoch zumeist erst Texte wie *Kikakokù Ekoralàps* von Paul Scheerbart (1863-1915) gerechnet. Auch Christian Morgenstern hat bekanntlich in seinem Gedicht *Das große Lalula* eine sinnlose Abfolge von Lauten bzw. Lettern kombiniert, deren Un-Sinn Morgensterns Selbstdeutung noch einmal auf die Spitze treibt: es handle sich lediglich um das Endspiel in einer Schachpartie (vgl. Kittler 1987). Diese Entwicklung einer *Dichtung als Spiel* (vgl. Liede 1963) ist bereits eingehend untersucht und besprochen worden. Allerdings wird dabei der Übergang zu den Experimenten der poetischen Avantgarde häufig zu bruchlos angenommen. Tatsächlich aber läßt sich beobachten, wie sich in der poetischen Avantgarde allererst das Arbeitsfeld einer phonetischen Poesie konsolidierte. Deshalb soll als zentrale These dieses Beitrags behauptet werden, daß mit dieser Konsolidierung des Bereiches phonetischer Poesie eine Reflexion auf die Lautgestalt der Sprache einhergeht, die durchaus als Parallele zur Entstehung der Phonetik und Phonologie gesehen werden kann. In der poetischen Praxis der Avantgarde bildete sich eine avantgardistische Phonetik heraus, die Lautverhältnisse (z.B. zwischen Vokalen und Konsonanten) analysiert, die Wiedergabe von Sprachlauten in der Schrift und anderen Medien problematisiert und mit einer geschärften Beobachtung die Rolle sowohl des Sprechers wie der Textur reflektiert. Dabei ist es kein Zufall, daß in derselben Zeit die wissenschaftliche Forschung auf dem Gebiet der Sprachlaute forciert betrieben wurde und zum Teil sogar direkten Bezug auf die avantgardistische Bewegung nahm. Vor allem die Revolution durch auditive und audiovisuelle Medien dürfte dabei der Pulsgeber für den Fort-Schritt in Sprachwissenschaft und Laut-Poesie gewesen sein. Diese Entwicklungslinien nachzuzeichnen soll helfen, einen Praxisbezug von Phonetik wiederzugewinnen, den die Phonologie auf dem Wege der Abstraktion von artikulatorisch-gestischen Phänomenen verlor. Die Beschäftigung mit der avantgardistischen Phonetik als apokrypher Parallele zur Geschichte einer wissenschaftlichen Begründung der Phonologie, kann ein Praxisfeld erschließen, das keinesweg nur Spielerei, sondern ebensoviel an Reflexion über Sprache und Sprechen in sich birgt.

2.2. Sprachschöpfung

Hugo Ball, der große Initiator dadaistischer Lautpoesie, betrachtete seine Arbeit an der Klanggestalt von Sprache keineswegs als folgenloses Experimentieren. Vielmehr ordnet sich seine dadaistische Lautdichtung einer langen Tradition sprachmystischer Wortalchimie zu, die versuchte hinter der alltäglichen Verwendung von Sprache, eine gereinigte Sprache freizulegen. Daß die dadaistische Lautdichtung auf diese Weise gegen die verbrauchte Konventionalität von Sprache revoltierte, möge folgendes Zitat von Hugo Ball (1984, 39f.) verdeutlichen:

»Ich lese Verse, die nichts weniger vorhaben als: auf die konventionelle Sprache zu verzichten, ad acta zu legen. (...) Da kann man nun so recht sehen, wie die artikulierte Sprache entsteht. Ich lass die Vokale kobolzen. Ich lasse die Laute ganz einfach fallen, etwa wie eine Katze miaut...«.

Alchimistische Sprachschöpfung als Zeitkritik am Mißbrauch von Sprache durch Politik und Presse, so ließe sich die Absicht Hugo Balls auf einen Nenner bringen. Betrachtet man die phonetischen Produktionen des Zürcher Dadaisten vor diesem Hintergrund, so wird jedoch deutlich, wie Ball bei dem Versuch, eine neue Sprache zu schöpfen, wieder auf die Laute seiner Muttersprache zurückfällt. Schon sein bekanntestes Lautgedicht *Karawane* ruft sowohl in Wortanspielungen wie auch in Onomatopoesien den Erfahrungshintergrund deutscher Muttersprachler wach (vgl. Scholz, 1989, 164-166). Andererseits nahmen die Sprachschöpfungen der Dadaisten häufig auch Anleihen in anderen Sprachen. Sehr deutlich läßt sich diese Absicht an einem Gedicht von Raoul Hausmann aufzeigen. So proklamiert Hausmann (1972, 35) in seinem Statement *Zur Geschichte des Lautgedichtes*:

»Worte haben gar keinen Sinn, außer dem, den ihnen die Gewohnheit verliehen hat - alles andere, jede Sinngebung ist vergeblich, umsonst! (...) Da erfindet man schon besser eine Sprache, die zunächst keine Sprache ist, aber vielleicht einmal eine werden kann. So entstand das Lautgedicht.«

Die Verkörperung dieser Idee, sein Gedicht *kp'erioum* (1982, I, 57), verwendet allerdings fast ausschließlich Lautkombinationen der tschechischen Sprache. Die Forschung dagegen tendiert dazu, diese Zeilen als sinnfreie Textur auf dem Weg zur Sprachschöpfung zu stilisieren (vgl. Erlhoff 1982, 195).

Auffällig ist in diesem Zusammenhang besonders die Art und Weise wie die avantgardistische Sprachschöpfung vor sich ging. Indem die phonetische Poesie Sprachlaute aus ihren Bedeutungszusammenhängen isolierte, näherte sie sich den Theoremen der von Jakobson betriebenen Phonologie an. Bekanntlich hatte Jakobson (1971, 281) zunächst gefordert, die Phonologie als *Formwissenschaft* von der Phonetik als *Stoffwissenschaft* deutlich zu trennen. Das Phonem definierte der Phonologe (ebd., 293) als »reines und leeres Unterscheidungszeichen«, dessen Wert allein darin bestehe, etwas anderes zu bedeuten als die übrigen Phoneme in gleicher Stellung. Zu Recht hat Heißenbüttel (1983, 4) auf die Parallele zwischen der phonologischen Definition des Phonems und der bedeutungsleeren Isolation von Einzellauten in der phonetischen Poesie hingewiesen. Lautdichtung wäre in diesem Sinn die extreme Autonomisierung der Sprachlaute als Unterscheidungszeichen vor aller Bedeutung. Zurück bleibt lediglich die differentielle Funktion von Sprachlauten, die sich keinem positiven Wert, keiner bestimmten und konstanten Bedeutung mehr fügen. Die Poetik einer Dichtung, die sich mit der Kombinatorik von sinnentleerten Einzellauten befaßt, muß zwangsläufig eine immanente phonetische Theorie entwickeln.

2.3. Das Lob der Vokale

Daß in der modernen Poesie zunächst die Vokale zum Gegenstand phonetischer Reflexion wurden, hängt mit ihrem Stellenwert in der herkömmlichen Metrik, wie auch mit ihren lautsymbolischen Deutungsmöglichkeiten in der sprachmystischen Tradition zusammen. Aus phonetischer Sicht läßt sich so das Experimentieren der frühen poetischen Avantgarde mit den Sprachlauten in zwei wesentliche Phasen aufteilen. Während die Symbolisten einen lautsymbolischen Charakter der Vokale hervorkehrten und auf das frühromantische Konzept des *Farbenhörens* zurückgriffen, hat sich der Futurismus vor allem mit den Konsonanten beschäftigt. Als Beispiel für die Konzeption einer synästhetischen Lautsymbolik ist vor allem Rimbauds Sonett *Voyelles* berühmt geworden. Zum Vokal *A* findet sich bei Rimbaud (1982, 106) z.B. folgende Verszeile: »A, noir corset velu des mouches éclatantes«. Daß Rimbauds Sonett auch in der deutschsprachigen Literatur eine Diskussion über die symbolischen Wertigkeiten von Vokalen entfacht hat, dürfte wenig bekannt sein (vgl. Daniels 1966, 135-158). So wendet z.B. Ernst Jünger (1979, 34) in seinem Artikel *Lob der Vokale* gegen Rimbaud ein: »Die Farbe, die wir für das A wählen würden, müßte der Purpur sein«.

Auch die Sprachwissenschaft hat sich mit dem Phänomen der Lautsymbolik und des Farbenhörens beschäftigt. Ausgehend von Gabelentz' Theorie einer schöpferischen Lautsymbolik über Maurice Grammont als Vertreter einer expressiven Phonetik bis zu Maxime Chastaing und Roman Jakobson (1986, 195-356) selbst fanden sich immer wieder Versuche, die Lautsymbolik sprachwissenschaftlich zu begründen. Jüngers Vorschlag den Vokal *A* mit einem roten Farbton in Verbindung zu bringen, wird ähnlich von mehreren Forschern nahegelegt (vgl. ebd., 213). Allerdings warnt Jakobson davor, das symbolistische Farbenhören in den Vokalen auf die linguistische Methode zu übertragen. Selbstverständlich können diese wissenschaftlichen Bemühungen um eine lautsymbolische Systematik nicht mit der Laut-Farb-Synästhesie in Rimbauds Sonett, das vielmehr auf eine Schockwirkung abzielt, gleichgesetzt werden. Doch drückt dieses Bemühen um die Symbolik der Vokale eine generelle Tendenz aus, nämlich die Analyse von Vokalverhältnissen und ihrer synästhetischen Wertigkeiten sowohl in Sprachwissenschaft als auch in der Poesie seit der Jahrhundertwende. So resümiert Jakobson in seiner Arbeit *Die Lautgestalt der Sprache* im Kapitel über den *Zauber der Sprachlaute* die Beschäftigung der Linguistik mit der

Lautsymbolik ausgehend von der seit Platons *Kratylos* immer wieder angeführten Gegenüberstellung von *thesei* und *physei*. Bekanntlich betonte
Saussure in seinem *Cours* (1962) vor allem den *thesei*-Charakter der
Sprache, die konventionell vermittelt, keine symbolische Verbindung zwischen Signifikant und Signifikat erlaube. Dagegen hebt Jakobson, ohne
hinter Saussure zurückzufallen, vor allem den *physei*-Charakter der Sprache
hervor; Jakobson forscht nach Lautkombinationen, die unabhängig von
verschiedenen Kultursystemen als anthropologische Erscheinungen betrachtet werden können. Vor allem die allgemeine Vokaltheorie gerät dabei
in den Blickpunkt Jakobsons. Seinen Ausgangspunkt bildet dabei die
Beobachtung, daß die Verselbständigung der kleinsten formellen Einheiten,
ein charakteristisches Verfahren der Künste und der Wissenschaften um die
Zeit des Ersten Weltkriegs sei (vgl. Jakobson 1986, 195).

Tatsächlich sind die dadaistischen Lautgedichte stark von lautsymbolischen bzw. onomatopoetischen Effekten durchwoben, obwohl von der
avantgardistischen Theorie Rückfälle in die Onomatopoesie schon früh ge-
rügt wurden. Besonders die Vokale bildeten dabei den Umschlagpunkt von
Bedeutungsleere in Bedeutungsallusion. So bemerkte z.B. Hugo Ball (1927,
105) zu seiner ersten Dada-Soirée im Jahre 1916:

»Ich habe eine neue Gattung von Versen erfunden, ›Verse ohne
Worte‹ oder Lautgedichte, in denen das Balancement der Vokale nur
nach dem Werte der Ansatzreihe erwogen und ausgeteilt wird.«

Die sprachschöpferische Lautpoesie Balls zeigt noch deutliche Anklänge an den lautsymbolischen Vokalismus. Ebenso weisen die frühen
Lautgedichte von Scheerbart und Morgenstern vor allem eine besondere
Verteilung der Vokale auf. Doch auch in der phonetischen Poesie nach
dem Zweiten Weltkrieg wird immer wieder die Sonderstellung der Vokale
umspielt. Eine späte Reminiszenz an das *Lob der Vokale* bildet z.B. Ernst
Jandls *sonett* (1985, I, 443).

sonett

das a das e das i das o das u   das o das u das a das e das i
das u das a das e das i das o   das i das o das u das a das e
das u das a das e das i das o   das e das i das o das u das a
das a das e das i das o das u

das a das e das i das o das u   das o das u das a das e das i
das u das a das e das i das o   das i das o das u das a das e
das u das a das e das i das o   das e das i das o das u das a
das a das e das i das o das u

Dieser Text kann zum Ausgangspunkt verschiedener Übungen zur Quantität und Qualität von Vokalen genutzt werden. So läßt sich das Sonett mit langen wie auch mit kurzen Vokalen realisieren. Die Vokale *a, e, i, o, u* können durch Umlaute ersetzt werden, wobei auf die Änderung des Artikulationsvorgangs zu achten ist. Schließlich lassen sich die Zeilen der Strophen auch in Artikulationsgestik (vgl. 5.2.) überführen. Weitere phonetische Experimente, die nur mit Vokalen operieren, finden sich z.B. bei Gerhard Rühm. Unter dem Titel *so lange wie möglich* (1988, 56) wird tatsächlich ein *a* möglichst lange mit einem Luftstrom artikuliert. Beim Hören der Bandaufnahme (Rühm, 1988) läßt sich bemerken, wie sich die Quantität des Vokals mit abnehmender Atemstärke verändert. Weitere Beispiele für den Vokalismus lieferte Rühm (1988, 33) unter dem Titel *konstellationen* bzw. in *gebet* (ebd., 38), das in den Anweisungen zur Intonation noch deutlich sprachmystische Anklänge zeigt. Auch das in der symbolistischen Lyrik praktizierte und in der linguistischen Forschung zur Lautsymbolik diskutierte *Farbenhören* könnte durchaus gewinnbringend als Einstieg für eine Unterrichtseinheit zur Qualität bzw. Quantität von Vokalen genutzt werden. Die Teilnehmer diskutieren dabei, wie sie die deutschen Vokale empfinden. So können sich herkunftsspezifische Unterschiede ergeben, die im Vergleich zum Vokalsystem der jeweiligen Muttersprache ausreichend Stoff zur Diskussion bieten. Diese kurzen Hinweise sollen zunächst genügen, um anzudeuten, wie reichhaltig sich das Zusammenspiel zwischen avantgardistischer Phonetik und Ausspracheschulung gestalten kann.

2.4. Konsonantenkaskaden

Wie stark die Praxis der avantgardistischen Poesie und die Entwicklung der Phonologie verwoben sind, wird vor allem an Jakobsons Versuchen einer phonologischen Klassifikation von Konsonanten und dem im russischen Futurismus praktizierten Konsonantismus deutlich. Grundsätzlich hat Roman Jakobson immer wieder darauf hingewiesen, daß »Fragen der Poetik den Anstoß« (1982, 24) zur Klärung phonologischer Probleme gaben. Vor allem die *Wortkunst* der russischen Futuristen lieferte Ansatzpunkte zur Entwicklung der Phonem-Theorie. Durch die Autonomisierung des poetischen Wortes und seines Lautmaterials versuchten die russischen Futuristen, die poetische Sprache von ihren referentiellen Bezügen abzukoppeln. Diese Tendenz verstand sich als Gegenbewegung zur inhaltlichen Definition von Dichtung bei den Symbolisten. Die von Chlebnikov proklamierte »Poesie des ›selbstmächtigen, selbstwertigen Wortes‹« (in: Jakobson 1972, 29) konnte zur Klärung für zentrale Fragestellungen der Phonologie genutzt werden:

»Die Suche dieses Künstlers nach den ›Infinitesimalien der poetischen Welt‹, sein paronomastisches Spiel mit minimalen Paaren oder, wie er selbst zu sagen pflegte, ›der inneren Deklination von Wörtern‹ (...) kündete ›die intuitive Erfassung einer unbekannten Entität‹ an, die Vorwegnahme der letzten *phonologischen Einheiten*, wie sie gute zwei Jahrzehnte später genannt werden sollten« (übers. v. Holenstein 1975, 63).

Im Unterschied zur symbolistischen Poetisierung der Vokale, begann der russische Futurismus mit einer Häufung von Konsonanten. So empfahl Majakowskij, Verse aus den »härtesten« Konsonanten des russischen Lautsystems zu bilden (vgl. Jakobson/Pomorska 1982, 29). Ähnliches gilt für die italienischen Futuristen. So betonte z.B. Luigi Russolo die Funktion der Konsonanten für die Repräsentation von Geräusch und Lärm in futuristischen Texten (vgl. Erlhoff 1982, 187). Auch Jakobson bekennt im Gespräch mit Pomorska (1982, 30) seine Vorliebe für »Konsonantenkaskaden« in poetischen Texten. Während die Dekomposition der vokalischen Phoneme in zugrundeliegende semantisch-distinktive Einheiten von Trubetzkoj bereits weit vorangetrieben wurde, stand eine phonologische Klassifikation des Konsonantensystems noch aus. Indem Jakobson die Konsonanten in fundamentale Oppositionen zerlegte, war es ihm gelungen, die Analyse nach differentiellen Elementen auf das gesamte Phonem-Inventar auszudehnen. Im Juni 1938 konnte Jakobson auf einem internationalen Kongreß mit seinem Beitrag zur phonologischen Klassifikation der Konsonanten eine erste Bilanz seiner Forschungen ziehen. Er kam zur Überzeugung, daß »sich die Phoneme aller Sprachen der Welt trotz ihrer Unterschiedlichkeit gemäß einer strengen Logik in differentielle Elemente zerlegen« (ebd., 33) lassen.

Schon in der frühen Phase der phonetischen Poesie fällt auf, daß in Texten von Autoren wie Schwitters und Hausmann vor allem ungewöhnliche Konsonantenkombinationen erprobt wurden. In der phonetischen Poesie ist diese Diskussion um die Funktion von Konsonanten sogar bis in die jüngste Gegenwart hinein fortgeführt worden. Ernst Jandl z.B. versuchte in einem Sprechgedicht, Kriegslärm ohne vokalische Laute zu imitieren. Der Text *schtzngrmm* von Jandl (1985, I, 125) setzt die Geräuschkulisse einer Kriegssituation um, allerdings nicht nur durch onomatopoetische Nachahmung. Die Bedeutung des Textes wird vielmehr dadurch gesichert, daß die verwendeten Laute der Vokabel *Schützengraben* entnommen sind. Der Lautbestand von *schtzngrmm* ist dabei, wie der Autor (1985, III, 486) bemerkt, lediglich aus Konsonanten aufgebaut:

»Seinem Basiswort sind die Vokale entzogen, Vokale kommen im Gedicht nicht vor. Wenn Sie wollen: der Krieg singt nicht!«

Gegen diesen futuristischen Konsonantismus, der nur in der Notation, nicht aber beim Vortrag realisierbar ist, läßt sich eine Beobachtung von Franz Mon (1970, 108) anführen:

>»Da immer Atemstrom und artikulierende Bewegung zugleich beteiligt sind, ist es fragwürdig, im landläufigen Sinn Vokale und Konsonanten zu unterscheiden. Auch dem scheinbar reinen Vokal ist ein konsonantisches Geräusch, und sei es ein h-Laut, beigemischt, und jeder Konsonant hat mittönendes vokalisches Element.«

Deutlich wird dabei, daß ein reiner Konsonantismus nicht möglich ist. Diese Tatsache kann didaktisch dazu genutzt werden, die Lernenden auf Sproßvokale zwischen Konsonantengruppen aufmerksam zu machen. So könnten sie anhand des Gedichts *schtzngrmm* dazu aufgefordert werden, die in der Schriftpartitur zu realisierenden Konsonanten zu bestimmen, um anschließend zu erraten, welches Basiswort dem Text zugrunde liegt. Die Übungsaufgabe könnte lauten:

Tragen Sie Laute ein, die Sie zwischen den Konsonanten hören:

s c h (　　) t z (　　) n g r (　　) m m

Selbstverständlich kann im Kurs zunächst auch darüber diskutiert werden, welches Geräusch Lernende aus unterschiedlichen Ländern beim Hören der Bandaufnahme wahrnehmen. An den vorläufigen Andeutungen dürfte deutlich geworden sein, daß sich die avantgardistische Diskussion um die poetische Funktion von Vokalen und Konsonanten auch didaktisch bei der Ausspracheschulung für fortgeschrittene Lernende nutzen läßt. Auf diese Zusammenhänge soll später näher eingegangen werden. Zunächst gilt es aber, die Entwicklung der avantgardistischen Phonetik weiter zu verfolgen.

3. Phonetische Poesie

3.1. Schriftprobleme

Von Anfang an setzte sich die poetische Avantgarde mit Problemen der Notation auseinander. Obwohl es bei den italienischen Futuristen noch den Anschein hat, als handle es sich lediglich um eine dekorative Funktion von Schrift, kehrte sich bald auch der analytische Aspekt der Notationsproblematik heraus. In den Arbeiten von Kurt Schwitters z.B. wurde der Zusammenhang von Sprachlaut und Medium immer wieder angesprochen. Schwitters bereitete damit eine der phonetischen Poesie generell implizite Problematik auf. Ein deutliches Beispiel dafür bietet der langjährige Kompositionsprozeß an seiner *Sonate in Urlauten*. Schwitters (1973, 214-

242) *Ursonate* nahm von einem Plakatgedicht Raoul Hausmanns ihren Anfang. Das als Lautgedicht vorgetragene Plakatgedicht *fmsbw* von Hausmann (1982, I, 18) hatte Schwitters auf einer gemeinsamen Dada-Veranstaltung 1921 in Prag gehört. Im Unterschied zu Hausmann legte Schwitters aber Wert auf eine phonetische Notation seiner Texte. Hatte Hausmann in seiner Notation die zwischen den Konsonanten auftretenden Sproßvokale noch vernachlässigt und sogar Satzzeichen in seine Textur übernommen, so verfolgte Schwitters die Absicht, eine eindeutigere Relation zwischen Gesprochenem und Geschriebenem zu wahren. Diese Diskrepanz zwischen einer phonetischen und einer lettristischen Notation sollte die beiden Autoren bis hin zu ihrer späteren Zusammenarbeit begleiten. So schrieb Schwitters (1974, 235) z.B. noch 1946 eine lettristische Dichtung Hausmanns mit dem Ratschlag um: »Du mußt alles weglassen, was nicht lesbar ist.« In einem Brief an Ernst Jandl vom 4. Feb. 1966 betonte Hausmann (1982, 83) dagegen:

»The only distinction between Schwitters and me is, that I noted my poster-poems ›lettristiquement‹ and he noted them phonetically.«

Tatsächlich hatte Schwitters immer wieder mit verschiedenen Möglichkeiten der phonetischen Schreibung experimentiert. So z.B. in seinem Artikel *plastische Schreibung* (1981, 270):

»man höört wiider beim schreiben was gesprochen wird, und es gibt noch tausend forteile. wotsuu das ie, das deenungs h, wiir schreiben alles nach einem sisteem: wiir, liibe, iir, statt deer wir, liebe, ihr fon früüher.«

Die Möglichkeiten der schriftlichen Fassung seiner *Ursonate* schienen Schwitters allerdings beschränkt. Ursprünglich verfolgte er deshalb die Absicht, die Sonate in einer Notenschrift zu fixieren. Eine weitere Notationsmöglichkeit hatte Schwitters 1927 in der holländischen Zeitschrift *i 10* unter dem Titel *Anregungen zur Erlangung einer Systemschrift* veröffentlicht, der 1928 auch im *Sturm* publiziert wurde. Schwitters (1981, 274) forderte darin:

»Wie auch immer die zu vermittelnde, zu übersetzende Sprache ist, die Schrift muß optophonetisch sein, wenn sie systematisch gestaltet sein will. Systemschrift verlangt, daß das ganze Bild der Schrift dem ganzen Klang der Sprache entspricht.«

Die wissenschaftliche Entsprechung zu den Schriftexperimenten von Schwitters findet sich in der Geschichte des Transkriptionssystems der API (*Association Phonétique Internationale*). Seit 1886 war der *Weltlautschriftverein* darum bemüht, Prinzipien für die phonetische Transkription zu entwickeln. Die bedeutungsdiskriminierende Funktion von Phonemen bildete

dabei das Hauptkriterium des seit 1938 international anerkannten Nota-
tionssystems (*The Principles*, 1981, 1):

> »There should be a separate letter for each distinctive sound; that is,
> for each sound which, being used instead of another, in the same
> language, can change the meaning of a word.«

Während die Entwicklung des phonetischen Transkriptionssystems der
API die (typo)graphischen Elemente von Schrift einer getreuen Wiedergabe
von Lauten unterordnete, betonte Schwitters die doppelte Relation von
Stimme und Schrift. Weder eine Notenschrift noch die *Systemschrift* kamen
allerdings aus verständlichen Gründen bei der Druckfassung der *Ursonate*
zur Anwendung, sondern lediglich die zeitgenössische Futura. Schwitters
entschied sich für einen Kompromiß. Im Vorwort zur Veröffentlichung der
endgültigen Fassung bemerkte Schwitters (1973, 313):

> »Natürlich ist in der Schrift nur eine sehr lückenhafte Angabe der
> gesprochenen Sonate zu geben. Wie bei jeder Notenschrift sind viele
> Auslegungen möglich.«

Deshalb sah sich Schwitters (1973, 313) genötigt, die Umsetzung der
Sonate beim lauten Lesen durch eine Erklärung der Phonem-Graphem-
Korrespondenzen zu sichern:

> »ein einzelner vokal ist kurz, zwei gleiche nicht doppelt, sondern
> lang. sollen aber zwei gleiche vokale doppelt gesprochen werden, so
> wird das wort an der stelle getrennt. [...] sollen die r einzeln gesprochen
> werden, so empfiehlt sich folgende schreibweise: RrRrRrRrRrRr«.

Diese Anweisungen zum Notationsverfahren kennzeichnen die Sonate als
lesbaren *Text*, für den bei der Bestimmung seiner Präsentationsweise graphische Darstellungsmittel im Hinblick auf ihre phonetischen Korrespon-
denzen definiert werden. Gleichzeitig mit dieser schriftlichen Fixierung des
Textes verfolgte Schwitters auch die Absicht, die *Ursonate* in einem anderen
Medium wiederzugeben. Bereits 1925 wurde das *Scherzo* von Schwitters auf
der *Merz 13. Merzgrammophonplatte* in 20 Exemplaren veröffentlicht (vgl.
Scholz 1989, 204). Neben der Aufnahme des *Scherzos* beim Süddeutschen
Rundfunk im Jahre 1932 blieb noch eine von Schwitters gelesene, gekürzte
Fassung der *Ursonate* erhalten (Schwitters 1958). Neben den schriftlichen
Text trat die phonographische Aufzeichnung im technischen Medium der
Schallplatte.

3.2. Medienkontext

Innerhalb der Programmatik der phonetischen Poesie, wurden in der
frühen Phase der Avantgarde die medialen Reproduktionsmöglichkeiten

poetischer Texte bewußt. Die phonographische Aufzeichnung von Lauten durch auditive Medien bot neben der Typographie einen eigenständigen Gestaltungsraum von Poesie. Der *Lettrist* Raoul Hausmann z.B. versuchte die Ausdrucks-Aspekte von Poesie zu synthetisieren, indem er den *optophonetischen* Charakter seiner Arbeiten betonte. Die Erläuterungen von Hausmann zu seiner kuriosen Erfindung des Optophons bringen den Aspekt einer Transposition von Ausdruckssubstanzen im Begriff des *optophonetischen Gedichts* deutlich hervor. In seinem Aufsatz *Optophonetik* erklärt Hausmann (1982, II, 54) die Funktionsweise der Apparatur. Hier soll nur das Ergebnis des komplizierten Versuchsaufbaus, in dem Hausmann z.B. ein Telephon, Selenzellen und filmische Mittel verwendet, wiedergegeben werden:

»Beim entsprechenden technischen Aufbau verfügt das Optophon über die Kraft, oder besser gesagt, über die Fähigkeit, jeder optischen Erscheinung ihr Äquivalent im Ton zu zeigen, oder anders formuliert: Es transformiert die Schwingungsunterschiede von Licht und Ton.«

Noch das Patentamt bestätigte Hausmann die Funktionstüchtigkeit der Apparatur, stellte aber ihre »Nützlichkeit« (Hausmann 1982, II, 214) infrage. Der wissenschaftlichen Nutzung von technischen Medien dagegen war mehr Anerkennung beschieden. Schon 1857 hatte der Sprachforscher Rudolf von Raumer in einem offenen Brief formuliert:

»Hätten wir einen Apparat, der das Gesprochene ebenso treu auffaßte und auf dem Papier befestigte wie das Daguerreotyp das Gesehene, so würden dessen Leistungen dem entsprechen, was ich wünschte« (in: Zwirner, 1966, 91).

Die Geschichte der Experimental-Phonetik ist eng verknüpft mit der Entwicklung und dem Gebrauch ihrer Medien. In seinem Aufsatz *Schallplatte und Tonfilm als Quellen sprachlicher Forschung* kann Zwirner 1937 bereits auf unterschiedliche Tendenzen bei der Nutzung technischer und elektronischer Medien zurückblicken. Einen entscheidenden Schritt sieht er (1968, 30) in der »Verbindung des Tonfilms mit dem Röntgenfilm«. Zwirner (ebd., 33) resümiert:

»Die Entwicklung der Photographie, der Kinematographie, der Schallplatte, des Röntgenverfahrens, des Tonfilms, Zeitlupenfilms und Röntgentonfilms im Lauf von etwa 100 Jahren hat einen neuen Typus sprachlicher Quellen geschaffen.«

Während die Experimental-Phonetik allerdings Aufzeichnungsverfahren technischer und elektronischer Medien nutzte, um die Relevanz von Schrift für die Analyse sprachlicher Phänomene endgültig zu diskreditieren, bildet

Hausmanns technisches Experiment das Pendant zu einer Poetologie, die beabsichtigte, Laut und Schrift im Begriff des *opto-phonetischen Gedichts* zusammenzuschließen. Zum Vortrag seiner Plakatgedichte formulierte Hausmann (1972, 43):

»Große sichtbare Lettern, also lettristische Gedichte, ja noch mehr, ich sagte mir gleich optophonetisch! Verschiedene Größen zu verschiedener Betonung! Konsonanten und Vokale, das krächzt und jodelt sehr gut! Natürlich, diese Buchstabenplakatgedichte mußten gesungen werden! DA! DADA!«

Ausgelöst durch die revolutionären Veränderungen im Medienkontext haben sich in der Entstehungsphase der phonetischen Poesie die Verhältnisse zwischen schriftlich fixiertem Text und seiner Wiedergabe wesentlich verschoben. Die Konzeption phonetischer Poesie wird bestimmt von einer Intermedialität zwischen Partitur, Vortrag und phonographischer Reproduktion.

3.3. Vortragsweisen

Mit der lettristischen Aufführungspraxis Raoul Hausmanns drangen Klänge in das poetische Feld, die eine von der Artikulation losgelöste, körperhafte Stimme manifestierten. Keineswegs konnte mehr der geschriebene Text allein den Vortrag diktieren. Die schriftliche Notation innerhalb der Lautdichtung mußte sich messen an der durch elektronische Aufzeichnungsmöglichkeiten materialisierten Stimme. Gottfried Benn (1989, 509) gesteht diesen Innovationen in seinem Resümee der avantgardistischen Bewegung sogar die Möglichkeit zu, daß daraus »eine neue lyrische Diktion« resultieren könne. »Das abendländische Gedicht« werde allerdings im Augenblick noch »durch Worte gestaltet, nicht durch Rülpsen und Husten«.

Mit den Möglichkeiten auditiver Medien entsteht eine Konzeption von Dichtung, die auch den flüchtigen Laut körperhaft gestaltet. Die Idee einer geräuschhaften Gestaltung von Lautgedichten findet allerdings am Material der Sprache ihre Grenze. Nicht als phonisches Rauschen, sondern als Abfolge diskreter und dadurch notierbarer, sprachlicher Elemente. Neben die Mimesis des Geräusches tritt eine visuelle Partitur, die nicht als Nebensächlichkeit abgetan werden kann. Bei der Interpretation müssen sowohl die auditive wie auch die visuelle Variante des Textes berücksichtigt werden. Der Gebrauch verschiedener Medien führt so in der phonetischen Poesie zu pluralen Textformen, bei denen sich das Verhältnis zwischen Autor und Text mit dem Wechsel von einem Medium ins andere ständig verschiebt. Jandl (1976, 56) zieht aus diesem Wechselverhältnis zwischen Medium, Autor und Text eine radikale poetologische Konsequenz:

»Ich jedenfalls habe mir damit alle Autonomie verschafft, die es für mich geben kann, und frage mich, ob es nun überhaupt noch einen anderen Weg für mich gibt, als als völlig autonomer Dichter mich selbst zum völlig autonomen Gedicht zu machen, und vor aller Augen als leuchtender Punkt in die Tiefe des Raumes zu entschwinden.«

Gerade weil innerhalb der phonetischen Poesie das Verhältnis zwischen Vortrag und Medium immer wieder bedacht wird und in die Konzeption der Texte eingeht, eignet sich dieses Genre experimenteller Literatur besonders dazu, Probleme der Aussprache zu erarbeiten, die die Texte selbst aufwerfen. Im Spannungsfeld verschiedener Medien (Schrift, Schallplatte und sogar Film) lassen sich zielorientierte Zugänge zu den Texten gewinnen. So bieten z.B. die Schallplattenaufnahmen von Jandl die Möglichkeit, Divergenzen zwischen schriftlicher und auditiver Version der Texte in die Unterrichtsgestaltung einzubeziehen. Zudem können auch die Video-Aufnahmen verschiedener Lesungen zur Verdeutlichung visueller Aspekte bei der Aussprache genutzt werden. Nicht zuletzt geben die Texte selbst Anlaß, Fragestellungen im Grenzbereich zwischen Phonologie und Phonetik zu behandeln.

4. Didaktische Aspekte der Ausspracheschulung

4.1. Zur Situation

Noch im Februar 1993 beklagte die anläßlich des Kolloquiums *Zur Rolle der Phonetik im Bereich Deutsch als Fremdsprache* verfaßte Erklärung (*Fremdsprache Deutsch*, 1995, 5), daß die Phonetik mit ihren Teilgebieten Artikulation, Intonation und Sprechausdruck im Fremdsprachenunterricht Deutsch vernachlässigt werde. Das Defizit resultiere neben einer unzureichenden Schulung der Lehrenden vor allem aus einem Mangel an spezifischen Lehrmaterialien für den Phonetikunterricht. Die didaktische Phonetik in Deutsch als Fremdsprache hat in den letzten Jahren allerdings einige Fortschritte gemacht. Besonders der Videokurs von Hirschfeld (1992) für den Anfängerunterricht, die Unterrichtsentwürfe von Frey (1995) aber auch die Neuauflage des Lehrbuchs *Deutsche Aussprache* von Kelz (1995) seien hier neben kleineren Veröffentlichungen genannt, wie z.B. die Beiträge in Heft 12 der Zeitschrift *Fremdsprache Deutsch* (1/1995) zum Thema *Aussprache*. Dennoch zeigen auch diese Arbeiten, daß es äußerst schwierig ist, geeignetes Textmaterial für den Phonetikunterricht zu finden. Eine wesentliche Bereicherung könnten hier die Texte und Verfahren der phonetischen Poesie darstellen.

In älteren Lehrwerken wird gelegentlich auf poetische Texte zurückgegriffen (vgl. Martens/Martens 1977). Häufiger finden sich allerdings Sprichwörter und Zungenbrecher, die poetische Minimalstrukturen zeigen. In neueren Lehrwerken ist eine deutliche Abwendung von poetischen Texten zu verzeichnen. Dies ist auch insofern sinnvoll, als die Didaktik der Ausspracheschulung auf diesem Weg den klassischen Literaturballast abwerfen konnte, um sich Phänomenen der gesprochenen Alltagssprache zuzuwenden (vgl. Middlemann 1996). Dennoch fällt auf, daß die phonetische Poesie fast völlig unberücksichtigt bleibt, obwohl sie gewinnbringend in die Konzeptionen integriert werden könnte. Eine Ausnahme bilden hier erste Ansätze in der Arbeit von Berndt (1994). Schon allein das hohe Ausmaß an Sprach-Reflexion in den Texten der phonetischen Poesie könnte dazu Anlaß geben, Unterrichtsentwürfe auf der Basis ihrer Verfahren zu erstellen. Am Beispiel des problematischen Verhältnisses von Text und *pattern* soll dies im folgenden umrissen werden.

4.2. Text und *pattern*

Die Texte und Dialoge aus der Alltagskommunikation bieten für die Aussprachekorrektur offensichtlich zuwenig, Minimalpaare und Wortlisten jedoch zuviel an Regularität. Das Mißverhältnis von Text und *pattern* bzw. Wortliste ist auf diesem Weg kaum auszugleichen. Auch Texte, die wie die Lesetexte bei Kreuzer (1979) z.B. auf einzelne phonetische Probleme ausgerichtet sind, leisten nur einen Kompromiß. Daß eine Methode, die allein mit behavioristischen Verfahren arbeitet, wesentliche didaktische Defizite aufweist, ist der Konsens der meisten neueren Arbeiten zur Ausspacheschulung. Zwar mögen Konditionierungsmethoden für einen bestimmten Typus von Lerner durchaus effizient sein, die Breite der Lernenden erfaßt sie jedoch nicht und verleitet bei Mißerfolg endgültig den Spaß an der Ausspracheschulung. Dennoch sollte auf Einzel-Wort-Übungen auch nicht völlig verzichtet werden, weil nur so eine gezielte Lautkorrektur möglich ist. Vielversprechend scheint es mir deshalb zu sein, das literarische Feld der phonetischen Poesie für die Ausspracheschulung zu nutzen. Einerseits ließ sich ein grundsätzlicher Zusammenhang zwischen phonetischer Poesie und phonetisch/phonologischer Forschung aufzeigen, andererseits bieten diese Texte, in ihrem Materialcharakter die Möglichkeit zwischen Textarbeit und *pattern* zu vermitteln. Die Mittelstellung phonetischer Poesie zwischen Text und *pattern* kann an folgendem Beispiel verdeutlicht werden.

Bei Übungen zur Aussprache von stimmhaften und stimmlosen Konsonanten sind vor allem Listen von Kontrast- und Diskriminationsübungen in den Lehrbüchern vertreten. Die meisten Lehrbücher zur Ausspacheschulung in Deutsch als Fremdsprache führen dabei Übungen zum Wechsel von stimmhaften und stimmlosen Konsonanten nach Lautpaaren getrennt auf. So listet z.B. Kreuzer (1979, 63-75) folgende Kontrastpaare auf:

[p] / [b]		[t] / [d]		[k] / [g]		[s] / [z]	
Paar	Bar	Liter	Lieder	Kasse	Gasse	hassen	Hasen
Paß	Baß	Teer	der	Kreis	Greis	wissen	Wiesen
Oper	Ober	Tier	dir	Kabel	Gabel	reißen	reisen

Auch diese Kontrastpaare ließen sich sinnvoll didaktisch umsetzen, wenn man jeweils eine Position ausläßt und die Lernenden bittet, das Paar zu vervollständigen. Die entsprechende Übungsaufgabe könnte lauten:

1. Bilden Sie Kontrastpaare mit dem Merkmal *stimmhaft - stimmlos*:

[b] / [p]		[d] / [t]		[g] / [k]		[z] / [s]	
Bar	_____	_____	Liter	Gasse	_____	_____	hassen
Baß	_____	_____	Teer	Greis	_____	Wiesen	_____
_____	Oper	dir	_____	_____	Kabel	_____	reißen

Eine alternative bzw. ergänzende Vorgehensweise bieten aber auch Lautgedichte wie z.B. der Text *etüde in f* von Ernst Jandl (1985, I, 94):

etüde in f

eile mit feile
eile mit feile
eile mit feile
durch den fald

durch die füste
durch die füste
durch die füste
bläst der find

falfischbauch
falfischbauch

eile mit feile
eile mit feile
auf den fellen
feiter meere

auf den fellen
feiter meere
eile mit feilen
auf den fellen

falfischbauch
falfischbauch

eile mit feile
auf den fellen
feiter meere
feiter meere

falfischbauch
falfischbauch
fen ferd ich fiedersehn
falfischbauch
falfischbauch
fen ferd ich fiedersehn
fen ferd ich fiedersehn
falfischbauch
fen ferd ich fiedersehn
falfischbauch

falfischbauch
ach die heimat
ach die heimat
fen ferd ich fiedersehn
ist so feit

Übungsaufgaben zu diesem Text können wie folgt gestellt werden:

1. Hören Sie den Text. Welchen Fehler können Sie erkennen?

2. Schreiben Sie die fehlerhaften Wörter um und sprechen Sie den Text.

feile _____   füste _____   fellen _____   ferd _____
fald _____   find _____   feiter _____   fiedersehn _____

Daß der Text *etüde in f* bewußt auf der bedeutungsunterscheidenden Funktion der stimmhaften und stimmlosen Konsonanten *f* und *w* basiert macht ein Kommentar von Ernst Jandl (1985, III, 584) deutlich:

»der alveolare Reibelaut des Deutschen, s, einmal stimmhaft und einmal stimmlos gesprochen, erfährt keine Veränderung seiner Wirkung als Bestandteil von Wörtern. Hingegen, der labiodentale Reibe-

laut des Deutschen, einmal stimmhaft und einmal stimmlos gesprochen, bewirkt den Unterschied zwischen ›weile‹ und ›feile‹, zwischen
›wellen‹ und ›fellen‹, und es ist dabei nichts anderes geschehen, als
geschieht, wenn ich ein s einmal so und einmal so spreche, einmal
mit Stimme und einmal ohne Stimme (...)«.

In der Terminologie von Jakobson/Halle (1974, 80) werden die distink-
tiven »Sonoritäts-Merkmale« *stimmhaft/stimmlos* wie folgt beschrieben:

»Akustisch: Vorhandensein (bzw. Fehlen) einer periodischen nieder-
frequenten Erregung; organgenetisch: periodische Schwingungen
der Stimmbänder (bzw. das Fehlen derselben).«

An diesem Beispiel läßt sich zeigen, daß Jandls Poem sich bereits an die
Erkenntnisse der Phonologie anlehnt und daß der Autor durchaus in der
Lage ist, die phonetischen Phänomene seines Textes präzise zu benennen.
Was liegt also näher, als dieses Praxisfeld avantgardistischer Phonetik di-
daktisch zu nutzen?

5. Avantgarde und didaktische Methodik

5.1. Sprachenmix: Calypso

Die Vorliebe der phonetischen Avantgarde verschiedene Sprachen zu
mischen, bzw. eine Sprache in der Phonem-Graphem-Relation einer anderen Sprache wiederzugeben, kann an folgendem Beispiel (Jandl 1985, I, 96)
zur Konzeption einer Stundensequenz über das Verhältnis von Schrift-
zeichen und Sprachlaut genutzt werden.

calypso

ich was not yet	als ich anderschdehn	yes yes de senden
in brasilien	mange languidsch	mi across de meer
nach brasilien	will ich anderschdehn	wer ich was not yet
wulld ich laik du go	auch lanquidsch in rioo	ich laik du go sehr
wer de wimen	ich was not yet	ich was not yet
arr so ander	in brasilien	in brasilien
so quait ander	nach brasilien	yes nach brasilien
denn anderwo	wulld ich laik du go	wulld ich laik du go
ich was not yet	wen de senden	
in brasilien	mi across de meer	
nach brasilien	wai mi not senden wer	
wulld ich laik du go	ich wulld laik du go	

Übungsaufgaben zu diesem Text könnten wie folgt lauten:

1. Aus welchen Sprachen setzt sich der Text zusammen?

2. Tragen Sie in die Liste Vokabeln ein, die Sie eindeutig der einen oder anderen Sprache zuordnen können. Zweifelsfälle (?........?) schreiben Sie bitte in die Mitte.

Sprache 1	?..........?	Sprache 2
Bsp: *ich*		
	wulld	
		yet

3. Versuchen Sie, die Zweifelsfälle in der korrekten Schreibung von Sprache 2 wiederzugeben. Bsp.: »wulld« → »would«.

4. Analysieren Sie die Schreibfehler in Vokabeln wie »anderschdehn«, »languidsch« u.a.. Nach welchem Prinzip verfährt der Autor?

Ausgehend von dieser Graphem-Phonem-Problematik kann die Notationsweise der internationalen Lautschrift diskutiert werden. Vor dem Hintergrund, daß die poetische Avantgarde sich immer wieder mit der Problematik der Notation auseinandersetzte (vgl. 3.1.), kann das Spektrum an Übungen wesentlich erweitert werden. Auch in dem von Hans Magnus Enzensberger unter dem Pseudonym Andreas Thalmayr (1990, 423-428) herausgegebenen Band *Das Wasserzeichen der Poesie* findet sich ein Gedicht des Poeten von Platen, das in verschiedenen Orthographien und schließlich sogar in internationaler Lautschrift notiert wird. Die Reihe an sinnvollen Übungsbeispielen ließe sich fortsetzen, allerdings dürfte deutlich geworden sein, daß sich diese Schnittstellen zwischen der avantgardistischen Diskussion um die Notation von poetischen Texten und der Entwicklung der internationalen Lautschrift in der Ausspracheschulung nutzen lassen.

5.2. Artikulationsgestik

Gestische und kinetische Aspekte der Aussprache sind allein im Forschungsbereich der Phonetik verblieben. Dabei wurden Mund, Lippenstellungen, die Position der Zunge bei der Artikulation mit Röntgenverfahren untersucht und gefilmt. In didaktische Lehrwerke gehen die Erkenntnisse dieser Forschung meist in der Form von Sagittalschnitten und Phantasiezeichnungen von Lippenstellungen ein bzw. in der Darstellung von Artikulationsstellen im sogenannten Palatogramm bzw. im Vokaltrapez. Gerade bei der Aussprachekorrektur von Vokalen liegt das Hauptproblem zumeist auf der artikulatorisch-gestischen Ebene. Die Lernenden orientieren sich zu stark an den artikulatorischen Einstellungen ihrer Herkunftssprache. Abhilfe kann hier der Einsatz von visuellen Mitteln leisten. So finden sich z.B. bei Waengler (1964) Lippenbilder, die Unterschiede bei der Lippenstellung in relativ ästhetischer Weise ins Bild setzen. Rausch/Rausch (1988, 17) erfassen den Öffnungsgrad der Lippen für Vokale in einem Schaubild. Zumeist sind die visuellen Orientierungshilfen aber entweder zu abstrakt (wie im Vokaltrapez) oder zu anschaulich - und mithin schlichtweg unappetitlich.

Auch in der phonetischen Poesie wurde auf die fotographische Abbildung von Artikulationsvorgängen großer Wert gelegt. So gibt es z.B. Fotoaufnahmen von Kurt Schwitters, die ihn bei der Artikulation verschiedener Passagen seiner *Ursonate* zeigen. Die von Jandl kreierte Spezies der *Lippengedichte* beschreiben sogar lediglich Artikulationsvorgänge, ohne daß das Artikulierte hörbar wird:

teil 1

er ist offen
er ist weiter offen
er ist sehr weit offfen
er ist zu

Die Fußnote zu dem Gedicht *der mund* lautet (Jandl 1985, I, 459):

»der aussage der einzelnen zeile entsprechend, ist der mund beim sprechen des textes möglichst vollkommen unbeweglich jeweils offen, weiter offen, sehr weit offen oder geschlossen zu halten, wobei die Lautbildung, in verschiedenen graden von annäherung an das gewohnte lautbild, durch die in bewegung bleibenden teile – zunge und kehlkopf – und durch die, möglichst geschickte, lenkung des luftstroms und ausnützung der resonanzräume erfolgt.«

In seiner Frankfurter Poetik-Vorlesung geht Jandl weiter auf das Genre der *Lippengedichte* ein. Daß die Lippengedichte die Interferenz von verschiedenen Medien thematisieren, zeigt dabei folgendes Zitat (Jandl 1985, 6):

»Auf Videoband bekommt jeder es ebenfalls komplett; auf Schallplatte nur noch einen Teil davon; noch viel weniger auf der Buchseite, dafür aber die unerläßliche Sprechanweisung als Fußnote für die vier Phasen (...)«.

So läßt sich das Videoband nutzen, um Artikulationsstellungen mit den Lernenden zu besprechen. Mit Texten wie dem *sonett* von Jandl oder dem *gebet* von Rühm können die Teilnehmer dann selbst im Kurs Artikulationsgesten präsentieren, wobei die anderen Teilnehmer die gestisch dargestellten Vokale bzw. Umlaute erraten müssen. Auch das Zeichnen von Lippenstellungen kann helfen zu erkennen, ob eine unzulängliche Artikulation von Vokalen z.B. aus einer zu geringen Unterscheidung in der Mundstellung herrührt. Jedenfalls kann es auf diesem Weg gelingen, die in der wissenschaftlichen Phonetik entwickelten abstrakten Darstellungsmodelle, auf spielerische Art und Weise anschaulich zu machen.

5.3. Von der Übung zum Spiel

Das Spektrum an Übungsmöglichkeiten, das die avantgardistische Phonetik bietet, konnte in diesem Zusammenhang leider nur angedeutet werden. Ein umfangreicherer Versuch der didaktischen Auswertung dieses Bereiches liegt in einem von mir herausgegebenen Sonderheft zur Ausspracheschulung *Phonetik und poetische Avantgarde* (Schenk 1996) vor. Die Zielgruppe dieser Unterrichtseinheiten waren ausländische Studierende auf Mittelstufen-Niveau, die die deutsche Aussprache schon weitgehend beherrschten, hartnäckige Fehler aber noch verbessern wollten. Bei der Arbeit an diesem Heft konnten vielfältige Übungsmuster, wie sie in gängigen Lehrwerken vertreten sind, vorgestellt und mit Arbeitsweisen der phonetischen Poesie verbunden werden. So konnte der Wortakzent des Deutschen mithilfe eines *Dokumentarischen Sonettes* von Gerhard Rühm (1988, 99) erarbeitet werden; die Problematik des Satzakzentes wurde mithilfe der von vielen Konkreten praktizierten *scriptura continua* behandelt. Auch für Übungen zur Intonation bot die phonetische Poesie mannigfaltige Spielformen. Allgemein formuliert ließ sich dabei feststellen, daß sich auf diesem Weg die oft in starren Tabellen festgehaltenen Übungsmuster aus Lehrwerken zur Ausspracheschulung in Spielformen überführen ließen. So könnte die Devise für eine Integration der phonetischen Poesie lauten, ihre Textangebote zu nutzen, um Übungsmuster in Spielformen umzusetzen. Denkbar sind hier noch vielfältige Entwicklungsmöglichkeiten. Besonders die Vortragsweisen der poetischen Avantgarde wurden bisher überhaupt nicht berücksichtigt. So könnten z.B. eine dadaistische Soirée nachgestellt werden. Eine ausführliche Beschreibung dieser Veranstaltungen findet sich in Balls Tagebüchern (1927, 104-107). Auch eine Aufführungsform, wie sie Rühm (1988, 37/38) für seinen Text *gebet* vorschlägt, ließe sich spielerisch umsetzen. Die Teilnehmer könnten weiterhin dazu motiviert werden, selbst phonetische Gedichte in deutscher Sprache oder im Sprachenmix zu verfassen und im Kurs vorzutragen. Besonders aber die Medienkomplexität phonetischer Poesie eröffnet ein weites Feld methodischer Möglichkeiten. Der Einsatz von Aufnahmegeräten, Rekorder oder Videorekorder, könnte Sprechabläufe vorführen und aufzeichnen, wie sie z.B. sehr deutlich in den Videoaufnahmen von Ernst Jandl (1983) gestikuliert werden. Je nach

Zielgruppe und technischen Möglichkeiten sind hier viele Varianten denkbar. Auf diesem Wege könnten Methoden, die aus Spielformen der konkreten Poesie hervorgingen, jene Verschränkung von Wahrnehmungsbereichen (auditiv, visuell, taktil) leisten, die Rausch/Rausch (1988, 77) für die Aussprachekorrektur aufgezeigt haben. Darüber hinaus sind die Texte der Avantgarde keineswegs so inhaltsleer, wie sie vorgeben, und bieten Gesprächsanlässe über Literatur und Zeitgeschichte.

6. Schlußbemerkung

Im vorliegenden Beitrag wurde der Versuch unternommen, den Bereich einer avantgardistischen Phonetik zu rekonstruieren. Dabei konnten deutliche Parallelen zwischen der Entwicklung der modernen Phonologie und der avantgardistischen Phonetik aufgezeigt werden. Im zweiten Teil des Beitrags wurden Aspekte dieser avantgardistischen Phonetik genutzt, um Übungsmöglichkeiten in der Ausspracheschulung zu erarbeiten. Diese Übungsformen sind allerdings nur für fortgeschrittene Lernende geeignet. Anfänger werden voraussichtlich mit dem Anspielungsreichtum der phonetischen Poesie Schwierigkeiten haben. Zusammenfassend formuliert sollte in diesem Beitrag eine Brücke geschlagen werden zwischen sprach- bzw. literaturwissenschaftlichen Erkenntnissen und ihrer praktischen Anwendung im Bereich der Ausspracheschulung in Deutsch als Fremdsprache.

Literatur:

Ball, Hugo (1984): *Der Künstler und die Zeitkrankheit. Ausgewählte Schriften,* Frankfurt a.M., Suhrkamp.

Ball, Hugo (1927): *Die Flucht aus der Zeit,* München/Leipzig, Duncker u. Humblot.

Benn, Gottfried (1989): *Essays und Reden,* In der Fassung der Erstdrucke, hrsg. v. Bruno Hillebrand, Frankfurt a.M., Fischer (2980).

Berndt, Annette (1994): *Produktiver Einsatz von Neuen Hörspielen und auditiver Dichtung im Unterricht Deutsch als Fremdsprache,* München, Iudicium.

Daniels, Karlheinz (1966) (Hrsg.): *Über die Sprache.* Erfahrungen und Erkenntnisse deutscher Dichter und Schriftsteller des 20. Jahrhunderts. Eine Anthologie, Bremen, Carl Schünemann.

Erlhoff, M. (1982): *Raoul Hausmann. Dadasoph: Versuch einer Politisierung der Ästhetik,* Hannover, verlag zweitschrift.

Fremdsprache Deutsch (1/1995) Zeitschrift für die Praxis des Deutsch-unterrichts, H. 12: Aussprache, hrsg. v. Ursula Hirschfeld.

Frey, Evelyn (1995): *Kursbuch Phonetik. Lehr und Übungsbuch,* München, Hueber.

Hausmann, Raoul (1972): *Am Anfang war Dada,* hrsg. v. Karl Riha u. Günter Kämpf, Steinbach (Gießen), Anabas.

Hausmann, Raoul (1982): »manuskripte«, in *Zeitschrift für Literatur.* 22. Jg., H. 78.

Hausmann, Raoul (1982, I): *Bilanz der Feierlichkeit. Texte bis 1933.* Bd 1, hrsg. v. Michael Erlhoff, München, edition text + kritik.

Hausmann, Raoul (1982, II): *Sieg Triumph Tabak mit Bohnen. Texte bis 1933.* Bd 2, hrsg. v. Michael Erlhoff, München, edition text + kritik.

Heißenbüttel, Helmut (1983): *Versuch über die Lautsonate von Kurt Schwitters,* Akad. d. Wiss. u. d. Literatur, Abhandlungen der Klasse der Literatur, Nr. 6, Mainz - Wiesbaden, Steiner.

Holenstein, Elmar (1975): *Roman Jakobsons phänomenologischer Struk-turalismus,* Frankfurt a.M., Suhrkamp (STW 116).

Jakobson, Roman (1971): *Selected Writings I. Phonological Studies,* The Hague - Paris, Mouton.

Jakobson, Roman (1972): »Die neuste russische Poesie. Erster Entwurf. Victor Chlebnikov« (1921). In: *Texte der russischen Formalisten,* Bd. II., hrsg. v. Wolf-Dieter Stempel, München, Fink 19-136.

Jakobson, Roman/Halle, Morris (1974): »Phonologie und Phonetik.« In: *Aufsätze zur Linguistik und Poetik,* hrsg. v. Wolfgang Raible, München, Nymphenburger, S. 54-106.

Jakobson, Roman/Pomorska, Krystyna. (1982): *Poesie und Grammatik,* Frankfurt a.M., Suhrkamp (STW 386).

Jakobson, Roman/Waugh, Linda R. (1986): *Die Lautgestalt der Sprache,* Berlin - New York, de Gruyter.

Jandl, Ernst (1985): *Das Öffnen und Schließen des Mundes,* Frankfurter Poetik-Vorlesung, Darmstadt - Neuwied, Luchterhand.

Jandl, Ernst (1985, I): *Gesammelte Werke,* Bd. 1: Gedichte, hrsg. v. Klaus Siblewski, Darmstadt - Neuwied, Luchterhand.

Jandl, Ernst (1985, III): *Gesammelte Werke,* Bd. 3: Stücke und Prosa, hrsg. v. Klaus Siblewski, Darmstadt - Neuwied, Luchterhand.

Jünger, Ernst (1979): *Sämtliche Werke,* Zweite Abteilung, Bd. 12, Essays VI, Fassungen I, Stuttgart, Klett-Cotta.

Kelz, Heinrich. P. (1995): *Deutsche Aussprache. Praktisches Lehrbuch zur Ausspracheschulung für den Unterricht in Deutsch als Fremdsprache.* Bonn, Dümmler.

Kittler, Friedrich A. (1987): Aufschreibesysteme. 1800 1900. München, Fink.

Kreuzer, Ursula/Pawlowski, Klaus (1979): Deutsche Hochlautung. Praktische Aussprachelehre, Stuttgart, Klett.

Liede, Alfred (1963): *Dichtung als Spiel. Studien zur Unsinnspoesie an den Grenzen der Sprache,* Bd. II: Anhang. Die Technik des Spiels, Berlin, de Gruyter.

Martens, Carl/Martens Peter (1977): *Übungstexte zur deutschen Aussprache,* München, Hueber.

Middlemann, Doris (1996): *Sprechen Hören Sprechen. Übungen zur deutschen Aussprache,* Ismaning, Verlag für Deutsch.

Mon, Franz (1970): *Texte über Texte,* Neuwied/Berlin, Luchterhand.

Rausch, Rudolf/Rausch, Ilka (1988): *Deutsche Phonetik für Ausländer. Ein Lehr- und Übungsbuch,* Leipzig, VEB Enzyklopädie.

Rimbaud, Arthur (1982): *Sämtliche Dichtungen,* Französisch und Deutsch, hrsg. v. Walther Küchler, Heidelberg, Lambert Schneider.

Rühm, Gerhard. (1988): *botschaft an die zukunft. gesammelte sprechtexte,* Reinbek bei Hamburg, Rowohlt.

Rühmkorf, Peter (1985): *agar agar - zaurzaurim. Zur Naturgeschichte des Reims und der menschlichen Anklangsnerven,* Frankfurt a.M., Suhrkamp (NF 307).

Saussure, Ferdinand (1962): *Cours de linguistique générale,* publié par Charles Bally et Albert Sechehaye, Paris, Payot.

Schenk, Klaus (1996): »Phonetik und poetische Avantgarde.« In: *Beiträge zur Fremdsprachenvermittlung.* Sonderheft 3, Universität Konstanz, Sprachlehrinstitut.

Scholz, Christian (1989, I): *Untersuchungen zur Geschichte und Typologie der Lautpoesie.* Teil 1: Darstellung, Obermichelbach, Gertrud Scholz Verlag.

Scholz, Christian (1989, III): *Untersuchungen zur Geschichte und Typologie der Lautpoesie.* Teil 3: Discographie, Obermichelbach, Gertrud Scholz Verlag.

Schwitters, Kurt (1974): *Wir spielen bis uns der Tod abholt. Briefe aus fünf Jahrzehnten,* hrsg. v. Ernst Nüdel, Frankfurt a.M., Ullstein.

Schwitters, Kurt (1973): *Das literarische Werk.* Bd.1: Lyrik, hrsg. v. Friedhelm Lach, Köln, DuMont.

Schwitters, Kurt (1981): *Das literarische Werk.* Bd.5: Manifeste und kritische Prosa, hrsg. v. Friedhelm Lach, Köln, DuMont.

Thalmayr, Andreas (1990): *Das Wasserzeichen der Poesie oder die Kunst und das Vergnügen Gedichte zu lesen,* Frankfurt/M., Eichborn.

The Principles of the International Phonetic Association, London 1949 (Reprint 1981).

Waengler, Hans-Heinrich (1964): *Kleine deutsche Aussprachelehre,* Marburg, Elwert.

Zwirner, Eberhard (1968) »Schallplatte und Tonfilm als Quellen sprachlicher Forschung« Archiv f. vergl. Phonetik 1 (1937). In: *Phonometrie.* Bibliotheca Phonetica, No. 5: Zweiter Teil, hrsg, v. Kennosuke Ezawa, Basel/New York, S. Karger.

Zwirner, Eberhard/Zwirner, Kurt (1966): »Grundfragen der Phonometrie« In: *Phonometrie.* Bibliotheca Phonetica. No 3: Erster Teil, hrsg. v. Kennosuke Ezawa, Basel/New York, S. Karger.

Discographie:

Hirschfeld, Ursula (1992): *Einführung in die deutsche Phonetik. Videokurs mit Begleitheft,* Ismaning, Hueber.

Jandl, Ernst. (1983): *Videocassette: live. Gedichte und Szenen aus zwei Autorenlesungen in Mainz und Frankfurt,* Darmstadt, Luchterhand.

Jandl, Ernst (1983): LP: *Laut und Luise/Hosi + anna. Sprechgedichte.* Berlin, Verlag Klaus Wagenbach (= Wagenbachs Quartplatte 20).

Rühm, Gerhard (1988): Cassette: *an die zukunft. Gesammelte Sprechtexte,* Reinbek bei Hamburg, Rowohlt.

Schwitters, Kurt (1958): *An Anna Blume. – Die Sonate in Urlauten.* London, Lords Gallery.

LA SPECIFICITÉ ALSACIENNE

Enseignement de l'allemand et politique des langues vivantes en Alsace. *L'enseignement de l'allemand en Alsace : initiation précoce ou enseignement bilingue ?*

Patrick KLEINCLAUS
Conseil général du Haut-Rhin

Dans une région longtemps disputée entre France et Allemagne, la politique linguistique actuelle en Alsace trouve ses sources dans la situation des langues héritée du passé.

L'Alsace connaît en effet un problème complexe d'identité : la situation de l'allemand et/ou du dialecte est l'un des éléments principaux de ce problème. Intégrée peu à peu dans la République française et dans la langue et la culture françaises, elle se trouve confrontée au risque de devenir exclusivement francophone et monolingue.

Elle pourrait y perdre assez rapidement le lien avec son histoire, son patrimoine culturel et linguistique. Plus grave, une frontière linguistique – qui existait auparavant sur la crête des Vosges – pourrait s'établir avec ses voisins suisses et allemands.

Cette situation serait particulièrement néfaste à une époque où l'Europe poursuit son unification et où la mondialisation des rapports sociaux et économiques fait du bi- voire du plurilinguisme une impérieuse nécessité.

Il faut également considérer le bilinguisme français/allemand en Alsace comme un élément fondamental et incontournable de la pacification définitive des rapports entre France et Allemagne.

1. Des origines à 1919

Peuplée de Celtes puis dominée par Rome, l'Alsace est ensuite habitée par des tribus germaniques, les Francs et les Alamans. Celles-ci amènent leurs langues. A partir de Luther, le « Hochdeutsch » devient la langue écrite en lieu et place du latin ou des différents dialectes. L'allemand, c'est-à-dire suivant les circonstances le « Hochdeutsch » ou le dialecte alsacien « Elsässerditsch » ou « Elsässer », est resté la langue de l'enseignement jusque vers 1860, période où il a été remplacé par le français dans une majorité d'écoles primaires.

L'allemand est redevenu la langue d'enseignement après 1871. Toutefois, et c'est un fait méconnu, dans les zones francophones d'Alsace et de

Moselle l'enseignement devient peu à peu bilingue de 1871 à 1918, prélude sans doute à un renforcement ultérieur de la part de l'allemand dans ces contrées.

1.1. De 1918 à 1945

En 1919, l'allemand disparaît de l'école, remplacé totalement dans un premier temps par le français. Toutefois, à partir de 1924, surtout de 1927 (décrets Poincaré/Pfister), l'enseignement de l'allemand est obligatoire (3 h par semaine à compter de la deuxième année d'école primaire). Une épreuve d'allemand est instituée au certificat d'études primaires. Toutefois, la répression fréquente du dialecte à l'école est à noter.

En 1940, retour de l'enseignement obligatoire de l'allemand jusqu'en 1945, avec interdiction totale du français et répression de son usage.

1.2. A partir de 1945

L'enseignement se fait exclusivement en français et la répression scolaire du dialecte, même durant les récréations, devient de plus en plus systématique. Cette situation ne diffère en rien de celle faite à l'école aux autres langues régionales de France : Basque, Breton, Catalan, Flamand, Occitan, Corse ...

En 1950, l'édition bilingue et en langue allemande des quotidiens représente encore 90 % du tirage. La situation aujourd'hui est largement inversée.

Dès le début des années 1950, les demandes – unanimes – des deux Conseils Généraux, pour un retour à l'enseignement obligatoire de l'allemand, se heurtent à une fin de non-recevoir. Ces vœux sont repris par les deux assemblées chaque année jusqu'à la fin des années 1970.

A partir de la fin des années 1960, le problème de la survie à terme du dialecte commence à apparaître, mais bien peu en sont conscients.

1.3. De 1978 à 1982 : la réforme Holderith

En 1973, l'inspecteur général de l'Éducation nationale Holderith, par ailleurs Conseiller Général du Bas-Rhin, réussit à faire admettre par le Ministère de l'Éducation nationale que la dialectophonie des élèves est un atout pour l'apprentissage de l'allemand. Des expériences sont menées de 1973 à 1978 en faveur d'un enseignement de l'allemand plus précoce c'est-à-dire avant l'entrée dans le second degré.

Une relative généralisation de la méthode Holderith s'opère à partir de 1978 sur les bases suivantes :

– les maîtres qui enseignent l'allemand sont des volontaires et, de ce fait, de nombreuses classes en sont définitivement ou temporairement exclues ;

– les élèves qui apprennent l'allemand sont volontaires et l'enfant peut en être dispensé sur simple demande des familles ;

– la précocité est toute relative car limitée à la 4ème et 5ème classe de l'école élémentaire (CM1, CM2), soit des élèves de 9 à 11 ans ;

– le volume horaire préconisé est faible – 2 h 30 par semaine – réduit à 2 h en 1985 – et pas toujours respecté...

Néanmoins, la dialectophonie encore très large des élèves facilite dans un premier temps la réussite de cet enseignement, c'est-à-dire jusque vers le milieu des années 1980. L'enseignement de l'allemand réussit assez bien car il est parfaitement maîtrisé par un grand nombre de maîtres et correspond à une alphabétisation dans une langue écrite très proche de celle des élèves, le dialecte.

1.4. De 1982 à 1990

Après la seconde guerre mondiale, les autorités françaises ont ainsi longtemps refusé, dans les faits, de prendre en compte l'allemand dans l'enseignement en Alsace. Après les premiers pas bien timides de la réforme Holderith, il a fallu attendre 1985 pour que le recteur Deyon déclare :

«Il n'existe en effet qu'une seule définition scientifiquement correcte de la langue régionale en Alsace, ce sont les dialectes alsaciens dont l'expression écrite est l'allemand. L'allemand est donc une des langues régionales de la France». Il ajoutait «Ce n'était pas facile à dire en 1946, mais il n'y a plus de raison aujourd'hui de nier l'évidence ».

Toutefois en 1982, le Recteur Pierre Deyon avait diffusé une circulaire favorable à l'enseignement de l'allemand ouvrant la possibilité de réaliser des expériences dès la 2ème et 3ème année d'école élémentaire (CE1 et CE2).

Celles-ci seront en pratique relativement peu nombreuses. Il est également recommandé aux enseignants, d'accueillir les enfants à l'école maternelle par quelques mots dans leur langue maternelle, le dialecte. Cette disposition, rappelée en 1988 par une circulaire spécifique et ayant entre autres pour objectif de faciliter l'apprentissage du français par l'enfant sans le couper de sa langue maternelle, ne sera appliquée effectivement que dans très peu de classes.

A partir des années 1970/1980, les générations d'instituteurs bilingues partent en retraite et sont remplacées par des instituteurs de plus en plus exclusivement francophones. La dialectophonie des enfants disparaît elle-même peu à peu par non transmission, évolution renforcée par une école maternelle en langue française qui coupe en quelques semaines les enfants de leur langue familiale.

L'introduction de quelques heures de formation des maîtres à l'allemand en école normale ne redressera plus guère la situation du côté des enseignants. En outre, dans de nombreuses écoles élémentaires, la continuité de l'enseignement de l'allemand est de moins en moins assurée.

Pour éviter le choix exclusif de l'anglais en classe de 6ème de collège, l'on crée en 1985 des classes «trilingues» où l'on continue l'apprentissage de l'allemand commencé à l'école élémentaire tout en débutant l'anglais (ou parfois une autre langue).

Progressivement les collectivités territoriales – Départements, puis Région, communes parfois – s'impliquent de plus en plus dans le financement au côté de l'État. La méthode HOLDERITH est abandonnée au profit de manuels censés s'adresser à des enfants non dialectophones. Pour compenser le manque de maîtres compétents et volontaires afin d'assurer l'enseignement de l'allemand, il est fait fréquemment appel à des intervenants extérieurs ainsi qu'à des professeurs d'allemand de collège et l'administration scolaire organise des échanges de service entre maîtres bilingues et non bilingues

1.5. De 1990 à 1998

Au début 1990, la situation apparaît clairement. La maîtrise de l'allemand par les jeunes générations diminue rapidement, en parallèle avec la disparition du dialecte qui, très souvent, n'est plus transmis dans le cadre familial.

La demande des mouvements culturels alsaciens et des Départements, qui sollicitaient, sans grand succès, depuis le lendemain de la guerre, le retour à l'enseignement obligatoire de l'allemand à partir de la 2ème année d'école élémentaire (statut scolaire de 1927 à 1939), se modifie en une demande très différente tenant compte de la disparition progressive de l'atout dialectal :

– généralisation de l'enseignement de l'allemand à partir de l'école maternelle durant 3 h par semaine ;

– enseignement bilingue à parité horaire sur choix familial dès la maternelle ;

– aménagement du recrutement et de la formation des maîtres.

Mal accueillies dans un premier temps, ces demandes sont finalement suivies par des mesures s'inspirant de ces propositions (elles sont incluses dans le Contrat de Plan État/Région/Départements 1994-98) et acceptées en partie en 1991 puis plus largement en 1992 par les autorités scolaires.

La création d'un enseignement bilingue privé et associatif soutenu financièrement par les collectivités territoriales n'est sans doute pas étrangère à cette évolution.

2. L'enseignement de l'allemand en Alsace aujourd'hui : les rôles respectifs de l'Etat et des grandes collectivités territoriales

En France, la politique linguistique relève de l'Etat central et, dans le domaine de l'enseignement, du seul Ministère de l'Education nationale. Celui-ci dispose localement de relais : les académies dont le champ d'action est identique au territoire des régions et qui sont dirigées par les recteurs.

L'enseignement est en principe totalement uniforme sur tout le territoire français. Toutefois, certains aménagements restent possibles, ce qui a permis la réforme Holderith dans les années 1973-78, puis les réformes du recteur Deyon à partir de 1982. Du reste, l'article 1er de la loi d'orientation de l'enseignement de 1989 rend possible l'enseignement des langues vivantes et régionales dans le premier degré.

Dès le début, les collectivités territoriales alsaciennes ont accepté, notamment dans le cadre d'un fonds de concours, de financer différents aspects : le matériel pédagogique et les manuels spécifiques, puis dans les années 1980 la rémunération d'intervenants chargés d'enseigner l'allemand lorsque le maître de la classe ne pouvait pas ou ne voulait pas enseigner l'allemand.

Depuis 1994, dans le cadre du Contrat de Plan, le fonds de concours, alimenté à parts égales par la Région et les deux Départements, complète les moyens de l'Etat, notamment

– des intervenants extérieurs contractuels pour l'enseignement bilingue ;

– des intervenants extérieurs vacataires pour l'enseignement précoce de l'allemand ;

– la conception et l'édition des manuels et supports pédagogiques ;

– la formation linguistique des enseignants volontaires du premier degré ;

– les rencontres scolaires transfrontalières ;

– l'évaluation de ces enseignements.

Pour la période 1994/98, la dotation globale est de 50 000 000 F, soit 16 670 000 F par collectivité. Ces fonds sont versés à l'Etat qui les gère en liaison avec les collectivités territoriales.

Pour sa part, le Département du Haut-Rhin, dans le cadre d'une convention de partenariat avec l'Inspection d'Académie, finance un complément de cinq contractuels intervenant en classe bilingue, soit 1 000 000 F par an.

2.1. L'enseignement de l'allemand en 1998 : l'initiation précoce

Une circulaire rectorale permet l'enseignement de l'allemand dès la maternelle avec un horaire officiel de 3 heures par semaine. En pratique, cet horaire varie de 1 h 30 à 3 heures. Il est assuré parfois à partir de la première année de maternelle, mais généralement en 4ème ou 5ème année d'é-cole élémentaire (CM1-CM2). Selon le Contrat de Plan 1994/98, il devrait être largement généralisé entre la grande section de maternelle et la 5ème année d'école élémentaire. Mais cet objectif a pris du retard car trop peu de maîtres sont encore en mesure d'enseigner l'allemand dans leur classe et il faut rémunérer de plus en plus d'intervenants extérieurs...

	Situation de l'enseignement extensif de l'allemand							
	PS	MS	GS	CP	CE1	CE2	CM1	CM2
Haut-Rhin	2,2%	2,6%	8,3%	20%	44%	88%	97,4%	99,5%
Bas-Rhin	4,4%	8%	15,9%	22,2%	36,6%	74,5%	89,7%	92,8%
Académie	3,5%	5,9%	12,9%	21,2%	39,6%	79,8	93%	96%
Haut-Rhin	173	208	725	1882	4282	8477	9296	9260
Bas-Rhin	512	993	2092	3078	4943	9536	11227	11124
Académie	685	1201	2817	4960	9225	18013	20523	20384

Cette grande diversité de situations nuit à une continuité efficace entre le premier et le second degré. A partir du collège, plusieurs solutions s'offrent aux élèves qui ont bénéficié de l'enseignement précoce :

– allemand LV1 (4 heures) ;

– section trilingue allemand LV1 + anglais LV2 (trois heures par langue) après tests de sélection ;

– section européenne d'allemand avec allemand renforcé en 6ème et 5ème puis enseignement d'une discipline ou partie de discipline en allemand à partir de la 4ème ;

– ou même abandon de l'allemand au profit de l'anglais LV1.

2.2. L'enseignement bilingue paritaire public dans le premier degré

(Voir carte des sites bilingues en annexe.)

L'enseignement bilingue commence à l'âge de 3 ou 4 ans. Les activités éducatives ont lieu durant 13 heures par semaine en français et durant 13 h en allemand. Le principe « un maître, une langue » est appliqué dès l'école maternelle.

En maternelle notamment, lorsque les conditions d'un usage familial du dialecte sont acquises, l'enseignement bilingue peut intervenir sous la forme d'une parité français/dialecte. Le passage au « Hochdeutsch » intervient pro-gressivement à partir de l'école élémentaire. Cette intéressante modalité, qui s'appuie dans cette hypothèse sur les bases d'un vécu des enfants dans une langue utilisée par leur environnement social, a malheureusement été trop peu utilisée à ce jour.

A partir de l'école élémentaire, toujours selon le principe « un maître, une langue », les matières sont réparties à parts égales :

- en français   - le français avec l'apprentissage de la lecture
  - la géométrie (parfois enseignée en allemand)
  - une partie de l'éducation artistique et sportive, l'histoire
  - l'éducation civique
- en allemand - l'allemand
  - l'arithmétique
  - les sciences
  - la géographie
  - une partie de l'éducation artistique et sportive.

L'enseignement bilingue public atteint à présent plus de 5 000 élèves et près de 220 classes. Sa progression reste toutefois limitée par le manque de maîtres titulaires bilingues. De ce fait, avec le fonds de concours alimenté par les subventions des collectivités territoriales, l'académie recrute globalement 35 contractuels de langue allemande généralement diplômés d'une Pädagogische Hochschule.

2.3. L'enseignement bilingue paritaire public dans le second degré

L'enseignement bilingue se poursuit dans le second degré selon une forme quasi-paritaire. Toutefois, le principe « un maître, une langue » n'est plus appliqué dans le second degré. La répartition conseillée de l'horaire est la suivante :

- 12 h 00 en allemand
- 12 h 30 en français
- 2 h 00 d'études dirigées.

Les élèves peuvent en outre, sans sélection préalable, étudier une autre langue, l'anglais, dès la classe de sixième à raison de 3 h par semaine.

A partir de la classe de 4ème, le choix par les élèves bilingues de l'option « Langue et Culture Régionales » devrait leur permettre, au-delà du «Hochdeutsch», de s'ouvrir à la dimension linguistique et culturelle spécifique à l'Alsace et au Rhin supérieur.

Lors des épreuves du brevet des collèges, en application des dispositions réglementaires sur les langues régionales, les élèves pourront présenter, lors de l'examen, l'épreuve d'histoire/géographie dans la langue de leur choix, français ou allemand.

Il est prévu qu'à l'issue de cette scolarité, les élèves auront accès au baccalauréat franco-allemand avec délivrance simultanée du baccalauréat et de l'Abitur.

Pour l'instant, trois collèges accueillent une section bilingue paritaire dans la première classe (sixième).

2.4. Le recrutement et la formation des maîtres

Dans le premier degré, le recrutement des maîtres s'effectue dans le cadre d'un concours national faisant très peu de place à la langue allemande réduite à une matière à option avec un coefficient très faible. De ce fait, de plus en plus rares sont les jeunes maîtres maîtrisant encore l'allemand à un niveau suffisant.

En effet, la réussite des germanistes, essentiellement de formation « littéraire », au concours de professeur des écoles est assez réduite. Les épreuves, principalement axées sur les mathématiques avec un fort coefficient pour celles-ci, leur sont souvent peu accessibles.

Pour ces raisons, les collectivités alsaciennes ont demandé – sans résultat à ce jour – au Ministère de l'Education nationale d'aménager un concours de professeur des écoles permettant la valorisation de la maîtrise de la langue allemande par les candidats.

Ces freins administratifs sont susceptibles de limiter gravement à l'avenir le développement, pourtant prometteur, de l'enseignement bilingue en Alsace.

Le Haut-Rhin, en liaison avec l'Université de Haute-Alsace à Mulhouse, a mis en place des modules LCR (Langue et Culture Régionales) et EPA (enseignement précoce en allemand). Dotés d'allocations d'études, les étudiants germanistes en DEUG et en Licence sont ainsi orientés vers l'IUFM et l'enseignement bilingue dans le premier degré plutôt que vers l'enseignement de l'allemand, en tant que discipline, dans le second degré.

L'Institut Universitaire de Formation des Maîtres d'Alsace offre la possibilité de bénéficier d'une formation à l'enseignement bilingue à ceux qui, reçus au concours, ont fait la preuve de leurs compétences linguistiques. Cette formation permet notamment un stage pratique en Allemagne et familiarise les jeunes maîtres du premier degré avec la didactique de l'enseignement des différentes disciplines en allemand.

Pour favoriser le volontariat des maîtres dans l'enseignement bilingue, le Département du Haut-Rhin offre 16 bourses de 30 000 F chacune à des candidats au concours de professeur des écoles maîtrisant l'allemand et admis en 1ère année d'IUFM. En cas de réussite au concours à l'issue de la 1ère année, ils s'engagent à suivre la formation bilingue de l'IUFM en seconde année, puis à enseigner dans le premier degré en langue allemande en classe bilingue durant cinq ans dans le Haut-Rhin.

2.5. L'évaluation de l'enseignement bilingue et de l'initiation à l'allemand dans le secteur public

Depuis 1993, l'enseignement de l'allemand est soumis à une évaluation annuelle par une commission académique dans le cadre du Contrat de Plan.

Enseignement précoce (3 heures hebdomadaires)

L'enseignement précoce de l'allemand a été évalué. Ses résultats sont assez mitigés. Au-delà d'un volume horaire linguistique bien faible, il apparaît que les résultats de cet enseignement ne sont pas très concluants. L'origine des difficultés vient essentiellement d'une insuffisance de formation pédagogique et linguistique des maîtres et de la diversité des situations. Cet enseignement n'apparaît vraiment très satisfaisant que dans environ 30 % des cas.

Enseignement bilingue paritaire

Toute différente est l'appréciation de l'enseignement bilingue paritaire. La compréhension des directives données par le maître et les premiers mots en allemand apparaissent dès la maternelle, les premières phrases dès l'école élémentaire. Les compétences linguistiques suffisent pour permettre l'apprentissage efficace en allemand de disciplines fondamentales telles les mathématiques, la biologie ...

En effet, les évaluations faites depuis plusieurs années ne montrent aucun déficit en français ou en mathématiques ; au contraire, les élèves bilingues obtiennent des résultats généralement supérieurs dans ces matières.

Les tests nationaux de CE2 (la 3ème année d'école élémentaire) montrent que les élèves bilingues réussissent mieux, en moyenne, que les monolingues. Mais les faibles effectifs d'élèves ayant passé ces test ne leur donnent pas encore force totalement probante (cf. en annexe : évaluation 1996-97) si l'on limite l'appréciation à la situation alsacienne seule. Mais les résultats de l'enseignement bilingue dans les autres régions et à l'étranger montrent que les résultats alsaciens, encore fragmentaires, sont parfaitement valables.

De même, les tests nationaux à l'entrée en 6ème de collège ne concernent encore que quelques dizaines d'enfants. Ils attestent cependant que les élèves bilingues ne souffrent d'aucun déficit dans les matières fondamentales.

L'apprentissage naturel de l'allemand en immersion scolaire donne dans cette langue de très bons résultats, notamment dans la compréhension nécessaire pour l'acquisition des différentes disciplines.

Cette évaluation est confirmée très largement par les observations faites dans d'autres régions ou pays et les travaux menés il y a plusieurs années au Canada par le Professeur Wallace Lambert. Ceux-ci montraient la très bonne réussite des élèves de classes bilingues dans leur langue maternelle et en mathématiques. Ce constat très rassurant ne doit cependant pas faire oublier des difficultés réelles dans la mise en œuvre dans le cadre alsacien et du secteur public.

Celles-ci sont de trois ordres :

– pour différents motifs liés à l'attitude de l'environnement scolaire et familial, à la mobilité sociale, l'on observe un faible nombre d'élèves arrivant en classe bilingue de collège par rapport à ceux qui ont commencé en maternelle. En effet, l'on ne peut admettre en classe bilingue que des élèves ayant commencé cette scolarité à 3 ou 4 ans. Il est rare de pouvoir remplacer les partants par des enfants déjà bilingues et aucune publicité n'est faite pour favoriser cette arrivée d'enfants bilingues en cours de scolarité ;

– le faible nombre de maîtres actuellement encore capables d'enseigner en langue allemande, situation qui résulte de plusieurs dizaines d'années d'enseignement monolingue en Alsace ;

– la nécessité de réaliser des contacts plus soutenus avec la langue allemande pour favoriser l'acquisition lexicale et la production orale ou écrite (rencontres, échanges, lecture, théâtre, télévision, etc.). Le Conseil Général du Haut-Rhin, pionnier en ce domaine, prête une grande attention à l'apprentissage et au perfectionnement de la lecture en langue allemande. C'est ainsi que les écoles sont subventionnées afin de leur permettre de constituer dans leurs classes bilingues des bibliothèques en langue allemande pour les enfants.

2.6. L'enseignement bilingue paritaire dans le secteur privé

Depuis l'origine en 1991, la Région et les Départements soutiennent la mise en œuvre de filières bilingues dans le secteur privé en leur fournissant des moyens financiers complémentaires (A.B.C.M.–Zweisprachigkeit, l'Institution Champagnat à Issenheim et l'École Sainte-Geneviève à Sainte-Marie-aux-Mines). Le Département du Haut-Rhin a de ce fait à Issenheim une filière bilingue privée dans le premier et le second degré allant jusqu'à la classe de quatrième de collège et compte plusieurs écoles primaires bilingues privées ou associatives. L'enseignement bilingue privé représente encore environ 700 élèves en Alsace.

A l'initiative de la Région et du Conseil Général du Haut-Rhin, depuis juin 1992, l'enseignement bilingue associatif et privé en Alsace fait l'objet d'une évaluation systématique par une commission «régionale» animée par le Professeur Jean Petit. Celle-ci porte prioritairement sur les acquisitions fondamentales en et dans la langue allemande.

Des recommandations très importantes ont été présentées par la commission en vue d'améliorer la prononciation, la compréhension et la production orale et écrite dans cette langue, conditions nécessaires à une acquisition optimale des autres disciplines dont les mathématiques enseignées ici intégralement en langue allemande. La commission «régionale» d'évaluation a vu son travail remarquable largement confirmé par une commission scientifique internationale composée d'universitaires particulièrement qualifiés dans le domaine de l'apprentissage de langues et d'un ancien inspecteur général de l'Education nationale, expert auprès des autorités européennes (Conseil de l'Europe).

Par ailleurs, les investigations de la commission régionale dans le domaine de la maîtrise de la langue française et des disciplines enseignées dans celle-ci n'ont montré aucun déficit des élèves. Pour tenir compte des recommandations de ces deux commissions, un certain nombre d'améliorations ont été mises en oeuvre par A.B.C.M. Zweisprachigkeit en faveur d'un renforcement quantitatif et qualitatif de la langue 2.

Ainsi récemment, certaines classes d'A.B.C.M., par analogie avec la pratique des écoles publiques françaises à l'étranger, ont porté l'immersion précoce en langue allemande aux 2/3 du temps scolaire. A noter que contrairement à l'enseignement du français à l'étranger où des autres langues régionales dans le cadre associatif, il n'existe encore en Alsace aucune expérience d'immersion totale durant les 3 ou 4 premières années de l'école primaire.

Le projet A.B.C.M. diffère cependant assez sensiblement de l'enseignement public sur d'autres aspects :

– sa plus grande précocité à partir de l'entrée en maternelle à 2 ou 3 ans (4 ans au plus tard) ;

– l'enseignement de l'allemand «langue faible» est généralement réservé aux matinées (en maternelle) ;

– un effort complémentaire original en faveur du dialecte alsacien ;

– l'effort important et permanent pour favoriser les contacts avec la langue allemande dans le cadre scolaire ou périscolaire (spectacles, rencontres, voyages, échanges, etc.).

L'enseignement secondaire bilingue mis en place par l'Institut Champagnat donne, en classe de 6ème, des résultats particulièrement favorables lors des évaluations nationales, que ce soit en français ou en mathématiques. Le dispositif pédagogique dans le second degré diffère sensiblement de celui adopté par le secteur public. Ainsi, les différentes disciplines sont enseignées intégralement dans l'une ou l'autre des langues :

- mathématiques en allemand
- histoire/géographie en allemand
- religion en allemand.

De ce fait, cet enseignement reste rigoureusement paritaire tout au long du cursus au collège. Cette solution originale permet au collège de mettre en place sa filière bilingue avec les moyens humains dont il dispose, sans appel à l'extérieur.

3. Les perspectives

En l'an 2000, il devrait toutefois y avoir près de 10 000 élèves en classes bilingues, soit environ 5 % des effectifs du 1er degré. Impressionnant au premier abord, ce chiffre mérite d'être relativisé. Des centaines de familles n'ont pu obtenir de scolariser leur enfant en maternelle entre 1991 et 1998 faute de création d'un site dans la commune ou à proximité.

Le manque de maîtres qualifiés dû à l'absence d'effort du Ministère de l'Education nationale pour modifier un concours manifestement inadapté à l'enseignement bilingue, les déperditions encore importantes d'élèves durant le cursus bilingue, une certaine résistance au changement du personnel enseignant du 1er degré plus en phase avec un enseignement monolingue traditionnel, freinent le développement.

La mise en place à Guebwiller d'un centre de formation à l'enseignement bilingue par les collectivités territoriales, la perspective de la signature de la Charte européenne des langues régionales par la France, la demande croissante des familles, les résultats pédagogiques remarquables de l'enseignement bilingue sont pourtant des éléments très favorables.

En termes d'enseignement des langues, l'on observe que l'apprentissage initial de l'allemand en tant que langue régionale d'Alsace facilite largement l'apprentissage ultérieur d'autres langues européennes comme l'anglais, l'espagnol, l'italien, etc. L'enseignement bilingue français/allemand peut être ainsi à la fois l'élément fondamental d'une politique des langues efficace dans le Rhin Supérieur et un atout majeur pour la sauvegarde du patrimoine linguistique propre à la région.

Annexes (voir pages suivantes)

1. L'évaluation nationale des élèves de CE2.
2. Les sites bilingues paritaires dans l'académie de Strasbourg.

Note des éditeurs : *Pour des raisons techniques, il n'a pas été possible de produire une carte parfaitement lisible, ce dont nous prions le lecteur de bien vouloir nous excuser. Telle qu'elle se présente, la carte permet néanmoins de se faire une idée satisfaisante de la répartition des sites bilingues en Alsace, raison pour laquelle nous avons tenu à ne pas la soustraire à la connaissance du public.*

EVALUATION NATIONALE CE2
(origine Académie de Strasbourg)
Année scolaire 1998-99

Au mois de septembre de cette année scolaire, 288 élèves bénéficiant d'un enseignement bilingue paritaire ont passé les «tests CE2» en français et en mathématiques (193 en septembre 1997, 76 en septembre 1996 et 37 en septembre 1995) dans le cadre de l'opération nationale d'évaluation. Ils sont scolarisés dans 21 écoles.

1.	Le taux de réussite en français et en mathématiques.
2.	Le taux de réussite dans chaque domaine de ces disciplines fondamentales.

En français :			. Compréhension,
				. Connaissance du code,
				. Production de texte.
En mathématiques :	. Travaux géométriques,
				. Mesures,
				. Travaux numériques,
				. Résolution de problèmes.

Toutes ces données sont référées aux moyens de réussite de l'échelon national.

1. Taux moyen de réussite en français et en mathématiques

En %	Bilingues	Moyenne nationale
Français	72,71	65,6
Mathématiques	74,82	69,1

En français, la tendance de l'année passée se confirme : les résultats des élèves bilingues sont nettement supérieurs à la moyenne nationale (+ 7%). En mathématiques, les taux de réussite se rapprochent des taux observés il y a 2 ans (+ 5%).

2. Taux de réussite par domaine

Français :

	Bilingues	Moyenne nationale	
Compréhension	72,7	66,6	+ 6,1
Connaissance du code	69,5	63	+ 6,5
Production de texte	75,9	71,7	+ 4,2

% de réussite

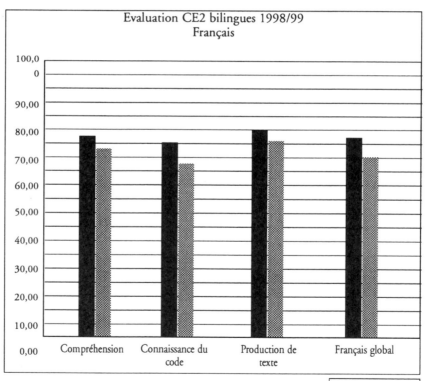

Mathématiques :

Mathématiques	Bilingues	Moyenne nationale	
Travaux géométriques	78,5	74,2	+ 4,3
Mesures	74,6	68,7	+ 5,9
Travaux numériques	71,9	68,2	+ 3,7
Problèmes	71,5	65,9	+ 5,6

% de réussite :

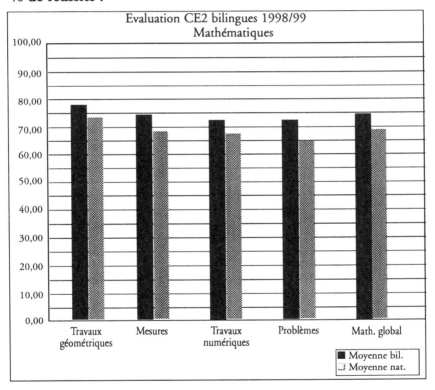

Le score de réussite des bilingues est, en mathématiques aussi, nettement supérieur à la moyenne nationale.

Les résultats enregistrés en septembre 98 sont en progression par rapport aux années passées. Mais il s'agit de constats. Une analyse de résultats devrait tenir compte des catégories socio-professionnelles. Cette étude sera menée ultérieurement

Patrick KLEINCLAUS

Les sites bilingues paritaires en 1998-99 dans l'académie de Strasbourg

Les formations aux enseignements bilingues à l'IUFM d'Alsace. *Recherches et prospectives dans un cadre national, transfrontalier et international*

Daniel MORGEN
IUFM d'Alsace

La mise en œuvre d'une formation à l'enseignement bilingue peut se faire selon des approches différentes, en général complémentaires et convergentes.

La première démarche, la plus évidente, la plus immédiate consiste à prendre en considération l'enseignement dispensé dans les classes bilingues dans lesquelles les futurs enseignants seront chargés d'enseigner. Les classes, ce sont, à la rentrée 1998, les 218 classes bilingues maternelles et élémentaires fonctionnant à la rentrée 1998 dans l'académie de Strasbourg, ainsi que les trois premières classes bilingues de collège (trois classes de sixième)[1].

La deuxième démarche va au-delà de cette approche pragmatique et institutionnelle : elle consiste à observer les conditions particulières de l'enseignement dans les classes bilingues et à recueillir dans la littérature scientifique des informations sur les approches tentées ou réalisées ailleurs.

Une troisième démarche porte plus précisément sur l'analyse des observations recueillies au cours de la formation à la fois dans les séminaires théoriques et pratiques, dans l'analyse des pratiques pédagogiques effectives des stagiaires ou dans les observations de classes-témoins.

Celui qui réfléchit à la mise en place d'une formation doit d'abord analyser de très près le projet éducatif, ici le projet d'enseignement bilingue et le fonctionnement des classes. Une nouvelle forme d'enseignement gagne certainement à être préparée par la mise en place préalable d'une formation des maîtres basée sur de nouveaux contenus, sur de nouveaux objectifs. Dans l'idée que s'en fait le public, la formation précède la rénovation pédagogique. La réalité est bien différente de cette fiction. D'une part, une formation s'inspire d'un fonctionnement pédagogique : elle a besoin de lignes directrices préalables, édictées par l'institution scolaire. D'autre part, elle s'inspire des expériences faites ailleurs et analysées dans la littérature scien-

---

[1]   Ce décompte ne porte que sur les classes de l'éducation nationale et les classes sous contrat d'association.

tifique. Enfin, elle recueille beaucoup d'informations de ses observations de l'analyse de la pratique pédagogique réelle.

Après une présentation des évaluations de l'enseignement bilingue conduites dans différents pays et des principales observations que l'équipe des formateurs alsaciens regroupés dans le G.T.S. enseignements bilingues[2] a pu faire sur les compétences attendues des enseignants bilingues, en particulier les compétences spécifiques qui leur permettront d'animer un enseignement dans une langue que les enfants sont en train d'apprendre, la présente contribution en déduira des conclusions sur le contenu d'une formation bilingue puis présentera le cadre, le contexte et l'organisation actuelle de la formation bilingue proposée par l'IUFM d'Alsace.

1. Les leçons des évaluations de l'enseignement bilingue

1.1. Les formes d'évaluation

Dans le domaine de l'évaluation, les chercheurs distinguent trois formes principales : l'évaluation du système ou du sous-système scolaire mis en place, l'évaluation du projet et enfin l'évaluation des acquis constatés chez les enfants inscrits dans l'enseignement bilingue. (Brohy 1997).

D'autres régions bilingues ont conduit des évaluations avant nous. Ces trois formes d'évaluation ont été pratiquées dans les pays ayant mis en œuvre un enseignement bilingue et complètent les nôtres.

La première forme que prend l'évaluation se rapproche d'une *évaluation du système* : les autorités valdôtaines ont procédé à une enquête auprès des écoles, leur objectif ayant principalement été d'évaluer la mise en place d'une nouvelle organisation scolaire appliquée à l'enseignement bilingue (les modules d'enseignement), mais indépendante de cette forme d'enseignement.

Une enquête identique a été réalisée en Alsace à travers l'évaluation des classes bilingues à parité des langues dans l'enseignement (13 h en français, 13 h en allemand) et des classes à 6 h d'allemand par semaine : le protocole d'évaluation prévoyait, en plus de l'observation des classes et des enfants, un entretien avec le maître sur la base d'une grille de questions et une analyse des éléments de continuité au sein de l'école. Les résultats de cette enquête, reliés à ceux de l'observation des classes, ont amené les décideurs à privilégier la construction d'un réseau de classes bilingues à parité des langues de préférence aux classes à 6 h d'allemand, et ce pour des raisons d'efficacité et de cohérence. D'efficacité, parce qu'en présence de condi-

---

2   GTS enseignements bilingues : groupe technique spécialisé. Le GTS regroupe des formateurs des langues du binôme bilingue et des disciplines enseignées en allemand.

tions sociolinguistiques comparables, dans des classes homogènes composées d'enfants francophones de langue maternelle, l'enseignement bilingue à 13 h est nettement plus performant. De cohérence ensuite : dans le système à 6 h, le maître enseigne à la fois en allemand et en français. Mais d'une part, souvent les directeurs étaient obligés, par manque de volontaires, de faire appel à des intervenants sans formation pédagogique pour les 6 h d'allemand ; d'autre part, la continuité au sein de l'école s'est avérée très délicate. Par contre, il est intéressant de relever que certaines classes à 6 h, composées d'élèves dialectophones, avaient atteint le même niveau de performance que les classes à 13 h non dialectophones. Ici le dynamisme du maître joue un rôle dominant, car il renforce l'effet positif de la dialectophonie. Cette observation ne signifie pas qu'il faille se limiter, pour les dialectophones, à 6 heures d'allemand par semaine. La principale conclusion que l'on peut en tirer, c'est que les dialectophones, dans des classes à parité horaire des langues, apprennent plus d'allemand et plus vite que leurs camarades non dialectophones, parce qu'en quelque sorte ils le savent déjà[3]. D'emblée, le développement de l'enseignement bilingue en Alsace a été accompagné d'une évaluation continue et annuelle (Rapports d'évaluation 1993-1998). Le but de cette évaluation était de fournir les éléments d'un tableau de bord de gestion de l'enseignement bilingue et donc de permettre aux décideurs de prendre les décisions les plus opportunes.

Une deuxième forme de l'évaluation est une *évaluation des acquis,* ponctuelle ou continue des élèves. Cette évaluation prend parfois la forme d'une évaluation avec notation traditionnelle d'exercices à périodicité mensuelle ou trimestrielle (Luxembourg), ou encore celle d'une évaluation ponctuelle des compétences dans un domaine précis, par exemple la lecture en langue 2 ou l'écrit à la fin de l'école primaire (écoles de la Vallée d'Aoste 1989 et 1992/93). L'objectif déclaré de telles évaluations est de vérifier si les élèves de l'enseignement bilingue parviennent aux mêmes résultats que les élèves de l'enseignement non bilingue. Dans le cas de la Vallée d'Aoste, on est allé plus loin en comparant les résultats des petits Valdôtains à ceux des petits Valaisans et donc des francophones de langue 2 à des francophones de langue maternelle du même âge. Les responsables de cette évaluation se déclarent, dans leur rapport, heureux de constater que le décalage entre le savoir-lire et savoir-écrire des petits Valaisans francophones du même âge n'est que d'environ d'une année par rapport à celui des petits

---

3   La définition – encore révolutionnaire en 1985 – de la langue régionale, formulée pour la première fois par le Recteur Deyon, sur la base d'un rapport d'enseignants chercheurs de l'université des sciences humaines de Strasbourg, rappelle les rapports de cousinage entre l'allemand standard, langue de référence et langue écrite des dialectes alémaniques et franciques et ces dialectes parlés en Alsace.

Valdôtains, qui vivent dans un environnement plus italophone que francophone.

C'est cette évaluation des apprentissages, qui nous a permis, au moyen d'observations annuelles dans les classes selon un protocole précis, dont l'élaboration a été confiée à Dominique Huck (Université Marc Bloch de Strasbourg), de recueillir un certain nombre d'observations sur les apprentissages et sur l'évolution des enfants dans les classes bilingues. Ces observations nous ont à la fois rassurés sur la validité du dispositif mais nous ont aussi amenés à l'infléchir. (Académie de Strasbourg 1993-1998).

1.2. Évaluation des compétences linguistiques

Les principales conclusions de ces évaluations sont des conclusions partielles, provisoires, mais reliées par un fil conducteur. Au fur et à mesure de la scolarité, *les évaluations des compétences en langue 2* mesurent la consolidation des compétences enfantines dans la langue cible. Chez les enfants de 5 à 6 ans, à l'issue de l'école maternelle, la compétence de compréhension apparaît aux évaluateurs suffisante pour permettre aux enfants de faire face aux objectifs notionnels et instrumentaux de l'enseignement bilingue à l'école élémentaire. Les élèves de GS et de CP font effectivement preuve d'une bonne compréhension des tâches disciplinaires auxquelles ils sont confrontés. Les performances de compréhension augmentent avec l'âge et avec l'horaire d'immersion, ainsi qu'avec la durée de cette immersion. La qualité de la production orale dépend en partie de la forme d'intervention du maître auprès des enfants.

L'évaluation a permis d'opérer et de stocker le relevé des formes linguistiques utilisées par les enfants et de noter leur apparition en fonction de l'âge. Elle pourra permettre un travail d'observation de l'apprentissage en continu.

Les évaluations des compétences en français conduites chaque année en dernière année de maternelle (GS, enfants de 5 à 6 ans) et en première année de l'école élémentaire (CP, enfants de 6 à 7 ans) ont montré à plusieurs reprises que les élèves des classes bilingues obtenaient des résultats égaux ou supérieurs à ceux des élèves des groupes témoins. De tels résultats permettent de rassurer parents et enseignants.

Ainsi, l'évaluation réalisée en mai 1996 a porté sur les 236 enfants des classes de cours préparatoire bilingues (1ère année de l'école élémentaire) et sur un échantillon de référence de 117 enfants de classes de CP monolingues appariées selon les critères de comparabilité utilisés, en particulier les critères sociologiques. Les items de l'observation portaient sur les items de lecture; les exercices observés étaient ceux de l'apprentissage de la lecture -remise en ordre d'énoncés, lecture de mots, compréhension d'un texte adapté à l'âge des enfants, exploitation des réponses, dictées de mots connus des enfants. L'évaluation réalisée l'année suivante a repris les mêmes items. L'analyse des résultats fait apparaître une constante : les résultats des élèves des classes bilingues sont supérieurs à ceux de l'échantillon témoin (71,6 % de réussite pour les bilingues, 67,6 de réussite pour les monolingues).

Tous ces constats accompagnent le grandissement de l'enfant, et confirment qu'il serait vain de vouloir « tirer sur les feuilles de l'arbre pour le faire grandir »[4] Certains d'entre eux ont amené les acteurs du projet à s'interroger sur le rôle du maître et donc sur des capacités à créer et à consolider chez les enseignants au moyen de la formation[5].

D'autres, dans leur naïveté, montrent l'enjeu de l'aventure, de ce qui pouvait représenter, entre 1992 et 1995, une aventure dans l'académie de Strasbourg, dans le climat de débats passionnés marqué par des oppositions apparemment irréductibles entre partisans et opposants du projet. Dans une certaine mesure, nous avons redécouvert les conclusions des évaluations antérieures, celles conduites au Canada, par exemple, mais aussi celles de Jean Petit avec qui nous avons eu de fréquents contacts.

1.3. Evaluation dans les autres disciplines

Certaines régions, telles le Pays basque français, exploitent les résultats des élèves de l'enseignement bilingue aux épreuves nationales pratiquées au moyen de tests sur des items bien définis, dans *l'évaluation nationale de CE2 et de 6ème*, et les comparent à ceux des élèves ne fréquentant pas l'enseignement bilingue. Pour que de telles comparaisons soient crédibles, il faut que l'on puisse travailler sur des échantillons significatifs.

Sur ce modèle, la commission académique d'évaluation a procédé à l'analyse des *évaluations nationales de français et de mathématiques* conduites au début de l'année de CE2 (3ème année de l'école élémentaire). Ces évaluations sont conduites actuellement une année sur deux dans le reste du pays, mais chaque année dans l'académie de Strasbourg. Pour l'analyse de ces évaluations, Bernard Rollet, Inspecteur de l'éducation nationale, a procédé à la constitution de l'échantillon des élèves de toutes les classes bilingues de CE2 (3ème année de l'école élémentaire, enfants de 8 à 9 ans) et l'a comparé à celui de l'échantillon national retenu par la Direction ministérielle de l'évaluation et de la prospective (DEP).

voir tableau page suivante

---

4   Réponse fréquente du Recteur Jean-Paul de Gaudemar à des interlocuteurs inquiets ou sceptiques.
5   Cette analyse est relatée plus loin.

Les résultats des évaluations

1996/1997	Français		Mathématiques	
	Échantillon régional 76 enfants	Échantillon national	Échantillon régional 76 enfants	Échantillon national
	en %		en %	
ne maîtrisent pas les compétences de base	10	12,8	23	36,2
maîtrisent uniquement les compétences de base	50	56,9	24	31,4
maîtrisent aussi les compétences approfondies	31,4	26,5	23	16,9
maîtrisent en outre les compétences remarquables	8,6	3,8	30	15,5

1997/98	Français		Mathématiques	
	Échantillon régional 193 enfants	Échantillon national	Échantillon régional 193 enfants	Échantillon national
	en %		en %	
ne maîtrisent pas les compétences de base	20,4	23,4	22,2	22,6
maîtrisent uniquement les compétences de base	46,1	51,2	33,3	43,9
maîtrisent aussi les compétences approfondies	17,3	13,6	24,5	16
maîtrisent en outre les compétences remarquables	16,2	11,8	20	17,3

Les observations faites sur les deux années se rejoignent : le nombre d'élèves inscrits en CE2 augmente d'année en année, suivant en cela le flux normal des effectifs.

Les enfants des classes bilingues ont et maintiennent un niveau de réussite dans les apprentissages supérieur à celui de la moyenne nationale ; pris dans la globalité, ils ne manifestent pas de déficit dans l'un ou l'autre domaine. Si les écarts ne sont pas très importants dans le nombre des enfants dans les deux premiers niveaux (non-maîtrise des compétences de base, maîtrise des compétences de base seulement), les « bilingues » se distinguent par leur réussite dans les types d'activités plus difficiles (maîtrise des compétences approfondies – maîtrise des compétences remarquables) et ce en français et en mathématiques. Les évaluations indiquent aussi que certains enfants des classes bilingues, moins nombreux, progressent moins vite.

1.4. Validité des évaluations

Une étude menée en 1997 compare l'origine sociale des élèves de l'échantillon bilingue à celui des autres classes des écoles de l'échantillon, ainsi que par rapport à la moyenne régionale et à la moyenne nationale.

C.S.P.	Moyenne nationale en %	Alsace en %	CE2 bilingue en %
exploitants agricoles	4,2	2	0,43
artisans, commerçants	9	6	6,74
cadres	13,6	13	26,95
professions intermédiaires	18,3	19,2	28,5
employés	12,7	10,6	12,44
ouvriers	35,7	42,6	22,8
autres	6,5	6,6	2,15

La représentation des catégories sociales dans les classes bilingues est voisine de celle des écoles de l'échantillon régional. La seule différence notable réside dans la surreprésentation des employés et des cadres supérieurs et dans une représentation moindre des ouvriers dans les bilingues (22,8 au lieu de 35,7 %). Ces deux observations parallèles démentent l'accusation d'élitisme portée parfois à l'encontre des classes bilingues. Nul ne nie l'effet d'un choix positif des familles en faveur de l'enseignement bilingue sur la réussite scolaire des enfants, que le choix familial, bien expliqué, motive. On peut s'attendre de la part des parents à un suivi attentif de la scolarité, à une meilleure information sur l'enseignement, à des relations plus dynamiques avec l'école, et souvent aussi, grâce aux associations de parents et particulièrement de parents d'élèves bilingues (*A.B.C.M.-Zweisprachigkeit, Eltern*), à une présence renforcée de la langue-cible, sinon dans le milieu familial, du moins dans l'environnement, grâce à la fréquentation de spectacles en allemand et de séjours d'immersion par des échanges individuels dans les familles. La meilleure réussite des enfants inscrits dans les classes bilingues est liée aussi à la forme de l'enseignement. Les responsables des évaluations menées par exemple en mathématiques se sont interrogés sur l'explication de ce phénomène. Il semble assuré qu'il soit lié à la pédagogie : l'enseignant se sent, beaucoup plus que dans les classes monolingues, dans l'obligation de consolider par tous les moyens la compréhension des exercices, des énoncés, des consignes et de la vérifier. La présentation des exercices et des activités y gagne en précision, en clarté, en efficacité. De nombreuses études sur la bilingualité montrent que la confrontation à deux codes distincts développe des capacités spécifiques, par exemple d'inférence, de traitement des indices recueillis et des informations.

1.5. L'expertise canadienne

Le Canada a une longueur d'avance sur tous les autres pays ou régions ayant organisé un enseignement bilingue. Aussi les évaluations menées dans ce pays ont-elles influencé les décisions prises ailleurs ou tout au moins retenu l'attention des décideurs. Que disent les évaluations canadiennes faites entre 1980 et 1995 ?

Dans une communication à un colloque sur le thème « enseignement bilingue ou immersion », tenu en mars 1997 à Kazimierz-Dolny (Pologne) Manfred Prokop, professeur à l'Université d'Alberta (Edmonton) a récapitulé le bilan de ces évaluations.

Parmi les éléments les plus importants, il cite l'apport de « langue offerte » (input).

L'apport de langue offerte gagne en richesse s'il provient de sources différentes. Parmi ces sources figurent le maître, bien sûr, mais aussi d'autres adultes, des conteurs, des lecteurs, des enregistrements audio et vidéo. Cette observation rejoint les observations faites lors de nos évaluations et les confirme. Il est essentiel que le maître s'adresse continuellement à l'enfant dans la langue 2, même si l'enfant s'adresse à lui dans sa langue maternelle. De ces recherches, se dégagent aussi d'autres éléments décisifs pour la réussite du projet bilingue :

– le maintien ou la création d'une atmosphère de travail scolaire dénuée de tout stress confirme l'importance d'un climat chaleureux pour susciter chez les apprenants une attitude positive à l'égard de langue. De ce climat chaleureux dépend l'intégration de tous les enfants, sollicités avec tact et cordialité, dans le dialogue éducatif ;

– l'efficacité de l'enseignement bilingue est due à la fonctionnalité de la langue, qui sert à enseigner des disciplines du programme.

Mais les équipes canadiennes ont aussi conseillé des réorientations tout à fait intéressantes. En particulier, ils ont mis l'accent sur la nécessité d'une *structuration continue de la langue*, en particulier par la modélisation d'énoncés-types qui peuvent nourrir la production personnelle des enfants. Ils ont recommandé aussi un enseignement de la langue et de sa grammaire, au sens large du terme. A partir de ces observations, les équipes canadiennes ont construit un programme d'apprentissage étalé sur les six premières années, dans les domaines de l'oral, de la compréhension orale et écrite, de l'écrit et de l'enrichissement sémantique.

1.6. Conséquences sur les choix didactiques

Enfin des *choix didactiques* se sont imposés. Avec l'arrivée des premiers enfants des cohortes bilingues au CP, il a fallu arbitrer entre ceux qui pensaient que les apprentissages de la lecture en français et en allemand devaient être prudemment décalés, d'un an au moins, et ceux qui soutenaient au contraire que l'enfant apprenait très vite à lire dans les deux langues si on lui en donnait l'occasion. Outre que cette deuxième attitude pouvait être confirmée par des recherches antérieures, une enquête spécifique auprès des enseignants a bel et bien permis de la retenir comme la plus probable.

A quel moment faire débuter *l'apprentissage de la lecture et de l'écrit en général* ? L'idée la plus répandue était qu'il fallait placer l'apprentissage de la lecture en allemand après celui de la lecture en français et attendre pour aborder l'écrit en allemand au moins le début du CE1, voire la troisième année de l'école élémentaire. Jusqu'à ce que l'évaluation conduite sur cette question par des observations de classes et par des enquêtes auprès des maîtres à qui nous avons donné la parole, fasse apparaître cette idée simple, mais peut-être trop simple pour qu'elle apparaisse d'emblée comme une évidence : les enfants des CP bilingues étaient déjà, lors de leur entrée dans la première année de l'école élémentaire, familiarisés avec l'allemand écrit depuis l'école maternelle, sous forme d'albums, de textes divers, d'affiches, de livres. Les demandes spontanées des enfants, ont dit ces maîtres, sont d'apprendre à lire, de comparer l'écrit allemand à l'écrit français, de faire des observations sur les différences des graphèmes, des marques de l'écrit autant que sur l'analyse des relations entre phonèmes et graphèmes, entre la forme orale et la forme écrite du mot, dans les deux langues du binôme bilingue.

En 1997, la commission d'évaluation a voulu se faire une idée des acquis en lecture dans la langue allemande. Elle a donc soumis les enfants des classes de CP bilingues à des exercices construits sur le modèle de ceux analysés en français, lors de la même campagne d'évaluation, et pour les mêmes items. Certes, et il fallait s'y attendre, le niveau de réussite est moins élevé en allemand qu'en français. Le décalage est de 25 points (51 % contre 76 % de réussite). Mais le processus d'apprentissage de la lecture dans les deux langues est solidairement engagé, malgré un décalage naturel des compétences.

Ces conclusions ont été portées à la connaissance de tous les enseignants par la publication du rapport d'évaluation, diffusé dans toutes les écoles sites bilingues, ainsi que par une circulaire rectorale ultérieure sur la place de la lecture en langue allemande au début de la scolarité élémentaire.

Bilinguisme scolaire et environnement :

Le point faible de l'enseignement bilingue est qu'il ne constitue souvent qu'une forme institutionnelle, scolaire de l'éducation bilingue. En Bretagne, les associations culturelles ont cherché à compenser cette difficulté en faisant vivre aux enfants des expériences, des activités en breton. C'est aussi la démarche des associations alsaciennes de parents, qui donnent aux parents l'information sur les spectacles et animations en allemand dans des communes allemandes proches. En effet, la langue-cible est rarement présente en dehors de la classe. Les Canadiens ont fait l'observation que se développait ainsi une langue strictement fonctionnelle, peu communicative. Selon une observation faite au cours de nos campagnes d'évaluation, il nous a paru indispensable de conseiller aux maîtres de donner à entendre d'autres voix que la leur pour étendre la compétence de compréhension des enfants à d'autres registres, mais aussi pour développer l'offre de langue. Deux principes sont ici en jeu : l'enfant doit entendre beaucoup de langue pour apprendre à la parler ; il faut lui donner à entendre de la langue dans des situations très diverses. Pour l'école, cela signifie développer l'immersion par des rencontres franco-allemandes, par des séjours longs auprès de la classe partenaire allemande. Cela signifie aussi accueillir d'autres adultes germanophones, mais dans un projet qui s'intègre à celui du maître. La classe n'est ni une gare de triage, ni un hall de gare.

1.7. Évolution du dispositif

Les résultats d'ensemble des évaluations ont incité l'équipe académique *à proposer des modifications partielles du dispositif et des recommandations aux écoles* :

– dans le domaine de la langue, d'abord :

prévoir aussi des temps de structuration sous forme d'activités semblables à celles formulées par les équipes d'évaluation du bilinguisme scolaire au Canada.

– dans celui de la pédagogie, ensuite :

- proposer aux maîtres d'adopter une « attitude de compensation » pour remédier par différentes formes de communication (aides à la compréhension, présences individualisées auprès des enfants, écoute) aux difficultés initiales des enfants de 3 à 4 ans ;

- donner priorité, chaque fois que cela est possible, aux classes à deux niveaux, par exemple en constituant des classes communes à des enfants de 3 et de 4 ans (PS/MS), tout simplement parce que l'effet de l'entraînement de plus jeunes par les plus avancés a été constaté à plusieurs reprises. Toutes ces recommandations ont des répercussions sur la gestion de l'enseignement bilingue et donnent des indications sur la priorité de production d'outils pédagogiques (manuel de langue ; outil d'évaluation des compétences linguistiques) ;

- développer la place de la langue dans l'environnement et exploiter toutes les possibilités de mettre les enfants en présence de germanophones de langue maternelle ;

- augmenter la part de la langue de communication dans l'enseignement où la langue fonctionnelle reste dominante.

L'originalité de l'Académie de Strasbourg est d'avoir procédé à deux formes d'évaluation dans toutes ses classes bilingues : une évaluation du système d'une part, et, sous des formes pédagogiques diverses, une évaluation continue des apprentissages en cours et des compétences acquises par les enfants en allemand et en français dans tous les domaines de compétences langagiers. Elle est aussi la seule académie à avoir systématiquement publié ses rapports d'évaluation.

1.8. Conclusions

Ces différentes évaluations aboutissent aux *conclusions* suivantes, rappelées par Claudine Brohy (1997) :

– la langue maternelle des enfants participant aux programmes bilingues ne présente pas de déficit par rapport à celle des enfants des programmes réguliers, au contraire. Leurs compétences dans la langue maternelle peuvent être supérieures dans certains domaines ; l'apprentissage concomitant de deux langues a un effet stimulant sur les apprentissages langagiers et linguistiques ;

– les acquis disciplinaires sont autant assurés dans les classes bilingues que dans les classes régulières. Les tests passés dans langue seconde que dans la langue maternelle sont tout aussi probants, ce qui prouve, dit Claudine Brohy, que le transfert d'une langue à une autre a été réalisé. Ainsi, les enfants des classes bilingues de l'Académie de Strasbourg ont-ils été régulièrement supérieurs à leurs camarades en mathématiques et surtout dans la résolution des problèmes (évaluations CP 1995 – évaluation CE2 1997) ;

– les acquis dans la langue 2 sont comparables avec ceux des locuteurs natifs en ce qui concernera la compréhension orale et écrite, mais non en ce qui concerne la production et surtout la production écrite. Ce constat renvoie à la nécessité de la structuration de la langue, d'un apprentissage continu du fonctionnement de cette langue.

Les évaluations de l'enseignement bilingue menées dans l'académie de Strasbourg, y compris celle conduite au printemps 1998 sur l'évaluation des compétences des élèves de CM2 en allemand, qui indique les mêmes décalages en langue 2, confirment ces conclusions. L'analyse des évaluations pratiquées un peu partout dans le monde pourrait d'ailleurs constituer un sujet de recherche universitaire.

2. Les compétences attendues chez les professeurs des écoles

Enseigner en classe bilingue suppose à la fois un haut niveau de maîtrise des deux langues, une formation théorique au développement du langage chez l'enfant et une formation à l'enseignement des disciplines dans la langue cible. Pour l'IUFM d'Alsace et les formateurs intervenant dans la formation bilingue, l'accent doit être mis

– sur la mise en place, au cycle 1, de stratégies de compréhension, sur la structuration du langage et sur l'acquisition de deux codes,

– sur la didactique des disciplines au cycle 2 et au cycle 3,

– sur une forme de pédagogie intégrative (*Lieddidaktik, Spieldidaktik, Reime…*).

La formation bilingue reprend le principe de la formation professionnelle pratique, formation organisée en fonction des cycles de l'école primaire et faisant alterner acquis théoriques et applications pratiques.

2.1. Les pré-requis linguistiques et psychologiques

La participation des PE stagiaires à la formation bilingue est soumise à une condition préalable : *celle d'un haut niveau de compétence linguistique.*

En effet, si la formation dispensée a pour but de conférer un certain nombre de compétences aux futurs enseignants, elle prend appui sur des aptitudes préexistantes. Les compétences linguistiques et relationnelles en font partie : Jean Petit souligne dans ses articles, et en particulier dans un rapport écrit le 6 décembre 1994 sur le projet de création d'un centre de formation des maîtres des classes bilingues, l'absolue nécessité de vérifier, chez les candidats au professorat des écoles, les dispositions affectives et relationnelles à l'enseignement qui feront d'eux de véritables éducateurs, capables de créer un climat éducatif chaleureux. Leur compétence linguistique ne devrait pas différer de celle des locuteurs de langue maternelle.

Il est particulièrement important d'insister sur *l'existence d'aptitudes psychologiques* chez le futur maître bilingue. Il ne s'agit pas seulement d'établir une relation affective positive avec les enfants. Il s'agit aussi d'être armé face aux difficultés inhérentes à l'enseignement bilingue, en particulier dans les classes maternelles, à un moment où l'enfant ne dispose pas encore des acquis qui lui permettront plus tard de s'exprimer dans la langue. Tous les enseignants de petite et en moyenne section signalent la lourdeur de leur tâche. A la différence des classes maternelles monolingues francophones, la participation langagière des enfants est au départ inférieure à celle des classes monolingues. L'enseignant bilingue doit être armé pour savoir réagir positivement aux différentes manifestations de l'enfant qui ne reconnaît pas la langue de la famille. Il est souhaitable qu'il fasse preuve d'une personnalité structurée pour savoir opposer un point de vue assuré et pertinent aux réactions d'inquiétude ou aux attentes excessives des parents. Plus qu'ailleurs, la relation avec l'enfant et les parents exige beaucoup de finesse et de doigté de part de l'enseignant. Il en est de même des relations avec les autres enseignants. Le maître bilingue doit savoir se faire accepter, faire accepter le projet spécifique de son enseignement avec les contraintes qu'il entraîne pour l'école. Il est au sein de l'école le représentant de l'enseignement bilingue qu'il aura, au besoin, à expliquer et à justifier. Une solide formation théorique et pratique, à commencer par une information sur le bilinguisme, complètent les aptitudes psychologiques.

2.2. Les compétences attendues

Une fois définis les pré-requis, comment définir les *compétences attendues* chez le maître bilingue à l'issue de la formation ?

Nando Mäsch, responsable des sections bilingues allemand-français des *Gymnasien* allemands dans le *Land Nordrhein-Westfalen*, définit *quatre domaines de qualification.* (Kazimierz-Dolny 1997)

Les enseignants de classes bilingues doivent être qualifiés dans la discipline enseignée, qui requiert les compétences disciplinaires et méthodologiques attendues, ainsi que dans la langue-cible, dans la langue maternelle des élèves, et enfin dans la didactique et la méthodologie de transmission de la langue-cible, en tant que langue non maternelle. Toutes ces compétences sont également importantes, et l'on en saurait renoncer à aucune sans menacer la réussite de l'entreprise.

L'idéal pour lui est un enseignant de langue maternelle qui posséderait la qualification à l'enseignement de la langue et celle à l'enseignement de la discipline en classe bilingue, tout en faisant preuve d'une excellente maîtrise de la langue de ses élèves. Ce portrait serait, en Alsace, celui d'un enseignant bilingue de langue maternelle allemand, qui aurait suivi la formation didactique et pédagogique à l'IUFM d'Alsace.

Mais de fait, ce maître de langue maternelle allemand parfaitement bilingue est actuellement, sinon une chimère, du moins une exception. Rares sont ceux qui possèdent un niveau de français suffisant pour réussir les épreuves du concours de professeurs des écoles. D'autre part, la formation professionnelle dans les *Pädagogischen Hochschulen* et dans les *Studienseminare* allemands ne prépare pas à l'enseignement dans les classes françaises. Les évaluations menées dans l'Académie de Strasbourg montrent d'ailleurs que la formation pédagogique du maître bilingue est aussi importante que sa compétence linguistique[6]. On peut se demander si le maître bilingue ne doit pas, par nature, être à même d'enseigner dans les deux langues. L'Académie de Rennes a fait ce choix pour les maîtres des classes bilingues sur la base d'une argumentation cohérente (Rapport sur la visite d'études dans les classes bilingues bretonnes avec l'Association « *Lehrer* », Académie de Strasbourg, 1994). Nous avons essayé, pour notre part, d'élaborer une *définition du maître bilingue*[7] dans le cadre de séminaires transfrontaliers, avec des collègues des instituts de formation allemands et suisses voisins.

Le maître bilingue, a, par définition, toutes les compétences du maître monolingue, ainsi qu'un certain nombre de compétences qui lui sont propres. Ces compétences sont de différents ordres, mais ce sont principalement des *compétences bilingues et biculturelles, en plus des compétences didactiques, pédagogiques et méthodologiques.*

Cette définition condense la politique de formation de l'IUFM d'Alsace ainsi que les buts poursuivis par la signature d'une convention entre les instituts de formation du Rhin supérieur portant création d'une fédération transfrontalière. La coopération franco-germano-suisse au sein de la Conférence du Rhin supérieur et plus particulièrement, la *coopération entre les instituts de formation des pays voisins* ont débouché sur la signature récente d'une convention par laquelle les instituts de formation s'accordent pour faciliter les échanges d'étudiants, de professeurs stagiaires et les échanges de formateurs. Nous en sommes ici au point le plus avancé de nos nouvelles recherches. Il n'est donc pas encore possible d'en analyser tous les effets.

Pour les raisons évoquées ci-dessus – quasi primauté de la formation pédagogique sur la seule compétence linguistique, notre objectif au sein de cette fédération est de promouvoir les échanges de formation : échanges de formateurs, échanges d'étudiants et de professeurs stagiaires. Notre but est de parvenir très rapidement à ce que des formateurs puissent enseigner dans leur langue chez le partenaire, afin de consolider ainsi dans notre formation bilingue la place de la langue allemande dans le dialogue pédagogique et dans ses aspects descriptifs, argumentatifs, ainsi que la langue d'enseignement elle-même. L'échange de formateurs apporte à la formation la présence constante d'une langue authentique appliquée à l'analyse didactique, le métalangage de la pédagogie. Notre but est aussi de faire en sorte que les

---

6 C'est un point sur lequel notre projet de formation diverge légèrement, mais légèrement seulement de celui de Jean Petit qui écrit « Les enseignants... doivent être eux-mêmes des *native speakers* ou posséder... une compétence égale à celle de *native speaker* ».

7 Cf. page 16 – L'enseignant bilingue/*Euregio-Lehrer* (M.R. Bitsch/G. Heckly/D. Morgen).

étudiants et professeurs stagiaires puissent participer à des séminaires sur tel ou tel aspect de l'enseignement. L'objectif est de former, à moyen terme, des enseignants capables d'enseigner dans leur langue mais dans le pays voisin, ainsi que des enseignants bilingues capables d'enseigner dans la langue-cible dans leur pays d'origine. De la réflexion actuellement engagée au sein de la fédération transfrontalière, se dégage l'idée de séminaires communs à ces formations, sinon celle d'une formation conjointe à ces deux orientations.

Un projet particulièrement novateur, fondé sur une convention associant la *Pädagogische Hochschule* de Freiburg, l'Université de Haute-Alsace et l'IUFM dans le cadre de la fédération des Instituts de formation du Rhin supérieur propose à partir de la rentrée 1999 un cursus universitaire binational sur deux années, suivis de la préparation à l'IUFM et à la *Pädagogische Hochschule* du concours de recrutement des professeurs des écoles et du *Staatsexamen* (1ère année d'IUFM), et de la formation bilingue (2ème année d'IUFM).

Parmi les compétences du maître bilingue (compétence linguistique, compétence pédagogique, ...) la compétence émergente est la *compétence culturelle ou interculturelle*. Elle est tout autant présente dans la connaissance des systèmes éducatifs que dans la culture véhiculée par les deux langues du binôme. Dans l'enseignement bilingue, la langue constitue le vecteur d'acquisition des connaissances. L'enseignement des disciplines contribue tout autant à la maîtrise des concepts et savoir-faire disciplinaires qu'à celle de la langue, à la réserve près que la langue a besoin d'un curriculum spécifique de structuration et d'enseignement grammatical. Autrement dit, le vecteur culturel, – les connaissances sur la géographie, l'histoire, la vie quotidienne, l'école, etc. – consolide la maîtrise des connaissances linguistiques qu'il inscrit dans un référent concret. Cette conception du bilinguisme en rapport avec une culture transfrontalière tient aussi son origine dans la biculturalité naturelle des Alsaciens dialectophones, qui intègrent dans leur action des éléments culturels français et des éléments culturels allemands. Elle explique les objectifs et la raison d'être de la publication en 1999 d'un Manuel transfrontalier du Rhin supérieur (*Oberrheinschulbuch*) rédigé par une équipe trinationale d'enseignants allemands, français et suisses. La table des matières de ce manuel, destiné à des élèves de 8 à 15 ans, et surtout à des élèves de collège, éclaire le projet : l'histoire, les langues, les moyens de transports, l'école dans le Rhin supérieur, manger, se divertir, la vie quotidienne, etc.

L'ensemble de cette réflexion sur les compétences ne doit pas faire oublier que le jeune enseignant ne peut pas les maîtriser toutes à la perfection à l'issue de sa formation. Mais il nous appartient de l'aider à se situer dans une échelle de compétences, à s'auto-évaluer ; il nous incombe aussi de lui faire prendre conscience qu'il aura à se former tout au long de sa carrière, au prix de remises en question exigées par l'évolution même de la profession. L'enseignant idéal n'existe pas.

3.   Incidences de ces constats sur le plan de la formation

La participation à la formation bilingue constitue l'occasion de renforcer les compétences linguistiques dans les domaines d'enseignement. La formation dispensée dans la langue-cible augmente l'apport de langue cible, utilisée dans ses formes de compréhension et de communication. Elle contribue ainsi à enrichir les compétences linguistiques. Les PE stagiaires en perçoivent l'importance : dans leurs bilans, ils souhaitent même voir renforcé le temps d'utilisation de la langue allemande.

3.1.   Formation à l'enseignement de la langue

Un des aspects dominants de la formation à l'enseignement bilingue est nécessairement la *formation à l'enseignement de la langue et à la pratique du langage*. Ces deux aspects peuvent être vus séparément.

Les objectifs de formation visés sont de rendre les Professeurs des écoles capables de

– maîtriser les conditions psycho-linguistiques de construction du langage dans les deux langues,

– favoriser la production langagière chez les apprenants et l'interaction langagière entre les enfants ; les aider à passer au stade de la compréhension au stade de la production de plus en plus libre, en étant conscient du statut de l'erreur et des étapes de passage (notion d'interlangue),

– savoir opérer la structuration de la langue dans la foulée des apprentissages disciplinaires.

Le futur enseignant doit maîtriser les théories d'acquisition de la langue et du langage. L'enseignement bilingue est fondé sur le principe d'acquisition naturelle de la langue, dans une situation comparable mais non identique à celle d'acquisition de la langue maternelle. Les principes à mettre en œuvre sont à l'opposé de l'enseignement de la langue vivante (« *Deutsch als Fremdsprache* », « allemand langue étrangère »). L'acquisition naturelle procède par approximations successives au cours de laquelle se manifestent des déviances très éloignées de la norme. L'enseignant ne doit pas être obnubilé par la norme, mais savoir accepter l'erreur. Il doit savoir s'appuyer dans sa démarche sur l'absence d'inhibition du petit enfant, qui constitue une des raisons du démarrage précoce de l'enseignement bilingue. L'utilisation fonctionnelle de la langue dans la situation d'enseignement et, mieux encore, dans une situation de recherche au service d'un véritable projet pédagogique, active, comme le note Jean Petit, la stratégie d'acquisition naturelle.

Dans un premier temps, la principale préoccupation de l'enseignant est de solliciter le langage communicationnel et le langage fonctionnel. C'est un des aspects dominants de l'école maternelle.

Aspects didactiques :

La formation passe par la conception, la réalisation et la reconstruction des moments de langage ou de séances sollicitant des phases d'analyse de ce qui a été pratiqué. Au cours de la formation, nous avons à rendre les futurs enseignants conscients des difficultés et de la spécificité de l'enseignement dans la langue 2, qui est la langue-cible et à leur fournir une méthodologie de travail. Celle-ci peut s'analyser ainsi : être, encore plus que dans la classe monolingue, attentif à décomposer les phases d'une activité, utiliser des consignes précises et des questions ouvertes, ne pas submerger les enfants de paroles, savoir attendre la réponse... «Des études précises ont montré que les réactions hypercorrectives avaient un effet inhibant sur l'apprentissage». (Petit 1994).

Au cours de la formation, nous avons à apprendre au professeur des écoles à observer, identifier lors des stages en tutelle éducative, la pratique de ce que les spécialistes appellent le *modeling* et *l'expanding*, c'est-à-dire des formes d'accueil du langage enfantin non fondées sur la correction. Les techniques évoquées «consistent à accueillir de façon gratifiante... tout énoncé émis par l'apprenant. L'action linguistique du maître se limite en l'occurrence à camper le modèle avec constance et conséquence » (Petit 1994). L'idée fondamentale est que l'enfant structure peu à peu son langage, en le rapprochant de plus en plus de la norme. Il procède intuitivement par généralisation de structures, puis recompose peu à peu la langue à partir de la langue pratiquée par l'adulte et de ses observations intuitives. Plus tard, l'enseignant utilisera d'autres formes de correction, en confirmant la compréhension enfantine de l'énoncé imparfait ou maladroit par une reprise sous la forme voulue. Plus tard encore, la démarche pédagogique s'objectivera dans une forme d'apprentissage de la langue connue sous la forme de grammaire implicite. Il ne s'agit pas tant d'enseigner le système grammatical de la langue, que de l'approcher progressivement à travers ses régularités, par la pratique d'une démarche contrastive[8].Une des observations faites dans l'évaluation des classes bilingues est la compétence de l'enseignant à savoir adopter une attitude de compensation par rapport à l'enfant dont c'est le premier contact avec la langue cible. Par attitude de compensation, nous entendons le fait d'utiliser d'autres moyens que la pa-

---

[8]   Tout ce passage doit beaucoup au rapport de Jean Petit (1994) cité plus haut.

role pour faire comprendre à l'enfant qu'il peut se faire comprendre. Il ne s'agit pas de développer un langage des signes, bien entendu. « Le maître doit pouvoir signifier à l'enfant qu'il essaie de le comprendre, qu'il s'intéresse à ce qu'il lui dit, en lui renvoyant des signes verbaux que l'enfant ne comprend pas encore ou ne comprend pas totalement et des signes non-verbaux explicites... Le maître essaiera de gérer sa présence auprès des enfants de manière à pouvoir passer deux minutes auprès de chacun, en relation duelle, consacrée à un jeu en commun... ou destinée à l'aider dans une tâche. Il lui montre ainsi l'importance qu'il lui accorde et établit une relation de confiance et d'intérêt. Cet échange n'est pas nécessairement ni systématiquement verbal. Une technique plus délicate à mettre en œuvre... est celle qui consiste à donner à l'enfant l'occasion d'apprendre quelque chose au maître : un chant, la désignation d'un objet, les règles d'un jeu... que le maître renvoie alors à son tour en allemand. Cette technique peut dénouer bien des blocages ou des refus. » (Huck 1996).

3.2. La place de la pédagogie

3.2.1. Le rôle du maître

Régulièrement, les rapports d'évaluation nous ont ainsi sensibilisés au rôle primordial du maître dans la classe bilingue, où, à la différence de la classe monolingue, l'apprentissage de la langue-cible relève presque exclusivement de lui. Il en est le seul référent. On peut citer ici le témoignage de cet attaché linguistique allemand, travaillant avec nous, qui a scolarisé ses enfants dans l'école maternelle française, et qui signale que son fils est le seul de la classe à avoir adopter l'accent méridional de sa maîtresse. Il est le seul aussi de sa classe à avoir appris le français à l'école maternelle, le seul à n'avoir pour référent linguistique que l'institutrice.

Tout ceci renvoie à ce que dit Jean Petit de la nécessaire « Nestwärme » en soulignant que « tout apprentissage est tributaire d'une ambiance affective positive ». Cette dépendance est plus marquée chez le jeune enfant que chez l'adulte. Dans le cas particulier de l'acquisition linguistique, qui consiste en l'assimilation d'un code de communication en usage dans une même communauté culturelle, la composante affective doit être présente à la fois dans les relations familiales, sociales et scolaires. A l'inverse, des retards de langage peuvent s'expliquer par des carences affectives.

Au delà de cette aptitude relationnelle chez une personnalité adulte sensible à l'enfant, et parallèlement à celle-ci, l'aptitude pédagogique joue un rôle tout à fait dominant. Les évaluations ont toutes mis l'accent, dans l'Académie de Strasbourg, sur la place prioritaire du langage enfantin dans le dialogue éducatif au sein de la classe. Chaque fois que le maître sait solliciter la parole enfantine, sait créer le dialogue interactif, les enfants des classes bilingues apprennent plus de langue et plus vite.

A l'opposé, un enseignement magistral – au sens où tout dépend de la parole du maître – est peu productif, sinon totalement inadapté à l'enseignement bilingue.

3.2.2. Nécessité d'un dialogue interactif

Mais avec l'école élémentaire apparaissent d'autres préoccupations : celle de permettre à l'enfant de procéder à la *verbalisation de son raisonnement* dans la langue-cible ?

Ici, une recherche effectuée par Raùl Gagliardi au nom du bureau international d'éducation de l'UNESCO sur le développement du langage et l'apprentissage des mathématiques dans l'enseignement (Gagliardi 1995) montre qu'un bon développement du langage dans la langue maternelle suffit pour l'apprentissage des disciplines et en particulier des mathématiques dans la langue seconde.

Raùl Gagliardi cite des recherches menées sur des élèves locuteurs finnois en Suède : ces élèves ne rencontrent pas de difficulté en mathématiques enseignées en suédois malgré leur peu de maîtrise de cette langue. Quelle que soit la langue qui a permis de le consolider, le bon développement du langage est déterminant. Les mathématiques ont besoin d'un bon niveau de langage : les concepts mathématiques, dit Raùl Gagliardi, sont définis par des relations entre les objets mathématiques. «La verbalisation est essentielle pour l'abstraction, la généralisation et la classification en catégories (ainsi que)... pour la présentation des résultats en classe». Cette recherche montre la validité de la démarche de l'enseignement bilingue. Elle conforte les résultats observés dans les évaluations menées en Alsace qui montrent qu'au CE2 par exemple, les élèves bilingues ont de meilleurs résultats dans les activités numériques et dans les activités conceptuelles, comme la résolution des problèmes.

3.2.3. Implications pédagogiques

L'institut de formation a l'obligation de former les maîtres à la pratique de l'*interaction communicative* au sein de la classe. Celle-ci est souhaitée soit à un moment de présentation d'une démarche, soit en réponse à une proposition d'un autre membre du groupe. On rejoint dans ce domaine la formation à la gestion de disciplines qui prennent nécessairement appui sur la recherche individuelle ou par petits groupes. La formation doit entraîner le professeur stagiaire à la pratique de l'aller-retour entre des recherches individualisées ou par la communication de la recherche à la classe.

La verbalisation d'un raisonnement, celle d'une proposition n'apparaissent que si l'enseignant met en œuvre *certaines conditions pédagogiques* propres à favoriser le besoin de raisonnement, puis la possibilité de le verbaliser. Les compétences à mettre en œuvre sont d'abord la connaissance de la situation (savoir qu'elle existe, l'avoir observée et analysée lors des stages en tutelle et l'avoir expérimentée en présence d'un maître formateur), puis des compétences stratégiques (maîtriser la planification d'une activité mettant en œuvre la recherche individuelle et la favorisant...) des compétences langagières (pratiquer le type de questionnement adapté, savoir repérer les propositions émergentes permettant de construire la recherche de la solution) et des compétences pédagogiques et relationnelles générales (savoir créer le climat approprié). La démarche à maîtriser est celle du traitement pédagogique d'une situation-problème et se rencontre dans beaucoup de disciplines : elle constitue l'exemple-type qui montre l'intérêt d'associer le formateur de la discipline et le formateur de la langue-cible à un même moment de préparation, d'analyse et de conduite de la formation des PE de la formation bilingue.

De nombreuses situations peuvent être évoquées et, sans que la liste en soit limitative, on peut citer à ce propos :

– la pratique de l'écrit, c'est-à-dire l'analyse d'un texte en vue de son amélioration, la recherche de la formulation la plus adaptée,

– la présentation d'une recherche graphique, plastique, d'un dessin, d'une affiche,

– celle d'une observation en sciences, en mathématiques,

– la formulation d'un calcul oral ou d'une écriture mathématique.

La démarche pédagogique est fondamentalement celle du projet. Le futur enseignant doit apprendre au cours de la formulation pédagogique pratique – qui combine formation théorique et stages pratiques – à percevoir et réutiliser les étapes de la *pédagogie du projet* : formulation du projet, analyse de la tâche, essais, analyse de « modèles », réutilisation des techniques, amélioration de la production initiale, corrections... mise en forme.

En effet, c'est bien la pédagogie du projet qui sollicite le plus le langage enfantin, d'abord parce que les enfants sont au cœur du projet qu'ils ont aidé à élaborer, ensuite parce que le projet implique des activités de recherche, d'enquête et une méthodologie adaptée d'alternance entre le travail individuel/le travail de groupes et les mises en commun ou les leçons magistrales. Les échanges transfrontaliers de classes ou d'élèves, les enquêtes et activités conjointes, sont au cœur du projet dans une classe bilingue (Werlen 1997).

3.3. La concertation

Une des idées qui revient souvent est celle de la *concertation entre les deux enseignants* du couple bilingue, l'enseignant de français et l'enseignant d'allemand, mais aussi l'articulation des formations. D'une part, l'idée d'un temps commun de formation est justifié par la nécessité de pratiquer les mêmes outils théoriques ; d'autre part, une formation commune augmentera la pratique de la concertation. Il y a en effet énormément de matériaux linguistiques à analyser en commun. Mais en outre, les enseignants doivent savoir s'accorder pour repérer ce que l'enfant apprendra à dire, dans les deux langues. Ils doivent avoir conscience de ce que chaque langue apporte à l'autre.

Mais la concertation n'est pas le seul argument en faveur d'un rapprochement partiel des formations. L'enseignant responsable des 13 heures d'enseignement en français doit être conscient de l'enjeu et des moyens d'en atteindre les objectifs. Il a un rôle bien évident à jouer en faveur de la réussite de l'enseignement bilingue. Rôle d'appui, rôle de complémentarité, rôle d'initiative. Mais il a ses contraintes à maîtriser, celle de la réduction du temps imparti surtout. Il lui faut donc s'habituer à être efficace, à aller à l'essentiel ; à cibler des objectifs clairs et des démarches efficaces surtout dans le domaine de la production d'écrits. La réduction du temps pour l'enseignement a son avantage bien plus que ses inconvénients.

Ce principe d'efficacité est vrai pour les formés et pour leurs futurs élèves : la formation bilingue apporte indéniablement un plus à l'enseignement du français. Elle permet d'approfondir la relation entre langue et discipline que l'on n'a pas toujours le temps de faire en français ou que l'on ne fait pas parce que l'urgence n'en apparaît pas. Et pourtant, l'accentuation, du point de vue de l'élève, sur la compréhension en général et sur la compréhension des consignes en particulier a son importance. Dans le bilan préparé par la promotion 1997/98 des professeurs stagiaires, on trouve cette observation : la formation bilingue nous a réconciliés avec les sciences. La formation est perçue comme une formation plus complète, plus approfondie. La présence de binômes formateurs de langue et formateurs de disciplines a été appréciée.

3.4. La structuration de la langue

Une troisième préoccupation guide bien entendu les maîtres, celle de la *structuration du langage et de la langue-cible,* à partir de l'école élémentaire.

Au cœur de la question, se trouve sans doute l'aptitude à pratiquer une démarche contrastive. Cette démarche est aussi celle de la formation linguistique dispensée à l'université. Les méthodes d'analyse utilisées dans l'étude contrastive des relations au sein du binôme dialecte-langue standard peuvent servir à l'enseignant de base à l'étude des relations entre les deux langues du cursus bilingue. Il est bien évidemment intéressant que cette étude puisse être faite avec la participation des enseignants intervenant dans les deux langues, puisque la maîtrise de la structure de la langue 2 s'appuie sur les schémas structuraux de la langue 1 et de la maîtrise inconsciente de celle-ci. Ce travail inconscient, il s'agit de le rendre conscient. Permettre à l'élève de formuler ses observations sur le fonctionnement des deux langues, d'y percevoir des régularités, des différences tout en utilisant le langage métalinguistique nécessaire, voilà la tâche de l'enseignant. On peut en déduire des compétences à atteindre au cours de la formation initiale. Tout d'abord, l'enseignant doit être lui-même bilingue, maîtriser le système de chacune des langues ; il doit être capable de pratiquer la concertation et le travail en équipe avec l'enseignant de la langue maternelle ; enfin, il doit avoir une connaissance de la linguistique contrastive. Cette compétence pourrait même faire partie des pré-requis, au même titre que la compétence bilingue. Sur ces pré-requis, la formation peut construire la compétence à la démarche pédagogique : apprendre à observer, percevoir l'essentiel, percevoir des régularités et mettre en pratique la démarche de travail en équipe.

Les PE de la formation bilingue attendent aussi de leurs formateurs des repères dans la programmation linguistique. Difficulté réelle, l'absence de manuel de langue a toutefois son côté positif. Tout est à organiser. L'enseignant peut organiser sa progression en tenant compte des besoins observés et éviter de se laisser porter simplement par une progression toute faite. L'intérêt de la formation en deux temps, sur deux années, qui résulte, rappelons-le, d'une impossibilité à inscrire la formation bilingue comme objectif unique dans le cursus du professeur stagiaire, est de pouvoir organiser un début de formation initiale continue. Les professeurs des écoles rapportent de leur première année d'exercice un ensemble de questions et de demandes étayées sur du concret, sur des observations, sur des analyses. La formation doit alors s'attacher à leur apprendre à stocker de l'expérience en matière de langue, à déceler les constantes, à savoir problématiser les erreurs dans les productions orales et écrites des enfants, mais aussi à multiplier les occasions de production d'outil étayées sur une problématique concrète présentée par les maîtres et sur les situations-problèmes recensées dans leurs classes, au cours des formations complémentaires et continues. Il va de soi que l'équipe des formateurs « bilingues » de l'IUFM s'implique, aux côtés des Inspecteurs et des maîtres-formateurs, dans la formation continuée. Une équipe de production entreprend en ce moment la rédaction d'un manuel de langue allemande pour les classes bilingues.

Un des aspects-clefs est ici la formation à la maîtrise d'une démarche pédagogique associée à la pratique d'un outil théorique, la grammaire des textes.

La connaissance de la grammaire des textes intervient pour aider à définir l'objet de la tâche, orale ou écrite, la nature même de la production orale ou écrite. L'enseignant de la classe bilingue doit apprendre à mettre à profit les outils de la grammaire des textes pour apprendre aux élèves à dégager la structure inhérente d'un type de texte, le lexique de référence et les mots-outils, les déictiques, les mots de l'énonciation et pour les entraîner à la pratique des compétences pragmatiques de l'oral et de l'écrit.

L'enseignant a besoin d'avoir à sa disposition un répertoire important de textes rangés en fonction d'une typologie. Il n'a pas nécessairement un appareil de textes tout prêt, mais il est surtout important pour lui de savoir où les trouver, donc d'avoir des repères, des outils. Le besoin d'accès facile aux textes justifie à lui seul une initiation à la recherche documentaire sur papier ou en ligne, grâce au réseau INTERNET, et à la connaissance de répertoires accessibles dans les ouvrages de référence ou en ligne.

3.5. La pratique des technologies éducatives

A plusieurs reprises, il a été fait référence à d'autres compétences que celles d'enseignement de la langue ou dans la langue, et en particulier à des *compétences de recherche documentaire* fondées sur la maîtrise des technologies de l'information et de la communication.

Dans le même ordre d'idées, l'IUFM développe en ce moment la formation aux technologies de l'information et de la communication. Il y a beaucoup de raisons à cela, à commencer par la possibilité d'augmenter l'input en langue par la communication rapide en langue authentique. Au niveau des petits, la vidéo, le cédérom constituent des supports importants. A un niveau plus avancé, le courrier électronique créé une motivation sensible à la communication écrite. L'enseignant doit savoir utiliser, c'est-à-dire évaluer, apprécier la valeur, l'intérêt de tels outils. Il doit savoir programmer un enregistrement, copier une cassette vidéo.

Nous devons former nos étudiants aux techniques de recherche des sources documentaires et d'accès aux banques de données didactiques et pédagogiques dans les deux langues, leur donner accès aux techniques d'information et de communication (Informatique, audiovisuel, Internet, livres). En effet, ils y trouveront les moyens de développer et de multiplier les formes d'échange avec des classes du pays de la langue. Mais l'Internet est aussi le lieu d'un échange entre des enseignants isolés, pour peu qu'ils puissent avoir accès à un forum de discussions, dans le réseau éducatif régional sur un site *Web* de l'IUFM. Par là s'acquièrent aussi des éléments de l'aptitude à l'autoformation et à la formation permanente : comment continuer à acquérir tout au long de la vie des compétences linguistiques et culturelles complémentaires ajustées aux besoins d'un enseignement en constante évolution ? Notre rôle est de former des adultes enseignants autonomes, capables d'élaborer une démarche personnelle, de la justifier. Les enseignants bilingues, plus que d'autres ou comme tous les autres, doivent se maintenir au fait de l'évolution de la langue et des idées. Les objectifs des échanges proposés dans la formation initiale et continue sont de donner le goût de séjours fréquents dans le pays de la langue et de rencontres avec des locuteurs de langue maternelle.

3.6. La pratique de l'évaluation

Plus qu'un autre enseignant, le maître bilingue doit être à même de pratiquer des *évaluations des compétences*, c'est-à-dire d'évaluer constamment, de manière fine les progrès des élèves dans la langue. Si l'on décompose cet objectif de formation – rendre les futurs professeurs des écoles capables d'évaluer les progrès de leurs élèves – on retrouve des compétences théoriques : connaître et comprendre les spécificités du bilinguisme, les modalités et les étapes d'acquisition progressive de la langue-cible, comprendre le statut de l'erreur dans ces étapes d'acquisition, élaborer le programme de structuration de la langue-cible, maîtriser des techniques d'évaluation adaptées. Par ce dernier item, ne sont pas visées les techniques traditionnelles d'évaluation (exercices, interrogation orale/écrite), mais les techniques plus fines, individualisées reposant sur l'observation des enfants et sur l'écoute de leurs productions orales. Il faudrait que le maître bilingue puisse avoir à sa disposition un référentiel des objectifs linguistiques et l'utiliser pour repérer les acquis et les acquis en cours d'élaboration.

La formation doit donc s'attacher à rendre le futur professeur des écoles capable d'identifier et d'utiliser différentes techniques d'évaluation sans tomber dans la frénésie de l'évaluation dont tous les observateurs des classes bilingues soulignent les dangers.

Maîtrise de la pédagogie du projet, multiplication des sources documentaires, focalisation sur l'enfant au cœur du projet éducatif supposent bien évidemment la capacité d'organisation de ses classes et de ses activités. C'est une notion que tous les formateurs et maîtres-formateurs connaissent bien et à laquelle ils sont confrontés au cours des visites de professeurs-stagiaires en stage d'observation, de tutelle ou en responsabilité. Il ne s'agit pas seulement, mais il s'agit aussi de maîtriser la répartition des contenus dans les disciplines sur les différents cycles et classes de l'école élémentaire ou du collège. Le groupe technique disciplinaire spécifique (GTS) des formations aux enseignements bilingues de l'IUFM d'Alsace a jugé que la formation bilingue devait absolument intégrer cet aspect dans sa dimension spécifique, plus élaborée que l'organisation d'une classe monolingue. Il convient en effet de rendre les professeurs des écoles aptes à gérer un espace commun à deux enseignants et à deux langues d'enseignement en y organisant la cohérence des affichages et des outils de référence dans les deux langues. Mais il convient aussi, surtout au stade actuel de développement de l'enseignement bilingue, de rendre les professeurs des écoles aptes à gérer une classe à plusieurs niveaux, dans ses aspects disciplinaires (répartition des objectifs et des contenus) et pédagogiques (organisation de l'espace, des activités et de l'emploi du temps).

La réflexion menée par le GTS « enseignement bilingue » de l'IUFM d'Alsace témoigne du rôle joué par la formation dans le développement des enseignements bilingues, son apport au projet de développement. Il était indispensable d'associer l'IUFM à cette réflexion.

Compétences attendues chez le maître bilingue à l'issue de sa formation

Sur le modèle du référentiel élaboré dans le cadre du travail transfrontalier cité sous 2 et selon le canevas utilisé, on pourrait présenter une tentative de synthèse des compétences attendues chez le maître bilingue à l'issue de sa formation :

Compétences linguistiques et culturelles :

– excellente maîtrise des deux langues ; l'enseignant des classes bilingues est lui-même un «locuteur bilingue», ayant toutes les compétences d'un locuteur bilingue,

– maîtrise de la biculturalité, c'est-à-dire des aspects culturels des langues en présence.

Compétences théoriques :

– connaissance des systèmes d'éducation bilingue et de leurs implications structurelles et pédagogiques,

– connaissance des implications et des conditions éducatives d'une éducation bilingue. Connaissances de linguistique contrastive et des rapports entre les langues, particulièrement au cours de l'apprentissage.

Compétences affectives et relationnelles :

– capacité de créer un climat éducatif chaleureux,

– capacité de rassurer, conforter et stimuler l'enfant,

– équilibre psychologique personnel, aptitude au dialogue et au travail d'équipe. Personnalité forte,

– souci de l'autoformation et de la formation continuée.

Compétences pédagogiques :

– maîtrise d'une pédagogie active, dans le cadre par exemple de la pédagogie de projet. Aptitude d'instaurer un dialogue éducatif interactif,

– capacité d'organisation des activités au sein de la classe et de la classe elle-même/temps de travail modulés – ateliers – affichage...),

– capacité d'organisation des langages et de la langue au sein des activités disciplinaires dans toutes leurs ressources, maîtrise des relations discipline-langue.

Compétences méthodologiques :

– maîtrise des technologies de l'information et de la communication dans l'enseignement et volonté de les utiliser dans le sens d'une formation « tout au long de la vie »

– aptitude au travail en équipe.

– capacité à s'auto-évaluer, à situer ses compétences dans l'échelle des compétences attendues chez le maître bilingue.

C'est ce répertoire des compétences qui pourrait constituer, à l'heure actuelle, le « cahier de charges » du Centre de formation aux enseignements bilingues de l'IUFM d'Alsace (CFEB) créé dans les locaux de l'ancienne école normale de Guebwiller.

4. Les missions du CFEB

Par la convention additionnelle au Contrat de plan État-Région, signée le 6 mai 1996, le Centre de formation aux enseignements bilingues a été créé au sein de l'IUFM d'Alsace.

Conformément au projet adopté par le conseil d'administration de l'IUFM et la convention additionnelle déjà citée, le Centre a pour mission de participer à l'organisation et au développement des enseignements bilingues. A cet effet, il est chargé de :

– participer à la réflexion sur l'enseignement bilingue, à l'organisation et au développement de ces mêmes enseignements,

– concevoir et dispenser une formation initiale et continue spécifique pour l'enseignement bilingue à tous les niveaux d'enseignement,

– produire des outils pédagogiques adaptés à ce type d'enseignement,

– participer à la recherche sur les différents aspects du bilinguisme, en particulier linguistiques, didactiques et pédagogiques.

L'Académie de Strasbourg, le CRDP et l'IUFM d'Alsace ont signé, le 17 septembre 1997, une convention de partenariat par laquelle ils s'engagent à assurer la mise en œuvre des actions du CFEB, et en particulier de son centre de ressources documentaires.

• **Participer à la réflexion sur l'enseignement bilingue :**

L'IUFM est représenté dans les trois commissions constituées au sein de l'Académie de Strasbourg pour faire avancer la réflexion sur l'enseignement bilingue, le conseil académique consultatif sur les enseignements de langue et culture d'Alsace, la commission quadripartite et la commission d'évaluation.

• **Concevoir et dispenser une formation initiale et continue spécifique pour l'enseignement bilingue :**

Le CFEB organise les formations initiales et continues aux enseignements bilingues pour les professeurs des écoles et pour les professeurs des lycées et collèges.

Le Groupe technique spécialisé « enseignements bilingues 1er degré » et le Groupe technique « Option Européenne et Bilingue » sont chargés de la réflexion sur les évolutions de la formation initiale et continue dans ces domaines.

Le CFEB a vocation à accueillir les formations transfrontalières et internationales regroupant des enseignants des pays européens partenaires de la formation bilingue, – Allemagne, Royaume-Uni, Espagne en particulier -, et des enseignants des pays européens dans le cadre de projets européens INTERREG, SOCRATES, LEONARDO ou ERASMUS, en vue de formations mutuelles de professeurs bilingues ou de professeurs des disciplines enseignées dans la langue-cible avec leurs partenaires étrangers, ou de formation à la mise en œuvre de projets européens.

• **Produire des outils pédagogiques et participer à la recherche pédagogique et scientifique :**

Le Centre a pour objectif de travailler les fondements théoriques de l'enseignement bilingue, de concevoir une didactique spécifique aux disciplines enseignées en langue étrangère et d'élaborer des outils pédagogiques. Il est également un lieu privilégié de formation de formateurs en liaison avec la recherche universitaire.

Le Centre a pour vocation d'accueillir les recherches universitaires ou interuniversitaires sur le bilinguisme et la didactique de l'enseignement bilingue, dont les axes de recherche pourraient être :

– les politiques linguistiques et éducatives de pays ou régions pratiquant l'enseignement bilingue (Luxembourg, Belgique, Suisse, Québec, …) : il s'agit d'analyser les conditions de fonctionnement et les performances des différents systèmes ;

– le contexte socio-culturel comme facteur de stimulation ou au contraire comme entrave à l'enseignement bilingue : le rôle joué par les représentations et les attitudes du milieu social ambiant, la distorsion pouvant exister entre le répertoire langagier de l'enfant et celui attendu par l'institution scolaire… ;

– les démarches didactiques spécifiques à l'enseignement d'une langue d'une part, en ciblant les problèmes liés à la simultanéité des deux apprentissages – celui de la langue et celui de la discipline –, caractéristique de l'enseignement bilingue.

Une attention particulière sera portée à l'articulation de l'enseignement bilingue et de l'enseignement-apprentissage du français et des autres langues vivantes.

Le Centre accueillera les groupes de travail de recherche-formation, de formation de formateurs et d'élaboration d'outils, associant les formateurs de l'IUFM et de l'Académie de Strasbourg impliqués dans les formations aux enseignements bilingues, ainsi que les corps d'Inspection concernés.

Des contacts ont déjà été pris avec différents instituts et centres de recherches sur le plurilinguisme, celui du professeur Nelde à Bruxelles (Centre de recherche pour le plurilinguisme), celui du Professeur Raasch de l'université de Sarrebrück, et *last but not least,* avec le CERIPA (Centre d'études et de recherches interdisciplinaires sur le plurilinguisme en Alsace) du Professeur Hudlett, de l'Université de Haute-Alsace à Mulhouse.

Dans le cadre de la convention de fédération des instituts de formation du Rhin supérieur, l'IUFM d'Alsace participe, avec l'université des sciences humaines de Strasbourg, à un projet INTERREG II de recherche sur l'émergence d'une compétence bilingue dans la région du Rhin supérieur («*Kohäsion und Bilingualität am Oberrhein*»), animé par le Professeur Erika Werlen de la *Pädagogische Hochschule* de Karlsruhe. L'IUFM d'Alsace participe aussi à un projet LINGUA A- BILD (*Bilingual Integration of languages in disciplines*) avec les universités de Nottingham (*School of Education*) et de Wuppertal (*Gesamthochschule – Bergische Universität*). Ces différentes recherches nourrissent la conception et la méthodologie des formations, ainsi que la production d'outils.

5. La formation des maîtres de l'enseignement bilingue à l'IUFM d'Alsace – Cadrage et élaboration du dispositif

5.1. Le cadrage : la circulaire rectorale du 21 décembre 1994

La formation de maîtres bilingues pour les classes du premier degré s'est bien entendu vite imposée comme une nécessité, au fur et à mesure du développement du nombre de classes bilingues. Les premières tentatives, dès 1993, s'inscrivent dans une démarche expérimentale, suivie d'un premier bilan. Un groupe de travail académique animé par D. Huck, maître de conférences, propose au Recteur une forme d'organisation qui sera publiée en annexe de la circulaire du 21 décembre 1994. En même temps que le Recteur Jean-Paul de Gaudemar publie la circulaire fondatrice sur l'enseignement bilingue, le 20 décembre 1994, il passe commande, en tant que futur employeur des enseignants, d'une formation spécifique. Les premières ébauches se peaufinent au cours des années suivantes.

La paternité de la formation bilingue revient ainsi à la fois au recteur et au directeur de l'IUFM d'Alsace, Denis Gœldel, universitaire et germaniste de formation, qui en a tout de suite compris les enjeux et a soutenu le projet pris en charge par l'équipe du GTS «enseignements bilingues».

5.2. Le statut de la formation

La formation dispensée est une formation optionnelle, spécifique. Elle prend place, après le concours, au cours de la deuxième année d'IUFM après la formation disciplinaire et la formation professionnelle pratique. Un retour sur le contexte de la formation des maîtres explique le choix que nous avons dû faire.

La première année d'IUFM est consacrée dans son intégralité à la préparation du concours. Elle est destinée à des candidats étudiants originaires de licences ou de formations équivalentes à la licence très diverses et dans le meilleur des cas en rapport avec l'une des disciplines de l'école primaire.

«Elle a pour objectif :

– de consolider les acquis dans le domaine des disciplines enseignées à l'école primaire (maternelle et élémentaire) et d'en assurer de nouveaux, en insistant sur la nécessaire polyvalence dans les différentes disciplines enseignées à l'école primaire ;

– de développer des compétences d'ordre général indispensables au métier d'enseignant : capacités d'analyse et de synthèse, aptitude à s'exprimer, à communiquer et à argumenter, ouverture d'esprit, maîtrise de la langue [...] ;

– de réfléchir à des questions concernant l'exercice du futur métier. Cette réflexion est évaluée dans le cadre de toutes les épreuves du concours de recrutement du premier degré ». (Projet d'établissement de l'IUFM d'Alsace, 1995).

Les épreuves du concours sont définies par un texte réglementaire national. Elles sollicitent la capacité d'analyse des approches didactiques et des démarches pédagogiques correspondantes, – analyse des contenus, des objectifs, des démarches – ; elles sollicitent aussi des connaissances scientifiques complètes dans tous les domaines disciplinaires de l'école primaire ; la langue, elle, fait partie de l'épreuve optionnelle, de même que la musique et les arts plastiques.

La première année d'IUFM a donc pour mission de donner au candidat, titulaire d'une licence de spécialité, voire d'une licence généraliste, une connaissance scientifique complète des disciplines enseignées à l'école élémentaire. Mais elle n'a aucun caractère obligatoire. Il est parfaitement possible pour un candidat de se présenter directement au concours, après une préparation personnelle, avec des chances de succès cependant très inférieures.

Tous ces éléments institutionnels – le caractère national du concours, l'obligation de préparer les candidats aux domaines disciplinaires de l'école primaire pour un enseignement dispensé en français, le caractère facultatif de la première année – expliquent l'impossibilité de commencer une formation bilingue dès la première année. Au-delà, le caractère facultatif de cette formation bilingue nous oblige pour l'instant à la prévoir en sus de la formation professionnelle pratique : «en effet, les difficultés rencontrées par les professeurs stagiaires dans des stages pratiques, des sentiments d'insécurité professionnelle réelle ou supposée à ce stade de la formation, poussent un certain nombre de professeurs stagiaires à se concentrer sur les tâches considérées comme fondamentales, celles du maître du premier degré, et à éviter toute autre forme de formation professionnelle, facultative ou supplémentaire » (Huck 1996). Pour les PE2, la seule priorité est l'obtention du diplôme de Professeur des écoles ; le diplôme certifie que le professeur des écoles est capable d'enseigner en français. L'enseignement en allemand relève du choix de l'enseignant.

Pour toutes ces raisons, et pour des raisons liées autant au statut général de la formation et qu'à celui de la formation bilingue, le choix a été fait à l'IUFM d'Alsace de programmer la formation bilingue – formation optionnelle – à l'issue des autres formations au métier de professeur des écoles. Il était difficile de procéder à un autre choix.

5.3. Admission à la formation optionnelle bilingue

La formation bilingue est une formation optionnelle. Pour y participer, les P.E. doivent être volontaires, faire acte de candidature et se soumettre à un entretien préalable dans la langue allemande ; cet entretien a pour but de vérifier si les compétences linguistiques du candidat lui permettront de suivre une formation en allemand et d'enseigner en allemand. Ici, il convient de signaler le cas particulier des allocataires et boursiers bilingues.

Le public ciblé est bien entendu composé de bons germanophones ; mais les licenciés en allemand ne sont pas les seuls à pouvoir se présenter. D'une part, il existe beaucoup de formations universitaires scientifiques en Alsace qui exigent un bon niveau de langue ; d'autre part, des titulaires d'autres licences, dont la licence de lettres modernes et celle de langues appliquées, ont eux aussi pu suivre une partie de leur formation en allemand ou consolider leurs connaissances linguistiques. Enfin, certains candidats sont bilingues de naissance ou de formation antérieure, sans avoir suivi une formation diplômante spécifique en allemand. Le cas des germanophones de langue maternelle et de nationalité allemande ou suisse est un cas particulier. Les diplômés des instituts universitaires de formation pédagogique allemands *(Pädagogische Hochschulen)* peuvent se présenter au concours de recrutement : mais leur diplôme ne leur donne pas un accès direct à la carrière de professeurs des écoles en France. L'IUFM a une assez grande latitude dans l'interprétation de l'équivalence de diplômes, les candidats devant faire la preuve d'une formation diplômante réussie de 3 années après *l'Allgemeine Hochschulreife (Abitur)*. Mais la nature du concours de recrutement des PE, entièrement en français, a malheureusement un effet dissuasif.

5.4. La conception de la formation bilingue et les différentes composantes : stages d'observation, stages de tutelle éducative, formation théorique et didactique

La formation bilingue est une formation professionnelle conçue et organisée selon le même principe que celui qui a guidé l'élaboration des autres formations professionnelles : l'alternance entre situations d'observation et de stages pratiques et entre situations réflexives et théoriques. Elle fait alterner observations dans les classes, acquis théoriques et applications pratiques.

• **Déroulement de la formation bilingue :**

Cette formation vient en complément de la formation de base. Les professeurs stagiaires inscrits à la formation bilingue n'effectuent pas le stage en responsabilité à ce moment-là prévu à la fin de la formation profession-nelle. Ce stage est reporté au premier trimestre de l'année suivante.

Après un premier stage court facultatif dans une classe allemande ou dans une classe bilingue, elle comprend une formation à l'enseignement en allemand des disciplines de l'école primaire ainsi qu'à la pédagogie du langage et de la langue. Cette première phase se déroule sur sept semaines (168 heures).

Cette formation apporte une information théorique et pratique sur le bilinguisme, sur les aspects psycholinguistiques et sociolinguistiques du bilinguisme/de la bilingualité, ainsi qu'une information sur les conditions psycho-linguistiques de construction du langage dans les deux langues. Elle a pour objectif de rendre les professeurs des écoles capables

– de favoriser la production langagière et l'interaction langagière entre les enfants, pour les aider à passer du stade de la compréhension passive au stade de la production de plus en plus libre, en étant conscients eux-mêmes du statut de l'erreur et des étapes de passage (notion d'interlangue) ;

– de savoir opérer la structuration de langue dans la foulée des apprentissages disciplinaires.

La formation inclut un entraînement à la conception et à la production d'outils pédagogiques en allemand.

• **Les professeurs des écoles stagiaires effectuent :**

– Un stage en situation éducative dans une classe allemande à l'issue des sept semaines de la formation bilingue. Ce stage dure 4 semaines, soit 132 heures (stage : 108 heures, préparation et exploitation du stage : 24 heures).

– La rédaction et la soutenance d'un mémoire (70 heures) sur un sujet à caractère pédagogique fait partie de la certification du professeur des écoles. Les professeurs des écoles stagiaires, inscrits dans la formation bilingue, choisissent généralement de rédiger ce mémoire sur un thème en rapport avec l'enseignement bilingue et avec les stages effectués dans les classes bilingues.

– Une période complémentaire de formation de six semaines (144 heures) est prévue au second trimestre de l'année qui suit la sortie de l'IUFM. Cette deuxième phase est plus particulièrement centrée sur les aspects didactiques et pédagogiques de l'enseignement bilingue et bien entendu sur la production d'outils.

Au total, la formation comprend donc 514 heures, auxquelles s'ajoute le stage en responsabilité (186 heures) soit environ l'équivalent d'une année de formation.

L'évaluation de la formation bilingue porte sur la validation de la formation disciplinaire et didactique et sur celle du mémoire professionnel.

Les contraintes dont nous avons été obligés de tenir compte au moment de la mise en place de la formation bilingue – impossibilité de commencer la formation dès la première année passée à l'IUFM, nécessité de former d'abord les futurs enseignants à l'enseignement monolingue – ont permis de prendre appui sur les acquis des formations déjà suivies : formation dans les disciplines de l'école élémentaire et formation pédagogique pratique. Le point d'ancrage essentiel de notre formation a donc été la formation à l'enseignement dans la langue cible, ce qui nous a permis de nous intéresser davantage aux relations entre la discipline et la langue.

5.5. Présentation résumée de notre formation bilingue

Le tableau ci-dessous résume le déroulement de la formation bilingue à l'IUFM d'Alsace.

Admission (en première année) à l'IUFM

– tests d'évaluation préalable des connaissances en français et en mathématiques,
– entretien,
– examen du dossier – valorisation des diplômes d'allemand (licence ou maîtrise d'allemand, licence de lettres modernes comprenant des U.V. d'allemand, licences de LEA...) et des connaissances au moment du dossier.

Bourses offertes par les collectivités territoriales aux candidats admis à l'IUFM après vérification de la compétence linguistique en allemand.

Année	Statut	Contenu
1ère année	étudiants	préparation du concours, y compris de l'épreuve optionnelle de langue (24 h) et de l'épreuve facultative de langue régionale (12 h).
concours		Les candidats au professorat des écoles bilingues peuvent gagner des points à deux épreuves placées après les épreuves d'admissibilité français /maths : - épreuve optionnelle de langue (coeff. 1) - épreuve facultative de langue régionale (prise en compte des points au-dessus de la moyenne)

2ème année	professeurs-stagiaires	- formation professionnelle (septembre à avril) y compris en langue (24 h), - stage d'observation et de sensibilisation dans une classe allemande ou dans une classe bilingue, - première phase de la formation bilingue (avril à juin) 7 semaines 168 h, - stage de 4 semaines dans une classe allemande, - éventuellement : soutenance du mémoire sur un sujet relatif à l'enseignement bilingue, - validation de cette première phase.
Prof. des écoles	PE3 à la sortie de l'IUFM	- stage obligatoire en responsabilité (septembre-octobre) et certification de professeur des écoles avec effet du 1er septembre, - 2ème trimestre : 2ème phase de la formation bilingue – 6 semaines (144 h), - validation définitive de la formation bilingue.

Bibliographie

Académie de Strasbourg – Rectorat/MAERI – 67975 STRASBOURG Cédex 9 , *Commission académique d'évaluation des langues - Rapports 1993 – 1998.*

Académie de Strasbourg – ibid , « Le programme Langue et culture régionales dans l'Académie de Strasbourg, 1996 – 1997. »

Académie de Strasbourg – Morgen, Daniel/Marchal, Anita (1994) : « Rapport sur l'enseignement bilingue en Bretagne. »

Brohy, Claudine (1997) : « *Enseignement bilingue et évaluation : La Quadrature du cercle.* » In Actes des deuxièmes rencontres intersites à propos de l'apprentissage bilingue AOSTE – mars 1996, Région autonome du Val d'Aoste .

Floris, Piero/Alliod, Marcello (s.d.) : *Enquête sur les compétences de lecture des élèves de classe de 5ème de la vallée d'AOSTE (1989-90),* Avec la collaboration de l'Université de Genève, Assessorat de l'instruction publique – Région autonome de la vallée d'Aoste.

Gagliardi, Raúl (1995) « Des élèves bilingues en classe », in *Revue internationale d'éducation* n°7, Sèvres, CIEP.

Huck, Dominique (1996) : « Formation à l'enseignement en allemand dans les sites bilingues de l'Académie de Strasbourg. » In *Actes du Colloque de St-Germain en Laye sur l'enseignement international* .

IUFM d'Alsace (1998) : « *Les formations bilingues* » Projet d'établissement *1996-2001.*

Morgen, Daniel (1996) : « Le développement de l'enseignement bilingue dans l'académie de Strasbourg », In *Nouveaux Cahiers d'allemand*, vol. 14, n° 4, 373-385.

Oesch-Serra, Cécilia (1996) : *Stori de classe – enquête qualitative sur les facteurs facilitant l'emploi du français dans les classes de l'école moyenne de la vallée d'Aoste.*

Petit, Jean (1994) : *Rapport sur le projet de création d'un centre de formation des maîtres des classes bilingues* (non publié).

Prokop, Manfred (1997) : « Das deutsche bilinguale Programm in Edmonton (Alberta, Kanada). » In *Bilingualer Unterricht oder Immersion*, Tagung in Kazimierz-Dolny (Polen) Bundesverwaltungsamt – ZfA.

Romei, Piero (1997) : *Per una qualita possibile della scuola medio bilingue valdostana* » Luglio.

Werlen, Erika (1997) : « Überlegungen zu einer Euregiolehrkraft in Baden-Württemberg. » In *Europa Mitgestalten, Schulen mit europäischem Profil* (MKS – Baden-Württemberg), Europawoche 1997 – Köln Omnia.

Zur Sprachsituation im Elsaß. *Dialektrückgang und Dialektabbau bei den Jugendlichen*

François ROSENBLATT
Geishouse

Es ist nicht zu übersehen, daß die Nationalsprachen infolge der modernen gesellschaftlichen und wirtschaftlichen Umschichtung die traditionellen Mundarten heute immer mehr verdrängen. Man spricht bereits vom Absterben der Dialekte. Dies ist auch im Elsaß wahr, wo die funktionale Verwendung des Elsässischen bei der jüngeren Generation stark absinkt. Mehrsprachigkeit bedeutet auch Sprachkontakte, die linguistisch gesehen Änderungen hervorrufen können. Neben dem Gebrauchsrückgang des Elsässischen stellen wir daher bei den jüngeren Sprechern auch eine Verarmung in verschiedenen Bereichen (Lexik, Grammatik, Stilistik) fest.

Als Leiter der Sekundarschule von Saint-Amarin im südlichen Elsaß war ich in der Lage, den Schülern und ihren Eltern Fragen in bezug auf Sprachkompetenzen und Sprachgewohnheiten zu stellen. Rund 160 zwölfjährige Schüler sind in diesem Sinne befragt worden. Im folgenden soll ausschnitthaft auf die Sprachfähigkeit und auf die Sprachanwendung des elsässischen Dialektes innerhalb dieser Jugendgruppe eingegangen werden.

1. Der Dialektrückgang

Zahlreiche Umfragen und Studien zeigen, daß die französische Sprache ständig an Boden gewinnt und daß die elsässische Umgangssprache, was ihre Sprecher betrifft, zahlenmäßig zurückgeht. Dies trifft besonders auf die Jugend zu. Der ständige Kontakt mit dem Französischen in Schule und Berufsausbildung, dann auch der Einfluß von Presse, Rundfunk und Fernsehen spielen dabei eine maßgebliche Rolle.

1.1. Die zahlenmäßige Aufteilung der Mundartsprecher

Die erste Frage ging dahin festzustellen, welches die quantitative Aufteilung des elsässischen Dialektes innerhalb der Familien der befragten Schüler ist. Die abgegebenen Antworten ergeben folgendes Bild:

Es verstehen und sprechen elsässisch: *siehe nächste Seite*

- die Großväter väterlicherseits   72 %
- die Großmütter väterlicherseits   75 %
- die Großväter mütterlicherseits   74 %
- die Großmütter mütterlicherseits   79 %
- die Väter   75 %
- die Mütter   76 %

Die zahlenmäßige Aufteilung der Dialektsprecher bei den Großeltern und den Eltern liegt demnach bei 75 %. Der größte Teil der Erwachsenen ist also in der Lage elsässisch zu sprechen.

Welches sind die Sprachkompetenzen bei der Jugend? Den Schülern wurde ein weiterer Fragebogen vorgelegt, um nachzuprüfen, ob sie das Elsässische bloß verstehen oder ob sie fähig sind, es auch zu sprechen? Die Auszählung läßt deutliche Unterschiede erkennen:

- es besitzen aktive Kenntnisse: 46 Schüler ≈ 29 %
- es besitzen fast nur passive Kenntnisse: 46 Schüler ≈ 29 %
- frankophone Sprecher: 51 Schüler ≈ 32 %
- es besitzen Kompetenzen mit verschiedenen
Leistungsgraden in einer anderen Sprache: 16 Schüler ≈ 10 %

Der Vergleich der Daten zur Sprachbeherrschung zeigt, daß 58 % der befragten Jugendlichen Kompetenzen im Elsässischen besitzen, aber nur die Hälfte davon gibt an fähig zu sein, geläufig elsässisch zu sprechen. Der Rückgang ist augenfällig. Bei den Großeltern und den Eltern liegt die Zahl der Mundartsprecher noch bei 75 %. Bei den Jugendlichen ist sie laut eigener Einschätzung auf 29 % herabgesunken. Nicht einmal ein Drittel würde demnach die Mundart aktiv beherrschen. Wenn man die Altersstufen berücksichtigt, läßt sich auch die Geschwindigkeit des Rückganges deutlich feststellen.

Um genauere Angaben zu erhalten, war es nötig, mittels eines auf verschiedene Fächer bezogenen Leistungstestes (Lexik, Syntax, Stilistik, usw.) die selbsteingeschätzten Kenntnisse etwas mehr abzuklären. Die Schüler und Schülerinnen konnten auf diese Weise in vier Gruppen aufgeteilt werden:

1. 25 Jugendliche (= ca. 16 %) besitzen gute Kompetenzen
2. 49 Jugendliche (= ca. 32 %) besitzen mittelmäßige Kompetenzen
3. 21 Jugendliche (= ca. 14 %) besitzen schwache Kompetenzen
4. die restlichen Jugendlichen (= ca. 38 %) sind ohne mundartliche Kompetenzen.

Man darf annehmen, daß die Zahl der potentiellen jugendlichen Mundartsprecher etwas höher, als die von ihnen angegebene, anzusetzen ist.

1.2. Der Mundartgebrauch bei der Jugend

Wie steht es nun mit der Verwendung des Elsässischen bei der Jugend? Welches ist der tatsächliche Gebrauch der Mundart im alltäglichen Umgang? Folgende Frage ist den Schülern unterbreitet worden: Welche Stelle räumst du außerhalb der Schule dem Elsässischen ein? Hier die Antworten:

- ich spreche fast nur elsässisch	3
- ich drücke mich meist in beiden Sprachen aus	35
- ich verwende nicht oft die Mundart	23
- ich spreche praktisch nie elsässisch obwohl ich es tun könnte	28
- ich kann kaum mehr elsässisch	4

Eine weitere zu erörternde Frage war den Sprachkontakten gewidmet. Bestehen noch Domänen des Alltags, in denen der elsässische Dialekt als Kommunikationsmittel am ehesten gebraucht wird? Die folgende Tabelle gibt näheren Aufschluß über die noch bestehende Funktionalität der Mundart bei der Jugend.

Welche Sprache sprechen die Jugendlichen mit wem?			
(97 Antworten)	nur elsässisch	Misch sprache	nur französisch
mit der Großmutter	31 %	11 %	58 %
mit dem Vater	9 %	6 %	85 %
mit der Mutter	5 %	10 %	85 %
mit den Geschwistern	0 %	11 %	89 %
im Schulhof	1 %	3 %	96 %
mit dem Bürgermeister	6 %	6 %	87,5 %
mit dem Pfarrer	6 %	15 %	79 %
in der Bäckerei im Dorf	7 %	11 %	82 %
in der Konditorei (Stadt)	1,5 %	1,5 %	97 %
mit einer älteren Person	29 %	9 %	62 %
mit einer jungen Person	0 %	1 %	99 %

Die funktionslinguistische Aufnahme zeigt, daß der Verwendungsradius des Elsässischen sich stark verschoben hat. Die zunehmende Vernachlässigung der Mundart als Kommunikationsmittel in fast allen Domänen des Alltags ist nicht mehr zu übersehen.

In den Nachkriegsjahren hingen die Unterschiede, was den Sprachgebrauch betrifft, mit Alter und besonders mit Sozialschicht zusammen. Dies ist heute kaum mehr der Fall. Lange Zeit ist die Sprachsituation als Diglossiesituation beschrieben und auch als solche empfunden worden. Die Mundart galt als die Haussprache, die im familiären Bereich Anwendung fand, das Französische dagegen war der offiziellen Kommunikation vorbe-

427

halten. Die Lage hat sich verändert. Wir leben in einer heterogenen Gesellschaft, in der mehrere Generationen von Sprachträgern mit zum Teil verschiedenen Kommunikationsverhalten miteinander in Kontakt stehen. Wenn auch nicht alle im täglichen Verkehr französisch sprechen, so verstehen praktisch alle die französische Sprache. Für die Jugendlichen werden daher die Gelegenheiten zum Praktizieren der Mundart immer geringer. Es herrscht für das Elsässische kein Sprachzwang mehr wie noch vor zwanzig Jahren, wo ein Teil der Bevölkerung sich nur in der Mundart ausdrücken konnte und die jüngeren Kommunikationsempfänger gezwungen waren, sie ebenfalls zu verwenden. Es gibt heute keine wirkliche elsässische Kommunikationsgesellschaft mehr.

2. Der Dialektabbau

Eine starke Immersion in eine französischsprechende Umgebung, dann eine mangelnde Stimulanz die Mundart zu verwenden, führt zu einer allgemeinen Verarmung in den verschiedenen Sprachbereichen. Im engen Kontakt mit der Nationalsprache, verliert der Dialekt auf diese Weise immer mehr an Substanz.

2.1. Der verarmte Wortschatz

Die Mundart wird heute auf dem Hintergrund der französischen Sprache erworben. Dies bedeutet, daß bei den Jugendlichen Lücken in der Aneignung des elsässischen Wortschatzes auftreten. Zehn Zeichnungen sind den hundert Schülern, die angegeben hatten Kompetenzen in der Mundart zu besitzen, vorgezeigt worden, mit der Aufforderung, die Namen auf elsässisch anzugeben. Hier die Zahl der richtigen Antworten:

- *d'Sunne*	82	- *e Viereck*	6
- *d'Wulke*	46	- *e Dreieck*	9
- *d'Berge*	35	- *e Rundel/Kreis*	6
- *dr Summervogel* (Falter)	4	- *e Punkt*	55
- *'s Immele* (Biene)	31	- *e Striff* (Strich)	39

Rund 82 % der Dialektsprecher ist noch das Wort »Sonne«, und 35 % das Wort »Berge« bekannt. Auf die Gesamtzahl der 160 Schüler dieser Altersklasse verteilt, sind es etwa 50 % und 23 %. Wir stellen fest, daß das elsässische Wort »Sommervogel« kaum mehr verstanden wird. Auch gewisse Vokabeln, die geometrische Figuren bezeichnen, sind von der Schulsprache bereits verdrängt. Für die zehn hier angeführten geläufigen Wörter ist der Verlust beträchtlich.

Bei einem anderen Test haben die Teilnehmer die ihnen einfallenden Tiernamen einmal auf französisch, dann auf elsässisch niedergeschrieben. Im Gesamten betrachtet, lag die Produktion der französischen Wörter bei den Mundartsprechenden sechs mal höher als die der elsässischen Wörter. Diese Daten bestätigen das Vorhandensein eines lexikalischen Defizits was die aktiven Kompetenzen anbelangt.

Ein weiterer Test, der darin bestand, vorgelesene elsässische Tiernamen ins Französische zu übertragen, zeigte, daß die passiven Kenntnisse etwas höher anzusetzen sind.

2.2. Schwachstellen im Lexikerwerb

Die defizitäre Kenntnis der Muttersprache hängt auch damit zusammen, daß gewisse Wörter nicht mehr gebraucht werden. Ein Beispiel liefert die Schulsprache. Großeltern und Eltern hatten in der Schule *e Tafle* ›Schiefertafel‹, *e Griffellade* ›Griffelkasten‹, *e Leschblett* ›Löschblatt‹, *e Tintefassle* ›Tintenfäßchen‹. Es sind dies Gegenstände, die kaum mehr gebraucht und darum nicht mehr genannt werden. Vokabeln wie *Lasebüech* ›Lesebuch‹, *Ufgawe* ›Aufgaben/Hausarbeiten‹, *Zeugnis* oder *Pauise* ›Pause‹ werden als fremd empfunden und sind meist ersetzt.

Die elsässische Umgangssprache kennt viele sinnverwandte Wörter, deren Bedeutung sich weitgehend deckt, jedoch manchmal andere Gefühlsgehalte wecken. Hier einige Beispiele für »schlagen«: *schla, verprügle, verhammere, verwamse, verbangle, verhauie, dureweiche, vermöwle, versohle.* Um zu sagen »du hast jetzt gleich eine Ohrfeige«, steht: »*dü hasch jetz gli eine hocke / eine babbe / eine grüppe / eine sitze / eine gsurrt / eine zunde / eine glangt / eine gschmiert / eine im Gsicht / uf der Backe / im Gfras / uf der Schnurre...*«.

Das Elsässische besitzt auch eine gewisse Anzahl dreistvertraulicher Wörter, welche die Art des Essens, des Trinkens, des Gehens, des Sprechens betreffen. Diese oft derbkomischen Einlagen sind vielen jüngeren Leuten nicht mehr geläufig. Das Verschwinden der familiären Wörter kann als ein weiterer Hinweis für den Rückgang der angestammten Volkssprache angesehen werden.

Die zusammengesetzten Wörter sind für viele dialektsprechende Kinder nicht mehr verständlich: *Maiekafer* ›Maikäfer‹, *Seeleb* ›Seelöwe‹, *Schildkrot* ›Schildkröte‹, *Haifisch.* Andere rufen Unsicherheit und Verwechslungen hervor: *Ziegeldach* und *Dachziegel, Glasfenschter* und *Fenschterglas, Küehstall* und *Stallküeh, Maidleschüel* und *Schüelmaidle, Baumstamm* und *Stammbaum,* usw.

Verstehensschwierigkeiten treten auf bei Verben mit Vorsilben, bei Verben innerhalb fester Ausdrücke, bei substantivisch gebrauchten Verben und zu ihnen gehörende Hauptwörter. Wir nehmen als Beispiel das Zeitwort

»fahre« ›fahren‹ mit seinen verschiedenen Bedeutungen und seinen verschiedenen Formen.

- *Ich bi gfahre* (mit dem Wagen)
- *Er hat gfahre* (er hat den Acker gepflügt)
- *Ich ha's lo fahre* (auf etwas verzichten)
- *Ich fahr üs der Hüt* (aus der Haut fahren, sich aufregen)
- *Ich fahr ihm an der Karre* (jemanden zurechtweisen, Trotz bieten)

Dazu kommen:

- *abfahre, furtfahre* (mit dem Wagen oder in der Rede),
- *üsefahre* (mit dem Gespann, ein unbedachtes Wort),
- *üssfahre* (ausfahren mit dem Wagen, auch mit der Hand)
- *drifahre* (z.B. in den Straßengraben, auch: sich in die Rede einmischen)
- *umefahre* (den Acker pflügen, es fährt mir im Kopf herum, *es fahrt alles umme* = es liegt alles herum)
- *zammefahre* (etwa ein Tier mit dem Wagen, auch erschrecken)
- *ufefahre, uffahre, awefahre, zruckfahre, vorfahre, durefahre, driwerfahre, drunterfahre, mitfahre, awagfahre, sich verfahre*, usw.

Eine Reihe Hauptwörter müssen hinzugefügt werden:

's Fahre: *'s Üsefahre, 's Inefahre, 's Ufefahre, 's Awefahre,* usw. Dann auch: *dr Fahrplan, d' Fahrbahn, d'Fahrstund.*

D'Fahrt: *d'Rundfahrt, d'Bargfahrt, d'Abfahrt, d'Üwerfahrt* usw.

Durch die Vielzahl an formalen Verschiedenheiten entstehen auf dem Gebiet der Semantik Bedeutungsabweichungen, manchmal nur Abtönungen aber auch Begriffserweiterungen und -einengungen, die bis zu einem Bedeutungswandel steigern können. Viele Kinder sind daher nicht mehr in der Lage, den vollen semantischen Inhalt zu verstehen, vom Gefühlsgehalt gar nicht zu sprechen.

Einzelne Ausdrücke, die eine vom bekannten Sprachgebrauch abweichende Bedeutung besitzen, werden nicht mehr richtig verstanden. Im Satz *»er hat süfer nit gmacht«* (er hat nicht das Geringste getan) wird ›süfer‹ mit ›sauber‹ in Verbindung gebracht: »er hat nicht sauber gearbeitet.« Im Satz *»er pfift in ei Loch ine«* (er pfeift ständig, er hört nicht auf zu pfeifen) wird auf den gewohnten Sinn von Loch zurückgegriffen: »er pfeift in ein Loch hinein.« Der bekannte usuelle Ausdruckswert dieser sprachlichen Gebilde verdrängt den zweiten Vorstellungsinhalt.

Die Verstehensprobleme beeinflussen natürlicherweise das Sprachverhalten. Als Folge des Lexikrückganges nimmt die kommunikative Reichweite des Elsässischen und auch seine Attraktivität ständig mehr ab.

2.3. Wortentlehnungen

Die jugendlichen Sprecher sind bemüht, ihre Gedanken und ihre Gefühle so gut wie möglich auszudrücken, ohne jedoch dabei auf die lexikalischen Normen Rücksicht zu nehmen. Die Wortnot führt vielfach zu Wortentlehnungen. Was heute auffällt, ist die ansteigende Zahl von Trans- und Interferenzen.

Die Interferenzen d.h. die Integration französischen Wortguts in das elsässische Vokabular, meist mit lautlichen und orthographischen Anpassungen kann man in alten Texten und Chroniken nachlesen. Wortübernahmen wie *Maire* ›Bürgermeister‹ und *Mairerie* ›Bürgermeisteramt‹ stammen aus der Zeit vor der französischen Revolution. Allerdings ist das alte *Mairerie* in den letzten Jahrzehnten in *Mairie* rückverbessert worden. Auf ähnliche Weise gab es früher bereits in den Dörfern eine *Gare* und einen *Chef de gare* ›Bahnhofsvorsteher‹, in den Städten jedoch einen *Bahnhof. Schambung* steht immer noch für ›jambon‹, *Bumbum* für ›bonbon‹ und *Betung* für ›béton‹. Durch die Pogression des Französischen werden die alten Lautsubstitutionen von den jüngeren Leuten aber immer weniger angewendet. Diese Wörter werden nicht als fremd empfunden zum Teil wegen der lautlichen Anpassung.

Das Erscheinen neuer Gegenstände wie *frigidaire* (für ›Kühlschrank‹), *télévision* ›Fernseher‹, *piscine* ›Schwimmbad‹, deren Namen man nur noch in dieser Fassung hört, erhöht natürlicherweise die Übernahme neuen französischen Wortgutes. Im Gegensatz zum Englischen kommt das Deutsche als Spendersprache bei den Jüngeren nicht mehr groß in Betracht. Die Fachbegriffe *pot d'échappement, carburateur, vidange* ersetzen die Bezeichnungen *Üspuff, Vergaser, Ölwachsel.*

Andere Interferenzen betreffen die Zeitwörter mit der Endung *-ieren*. Viele sind altes elsässisches Sprachgut, zum Teil auch dem Deutschen entlehnt: marschiere, repariere, serviere, schwasiere, sich trumpiere. In den alten Chroniken, die oft in einer Art Regionaldeutsch verfaßt sind, stehen heute teils nicht mehr gebrauchte Verben, wie inquirieren, judicieren, suspendieren, privieren, salvieren. Vor zwei Jahrhunderten handelte es sich um ein Streben nach einer für Gebildete angebrachten Ausdrucksweise. Die Übernahme französischer Wörter dient heute manchmal demselben Zweck.

Die sprachlichen Interaktionsphänomene führen auch zu Transferenzen, zu personengebundenen Entlehnungen, die noch nicht zum festen elsässischen Wortschatz gehören. Ein französisches Wort wird übernommen und durch eine Artikelgebung in den elsässischen Satz eingebaut.

Eine andere Art der Entlehnung bilden die wörtlichen Übertragungen aus dem Französischen, auch »calques« genannt. Die Ausdrücke *il a fait le mur* und *il faut faire ceinture* bedeuten ›er ist über die Mauer hinweg verschwunden‹ und ›man muß den Gürtel enger schnallen‹. Es handelt sich um bildliche Umschreibungen, die von den Jugendlichen wie folgt ins Elsässische übertragen werden: *er hat d'Müre gmacht, me müess Sentür mache.*

Auch neue Verben mit *-ieren* entstehen. Heute hört man manchmal für
- *'s Hemd glätte* (bügeln): *'s Hemd repassiere* (frz. repasser)
- *Kumm mit mir: Tüe mich accompaniere* (frz. accompagner)
- *Ich ha ihn gwarnt : Ich ha ihn avertiert* (frz. avertir)

Die Jüngeren sagen heute: *ich ha alles filmiert* (vom frz. *filmer*) und nicht: *ich ha alles gfilmt* (vom dt. *filmen*).

Wir stellen bei der Jugend eine neue jedoch unterschiedliche Entlehnungsfrequenz fest. Früher wurden die Wörter dem elsässischen Lautsystem angepaßt. Heute werden sie oft zur Verständnissicherung in französischer Artikulation ausgesprochen, zu dem die Jugendlichen im Gegensatz zu den Eltern imstande sind. Die angeführten Belege, die sich leicht vermehren ließen, sind einerseits für die Kommunikation notwendige Bereicherungen, führen aber zu einer zunehmenden Verarmung der Mundart, da sie Wortübernahmen aus dem Deutschen als Dachsprache unterbinden und sogar vorhandene Wörter verdrängen.

Durch die Übernahme französischen Wortgutes entsteht der sog. ›Code switching‹, die elsässisch-französische Mischsprache, in der einzelne entlehnte Wörter vorkommen oder auch Satzteile und ganze Sätze eingefügt werden: »*Am letschte Tag vor de* vacances (Schulferien) *han mir e* excursion (Ausflug) *gmacht mit unserer* maîtresse (Lehrerin). On s'est bien amusé (wir haben viel Spaß gehabt, uns gut amusiert) *der ganze Tag.*«

Die Gesprächsthematik ist hier ein steuerndes Element.

2.4. Ungenügende Kenntnisse im Bereich der Grammatik

Es lassen sich auch Belege anführen für eine verminderte Kenntnis der elsässischen Syntax. Eine den 95 Schülern mit deklarierten Mundartkompetenzen vorgelegte Aufgabe bestand darin, zehn einfache Sätze vom Französischen ins Elsässische zu übertragen.

Die Hälfte der Befragten war imstande folgende zwei Sätze fehlerlos zu übersetzen:

Nous avons deux chatons – *Mir han zwei Katzele/Bisel* (kleine Katze).
Ils sont complètement blancs – *Sie sin ganz wiss.*

Den Satz »*Notre chat mange des souris*« hat niemand ganz richtig wiedergeben können; er wurde 65 Mal nur teilweise richtig übersetzt. Der Satz »*Le chien est plus méchant que le chat*« konnte nur einmal richtig und 51 Mal zum Teil richtig übertragen werden.

Der Einfluß der Schulsprache macht sich auch hier geltend. Weil »Katze« im Französischen ein männliches Hauptwort ist, stand 25 Mal »der« Katze in den Schülerarbeiten. Um die Steigerung »böser als« auszudrücken, wurde auch »mehr bös als« in Anlehnung an das Französische *»plus méchant que«* verwendet.

Im Ganzen verteilen sich die Antworten wie folgt: 17 % fehlerlose Übersetzungen, 42 % teilweise richtige Übersetzungen und 40 % fehlende oder falsche Übertragungen. Die Beherrschung der Grammatikregeln erweist sich folglich als sehr dürftig. Zwei Schüler von zehn besitzen noch gut zu nennende Kenntnisse.

2.5. Der verminderte Gebrauch rhetorischer Figuren

Die elsässische Mundart ist reich an alten stehenden Verbindungen, wie Ausdrücke, Formeln oder Sprichwörtern. Ihre richtige Anwendung gehört zur Beherrschung der überkommenen Sprache. Aber auch auf diesem Gebiet lassen sich viele Mängel feststellen.

Die Vergleichsformel als knappe, die Bildlichkeit und Anschaulichkeit erhöhende Skizzierung von Vorgängen, Zuständen und Handlungen ist noch ein Bestandteil der Jugendsprache. Wenn auch vergleichende Aussagen wie *»hupfelicht«* (hopfenleicht) oder *»es isch ghüpft wie gsprunge«* kaum mehr bekannt sind, so sind andere, wie *»kohleschwarz«*, *»stockfinschter«* oder *»ich schwitz wie ne Bar«* einem großen Teil (80 %) der Mundartsprecher vertraut, aber bloß ein Drittel verwendet sie noch.

Andere formelhafte Ausdrücke, wie *»bi Nacht un Nawel«*, *»uf Schritt un Tritt«*, *»uf Knall un Fall«* haben in ihrer Anwendung einen Rückgang erfahren, da sie inhaltlich nicht mehr für alle verständlich sind.

Dasselbe gilt auch für die bildhaften Wendungen, z.B. *»er hat der Narr an ihm gfrasse«*, *»ich nimm kei Brett vor's Mül«* oder *»ich tüe's ihm nit uf d'Nase binde«*, *»er haltet Mülaffe feil«*. Sie sind weniger bekannt, denn der Inhalt dieser Sprachbilder geht über die konkrete, gewohnte Wortbedeutung hinaus.

Die Sprichwörter als Redeschmuck oder als lehrhafte Mitteilung, etwa *mit Speck fangt me d'Miis* oder *es isch no kei Glehrter vom Himmel gfalle* gehören nur zum Teil noch zu den bekannten Sprachmitteln, und ihre Verwendungsquote liegt sehr tief.

Man kann sagen, daß alle die genannten Figuren in der Umgebung unserer Schüler noch im Gebrauch stehen, aber diese eher typisierende als individualisierende Ausdrucksweise erhält bei ihnen nicht den erwarteten Stellenwert. Der Rückgang des bildlichen Ausdruckes im täglichen Gespräch führt zu einer Verflachung der mundartlichen Sprache.

2.6. Phonetische Schwierigkeiten

Seit einiger Zeit tritt bei vielen Schülern eine verminderte Fähigkeit in der Aussprache von Lauten und Lautkombinationen in Erscheinung. Das

Vorherrschen des Französischen hat einen zunehmenden Einfluß auf die Phonetik. Mehr oder weniger auffällige Variationen der gesprochenen Laute und Silben nach Modulation und Betonung sind bereits feststellbar.

Im Bereich des Vokalismus sind Änderungen hörbar:

– der els. Selbstlaut ›a‹ (auch ›á‹ geschrieben), z.B. in *Vater, Gras* usw., wird oft dem Französischen ›an/en‹ angepaßt und nasalisiert;

– das Schwa in Endstellung erfährt eine Betonung und klingt wie ein ›a‹ (*Garte-Garta*)

– an andere Wörter wird ein Schwa angefügt, etwa *»dr Tische, s'Tore«*.

Auch gewisse Konsonannten sind von einem durch die französische Lautbildung hervorgerufenen Wandel betroffen:

– das rollende elsässische ›r‹ wird vielfach durch das französische Reibe-r, das die Massenmedien heute verbreiten, ersetzt;

– der Hauchlaut ›h‹ wird in Anlehnung an das Französische nicht mehr ausgesprochen;

– die Aussprache einer Konsonantenfolge (z.B. in *dü redsch z'gschwind*) stößt auf Schwierigkeiten;

– ein bisher im Elsässischen unbekanntes weiches ›s‹ tritt in Erscheinung.

Die Annäherung an das französische Lautsystem führt zu Veränderungen in der Aussprache, die sehr schwer rückgängig gemacht werden können.

Im Elsässischen wie im Deutschen treten oftmals Satzakzente auf. Der betonte Redeteil dient der Hervorhebung eines Wortes, dem man Nachdruck verleihen will:

- *Ich* bring dir 's Geld (ich und niemand anders)
- Ich *bring* dir 's Geld (es besteht kein Zweifel)
- Ich bring *dir* 's Geld (nur dir wird es ausgehändigt)
- Ich bring dir *'s Geld* (was ich bringe ist das Geld)

Diese Bildungen, die die Rede überzeugender gestalten, sind wesentliche Bestandteile der Kommunikation. Für einen Teil der Jugendlichen ist die Tonabstufung im Satz nicht mehr selbstverständlich und so geht ein Teil des Sinngewichtes verloren.

2.7. Der schriftliche Ausdruck

Die Unvollkommenheiten bei der Realisierung gewisser Laute wirkt sich auch im Schriftlichen aus. Dazu kommt noch, daß das Elsässische keine einheitliche schriftliche Ausdrucksform und keinen alltäglichen Schriftgebrauch besitzt. Bis jetzt wurde meist in einer der deutschen Schriftsprache angeähnelten Form geschrieben, z.B. in Gedichten und in Theatertexten. Da die Kenntnis der deutschen Sprache zurückgegangen ist, entstehen auch hier Schwierigkeiten.

Oft wird darum eine eigene Lautschrift verwendet, die der lokalen Aussprache nahesteht, so z.B. »geb mer« statt »gib mir«, »fende« statt »finde«, »zende« statt »zünde«. Dabei treten oft Verwechslungen auf, so wenn an Stelle von »mir« auch »mehr« geschrieben wird oder an Stelle von »ich ha ghört«, »er á kehrt«.

Manchmal wird auch auf das französische Lautsystem und dessen Schreibweise zurückgegriffen. So entstehen vielfach Änderungen in der Wiedergabe der elsässischen Wörter. Ein Gestaltwandel tritt auf, wenn für »Kátz« oder »Váter« Substantive stehen wie »Kants« oder »Vanter« sogar »Fanter« und »Fantre«; auf dieselbe Weise wird »wárte« zu »wáchte«, »Schiff« zu »Chéf«, »ghálte« zu »kálte«.

Die inhaltliche Verlernung des Elsässischen geht mit dem beginnenden Verlust der schriftsprachlichen Fähigkeiten einher. Die Mundart ist immer weniger als ein annähernd genormtes Verständigungsmittel anzusehen.

Zum Abschluß läßt sich sagen, daß die Auswirkungen der herrschenden Kontaktsituation nicht nur das Beherrschungs- und Gebrauchsverhältnis der elsässischen Sprache beeinflussen, sondern auch ihre qualitative Beschaffenheit – ja selbst das Niveau der Aussprache und des schriftlichen Ausdruckes beeinträchtigen. Wir stehen auf den verschiedenen Gebieten in einem Sprachwechselprozeß.

Die Frage, die man sich heute stellt, lautet: wie ist dieser Zerfallprozeß aufzuhalten? Die breite Öffentlichkeit ist sich noch nicht ganz bewußt, was auf dem Spiel steht, obwohl sie sich bei Meinungsumfragen stark für die Zweisprachigkeit ausspricht. Man darf nicht übersehen, daß in der Nachkriegszeit nicht nur das Hochdeutsche sondern auch das Elsässische von der Verwaltung und von den schulischen Instanzen verdrängt und dieses Vorgehen als kultureller Fortschritt und zudem als Treue zur Nation gekennzeichnet worden ist. Die Lage hat sich dahin verändert, daß das immer wieder ausgesprochene Verlangen des Straßburger Regionalrates, der beiden Generalräte und vieler Vereinigungen, die Regionalsprache in ihren beiden Komponenten Elsässisch und Deutsch zu fördern, von der Regierung und der Schulverwaltung als ausführbares Projekt angenommen worden ist. Werden deshalb die jungen Eltern, die in einem dialektmüden sozialen Umfeld und in einer oft dialektfeindlichen Schule groß geworden sind, mit ihren Kindern die alte Muttersprache verwenden? Die Zukunft unserer Sprache liegt nun auch in Händen der Schulbehörde. Wird unser Schulwesen den Anforderungen in bezug auf Lehrpläne, Lehrmittel, Lehrerausbildung gewachsen sein oder wird es zum Teil bei Absichtserklärungen bleiben? Man muß sich auch die Frage stellen, ob die Informationsorgane zur Mithilfe bereit sind. In der zweisprachigen Tagespresse, wo die Leserzahl ständig abnimmt, geht auch der Anteil des Deutschen zurück. In Radio und Fernsehen hat man trotz Protestaktionen die Dialektsendungen drastisch gesenkt. In der Kirche wird trotz der Anweisungen des früheren Bischofs Brand wenig auf deutsch gesungen, noch weniger gelesen und kaum auf deutsch und elsässisch gepredigt. Was wird sich auf sprachlicher Ebene ändern? Stehen wir wirklich am Anfang eines Neubeginns? Werden die kleinen Elsässer ihre Sprache von nun an in der Schule lernen?

Literatur

Eine ausführliche Bibliographie über Gesamtdarstellungen und Einzelforschungen finden wir in der Studie von Jean Petit, *Français-allemand.* Kontaktlinguistik – Contact Linguistics – Linguistique de contact (1222-1240) Berlin/New York, 1997.

Dazu:

Albieth, Gérard (1997) *Elsasserditsche Sprichwörter – Elsässerdeutsche Sprichwörter – Proverbes alsaciens* (unver.)

Harnisch, Rüdiger (1990): »Sprachgebrauchsdeterminierende Faktoren für die Domänenverteilung zwischen Elsässisch und Französisch.« In Philipp, Marthe (Hrsg.): *Alemannische Dialektologie,* Göppingen, 1990, 209-232.

Harnisch, Rüdiger (1995): »Zur sprachlichen Situation im Elsaß.« In: *Deutsche Sprache* 4/1995, 289-315.

Harnisch, Rüdiger (1996): »Das Elsaß.« In: Hinderling, Paul/Eichinger, Ludwig: *Handbuch der mitteleuropäischen Sprachminderheiten,* Tübingen, Gunter Narr, 413-467.

Lodde, Katja (1996): *Comment ça geht? Aspekte des codeswitching im südlichen Elsaß.* Diplomarbeit Universität Wien.

Rosenblatt, François (1997): *Le dialecte alsacien et l'identité culturelle chez l'adolescent,* Thèse de doctorat (NR) soutenue devant l'Université de Strasbourg, Septentrion, Presses universitaires.

Adresses des auteurs

Jacques ATHIAS, Maître de Conférences à l'Université de Paris XII, U.F.R. des Lettres et Sciences Humaines, avenue du Général De Gaulle, F-94010 CRÉTEIL Cedex.

Yves BERTRAND, Professeur honoraire à l'Université de Paris X-Nanterre, U.F.R. des Langues Germaniques, Romanes, Slaves et Appliquées, 200, avenue de la République, F-92001 NANTERRE.

Anne BESANÇON, Maître de Conférences à l'Université Marc Bloch de Strasbourg, U.F.R. de Langues, Littératures, Civilisations Étrangères et Régionales, 22, rue René Descartes, F-67084 STRASBOURG Cedex.

Prof. Dr. Walter BREU, Universität Konstanz, FG Sprachwissenschaft, D-78457 KONSTANZ. (e-mail : Walter.Breu@uni-konstanz.de)

Prof. Dr. Wolfgang BUTZKAMM, RWTH Aachen, Seminar für Englische Sprache und ihre Didaktik, Wüllnerstraße 5-7, D-52062 AACHEN (e-mail : Butzkamm@LFED.rtwh-aachen.de).

Hiltraud DUPUY-ENGELHARDT, Professeur à l'Université de Reims Champagne-Ardenne, CIRLEP-EA 2071 (Centre Interdisciplinaire de Recherche en Linguistique et Psychologie cognitive), 57, rue Pierre Taittinger, F-51096 REIMS Cedex.

Eugène FAUCHER, Professeur à l'Université de Nancy II, U.F.R. de Langues et Littératures Étrangères, Campus Lettres, BP 3397, F-54015 NANCY Cedex (e-mail : Eugene.Faucher@clsh.univ-nancy2.fr).

Nicole FILLEAU, Maître de Conférences à l'Université de Reims Champagne-Ardenne, CIRLEP-EA 2071 (Centre Interdisciplinaire de Recherche en Linguistique et Psychologie Cognitive), 57, rue Pierre Taittinger, F-51096 REIMS Cedex.

Thierry GALLÈPE, Maître de Conférences à l'Université Michel de Montaigne de Bordeaux, U.F.R. d'Etudes Germaniques et Scandinaves, Domaine universitaire, F-33405 TALENCE Cedex. (e-mail : gallepe@montaigne.u-bordeaux.fr).

Jacqueline HERRGOTT, Vice-présidente co-fondatrice d'*ABCM-Zweisprachigkeit*, 15, rue des Orphelins, F-67000 STRASBOURG.

Albert HUDLETT, Professeur à l'Université de Haute-Alsace, Institut d'Études allemandes, Directeur du CERIPA (Centre d'Études et de Recherches Interdisciplinaires sur le Plurilinguisme en Alsace), 10, rue des Frères Lumière, F-68093 MULHOUSE.

Patrick KLEINCLAUS, Directeur du Service Langue et Culture régionales du Département du Haut-Rhin, Hôtel du Département, 7, rue Bruat, BP 351, F-68006 COLMAR.

Priv.-Doz. Dr. Helga KOTTHOFF, Universität Konstanz, FG Sprachwissenschaft, Pf 5560, D-78434 KONSTANZ. (e-mail : helga.kotthoff@uni-konstanz.de)

Prof. Dr. Gothild LIEBER, Kurt-Eisner-Straße 4, D-04275 LEIPZIG.

Prof. Dr. Heinz-Helmut LÜGER, Universität Koblenz-Landau, Abt. Landau, Institut für Romanistik, Pestalozzistraße 1, D-76829 LANDAU.

Janine MARX-MOYSE, Maître de Conférences à l'Université de Reims Champagne-Ardenne, CIRLEP-EA 2071 (Centre Interdisciplinaire de Recherche en Linguistique et Psychologie cognitive), 57, rue Pierre Taittinger, F-51096 REIMS Cédex.

René MÉTRICH, Professeur à l'Université de Nancy II, U.F.R. de Langues et Littératures Étrangères, Campus Lettres, BP 3397, F-54015 NANCY Cedex (e-mail : Rene.Metrich@clsh.univ-nancy2.fr).

Daniel MORGEN, Directeur-adjoint de l'IUFM d'Alsace, directeur du Centre de formation aux enseignements bilingues de Guebwiller, 4, rue Casimir de Rathsamhausen, F-68500 GUEBWILLER.

Marion PERREFORT, Maître de Conférences à l'Université de Franche Comté, U.F.R. Lettres et Sciences Humaines, 30, rue Mégevand, F25030 BESANÇON Cedex.

François ROSENBLATT, Docteur des Universités de Besançon et Strasbourg, Principal honoraire de collège, 6, rue de la Grotte, F-68690 GEIS-HOUSE.

Prof. Dr. Heribert RÜCK, Universität Koblenz-Landau, Abt. Landau, Institut für Romanistik, Pestalozzistraße 1, D-76829 LANDAU.

Dr. Klaus SCHENK, Schwaketenstraße 108, D-78467 KONSTANZ.

Prof. Dr. Peter SCHERFER, Bergische Universität - Gesamthochschule Wuppertal, Fachbereich 4: Sprach- und Literaturwissenschaften, Gaußstraße 20, D-42119 WUPPERTAL.

Gerald SCHLEMMINGER, Maître de Conférences à l'IUT de Sceaux, Université de Paris XI, Département de Langues, Bât. 336, F-91405 ORSAY Cedex (e-mail : paris@citi2.fr).

Richard WEISS, Président co-fondateur d'*ABCM-Zweisprachigkeit*, 32, rue du Petit Ballon, F-68000 COLMAR.

Directeur de la publication : E. Faucher
Imprimé par : Les Impressions Dohr
9, rue des Sœurs Macarons - F-54000 NANCY
en mai 1999